中国年鉴精品工程
High Quality Project of China's Yearbook

四平年鉴 2021

SIPING YEARBOOK

四平市地方志编纂委员会 编

方志出版社
Publishing House of Local Records

图书在版编目（CIP）数据

四平年鉴. 2021 / 四平市地方志编纂委员会编. —
北京 : 方志出版社, 2021.12
ISBN 978-7-5144-5038-5

Ⅰ. ①四… Ⅱ. ①四… Ⅲ. ①四平－2021－年鉴
Ⅳ. ①Z523.43

中国版本图书馆 CIP 数据核字（2022）第 106489 号

责任编辑：高孟君
责任校对：刘玉霞
责任印制：赵　楚
出 版 者：方志出版社
地　　址：北京市朝阳区潘家园东里 9 号（国家方志馆 4 层）
邮　　编：100021
网　　址：http://www.zgfzcb.cn
发　　行：方志出版社图书营销中心（010-67110500）
印　　刷：长春方圆印业有限公司
开　　本：880 毫米 ×1230 毫米　1/16
印　　张：26.5
字　　数：809 千字
版　　次：2021 年 12 月第 1 版
印　　次：2021 年 12 月第 1 次印刷
定　　价：358.00 元

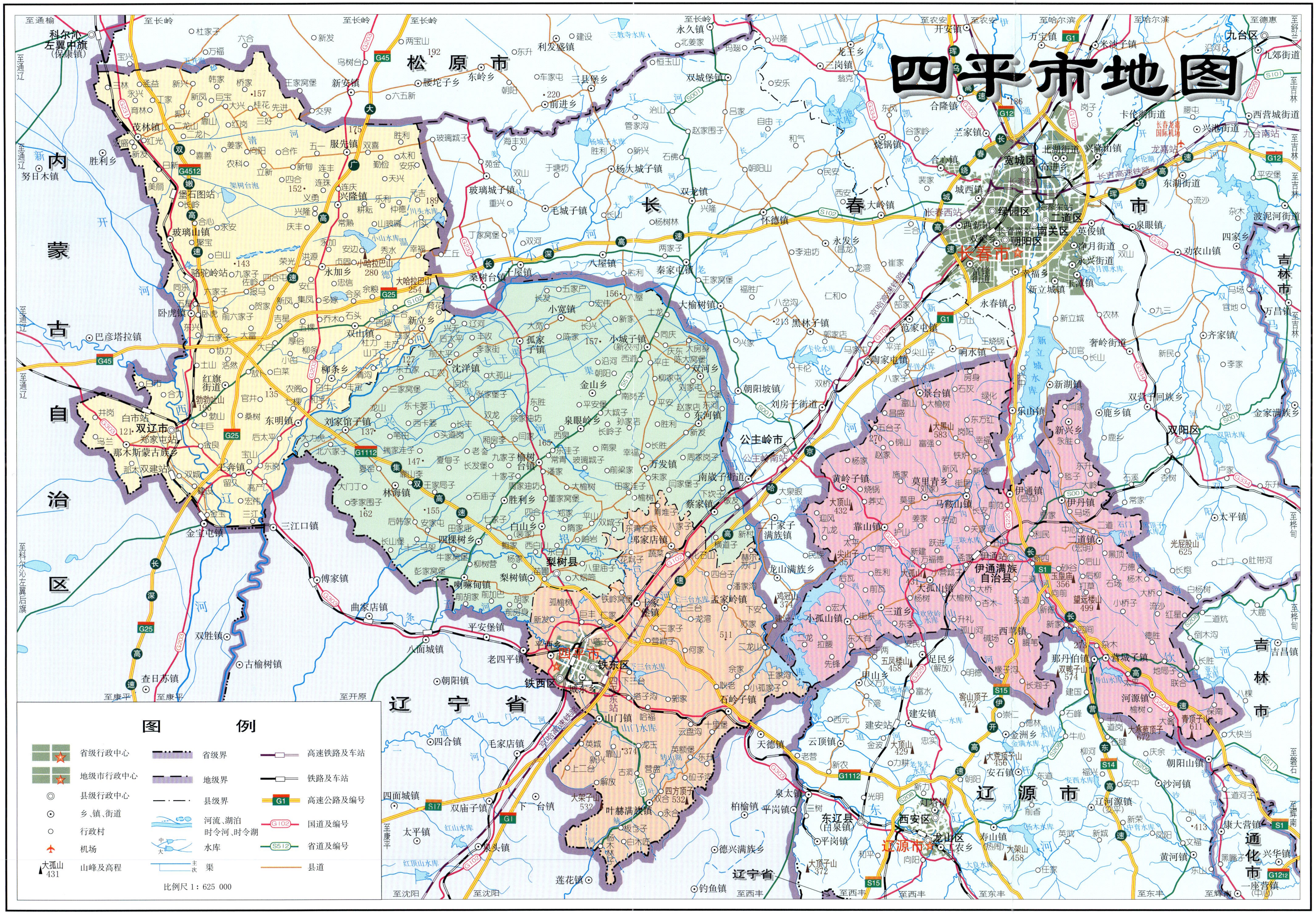

吉审字 (2021) 第047号

《四平年鉴（2021）》编纂委员会

《四平年鉴（2021）》编辑部

《四平年鉴（2021）》供稿人员

丁自强	于　刚	于成亮	于杰骁	于宝龙	于桂芹	于墨洋	门馥郁
马　亮	马东旭	王　龙	王　金	王　健	王　涛	王　颖	王　蔚
王　影	王小佳	王立国	王庆宇	王环环	王昕鑫	王珊珊	王思鸥
王思博	王艳波	王德楠	毛　锐	巴依涵	邓海丰	玉　明	龙海波
史　俐	邢江锋	朱　岩	朱国生	朱玲玲	朱晏良	任桂红	向天明
刘　立	刘　欢	刘　春	刘　亮	刘　勇	刘　淼	刘　影	刘　瀛
刘玉龙	刘旭忠	刘佳雪	刘禹希	刘洪光	刘海武	刘润达	刘继红
齐　龙	关慧琦	许长勇	那　彤	孙　佳	孙　艳	孙华浓	孙胜男
孙振忠	孙铭研	孙奥森	芦　磊	杜　娟	杜青坤	李　天	李　建
李　哲	李　寒	李　燕	李大伟	李秀夫	李坤元	李宝昌	李晓晗
李敬林	李尊清	杨　博	杨宇婷	杨俊涛	连柏宇	吴永光	吴启迪
沙云峰	沈英姿	宋大鹏	宋桂枫	张　弛	张　坤	张　明	张　宠
张大鹏	张文革	张立峰	张宏宇	张佳音	张诗慧	张胜男	张艳鹏
张爱净	张寒寒	陈　思	陈　浩	陈　鑫	陈天龙	陈庆南	陈禹行
陈莹莹	陈璐璐	邵玉婷	邵莹莹	金春艳	金浩然	庞　迪	庞　博
郑宪富	郑晓辉	赵　永	赵　苒	赵　峰	赵多方	赵志详	胡　南
侯　状	侯玉婷	施　巍	姜　莹	姜　楠	姜永亮	姜宏超	姜晓冬
娄　特	袁　琳	袁雪梅	都淑艳	钱　程	钱嘉琳	徐　茁	徐烨辰
高艺凌	高双庆	高永生	高绿莎	高新茗	黄　硕	曹胜楠	崔希民
崔轶宁	崔智尧	董明瑶	董洪文	蒋志勇	遇美亮	靳嘉峰	楚天舒
裴丹丹	谭福成	滕俊辉	霍灵美	魏　健	魏胤琼		

小学数学 速答满分

四则混合运算

张　杨　冯艳辉　主编

吉林教育出版社

序

国务院办公厅2015年8月印发的《全国地方志事业发展规划纲要（2015—2020年）》（以下简称《规划纲要》）要求，到2020年要做到地方综合年鉴一年一鉴，公开出版，实现省、市、县三级综合年鉴全覆盖。《规划纲要》还要求，坚持存真求实，正确处理质量与进度的关系，将精品意识贯穿于年鉴编纂出版工作全过程。2015年12月，中国地方志指导小组办公室启动中国年鉴精品工程，将其与先期实施的中国志书精品工程视为姊妹工程，一道作为加强地方志质量建设的重要抓手。

实施中国年鉴精品工程有助于推动中华优秀传统文化传承发展。近年来，在党中央、国务院的高度重视和关心支持下，全国地方志事业发展迎来最好的发展时期。年鉴编纂发端于欧洲，鸦片战争后被引入我国，在我国走过了100多年的发展历史。在长期的编纂中，年鉴在内容和形式上不断发展，逐渐演变成为适合反映中国国情、具有鲜明中国特色的一种文化载体，并在改革开放后出现了快速发展的局面。2006年5月，国务院《地方志工作条例》颁布施行，明确将地方综合年鉴纳入地方志工作范畴，年鉴工作走上了有法可依的轨道。《规划纲要》出台，为从依法编鉴转变到依法治鉴指明了方向。2016年12月，中国地方志指导小组印发《全国年鉴事业发展规划（2016—2020年）》，更进一步明确了到2020年全国年鉴事业的任务书、时间表、路线图。经过多年的发展，年鉴工作已经成为地方志工作的重要组成部分，成为中华民族优秀文化传统的有机组成部分，其存史、育人、资政作用日益彰显。实施中国年鉴精品工程，是年鉴工作者紧扣时代脉搏、坚持创新发展的一项重要举措，对于坚定文化自信，传承弘扬好中华优秀传统文化意义重大。

实施中国年鉴精品工程有助于为全面建成小康社会提供更多智力支持和历史借鉴。党的十八大作出全面建成小康社会的战略部署。党的十八届五中全会提出到2020年如期实现全面建成小康社会的目标要求。完成《规划纲要》确定的目标任务是年鉴工作者的神圣使命，更是年鉴工作者以自身力量为全面建成小康社会献上的厚礼。一方面，可以更好地利用年鉴这种年度资料性文献，及时记录各地区在全面建成小康社会伟大征程中每年取得的新成绩和新经验、出现的新情况和新问题、涌现的优秀人物和典型事迹等；另一方面，可以更好地积累地情、国情资料，为推动经济社会发展和深化改革提供智力支持，为推进国家治理体系和治理能力现代化提供历史借鉴。

实施中国年鉴精品工程有助于全面推进地方志事业转型升级。地方志不是单纯修志编鉴工作，而是全体方志人“修志问道，以启未来”的一项事业，这项事业包含着巨大的时代担当与使命追求。地方志工作要在“五大建设”总体布局和“四个全面”战略布局中发挥与其自身价值、功能相匹配的作用，就要因时而谋、乘势而上、顺势而为，全面推进地方志事业转型升级。转型升级，当下最重要的目标就是完成“两全”目标，包括“年鉴全覆盖”目标；长远的目标就是基本形成地方志编修体系、理论研究和学科建设体系、质量保障体系、资源开发利用体系、工作保障体系“五位一体”的地方志事业发展综合体系，包括“五位一体”的年鉴事业发展综合体系。中国年鉴精品工程是一项探索工程，也是一项创新工程，是推进地方志事业转型升级的重要内容。通过实施中国年鉴精品工程，不仅有助于确保年鉴质量，不断编纂出版具有鲜明时代特征、年度特点和地域特色的精品年鉴，也有助于推动年鉴工作适应经济社会发展形势和时代需要，不断改革创新，与时俱进。

多年来，在中国地方志指导小组办公室的指导和全国各级地方志工作机构的共同努力下，年鉴种类数量快速增长，年鉴成果粲然可观，为实施中国年鉴精品工程奠定了坚实的基础。实施中国年鉴精品工程，就是要在全国地方志系统起到示范作用，进一步培育精品意识，打造精品年鉴，以点带面，在提高年鉴质量方面探索出一条切实可行之路，使这项探索工程和创新工程能够积累经验，发挥引领作用。

“万山磅礴，必有主峰；龙衮九章，但挈一领。”实施中国年鉴精品工程，是筑牢地方志事业特别是年鉴事业发展根基之举，其意义与价值不言而喻。但编修出年鉴精品佳作，绝非朝夕之功，需要付出长期艰辛的努力。希望通过实施中国年鉴精品工程，能够进一步推进年鉴质量建设，使年鉴真正成为传承中华民族优秀传统文化的重要载体，成为展示中国国情、地情的重要窗口，成为“为当代提供资政辅治之参考、为后世留下堪存堪鉴之记述”的资源宝库，在全面建成小康社会过程中作出更大贡献。

是为序。

中国社会科学院原副院长
中国地方志指导小组原常务副组长 李培林

编辑说明

一、《四平年鉴》是由四平市地方志编纂委员会编纂的地方综合年鉴。1986年创刊，连续出版27卷（其中合订本4卷），本卷为第28卷。

二、《四平年鉴（2021）》坚持以马克思列宁主义、毛泽东思想、邓小平理论、“三个代表”重要思想、科学发展观、习近平新时代中国特色社会主义思想为指导，坚持辩证唯物主义和历史唯物主义的立场、观点和方法，全面、客观、系统地记述四平市经济、政治、社会、文化、生态文明建设等方面的年度新成就、新变化、新特征和新经验，为读者了解四平、认识四平、研究四平提供借鉴和参考。

三、《四平年鉴（2021）》记述时限为2020年1月1日至12月31日。特载、市情概貌等部分内容和数据有上溯或下延。

四、《四平年鉴（2021）》结构采用类目、分目、条目层次，设特载、专文、大事记、市情概貌、中国共产党四平市委员会、四平市人民代表大会、四平市人民政府、中国人民政治协商会议四平市委员会、中国共产党四平市纪律检查委员会四平市监察委员会、民主党派·工商联、群众团体、法治、军事、经济管理、黑土地保护、农业、工业、建筑业、商贸服务业、信息业、旅游业、房地产业、金融业、交通运输·邮政业、经贸合作、城乡建设、生态环境、教育、科学技术、文化、卫生健康、体育、社会生活、应急管理、人物 荣誉、县（市）区概况、附录共37个类目，237个分目，1338个条目。采用图片184幅，图表66个。

五、《四平年鉴（2021）》对部分内容进行调整和充实。增设“黑土地保护”类目，重点记述黑土地保护工作；增设“建筑业”“信息业”“房地产业”“经贸合作”“应急管理”类目；“城建环保”拆分为“城乡建设”和“生态环境”；“文化·体育·旅游”拆分为“文化”“体育”“旅游业”；“交通·邮政·电信”拆分为“交通运输·邮政业”，“电信”改为“电信业”并入“信息业”；“开发区建设”并入“经贸合作”；“市情概况”改为“市情概貌”；“科技”改为“科学技术”；“经济调节与监管”改为“经济管理”；“人物”改为“人物 荣誉”。

六、《四平年鉴（2021）》所用数据均使用法定计量单位。涉及四平市经济与社会发展全局的数据由四平市统计局提供。凡市统计局未予统计和提供的，则采用各供稿单位的数据。书中所有数据、资料，均经各供稿单位审核。因供稿单位统计口径不同，有的数据在不同条目中不尽一致，使用时注意出处。

七、《四平年鉴（2021）》配备双重检索系统，书前刊有目录，书后备有索引。

四平名片

- 国家卫生城市
- 全国双拥模范城市
- 全国绿化模范单位
- 全国社会管理和公共服务综合化标准化试点城市
- 中国最安全城市
- 中国优质玉米之都
- 全国红色旅游经典景区
- 国家率先基本实现主要农作物生产全程机械化示范市
- 全国重点流域水生态环境保护“十四五”规划编制试点城市
- 全国系统化全域推进海绵城市建设示范城市
- 全国社会信用体系建设示范城市
- 国家医保基金监管方式创新试点城市
- “四好农村路”建设全省典型
- 农村人居环境整治全省典型
- 老旧小区改造全省典型

数字四平

- 土地总面积 1.03 万平方千米
- 市区面积 1100 平方千米
- 第七次全国人口普查四平市常住人口 1814733 人
- 地区生产总值 526.6 亿元
- 粮食总产量 444.1 万吨
- 全口径财政收入 74.5 亿元
- 一般公共预算财政支出 257.3 亿元
- 城镇常住居民人均可支配收入 29288 元
- 农村常住居民人均可支配收入 15890 元
- 四平市 21297 户 41044 人全部实现脱贫
- “梨树模式”推广面积 24.4 万公顷，新建高标准农田 2.67 万公顷
- “信易贷”平台入驻市场主体 7.6 万户，成功授信 65.5 亿元
- 信用监测排名在全国地级城市中跃升幅度位列第一
- 城镇新增就业 2.7 万人，全省排名第二
- 空气优良天数 309 天，环境空气质量改善幅度居全省前列

2016 年至 2020 年，四平市经济社会先行指标持续增长，动力指标持续提升，城乡居民可支配收入稳步提高；贫困发生率由 5.1% 下降到零，空气质量达到国家二级标准，金融市场秩序日趋规范；党政机构改革、农垦改革、开发区改革顺利完成，市场主体数量增长 53.9%，对口开放合作成果丰硕；民生实事全面兑现，市政道路总长度增长 28%，紫气大路立交桥、东丰路立交桥建成通车，建成地下综合管廊 38.5 千米，改造雨污分流管网 60 千米，“无籍房”治理惠及群众 11.9 万户，连续四年被评为“中国最安全城市”。

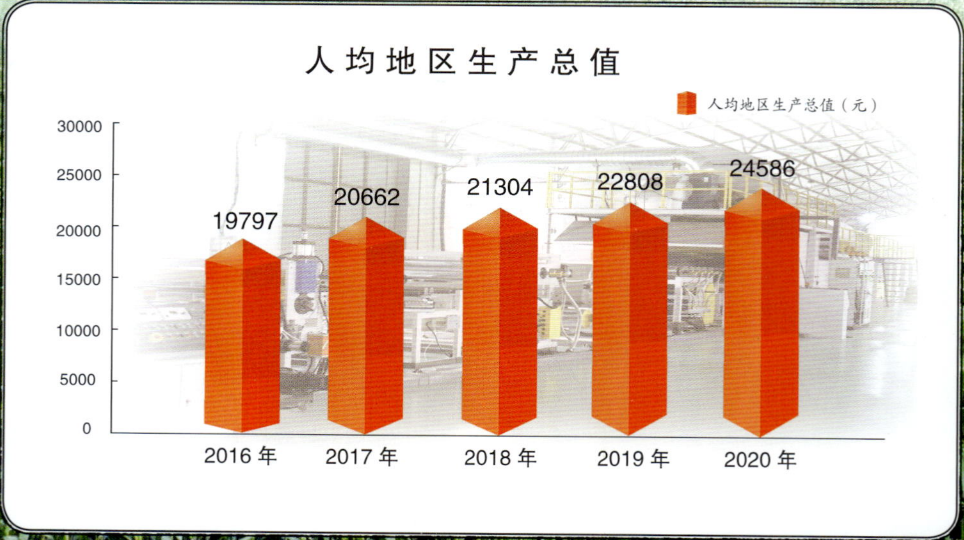

粮食总产量
粮食总产量（万吨）
504.5
505.0
434.0
458.0
444.1
2016 年
2017 年
2018 年
2019 年
2020 年

农业机械总动力
（单位：万千瓦）
240.1 2016年
258.5 2017年
269.5 2018年
289.3 2019年
308.6 2020年

农林牧渔业总产值及增速
农林牧渔业总产值（亿元）
增速（%）
255.4 −1.9 2016 年
243.8 2.2 2017 年
258 1.8 2018 年
297.4 3.2 2019 年
385.1 5 2020 年

（市统计局 供图）

全口径财政收入

财政支出

金融机构人民币存贷款余额

人均可支配收入

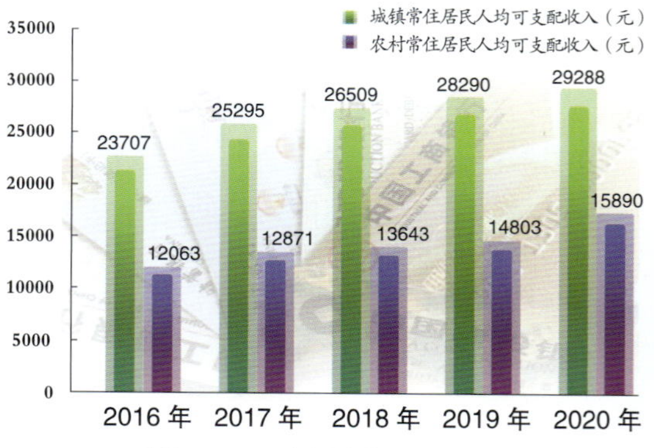

说明：2016—2019 年数据包含公主岭，2020 年不包含公主岭

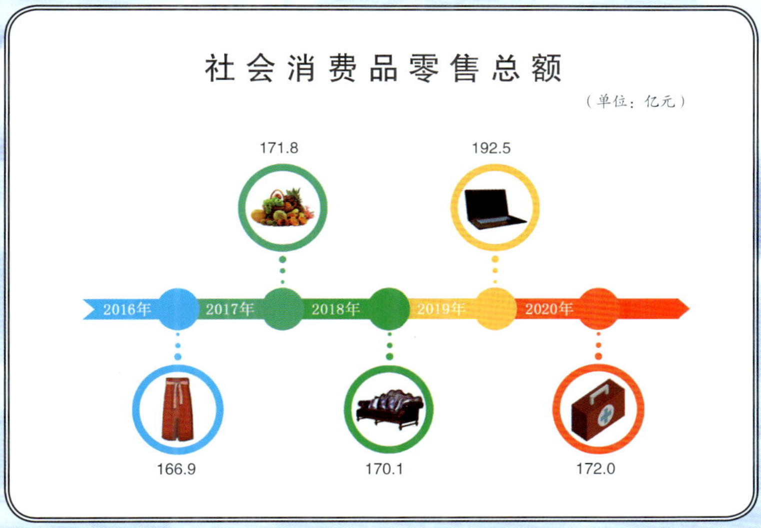
社会消费品零售总额
（单位：亿元）
171.8
192.5
2016年
2017年
2018年
2019年
2020年
166.9
170.1
172.0

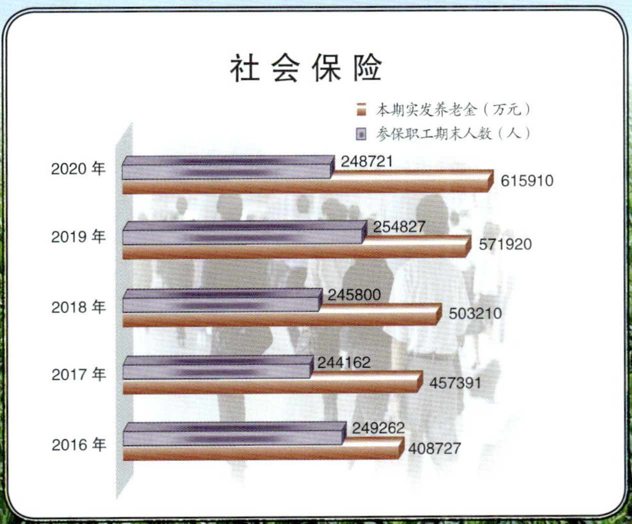
社会保险
本期实发养老金（万元）
参保职工期末人数（人）
2020 年
248721
615910
2019 年
254827
571920
2018 年
245800
503210
2017 年
244162
457391
2016 年
249262
408727

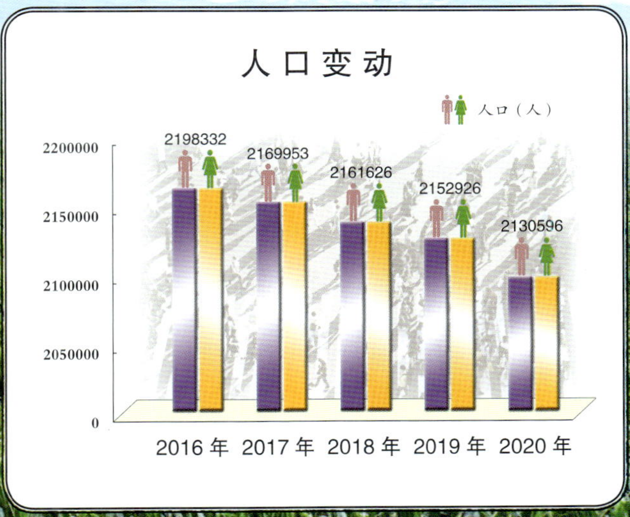
人口变动
人口（人）
2200000
2150000
2100000
2050000
0
2198332
2169953
2161626
2152926
2130596
2016 年
2017 年
2018 年
2019 年
2020 年

（市统计局 供图）

建筑业总产值
建筑业总产值（亿元）
70
60
50
40
30
20
10
0
57.3
60.6
49.7
52.5
62.5
2016 年
2017 年
2018 年
2019 年
2020 年

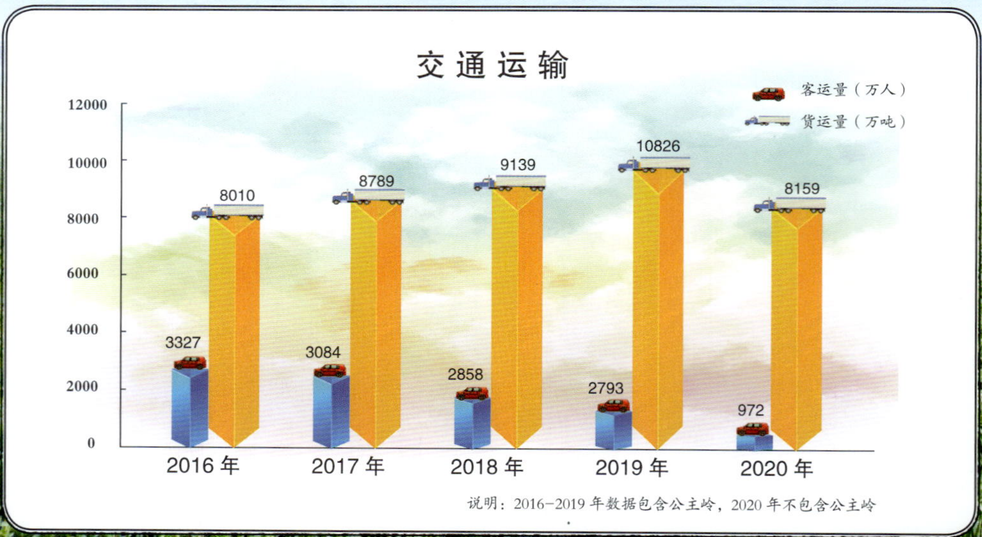
交通运输
客运量（万人）
货运量（万吨）
12000
10000
8000
6000
4000
2000
0
3327
8010
3084
8789
2858
9139
2793
10826
972
8159
2016 年
2017 年
2018 年
2019 年
2020 年
说明：2016-2019 年数据包含公主岭，2020 年不包含公主岭

（市统计局　供图）

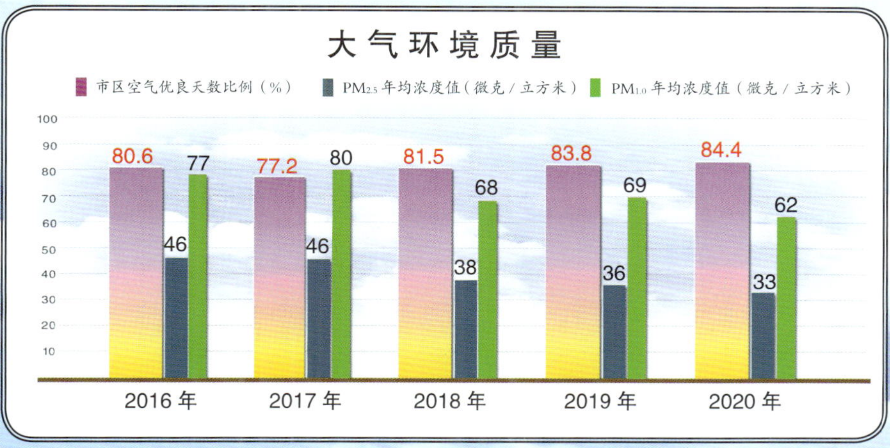

（市生态环境局　供图）

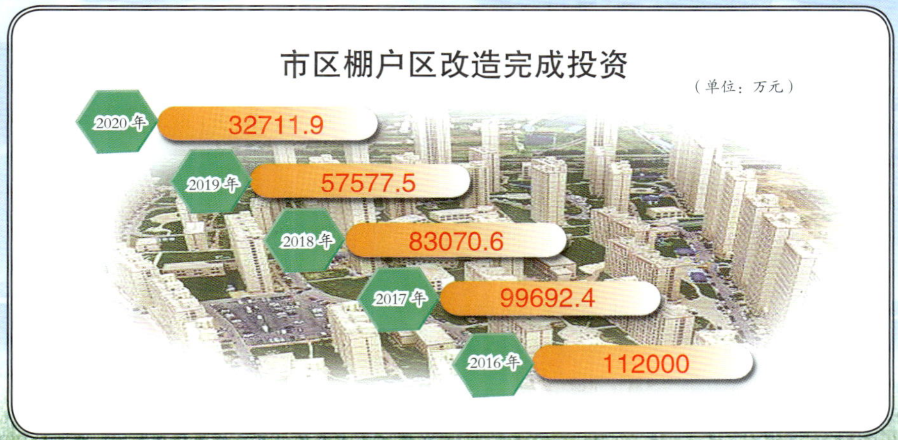

（市住建局　供图）

2020 年，四平市聚焦黑土地退化历史性难题，系统探索开辟出“梨树模式”这条可复制、可推广的黑土地保护利用有效路径，推广保护性耕作 24.4 万公顷，梨树县推进黑土地保护国家示范项目全面铺开。建设县乡村黑土地保护示范体系，辐射带动东北地区 110 个示范基地，黑土层变薄、变瘦、变硬趋势逐步实现逆转。7 月 22 日，习近平总书记到四平视察时强调，“一定要采取有效措施，保护好黑土地这一‘耕地中的大熊猫’”。

梨树县国家百万亩绿色食品原料（玉米）标准化生产基地核心示范区　　（李刚　摄于 9 月 23 日）

连续 15 年采取秸秆还田全覆盖与常规垄作玉米根系生长情况对比。图为 2020 年梨树试验田剖面
（王影　供图）

6月12日，梨树县郭家店镇凤凰山农机农民专业合作社社员在玉米田作业
（李坤　摄）

梨树县泉眼沟村玉米实验田
（王祝伟　摄于9月25日）

4月14日，伊通满族自治县在大孤山镇孟家村召开全县推广“梨树模式”进行保护性耕作现场会　（沈鸿升　摄）

11 月 26 日，2020 年东北黑土地保护与利用高峰论坛暨第六届梨树黑土地论坛在北京举行

（梨树县农业技术推广总站　供图）

9 月 23 日，东北倒伏玉米机械化抢收工作布置会暨东北黑土地保护性耕作行动计划现场推进会在四平市召开

（王影　供图）

8月25日，农业专家在试验田为院校学生实地讲解“梨树模式”土壤保护技术
（王影　供图）

坐落在梨树县的全国首家中国黑土地博物馆　　（摄于6月5日　梨树县农业技术推广总站供图）

2020 年，四平市水稻种植面积 4.4 万公顷，总产量 37.2 万吨。图为铁东区叶赫满族镇西城水稻稻田
（王祝伟　摄于 9 月 14 日）

梨树县孤家子镇景观稻田　　（宋正玉　摄于 9 月 2 日）

伊通满族自治县景台镇五台子村 2017 年开始种植中药材板蓝根，至 2020 年年末，全村板蓝根种植面积 66.67 公顷。图为中药材板蓝根种植基地　　（商万有　摄）

9月14日，梨树县泉眼岭乡农民在蔬菜种植园采摘辣椒
（李坤　摄）

至2020年年末，四平市规模棚膜经济面积409.18公顷，规模棚膜园区71个。图为梨树镇高家村农户大棚
（吉林日报社四平记者站　供图）

2020 年，四平市始终把牢“精准”要义，聚焦“短板弱项”，全面实施“两不愁三保障”巩固提升工程，脱贫攻坚工作圆满收官；省定贫困片区双辽市摘帽；125 个贫困村退出；21297 户 41044 名贫困人口实现脱贫；贫困发生率由 2015 年的 5.1% 下降到零；年均收入由 2015 年的 2400 元 / 人提高到 9100 元 / 人。

2018 年起，伊通满族自治县营城子镇发展养鹿扶贫项目，300 余户贫困家庭受益。至 2020 年年末，实现贫困人口分红 52.28 万元。图为扶贫养殖场的梅花鹿　（商万有　摄）

2018 年，梨树县林海镇把育肥牛养殖作为重点扶贫项目，带动 10 个行政村 113 个建档立卡贫困户脱贫。至 2020 年年末，达到出栏育肥牛 500 头规模。图为大门丁村育肥牛养殖场　（市乡村振兴局　供图）

2020 年，铁东区扶贫工作队带领贫困户通过家庭饲养方式脱贫。图为脱贫户饲养的羊群　（马全　摄）

2020 年，梨树县沈洋镇确定香菇种植为扶贫项目。图为后太平村香菇种植园

（傅光　摄）

2020 年，伊通满族自治县万寿菊种植面积 20 公顷，带动 30 户贫困家庭脱贫。图为景台镇范家村村民采摘万寿菊花

（马云甫　供图）

伊通满族自治县伊通镇建国村引进壮大村集体经济项目，助力脱贫。至 2020 年年末，建成温室大棚 78 栋，培育君子兰 1706 万株，当年产值 148 万元 （商万有　供图）

梨树县在四棵树乡、蔡家镇、小宽镇、榆树台镇等乡镇举办“吉林巧姐”草编技能培训班，助力贫困户脱贫。至 2020 年年末，1000 余名妇女掌握草编技术。图为梨树县小宽镇新风村“吉林巧姐”草编展示现场 （周丽梅　摄）

2016年至2020年，四平市光伏扶贫电站总装机容量47.68兆瓦。图为双辽市光伏扶贫集中电站

（市乡村振兴局　供图）

至2020年年末，四平市开发扶贫专岗7560个。图为5月13日铁西区六之维田园农业发展公司扶贫专岗务工人员工作现场

（市乡村振兴局　供图）

双辽市将服装厂加工车间搬到乡村，村民与公司签订长期合作合同。图为2020年10月22日王奔镇宝山村村民在扶贫车间加工服装

（市乡村振兴局　供图）

至2020年年末，四平市“三专一平台”活动布放专柜300台，设立消费扶贫专区12个，当年消费扶贫农产品销售额3297.11万元。图为第一书记代言扶贫产品展销现场　　（市乡村振兴局　供图）

至2020年年末，四平市组建家庭医生签约服务团队384支，对因病致贫建档立卡贫困户实行“一人一策”分类救治。图为市中心人民医院扶贫巡回医疗队到贫困村开展义诊活动　　（市乡村振兴局　供图）

2016 年至 2020 年，四平市新建扶贫道路 804.1 千米。图为双辽市新修建的扶贫道路
（市乡村振兴局　供图）

至 2020 年年末，四平市改善薄弱学校 173 所。图为双辽市茂林镇红岗村小学新建的绿茵操场和教学楼
（市乡村振兴局　供图）

2016 年至 2020 年，四平市完成建档立卡贫困户危房改造 9118 户，实现建档立卡贫困户房屋安全性认定全覆盖。图为脱贫后的双辽市王奔镇宝山村民居面貌
（王祝伟　摄）

2020年，四平市各级党组织和广大干部群众坚守为民初心，牢记使命担当，万众一心，奋起抗疫，施行“七个率先”防控策略，重点推进“科学统筹、精准救治、支援疫区、复工复产、宣传发动”五项举措，凝聚起“同舟共济 共克时艰”的磅礴力量，保卫了人民生命安全和身体健康。

2月1日，工作人员在303国道四平—双辽段疫情防控检查站对车辆进行消毒 （金广山 摄）

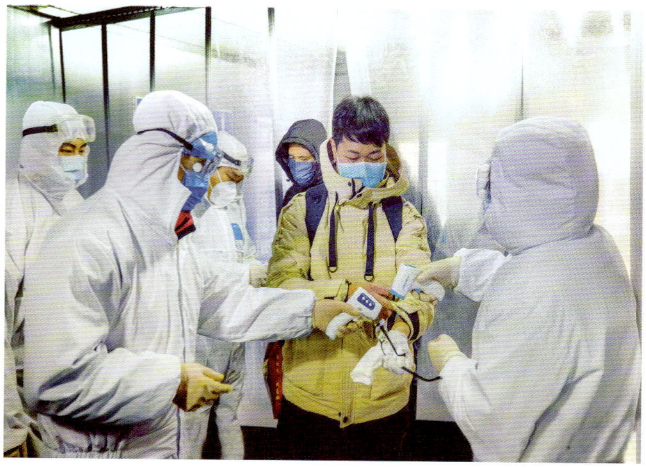

2月20日，工作人员在火车站对出站旅客进行体温检测 （四平日报社 供图）

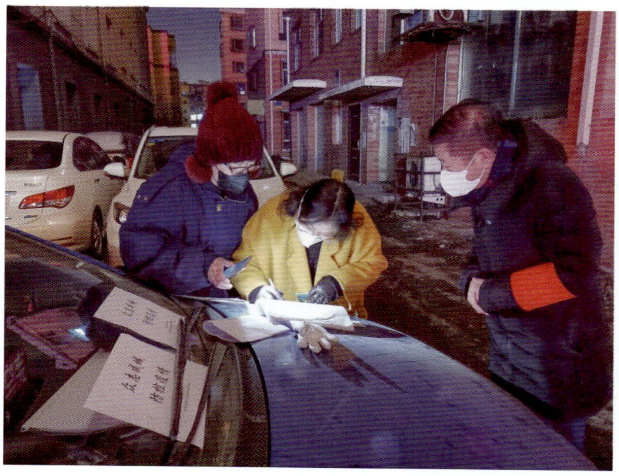

2月9日，四平市铁西区金水花园小区值守的志愿者对出入人员进行登记 （费季为 摄）

3 月 9 日，四平市急救中心医护人员进行患者转运登记
（四平日报社　供图）

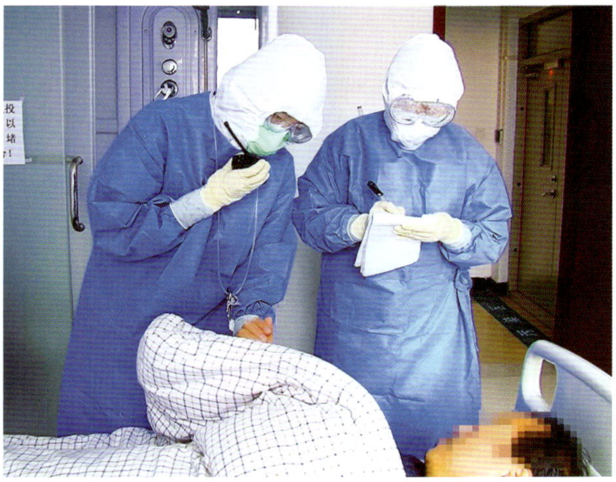

2 月 24 日，四平市中心人民医院发热留观病房医护人员查房
（市卫健委　供图）

防控救治

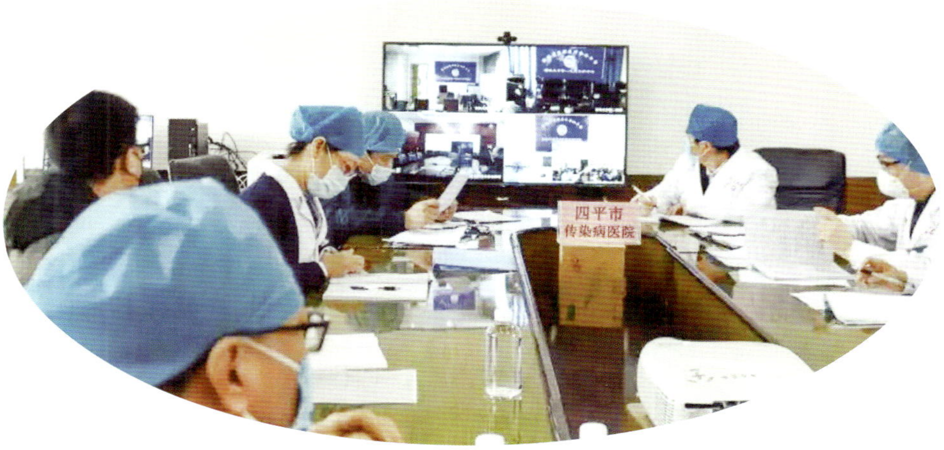

2 月 12 日，四平市传染病医院与双辽市中心医院进行远程医疗会诊
（四平日报社　供图）

1 月 30 日，四平神农医院为市民和相关单位免费发放消毒剂
（四平神农医院　供图）

2 月 10 日，四平市首例新冠肺炎患者治愈
（四平日报社　供图）

2月2日，四平市首批支援湖北省的医疗队员出征

（市中心人民医院供图）

支援湖北

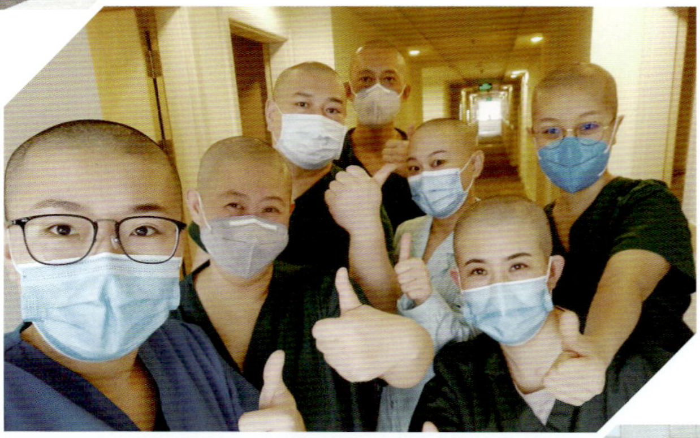

2月24日，支援湖北省的女医疗队员为方便工作剪掉秀发

（四平日报社　供图）

2月21日，四平市第二批支援湖北省的医疗队员出征　（金广山　摄）

2月28日，四平市支援湖北省的医疗队员在武汉华中科技大学同济医院中法新城院区为患者核对药品
（市第一人民医院　供图）

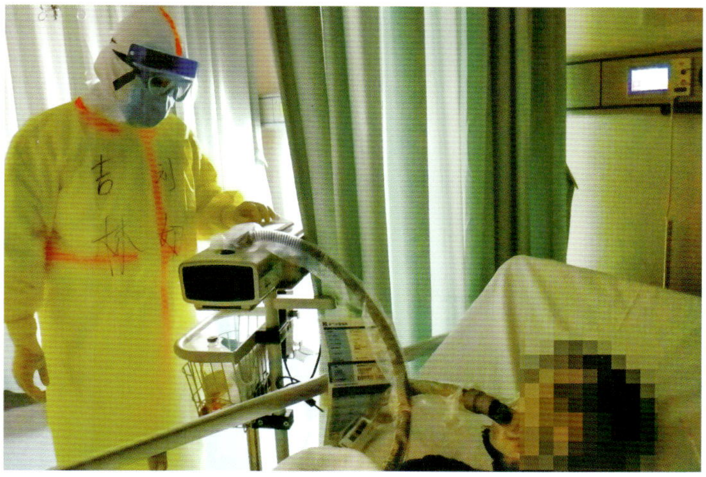

2月11日，四平市支援湖北省的医疗队员在武汉华中科技大学同济医院中法新城院区护理重症患者　（市第一人民医院　供图）

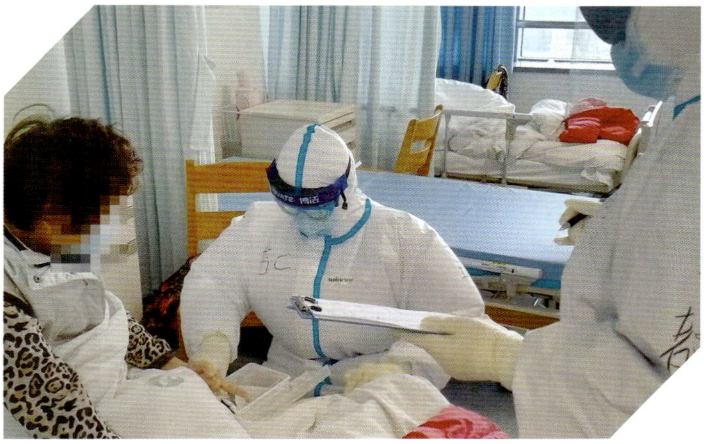

2月28日，四平市支援湖北省的医疗队员在武汉华中科技大学同济医院中法新城院区为患者检测血糖
（市第一人民医院　供图）

4月11日，37名支援湖北省的医疗队员乘大巴抵达四平市。四平市21辆铁骑护航、警笛鸣响，欢迎四平抗疫英雄回家
（金广山　摄）

2 月 24 日，白象食品股份有限公司吉林分公司全面恢复生产　　（董众赢　摄）

复工复产

3 月 13 日，四平君乐宝乳业有限公司员工在流水线上工作

（王健　摄）

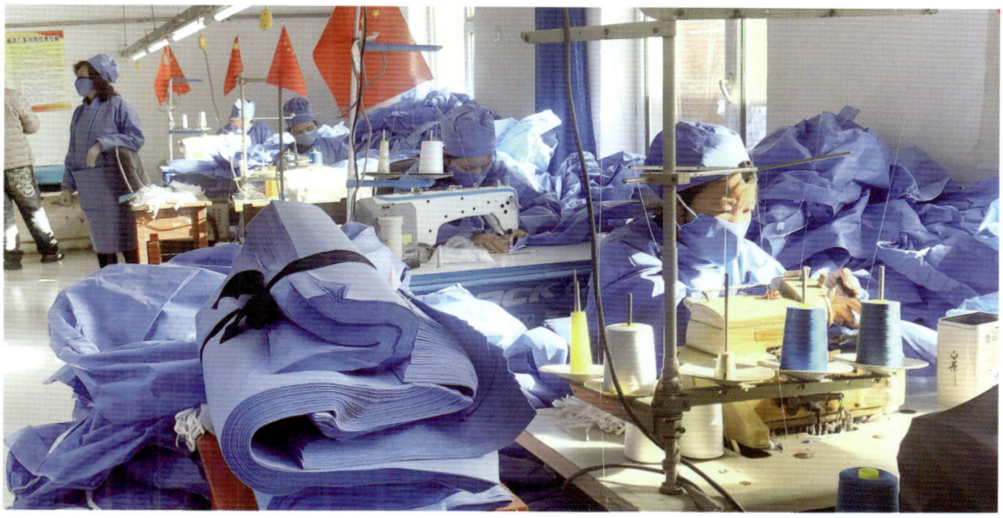

3月8日，鑫会源服饰制造有限公司员工在加班加点制作隔离衣

（王苗苗　摄）

2月14日，铁西区地直超市内市民有序购买商品

（宋莹莹　摄）

2月14日，圆通速递公司铁西区南迎宾街营业网点员工在分拣快件

（王爱平　摄）

3月4日，梨树县丰园种植专业合作社员工在大棚进行蔬果管理作业

（王新月　摄）

2月26日，四平叶赫粮库开库收粮
（四平日报社 供图）

3月11日，伊通满族自治县金辉种植合作社复工复产，满足农户备耕需求
（杨贵东 摄）

2月7日，纳爱斯四平有限公司复工生产，保障四平地区消毒、除菌、清洁产品的市场供应
（郭雨倩 摄）

2月18日，吉林省康达农业机械有限公司员工在进行产成品入库
（柳扬 摄）

3月5日，吉林世宝机械制造有限公司员工在转向器装配生产线上工作
（王爱平 摄）

目　录

CONTENTS

特　载

专　文

大事记

市情概貌

中国共产党四平市委员会

四平市人民代表大会

四平市人民政府

中国人民政治协商会议四平市委员会

中国共产党四平市纪律检查委员会
四平市监察委员会

民主党派·工商联

群众团体

法　治

军　事

经济管理

黑土地保护

农　业

工 业

建筑业

商贸服务业

信息业

旅游业

房地产业

金融业

交通运输·邮政业

经贸合作

城乡建设

生态环境

教　育

科学技术

文　化

卫生健康

体　育

社会生活

应急管理

人物　荣誉

县（市）区概况

附　录

索　引

CONTENTS

SPECIAL RECORDS

FEATURES

CHRONICLE FOR IMPORTANT EVENTS

GENERAL INTRODUCTION OF THE CITY

SIPING MUNICIPAL COMMITTEE OF THE CPC

SIPING MUNICIPAL PEOPLE´S CONGRESS

SIPING MUNICIPAL PEOPLE´S GOVERNMENT

SIPING MUNICIPAL COMMITTEE OF THE CHINESE PEOPLE´S POLITICAL CONSULTATIVE CONFERENCE

THE CPC SIPING MUNICIPAL COMMISSION FOR DISCIPLINE INSPECTION AND SIPING MUNICIPAL COMMISSION OF SUPERVISION

THE DEMOCRATIC PARTY AND FEDERATION OF INDUSTRY AND COMMERCE

MASS ORGANIZATION

RULE OF LAW

MILITARY

ECONOMIC MANAGEMENT

BLACK SOIL PROTECTION

AGRICULTURE

INDUSTRY

CONSTRUCTION INDUSTRY

TRADE SERVICE INDUSTRY

INFORMATION INDUSTRY

TOURISM

REAL ESTATE INDUSTRY

FINANCIAL INDUSTRY

TRANSPORTATION AND POSTAL INDUSTRY

ECONOMIC AND TRADE COOPERATION

URBAN AND RURAL CONSTRUCTION

ECOLOGICAL ENVIRONMENT

EDUCATION

SCIENCE AND TECHNOLOGY

CULTURE

HYGIENE AND HEALTH

SPORTS

SOCIAL LIFE

EMERGENCY MANAGEMENT

CHARACTERS AND HONOUR

OVERVIEW OF COUNTY（CITY）DISTRICTS

APPENDICES

INDEX

特　载

SPECIAL RECORDS

希望的田野

——习近平总书记到四平市考察

“总书记您看，现在这玉米又高又壮，长势喜人，再过两个月就成熟了，到时候一亩地可以打800多公斤粮食，今年我们又将迎来大丰收。”

7月22日下午，松辽平原腹地，吉林省四平市梨树县国家百万亩绿色食品原料（玉米）标准化生产基地核心示范区，习近平总书记凭栏远眺，玉米地一望无边、绿浪滚滚。

这是5年间习近平第三次到吉林考察。这次来，第一站就走进丰饶的黑土地，调研一件头等大事——粮食生产。

“前年在黑龙江建三江看了水稻，这次我来看看玉米。”玉米地头，习近平谈及此行初衷，“今年夏粮丰收大局已定，关键就看秋粮了。今年灾害不少，我很关心东北这里的农作物长势。”

正值抽雄吐丝期，玉米顶端的花穗，在阳光下闪着金黄。十来架无人机正在进行喷洒作业。

吉林省农业农村厅负责同志汇报：今年吉林全省粮食作物种植面积增加了83万亩，玉米保苗率达到96.06%，是近5年来最好水平，玉米、水稻、大豆三大品种现在的株高比去年同期都高，同时在防灾减灾方面也增加了投入。

看着眼前的玉米长势，听了情况汇报，习近平强调：“粮食是基础啊！要加强病虫害防治，争取秋粮有好收成，为全年粮食丰收和经济社会发展奠定基础。”

梨树县是全国粮食生产5强县之一，也是黑土地保护利用的试验田。从2007年起，这里开始探索以玉米秸秆覆盖、全过程机械化生产技术为核心的梨树模式，形成粮食增产和黑土保护的叠加效应。

顶着烈日，习近平总书记步入玉米地深处，走到黑土断面观测点近距离察看黑土保护情况，并同在场的农业专家攀谈起来。

来自中国农业大学的李保国教授已在梨树县扎根搞科研10多年。他指着挖开的黑土层剖面告诉总书记，这个地方的黑土层原先至少有60厘米厚，自清代末年开始开垦以来，加上风蚀水蚀，每年要减少3毫米左右。

“100多年了，如果不采取有效措施，再过几十年，恐怕就要消失殆尽了。”总书记不无忧虑地说。

“我们想了个办法，把玉米秸秆还田，就像给黑土地盖了一层被子，不仅可以防止风蚀水蚀，起到抗旱保墒作用，秸秆腐烂后还可以增加土壤有机质。土质松软，玉米根系扎得更深了，还能抗倒伏。”李教授向总书记详细介绍保护黑土的梨树模式。

“这个模式总结推广了吗？”总书记关切地问。

“梨树县已经推广了200万亩，全省推广了1800万亩，计划推广到4000万亩。”

“这个工作很重要！”习近平总书记语重心长地说，“东北是世界三大黑土区之一，是‘黄金玉米带’‘大豆之乡’，黑土高产丰产同时也面临着土地肥力透支的问题。一定要采取有效措施，保护好黑土地这一‘耕地中的大熊猫’，留给子孙后代。梨树模式值得总结和推广。”

从黑土地保护谈到科技兴农，总书记指出：“农业现代化关键要靠科技现代化，要加强农业与科技融合，加强农业基地和科研院所的合作，专家学者要把论文真正写在大地上，让农民掌握先进农业技术，用最好的技术种出最好的粮食。”

农业现代化，需要插上科技的翅膀，也离不开生产经营模式的创新。

2015年，习近平在吉林考察时要求吉林省“争当现代农业排头兵”。5年过去了，吉林省加快建设现代农业经营体系，如今已建成家庭农场3.6万户、合作社8.6万个。

离开玉米地，习近平总书记来到位于梨树县康平街道八里庙村的卢伟农机农民专业合作社。

合作社院内，一排现代化的农机具吸引了总书记的目光。

“这是玉米联合收割机，能一次性完成玉米摘穗、剥皮、收集装车；这是植保机，是用来除草、田间防虫的；这台是打包机，最大优点是可以一次性捡拾秸秆，打碎、除尘，最后打成包，特别受欢迎……”合作社理事长卢伟逐一介绍，如数家珍。

合作社成立后，通过土地流转，实现了规模化、机械化经营，一台台大型机械轰隆隆开上了广袤的田野，农业生产效率大幅提高，农民收益大幅增加，劳动强度却大幅降低。

“入社以后，大家感觉怎么样？”在合作社场院里，总书记开了个现场调研会。

“非常好！”社员们你一言我一语，纷纷列举入社后的实惠：“把地交给合作社放心，比我们个人种得好”“一年分红8000多元，逢年过节合作社还给大家分豆油白面发福利”“我在合作社当农机手，每月领固定工资”“我得空在家里种种菜，还能去市场上换个零花钱”“我平时在外打工搞室内装修，一年收入4万多”“我养了10多头牛，一年收入7、8万呢”……

“厉害啊！土地流转了，大家腾出手来了，可以在合作社工作，也可以搞些副业，多渠道增加收入。你们的探索很有意义，走出了一条适合自己的合作社发展道路，农业科技水平、农民科技素质和农业生产效益都有了很大提高。”总书记十分高兴。

“农业合作社的道路怎么走，我们一直在探索。在奔向农业现代化的过程中，合作社是市场条件下农民自愿的组织形式，也是高效率、高效益的组织形式。国家会继续支持你们走好农业合作化的道路，同时要鼓励全国各地因地制宜发展合作社，探索更多专业合作社发展的路子来。”

（摘自《人民日报》2020年7月26日第01版《充满希望的田野　大有可为的热土》新华社记者张晓松、朱基钗　人民日报记者杜尚泽）

专 文

FEATURES

众志成城　决胜战疫

——四平市疫情防控工作纪实

这是一场突如其来的灾难！

这是一场不见硝烟的战争！

这是一次检验四平广大党员干部和群众担当作为的历史考验！

2020年以来，四平市深入贯彻落实习近平总书记重要指示精神和党中央各项决策部署，按照省委、省政府相关部署要求，抓实抓细各项举措，全市各级党组织和广大党员干部坚守为民初心，全力以赴防控疫情、大力保障民计民生、全面强化稳就业举措、帮扶企业复工复产，在大战大考中磨砺了党性觉悟、锤炼了斗争精神、彰显了责任担当，凝聚起同舟共济、共克时艰的磅礴力量，交出让人民群众满意的答卷。

2020年，全市控制住年初和大连输入新冠肺炎疫情2波次，确诊病例始终控制在17例，累计完成核酸检测127669人、流调12523人、隔离104986人，连续309天无新增本地确诊病例，150天没有无症状感染者，疫情防控形势持续稳定向好。

科学统筹、高位运作。疫情发生后，市委、市政府高度重视、周密部署，组建四平市疫情联防联控工作领导小组，成立指挥部，组建14个工作组。建立疫情联动触发机制，搭建科学完善、指挥顺畅、层层负责的疫情防控领导体系。

1月22日，国家会议后，第一时间召开市疫情防控领导小组第1次会议，明确疫情防控工作各项要求。2月1日，在四平市本土病例发现后，紧急召开市疫情防控领导小组第7次会议。会议研究通过1月31日0时—24时四平市新增疑似病例采取的排查、管控、救治措施。

四平市首例确诊病例出现后，按照省政府新冠疫情防控工作部署，1月25日，四平市启动突发公共卫生事件Ⅰ级应急响应，全市启动突发公共卫生事件应急预案，动员储备力量全力投入病例救治。至2月19日，确诊病例15例、疑似病例10例，四平市疫情得到有效控制。结合疫情防控形势，根据省政府防控工作部署，2月26日15时起四平市由Ⅰ级应急响应调整为突发公共卫生事件Ⅱ级应急响应；随着疫情得到有效控制，根据省政府部署，3月20日14时起四平市由Ⅱ级应急响应调整为突发公共卫生事件Ⅲ级应急响应。7月24日，四平市出现大连疫情输入病例2例、无症状感染者1例，7月26日关联人员中又出现无症状感染者1例。所有确诊病例治愈出院后均未出现复阳的情况。

精准施策、医疗救治。疫情发生后，市卫健委迅速确定市县两级5家医院作为定点治疗医院，并在全市设立了12个发热门诊，全方位分诊、转送、观察、治疗各类患者。按照“集中患者、集中专家、集中资源、集中救治”的原则，牢牢把握“早、稳、实”的根本思路，坚持早发现、早报告、早隔离、早诊断、早治疗的“五早”要求，紧紧围绕“患者零死亡、医护零感染、医院不成为疫源地”总体目标，加大力度，靶向施策，确保患者得到及时、有效、优质的医疗救治。

成立医疗救治专家组、感染防控专家组、心理干预专家组、重症救治专家组，组建多学科医疗救治梯队59个。储备收治病房514间、床位1117张，ICU床位122张，发热门诊留观病房167间。

及时组织专家对疑似和确诊病例会诊，科学研判，确定治疗原则，并对所有收治的发热患者全部给予中西医结合用药对症治疗。按照“提级管理”的救治原则，对确诊患者由专家团队精心治疗，对疑似病例按确诊病例进行治疗，对可疑的发热患者一律按疑似病例进行医学干预，分别采取“一患一团队”“一患一策”“一人一方”等治疗措施，确保确诊病例不出现重症和危重症、疑似病例不转为确诊病例、发热患者不转成疑似病例。

请战一线、支援抗疫。2月2日，四平市第一批12名护理人员驰援武汉。2月5日，进驻华中科技大学同济医院中法新城院区C栋12楼西疗区。3月25日，疗区患者清零，队员零感染、护理差错零发生、护理工作零投诉。3月28日，历经56天，护理人员返回吉林省长白山管委会进行隔离休整。2月21日，四平市第二批支援武汉医疗队25名队员，进驻武汉华中科技大学附属同济医院中法新城院区。支援30天，治疗护理重患和危重患者47名，全体队员零感染。

4月11日，四平市支援武汉的医疗队37名队员完成救治任务，结束在长白山为期14天的休整期。四平市举行援鄂医疗队员欢迎仪式。市直机关、医疗卫生单位、指挥部及各工作组相关人员千余人组成方队，参加欢迎仪式。市委、市政府出台《四平市激励关爱疫情防控一线医务人员八项措施》。市新冠肺炎疫情防控指挥部向全体援鄂队员颁发印有“为武汉拼搏 为四平争光”“致敬最美逆行者”字样的抗疫英雄纪念章和2万元奖金。

5月14日，四平市派出100名咽拭子采集人员支援吉林市的咽拭子标本采集工作，完成5000余例密接、次密接等隔离人员的入户采集任务。抽调25名医护人员支援通化市疫情防控工作，派出负压救护车8辆。

全力保障、复工复产。2月6日，市卫健委向省发改委反馈企业需求，将天成玉米、白象食品等14户企业纳入国家贷款需求企业名单制管理目录。2月12日，全面启动“不见面”在线项目审批工作。

建立重点企业复工复产日调度机制，及时调度掌握企业复工复产、员工返岗、企业用工等方面需求。针对全市企业发展实际，选出疫情期间含金量高的国家及省政策20条，通过四平发布、微信群等媒体公开发布，助力企业用好用足用活政策，促经济发展。下发《关于做好应对新型冠状病毒感染肺炎疫情支持鼓励劳动者参与线上职业技能培训相关工作的通知》。完善数据报送机制，建立高效规范审核制度，规范设计智能图表23套，利用大数据筛选技术，提升数据逻辑性和精准度，为疫情防控科学决策提供精确数据支撑。同时，督促各地区扎实做好“人人有码、码上行动”工作。全市开设高级站点196个，中级站点4423个，普通扫码站点64915个。“吉祥码”注册126.35万人，人口占比58.45%。总扫码数2982.51万人次，人均扫码13.8次。

至4月28日，有11户企业享受到2亿的低息贷款额度。为23户企业向省申报纳入享受税收政策疫情防控重点保障物资生产企业名单。佳乐宝、立白日化、拓华生物等18户企业纳入省第一批享受税收政策疫情防控重点保障物资生产企业名单。实行24小时办结制，为昊融银业、康达农机、线路器材厂等119户企业办理复工备案要件，为四平热电、艾斯克等企业办理员工工作证和车辆通行证。实行督导联络员制度，对重点工业企业派驻驻厂联络员。帮助吉林省新天龙实业股份有限公司解决2列火车7424吨生产用煤。帮助企业联系进货渠道，科学发放防控物资，累计帮助开复工企事业单位解决口罩42.1万个。帮助新天龙和诚实化工两户企业协调解决贷款2.5亿元和500万元。3月13日，扣除季节性停产和非疫情原因未复工企业，全市规上工业企业172户复工率100%。

常态防控、宣传到位。制定下发《四平市秋冬季新冠肺炎疫情防控工作实施方案》《四平市新冠肺炎疫情常态化监测预警工作实施方案》《关于建立四平市新冠肺炎疫情防控指挥部联动触发机制的通知》。严格落实“四早”“四集中”原则，指导各地进一步做好新冠肺炎疫情常态化监测预警工作，提高监测敏感性和分析预警能力，做到早发现、早报告和实时预警，有效采取针对性防控措施，防止疫情发生和扩散，按照点与面结合、传染病监测系统与其他部门监测系统结合、常规监测与强化监测结合的原则，应对秋冬季节可能发生的新冠肺炎疫情，做好各项防控准备工作。

刊发专报154期、疫情动态142期，在中央级媒体刊播稿件162篇，在省级主流媒体刊播稿件694篇，四平市媒体刊播相关报道3.1万余篇。其中，市直媒体1.8万余篇；县（市）区媒体1.3万余条；吉林省转发四平经验187条；统筹全市各类媒体平台统一开设《打赢疫情防控阻击战》专栏，四平市大喇叭加流动小喇叭宣传疫情防控部署；加强网上舆情监控，及时发布、转载权威媒体关于疫情的报道，准确客观地向社会通报疫情态势和防控工作进展，回应网民关切，科普防控知识，澄清不实传言。至年末，全网监测涉及四平的网上信息1.6万余条次，通报处置敏感舆情100余条。

在车站、学校、小区等处悬挂宣传条幅，重点公共场所全覆盖。开展志愿服务，在居民楼单元门口、小区入口等处张贴海报。协调通信运营商，高频次发布提示短信。设置疫情防控户外宣传大屏幕、电子显示屏2201处，宣传车6000余辆，宣传条幅11885条，印发宣传单191万张，群发短信1.32亿条。在乡镇、村屯，利用大喇叭、移动音箱等设施每天进行全覆盖宣传。

群防群控、严密防线。下发“温馨提示”，动员全体市民主动“三报告”，即个人出行要报告、来返四平要报告、身体异常要报告；倡导“三自觉”，自觉少聚集、自觉少流动、自觉接种疫苗；落实“三必须”，必须加强防护，公共场所人员出入必须扫码测温、佩戴口罩、保持社交距离。必须科学管理，养老院、儿童福利院等做好错峰接待和来访人员管理，关键节点封闭管理。必须关口前移，切实发挥哨点的预警、监测、报告作用，连锁药店开展“一退两抗”药品销售情况登记、监测，火车站、客运站、大型商超设立测温门，个体诊所不允许接诊发热病人，坚决织密织牢群防群控这张网。

（袁松年　韩 伟）

步履铿锵小康路

——四平市5年脱贫攻坚工作回眸

从全省脱贫攻坚成效考核末位，到连续两年进入“第一方阵”，四平用了5年时间，打了一场轰轰烈烈的脱贫攻坚翻身仗，交出了一份承载着“幸福感”的成绩单——

中央巡视、国检反馈问题销号清零；

省定贫困片区双辽市摘帽；

125个贫困村退出；

21522户41645名贫困人口实现脱贫；

贫困发生率由2015年的5.1%下降到零；

年均收入由2015年的2400元/人提高到9100元/人……

一组组闪金亮银的数据，是圆梦小康路上的最佳注脚，更是授予每一位扶贫干部和脱贫户的耀眼勋章。

谋篇布局，压实责任，明确“谁来扶”。四平市委、市政府坚持把高起点设计、高站位推进、高效率落实，作为脱贫攻坚的动力之源，以“决战贫困、同步小康”为统领，建立起完善的统筹落实机制，科学精准谋划，把牢脱贫方向。

四平紧盯“两不愁三保障”核心目标，聚焦巩固整改成果、压实重点任务、放大政策优势，结合四平实际，制定出台了《关于打赢精准脱贫攻坚战三年行动的实施意见》《“十三五”脱贫攻坚规划》《解决“两不愁三保障”突出问题工作方案》等指导性文件，将落实中央文件具体化、制度化、规范化，确定时间表、制定路线图、立下军令状，实行挂图作战、统筹协调、整体推进，下足“绣花功夫”，全力以赴托底、守底、保底，为打好脱贫攻坚战“落子布局”。

创新脱贫攻坚战区责任制。实行“四级书记抓扶贫”，建立市、县、乡、村上下联动“四级”责任体系，形成市领导包县、县领导包乡、乡领导包村包户、党员干部包人的“责任链”。各地各部门分类型分区域制定脱贫目标，打出“责任、任务、措施”三张清单牌，层层压实各级领导、各行业部门、驻村干部、第一书记责任，逐级签订脱贫攻坚责任书，定期调度工作进展。先后召开市委常委会、市政府常务会、脱贫攻坚领导小组会、国家脱贫攻坚成效考核反馈问题整改动员部署会、脱贫攻坚双周调度部署会，定标定调、细化举措、夯实责任、划清节点、确定时限，明晰了“干什么、怎么干、谁来干、干成什么样”，构建了横向到边、纵向到底、合力攻坚的责任体系。

市委、市政府主要领导靠前指挥、一线作战，开展“遍访贫困对象”行动，引领带动全市扶贫干部顶烈日、战酷暑、冒风雪、踏泥泞，进百家门、问百家贫、扶百家困。5 年来，市级党政主要领导遍访 7 个脱贫攻坚任务较重乡镇，县级党政主要领导遍访 125 个贫困村。同时，构建起“市、区县、街道（乡镇）、村企、社区与贫困村”五级结对联动的帮扶体系，广泛动员社会各界力量投身扶贫事业，通过推进“企业+农户”精准结对模式、探索“非公人士+扶贫”参与互动模式、发展“民营企业+贫困村”村企共赢模式，变被动扶贫为主动合作，形成了政府、市场、社会互动，专项扶贫、行业扶贫、社会扶贫联动的大扶贫协作格局。

靶向定位，挤干水分，找准“扶持谁”。为确保扶贫对象精准，四平市牢牢把握“遵循标准、逐户核查、公示公告、分级确认、动态调整”的原则，建立精准识别机制，对“应纳未纳、返贫、清退、回退、自然变更人口”进行全面核实，并开展“回头看”“回头查”及时甄别调整，提升贫困人口识别准确率，让贫困人口“应纳尽纳”“应扶尽扶”“应清尽清”，让“浑水摸鱼”者“无所遁形”。

派出村两委和驻村工作队，以村两委和驻村工作队为主体，集中力量开展贫困人口再识别，科学把握识别标准，严格执行识别程序。通过深入百姓家中，实打实地摸家底、面对面地查原因，及时做好数据信息调整与补录，精简完善扶贫档案台账。

在此基础上，开展建档立卡信息系统数据对比工作，对各项基础数据的历史沿革、变化过程，进行梳理和统计，统筹测算贫困群众的刚性收入和支出、老旧债务负担变化，提高扶贫档案规范性，为脱贫攻坚提供最新、最实、最全的第一手资料，确保真正符合条件的扶贫对象一个不落、不符合政策标准的一个不进。经过三轮精准识别，对全市的建档立卡贫困村、贫困人口和贫困原因，做到了底数清、数据准。

同时，严格按照精准退出标准，聚焦脱贫摘帽这一头等大事，重点抓好省级贫困片区双辽市退出初审各项工作，制定《双辽市省级贫困片区摘帽市级初审工作实施方案》《双辽市省级贫困片区摘帽市级初审实地核查工作方案》，组成联合查验组，进行全面核查验收，实现“查验全覆盖”。

聚焦短板，靶向施策，破解“怎么扶”。四平市按照“一村一规划、一户一方案、一人一措施”要求，立足“产业发展、创业就业、教育、健康、危房改造、金融扶贫、兜底保障”等脱贫攻坚的关键环节、关键部位，建立精准帮扶机制，打出扶贫“组合拳”，分领域、分战线推进脱贫攻坚纵深发展。

2016 年至今，累计投入专项扶贫资金 13.5 亿元，整合资金 3.26 亿元。全面补齐水、电、路、房、网和教育、医疗等基础设施短板，强化教育扶贫、健康扶贫、低保与扶贫对接、临时救助等兜底保障，确保全面小康、不落一人。

全面落实“两不愁三保障”。推进全域全程，实现饮水安全有保障。按照“科学规划、点面结合、集中连片、整体推进”原则，依据区域地理特征和可利用水资源分布现状，实施“全域安全饮水工程”。在统筹解决农村饮水问题的基础上，农村饮水安全巩固提升工程重点向贫困村、贫困人口倾斜，实施农村饮水安全脱贫攻坚挂牌督战，确保农村饮水安全工程真正成为“德政工程”“民心工程”“健康工程”。脱贫攻坚以来，全市农村饮水安全工程共投资13.33亿元，解决了109.67万农村居民的饮水安全问题，全市建档立卡贫困户饮水安全问题得到全面解决。

坚持应改尽改，实现住房安全有保障。按照贫困户“不住危房”的要求，对全市建档立卡贫困户住房均进行安全性鉴定，制作房屋安全标识牌，扎实推动危房改造及“各类困难群众住房保障不达标”短板问题整改。采用“农户自建或政府统建”方式进行改造，累计完成建档立卡贫困户危房改造9118户，实现脱贫人口全部住上安全房。

突出落实落细，实现义务教育有保障。精准开展控辍保学，除身体原因不具备学习条件外，全市贫困家庭义务教育阶段适龄儿童少年无失学辍学；精准落实资助政策，2016年以来，全市累计资助建档立卡学生9751人次，资助金额786.86万元。“雨露计划”累计补助学生5105人次，补助金额765.75万元。

注重应保尽保，实现基本医疗有保障。贫困人口签约服务实现“应签尽签”，建档立卡贫困人口大病救治率、家庭医生签约率、参合率均达100%。在落实落细各项基本医疗政策的同时，在全市范围内开通“购药直通车”，解决重点人群买药取药难等问题。截至11月末，全市已有1383人次的贫困患者购药、看病受益。

引入脱贫攻坚“源泉活水”。做强特色产业，增强“造血”功能。坚持打造“一县一品”“一乡一特”，构建大产业扶贫格局，培育稳定增收产业。立足四平农业优势资源，大力扶持发展特色种植、养殖、加工、旅游、光伏等中长期致富产业，实现了由“输血式”扶贫向“造血式”扶贫转变。形成了梨树县棚膜经济、伊通县特色种植养殖业、双辽市光伏发电、铁东区和铁西区的种植采摘旅游一体化等具有鲜明地域特色的优势主导扶贫产业。2016年以来，累计投入扶贫资金4.4亿元，实施扶贫产业项目203个，贫困人口项目受益率达100%。

拓宽就业渠道，撬动“杠杆”效用。通过转移就业、设置扶贫公益性岗位、扶贫专岗等措施，拓宽贫困群众就业渠道，鼓励扶贫车间、扶贫龙头企业吸纳贫困劳动力就业，千方百计提高贫困户收入。目前，全市贫困劳动力就业人数达12256人，其中省外就业人数1937人，省内县外就业人数1415人，县内就业人数8901人。累计开发扶贫专岗7374个，有效解决弱劳动能力贫困人口就近就地就业问题。疫情防控期间新增扶贫特岗安置就业人数1107人，疫情、灾情期间无一户致贫返贫。

整合各类资源，拓展“消费”路径。结合不同贫困地区的自然、产品、文化、资源等优势，因地制宜落实消费脱贫政策，制定具体实施办法。开展“万企帮万村”“民企帮扶脱贫攻坚光彩行动”等活动，采取“以购代捐”“以买代帮”等方式，“定向、增量”优先采购、消费贫困地区农产品及贫困地区服务，吸纳贫困地区富余劳动力。同时，积极开展线上销售活动，利用抖音、快手、淘宝等网络自媒体，广泛推介扶贫产品。扎实推进“三专一平台”活动，全市共布放专柜300台，设立消费扶贫专区12个，梨树县、双辽市、伊通县、铁东区、铁西区消费扶贫馆正式挂牌。推进村级电商服务站建设，全市共建立电商产业园区6个，省级电子商务示范村43个，建立村级电商服务站420个，实现了125个贫困村电商全覆盖。2020年1月至11月，全市消费扶贫农产品销售额实现3047.26万元。

实时监测，动态管理，织密“兜底网”。按照“未贫先防”原则，四平市先后出台《巩固脱贫成果防返贫防致贫的实施意见》《防返贫防致贫监测和帮扶工作指导意见》等文件，设立总额为530万元的防贫保障救助基金，有效防止“脱贫不稳定户”和“边缘户”致贫返贫。

“政府+保险”，筑牢“防火墙”。四平建档立卡贫困人口中，因病因残致贫占比94.7%，纳入监测范围的“脱贫不稳定户”和“边缘户”，因病、因灾、因学造成的低收入占比98.19%和81.86%。针对这一情况，采取“政府统筹、社会参与、第三方操作”的方式，对因病、因灾、因学等大额刚性支出造成骤贫的人群，进行及时处置。由政府财政出资，与保险公司合作，设立防贫保障救助基金，保险公司设立政府资金额20%的风险金，补充救助支付金额。

“监测+救助”，织密“兜底网”。设立预警界限。将“脱贫不稳定户”和低于脱贫收入线1倍的“边缘户”全部纳入信息系统，设置“自付医疗费用超过0.5万元”“因学超过0.8万元”“因灾超过1万元”的预警线。符合救助人员自费部分达到救助起付线后，超过起付线部分实行阶梯式救助，分段计算救助金额。

加强跟踪监测。以医保、教育、应急管理等涉及“两不愁三保障”的责任部门为主体，构建数据监测责任体系，利用数据平台，对“两户人员”按照因病、因学、因灾等设置的防贫预警线，每月初进行一次数据筛查比对，及时将自费支出达到防贫预警线且有返贫致贫风险的人群列入核查救助范围；以乡村干部、驻村工作队、帮扶责任人为主体，构建实地监测责任体系，坚持县乡共管、动态调整的原则，通过日常走访，动态掌握“两户人员”因病、因学、因灾等返贫致贫风险信息，及时纳入监测核查救助范围。

规范救助操作。制定出台《四平市防贫保障救助基金操作规范（试行）》，核查工作由保险公司按照“四看、一算、一核、一评议”标准组织实施。“四看”即看住房、看家用、看大件、看儿女；“一算”即算家庭人均纯收入；“一核”即核信息；“一评议”即最后对被核查人家庭情况进行整体评价，对是否符合防贫标准进行综合评估判断。经核查评议公示无异议的保障对象，在县级防贫办公室审批备案后，发放防贫保障救助金。

“购药+救治”，开通“直通车”。在设立保障救助基金的基础上，四平市还进一步把防范端口前移，全面开通购药、救治“健康直通车”。建立县、乡、村三级“车长”制，送医、送药、送服务，简化就诊程序，实施单独采购，规范医保目录外用药，使其享受医保报销政策，快速帮助解决贫困患者合理购药、就诊需求，减少自费支出。

截至目前，全市已累计救助“两户人员”113户，其中，贫困户77户、边缘户36户，共发放救助金160余万元，有效防止了“两户人员”致贫返贫。

高悬利剑，自我加压，锤炼“硬作风”。四平市注重“双查”结合，“三管齐下”织密监督体系。突出考核指挥棒作用，利用“两办督查、市委巡察、市扶贫暗访”三支利器，“排查”和“督查”相结合，严格按照“有错必纠、有漏必补”的原则，持续开展督导、调研、暗访行动。聚焦突出问题拉单子、建台账，逐项认领、逐个识别，举一反三“自揭伤疤”，刀刃向内“刮骨疗毒”。对各县（市）区及相关部门问题整改落实情况和重点工作完成情况，进行专项督查；对扶贫开发成效考评反馈问题进行巡察；对形式主义、官僚主义和腐败问题现场监督整改。2016年以来，对照中央各类督查反馈问题“回头看”、中央专项巡视反馈问题、国家和省成效考评反馈问题、国务院脱贫攻坚领导小组专项巡查反馈问题，举一反三、敲实敲准、照单全收、全部认领、全面排查。对这些问题，坚持高位部署，深挖问题根源，细化整改清单，强化跟踪督导，明确整改时限，均已全部完成整改到位。在中央巡视“回头看”、国家脱贫攻坚成效考核中，连续三年未出现重大纰漏，为全省打好脱贫攻坚战提供坚强保障。

坚持问题导向，“四级联动”兜牢攻坚网底。坚持高位推进促整改，以深入发掘问题、强化督导落实为出发点，以彻底解决“两不愁三保障”领域存在的突出问题为总目标，建立市、县、乡、村四级联动机制，采取“四不两直”方式，按照“纵向到根、横向到边”原则，推动督查暗访工作制度化、常态化、长效化。市委、市政府主要领导以上率下，五位常委分片督战，“两不愁三保障”重点部门一把手、各地党政一把手对各自辖区分片包保，抽调精干人员组成“扶贫巡查大队”进行拉网式暗访。深入了解全市脱贫攻坚工作存在的突出问题和短板，面对面提出指导性意见，全方位体检透视，按照督查暗访反馈问题，逐一整改，对账销号，打通整改工作“中梗阻”，推动精准要求贯穿全过程、各领域，实现了无盲点、全覆盖。

狠抓作风建设，“日访日报”确保盲点清零。抽调精干力量成立作风调研组，制定《脱贫攻坚督导暗访工作实施方案》和《实施细则》，围绕“两不愁三保障”硬任务落实和扶贫干部作风问题，开展脱贫攻坚“百日行动”。采取随机选村、直接入户、蹲点式暗访、跟踪核查方式，明察与暗访相结合、“日暗访日通报”。通过查阅资料、逐项核实、现场踏查，紧盯在基础设施、扶贫项目、乡村治理能力、扶贫政策知晓率、特殊困难群体帮扶措施落实、驻村干部作风等方面的突出问题和薄弱环节，精准监督、靠前监督，进行扶贫领域问题线索大起底、大排查，对发现问题限期整改、及时回访、跟踪问效。对2018年以来受理的扶贫领域腐败和作风问题线索进行梳理汇总，共梳理出问题线索556件，已建立台账并逐件筛查，全部办结。对2018年以来已办结案件开展回访，目前回访率已达到100%。同时，及时督促相关部门和单位全面落实脱贫攻坚工作责任落实，适时开展“回头看”，督促其整改到位，严防整改“走过场”。

择优选强，比学赶超，锻造“硬队伍”。为打造一支“扶贫铁军”，四平市充分发挥“村干部、乡干部、驻村干部”三个重要关联纽带作用，选派优秀中青年干部到贫困村担任第一书记，打造一支“懂扶贫、会帮扶、作风硬”的扶贫干部队伍，夯实脱贫攻坚的人才基础。

激活村干部。开展“村干部队伍规范优化提升”行动，通过整治、立规、创优，提升村干部队伍素质。2016年以村“两委”换届选举为契机，按照“三高三强两满意”目标，全市755个村高标准完成了村“两委”换届工作，一批政治素质好、愿意为村民服务的优秀人才选进了班子。

选强乡干部。在全市范围内开展清退借调乡镇干部专项行动，清退乡镇借调干部387人；明确乡镇干部规范管理要求，提升乡镇书记选配标准，坚持把最优秀最合适的干部选拔到乡镇党委书记岗位上来，切实做到“好中选优、优中选强”；储备乡镇党委书记后备人才，县级党委在县域内按照“一职二备”的比例，择优遴选建设了一支数量足、质量好、结构优、活力强的乡镇党委书记后备人才队伍。

整合驻村干部。坚持因村因需精准选派，建立村第一书记派驻长效工作机制，按照“好中选优，优中选强”原则，注重选拔优秀年轻干部，持续保持驻村干部队伍稳定性和工作连续性，一大批敢担当、有能力的干部冲在了扶贫一线，实现755个行政村第一书记全覆盖，目前有1958名驻村干部在村工作，实现第一书记行政村选派全覆盖。

为激发各级扶贫干部参与脱贫攻坚的热情和活力，四平市制定《脱贫攻坚工作成效考核评价实施办法》《乡镇领导班子和领导干部目标考核评价实施办法》，建立驻村干部考评评价体系，坚持日常考评与年度考评相结合，逐级建立驻村干部“钉钉群”，每年开展两次驻村干部考核，持续开展第一书记“联线”，定期通过视频方式直接面对面了解驻村干部情况，切实做到了管到位、严到份。5年来，四平市先后提拔在脱贫攻坚工作中表现突出的干部265人，塑造了一支“不走的脱贫工作队”。

（吉林日报记者崔维利、王纪佳根据乡村振兴局材料改写）

奋进中的成就　变革中的辉煌

——四平市“十三五”时期经济社会发展回眸

2016—2020年“十三五”规划的5年，是跋涉在民族复兴路上的社会主义中国的“关键一程”。四平与全国一样，5年中，有奋进中的成就，有变革中的辉煌，有风雨中的磨炼，有艰难中的胜利。回眸这“关键一程”，从中找寻脉络，总结经验，将对新征程的方向更加坚定自信，对新时代的大势更能准确把握，对发展中的新老问题更能深刻洞察，从而更加稳健前行。

过去5年，四平市经济社会发展取得显著成效。特别是党的十九大以来，在以习近平同志为核心的党中央坚强领导下，面对复杂多变的宏观经济环境，四平始终坚持稳中求进工作总基调，经济社会保持稳定发展态势，产业结构持续优化，质量效益稳中有升，改革开放扎实推进，民生保障更加有力，城乡居民可支配收入跑赢经济增长，决胜全面建成小康社会取得决定性成就。

站在“十三五”与“十四五”的交会点上，英雄城再扬新征程奋进风帆！

发展理念——并驾齐驱、贯穿全过程各领域。贯彻五大发展理念并驾齐驱，新发展理念贯穿经济社会发展全过程和各领域，推动质量变革、效率变革、动力变革，加快发展质量、结构、规模、速度、效益相统一，实现更高质量、更有效率、更加公平、更可持续、更为安全的发展。

（一）创新发展动力澎湃

全市国民经济持续健康发展，重大科技成果不断涌现，创新驱动发展在全市经济社会中的作用进一步凸显。2019年，全市规模以上工业企业R&D经费内部支出0.7亿元，研究与试验发展（R&D）人员441人。全社会R&D经费内部支出由2015年的0.9亿元，增长到2019年的1.9亿元，年均增长18.9%（R&D数据包含公主岭）。5年来，全市知识产权创造能力取得长足进步，有效注册商标总量达到13059件，实现了216.0%的增长，每万人发明专利拥有量达1.53件。科技与经济深度融合，成果转化量质齐升。

（二）协调发展不断优化

统筹打造新增长极，区县经济加快发展壮大。2020年，全市5个县（市）区中，GDP增速全部为正增长，总量超过90亿元的地区达到4个。一般公共预算全口径财政收入过7.5亿元的区县，达到3个。

（三）绿色发展扎实推进

调整产业结构。淘汰落后产能，大力整顿“散乱污”企业，为拥抱“高精尖”产业腾出空间。

能源结构持续优化。2019年，全市非化石能源占一次能源消费比重为8.7%（含公主岭）。

资源利用效率全面提升。高耗能行业能源利用效率提高，节能效果明显，2020年，高耗能行业增加值能耗同比下降16.9%，是工业增加值能耗下降的主导因素。

强制垃圾分类。“限塑令”升级，绿色家居、绿色出行引领绿色消费，百姓的生活方式加快向绿而行。

全市森林覆盖率达到19.4%，绿色日益成为全市经济高质量发展的鲜明底色。

（四）开放发展水平更高

对口合作迈出实质性步伐，打通与国际接轨“绿色通道”，四平海关正式开关运行，对外贸易不断增长。2020年，全市进出口总额4.7亿元，同比增长28%，其中，进、出口总额分别实现2.1亿元和2.7亿元，同比增长53.6%和13.4%。

（五）共享发展惠及民生

脱贫攻坚取得重大胜利，省定贫困片区双辽市摘帽；125个贫困村退出；21522户41645名贫困人口实现脱贫；贫困发生率由2015年的5.1%下降到零；全市贫困人口年人均收入由2015年的2400元提高到9100元。

5年间，全市生态质量改善幅度前所未有。在全国地表水环境质量改善排行榜中，四平市连续多季度蝉联第一，全域消除5类水体。大气环境质量“十三五”期间首次达到国家二级标准，空气质量提前达到蓝天保卫战要求。2020年，全市优良水体比例达50%，全年城市环境空气质量优良天数比例达到84.4%；PM_{10}和$PM_{2.5}$平均浓度分别为61微克每立方米和33微克每立方米。受污染耕地安全利用率达100%，涉重金属企业排放量完成减排9.2%。

化解政府债务，集中开展非法集资、互联网金融等专项整治，清收不良贷款22.8亿元，隐性债务风险解套，财政回旋空间得到极大拓展，为经济社会发展提供安全稳定金融环境。

发展质量——速度变化、结构优化、动力转换。“十三五”时期，四平市经济发展进入新阶段，呈现出速度变化、结构优化、动力转换的规律性，标志着四平正昂首迈向更高发展境界。

（一）速度变化

GDP 增速变化：“十三五”时期，全国经济由高速增长转向高质量发展阶段。四平经济也努力转型发展，GDP 和工业经济结束了“十二五”初期高达两位数的增长，实现了有质量、有效益、可持续的增长。全市 GDP 增速持续放缓，由 2011 年的 15.5%和 2012 年的 10.8%，逐年下降至 2016 年的最低点-0.2%。之后探底回升，近 4 年间保持在 3%—4%的增长水平。

工业增速变化：全市将供给侧结构性改革作为主线，推动“三去一降一补”取得明显进展。工业经济在经历了转型升级的阵痛后，于 2017 年由负转正，分别增长 2.9%和 6.0%，运行回归合理区间。

固投增速变化：面对经济发展新常态，“三期叠加”之际，经济下行压力凸显，一味上项目、铺摊子等粗放式发展的老路难以为继。全市投资增速发生了显著变化，由 2018 年的-34.6%触底回升，2019 年、2020 年分别实现 11.2%和 10.1%，投资发展驶入新航道。

社会消费品零售总额增速变化：社会消费品零售总额增速持续下滑，由 2016 年的 9.9%下降到 2019 年的 3.1%。2020 年，四平市在新冠肺炎疫情冲击下，消费市场抵住压力，逆境奋起，社会消费品零售总额降幅逐月收窄，全年增速-10.6%。

（二）结构优化

三产结构逐步完善。“十三五”时期是四平经济转方式、调结构的关键期，既要看速度，也要看增量，更要看质量。全市第三产业占 GDP 比重，由 2014 年的 39.7%提高到 2020 年的 45.8%，优于第一产业占据经济主导地位，浪潮四平云计算中心·大数据交易所一期工程、万邦农副产品批发市场、万嘉购物广场等投入使用，吉高物流、君汇石油仓储物流、金融街等项目扎实推进，生态园、采摘园等乡村旅游快速发展。

农村产业结构更趋合理。2020 年，农业产值占农林牧渔业总产值的比重为 30.1%，比 2016 年降低 3.9 个百分点；畜牧业产值占农业产值比重为 66.5%，比 2016 年提高 6.2 个百分点。农业产值占比缩小，畜牧业产值占比提高，更加适应经济社会发展需要。

民营工业规模增大。随着民间投资领域和范围进一步拓宽，非公有制经济的发展环境不断改善，全市民营工业经济逐渐发展壮大。2020 年，全市民营企业占规模以上工业企业比重达 84.3%；利润总额同比增长 39.9%；增加值同比增长 6.1%，高于规模以上工业增加值增速 0.4 个百分点；民营工业增加值占全市规上工业增加值总量的 50.1%，比重过半。民营工业正在成为全市最具潜力和活力的群体，是规模以上工业增长的主要推动力量。

投资结构日趋合理。5 年间，全市一、二、三产投资累计分别完成 105.6 亿元、562.8 亿元和 842.5 亿元，投资结构占比为 7.0:37.2:55.8，形成了“三产为主，二产、一产次之”的新投资结构格局。由高污染、高耗能的工业投资，优化调整为高效能、高回报的商贸投资；由依靠投资需求拉动经济增长，转变为依靠消费需求拉动经济增长，经济发展活跃，稳定性更强。

消费结构逐年优化。随着国家对农村消费市场支持力度不断加大，在一系列支农、惠农政策的推动下，农村消费水平低、所占份额少的状况逐年改善，出现了农村消费市场加速发展的良好态势。5 年间，全市乡村零售额年均增速达 2.4%，高于城镇零售额年均增速 0.4 个百分点。汽车产业消费占比增高，“十三五”期间，伴随着经济增长和城市化进程加快带来的机动车保有量飙升，全市汽车行业占限额以上零售额比重，由 2016 年的 5.6%上升至 2020 年的 17.5%，提高 11.9 个百分点；同比增速由 2016 年的 11.3%，上升至 2020 年的 22.1%，提高 10.8 个百分点。

（三）动力转换

从要素投资驱动转向创新驱动，是实现高质量发展的必由之路。5 年来，创新成为四平发展的重要驱动力，源源不断为经济发展积蓄前进动力。

5 年来，四平建设规模化市级科技创新平台 13 家，新增省级科技小巨人企业 18 户，新建院士工作站 7 家，新落户科技成果转移转化中心 7 个。吉林师范大学“双创中心”开始启动，吉林省换热系统中试中心、长春应化所创新中心等一批科技创新平台建成使用。中国农大梨树实验站、黑土地论坛、中国农民合作论坛、农业科技校园等农业科技平台作用不断彰显。伊通满族自治县首创手机定位测土配方施肥技术全国推广，梨树县保护性耕作技术推广面积居全省首位。汽车零配件、智能化畜禽屠宰、渣油加氢工艺螺旋板换热器等技术水平填补国内空白。

破解制约转型升级的深层次矛盾，全市将供给侧结构性改革作为主线，推动“三去一降一补”取得明显进展。钢铁产业从全面亏损，到实现去产能目标，再到行业效益达到历史最高水平，验证了供给侧结构性改革的成效。2020年，全市钢材产量143万吨，是2016年的35.8倍，年均增长144.6%，其产值占全市规上工业总产值比重达17.3%，成为全市支柱产业。通过降成本，企业税费负担进一步降低，2016年至2020年全市新增减税降费累计达13.3亿元。

经济走势——总体平稳、稳中有进、长期向好。“十三五”时期，面对“三期叠加”的经济下行压力，四平市积极适应新常态、把握新常态、引领新常态，全市经济从总体平稳到缓中趋稳，再到稳中有变、稳中有进，经济运行始终保持稳的主基调，不改稳中向好、长期向好的基本趋势。

（一）经济实力增强

2020年，全市地区生产总值实现526.6亿元，比“十三五”初期的2016年增加90.5亿元，是2016年的1.2倍，按不变价格计算，年均增长3.3%。其中第一、二、三次产业增加值分别实现182.7亿元、102.5亿元和241.3亿元，年均增速分别达到3.9%、6.1%和1.7%。三次产业均有较大发展，第一、二、三次产业增加值在“十三五”期间分别增加49.0亿元、18.7亿元和22.9亿元。产业结构不断优化完善，由“十二五”末期2015年的37.9:20.2:41.9调整为2020年的34.7:19.5:45.8。全市经济发展总体平稳，稳中有进。

（二）发展趋势平稳

经济发展总体态势平稳向好，全市高质量发展步履铿锵。城镇人口占总人口的比重2020年达42.3%。GDP占全省地区生产总值的比重，由2016年的4.2%提高到2020年的4.3%，提高0.1个百分点。人均GDP由2016年的19797元，提高到2020年的24586元，年均增长5.6%。财政实力的增强，支持了国民经济建设，满足了全市各项事业的发展需要。2020年，全市全口径财政收入和地方级财政收入分别实现74.5亿元和33.8亿元。人民币存款余额由2016年的864.0亿元，增长到2020年的1234.7亿元，年均增长9.3%。

（三）投资效能增强

投资力度加大，投资结构优化，全市固定资产投资实现跨越式发展。5年间，全市累计完成固定资产投资1510.9亿元，年均投入300亿元。投资效能不断增强，投产率显著提升。累计新开工项目2100余个，完工投入使用项目1500个，全市完工投入使用项目新增固定资产800亿元，成为推动四平振兴发展的强大引擎。

三次产业投资均有大幅度增长，投资结构不断优化，日趋合理。5年间，农林牧渔业累计完成投资105.6亿元，占全市投资的7.0%，比“十二五”期间提高3.4个百分点，农村基础设施建设持续投入；工业投资555.9亿元，占全部投资比重的36.8%，其中，工业技改投资299.3亿元，占工业投资的54.1%，较“十二五”时期提高1个百分点；第三产业投资累计完成842.5亿元，占全市投资比重比“十二五”时期提高20.6个百分点。坚持商旅兴市和生态育市，旅游业累计投资达19亿元。

（四）消费环境优化

“十三五”时期，四平市消费商品品类增多，消费市场从追求数量向追求品质升级。消费市场总体规模扩大，消费支出不断增加，消费总量呈增长态势。2020年，在新冠肺炎疫情影响冲击下，消费增速有所放缓，但降幅逐季收窄，消费市场逐月恢复。全年社会消费品零售总额实现172.0亿元，与2016年相比，平均每年增加1.3亿元，年均增长0.8%。

城乡消费市场持续稳定增长，农村消费展现巨大潜力，促进了消费结构改善，拉动城乡市场共同繁荣。2019年，全市城镇社会消费品零售额比2016年增长6.2%；乡村社会消费品零售额比2016年增长7.4%；全市人均社会消费品零售总额达8941元，是2016年的1.12倍，年均增长5.6%。

网络商品零售发展迅速，网络消费已经从普通的衣物、家居用品、装修材料等商品消费延伸到教育课程、旅游套餐等消费。2020年，全市限额以上批发和零售业通过公共网络实现的销售额达2293.7万元，比2016年增加1261.6万元，年均增长22.1%。

“三农”——农业增效、农民增收、农村繁荣。“十三五”期间，四平市委、市政府高度重视“三农”工作，以乡村振兴战略为总抓手，以农业增效、农民增收、农村繁荣为目标，以一、二、三产业融合发展为契机，深入推进农业供给侧结构性改革，全面落实支农惠农政策，农业综合生产能力迈上新台阶：粮食生产突破100亿斤，粮食单产稳居全省排名之首；农林畜牧渔业持续保持稳定健康发展；农业基础设施和农村环境进一步改善；农民生产生活质量再上新台阶。

农业产业不断壮大。市级以上农业产业化龙头企业发展到220户，规模化棚室园区、养殖场分别发展到79个、723个，“平地生香”农产品区域公用品牌开全省先河。2020年末，全市各类市场主体达20.7万户，农业新型经营体系不断发展壮大，农民专业合作社8052户，其中家庭农场4192个，观光农业、休闲农业、体验农业、农村电商等新兴业态蓬勃发展，引领农村三次产业融合发展。

农业经济保持稳定增长。2020年，全市农林牧渔业总产值实现385.1亿元，是2016年的1.5倍，年均增长10.8%。畜牧业从规模化养殖向现代化养殖转变，畜产品生产能力不断提高，畜牧业产值由2016年的154.0亿元，提高到2020年的256.2亿元，是2016年的1.7倍，年均增长13.6%。

农业机械化水平不断提升。农业机械总动力由2016年的240.1万千瓦，发展到2020年的308.6万千瓦，年均增长6.5%；拖拉机保有量、播种机械分别由2016年的6.1万台、5099台，增长到2020年的6.4万台、34620台，年均增长1.2%和61.4%。农业生产综合机械化水平达到91%，成为全省唯一的国家全程机械化示范市，适度规模经营比重连续3年超过60%。

粮食综合生产能力不断增强。新建高标准农田2.7万公顷，推广保护性耕作24.4万公顷，建设县乡村三级黑土地保护示范体系，辐射带动东北地区110个示范基地。5年间，全市粮食总产量2345.5万吨，年均产量469万吨，其中2016、2017年粮食产量均突破500万吨。粮食单产水平始终位居全省领先，尤其2020年，全市克服新冠肺炎疫情、3场密集台风和历史罕见冰冻雨雪灾害等不利影响，粮食生产喜获丰收，总产量达444.1万吨，粮食单产7633.4公斤/公顷，比全省平均水平高出939.8公斤/公顷，实现“十七连丰”。黑土地保护“梨树模式”全国推广，在全国农业现代化第一方阵中的地位更加巩固，有力确保了粮食安全。

农民收入不断攀升。2020年，全市农村常住居民人均可支配收入突破1.5万元，达15890元，居于全省各市（州）第三位，比2016年增加3827元，增长31.7%。随着农民收入水平的不断提高，四平农民购买力逐步增强，消费实现多样化，物质生活日益丰富，实现了从吃饱到吃好、从穿暖到穿好的转变。

工业——稳增长、强动能、促转型。“十三五”时期，全市工业经济处于转型升级的阵痛期。四平从振兴老工业基地的实际出发，唤醒“沉睡的资产”，启动“双停”企业，为全市工业增添新动能。

工业经济平稳增长。5年来，工业累计实施500万元以上固定资产投资项目721个。1万台免耕播种机、40万平方米板式换热器、1000吨万能成盐剂、艾斯克100台家禽自动掏膛机异地改造、中电5万吨线路金具异地改造、20万吨乳酸菌制品等217个项目竣工投产，对增强工业经济实力、稳定工业增长发挥了重要作用。2020年，全市产值超5000万元企业达到84户，超亿元企业达到45户，超5亿元企业达到13户，超10亿元企业达到4户。2020年，全市规上工业总产值同比增长4.1%，工业增加值增长5.7%，规上工业企业利润实现17.3亿元，同比增长68.0%。

增强发展内生动力。5年间，累计盘活现代钢铁、通钢制品、福耀双辽玻璃、红嘴农高等停产企业闲置资产33.3亿元，形成年产值50亿元的增量，破产重整后的企业实现了凤凰涅槃、浴火重生，对全市经济社会发展提供了有力支撑。同时，全市加大工业投资力度，项目建设成效显著。

转型升级步伐加快。2020 年，制造业增加值占 GDP 比重达 12.0%，工业创造经济效益的能力得到释放，企业获利能力逐年提升。规模以上工业企业利润总额从 2019 年起快速增长，2020 年达到 17.3 亿元，同比增长 68.0%；营业收入 32.6 亿元，工业企业资产总计 443.7 亿元。2020 年，战略性新兴产业产值同比增长 4.9%，高技术产业增加值占规模以上工业增加值比重提高到 8.8%。

服务业——转型提质、稳步运行、蓄力突破。“十三五”时期，四平传统服务业一直占据全市规模以上服务业的主导地位，道路运输、仓储、卫生三大行业占总户数的比重达三分之一或半数以上。其中，2016 年占比达 60.6%，2019 年和 2020 年占比均达到 55.6%。

在多重机遇和挑战下，全市下大力气促进服务业发展提速、比重提高和水平提升，服务业发展实现新突破。5 年间，全市营业收入超亿元的规模以上服务业企业保持在 7 户以上，其中，2018 年达到 11 户，实现稳步运行。2020 年，全市规上服务业在疫情冲击下前低后高，营业收入逐月趋稳向好，全年实现 73.1 亿元，同比增长 26.5%。其中，参与核算行业实现营业收入 49.2 亿元，同比增长 44.8%。

民生福祉——获得感更大、幸福感更强、安全感更足。城乡居民收入日益提高。2020 年，全地区城镇和农村常住居民人均可支配收入，分别达到 29288 元和 15890 元，分别同比增长 3.5%和 7.3%。2019 年城镇和农村常住居民人均可支配收入分别是 2016 年的 1.2 倍和 1.3 倍，年均增长分别为6.3%和 9.1%。城乡居民可支配收入增速高于 GDP 增速，农民收入增速高于城镇居民收入增速。城乡居民收入差距持续缩小，由 2016 年的 1.97:1 缩小到 2020 年的 1.84:1，低于全国 2.64:1 的平均水平。城镇单位从业人员平均工资不断增加，2019 年，全市城镇单位从业人员劳动报酬 86.4 亿元，比 2015 年年均增长 5.6%；城镇单位从业人员年平均工资是 2015 年的 1.4 倍，年均增长 8.9%。

居民储蓄存款不断增长。全市金融机构人民币住户存款 2020 年为 1011.3 亿元，是 2016 年的 1.6 倍，年均增长 12.5%。人均储蓄存款由 2016 年的 2.82 万元提高到 2020 年的 4.75 万元。居民消费能力显著提升，消费结构升级趋势明显，家电、汽车等耐用消费品拥有量大幅增加。

美丽乡村建设持续加快。截至 2020 年末，全市 755 个行政村实现“村村通”，自来水受益村占比 93.4%。累计创建市级以上美丽乡村 305 个，农村人居环境整治、畜禽粪污资源化利用、“四好农村路”建设等工作成为全省典型。农村公共服务不断完善，乡村旧貌换新颜，美丽更宜居。

重大民生工程落地开花。南湖立交桥、东丰路立交桥全面通车，城市地下综合管廊、海绵城市、农村安全饮水、引松供水四平配套工程、“文化三馆”等重点工程建设全面展开。东辽河、招苏台河、条子河及伊通河等流域防洪能力显著提升。完成排水管网雨污分流改造 60 千米。棚改项目、老旧小区改造加快推进，“无籍房”治理累计惠及群众 11.09 万户。

就业状况逐步改善。“十三五”期间，经济发展和就业优先政策的实施，使全市就业总量大幅增加，就业状况逐步改善，农村富余劳动力向第二、三产业转移。随着放管服改革持续深入，大众创业、万众创新蓬勃发展，有效激发了市场活力，促进新兴就业岗位不断涌现，第三产业、中小微企业和民营经济，成为吸纳就业的主渠道，就业形势稳中向好。2019 年，全市城镇私营企业从业人员和城镇个体劳动者达 24.3 万人。5 年间，全市城镇新增就业累计超过 17.2 万人，城镇登记失业率一直控制在 4.5%以下，始终保持在 3.5%—3.7%之间。

社会事业——保障体系逐步完善、治理水平全面提高。在经济快速发展的同时，四平市各项社会事业也不断向前推进，基础设施支撑能力跃上新水平，社会保障体系逐步完善，社会治理水平全面提高，各项社会事业持续健康发展。

（一）基础设施跃上新水平

交通运输基础设施建设成就斐然。到 2019 年末，全市公路总里程 7450 千米，其中，高速公路

243千米。2020年，全社会公路客运量972万人，公路货运量达8159万吨，是2016年的1.6倍，年均增长12.5%。

邮电通信突飞猛进，快递业分外亮眼，全市快递年业务量实现“五连跳”。2020年，全市快递服务企业业务量完成2668.7万件，同比增长68.7%；业务收入累计完成3.8亿元，同比增长48.7%；人均快递量达12.5件，再创历史新高。5年来，四平邮政业在促进供需对接、畅通经济循环方面的作用不断增强，对消费增长的直接贡献和对经济增长的间接贡献不断提升。2020年，全市邮政行业业务总量完成9.52亿元，同比增长42.0%；邮政行业业务总收入（不包括邮政储蓄银行直接营业收入）累计完成8.7亿元，同比增长26.3%；电信业务总量达19.5亿元，同比增长91.4%。基本建成了覆盖全市的以光缆为主、卫星和数字微波为辅的大容量高速率电信基础传输网络。

能源供给能力明显提升。2019年，全市能源生产总量达38.0万吨标准煤，其中原油、一次电力和天然气分别占能源生产总量的40.3%、57.8%和1.9%。电力工业能源生产能力大大增强，基础保障作用日益提高。“十三五”期间，四平市大力发展风力发电和太阳能发电，装机容量和发电量都有了大幅提高，新能源产业迅猛发展。2020年，全市新能源发电量占规模以上工业发电量的8.2%，比2016年提高0.1个百分点，其中，2017年高达10.0%的占比，使资源优势得以充分利用。

（二）社会保障更加有力

“十三五”期间，四平市多层次社会保障体系加快构建，社会保障覆盖面持续扩大，待遇水平逐年提升，“健康四平”建设步伐加快，城乡居家养老服务体系日趋完善。2020年末，全市城镇职工基本养老保险覆盖人数达50.6万人，其中参保25.2万人，城乡居民基本养老保险参保74.7万人，失业保险参保14.3万人，工伤保险参保15.8万人。2020年，市区城市居民最低生活保障标准6720元/年，比2016年提高1020元/年；农村居民最低生活保障标准4104元/年，比2016年提高704元/年。城镇和农村特困人员基本生活救助供养标准分别为8424元/年和5076元/年。

（三）各项事业繁荣发展

教育体制改革持续深化。改革举措覆盖了教育的全过程、各学段，2017年四平全面通过国家义务教育均衡发展验收。中小学生示范性综合实践基地投入使用，普惠性幼儿园乡镇覆盖率达到80%，全市教育优质均衡发展。2020年末，全市共有普通高等学校4所，中等职业教育学校13所，在校生1.2万人；小学602所，在校生9.5万人；初中、高中分别为114、20所，在校生分别为5.2万、3.6万人。

公共卫生服务能力有效加强。人均基本公共卫生服务补助经费，由2016年的45元提高到2019年的59.6元，增长32.4%，公共医疗服务逐步实现均等化。城乡医保“三保整合”、城市公立医院综合改革、村医员额制管理改革稳步推进。医疗条件逐步改善，卫生事业发展成效显著。到2020年末，全市医疗卫生机构达1667个，医疗卫生机构床位1.3万张，卫生技术人员1.5万人。

体育事业蓬勃发展。体育的整体实力和综合竞争力都得到全面提升，全市人民身体素质有效增强。群众体育普及程度明显提高，竞技体育实力进一步增强，体育产业开发有了新突破，体育设施建设明显改善，全市体育事业取得长足进步。到2020年末，全市共有体育场馆11个，人均体育场地使用面积达到2.35平方米/人，达到国家要求。全民健身理念深入人心，全民健身活动广泛开展，遍地开花。

文化事业繁荣发展。文化基础设施全面完善，覆盖城乡的公共文化体系逐步建立，公共文化服务更加均衡。2020年末，全市共有公共图书馆4个，图书藏量68.2万册，博物馆5个，剧场、影剧院13个。

（吉林日报记者崔维利、王纪佳）

大事记

CHRONICLE FOR IMPORTANT EVENTS

1 月

1日，市政府采购云平台正式运行，率先在全省实施“互联网+”政府采购。

3日，省工会兼职副主席李万君一行到四平市走访慰问部分困难企业、困难职工家庭和困难劳动模范。

6日，市民政局、市慈善总会开展“情暖英城，你我同行”爱心送温暖活动。

6日至8日，政协四平市第八届委员会第四次会议在四平会堂召开。

7日至9日，四平市第八届人民代表大会第五次会议在四平会堂召开。

9日，四平市储备的冻猪肉投放市场。

10日，市退役军人事务局、市烈士陵园管理中心派专人到河北省邢台市慰问马仁兴烈士后人。

12日，四平市第十届爱心慈善义卖会慰问品发放仪式在市欧亚商贸有限公司举行，为88户贫困家庭和养老机构送去慰问品。

13日，湖南省娄底市考察组到四平市学习房屋办证遗留问题处理经验。

是日，2020·四平市第三届年货大集暨首届网红助力扶贫活动仪式在电子商业产业园举行。

13日至17日，四平市第九届“迎新春”春联剪纸挂钱展在市群众艺术馆举办，参展作品100件。

14日，“韶华献伟业，银发有华章”——市退休干部迎新春文艺汇演在人民剧场举行，200名干部参加演出。

是日，2020“迎新春”全市职工羽毛球比赛在全民健身中心举行，34支代表队、267名运动员参加比赛。

是日，四平市“幸福小区”创建工作总结会议召开。会上，对被命名“幸福小区”及创建工作先进集体代表授牌颁奖。

15日，四平市2020年群众反映问题办理工作专题会议召开。

是日，“走进四平”暨“返家乡”社会实践活动启动会召开。

16日，四平市第三届创业论坛在铁东区金谷大厦举行。论坛的主题是“搭建创业平台，助力网红经济”，国内知名创业专家应邀出席论坛，市创业企业代表100人参加论坛。

17日，四平市“不忘初心、牢记使命”主题教育总结大会召开。市委书记、市委“不忘初心、牢记使命”主题教育领导小组组长韩福春出席会议并讲话，省委“不忘初心、牢记使命”主题教育第三巡回指导组组长李申学出席会议并讲话。

19日，“2020世界雪日暨国际儿童滑雪节——四平市青少年雪上亲子体育活动”在铁东区叶赫皇家山滑雪场举行。

19日至20日，省长景俊海到金钢钢铁股份有限公司、新天龙实业公司、梨树县华统食品公司调研，检查节日期间市场供应、安全生产等工作，并走访慰问驻吉部队官兵、烈军属、军队离退休干部。

20日，省政协副主席、省总工会主席李龙熙到四平市慰问全国劳动模范和贫困职工。

是日，四平市2020年“军民共携手，奏响最强音”新春慰问交响音乐会在四平会堂举行。

是日，“青春回家过大年”

四平市青年社会组织喜迎新年暨四平青年人才返乡联谊会在壹晟雅歌举行。全市各级团干部及硕博人才、青联委员、青年企业家、青年志愿者、新兴青年群众、新媒体从业者、青年艺术家、返乡大学生和在外的四平籍优秀青年代表300人参加联谊会。

21日，四平军分区第九届第九次全委扩大会议召开。会议传达省军区党委十三届六次全体扩大会议精神；朱宝良作军分区党委工作报告；宣读2019年度先进单位和个人表彰通令，并为受表彰的单位和个人颁奖。

是日，全市新型冠状病毒感染的肺炎疫情防控工作会议召开。会上，市卫健委负责人传达国务院、省政府电视电话会议精神，通报全国疫情情况并提出下步工作建议。

22 日，四平市新冠肺炎疫情防控工作领导小组第一次会议召开。

23日， 四平市新型冠状病毒感染的肺炎疫情联防联控工作领导小组成立。市长郭灵计任组长，副市长王柏仲任副组长。

是日，市委、市政府下发《四平市新型冠状病毒感染的肺炎疫情联防联控工作方案的通知》，印发《四平市新型冠状病毒感染的肺炎疫情联防联控工作领导小组成员名单》。

25 日，四平市启动突发公共卫生事件Ⅰ级应急响应，全市启动突发公共卫生事件应急预案，动员储备力量全力投入病例救治。

是日，四平市首例新型冠状肺炎患者确诊。

2 月

1日，《四平市城市环境卫生条例》开始施行。

2日，四平市首批支援湖北省的12名医疗队队员出征。

5日，四平市委常委扩大会议召开。会议传达学习习近平总书记在中共中央政治局常委会上的重要讲话精神和省新型冠状病毒感染的肺炎疫情防控工作领导小组第九次会议精神，听取四平市总体疫情防控、市领导疫情防控包保和相关疫情防控推进组工作情况汇报。

6日，国务院应对新型冠状病毒感染的肺炎疫情联防联控机制第七工作指导组到四平市疾病控制中心、定点医院、养老机构、乡镇医院、村委会和高速公路口等地，指导督查疫情防控工作。

是日，市委书记、市新型冠状病毒感染的肺炎疫情联防联控工作领导小组组长韩福春主持召开推进组工作协调会，强调全市上下认真学习贯彻习近平总书记关于疫情防控的系列重要讲话重要指示重要批示精神，落实中央、省委决策部署，规范工作流程，织密防控体系，推动疫情防控各项工作。

是日，市青年文化传媒有限公司向市疾病预防控制中心和市120急救中心捐赠抗击疫情善款50万元。

7日，新型冠状病毒感染的肺炎疫情防控专家座谈会召开，研判分析四平市疫情防控形势，听取医疗救治专家的意见和建议，部署全市疫情防控工作。

是日，市委、市政府下发《关于调整四平市新型冠状病毒感染的肺炎疫情防控工作领导小组及指挥部组成和工作职责的通知》，市委书记韩福春、市长郭灵计担任组长。

8日，市委常委会议暨新型冠状病毒感染的肺炎疫情联防联控工作领导小组会议召开。会议审议通过《关于做好企业开复工和节后错峰返程疫情防控工作的通知》，听取关于推荐全国劳模情况的汇报，科学研判疫情形势，夯实重点工作举措，就做好企业复工和节后错峰返程等疫情防控工作进行安排部署。

是日，市新型冠状病毒感染的肺炎疫情联防联控工作领导小组指挥部会议召开，专题研究迎接春节后返程高峰疫情防控工作，并就重点工作进行再部署、再推动、再落实。

9日，市长郭灵计采取“四不两直”（不发通知、不打招呼、不听汇报、不陪同接待、直奔基层、直播现场）的方式，到物业小区和无物业小区了解疫情防控工作开展情况。

10日，省委副书记高广滨到双辽市就落实“三保一统筹”（保防控、保卫生、保安全，统筹抓好疫情防控和经济社会发展各方面工作）要求对新冠肺炎疫情防控工作进行调研。

是日，经省级专家远程会诊，四平市首例确诊新冠肺炎患者治愈，转入普通病房进行医学观察，14天后出院。

是日，蒙牛乳业四平经销商为8家防控单位一线医护人员捐赠37.71万元产品。

13日，市委书记韩福春到吉林省松辽制药有限公司、四平市东风联合收割机有限公司、吉林省艾斯克机电股份有限公司、四平市和农牧业有限公司督导检查企业复工复产和新型冠状病毒肺炎疫情防控工作。

17日，市委组织部、市人力资源和社会保障局制定下发《关于激励关爱疫情防控一线工作者的十项措施》。

是日，四平市罗邦药业有限公司捐赠价值120万元药品支援武汉。

18日，市委宣传部、市文明办决定开展评选表彰“四平好人——最美逆行者”活动。评选表彰“四平好人——最美逆行者（团体）”54个，获评“吉林好人——战疫先锋”136人。

21日，四平市第二批支援湖北省的25名医疗队队员启程。

24日，全市开展“停课不停学”线上教学活动，178883名学生、10650名教师参加线上授课教学活动。

26日，15时起，四平市由Ⅰ级应急响应调整为突发公共卫生事件Ⅱ级应急响应。

27日，市委常委扩大会议暨市新冠肺炎疫情防控工作领导小组会议召开。会议围绕贯彻落实中央和省委部署要求，调度全市疫情防控、企业开复工、项目建设进展情况，部署下步工作。

28日，四平市农村工作会议、脱贫攻坚会议和造林绿化会议合并召开。传达习近平总书记关于“三农”工作重要指示精神，省委书记巴音朝鲁批示精神和国家、省脱贫攻坚有关会议精神；宣读《关于2019年度全市农业农村工作获得省级以上荣誉的表彰通报》。

3 月

2日，四平市3名确诊病例达到出院标准准予出院，实现四平市新冠肺炎确诊病例、疑似病例双“清零”目标。

是日，四平市市级党员领导干部到所在支部为新冠肺炎疫情防控工作捐款。

3日，省长景俊海到伊通满族自治县铠绎农牧业循环经济园区、金辉种植专业合作社、七星农业生产资料公司调研。

是日，市领导走访慰问支援湖北省的医疗队队员家属。

6日，18时，“闪亮全城·温暖四平”活动启动，城区路面车辆开启双闪3分钟，标志性建筑物、市民活动中心、各小区等纷纷亮灯，向所有为抗击新冠肺炎疫情做出贡献的人们致敬。

13日，市委常委扩大会议暨市脱贫攻坚领导小组第二次全体会议召开，传达学习习近平总书记在决战决胜脱贫攻坚座谈会上的重要讲话精神，听取各县（市）区脱贫攻坚任务落实情况、市直部门关于推进一季度“开门红”工作情况汇报。

15日，全市启动“人人有码、码上行动”健康信息码管理，助力“数字战役”。

16日，四平市公车信息化平台运行使用。平台有公车106台，全部安装终端并监控运行，实现公务用车“申请—审核—审批—调度—用车—归队”流程透明化、可视化，数据即时上传对接省平台，实现全省公务用车管理一张网。

20日，中共四平市第七届纪律检查委员会第五次全体会议召开。

是日，根据吉林省政府部署，14时起，四平市由Ⅱ级应急响应调整为突发公共卫生事件Ⅲ级应急响应。

30日，市政府召开市安委会第一次全体（扩大）会议暨全市安全生产消防工作视频会议。全面贯彻省安委会第一次全体会议精神，落实国家和省关于安全生产工作一系列重要部署，强化复工复产安全防范，安排全市安全生产工作。

是日，全市复课复学部署会议召开。听取伊通满族自治县人民政府、梨树县教育局、市实验中学开学准备工作情况汇报。

31日，省人大常委会第三检查监督组组长、省人大常委会副主任王绍俭率第三检查监督组到四平市，就优化营商环境条例贯彻实施情况开展执法检查，监督企业复工复产及项目建设工作。

4 月

1日，市政府举行网上招商洽谈会暨项目签约仪式。通过视频连线的形式与山东、江苏、香港、天津、北京等地企业家在“网上”洽谈项目。四平钟德包装产业园项目、四平航空应用产业基地项目、坤博康养地产建设项目、方略房地产建设项目、年产3000吨电力金具建设项目、年产180万套塑料清洁用品项目签约。

是日，市领导分别到欧亚商贸、万达广场、华生商厦及金座购物中心带头消费，市直16个部门的160名机关干部参加消费活动。

是日，全市旅游景区、景点面向全国医护人员和家属实行免票和半价政策。

2日，四平市春季全民义务植树活动在铁西区西湖湿地公园举行。

4日，全市人民深切悼念在抗击新冠肺炎疫情斗争中牺牲的烈士和逝世同胞，默哀3分钟。

9日，生态环境部通过视频会议的方式启动重点流域水生态环境保护“十四五”规划编制工作，四平市成为重点流域水生态环境保护“十四五”规划编制试点城市。

11 日，省政府批复同意双辽市省定贫困县（市）区脱贫摘帽。

是日，北方万邦·东北农产品物流园项目签约仪式举行。市政府、农行四平分行分别与北方万邦农业发展有限公司签署项目协议书。

是日，四平市支援湖北省的第一批、第二批医疗队37名队员返回四平市。市政府举行迎接英雄凯旋回家仪式。

20日，四平市支援武汉危重症救治医疗队工作经验交流会召开。会上，支援湖北省的第一批医疗队队长、四平市第一人民医院护理部主任刘娜和第二批医疗队队长、四平市中心医院主任医师庞鸿垠交流汇报新冠肺炎疫情防控工作情况。

22日，经省政府批准，伊通满族自治县经济开发区晋升为省级经济开发区。

23日，市公安局举行警务用车发放仪式，将新购置的80辆执法执勤车辆发放到交警支队、巡警支队、特警支队、3个直属分局和城区19个派出所等一线单位。

24日，中共吉林省委决定，任命郭灵计为中共四平市委书记。

28日，一汽解放四平专用车委托改装合作基地启动仪式在铁东经济开发区举行。

30日，“五月大礼、钜惠英城”政企联动大型促销活动启动仪式暨坤博百万大型公益捐赠仪式举行。市商务局联合宝泰购物广场、欧亚商贸等7家市区重点限上商贸企业参加促销活动。

5 月

1日，《四平市市区挖掘管理条例》施行。

2日，农业农村部副部长张桃林、省政府副省长李悦一行到梨树县，就春耕生产、草地贪夜蛾等重大病虫害防控、保护性耕作等工作进行考察调研。

7日，由市政协书画院、市书画院、市美术家协会主办的第三届“白山黑水，美丽四平”全国中国画创作培训讲座在壹晟雅歌举行。

10日，市新冠肺炎疫情防控工作领导小组组长郭灵计主持召开全市疫情防控工作调度会议，针对全省疫情防控工作出现的新情况，对全市疫情防控工作进行再调度、再部署。

12日，吉林省第三生态环境保护督察组对四平市开展“回头看”工作动员会召开，督察组组长李大法、副组长顾恩大就做好督察“回头看”工作分别讲话。市委书记郭灵计作动员讲话。

13日，全市市域社会治理现代化试点工作动员会召开，会议部署全年全市依法建设、法治政府建设各项工作任务。进一步明确责任，强化措施，推动四平市全面依法治市工作迈上新台阶。

14日，四平市派出100名咽拭子采集人员支援吉林市咽拭子标本采集工作，完成5000余例密接、次密接等人员的入户采集任务。

是日，四平市争议协调化解中心在市中级人民法院举行揭牌仪式。

21日，市委书记郭灵计到铁西区，现场督办省第三生态环境保护督察组移交的群众信访举报件整改工作。

是日，四平市八届人大常委会第三十次会议决定任命胡斌为四平市人民政府副市长、代理市长。

26日，市委副书记、代市长胡斌到铁西区，调研省级生态环境保护督察"回头看"信访件办理情况。

26日至27日，省委政研室主任郭凤城率省委政研室和省发展改革委联合调研组到四平市，就公主岭市区划调整后四平市加快发展的总体思路进行调研。

28日，市政府与中国建设银行吉林省分行签署全面战略合作协议。

6 月

1日，市委常委扩大会议召开，传达全国"两会"和省委常委扩大会议精神，听取当前疫情防控工作情况汇报，审议通过《四平市新冠病毒肺炎疫情防控应急预案》，调度各县（市）区脱贫攻坚中央巡视和国家成效考核反馈问题整改情况。

是日，市委全面深化改革委员会第九次会议召开，审议通过《四平市开发区整合优化和改革创新实施方案》。

是日，全市高中一、二年级（含中职一、二年级），初中一、二年级开学复课。

2日，国家林业和草原局、民政部、国家卫健委和国家中医药管理局发布第一批国家森林康养基地公示名单，四平市云翠谷森林康养基地被评为"国家森林康养基地"。

是日，市委副书记、代市长胡斌到北方农机创新示范基地起步区项目、康达农机二期项目、万邦农副产品综合批发市场二期建设项目现场，对市区重点"三早"项目进行调研。

3日，四平市国家级政务服务标准化试点工作启动会议在政务大厅举行。

4日，在交通运输部、中华全国总工会联合主办的全国100名"最美公交司机"评选活动中，市公共汽车公司129路驾驶员刘志勋入选。

5日，《国务院关于同意吉林省变更县级公主岭市代管关系的批复》下发，同意将四平市代管的县级公主岭市改由长春市代管。

8日，市文化市场综合行政执法部门携手公安部门联合执法，将辽金时期窖藏3347枚古钱币全部移交市博物馆收藏。

9日，市第八届人民代表大会第六次会议在四平会堂召开，到会代表321名。会议表决通过《市八届人大六次会议表决办法》《市八届人大六次会议选举办法》。会议以无记名投票方式选举胡斌为四平市人民政府市长，依法补选马强、王志东、李岩为第八届人民代表大会常务委员会委员。

是日，省文化和旅游厅发布首批省级乡村旅游重点村名单，伊通满族自治县河源镇保南村、梨树县蔡家镇蔡家村、双辽市王奔镇宝山村、铁东区山门镇龙王村、伊通满族自治县马鞍山镇铁炉村、铁东区叶赫满族镇砬子沟村、铁东区石岭镇哈福村7个村入选第一批乡村旅游重点村名单。

10日，市退役军人事务局与银行系统签署拥军优抚合作协议，签约仪式在工商银行举行。

10日至11日，省委书记巴音朝鲁到四平市，围绕贯彻落实全国"两会"精神，加快经济社会发展进行调研。先后到伊通满族自治县铠绎农牧业发展有限公司田园综合体、火山温泉国际旅游度假区建设现场、四平市顺邦农机制造有限公司、四平市农机示范基地和北方万邦农业发展有限公司农产品物流产业园等企业，了解企业发展和项目建设进展情况。

15日，省委第三巡视组巡视四平市工作动员会召开。会前，省委第三巡视组组长蓝中华主持召开与四平市委书记郭灵计、市长胡斌见面沟通会，传达省委书记巴音朝鲁关于巡视工作的讲话精神，通报有关工作安排。会上，蓝中华作了动员讲话，对做好巡视工作提出要求，郭灵计主持会议并讲话。

16日至17日，省委常委、省政法委书记侯淅珉到梨树县十家堡镇龙王庙村、铁西区平西乡致富村、地直街西园社区、水利小区等地，就基层社会治理、扫黑除恶专项斗争、住房安全保障等工作进行调研。

17日，市政府与兴业银行长春分行签订全面战略合作协议。

是日，市政府与中国邮政储蓄银行吉林省分行签订全面战略合作协议。

19日至23日，中国·四平“直播带货节”活动举行。以市长带领县长、第一书记走进直播间的形式，带动全民参与，为本地品牌代言，推销产品6类40款。

20日，吉林首场“云笔试”在四平市举行，全国各地400名考生齐聚“云端”。

21日，市旅游集散中心揭牌仪式暨首发车仪式在日出旅游客运有限公司举办。

7 月

1日，省委副书记高广滨到伊通满族自治县西苇镇腰苇村党支部工作联系点开展调研，走访看望脱贫群众，参加主题党日活动，为基层党员讲授专题党课。

是日，副省长蔡东到四平市精细化学品有限公司、吉林省新天龙实业股份有限公司、四平宏宝莱饮品股份有限公司、四平市农村金融综合服务中心、哈福收费站、吉林省拓华生物科技有限公司、吉林大清鹿苑保健科技有限公司和铁东区叶赫满族镇叶马公路、四杨公路等地，实地听问题、送服务，就农村金融改革、防范化解金融风险，推动企业上市及交通基础设施建设等工作进行调研。

是日，市委宣传部举办庆祝中国共产党成立99周年主题党日活动。

是日，四平市开展以“‘职’在民企，‘就’有未来”为主题的“2020年四平市民营企业招聘月”活动，活动为期1个月时间。宝泰购物广场举办现场招聘会，招聘会提供就业岗位1925个，接待进场应聘人员1000余人，发放就业优惠政策宣传资料1200余份，关注四平人才就业网538人次，投递个人简历156份，现场达成用工意向223人。

3日，省人大常委会原党组书记、省慈善总会会长房俐一行到铁西区华宇社区等地，对新时代慈善事业发展和慈善组织建设情况进行调研。

是日，全市防汛工作视频会议召开，贯彻落实省委、省政府的各项部署，分析研判防汛形势，对全市防汛工作进行再动员、再部署、再强调。

6日，铁西区站前街新铁社区举行2020年“爱心送考”启动仪式，120辆车组成“爱心助考”车队，为高考考生提供免费接送服务。

8日至10日，省委常委、省纪委书记、省监委主任张忠一行到四平市农村城镇调研，了解农业产业化发展、脱贫攻坚和吉林振兴等相关情况；实地查看政务大厅，听取政务服务、营商环境建设相关工作情况介绍，了解行政审批、公共服务、政务监督、“最多跑一次”等工作情况。

10日，市委组织部、市科协联合开展院士专家四平行在线交流活动。

12日，四平市太极拳健身养生学会举办成立六周年展演会。

14日，四平市金融消费纠纷人民调解委员会成立。

14日至15日，市总工会开展“关爱职工、夏送清凉”活动，到铁东、铁西环卫处等9家单位走访慰问。

15日，2020年“大美吉林·文化消夏”全省广场文化启动仪式四平分会场文艺演出在华宇广场举行。

15日至16日，吉林省农村环境整治现场推进会在双辽市举行。会议贯彻习近平总书记重要讲话和重要指示批示精神，落实吉林省十一届七次全会要求，坚持以人民为中心的工作导向，决战冲刺坚决打好打赢农村人居环境整治三年行动收官战，为加快乡村振兴、决胜全面小康、建设幸福美好吉林筑牢基础。

16日，吉林省民族事务委员会官网发布第二批吉林省少数民族特色小镇和特色村寨的公示名单，伊通满族自治县靠山镇姜家村、小孤山镇山河村、伊丹镇火红村被命名为第二批吉林省少数民族特色村寨。

是日，第二届“吉林·四平满族文化旅游节”文艺演出在华宇广场举行。

22日，中共中央总书记、国家主席、中央军委主席习近平到四平市考察。在梨树县国家百万亩绿色食品原料（玉米）标准化生产基地核心示范区，习近平总书记强调，东北是世界三大黑土区之一，是“黄金玉米带”“大豆之乡”，黑土高产丰产同时也面临着土地肥力透支的问题。一定要采取有效措施，保护好黑土地这一“耕地中的大熊猫”，留给子孙后代。梨树模式值得总结和推广。在梨树县卢伟农机农民专业合作社，习近平总书记强调，在奔向农业现代化的过程中，合作社是市场条件下农民自愿的组织形式，也是高效率、高效益的组织形式。国家会继续支持你们走好农业合作化的道路，同时要鼓励全国各地因地制宜发展合作社，探索更多专业合作社发展的路子来。在四平战役纪念馆，习近平总书记强调，我们一定要牢记革命先辈为中国革命事业付出的鲜血和生命，牢记新中国来之不易。创业难，守业更难。广大党员、干部和人民群众要很好学习了解党史、新中国史，守住党领导人民创立的社会主义伟大事业，世世代代传承下去。

27日，全市领导干部会议召开，专题传达学习习近平总书记考察吉林和四平的重要讲话重要指示精神，部署贯彻落实工作。

8 月

1日，四平市“十大专项促销活动”暨“英城欢乐购”启动仪式在铁东区欧亚商贸举行。

5日，省委常委、统战部部长李景浩到纳爱斯四平有限公司、天成玉米发展有限公司、吉林金钢钢铁股份有限公司，就项目建设、民族工作、“十四五”规划编制等工作进行调研。

6日，省政务服务和数字化建设管理局局长宋刚到四平市调研指导行政检查备案智能综合管理系统应用试点工作。

9日，中共四平市委七届九次全体会议在吉平宾馆召开。全会听取和讨论市委书记郭灵计所作的报告，下发《贯彻落实习近平总书记视察吉林视察四平重要讲话重要指示精神分工方案》。审议通过全会决议。

10日，省长景俊海到中国农业大学梨树县黑土地保护示范基地、四平精细化学品有限公司、吉林世宝机械制造有限公司调研。

12日，省人大检查组到四平市，对贯彻实施《中华人民共和国土壤污染防治法》情况开展执法检查，听取市政府、梨树县政府关于土壤污染防治贯彻实施情况和黑土地保护情况的汇报；听取梨树县农业技术推广总站关于黑土地保护“梨树模式”介绍。

13日，四平市与长春市签署长平一体化协同发展战略合作框架协议。

14日至22日，第二届吉林·四平满族文化旅游节暨四平百威啤酒音乐节举办。

17日，四平市被重新确认为国家卫生城市。叶赫满族镇、王奔镇、靠山镇、营城子镇被命名为国家卫生乡镇。

19日，四平市“新时代好少年”先进事迹发布会举行。

20日，南北河生态治理专题会召开，听取相关部门关于南北河生态治理的规划设计等情况汇报，研究解决推进工作中存在的问题，部署下步工作。

22日至24日，全市实施乡村振兴战略推进会议召开。

23日至29日，2020年四平市科技活动周在四平市电子商务及现代化服务产业园正式启动，科技活动周以“科技战疫创新强国”为主题，重点围绕展示全市科技战疫成就、科技创新成果、宣传普及科学知识、科技助力脱贫攻坚等方面展开。活动周期间，四平市防震减灾科普馆免费向公众开放。

26日，伊通满族自治县河源镇保南村入选全国第二批乡村旅游重点村名单。

28日，中国科学院副院长张亚平率队到中国农大梨树站、梨树县国家百万亩绿色食品原料（玉米）标准化生产基地核心示范区、高家“梨树模式”研发基地和高家单倍体育种基地，了解黑土地实验样品和玉米优良品种展示、农业科技研发利用、现代农机具研发与推广、黑土地保护、梨树模式推广及应用等情况。

是日，全市“百人千场宣讲党的创新理论文明实践季”活动动员会暨宣讲员培训班开班仪式举行。

是日，吉林省社科院四平分院“四战四平史研究基地”获省社科院批准成立。

是日，四平百货大楼改扩建后正式开业。

9 月

1日，第七届吉林省农民文化节四平市系列活动启动仪式暨“转”动四平·幸福满乡文艺演出在叶赫那拉城举行。

是日，省科技厅组织7名专家对四平市巨元瀚洋板式换热器有限公司承担的吉林省科技发展计划项目“吉林省换热系统中试中心”进行验收，专家组同意通过验收。

是日，四平市全民阅读书香学院成立暨第一期“全民阅读推广人”培训班开班仪式在梨树县孔子文化园举行。

3日至6日，四平市第十一届车房展在英雄广场举行。

4日，市委书记郭灵计到伊通满族自治县伊通镇、大孤山镇查看农田受灾情况。

5日，省委常委、省政法委书记侯淅珉到铁东区山门镇龙王村莫家屯、梨树县十家堡镇八棵树村和梨树县国家百万亩绿色食品原料（玉米）标准化生产基地核心示范区等地检查指导减灾救灾工作。

10日，中国机械工业集团有限公司党委书记、董事长张晓仑一行到四平市，就农机产业发展和黑土地保护等相关情况考察调研。

13日，四平市第十五届“九月鲜花”文艺展演周专场音乐会在英雄广场举行。

14日，省委第三巡视组向四平市反馈巡视情况。省纪委常委、省监委委员李汉卿对巡视整改提出要求。

15日，省委常委、政法委书记侯淅珉到伊通满族自治县，对台风灾后自救和重建情况进行调研。

19日，四平市与正威国际集团项目投资合作框架签约仪式在长春南湖宾馆举行。

21日，省政协调研组到伊通满族自治县，就“十四五”规划编制工作、乡村振兴、加快推进农业现代化和政协机关建设进行调研。

22日，吉林·四平2020年中国农民丰收节在梨树县开幕。

23日，布置东北倒伏玉米机械化抢收工作会议在梨树县召开。农业农村部副部长张桃林、副省长李悦出席会议并讲话。会议强调，要坚持“抢”字当头，以最坚决的态度、最充分的准备、最有力的措施，最快的速度、最小的损失将东北倒伏粮食作物收获归仓，绝不能出现倒伏粮食作物收不回来的情况。

是日，四平市青年新媒体协会成立大会召开。

24日，省政府第七次全国人口普查领导小组副组长，省统计局党组书记、局长苏衡一行到四平市，就第七次全国人口普查工作开展督导并召开座谈会。

26日，2020“富腾杯”四平市全民健身百日行广场舞大赛举行，44支舞蹈团队、近900名舞蹈队员参加比赛。

28日，四平市国庆献礼暨北迎宾街道路通车仪式在红开区北迎宾街道路举行。

30日，四平市在烈士陵园举行烈士纪念日公祭活动。

是日，市长、市疫情防控指挥部总指挥胡斌召开全市疫情防控领导小组部署会议。会议强调绷紧疫情防控这根弦，全面压实“四方”（属地、部门、单位、个人）责任，坚决落实好常态化防控各项措施。

10 月

9日至11日，民进吉林省委会2020年基层组织建设现场会在四平市召开。

10日，全省畜禽养殖废弃物资源化利用工作推进会议在梨树县召开。

13日，四平市盲人协会在植物园举办以“共抗疫情、健康有我”为主题的盲人太极拳比赛。活动项目被中国盲人协会评为2020年全国盲协优秀服务引领项目。

15日，全省人大教科文卫工作座谈会议在四平市召开。省人大常委会副主任车秀兰出席会议并讲话。会上，各市州围绕“依法推进农村医疗卫生机构人才队伍建设”主题进行交流发言；省卫生健康委员会有关负责人介绍全省农村医疗卫生机构人才队伍建设总体情况。

17日，铁东区王思宇被共青团中央、中国青年志愿者协会授予“抗击新冠肺炎疫情青年志愿服务先进个人”。

17日至19日，2020年“平艺近人·转动金华”四平·金华文旅交流活动和以“冬季到四平来玩雪”为主题的推介会在金华市举行。

20日，四平市运动员陈希舵和队友在全国射箭锦标赛上获得女子团体淘汰赛冠军。

21日，第三届“白山黑水·美丽四平”全国中国画作品展在四平市规划馆举办，全国有218件作品入选展览。

21日至23日，省人大常委会副主任彭永林一行到四平市考察“六稳”“六保”工作，并召开专题座谈会。考察期间，彭永林一行到四平君乐宝乳业有限公司等企业调研。

22日至25日，全国男子举重锦标赛暨东京奥运会模拟赛在浙江开化举行。四平市运动员孙凯获男子109公斤以上级挺举和总成绩两枚金牌；四平市运动员刘伟健获男子67公斤挺举金牌。

23日，阿勒泰地委副书记、教育工委书记、宣传部部长窦朝晖一行到四平市开展援疆工作交流和优质农牧产品对接活动。

25日，第25届“捷安特杯”四平市公路自行车锦标赛举行。

是日，“传承英雄史 再铸英雄魂”纪念抗美援朝70周年公益观影活动在吉影巨幕影城举行。

26日，省委常委、副省长吴靖平到四平市督导脱贫攻坚工作，对“四不摘”（摘帽不摘责任、摘帽不摘政策、摘帽不摘帮扶、摘帽不摘监管）工作，产业扶贫、为脱贫人口“一人一策”实施成效、贫困户包保帮扶、饮水安全和就业扶贫等工作落实情况进行实地检查，并就稳增长工作进行调研。

27日至28日，省委常委、组织部部长王晓萍率队到梨树县国家百万亩绿色食品原料（玉米）标准化生产基地核心示范区、卢伟农民农机专业合作社、双辽市七星湖尾水湿地、双辽市迎新玻璃有限公司和双辽昊华化工有限公司进行调研。

30日，全市黑土地保护工作主题会议召开。

是日，第一届东北（四平）农副产品展洽会开幕式暨北方·万邦东北农产品物流园二期竣工仪式举行。展洽会分扶贫助贫展区、本地展区、外埠展区、美食文化展区、综合商业展区等，150家企业及商户参加。

11 月

1日，四平市全面启动第七次全国人口普查工作。

2日，四平军分区司令员张世强一行到抗美援朝老兵王玉德和崔进永家中走访慰问。

是日，吉林双辽白鹤自然保护区迁徙480余只白鹤。

6日，2020年度“四平好记者”颁奖典礼暨全市新闻战线庆祝第21个中国记者节联欢会在婚博园举行。会上，授予郭洪涛等20人“四平好记者”称号并颁发荣誉证书。

9日，四平市2020年“关注消防·生命至上”119消防宣传月启动暨消防志愿者队伍授旗仪式举行。仪式上，与会领导为消防志愿者服务队授旗、为消防志愿者代表颁发证书。

13日，吉林省妇联与浙江省妇联联合举办的“吉浙姐妹一家亲”对口合作交流活动在四平市举行。

17日，吉林省副省长韩福春带领省直相关部门负责人对四平市辽河流域水污染整治项目进展情况进行调研；到铁东区查看、了解项目建设推进情况。

19日，四平市高质量发展论坛在四平市政府会堂召开。论坛特邀天风证券研究所宏观经济分析师赵宏鹤，国家发展和改革委员会综合运输研究所所长汪鸣，农业农村部规划设计研究院副院长、研究员刘海启，中国农业机械化科学研究院副院长苑严伟，西安黑洞产业智库首席专家金乾生，围绕区域经济、智慧物流产业、现代农业、农机产业、产业链招商等方面进行演讲。

20日，中国·四平第二届发展大会召开。大会以“共享机遇 共赢未来”为主题，300名嘉宾与企业家出席大会。会上，签约项目20个，总投资139.35亿元。

23日，省委宣讲团中共十九届五中全会精神报告会暨市委2020年第九次集体（扩大）学习会在四平市举行。省委宣讲团成员、省农业农村厅厅长张凤春对党的十九届五中全会精神进行系统解读。

是日，市委召开四平市“双百”专场报告会暨市委理论学习中心组第九次集体学习（扩大）会。报告会邀请吉林省“双百”讲师团成员，吉林大学党委常委、副校长蔡立东作《民法典》专题辅导。

25日，市委书记郭灵计，市委副书记、市长胡斌到吉平宾馆看望四平市全国劳动模范和先进工作者。

26日，四平海关举行开关仪式。市委书记郭灵计，长春海关关长、党委书记董岩出席仪式并为四平海关揭牌。

是日，四平市2020年度放心消费示范单位表彰大会暨授牌仪式举行。会议公布省、市命名的2020年度放心消费示范单位名单，对省、市放心消费创建命名单位进行授牌。

27日，省委书记景俊海到四平市梨树县国家百万亩绿色食品原料（玉米）标准化生产基地核心示范区、卢伟农机农民专业合作社、四平战役纪念馆实地检查习近平总书记视察吉林重要讲话重要指示精神贯彻落实情况。

30日，全市今冬明春安全生产暨极端天气应对工作部署视频会议召开。

12 月

1日，省委常委、省政法委书记侯淅珉率队到四平市综治中心、铁东区喜庆社区等地，就基层党建和网格化管理、涉法涉诉信访事项化解等工作开展督导调研。

1日至6日，开展2020年全市“宪法宣传周”活动，举办主题活动7场，分别是宪法进企业、进农村、进机关、进校园、进社区、进军营、进网络。

2日，中共四平市委公布《关于开展向王贵满同志学习活动的决定》。

6日至7日，“东风井关怀”2020国际米食味品鉴大会在广州举行。四平辽河农垦管理区丰利园家庭农场的超级稻品种、四平市马家围子种植农民专业合作社的小粒香品种、梨树县凤新水稻种植农民专业合作社的吉红6号品种、四平辽河农垦管理区鑫旺家庭农场的吉农大888品种、四平辽河农垦管理区裕丰米业有限公司的超级稻品种荣获金奖。

8日，《四平市城乡规划监察条例》施行。

10日，全市完成36所小区配套幼儿园治理任务，完成率100%。

13日，省委副书记、省政府代省长韩俊到四平市梨树县国家百万亩绿色食品原料（玉米）标准化生产基地核心示范区、卢伟农机农民专业合作社调研。

16日，首届全球文化旅游创享者大会暨吉林文旅新媒体“双百计划”总结会在长春市召开，会上发布吉林省文旅新媒体“双百计划”获奖名单。梨树剧团被评为2020年吉林省文旅最具成长力新媒体单位、梨花飘香被评为2020年吉林省文旅自媒体优秀创作者、铁东区文化广播电视和旅游局获2020年度吉林省文旅信息报送先进单位、杜依思获2020年度吉林省文旅信息报送先进个人称号。

17日，中共四平市委第七届委员会第十次全体会议召开。会议听取和讨论郭灵计受市委常委会委托所作的工作报告，审议通过《中共四平市委关于制定四平市国民经济和社会发展第十四个五年规划和二〇三五年远景目标的建议》。

22日至23日，延边州委副书记、延吉市委书记洪庆率考察团到四平市，就红色文化资源利用、基层社会治理、项目建设及物业管理改革等情况进行考察交流。

23日，国家粮食和物资储备局局长张务锋一行在省政府副省长李悦等陪同下到四平市，就黑土地保护、保障粮食安全等工作进行调研。

是日，第十一届区域能源高峰论坛暨CDEA·2020年会在四平市举行。全国各地区能源领域专家学者200人参加会议，共同探讨小温差板式换热器行业研发技术创新与国家检验标准设定。

30日，四平市召开市委经济工作会议，全面贯彻落实中央和省委经济工作会议精神，总结2020年经济工作，分析研判经济形势，全面部署2021年重点任务。

（于 之　张桂玲　龙海波）

市情概貌

GENERAL SURVEY OF THE CITY

地理环境

【位置面积】 四平市位于吉林省南部，地处吉林、辽宁、内蒙古三省（区）地缘交界处。南接辽宁省铁岭市的昌图县、西丰县，西缘内蒙古自治区哲里木盟科尔沁左翼中旗，北连吉林省松原市长岭县和长春市公主岭市，东邻吉林省辽源市和吉林市磐石市。中共四平市委、四平市人民政府所在地驻四平市铁西区。四平地理位置为北纬 42°56′—44°05′，东经 123°25′—125°05′。四平市东西最长约 200 千米，南北最宽约 148 千米，土地总面积 1.03 万平方千米，其中耕地面积占 67.33%，园地占 0.37%，林地占 14.94%，草地占 1.11%，城中村及工矿用地占 8.4%，交通运输用地占 3.17%，水域及水利设施用地占 3.22%，其他用地占1.46%。

【地形地貌】 地处松辽平原与长白山余脉低山丘陵地带，东部和南部（伊通满族自治县、四平市区东南和梨树县东南）多为低山丘陵地区；中部和北部（梨树县）多为平原及波状平原；西部（双辽市）大部分为沙丘高地，也有少许平原和洼地。整个地势由东向西北缓降，海拔一般在 120 米—440 米。最高山峰为伊通满族自治县板石庙乡青顶子山，海拔 611.14 米；最低处为双辽市王奔镇、梨树县刘家馆子镇，海拔 110 米。

【气候特征】 3 月至 10 月的气候特点是降水稍多，气温稍高，日照稍多，秋霜稍晚；1 月、2 月、12 月的气候特点是降雪偏少，气温稍高。

降水　2020 年，全市平均降水量 588.3 毫米，比历年同期多 54.4 毫米，比 2019 年同期少 181.0 毫米。其中，春季稍多，全市平均降水量 94.1 毫米，比历年同期多 5.0 毫米，比 2019 年同期少 49.1 毫米；春季第一场透雨日期为 5 月 10 日，比历年晚 4 天；夏季稍少，全市平均降水量 316.7 毫米，比历年同期少 55.6 毫米，比 2019 年同期少 242.1 毫米；秋季特多，全市平均降水量 177.3 毫米，比历年同期多 104.9 毫米，比 2019 年同期多 110 毫米，居历史同期多雨首位。

气温　3 月至 10 月，全市平均气温 15.1℃，比历年同期高 0.4℃，比 2019 年同期低 0.4℃。其中，春季稍高，全市平均气温 8.7℃，比历年同期高 0.2℃，比 2019 年同期低 1.2℃；夏季偏高，全市平均气温为 23.4℃，比历年同期高 0.7℃，比 2019 年同期高 0.8℃；秋季气温与历年同期持平，全市平均气温 12.2℃，比 2019 年同期低 1.2℃。≥10℃积温全市平均 3260.7℃，比历年同期多 18℃；秋霜稍晚，全市平均初霜日为 10 月 7 日，平均日期比历年晚 9 天。1 月、2 月、12 月，全市平均气温-11.5℃，与历年同期持平。其中，1 月气温稍低，全市平均气温-14.3℃，比历年同期低 0.2℃；2 月气温特高，全市平均气温-7.6℃，比历年同期高 1.4℃；12 月气温偏低，全市平均气温-12.0℃，比历年同期低 0.7℃。

降雪　全市平均降雪量 2.7 毫米，比历年同期少 2.4 毫米。其中，1 月降雪正常，全市平均降水量 4.1 毫米，与历年同期持平；2 月降雪稍少，全市平均降水量 4.1 毫米，比历年同期少 0.9 毫米；12 月未出现降雪。

表 1　2020 年气温、降水逐月气象统计表

月	全市平均气温（℃）	四平市区平均气温（℃）	月	全市平均降水量（毫米）	四平市区降水量（毫米）
1	-14.3	-15.1	1	4.1	4.5
2	-7.6	-7.7	2	4.1	6.3
3	1.6	1.6	3	16.8	16.4
4	8.1	7.8	4	10.2	4.9
5	46.4	16.2	5	67.4	78.7
6	22.2	22	6	67.7	64.3
7	24.8	24.5	7	56	46.9
8	23.1	23	8	193	221.5
9	16.6	16.5	9	161.1	163.5
10	7.9	7.4	10	16.2	23.6
11	-1.3	-1.3	11	40.7	27.1
12	-12	-12.2	12	0	0
年平均	7.1	6.9	年合计	637.3	657.7

（陈　鑫）

【河流水系】 境内的主要河流有东辽河、西辽河、伊通河、新开河、新凯河。东辽河境内长 184.0 千米、流域面积 6704 平方千米，西辽河境内长 35.5 千米、流域面积 1625 平方千米，伊通河境内长 69.3 千米、流域面积 933 平方千米，新开河境内长 23.5 千米、流域面积 1202 平方千米，新凯河境内长 28 千米、流域面积 756 平方千米。

（年鉴编辑部）

自然资源

【土地资源】 土地资源丰富，地貌类型多样。山地占总面积的 6%，丘陵占总面积的 15%，平原占总面积的 79%。四平市耕地面积 9691.31 平方千米，占总面积的 67.4%。地势平坦，土壤肥沃，适宜生长多种农作物。梨树县、伊通满族自治县、双辽市均为国家商品粮基地县（市）。农作物以玉米、大豆、水稻为主，其次为高粱、谷子、小麦等。在经济作物中，葵花籽和甜菜产量较多，其次是花生、蓖麻、烤烟、瓜果等。

【森林资源】 林地面积 2149.9 平方千米，其中人工林占一半以上。四平市东部分布着大面积森林，中西部以农田防护林为主，有小面积片林。东部低山丘陵生长着茂密的天然林，主要树种有蒙古柞、山杨、春榆、白桦、水曲柳等。

【草地资源】 草地资源总面积 160.17 平方千米，占四平市土地总面积的 1.1%。双辽市位于松嫩平原的南端，有大面积的草原，伊通满族自治县和梨树县南部有较大面积的荒山草坡。

【野生动植物资源】 东部、南部和西部的半山区、丘陵地带，山峦起伏，草木茂盛，水源充足，动植物资源丰富。野生动物兽类有黄羊、狐狸、狼等。鸟类有野鸡、啄木鸟等 178 种。鱼类有鲢、鲤、鲫、鲶、草鱼等 27 种。两栖类有黑斑蛙、大蟾蜍、东北雨蛙 3 种。食用野生植物有蕨菜、蘑菇、山里红等 50 多种。药用植物有人参、甘草、五味子、枸杞子、黄麻等 293 种。

【矿产资源】 东部和南部山区、半山区有10余处贵金属产地，其中50%有开发利用价值。能源矿产有伊通煤矿、梨树县五家户天然气、伊通莫里青石油等11处。金属矿产有金、铝等矿产10余种。非金属矿产，大顶山硅灰石矿、哈福陶石矿、梨树县石灰石矿产量较大、质量优、经济价值高。钠基膨润土、石英砂和陶石是外贸中的畅销品。

（年鉴编辑部）

历史沿革

【历史变迁】 四平地方古代汉魏至两晋十六国时期（206年至420年）属扶余地，南北朝至唐初为高句丽境地，唐中叶以后属渤海王国扶余府的扶州，辽属东京道通州，金归咸平路韩州，元属开元路，明属辽东都司北境，清属内蒙古哲里木盟，后划归昌图厅。

清道光元年（1821年），昌图厅于买卖街（今梨树镇）设分防照磨属，辖四平境地。

清光绪四年（1878年），始设奉化县，县下设九社，其中新恩社辖今四平市区的大部村社。新恩社治所设在四平街(今昌图县老四平)。

清光绪二十四年（1898年），沙俄修建东清铁路南满洲支线时，从长春向南每隔30千米设置一站地，经范家屯、公主陵（岭）、郭家店到今四平为第五站，故俗称四平为“五站”。

清光绪二十九年（1903年）7月，南满支线全线通车，沙俄将“五站”定名为“四平街站”，并在站前修筑南北向的一、二、三马路，“铁路租借地”区域略见雏形。

清光绪三十一年（1905年）9月，日俄战争结束，沙俄战败。日本帝国主义从沙俄手中接管南满支线，并将沙俄时代“铁路租借地”改为“满铁附属地”（即今四平市区东起道东一马路，西至道里儿童公园西侧，南至南河，北至北河的大部分地区），并由日本人掌管“附属地”内一切行政、经济、街政建设、土地、房屋建筑、文教卫生、税收等事务的管理权。

1916年3月，交通部东北交通委员会四郑铁路局在四平街设置“北站”，直接管理北站地方的户籍、民事、建筑、公安事宜，不受“附属地”及梨树县辖治。

1921年，经奉天省批准，梨树县知事尹寿松于5月13日发布告开辟新市场。商民争先恐后领地号、建房屋，先后有8家粮栈和数十家杂货商号开业，梨树县在四平街东部设“四平街新市场办事处”兼管行政。

1922年，设立四平街村（隶属梨树县二区），四洮铁路通车。四平“三足”（附属地、梨树县、四洮铁路）鼎立。

1929年，梨树县归辽宁省直辖，四平街地方行政先归梨树县五区，后归二区管辖。

1931年“九一八”事变后，“北站”地方行政权被“满铁四平街地方事务所”取而代之。

1937年12月1日，日本和伪满洲国将四平街道东、道里行政权合一，指令设立“四平街市”，日本人古馆尚也首任“四平街市”市长。四平街从此与梨树县脱离隶属关系，直接隶属奉天省。

1941年7月1日，伪满洲国（1940年6月24日令）肢解东北为19“省”，其中奉天省部分县肢解出来，建置伪四平省，四平街市为省会，称四平市。伪四平省公署设在原四洮铁路局办公楼（今四平市爱龄奇医院内）。伪四平省领四平市、公主岭市、通阳县、梨树县、双辽县、东丰县、怀德县、长岭县。伪四平省首任省长徐家桓（1944年任伪吉林省省长，1943年曲秉善接任至伪四平省解体）。

1945年8月15日，日本投降，伪四平省撤销。

11月5日，中共辽北省自治政府在四平组成，省政府主席阎宝航，副主席栗又文。辽北省政府下辖辽源（辽源、双辽、长岭等县）、西安、怀德（怀德、梨树等县）3个专署，四平市及13个县政府。

1946年1月10日，国民党辽北省政府在四平成立，省主席刘翰东。辽北省下辖1市10县8旗，即四平市，通辽、双辽、梨树、早图、开原、西丰、东丰、北丰、海龙、长岭县，科尔沁左翼前、中、后旗，科尔沁右翼前、中、后旗，库伦旗，扎鲁特旗。四平市曾为中共辽北省、国民党辽北省省府驻地。

1948年2月，中共辽吉省

委、辽北省政府在梨树县组建中共四平市委和四平市政府。3月13日，四平解放，中共四平市委和四平市政府随军进城接管四平市。

1949年5月，中共辽北省撤销，四平市隶属辽西省。

1954年7月7日，东北行政委员会撤销辽西省，恢复辽宁、吉林、黑龙江三省建制。8月，四平市划归吉林省管辖。

1958年10月23日，国务院批准撤销公主岭专区，设四平专（地）区，四平市归四平地区管辖。

1983年8月，国务院批准撤销四平地区，组建新的四平市（地级市），实行市领导县的新体制。四平市设铁西区、铁东区。四平市辖怀德县、梨树县、伊通县、双辽县、铁西区、铁东区。

1985年2月，撤销怀德县，设立公主岭市（省直辖地级），伊通县划归公主岭市管辖。四平市辖梨树县、双辽县、铁西区、铁东区。12月，国务院批复公主岭市为县级市，由四平市代管，伊通县划归四平市管辖。

1988年8月，国务院批复撤销伊通县，设立伊通满族自治县。

1996年5月，国务院批复撤销双辽县，设立双辽市。

2000年6月，经吉林省人民政府批准设立四平辽河农垦管理区。

2013年9月，公主岭市确定为扩权强县改革试点工作市，为吉林省直管。

2016年4月20日，四平辽河农垦管理区纳入吉林省省级开发管理区序列。

2018年4月18日，四平辽河农垦管理区划归梨树县代管。

2020年6月，经国务院批准，将公主岭市原由四平市代管变更为长春市代管。

【行政区划】 2020年，四平市辖梨树县、伊通满族自治县、双辽市、铁东区、铁西区，15个乡、38个镇、24个街道、182个居民委员会、755个村民委员会。

（年鉴编辑部）

表2　2020年四平市行政区划分布统计表

县（市）区	街道	乡	镇
梨树县	富强街道、康平街道、霍家店街道	白山乡、泉眼岭乡、胜利乡、四棵树乡、双河乡、金山乡	梨树镇、郭家店镇、榆树台镇、孤家子镇、小城子镇、喇嘛甸镇、蔡家镇、刘家馆子镇、十家堡镇、孟家岭镇、万发镇、东河镇、沈洋镇、林海镇、小宽镇
伊通满族自治县	永胜街道、永宁街道	新兴乡、莫里青乡、三道乡	伊通镇、二道镇、伊丹镇、马鞍镇、景台镇、靠山镇、大孤山镇、小孤山镇、营城子镇、西苇镇、河源镇、黄岭子镇
双辽市	郑家屯街道、辽西街道、辽南街道、辽北街道、辽东街道、红旗街道	那木乡、柳条乡、新立乡、永加乡	茂林镇、双山镇、卧虎镇、服先镇、王奔镇、玻璃山镇、兴隆镇、东明镇
铁东区	平东街道、北市场街道、七马路街道、四马路街道、解放街道、北门街道、黄土坑街道、平南街道	城东乡	山门镇、石岭镇、叶赫满族镇
铁西区	仁兴街道、英雄街道、站前街道、北沟街道、地直街道	平西乡	—

（市统计局）

文化习俗

【文化遗址】 2020年，四平地区有不可移动文物保护单位911处，其中全国重点文物保护单位7处，省级文化遗址保护单位47处，市级文物保护单位124处，县级文物保护单位353处，尚未定级文物保护单位380处。全国重点文物保护单位和省级文物保护单位均设立保护标识牌和界桩，市级和县（市）区级文物保护单位公布保护范围和建设控制地带，所有文物保护单位均按照相关要求建立文物信息档案。保护区内严禁种植、挖土、开采，市县区文管单位常态化监管，定期或不定期巡管和检查文化遗址。叶赫部考古遗址公园项目初期抢险加固遗址工程涉及土地红线问题停工。偏脸城和二龙湖古城纳入“十四五”规划，被列为省级考古遗址公园。

二龙湖古城遗址 位于吉林省梨树县石岭乡二龙山村北崴子屯。城址平面呈方形，方向为南偏西30度，城址的西北部残缺，面积约35000平方米。城墙由黄土夹砂石堆砌而成，残存高度1米—5米，墙基宽12米—15米。在南墙近中部保存有城门缺口。城址内出土有战国时期的铁镬、铁质马具、铜箭头及陶釜、罐、尊等器物，还有绳纹的板瓦和筒瓦等建筑构件。陶器的特点具有较明显的战国时期燕文化的风格特征，对研究战国时期燕文化与东北地区的密切关系提供了重要材料。2001年6月，二龙湖古城遗址被国务院确定为第五批全国重点文物保护单位。

叶赫城址 位于吉林省四平市城东南30千米处。16世纪初（正德时），叶赫部首领祝孔革率众南迁，到叶赫河北岸定居，建叶赫国。祝孔革之孙清佳努、扬吉努明嘉靖十三年（1534年）在叶赫河两岸的山头之上，择险要处筑起两座城池。清佳努居西城，扬吉努居东城，兄弟二人皆称贝勒（首领），称雄“扈伦四部”。古城有东西二城和商监府城。东城与西城隔叶赫河相望，商监府城位于东城之南。商监府城，又称珊延沃赫城，即白石山城。平面呈长方形，有内城和外城之分。西城称“夜黑寨”，因修筑时间比东城早，又位于叶赫河之西岸，故称老城或西城。始建于明嘉靖十三年（1534年），万历四十七年（1619年）废弃，沿用80余年。古城有外城和内城之分，内城三面依山，一面临水，平面呈椭圆形；内城墙由土石混筑，有城门三座，西墙凿山作瓮门。东城原称“台柱寨”，因修筑时间比西城晚，又位于叶赫河东岸，故称新城或东城，呈椭圆形。始建于明嘉靖二十五年（1546年），万历四十七年（1619年）与叶赫西城同时废弃，沿用70余年。外城三面环水，一面靠山，平面呈圆角方形，城垣为土石堆筑，周长3500米。清康熙二十一年（1682年），康熙东巡至叶赫古城，心生感慨，曾写下一首五言诗：“断垒生新草，空城尚野花。翠华今日幸，谷口动鸣笳。”叶赫部城是仅存不多的女真族后期古城址之一，城内遗存少量陶、瓷残片和建筑材料。2006年5月，叶赫部城址被国务院确定为第六批全国重点文物保护单位。

偏脸城址 位于吉林省四平市梨树县白山乡岫岩村白山咀子山岗南坡，距梨树县城四千米，南临昭苏太河，北依白山丘陵。偏脸城，蒙古语为“阿拉木图城”，汉译为“有梨树的城”，即梨树城。古城顺山坡横下，城墙为夯土垒成，四面高墙清晰可辨。全城地势不平，西北高而东南低，方向东斜，有如偏歪的人面，因此人称偏脸城。偏脸城的城墙为土墙，东墙与西墙，南墙与北墙，大体平行。每面长约千米，宽1米，高5米—6米。四墙有门，门外有瓮城，南北门与东西门，皆成对应。城墙四角，都有突出墙外，高于墙顶的圆形高台，叫角楼，站在角楼上面可以瞭望全城。西墙与北墙外，都有护城壕遗址。偏脸古城在辽金时代叫九百奚营，归临津县管辖，统归于韩州统领。因九百奚营地处交通要道，为南北往来的必经之地，故在辽金时代，九百奚营是相当重要的城镇。遗存有造型别致做工精巧的金制树叶、蜻蜓等；大片建筑遗址散布着大量琉璃瓦、青砖、铜器等。1961年4月，偏脸城遗址被吉林省人民委员会公布为省级文物保护单位；2006年5月，偏脸城遗址被国务院确定为第六批全国重点文物保护单位。

中东铁路建筑群四平机车修理库　中东铁路南满支线四平段机车修理库，位于哈大铁路四平火车站北约1.5千米处，占地面积约2万平方米，其主体建筑面积约6000平方米，海拔166米。东侧为哈（尔滨）旅（顺）铁路线，西侧为机车通向修理库的铁路专线。哈大铁路，原称“中东铁路南满洲支线”，始建于清光绪二十四年（1898），北至长春、哈尔滨，南至沈阳、大连，是连接东北三省铁路的门户，四平街成为南满支线的四大编组站之一。光绪二十八年（1902），旅顺口—四平街—公主岭线通车。日俄战争后，俄国属战败国，遂于光绪三十一年（1905）10月，日俄在四平街站签订《日俄两军撤兵手续及铁道线路引渡协定》，长春至旅大铁路以南地区为日本势力范围，中东路长（长春）大（旅大）支线改称南满铁路。长（春）哈（尔滨）路以北仍为沙俄势力范围。光绪三十二年（1906），日本成立“南满洲铁道株式会社”，统管南满铁路及所有附属地。1925年11月，满铁在四平街车站以北修建了能容纳24台机车的扇形机车库。库内有洗修线、架修线和转盘，库外有机车整备作业线等。中东铁路建筑群四平机车修理库建筑采用折中主义的设计理念，建筑风格独特，保存完好，是中东铁路南满支线现存的唯一保存完好的机车修理库。2006年5月，中东铁路建筑群四平机车修理库被国务院确定为第六批全国重点文物保护单位。

吉林省四平市友谊村辽墓群　古墓群位于梨树县白山乡友谊村至郑家村一条东西走向的漫岗之上。东西长4.3千米，南北宽2.5千米。海拔198米，查明有砖室墓10余座（不含早年遭破坏的）。友谊村原名高丽坟屯，位于村西北漫岗南坡，附近有辽金时代村落遗址，考察发现是护陵的居住址。1995年抢救发掘的墓向为南偏东37°，墓道距墓门1米处有一砖砌祭坛，内有大量木炭和动物骨骼。墓室为券顶，八角形墓室，南北长3.8米，东西宽3.9米，残高2.12米。墓室青砖砌成，墓壁白灰刮面，壁上绘画棂窗图。墓室用砖雕仿木结构外檐式建筑，有倚柱、阑额、普柏枋、栌斗、一斗三升的斗拱、撩风檐、瓦、滴水、屋檐等装饰物，均为青砖磨制刮灰彩绘。墓顶为穹窿顶，从塌落在墓底的墓顶残留物看，在刮抹的白灰上绘有日月星辰。2013年3月5日，友谊村辽墓群被国务院确定为全国重点文物保护单位。

后太平遗址群　位于吉林省四平市双辽市东辽河右岸，以太平遗址和后太平墓地为中心，包括白牛墓地和大金山、西山湾子、七棵树、盘山、黄土坑、孤家子、东岗仕家、东贤良、勃山屯等遗址，是新石器时代至战国时期的古人类墓地和遗址。遗址群从东北向西南方向绵延近40千米。数量众多，分布密集，海拔高度基本相同，出土陶器、青铜器、骨角器、蚌器、玉石器等各类遗物1500余件。2013年5月，后太平遗址群被国务院确定公布为第七批全国重点文物保护单位。

老边岗土长城遗址　唐土长城又称老边岗土长城遗址，位于吉林省中西部地区，自德惠市松花江乡第二松花江左岸起西南经德惠市北部、农安县西南部、公主岭市西北部、梨树县东北部、四平市铁西区，从小边进入辽宁省昌图县境内，为古代线形防御工程。在吉林省境内250千米，其中梨树县境内约55.5千米、四平市铁西区境内约13千米，基本为东北—西南走向。老边岗的走向与中外历史文献所记“高句丽千里长城”走向相符。1985年《怀德县文物志》边岗条记：“此边在本县境内横跨秦家屯、双榆树、四道岗、育林等四乡。经平安堡、老城堡、榆树堡、东黄花甸子，陈家窝堡、边岗屯、八岔沟子西、梁家炉、姜德屯、边岗四队，幸福村后东北向直入农安县境，全长50余里。”老边岗土长城遗址规模宏大，绵亘千里，是中国历史上继秦汉长城、明长城、辽金界壕之后又一处军事性障塞，具有重要的历史价值。2007年5月，老边岗和北老壕两遗址被确定为省级文物保护单位。2013年3月5日，老边岗土长城遗址被国务院确定为第七批全国重点文物保护单位。

（张　弛）

表3　2020年四平市省级文物保护单位一览表

序号	名　称	年　代	公布批次	地　　址
1	四平解放烈士纪念塔	1949年	第一批	铁西区英雄大街与新华大街交汇处
2	于家沟抗俄斗争纪念地	清	第二批	铁东区石岭镇于家沟村
3	布尔图库苏巴尔汉边门衙门遗址	清	第四批	铁东区山门镇
4	长山遗址	青铜、辽金	第四批	梨树县小城子镇长山村
5	吉兴屯遗址	青铜	第四批	伊通满族自治县二道镇万德村吉兴屯
6	吴大帅府旧址	1921年	第五批	双辽市辽河路中段1799号
7	东北民主联军四平保卫战指挥部旧址	1946年	第五批	梨树县梨树镇北街酱园路
8	兴隆古墓群	金	第五批	双辽市兴隆镇兴隆村连丰屯
9	羊草沟遗址	新石器、青铜	第五批	伊通满族自治县伊丹镇东生村羊草沟屯
10	四平战役联军指挥所旧址	1933年	第六批	铁西区英雄广场四平战役纪念馆西侧
11	叶赫城子山山城	青铜	第六批	铁东区叶赫满族镇转山湖水库东北山顶
12	石岭子城子山山城	金、元	第六批	铁东区石岭镇姜家洼子村后李家屯
13	陡背子遗址群（含洋井山遗址、高丽坟遗址、陡背子遗址、西王家屯南山遗址）	战国	第六批	铁东区石岭镇四合村
14	玻璃城子城址	金	第六批	梨树县泉眼岭乡玻璃城子村七社
15	城楞子古城址	辽金	第六批	梨树县东河镇王平房村城楞子屯
16	潘家村城址	金	第六批	梨树县榆树台镇董家窝堡村潘家屯
17	四楞格子山城址	新石器、青铜、辽金	第六批	梨树县孟家岭镇大河沿村
18	王杂铺遗址	青铜	第六批	梨树县刘家馆子镇三家窝堡村王杂铺屯
19	苏家屯墓群	青铜	第六批	梨树县孟家岭镇苏家村苏家屯
20	青石岭墓群	金	第六批	梨树县梨树镇马地方村七队
21	大金山城址	辽—金	第六批	双辽市新立乡大金山村大金山屯
22	山东屯古城址	辽—金	第六批	双辽市卧虎镇孤店村山东屯
23	西坨子遗址	新石器、青铜	第六批	双辽市辽西镇吉兴村
24	城合店城址	金	第六批	伊通满族自治县新兴乡远大村城合店屯东
25	城子村城址	金	第六批	伊通满族自治县三道乡城子村
26	大营城子古城	金	第六批	伊通满族自治县大孤山镇万德福村大营城子屯
27	东河北遗址	新石器	第六批	伊通满族自治县景台镇昌盛村东河北屯
28	娘庙山遗址	青铜	第六批	伊通满族自治县景台镇大榆树村王学坊屯
29	前城子城址	金	第六批	伊通满族自治县新兴乡前城子村前城子屯
30	三道清真寺	明崇祯十七年（1644年）	第六批	伊通满族自治县三道乡城子村

续表 3

序号	名　称	年　代	公布批次	地　　址
31	杏山遗址	青铜	第六批	伊通满族自治县景台镇房身村房身沟屯
32	四洮铁路附属建筑群（含老北站、马龙潭私邸、四洮铁路发电厂、东安里、西安里、四洮铁路邮政支局、四洮铁路工程局办公楼、四洮铁路员工俱乐部）	近代	第六批 第七批	铁西区北沟街道办事处
33	中东铁路南满支线附属建筑群（四平站机车司机公寓）	近代	第七批	铁西区新民路东端
34	山门镇城子山城址	明	第七批	铁东区山门镇头道村
35	八里铺北山遗址	新石器、青铜	第七批	铁东区叶赫满族镇英额堡村
36	老爷庙南山墓群	明	第七批	铁东区叶赫满族镇张家村老爷庙屯
37	三面城址	辽金	第七批	梨树县十家堡镇西黑嘴村三面城屯
38	彭家窝堡遗址	辽金	第七批	梨树县喇嘛甸镇彭家窝堡村彭家窝堡屯
39	谷家坨子遗址	新石器、青铜、鲜卑、辽金	第七批	双辽市那木乡张家村
40	同乐东北坨子遗址	新石器、青铜、汉、辽金	第七批	双辽市卧虎镇同乐村
41	王奔墓群	辽金	第七批	双辽市王奔镇光明村
42	向阳屯遗址	新石器、辽金	第七批	双辽市向阳乡向阳村向阳屯
43	新立屯遗址	新石器、青铜、汉、辽金	第七批	双辽市茂林镇新兴村新立屯
44	葫芦头沟遗址	青铜	第七批	伊通满族自治县黄岭子镇迎风村葫芦头沟屯
45	五台子山城	青铜	第七批	伊通满族自治县景台镇五台子村
46	柳条新边遗址	清	第七批	四平市铁东区、梨树县、伊通满族自治县
47	盛京围场封堆	清	第七批	铁东区、伊通满族自治县

（张　弛）

【满族文字】 满族作为曾经建立过中国最后一个封建王朝的民族，创造了自己的文字——满文。将满文作为清朝的法定文字来推广和使用，形成满文古籍文献，包括图书、档案、碑刻、谱牒、舆图等等。在中国55个少数民族古籍文献中，无论是数量，还是种类，满文古籍文献都属于最多的一种。它在中国文字史的少数民族语言文字领域有重要地位，是中华民族文化遗产的有机组成部分，具有重要的历史文化价值。满文的创制主要借鉴回鹘式字体的胡都木蒙古文，后来又在此基础上加上圈点，形成符合本民族语言表达要求的新满文。

【满族习俗】 满族人孝敬长辈，注重礼节，在路上遇见长辈，要侧身微躬，垂手致敬，等长辈走过再行；不但晚辈见长辈要施礼，在同辈人中年轻的见年长的也要施礼问候。亲友相见，除握手互敬问候外，有的还行抱腰接面礼。过春节时要拜两次年，年三十晚上拜一次，为辞旧岁，年初一再拜一次，叫迎新春。室内西炕不得随意坐人和堆放杂物；忌打狗、杀狗和忌食狗肉；不戴狗皮帽、不铺狗皮褥，忌讳戴狗皮帽或狗皮套袖的客人。满族将西墙作为供奉祖先的神圣部位，不准在此挂衣物，张贴年画；西炕俗称“佛爷炕”，供有“祖宗板子”。忌讳人们尤其是女人随便坐卧。通常客人也不得在西炕休息，更不许将狗皮帽子或鞭子放在这里。不许从锅灶、火塘的三脚架上越过，不能用脚蹬踏或者随便坐在锅灶上或火塘边；不准在锅灶口或塘上烤脚、袜子、鞋靴；禁止将吃剩下的食物、骨头、鱼刺等扔进锅灶或火塘里。满族过去信仰萨满教，每年都要根据不同的节令祭天、祭神、祭祖先，以猪和猪头为主要祭品。满族男女青年结婚时，新娘必须先在南炕上坐帐，也有称“坐福”。直到晚上，才在地上放一张桌子，新娘、新郎要手挽手绕桌子三圈后对饮。

颁金节　满族“族庆”之日。明崇祯八年（1635年）农历十月十三，皇太极发布谕旨，正式改族名“女真”为“满洲”。1989年10月，在丹东首届满族文化学术研讨会上，正式把每年的12月3日定为“颁金节”。各地满族同胞在农历十月十三满族命名日自发地举行纪念活动，以示纪念满族的诞生。但活动时使用的名称不尽相同，或称“命名日”，或称“诞生日”，或称“纪念日”等。

开山节　满族人在每年秋季中秋以后，或农历九月中旬（具体时间不定）为采集草药获得丰收而进行的祝福活动。过去，东北满族村落中每年开山节都要面对长白山进行祝福祷告，感谢山神给予采药人的丰富恩赐，在这一时期采到的人参则要供奉在自家的神龛中。

添仓节　每年正月二十五，满族农村家家讲究煮黏高粱米饭，放在仓库，用秫秸棍编织一只小马插在饭盆上，意思是马往家驮粮食，丰衣足食。第一天，再添新饭，连着添3回。也有的人家用高粱秸做两把锄头插在饭上。添仓节至今在东北农村保留着。

走百病　满族妇女的节日，一般在正月十六。当晚，妇女们三五成群，结伴远游，或走沙滚冰，或嬉戏欢闹，叫“走百病”。

二月二　俗称“龙抬头日”。当日早晨，满族人家把灶灰撒在院中，灰道弯曲如龙，故称“引龙”。然后在院中举行仪式，祈求风调雨顺。全家人还要吃“龙须面”和“龙鳞饼”。妇女们二月二不能做针线活。

虫王节　六月天，易闹虫灾。满族居民在六月初六，一户出一人到虫王庙朝拜，杀猪祭祀，求虫王爷免灾，保证地里的收成好。如今不办虫王节祭祀活动，但家家要在这一天晾晒衣物，以防虫蛀。

中元节　满族以七月十五为中元节，也视为超度亡灵的“鬼节”。届时，各处寺院设立道场，燃灯念经，要举行各种超度仪式。院内西侧向东摆一架木屏风，屏风上挂有鸡冠花、毛豆枝、鲜藕等，为供月兔之用。屏风前摆一张八仙桌，桌上供一大月饼。祭时，焚香磕头，妇女先拜，男人后拜。

吃肉节　在历史上，满族人把二月初一叫吃肉节，对老北京的满族人来说，是一个极盛大的节日。与汉族不同的是，满族人来自东北白山黑水地区，那里的春季物候到农历二月才出现，所以把二月初一的中和节作为春天的开端，俗称“吃肉节”。在吃肉节满族一般人家这一天也要举行家族团聚活动，到族长（穆昆达）家团聚。先祭天，再祭祖先，然后论辈分领取赏赐的白肉，饮酒祝贺，庆贺新春的到来。

腊八节　满族人家腊月初八要泡“腊八醋”和煮“腊八肉”。除全家人吃外还要分送亲友。

服饰　满族服饰是指男子穿的带马蹄袖的袍褂，腰束衣带，或穿长袍外罩对襟马褂；女子穿的长及脚面的旗装，或外罩坎肩。20世纪30年代，满族男女都穿直筒式的宽襟大袖长袍。女性旗袍下摆至小腿，有绣花卉纹饰。男性旗袍下摆及踝，无纹饰。20世纪40年代后，受国内外新式服饰新潮的冲击，满族男性旗袍废弃，女性旗袍由宽袖变窄袖，直筒变紧身贴腰，臀部略大，下摆回收，长及踝。2007年，满族旗袍制作工艺被列入吉林省省级非物质文化遗产名录。2009年，满族服饰被列入第二批内蒙古区级非物质文化遗产名录。

食俗　满族民间农忙时日食三餐，农闲时日食二餐。主食多是小米和高粱米、粳米干饭，喜欢在饭中加小豆或粑豆，如高粱米豆干饭。有的地区以玉米为主食，喜以玉米面发酵做成“酸汤子”。东北大部分地区的满族还有吃水饭的习惯，即在做好高粱米饭或玉米碴子饭后用清水过一遍，再放入清水中泡，吃时捞出，盛入碗内，清凉可口，这种吃法多在夏季。饽饽是用黏高粱、黏玉米、黄米等磨成面制作的，有豆面饽饽、搓条饽饽、苏叶饽饽、菠萝叶饽饽、牛舌饽饽、年糕饽饽、水煮饽饽（汉语的饺子）等。满族的饽饽历史悠久，清代即成为宫廷主食。其中最具代表性的是御膳“栗子面窝窝头”，也称小窝头。满族点心萨其玛也成为全国著名糕点。北方冬天天气寒冷，没有新鲜蔬菜，满族民间常以秋冬之际腌渍的大白菜（即酸菜）为主要蔬菜。据传用腌渍的方法储存蔬菜，始于清顺治年间。用酸菜熬白肉、粉条是满族入冬以后常吃的菜肴。酸菜可用熬、炖、炒和凉拌的方法食用，用酸菜下火锅别具特色。酸菜也可用来做馅包饺子。东北地区的满族，每户腌渍的酸菜一般可以吃到第二年春天。此外，日常蔬菜还有萝卜、豆角等。满族人民爱吃猪肉，常用白水煮的方法烹制。满族的进餐习俗和饮食礼仪很多。如祭祀用过的神糕、神肉，路人可以分享，但一般不能带走，吃完后不允许擦嘴；家中人就餐，长辈不动筷，晚辈人绝不动筷；过年杀年猪时，有把亲友、邻里请来同吃白肉血肠的习惯。

（龙海波）

人口　民族

【人口】 第七次全国人口普查，四平市常住人口 1814733 人，其中男性人口 904701 人、女性人口 910032 人。城镇人口 935799 人，占全市人口比重（城镇化率）为 51.57%；乡村人口 878934 人，占全市人口比重为 48.43%。全市人口中，汉族人口 1632366 人；各少数民族人口 182367 人。人户分离人口 643190 人，其中市辖区内人户分离人口 199794 人，流动人口 443396 人。

【民族】 四平市属于少数民族散杂居地区，少数民族户籍人口 25.36 万人，有蒙古族、回族、朝鲜族、满族等 43 个少数民族。其中蒙古族 1.58 万人，占少数民族人口的 6.23%；回族 1.03 万人，占少数民族人口的 4.06%；朝鲜族 0.48 万人，占少数民族人口的 1.89%；满族 22.12 万人，占少数民族人口的 87.22%。人口较少的民族有畲族、仡佬族、赫哲族、拉祜族各 3 人，京族、东乡族、景颇族各 2 人，塔吉克族、塔塔尔族、裕固族、撒拉族各 1 人。辖有 1 个民族自治县即伊通满族自治县；2 个民族乡镇即四平铁东区叶赫满族镇、双辽市那木斯蒙古族乡。

【宗教】 四平市有佛教、道教、伊斯兰教、天主教、基督教 5 种宗教。民国初期，佛教传入四平市，先后建立净业莲寺、青云庵等寺庙。民国初期，道教传入四平市，1934 年，在今铁东区南五、六马路之间，四纬路以南建立永寿宫（亦称玉皇庙），信徒 100 余人。1922 年，四平有穆斯林 6 户，乡老在铁东区二马路租房作为初办的清真寺，1936 年，在铁东区七马路建成清真寺。1928 年，在铁东区南二马路南端购买房屋和土地，作为天主教堂基建用地，当时四平市有教徒七八户；1930 年，在天主教堂院内修建“主教公署”办公楼和 3 间砖瓦房；1931 年，在院内修建砖瓦房 30 余间，作为加拿大籍“圣母无染原罪修女会中国东北分会”和“圣母玫瑰会”的修院。在北沟、半拉山门、老四平、郭家店等处建立分公所，由 1 名传道员进行传教讲道活动；1936 年，教徒发展到 500 余人，加上外地公所有教徒 2700 余人。1923 年，梨树县基督教会长老张万福和少数信徒，在道西四马路租 5 间房，成立四平基督教会，信徒 30 余人；1927 年，加拿大籍牧师古约翰、瑞阿克到四平成立“四洮教区”，四平教会归其隶属；1933 年，古约翰将四平、公主岭、郑家屯、白城子、洮南、乌兰浩特、通辽等地基督教会组成“平齐教区”；教会下设堂会，堂会下设支会；四平基督教会堂会在半拉山门、郭家店等地建立基督教支会；至 1935 年，有教徒 200 余人；至1985 年年末，市区有基督教信徒近 300 人。至 2020 年年末，四平市正式登记备案宗教活动场所226个，认定备案的宗教教职人员267人。有宗教团体6个，即四平市佛教协会、四平市道教协会、四平市天主教爱国会、四平市天主教教务委员会、四平市基督教协会、四平市基督教三自爱国运动委员会。

（年鉴编辑部）

经济社会发展

【经济建设】 2020年，全市实现地区生产总值526.6亿元，按可比价格计算，增长3.3%。其中，第一产业实现增加值182.7亿元，增长4.0%；第二产业实现增加值102.6亿元，增长5.2%；第三产业实现增加值241.3亿元，增长1.9%。农林牧渔业总产值按可比价格计算增长5.0%，其中农业产值增长4.7%，林业产值增长38.1%，牧业产值增长5.0%，渔业产值增长12.6%。工业增加值81.77亿元，增长4.3%。规模以上工业增加值增长5.7%。规模以上民营工业企业占全市总户数的84.3%。拥有资产占规模以上工业的60.7%，增加值增长6.1%，利润增长39.9%。建筑业实现增加值21.23亿元，按可比价格计算，增长11.8%。批发和零售业增加值40.55亿元，下降3.9%；交通运输、仓储和邮政业增加值28.94亿元，下降1.1%；住宿和餐饮业增加值5.12亿元，下降3.4%；金融业增加值34.87亿元，增长2.6%；房地产业增加值22.43亿元，增长8.1%；信息传输、软件和信息技术服务业增加值6.21亿元，增长10.9%；租赁和商务服务业增加值2.94亿元，增长20.7%。全市进出口总额47452万元，增长28.0%。其中，进口总额20669万元，增长53.6%；出口总额26783万元，增长13.4%。全市一般公共预算全口径财政收入74.5亿元，下降6%。市区一般公共预算全口径财政收入53.1亿元，下降6.4%。市区一般公共预算地方级财政收入21.1亿元，下降12%。

表4 2020年四平市地区生产总值统计表

单位：万元

类　型	（按当年价格计算）	（按不变价格计算）	2020年为2019年的%（按不变价计算）
地区生产总值	5265703	5036937	103.3
第一产业	1827014	1950960	104.0
农、林、牧、渔业	1869144	2028046	104.0
第二产业	1025452	979121	105.2
工业	817703	853219	104.3
建筑业	212339	130769	111.8
第三产业	2413237	2106856	101.9
批发和零售业	405473	347573	96.1
交通运输、仓储和邮政业	289438	272210	98.9
住宿和餐饮业	51214	42887	96.6
金融业	348676	285437	102.6
房地产业	224307	151772	108.1
其他服务业	1047409	925024	104.0
人均生产总值（元/人）	24586	23518	104.1

（市统计局）

【政治建设】 贯彻实施习近平新时代中国特色社会主义思想培训计划，巩固深化“不忘初心、牢记使命”主题教育成果，推进“红色引领、思想铸魂”行动，开展“解放思想再深入、全面振兴新突破”教育实践活动，引导党员干部增强“四个意识”，坚定“四个自信”，做到“两个维护”。制定修订机动车停车条例、城市环境卫生条例等法规5部，“小切口”立法得到全国人大肯定。聚焦经济发展、民生改善、生态治理等领域实施精准监督，推动三年造林绿化攻坚、南北河生态治理等重点任务。严格执行重大事项决定程序，对国民经济和社会发展计划等13项重大事项作出科学决议、决定。办理深度调研献良策、资政协商聚共识，促进物业小区整治、老旧小区改造、民营企业核心竞争力提升等209件提案。发挥政协优势，落细落实河湖治理、物业管理、“册外地”规范管理等重点任务，河湖治理经验在全国河（湖）长制工作会上交流推广。搭建履职平台，提高合作共事能力，深化民主党派之间、四平与其他地区之间沟通交流。

【文化建设】 四平市有公共图书馆4个、文化馆（艺术馆）7个、博物馆（纪念馆）5个、美术馆2个、乡镇（街道）文化站72个、行政村建农村文化小广场755个。7月22日，习近平总书记视察四平战役纪念馆后，四平战役纪念馆接待社会公众突破16万人，接待省内外机关、企事业单位团体700余家。到金华开展文旅交流活动，两地文旅企业签署年度合作协议，推广双方文旅线路产品。创作的网剧《二龙湖爱情故事2》在爱奇艺上线播出；创作抗“疫”诗歌《这样一群人》参加吉林省文旅厅举办的吉林省第六届经典诗文朗诵大赛，获一等奖。2020年全国射箭锦标赛，四平籍运动员获女子团体淘汰赛冠军；2020年全国男子举重锦标赛暨东京奥运会模拟赛，四平市运动员获男子67公斤级、109公斤以上级挺举和总成绩3枚金牌。在省级比赛中，四平市获金牌46枚。

【社会建设】 全地区城镇常住居民人均可支配收入29288元，增长3.5%。农村常住居民人均可支配收入15890元，增长7.3%。居民消费价格上涨2.3%。城镇新增就业2.68万人，全市城镇登记失业率3.37%。四平市老旧小区改造成为全省典型，完成老旧小区改造68个、道路改造17条；“四好农村路”建设成为全省典型，新建改造农村公路827.7千米，乡村公交线路和农村物流实现100%覆盖；全年新增市场主体1.4万户，总数突破20万户；城镇新增就业2.7万人、全省排名第二，村劳动力输出36.8万人、全省排名第一；新建小区配套幼儿园13所，创建幸福小区30个。脱贫任务全面完成，全市21522户，41645人全部实现脱贫，125个贫困村全部退出，省定贫困片区双辽市摘帽；新建、续建5000万元以上项目224个，北方农机示范基地等一批项目开工建设，精细化学品搬迁改造等一批项目竣工投产，谋划全市“一号项目”138个，新基建“761”工程项目379个；创建市级以上美丽乡村305个，评选美丽庭院3.4万户、干净人家9.7万户，规模养殖场粪污处理设施配套率100%，畜禽粪污资源化综合利用率90%以上。完成国土绿化23333.33公顷，获创建“国家森林城市”备案资格。

【生态文明建设】 建成辽河水生态修复、水环境治理、水资源保护3类62个重点项目，断面水质均达到国家和省考核要求，实现全域消除五类水体。开展黑臭水体治理、矿山整治、垃圾山专项治理行动。四平市大气环境质量首次达到国家二级标准，重污染天数2天，优良天数309天。落实河长制实施工作，建立组织领导，强化部门联动，形成齐抓共管工作合力。全市完成11个乡镇污水设施建设；河流水系绿化697.5公顷；清理河套垃圾4.95万立方米。南北河综合治理工程治理河道13080米，河道护岸26878米。辽河流域治理工程完成加培堤防，堤防护坡116251米，修建辽河流域干流堤顶路面44357米。全年造林绿化23466.67公顷（含补植）。开展“走遍四平”专项整治行动，各级路长发现问题整改率81%。

（年鉴编辑部）

中国共产党四平市委员会

SIPING MUNICIPAL COMMITTEE OF THE CPC

综　述

【贯彻落实习近平总书记视察四平重要讲话重要指示精神】 2020年，四平市把贯彻落实习近平总书记视察吉林视察四平重要讲话重要指示精神作为头等大事和首要政治任务，推动习近平总书记部署要求在四平市条条落实、件件落地。围绕贯彻"一定要保护好、利用好黑土地这一'耕地中的大熊猫'"政治任务，抢抓国家实施黑土地战略保护工程机遇，谋划创建国家黑土地保护利用综合示范区，完成综合示范区规划编制初稿，项目纳入东北平原粮食安全带规划和吉林省"十四五"规划。围绕贯彻"一定要深入总结'梨树模式'，向更大的面积去推广"的嘱托，打造"梨树模式"升级版，推广保护性耕作24.4万公顷，增长25.3%，占全省的20.3%。建设县乡村三级黑土地保护示范体系，辐射带动东北地区110个示范基地。围绕贯彻"一定要因地制宜探索农民专业合作社发展道路"重要指示，实施新型经营主体培育提升计划，农民合作社、家庭农场分别发展到7996个、4192个。发展土地流转、土地托管、土地入股等多种形式的规模经营，农村土地规模化经营比重达60%。围绕贯彻"一定要充分利用好红色资源，把爱国主义教育基地建设好、利用好、作用发挥好"部署要求，推进四平干部学院、四平红色文化教育培训中心、梨树黑土地干部学院筹建工作，推进四平战役纪念馆升级改造、申报国家一级馆，将塔子山战斗遗址等17处点位全部纳入红色旅游规划开发建设。

【党建工作】 实施习近平新时代中国特色社会主义思想培训计划，巩固深化"不忘初心、牢记使命"主题教育成果，推进"红色引领、思想铸魂"行动，开展"解放思想再深入、全面振兴新突破"教育实践活动，组织开展"百人千场宣讲党的创新理论文明实践季"活动。落实新时期好干部标准，坚持以事择人、人岗相适，一大批善谋事、会干事、有本事、能成事的干部被选拔任用到重要岗位，建立动态储备库573人。实施"万名大学生留平计划"，创新设立市级"人才编制池"，与48所高校签订校地人才合作协议，引进留用大学生3842人。实施"基层党建引领基层治理"提升行动，常态化选拔"四方面人员"进乡镇领导班子，全市755个行政村村书记换届人选全部到位。完成街道管理体制改革，"兼合式"党组织志愿服务覆盖居民34万人，社区"网格"党组织覆盖率90%，阳光社区"兼合式"党支部创建被评为"新时代吉林小巷总理"最佳创新案例。制定实施《关于整治形式主义、改进工作作风的五项措施》，全市发文减少33.35%，会议减少53.4%，督查检查考核事项减少53.42%。全市查处违反中央八项规定精神问题93个、党纪政务处分80人、通报典型案例4批次16个问题18人。查处"七个有之"问题，群众对政治生态总体满意率96.52%。推进不敢腐、不能腐、不想腐，查办一批重点案件，立案966件、处分1057人、移送司法机关25人。

【经济发展】 2020年，四平市地区生产总值增长3.3%，位列全省第三；固定资产投资增长

10.1%，位列全省第二；招商引资到位资金增长39.2%，位列全省第一。做好“六稳”工作，全面落实“六保”任务，解决疫情防控、生产经营、融资难融资贵等实际问题，民营企业中小企业7.27亿元无分歧账款全部清偿，“信易贷”融资总额与GDP之比居全国地市第一。工业增速从三季度开始逆势转正，全年规模以上工业总产值、增加值分别增长4.1%、5.7%。聚焦高质量发展主题，狠抓调结构、促转型，新天龙改造升级迈向产业高端，世宝机械中重型智能转向系统项目开启“智能制造”新路径，双辽昊华离子膜烧碱装置整体搬迁助推产业链集聚发展。高新技术企业、省级科技小巨人企业分别发展到40户、33户。开展项目攻坚行动，开复工5000万元以上项目224个，“三早”集中开工项目87个。北方农机示范基地、一汽委改基地、万通建材物流园项目开工建设，万嘉购物广场、精细化工搬迁改造、年产6万吨高性能减水剂等重点项目竣工，谋划新基建“761”项目379个、“一号项目”138个。

【乡村振兴】 全市农业生产总值增长5%、位列全省第一。梨树县、双辽市获吉林省县域经济争先晋位优胜县，分别位列全省非贫困县和贫困县第一名。落实粮食作物种植面积55.59万公顷，新建高标准农田2.67万公顷，粮食总产继续稳定在45亿千克阶段性水平，实现“十七连丰”。农作物综合机械化水平达91%，四平市是吉林省唯一的国家全程机械化示范市。深化农业供给侧结构性改革，棚膜经济园区发展到3586.67公顷，畜禽总量位列全省第三位，伊通满族自治县新兴乡成为国家级农业产业强镇，农产品加工业产值实现159.6亿元，伊通满族自治县保南村入选第二批全国乡村旅游重点村目录。农村生活垃圾治理和村屯保洁实现全覆盖，吉林省农村人居环境治理现场会在四平市召开。新改建农村公路868千米，改造农村厕所6300个，创建市级以上美丽乡村305个。

【民生实事】 坚持四级书记抓防控，市级领导一线办公，市直部门下沉党员、干部52954人次，排查隔离、联防联控等措施全面压实。统筹推进复工复产，帮助企业解决用工、物资、原材料等方面难题，四平市工业企业在全省率先实现100%复工。狠抓重点群体就业帮扶，搭建创业联盟等平台，城镇新增就业2.7万人、位居全省第二，农村劳动力转移就业36.8万人、位居全省第一。完成棚户区改造等10件民生实事，完成老旧小区改造68个；用100天时间，完成南北河道路基础建设7.1千米、林廊建设3.5千米；“无籍房”治理成果巩固拓展。城乡低保标准持续提高，特困人员救助供养资金全面落实，养老保险参保率100%。农村“三资”专项治理挽回村集体资金6394.6万元，“册外地”专项治理增加村集体经济收入1.3亿元。深化“法治四平”“平安四平”建设，“两打两控”战果全省领先，扫黑除恶综合排名位居全省第一，四平市连续4年被评为“中国最安全城市”。重点信访积案化解率100%，书记、市长网民问题答复率连续位列全国385个城市第一名。

【三大攻坚战】 精准脱贫攻坚战。“两不愁三保障”（不愁吃、不愁穿，义务教育、基本医疗、住房安全有保障）精准落实，累计实现21297户41044名贫困人口脱贫、125个贫困村全部退出，省定贫困片区双辽市摘帽，贫困发生率由5.1%下降到零，“双防”（防返贫、防致贫）体系建设、“健康直通车”经验全国推广。污染防治攻坚战。建成辽河水生态修复、水环境治理、水资源保护3类62个重点项目，断面水质均达到国家和省考核要求，实现全域消除五类水体。开展黑臭水体治理、矿山整治、垃圾山专项治理行动，全年造林绿化2.35万公顷。开展“走遍四平”专项整治行动，各级路长发现问题整改率81%。防范化解重大风险攻坚战。化解地方历史债务，市区偿还政府性债务本息及手续费9.56亿元，偿还政府隐性债务19.76亿元，债务风险总体可控，未发生新增隐性债务情况。

【市委重要会议】 7月26日，市委召开常委扩大会议，专题传达学习习近平总书记在吉林考察时的重要讲话重要指示精神，认真落实省委常委扩大会议精神，深化思想认识，实化工作举措，细化任务安排，确保中央和省委决策部署在四平落地生根、开花结果。市委书记郭灵计主持会议并讲话。市委副书记、市长胡斌出席会议。市人大常委会主任赵守信列席会议。市委副书记李岩，市委常委梁彦举、娄少华、陈强、褚春彦、赵连军出席会议；副市级领导曹武、许辉、郑一明、周进，市政府秘书长左今明，市直相关部门负责人列席会议。会议研究部署贯彻落实习近平总书记考察吉林重要讲话重要指示精神任务安排。部分市委常委和副市长结合分管领域工作，谈学习心得体会。

8月9日，中国共产党四平市第七届委员会第九次全体会议召开。市委常委会主持会议。市委书记郭灵计讲话。市委常委胡斌、李岩、梁彦举、娄少华、陈强、褚春彦、赵连军、刘琦出席会议。出席会议的市委委员43人，候补委员2人。不是市委委员、候补委员的副市级以上领导，市政协秘书长，各县（市）区党政主要负责人，市直、中省直各部门、单位和部分重点企业、大专院校主要负责人，部分基层党代表列席会议。全会以习近平新时代中国特色社会主义思想为指导，深入学习贯彻落实习近平总书记视察吉林视察四平重要讲话重要指示精神，听取和讨论市委书记郭灵计所作的讲话，下发《贯彻落实习近平总书记视察吉林视察四平重要讲话重要指示精神分工方案》，审议通过全会决议。

12月17日，中国共产党四平市第七届委员会第十次全体会议召开。市委常委会主持会议。全会听取和讨论市委书记郭灵计受市委常委会委托所作的工作报告，审议通过《中共四平市委关于制定四平市国民经济和社会发展第十四个五年规划和二〇三五年远景目标的建议》，市委书记郭灵计就《建议（讨论稿）》向全会作说明。

（许长勇）

8月9日，中国共产党四平市第七届委员会第九次全体会议在吉平宾馆会议中心召开

（市委办　供图）

组　织

【概况】 2020年，四平市持续深化机关党的建设，推动“不忘初心、牢记使命”常态化制度化，巩固部机关周三学习日、作风建设“十不准”等相关制度，开展“解放思想再深入、全面振兴新突破”教育实践活动，加强党风廉政教育，推动机关党建与中心工作深度融合，打造“讲政治、重公道、业务精、作风好”的模范部门。指导机关82个部门党组织开展集中学习300场次，党员干部15000人次参加，机关各级党组织开展心得体会交流、学习研讨等1000次。全市党组织5960个，党员120444人。全年新增党员2029人。推进党支部联系点建设，全市各级党员领导干部建立党支部联系点1518个，解决突出问题1640个。开展党员自愿捐款活动，全市107265名党员捐款880万元，支持疫情防控工作。机关工委下拨党费47万元，支持28个机关党组织建立规范化党员活动室。对市直机关82个部门党组织书记和635名基层党支部书记进行述职述责评议考核。铁东、铁

西区面向社区书记招录街道事业编人员28人。

【干部管理】 研究制定《关于加强领导班子和优秀年轻干部队伍建设的实施意见》，加快推进干部工作五大体系建设，深入推进组织工作服务振兴发展行动计划。制定《市管领导班子和市管干部平时考核办法(试行)》《市管干部经常性谈心谈话制度》《关于干部常态化交流轮岗的五条意见》，建立日常考核、分类考核、近距离考核的知事识人体系。制定《关于加强市管干部政治素质考察的实施意见》，建立干部政治表现负面清单10项，建立政治素质考察档案，把政治素质考察的功夫下在平时、抓在经常，贯穿于任职考察、平时考核、专项考核、年度考核等工作中。35名受过处分的干部，因诚恳改过、业绩突出，处分期过后，综合其所犯错误性质和一贯表现，提拔、重用或晋升职级。提拔、重用或晋升职级优秀档次干部54名。对存在问题的市管班子和市管干部进行提醒谈话。结合市委巡察工作开展政治监督检查，聚焦领导班子遵守政治责任、政治纪律、选人用人政治标准等情况，领导干部遵守政治信仰、政治责任、政治纪律等情况，细化成具体标准，纳入巡查范围，查处是否存在"七个有之"等违反政治纪律和政治规矩的问题。

【干部培训】 实施习近平新时代中国特色社会主义思想培训计划，举办学习贯彻党的十九届四中全会精神专题轮训班、市管主要领导干部学习贯彻习近平总书记视察吉林视察四平重要讲话重要指示精神专题培训班、市管干部进修班、中青年干部培训班等15期，培训各级各类干部5000余人次。举办"红色引领、思想铸魂"党性教育专题培训班5期，培训305人次。联合市发展和改革委员会，举办推动新时期四平经济高质量发展专题大讲堂2期，培训全市各级各类干部390人次。制定下发《2020—2022年干部教育培训工作实施意见》《关于加强经常性干部教育培训工作的通知》《"红色引领、思想铸魂"行动计划实施方案》，完善干部教育培训体系。依托四平干部教育网络学苑，建立《习近平新时代中国特色社会主义思想》等学习专栏5个，举办学习贯彻习近平新时代中国特色社会主义思想、脱贫攻坚、《中华人民共和国民法典》等网络专题课14期，培训8000余人次。组织学员撰写学习笔记、心得体会、调研报告8000余篇。定期对市管干部开展政治能力提升测试，全年开展网络测试5次，线下测试1次，并对各单位学习测试情况进行抽查。

【公务员招录】 组织公务员考试录用工作，2020年，四平市计划招录296个职位357人，其中市直部门计划招录89个职位118人，县（市）区直部门计划招录155个职位180人，乡镇街道计划招录52个职位59人。经过笔试、面试、体检、考察、公示等环节，最终录用354人。

【公务员职务与职级核定】 职级职数核定工作实行动态管理，根据各单位编制变动情况，为市自然资源局等6家单位职级职数进行重新核定。按照公安部调整执法勤务类职级序列的通知，分别对市法院（二级高级警长职数1个，三级、四级高级警长职数2个）、市公安局（二级警务专员6个、二级警务技术总监2个、四至一级高级警长172个、四至一级警务技术主任22个）、市强戒所（一级高级警长职数2个，二级高级警长职数2个，三级、四级高级警长职数8个）和各县（市）公安机关的职级职数进行审批备案。推进职务职级分类改革工作，对四平市行政执法类、专业技术类公务员分类改革开展排查1次。

【公务员登记】 制定下发《公务员登记通知》及流程图，集中利用2周时间到各县（市）区开展下沉式服务，对拟定登记的公务员档案进行审核。全年办理公务员（参公）登记240人次，其中公务员登记212人，参公登记28人。

【公务员培训】 10月29日至30日，市委组织部举办四平市学习贯彻习近平总书记视察吉林重要指示精神专题示范培训班，参加培训240人。12月14日至18日，举办2019年全市各级机关新录用公务员初任培训班，参加培训76人。

【村“两委”换届】 成立换届工作专班，制定《关于进一步做好村“两委”换届准备工作的10项举措》等文件，开展“村干部规范优化提升”等活动，提前储备村后备干部1512名，完成15个重点难点村整顿任务。10月末，村书记换届人选提前到位。

【乡镇换届】 选拔优秀“四方面人员”（驻村第一书记、村党组织书记、乡镇事业编制人员、乡镇机关选调生）24人、“三个委员”（组织委员、宣传委员、政法委员）103人。

【软弱涣散村党组织整顿】 落实“四个一”举措，完成56个村党组织整顿工作。整治农村基层党建形式主义，纠正问题，规范管理。推进抓党建促脱贫攻坚，实行第一书记任前审核、驻村干部钉钉“联线”等制度。

【“村书记话扶贫”活动】 成立驻村第一书记协会，开展代言活动，实现年销售额873万元，制定下发《四平市开展“村书记话扶贫”活动实施方案》，推动村书记和党员走上讲台，深入田间地头、农家院落，带头讲解政策，成为政策的“讲解员”和士气的“鼓舞者”，对群众急需解决的问题领办帮办代办，1100名党员干部开展1800次活动。2020年，提拔驻村干部46人，嘉奖扶贫干部109人。

【居民小区“兼合式”党支部创建】 整合居民小区的服务治理能手、专业技术人才、文体骨干，在小区内建立“兼合式”党支部，推行党员亮身份、当表率、树形象，实现“工作在单位、服务在小区、奉献双岗位”。创建居民小区“兼合式”党支部260个，吸纳党员10000余人，组建志愿服务队540支。

【街道管理体制改革】 取消招商引资、协税护税任务，街道工作重心聚焦到抓党建、抓治理、抓服务上。“四个平台”（社会治安综合治理、党群服务、综合行政执法、便民服务）建设基本完成。四平市24个街道均按照“4+x”模式设置党政机构，核定领导职数168名，核定各街道领导班子职数7名。与市民政局联合下发《关于进一步清理社区工作机构、牌子和规范社区出具证明事项的通知》。

【“党建+网格”模式】 制发《关于构建党建引领城乡基层治理格局的实施意见》，推行“党建+网格”模式。设立城市基础网格党组织1101个，其中党支部574个，党小组527个，覆盖率100%。选优配强党支部书记或党小组长，经过县级组织部门和街道审核，有507名社区“两委”成员兼任网格党支部书记或党小组长。在农村划分基础网格4587个。

【街道社区党组织书记培训】 依托吉社家园微信公众号，组织社区工作者参加“吉社网院”线上培训，督导全市社区每天开展“八点半课堂”线上学习，举办街道社区党组织书记线下培训班1期，2020年培训街道社区党务工作者1384人次。

12月29日，双辽市东华社区在社区党员活动室开展“八点半”课堂早读学习

（毛锐 供图）

【“社工岗”设立】 制定出台《关于进一步加强全市城市社区专职工作者队伍建设的实施意见》，完成“两委”成员依规转入，至年末，有“社工岗”人员1160人，其中依规转入“社工岗”人员907人，新招录“社工岗”人员253人。

【“新时代小巷总理”创新案例评选】 市委组织部联合市委宣传部、市民政局组织开展四平市“新时代小巷总理”创新案例征集评选活动。活动之初进行动员，市委组织部会同有关部门单位制发实施方案，各县（市）区委组织部会同有关部门细化落实方案，组织发动，提高知晓率，做到社区面上参与覆盖率100%。在网络展示投票阶段，运用网络新媒体进行深入宣传，组织号召居民群众为自己支持的社区投票，一周投票时间，总访问量超过1200万次，总投票数超过450万票。市委组织部联合市民政局组成评验组，利用1周时间专门到各案例社区进行验证性实地踏查，围绕创新案例的工作机制措施、服务设施环境、工作质量成效、群众评价反响等方面，采取社区党组织书记介绍、查看资料、随机走访等方式，了解掌握实际情况。经过宣传动员、案例编报、层层推荐、审核选拔，历时近2个月时间，从全市118个社区中确定19个社区。10月29日，进行集中评选，邀请市委宣传部、市民政局、市妇联、团市委、市委党校等部门单位的领导、专家担任评委，最终评选出四平市新时代小巷总理“最佳创新案例”“优秀创新案例”“典型创新案例”各4个。在全省“新时代吉林小巷总理”评选中，四平市铁西区英雄街道阳光社区参选案例被评为最佳创新案例，梨树县富强街道春阳社区、铁西区站前街道新铁社区参选案例被评为典型创新案例。

10月29日，四平市“新时代小巷总理”创新案例评选现场为获奖选手颁奖

（毛锐 供图）

【“五长制”落实】 落实“五长制”（“五长”即街长、路巷长、网格长、楼栋长、单元长），配备街长22人、路巷长112人、网格长824人、楼栋长4217人、单元长17062人，在辖区设置公示牌，方便服务群众，接受社会监督。

【城市基层党建“书记一号工程”项目实施】 实施城市基层党建“书记一号工程”项目，推动四平市各级党组织书记上前台、解难题、办实事，到包保社区认领书记项目，全市497名党组织书记谋划认领项目609个，全部完成。

【网格党群服务站建立】 下发《关于推进网格（小区）党群服务站建设的通知》，指导各地依托物业公司办公场所、小区内可以改造利用的闲置场所或利用老旧小区改造机会新建场所，坚持因地制宜，宜大则大、宜小则小，重在发挥作用的原则，推进网格党群服务站建设，统一悬挂标识，建立网格党群服务站99个、社区共享家园111个。

【城市党建联盟】 指导各地依托街道社区建立党建联盟，建立联席会议制度，落实共驻共建“四项清单”制度，共同研究推进各项工作，推动解决辖区内各类热点难点问题。街道社区全部建立城市党建联盟142个，联盟成员单位605个，党员群众参与联盟活动11779人次，帮助街道社区解难题办实事795件。

【“红心物业”建设】 推进“红心物业”建设，落实物业党建政治责任，推行“双向进入、交叉任职”“四方联动”协调服务，构建形成党建引领、权责清晰、多方联动、多元共治的物业管理服务格局。建立物业企业党组织17个，建立“红心物业”小区32个，实行党组织领导下的物业自治小区61个。

【国企党组织建设】 以思想政治和能力素质建设为重点强化班子建设，以作用发挥为重点强化党员队伍建设，建强完善党的组织体系和公司治理体系，组织全市国有企业党委制定出台前置研究讨论重大经营管理事项清单，公司重大经营管理事项先经党委会研究讨论，再由董事会或经理层作出决定。

【“强责提质创标”行动】 指导市直机关深入开展习近平新时代中国特色社会主义思想学习贯彻活动，机关82个部门党组织开展集中学习300余场次，党员干部15000余人次参加。考察任职市直机关党组织专职副书记12人。开展“立足岗位当先锋、振兴四平作表率”主题竞赛活动，部门之间结成竞赛对子30对，基层党组织之间结成竞赛对子260对，党员之间结成竞赛对子3000余对。

【高校党组织“对标争先”行动】 落实党委领导下的校长负责制，四平职业大学评选出标杆院系、样板支部各1个，持续推进思政课一体化建设，加强高校优秀典型的选树工作，四平职业大学老师杨娜获“四平好人·最美教师暨黄大年式好老师”称号。

【中小学党建工作】 增强中小学校基层党组织政治功能和组织力，制作党建宣传片《党建引领杏坛美，立德树人党旗红》，召开纪念中国共产党成立99周年“红烛心向党，建功新时代”座谈会，加强中小学校优秀典型的选树工作，评选“四平好人·最美教师暨黄大年式好老师”10人。

【公立医院领导职数核定】 完成公立医院党政领导分设的领导职数审批工作，市直二级以上公立医院核定领导职数2正、4副（含纪检书记1名），三甲公立医院核定领导职数2正、5副（含纪检书记1名）。

【两新党组织组建】 两新党组织组建率由年初的13.3%提升到35.8%。全年培养两新入党积极分子376人，发展两新党员156人。市、县举办培训班18期，培训800人次。深入企业开展摸底排查工作，寻找“口袋党员”。

【千名干部助千企】 帮助企业解决难题200个。指导县（市）区举办招聘会5次，招聘企业急需人才240人，其中党员32人。坚持以党建为引领，解决企业问题，推动企业复工复产。

【“一建七送”政策落实】 “一建七送”（即建立党组织，送党徽、党旗、启动经费、电教设备、党建书籍、标牌、展板）政策落实。建立非公党工委组成人员党支部联系点116个，每名建立党支部工作联系点的党员领导干部建立工作台账，列出具体问题及整改措施。

【双创孵化载体与“红色孵化器”对接】 全年新入孵企业30余户。四平中友电子商务产业园被省委组织部、省委非公党工委评为“省级精品孵化器”。指导全市各类“红色孵化器”设立“企业帮扶驿站”，定期发布《惠企政策指引》，协调司法局为企业提供法律服务。积极引导企业党组织广泛在企业中设立“党员先锋岗”，发挥模范带头作用。拍摄制作微视频30个，在“红旗——吉林非公党建在线”抖音平台播出微视频5个，在“新时代e支部”播出两新领域党课视频1个，在省级以上媒体刊发“新时代基层党建质量提升工程”两新党建宣传报道16篇。

（毛　锐）

宣　传

【概况】 2020年，中共四平市委宣传部围绕中心、服务大局，贯彻落实党中央和省委的宣传思想文化工作方针政策，理论宣讲、舆情信息、调查研究、文化惠民、文明创建等项工作受到中宣部和省委宣传部表彰。抓实“关键少数”理论武装，市委理论中心组集体学习11次，各县级党委理论学习、中心组集体学习1140次。围绕习近平总书记视察吉林视察四平重要讲话重要指示精神、项目建设、脱贫攻坚、扫黑除恶、生态环保、党的十九届五中全会精神等主题集中宣传报道，刊播稿件3万余篇（条）。“学习强国”学习平台注册5万余人，学员注册率和活跃度排在吉林省前列，在《吉林学习》平台发稿945篇。中央级媒体、省级媒体、商业平台、“学习强国”学习平台推出四平市相关报道4800余篇。央视《新闻联播》关于四平市的报道5篇，《人民日报》刊登14篇，《求是》杂志刊登1篇。新华社推出《十四五四平怎么干，中共四平市委七届十次全会这样定调》，央视新闻联播推出《农业现代化赋予黑土地新生命》，《光明日报》推出四平专版《农业大市的别样风姿》。编写的《保护好“耕地中的大熊猫”，让饭碗端得更牢》宣讲报告获中宣部表彰。拍摄的短视频《人民记忆：百年百城·四平奔小康》在央视网播出。《二龙湖爱情故事2020》播放量突破4亿次。四平市“文化人”创作的小品《快乐其实很简单》登上2020央视春晚。中国音协新兴音乐群体轻骑兵首次到四平市，为四平专题创作歌曲《沃土》。举办文化进万家、市民文化节、农民文化节、古筝艺术节、“九月鲜花”文艺展演周、全民阅读等系列文化活动，发放图书期刊6.2万册，惠民购书卡1700张，播放公益电影1.4万场。争取国家拨付叶赫部城址保护项目资金1130万元，争取省级专项扶持和新冠肺炎疫情补助资金94万元。举办“冰嬉节”“满族文化旅游节”“百威啤酒音乐节”“红果采摘节”“全国大众速度滑冰马拉松系列赛”“国际儿童滑雪节”“直播带货节”等活动。

【习近平总书记视察吉林视察四平重要讲话重要指示精神宣传贯彻】 相继制定《关于学习贯彻习近平总书记视察吉林视察四平重要讲话重要指示精神的宣传报道方案》《习近平总书记视察四平总体宣传方案》，从理论宣讲、新闻宣传、网络宣传、社会发动、文化创作等层面，对宣传贯彻习近平总书记视察吉林视察四平重要讲话重要指示精神进行统筹安排部署，组织市直媒体推出重点稿件110篇。印发《牢记嘱托 奋勇前行——习近平总书记视察四平中省直媒体重点报道汇编》500份。

【党的十九届五中全会精神宣讲】 制定《学习贯彻党的十九届五中全会精神宣讲工作方案》。编写《党的十九届五中全会精神宣讲提纲》、统一制作PPT参考课件及省委宣讲团到四平市宣讲报告会视频资料。至年末，全市各级党委宣讲团、宣讲小分队到新时代文明实践中心（所、站）和企业、农村、学校、社区开展基层宣讲1100余场，受众人数2万余人。在市直媒体平台开设《学习贯彻党的十九届五中全会精神》《聚焦党的十九届五中全会》专题专栏。各级各类新闻媒体刊播稿件400篇，其中传统媒体刊播180篇，微信、微博、抖音和客户端APP等新媒体平台推送稿件220篇，点击量11万人次。利用户外大屏、宣传栏、宣传条幅、LED电子屏等投放宣传标语1100处。

【“百人千场宣讲党的创新理论文明实践季”活动】 在全市组织开展“百人千场宣讲党的创新理论文明实践季”活动。围绕群众关切热点，组织全市各层次、各部门、各领域理论骨干编写宣讲提纲，由“党校教师+行业部门专家+基层宣讲员”共同编写。围绕学习宣传习近平新时代中国特色社会主义思想，突出习近平总书记视察吉林视察四平重要讲话重要指示精神和关于解放思想、东北振兴的相关重要论述、《习近平谈治国理政》第三卷、党的十九届四中全会精神等10个群众关切的宣讲主题，开展集中宣讲。市直机关宣讲团180人，由市直各部门领导班子成员、理论骨干组成，每名宣讲员在新时代文明实践中心（所、站）开展不少于1次党的创新理论宣讲活动；基层宣讲团849人，由基层理论宣讲志愿者、“五老”人员、英雄模范、创新创业典型等组成，宣讲“进企业、进农村、进机关、进社区、进学校、进军营、进网络”；各县（市）区党委书记、乡镇党委书记、村党组织书记作为新时代文明实践中心（所、站）负责人，下沉一级宣讲，走村入户宣讲。至年末，全市有宣讲员1029名，开展党的创新理论基层宣讲1947场，受众人数6万人。

【“解放思想再深入、全面振兴新突破”教育实践活动】 印发《关于开展“解放思想再深入、全面振兴新突破”教育实践活动推进方案》，制定《市委“解放思想再深入、全面振兴新突破”教育实践活动任务分解清单》，明确主要任务、具体内容、完成标准、完成时限、牵头部门、分管领导、责任科室等内容，对标对表推进各项任务。抓好“关键少数”，带动“绝大多数”，各级党委（党组）理论学习中心组在学习内容上注重融会贯通，围绕习近平总书记关于东北振兴重要讲话和重要指示批示精神，围绕习近平总书记视察吉林视察四平重要讲话重要指示精神，围绕《习近平谈治国理政》第三卷进行理论再学习、思想再对标、行动再落实。市委理论学习中心组召开集体学习会2次，78个县级党委（党组）理论学习中心组通过交流研讨的方式结合实际反复学、深入学。印发《关于召开“解放思想、破解难题、推动发展”专题民主生活会和专题组织生活会的通知》，结合“走基层、转作风、解难题”攻坚活动，市教育实践活动各指导组全程对各部门（单位）召开民主生活会、组织生活会的情况进行指导。开展“一把手”走基层调研活动，组织各级党委（党组）理论学习中心组成员深入一线调研，形成调研报告600篇。组织专家学者、实际工作者等人员召开专题座谈会3场，围绕加快“法治四平”“诚信四平”建设、“弘扬践诺守信文化，擦亮‘诚信四平’名片”和解决思想中存在的“猫冬文化”“豪爽气概”“哥们文化”等问题进行深入交流，以问题为导向，精准把脉，靶向分析，剖析问题症结，形成对策建议。制定《“解放思想再深入、全面振兴新突破”宣传方案》，整合内宣外宣、统筹网上网下，进行宣传报道。持续做好《解放思想推动四平高质量发展》专栏，开设《在习近平新时代中国特色社会主义思想指引下——新时代新作为新篇章》《优化营商环境、助力企业发展》《县、乡、村三级书记访谈》《走基层、转作风、解难题》等专栏，推出“与基层干部聊聊天”系列微评论、“怎么看、怎么办”系列短评，把重点工作的进展、成效，采取图文、音视频形式报道，刊发新闻稿件380篇，新媒体稿件634篇，编发《教育实践活动动态简报》21期。成立教育实践活动推进工作领导小组，下设联络组、综合组、宣传组、台账组及4个指导组，指导组组长由市宣传文化系统单位的副县（处）级领导担任。领导小组召开教育实践活动工作推进会议2次，调度活动开展情况，并部署下一阶段活动重点。5月11日和6月11日，各指导组对各地各部门活动开展情况进行查看指导。以县级以下为重点，县、乡、村三级联动，形成层层负责、合力推进的组织体系和工作格局。各县（市）区均成立教育实践活动领导小组，并对活动开展情况进行督促指导。

【新冠肺炎疫情防控宣传引导】 组织全市各级各类媒体平台统一开设《打赢疫情防控阻击战》专栏，设立《疫情速报》《战‘疫’动态》《‘疫’线党旗红》等子栏目20个。向新华社、中央电视台、中国新闻网、吉林日报、吉林电视台等中省直主流媒体报送稿件和新闻线索，宣传报道四平市疫情防控、复工复产、常态化防控等不同阶段的救治、防疫、防控、保供、援鄂等工作。主流媒体推出各类报道18000余篇次，其中传统媒体稿件5000余篇，新媒体稿件13000余篇。新媒体产品全网阅读量近4000万次，中省直主流媒体刊播四平市相关报道近800篇次。启用宣传栏、公交指示牌、户外电子屏2200处，悬挂条幅15000幅，印发宣传单200万张，群发短信1.32亿条。四平居民范超武汉“免费送货”的相关报道被《楚天都市报》、《吉林日报》、吉林卫视、中国吉林网等省直媒体转载。伊通《天上小飞机跟你说话呢》微视频点击量近2000万人次。四平市农村疫情防控措施经验做法被"央视新闻"客户端直播报道。组建宣传专班到长白山迎接援鄂医疗队员返回四平，采写推出多篇稿件，组织迎接英雄回家仪式。组织"闪亮全城·温暖四平"宣传活动，市内20处大屏幕播放公益海报，3处楼宇窗口灯光拼组"爱心"图形，动员引导路面车辆开启双闪3分钟，向为抗击新冠肺炎疫情做出贡献的队员致敬。

【《四平战"疫" 你我同心》创意微视频大赛】 市委宣传部、市广播电视台主办的《四平战"疫"你我同心》创意微视频大赛从3月18日开始，由四平地区机关企事业单位、各中小学校、社会团体及个人发送微视频。内容从普通家庭的抗"疫"故事，到复工上班族的抗"疫"日常，从医疗前线的最美逆行者，到战"疫"后方的艺术创作。征集作品286部，网上投票224.5万次。大赛评选出一、二、三等奖和优秀奖、网络人气奖、优秀组织奖、特别贡献奖。6月19日，《四平战"疫"你我同心》创意微视频大赛颁奖典礼在市婚博园举行。赛事及颁奖活动访问量38万余次。

【向王贵满学习活动】 12月14日，下发《关于开展向王贵满同志学习活动的决定》，在《吉林日报》、《四平日报》、四平电视台、人民网、新华社、四平发布等媒体刊发向王贵满学习的决定和王贵满先进事迹报道，同时利用县（市）融媒体中心宣传王贵满先进事迹，号召全市干部群众向王贵满学习。

【"双创之星"典型宣传】 在全市征集创新创业典型事迹，在《四平日报》开设《双创之星》专栏宣传典型先进事迹，刊登不同行业的先进典型事迹13篇，四平市双创典型四平市安韵电子商务有限公司总经理李鑫的《打造吉林本土电商品牌，创造美好未来》在省委《新长征》杂志上刊登。

【寻访老兵足迹、讲好英雄故事、传承红色精神】 5月中旬，搜集整理老兵相关事迹材料，确定4名老兵作为采访对象，制定媒体采访活动方案。7月中旬，协调省、市两级媒体，到梨树县、双辽市、伊通满族自治县、铁西区对抗美援朝和解放战争老兵进行采访慰问，并于"八一"建军节期间，在《四平日报》、四平广播电视台开设专栏4期，宣传老兵事迹。

【二人转事业创新发展】 2020年，四平市"四个一"（即坚守一个初心、搭建一个平台、设立一项基金、打造一个品牌）推动二人转事业创新发展。深入学习贯彻落实习近平总书记在梨树县考察期间关于弘扬二人转艺术的重要指示精神，秉承我党"以人民为中心"的文艺创作初心，坚持将"来源生活、服务群众"理念作为推动二人转事业创新发展的立足点和出发点；4月17日，中曲协在四平举办二人转艺术委员会成立仪式和相关专家参加的"弘扬传承特色文化 繁荣发展二人转艺术"座谈会，决定每3年在梨树举办全国性的二人转大赛1次，利用国家级平台助力二人转事业发展；设立"四平市二人转传承发展专项基金"，额度为每年100

6月19日，四平战"疫"你我同心创意微视频大赛颁奖仪式在市婚博园举行

（邵玉婷　供图）

万元，用于完善二人转人才培养机制，支持精品剧目创作展演，开展二人转文化交流和支持二人转剧团剧院建设；将“中国二人转之乡”打造成为四平名片，连续两年推出“经典二人转翻拍计划”，翻拍经典二人转曲目18部，翻拍曲目在腾讯视频平台的点击量突破1500万人次，全网超过1700万人次。由梨树县地方戏曲剧团有限责任公司创排的二人转《双菊花》获第十一届中国曲艺牡丹奖节目奖。10月19日，四平市委宣传部携梨树县剧团到浙江省金华市开展“平艺近人 转动金华”文旅交流活动。

【“优化营商环境、擦亮行业窗口”行动】 5月，市文明办结合省委宣传部要求，联合市软环境办在全市各窗口单位中开展“优化营商环境、擦亮行业窗口”行动。印发《“优化营商环境、擦亮行业窗口”行动实施方案》，明确工作要求、任务、措施，并以评选表扬“文明服务示范窗口”和“文明服务明星”为载体，推动活动深入开展。经过宣传发动、广泛创建、部门推荐、实地考察、社会公示等环节，四平市48家单位被评为“文明服务示范窗口”，50名个人被评为“文明服务明星”；市政务大厅被评为省级“文明服务政务大厅”，市战役纪念馆袁源被评为省级“文明服务明星”。

【“文明村屯、干净人家”创建】 印发《四平市“文明村屯、干净人家”创建活动工作方案》《关于推选“文明村屯、干净人家”创建活动优秀县（市）区的通知》，明确创建要求、细化创建标准及目标任务，推动各县（市）区开展创建评选工作。经过广泛创建、实地考察、向相关部门征求意见，向省推荐伊通满族自治县为2020年吉林省“文明村屯、干净人家”创建活动优秀县，并成功获评。

【“新时代乡贤”评选】 市文明办在全市农村开展“共建美丽乡村，争做新时代乡贤”评选活动。印发《四平市2020年“共建美丽乡村，争做新时代乡贤”评选活动实施方案》，明确评选标准、程序、要求，指导各地深入挖掘、积极推荐，最终评选出市级“新时代乡贤”典型28人。

【“文明家庭”评选】 市文明办部署开展市级文明家庭评选工作。经过各地各有关部门宣传发动、严格把关、择优推荐、实地考察、社会公示等环节，评选出20个家庭和睦、崇德向善、诚实守信、事迹典型、影响广泛的文明家庭，授予四平市“文明家庭”称号并进行深入宣传。组织国家级、部分市级文明家庭代表5人举办“弘扬好家风、建设好家庭”暨“文明家庭”走进新时代文明实践中心（所、站）宣讲活动，1000余名群众聆听报告。

【“微文明”引导行动】 开展“不文明现象20条”征集活动，用“不文明”现象引导市民了解文明要求，主动践行文明行为。启动文明餐桌宣传，编制《文明餐桌“六拒绝”倡议书》，印制公益海报9000张，张贴到市辖区街道、小区、各单位食堂、各餐饮服务单位。制作文明餐桌、文明养犬、文明出行、移风易俗等“文明四平”公益短视频8部，在全市各企事业单位LED大屏及单位微信公众号、公交LED播报台等地循环播放。发出文明祭祀、文明旅游、文明过端午、文明骑行共享单车、文明进夜市等倡议，在报纸、广播、电视及微信公众号中刊播转发。将文明引导融入夜市，设计宣传条幅、吊旗、图版、桌牌等文明宣传，并在5个较大夜市设立“文明驿站”，为群众免费提供便民服务。

【新时代文明实践中心（所、站）建设】 编制《新时代文明实践中心（所、站）建设工作手册》，用制度化、规范化的方式推动全市新时代文明实践中心（所、站）建设工作。到新时代文明实践建设试点县（市）开展调研指导工作，及时发现建设工作中存在的问题，传递建设先进经验，推动试点建设不断深化。部署各地持续开展主题鲜明的“文明实践周”活动。部署各县（市）区在深化街道、社区所、站建设的基础上，继续将文明实践工作拓展到机关、企事业单位。完成市本级65个单位新时代文明实践所、站的换牌工作，指导各单位结合文明单位创建，开展好文明实践活动。推荐梨树县新时代文明实践中心、双辽市西化社区新时代文明实践站等5地为省级普通高中学生社会实践基地。各志愿服务队开展理论宣传宣讲、文体风尚、推动移风易俗等文明实践活动5000余次。

【“辉煌七十年、奋进新时代”爱国主义读书活动】 举办“辉煌七十年、奋进新时代”爱国主义读书活动，组织全市中小学生阅读活动读本，了解革命先烈事迹和新中国成立70年来的辉煌成就，以讲故事、演讲、征文等形式讲述与祖国同呼吸、共命运的爱国情怀。举办全市中小学生讲故事、演讲比赛，评选出一、二、三等奖，择优推荐参加省级比赛。其中，中学组演讲者刘荣多获吉林省第一名、全国三等奖。

【“四平好人 引领风尚”主题实践活动】 深入开展“四平好人 引领风尚”主题实践活动，经逐级推荐、评审等程序，授予巩越辉等69人“四平好人”荣誉称号。向上推荐吉林好人21人，其中郭亮等4人获“吉林好人标兵”荣誉称号，张龙等17人获“吉林好人”荣誉称号，李亚明等3人获“中国好人”荣誉称号。评选表彰“四平好人——最美逆行者”（含团体）54个，136人获评“吉林好人——战疫先锋”。举办“四平好人2019年度人物颁奖盛典”，在四平会堂对马全等10名年度人物予以表彰发布。

（邵玉婷）

统一战线

【概况】 2020年，市委统战部贯彻落实习近平总书记关于加强和改进统一战线工作重要思想。贯彻全国、全省统战工作精神，落实市委关于统战工作的要求，推动全市统战工作发展。巩固共同思想政治基础，服务民营经济发展，促进政党关系、民族关系、宗教关系、阶层关系、海内外同胞关系和谐。召开市委统战工作领导小组会议2次、全市统战部长工作会议1次。

【民主党派工作】 贯彻落实中央、省委有关文件精神，将加强中国特色社会主义参政党建设纳入重要议事日程。坚持重大事项协商在党委决策之前、人大通过之前、政府实施之前，就《政府工作报告（征求意见稿）》和“十四五”规划以及开展好“推动四平高质量发展”，征求各民主党派、工商联和无党派代表人士意见建议。市委统战部及时向民主党派通报中央、省委、市委有关会议精神。贯彻落实参政党建设“三个文件”精神，支持民主党派加强自身建设。协助民主党派加强领导班子队伍建设，4月29日，民革四平市委会召开八届十二次委员会，选举徐冰峰为民革四平市委会副主委；7月3日，农工党四平市委召开第七届七次全体委员（扩大）会议，同意赵海峰辞去农工党四平市委第七届主任委员职务，选举苏晓华为农工党四平市委第七届委员会主任委员。支持民主党派开展调查研究，各民主党派提交人大议案12件，政协提案150件，社情民意106条，民盟四平市委会提交的《关于激活沉淀生产要素助推经济高质量发展的建议》被列为重点提案，获市政府主要领导批示。

【非公有制经济领域统战工作】 开展同民营经济人士谈心谈话活动，了解民营企业在疫情下的困难和想法，就经济社会发展有关问题向各位民营经济代表人士征求意见。协助开展民营经济领域意识形态工作的调查，全面了解四平市民营经济领域意识形态现状。引导企业参与“民企帮扶脱贫攻坚光彩行动”，其中7家企业被省工商联评为突出贡献民营企业，四平市工商联被评为组织工作先进集体。转发中央统战部等14个部门印发的《关于加强和改进民营经济代表人士综合评价工作的意见》，进一步规范民营经济代表人士综合评价工作和代表人士队伍建设。

【民族宗教事务管理】 四平市以“深入推进民族团结进步创建，铸牢中华民族共同体意识”为主题开展民族团结进步宣传月活动，举办多场文艺演出等民族文化活动。11月4日至6日，举办全市民族团结进步创建现场交流会，参观考察14个民族团结进步创建活动点。推进少数民族特色村寨建设、迎接省民委就四平市社区少数民族流动人口服务管理工作检查等工作。市朝鲜族老年协会、吉林师范大学党委统战部被评为第五批全省民族团结进步示范单位。在全省第七次民族团结进步表彰大会上，四平市3个集体、8名个人受到表彰。完成中央宗教工作督查和“回头看”整改工作，开展违规违法宗教建筑整治，做好宗教界新冠肺炎疫情防控工作，按照疫情防控要求，全市宗教活动场所实行“双暂停”。

【党外代表人士工作】 市委统战部动态更新党外高级知识分子信息数据库，重点发现培养领导班子人选，推荐四平市6名优秀党外知识分子参加省知联换届。夯实全市无党派知识分子工作基础，教育引导无党派知识分子团结在党的周围，凝心聚力，增进共识，在抗击新冠肺炎疫情工作中发挥作用。

【新的社会阶层人士统战工作】 9月28日，四平市新的社会阶层人士联谊会（铁西服务站）成立，12月2日，伊通满族自治县新的社会阶层人士联合会成立。加强实践创新基地建设，围绕“吉林新智”品牌，重点打造新阶层人士统战工作实践创新基地2个，四平神农医院被评为省级新阶层人士统战工作实践创新基地，四平电子商务产业园被评为省级新阶层人士统战工作实践创新示范基地。《凝聚“新力量”，融合促发展，打造四平特色统战工作品牌》获2020年度吉林省统战工作实践创新成果奖。新冠肺炎疫情防控期间，在全省发起的“吉心99公益日”募捐活动中，四平新阶联被表彰为“爱心战队”，会长杨立东被评为“爱心大使”。

【台侨工作】 2020年，四平市统战部门发挥职能作用，服务台胞台属，帮助台属张天龙、杜成沟通协调涉及合法权益的相关问题。11月3日，配合完成省委统战部到四平市开展涉台工作情况及问题建议调研。5月至12月末，全市开展集中整治破坏营商环境突出问题专项行动，梳理改进政务事项，精简办事环节，完善办事流程。学习《四平市人民政府政务大厅管理办法》《四平市人民政府政务大厅管理细则》等9项制度。

【海外任教教师管理】 新冠肺炎疫情防控期间，四平市坚持向在海外任教教师宣讲国内防疫形势和个人防范措施。四平市到泰国任教的外派教师3人，其中2名教师在3月完成为期一年的海外华文学校教学任务回国，市委统战部全程指导回国教师隔离防护。4月，经指导推荐、国务院侨办批准，1名教师获延聘资格，在泰国华文学校继续任教一年。

（张胜男）

政策研究

【概况】 2020年，围绕市委中心工作，突出主责主业、注重创新创优，按照“党建引领、调研先行、改革助力、财经兴平”的总体工作思路，弘扬“善学善思、善谋善为、善始善终、善作善成”的团队精神，完成重点课题调研、重要文件起草、重大改革攻坚等各项任务。参与起草、撰写各类文稿80篇，文字50万字。

【专题调研】 开展“走基层、转作风、解难题”攻坚活动。撰写的《以求真务实的态度扎实开展好“一把手”走基层活动》《以思想大解放推动全面振兴新突破》《调查研究要求真务实》《写好乡村振兴这篇大文章》等重要时政理论文章在《四平日报》上发表；撰写的《大力推进“减证便民”向“无证利民”转变的报告》《四平市让“地摊经济”红火起来的报告》《对口合作劲扬帆 互惠互利共发展的报告》《以智慧眼光谋联动发展》等热点问题调研文章，在省委机关刊物《调研与决策》上刊发；撰写《全市农垦经营管理体制情况的调研报告》《四平市城市基层治理情况调研报告》《打破小微企业融资难融资贵的瓶颈制约》《富民强市靠什么——关于四平市项目建设的调查与思考》等难点问题调研报告。

【文稿起草】 市委政研室会同市发展和改革委员会共同起草《中共四平市委 四平市人民政府关于深化改革创新推动高质量发展的行动方案》，经市政府常务会、市委常委会审议通过后印发。起草的《关于贯彻落实习近平总书记在东北三省考察回访调研报告上的重要批示精神和调研报告有关工作要求的责任分工方案》，以市委文件下发。会同市商务局起草《关于四平市开发区整合优化和改革创新实施方案》，6 月 1 日经市委常委会审议通过印发执行。牵头起草《关于加强和改进乡村治理的实施意见》，7 月 10 日以市委实施乡村振兴战略领导小组文件印发。配合省委政研室完成《关于支持四平市加快三次产业融合 推动高质量发展的意见》的起草工作，7 月 21 日在省委全面深化改革委员会第十一次会议上审议通过，8 月 14 日以省委文件印发。牵头起草《中共四平市委关于制定四平市国民经济和社会发展第十四个五年规划和二〇三五年远景目标的建议》及说明，12 月 17 日市委七届十次全会上审议通过。

【信息宣传】 撰写的《创新发展方式 积极探索现代农业振兴之路》理论文章，刊发在《光明日报》8 月 13 日第六版《习近平新时代中国特色社会主义思想》专刊上，向全国范围推广“梨树模式”。在各级报刊、电视、网络等媒体宣传推介四平市改革成效亮点、经验做法。编发《四平改革工作》23 期，向省委改革办报送改革信息 40 篇，被《吉林改革工作》采用和上报中央信息 11 篇。

【《今日四平》编辑】 2020 年，市政研室承办四平市委机关刊物《今日四平》的编辑出版工作。与各县（市）区、市直相关部门、四平日报社、摄影家协会联系，征集文稿和图片，完成撰稿、编辑和发行工作，全年出版发行《今日四平》4 期。

（马东旭）

深化改革

【概况】 2020 年，四平市召开中共四平市委全面深化改革委员会会议 5 次，提请审议重要改革文件 7 个，推动市级层面出台改革方案 33 个。部署重点改革任务 50 个、重大改革事项 10 项。纵深推进营商环境改革，加快“最多跑一次”等改革向基层延伸，政务服务网上可办率 90%以上，办理无证明事项 4 万件、减少企业和群众跑动 10 万次以上，企业开办“五零”服务改革经验全省推广，四平市信用监测排名第 18 名，位列全省第一。推进开发区改革，将市区 4 个开发区纳入铁东、铁西区管理，完成机构设置、岗位竞聘和薪酬改革，红嘴开发区、四平经开区 69 个招商项目到位资金 58.51 亿元，伊通经开区晋升为省级开发区。融入国内国际“双循环”新发展格局，对接省“一主六双”产业空间布局，推进长平一体化“一体六同”，长平现代农业合作示范区、长伊一级公路等重点项目。纵深推进与金华对口合作，达成合作意向项目 36 个，总投资 70 亿元，中成药生成过程质量控制技术产业化示范、浙江运达大型风电装备制造重点项目加快推进。

【全面深化改革委员会会议】 2 月 25 日，中共四平市委全面深化改革委员会第七次会议召开，审议通过《四平市文联改革深化方案》。5 月 14 日，中共四平市委全面深化改革委员会第八次会议召开，审议通过《中共四平市委全面深化改革委员会 2019 年工作总结报告》《中共四平市委全面深化改革委员会 2020 年工作要点》。6 月 1 日，中共四平市委全面深化改革委员会第九次会议召开，审议通过《四平市开发区整合优化和改革创新实施方案》。7 月 30 日，中共四平市委全面深化改革委员会第十次会议召开，审议通过《四平市平台公司转型发展总体方案》和《四平市侨联深化改革方案》。10 月 29 日，中共四平市委全面深化改革委员会第十一次会议召开，审议通过《关于组建四平市产品质量检验院的实施方案》。

【政务服务改革】 全面推行“一件事一次办”，打造“网上政务超市”，实现区域通办、就近能办和异地可办。推出“五零”（零见面、零证明、零成本、零等待、零跑动）创新举措，企业开办时间不超过 6 小时，在东北地区时限最短。承担国家级试点任务 1 项和省级试点任务 7 项，在全省率先打造“全科式”办事大厅。

【开发区改革】 2020年，四平市将红嘴经济技术开发区和四平循环经济示范区整合纳入铁西区管理，将四平经济开发区和铁东经济开发区整合纳入铁东区管理，统筹推进开发区内设机构、人事制度、薪酬激励等各项改革。开发区集中抓招商引资和项目建设，开发区的社会管理和公共服务职能由所在行政区负责。

【市属平台公司改革】 市属国有企业改革进展顺利，城投、水投、富国等平台公司转型资本投资运营公司，组建四平发展集团和晟平投资集团，开展存量平台债务化解和增量项目投融资，形成“两轮驱动”新型投融资发展体系。

【三次产业融合发展意见印发】 配合省委出台《关于支持四平市加快三次产业融合推动高质量发展的意见》。7月21日，《关于支持四平市加快三次产业融合推动高质量发展的意见》经吉林省委深化改革委员会第十一次会议上审议通过，8月14日，以省委、省政府文件印发。

【农村集体产权制度改革】 完成农村集体资产清产核资工作，吉林省农村集体产权制度改革现场会在伊通满族自治县召开。巩固和扩大“合作社+公司+农户”经营模式，全市农村土地适度规模经营面积27.73万公顷，适度规模经营比重连续3年超过60%。

【聚才政策制定】 实施《万名大学生留平计划》，制定《域外就业的四平籍学子回引行动实施方案》《四平市引进人才配偶工作安置实施方案》，为四平籍大学生及人才配偶回家就业创业提供政策支持。开展“走进四平”暨“返家乡”社会实践活动2批（次），为307名大学生提供近百家机关、企事业单位和街道（乡镇）的实习岗位。

【改革督察】 将市本级50项、县（市）区100项改革任务纳入全市综合考评系统，对5个县（市）区和28个市直涉改部门进行综合考评。完善“清单制+责任制”调度机制，建立任务台账，对各部门的具体改革事项均明确责任领导和完成时限。每月对改革任务进行调度，按照任务完成时限，提前下发提示单。

（钱嘉琳）

网络安全管理

【概况】 围绕习近平新时代中国特色社会主义思想、习近平总书记视察吉林视察四平、全面建成小康社会等宣传主题和全市中心工作开展网上主题宣传活动。各县（市）区网信办、市直新闻网站发布相关报道4.3万条，总阅读量超2.6亿次。6月1日，组织各地、各部门在线上收看“网络安全审查相关政策法规解读”系列讲座。并通过各新媒体平台、沿街商户LED大屏幕、短信等形式，围绕《中华人民共和国网络安全法》核心制度设计、部分执法案例及个人信息保护知识等内容开展宣传。9月16日至20日，组织开展网络安全宣传周活动，线上直播活动启动仪式和网络安全知识公开课，观看培训视频2.8万人。线下推动网络安全进乡镇、进社区、进学校、进机关、进企事业，发放网络安全手册、鼠标垫、扇子、书签等宣传品2万份。连线网络名人话安全，组织四平市网络名人录制“网络安全宣传周”宣传视频。开展网评作品征集展示和线上有奖答题等活动。

【网络安全保障】 全面落实《中华人民共和国网络安全法》和《党委（党组）网络安全工作责任制实施办法》要求，完善网络安全工作制度。印发《四平市网络安全事件应急预案》《四平市委网信办网络安全信息通报处置工作流程》，规范各地、各部门网络安全事件应急处置流程。加强网络安全责任制督查考评。将网络安全责任制纳入全市绩效考核和市委专项督查计划中，制定考核评分细则，开展四平市2020年度党委（党组）网络安全责任制落实情况专项督查，通过线下督查、线上打分的方式，督促各单位进一步落实责任制各项要求。印发《关于做好疫情联防联控期间个人信息保护工作的通知》等文件，指导市、县新冠肺炎疫情防控领导小组办公室及各成员单位进一步规范突发公共卫生事件中的个人信息收集、使用、保护工作。联合市公安局通过自查、远程检查、现场抽查的方式，对市疾控中心、市传染病院、市中心医院、市医疗保障局等涉疫情防控重点部门进行网络安全检查。

【网络空间治理】 贯彻落实《网络信息内容生态治理规定》，牵头开展2020“清朗”专项行动、网络直播行业专项整治等专项行动，清理各类违法违规信息58条，持续净化域内网络空间环境。与市直相关部门单位共同开展“扫黄打非”“打击侵权假冒”等专项行动12项。指导四平市网络平台开通网络举报专区，持续畅通举报渠道，受理网民举报。

【“追寻总书记足迹”网络名人四平行活动】 四平市委网信办联合市委宣传部组织开展“追寻总书记足迹”网络名人四平行活动。四平市网络名人、新媒体从业人员、吉林省级及域外相关媒体驻四平市机构人员20人参加活动。活动中，网络名人和新媒体人沿着习近平总书记的足迹，重走总书记视察路线，先后走访参观梨树县国家百万亩绿色食品原料（玉米）标准化生产基地核心示范区、卢伟农机农民专业合作社和四平战役纪念馆。发布相关网络作品20部，总点击量超400万次。

（张宏宇）

机构编制管理

【概况】 中共四平市委机构编制委员会办公室巩固深化机构改革成果，稳步推进乡镇（街道）机构改革、综合行政执法体制改革、生产经营类事业单位改革、开发区改革工作，统筹配置机构编制资源，完成各项机构编制任务。

【乡镇(街道)机构改革】 落实中央和省委关于深化乡镇街道机构改革要求，调研发现乡镇街道在职能定位、权责关系、机构设置、人员编制、审批服务和执法方面问题27个，市直部门提出意见建议15条。研究制定《四平市机构改革后乡镇街道机构设置情况图》，下发乡镇（街道）“三定”(即职能配置、内设机构和人员编制）规定模板。针对各县（市）区街道编制不足问题，争取省委编办支持，下放行政编制69名、事业编制130名。4月，全市各县（市）区77个乡镇（街道）均印发“三定”规定并报省委编办备案。加强对乡镇街道“四个平台”(即党群服务平台、便民服务平台、综合行政执法平台、社会治安综合治理平台）建设情况实地调研，通过召开“四个平台”建设座谈会、综合行政执法平台建设推进会、乡镇街道改革推进现场会等专题会议，听取进展情况汇报，介绍试点地区经验做法，对“四个平台”建设工作存在的问题进行现场解答指导。至年末，“四个平台”基本搭建完毕并试运行。

【综合行政执法体制改革】 抽调专人到执法一线实地调研，摸清改革部门的执法方式、范围和流程等涉及执法工作量的具体因素，科学测算执法编制数。落实中央和省关于“一个层级执法、一个部门执法、一支队伍执法”的有关要求，解决多头执法、多层级执法和重复执法等问题。明确规定拟整合并入综合执法机构的人员和编制，必须出自承担行政执法职能的事业单位。针对个别系统执法人员数量大于测算编制数问题，结合工作实际，创新管理理念，采取设定编制实际控制数的方式进行过渡。改革后，归并整合市场监管、交通运输、文化市场、农业农村和生态环保等领域的执法机构15家，设立市级综合执法队伍5支，执法编制数由415名减少为365名，收回事业编制50名纳入机动编制管理，实现每个领域只保留1支执法队伍。

【生产经营类事业单位改革】 贯彻中央和省委关于推进改革文件精神，摸清生产经营类事业单位编制和人员、运营状况、资产和债权债务、医疗保障和社会保险缴费等情况，形成《生产经营事业单位改革工作启动方案》。向市委编委会汇报生产经营类事业单位改革有关情况，形成市委主要领导牵头抓总、市政府主要领导负责经费保障、分管副市长把关指导、涉及改革的单位主管部门承担主体责任、编办做好综合协调，以及组织、人社、财政、社保、医保、审计、司法等部门配合的工作格局。帮助涉及改革的单位协调解决社会保险、医疗保障、资产处置等有关问题，组织专家对改革政策和改革方式进行研究，汇总梳理各部门的意见，形成《市本级生产经营类事业单位转企改制方案》，提交市政府常务会议研究审议。改革方案通过后，成立书记、市长任双组长，相关副市级领导任副组长，17 个部门为成员的改革工作领导小组，落实涉及改革机构的调整事宜，撤销生产经营类事业单位 13 家，组建国企转制人员管理中心 7 个。

【开发区机构整合】 按市委要求，在吉林省率先整合规范开发区管理机构，将原四平红嘴经济技术开发区、四平循环经济示范区管理机构整合，重新组建中共四平红嘴经济技术开发区工作委员会、四平红嘴经济技术开发区管理委员会，配备全额拨款事业编制 60 名，核定领导职数 7 名（2 正、5 副），设置内设机构 8 个；将原四平经济开发区、吉林铁东经济开发区管理机构整合，重新组建中共四平经济开发区工作委员会、四平经济开发区管理委员会，配备行政编制 5 名、全额拨款事业编制 55 名，核定领导职数5 名（2 正、3 副），设置内设机构 6 个。整合后，中共四平红嘴经济技术开发区、中共四平经济开发区党工委和管委会为市委、市政府的派出机构，分别委托铁西区、铁东区党委和政府管理，将开发区机构管理由市委编办管理调整到铁西区委编办、铁东区委编办管理。按照省委关于支持四平市三产融合发展意见的文件精神，实行行政区和开发区领导班子主要成员兼任互派，推动开发区和属地政府协同发展。

【机构编制管理服务】 贯彻执行《中国共产党机构编制工作条例》，落实市委“统、调、控、保”要求，坚持“瘦身”与“健身”相结合。在统筹使用编制上，探索跨单位、跨部门、跨层级调剂编制，将编制管理由“控量”向“提质”转变。全年调剂编制 614 名，其中跨单位调剂 87 名，跨部门调剂 328 名，为铁东、铁西区 13 个街道跨层级调剂行政编制 69 名、事业编制 130 名。在优化机构设置上，明确职责关系、科学配置职能、提升工作效能，先后设立投资审计服务中心、国有企业退休人员社会化管理服务中心、市区生态环境监测中心等机构，撤销市公路工程质量监督站、市公路段、市植物保护站等职能弱化事业单位。在严格控制总量上，继续实行“有增有减、有保有压”的管理方式，从职能弱化、编制富余事业单位收回编制 271 名，为新组建和职能加强事业单位增加核定编制 328 名，解决“无编可用”和“有编不用”的结构性矛盾。在保障服务大局上，立足于全市中心工作，在助推改革、发展、稳定上下功夫。推动搭建粮食物资管理中心、红色干部学院、产品质量检验院等机构。构建“人才蓄水池”，为市人才引进服务中心增加核定全额拨款事业编制 239 名，总编制 300 名。

（杨宇婷）

机关党建

【概况】 2020 年，市直机关工委坚持以习近平新时代中国特色社会主义思想为指导，全面落实新时代党的建设总要求，突出政治功能、强化党建引领，服务中心、建设队伍，推进机关党的建设高质量发展。市直机关工委坚持以建设素质过硬、作风优良的机关党员干部队伍为目标，以党的创新理论为主要学习内容，采取集中学习与党员自学相结合、专家辅导与学习讨论相结合等形式，指导市直机关开展习近平新时代中国特色社会主义思想学习贯彻活动，机关 82 个部门党组织开展集中学习 300 场次，党员干部 15000 人次参加。结合《习近平谈治国理政》第三卷学习，机关各级党组织开展心得体会交流、学习研讨等 1000 次，在用党的创新理论武装头脑、指导实践中，筑牢机关党员干部队伍“四个意识”，坚定“四个自信”，思想和行动上树牢“两个维护”。市直机关有党组织 667 个，在职党员 9014 人。2020 年，新发展党员 325 人。

【“立足岗位当先锋、振兴四平作表率”主题竞赛活动】 在市直机关党组织和党员中开展“立足岗位当先锋、振兴四平作表率”主题竞赛活动。82 个市直机关党组织结合部门业务实际，开展竞赛活动，基层党组织之间结成竞赛对子 260 对，党员之间结成竞赛对子3000对。采取强化指导、夯实基础、抓实后进推动的方式，对210个支部联系点进行工作指导，为基层解决实际问题31个。

【基层党组织标准化规范化】 市直机关工委把推进基层党支部标准化规范化建设作为常态化抓落实。落实选举工作条例，对12个任期届满的部门机关党组织进行换届选举。贯彻落实《中国共产党支部工作条例（试行）》，指导56个基层党支部进行换届和届中调整，对2名不胜任党支部书记工作的人员进行调整。下拨党费87万元，支持50个机关党组织建立规范化党员活动室。贯彻《中国共产党党和国家机关基层组织工作条例》《中国共产党党员教育管理工作条例》，采取专题辅导、业务知识学习、工作经验交流等形式，对机关82个部门党组织专职副书记、635名基层党支部书记，进行集中培训。严格党员发展的培养、培训、审核程序，对1名由外地调入的违反发展程序的党员，做出不予承认党员身份的处理。

【党员培训】 8月17日，在原地税局三楼会议室分3期举办党员发展对象培训班，对330名党员发展对象进行全脱产培训，采取专题讲座、现场教学、交流座谈、个人自学等教学形式，对《党章》及党的基础知识进行系统的学习，并围绕《党章》和党的基础知识对参训人员进行结业考试，330名党员发展对象考试全部合格。12月23日，以"强化全面从严治党意识，积极履行党建职责"为主题，分4期对市直机关635名党组织专职书记和支部书记进行专题培训。学习习近平新时代中国特色社会主义思想、习近平总书记在中央和国家机关党的建设工作会议上的重要讲话精神和十九届五中全会精神，辅导《中国共产党党和国家机关基层组织工作条例》《中国共产党支部工作条例》《中国共产党发展党员工作细则》及支部建设标准化、党建工作信息化等党建知识和内容。

12月2日，市直机关工委在市委五楼会议室举办2020年度市直机关部门基层党支部书记培训班

（王 婷 供图）

【党风廉政建设】 坚持把机关作风建设与机关党建工作同部署，开展《党章》《条例》《准则》等学习活动100余次，结合廉政教育观看警示教育片《镜鉴》。将机关作风建设情况，纳入机关党建半年督导检查内容，会同党建工作重点任务督导检查，分2次对机关作风建设情况进行督查，指导整改问题3个。12月，组成工作组到市直机关82个部门，对635名基层党支部书记进行述职述责评议考核。12月25日，在原市税务局三楼召开市直机关党组织抓基层党建述职评议考核和落实全面从严治党主体责任述责述廉会议，对市直机关82个部门党组织书记现场进行评议，将评议结果纳入部门（单位）年度党建工作绩效总分。

【"百人千场宣讲党的创新理论文明实践季"活动】 8月11日，组织上报"百人千场宣讲党的创新理论文明实践季"宣讲员，通过民主推荐和考核，选出优秀青年骨干1名，并组织参加宣讲培训相关活动。9月16日，开展"百人千场宣讲党的创新理论文明实践季"活动，在北体社区宣讲《民法典》。11月24日，组织机关干部代表70人参加吉林省十九届五中全会宣讲活动。

（杨俊涛）

老干部工作

【概况】 至年末，四平市有离休干部473人，其中抗日战争时期19人、解放战争时期454人；享受地（厅）级待遇1人，享受副地（厅）级待遇11人，享受正县（处）级及以下待遇461人。全市离休干部平均年龄91.6岁。

【离退休干部思想政治建设】 落实离退休干部政治待遇，召开老干部通报会，通报全市经济社会发展情况和党风廉政建设情况。组织厅级老领导审阅《政府工作报告》，征求意见建议。按规定为老干部订阅《夕阳红》《四平日报》等报纸杂志。组织引导老干部坚定抗击新冠肺炎疫情必胜信心，主动参与所在社区防控工作，不信谣、不传谣，不随意转发、不恶意评论。

【离退休干部基层党组织建设】 推行在职干部党员担任离退休干部基层党组织党建联络员经验做法，全市150个离退休干部党支部全部落实在职干部党员担任党建联络员的要求。引导离退休干部关注中组部、省委老干部局微信公众号和"夕阳家园"平台，关注人数在吉林省排名第三名。开展离退休干部党支部优质党课、特色主题党日、老党员政治生日感言微视频展播工作，市直和各县（市）区党委老干部局上传微视频作品12篇，被省局微信公众号和"夕阳家园"平台采用。市老年大学学员党总支创新学习和活动方式，开展网上"三会一课"活动，确保政治学习在线、组织生活在线、日常工作在线。组织市直离退休干部基层党组织书记培训。建立市直共享式离退休干部党建活动中心（室），在四平电大设置共享式党建活动中心、在老年大学设置共享式党建活动室，为无固定活动场所的市直机关及基层企事业单位离退休干部党组织开展"三会一课"活动、召开党支部会议、组织政治学习及开展文化娱乐等活动提供保障。举办全市老干部工作者、离退休干部基层党组织书记十九届五中全会精神专题培训班，请市委党校常务副校长唐亚民以《谱写"两大奇迹"新篇章的行动指南——党的十九届五中全会精神解读》为题，对十九届五中全会精神及其内涵进行解读。组织老年大学学员党组织书记及入党积极分子36人，到通化开展"缅怀革命先烈、传承红色基因"红色教育活动。组织市直离退休干部学习宣传贯彻习近平总书记视察吉林视察四平重要讲话重要指示精神专题讲座1次。开展全市离退休干部"双先"表彰工作，授予梨树县发改局离退休干部党支部等21个集体"全市离退休干部先进集体"，授予李文希等25名离退休干部"全市离退休干部先进个人"。组织全市离退休干部参加省委老干部局组织的"学习新思想、关注新媒体、共享新生活"网上知识竞赛活动，总成绩排在全省第三名，获"优秀组织奖"。

8月20日，市委老干部局在四平市广播电视大学会议室召开全市老干部工作推进会

（董洪文　供图）

【离休干部待遇落实】 春节前，到医院、离休干部家中走访慰问。探索老干部服务新方法新模式，全市建立说事点70个，聊天室69个，热线65个，流动站98个。连续4年召开集中管理企业离休干部医疗保障问题对话会，宣传医疗保障政策，及时解决实际问题。在中国人民抗日战争暨世界反法西斯战争胜利75周年之际，走访慰问全市抗日离休干部18名，派人到山东、大连慰问易地安置的抗日离休干部3名。

【离退休干部发挥作用】 开展纪念抗战胜利75周年系列活动，线上线下并行。以“我看脱贫攻坚新成就”专题调研为契机，组织老干部到脱贫攻坚一线参观考察，与脱贫户、驻村工作队员面对面。活动期间，全市各地举办老干部座谈会场次19次，文艺演出16场、书画摄影展11场、收到老干部征文476篇。组织老党员宣讲团围绕中心，服务大局，到机关、学校、街道、社区、农村开展主题宣讲活动。老党员宣讲团副团长、市委党校原常务副校长徐立忠，老党员宣讲团副团长、市委党校原副校长谭继有等老党员宣讲团成员参加宣讲活动，先后开展“培育良好家风”、“社会主义核心价值观”、十九届五中全会精神等主题宣讲活动。组织老干部书画研究会开展“走基层，看变化，送文化，促发展”书画交流活动，老干部书画研究会10名书画家现场创作书法、绘画作品80幅，全部赠送给四平市诺雅口腔医院和现场工作人员。组织市直离退休干部庆祝中华人民共和国成立71周年书画作品展，有100名书画爱好者参加，展出作品130幅。

（董洪文　王珊珊）

关心下一代工作

【概况】 2020年，市关工委坚持以习近平新时代中国特色社会主义思想统领工作。坚持服务青少年的正确方向，坚持围绕中心服务大局，找准定位，提高政治站位，主动作为，完成全年的各项工作任务。全市有各级关工委组织1653个，参与关心下一代工作的“五老”（老干部、老战士、老专家、老教师、老模范）14153人，活动阵地966个，关爱服务受教育青少年217664人。全市各级关工委组织关工委主任及部分“五老”集中学习36次，组织13800名“五老”集中学习培训或集体进行宣讲备课91次，县（市）区关工委和各乡（镇）街道关工委及社区、村屯关工委共83个基层关工委组织开展进学校、进社区、进村屯作宣讲报告126场（次）。

【关工委组织建设】 按照吉林省委办公厅《关于加强以党的建设带动关工委建设工作的意见》文件要求，时任市委书记和市委副书记先后做出批示，要求组织部门和关工委要抓好贯彻落实。市委书记郭灵计到任后在与市关工委驻会班子成员见面时，对贯彻落实好省委文件精神提出明确要求。9月24日，市委副书记李岩在各县（市）区委分管领导参加的大会上就落实省、市委文件精神，健全“党建带关建”工作机制等提出要求。6月，四平市委下发《关于加强以党的建设带动关工委建设工作的意见》文件，对“党建带关建”工作做出明确规定。四平市的“党建带关建”工作实现“五个全部”，即各县（市）区委办全部下发文件，对落实省、市委文件精神提出具体的实施意见；各县（市）区委书记兼任关工委名誉主任全部落实到位；对各级关工委活动经费和驻会老同志工作活动补助费全部做出具体规定，纳入财政预算；基层单位老干部党支部书记兼任关工委主任全部落实到位；将“党建带关建”工作，作为各级党政领导及相关部门负责人年度绩效考核项目的要求，全部做出具体规定。按照市委办公室下发的“党建带关建”实施细则对“党建带关建”做出具体规定。规定必须把关工委年度工作活动经费纳入预算，并足额按时拨付，对驻会老同志工作活动补助费要按现行标准及时发放；规定要把关工委建设作为同级党建年度工作目标责任考核、干部管理使用、评选先进、表彰奖励的重要内容；规定要把关工委驻会班子建设、“五老”队伍建设、制度建设、创新工作效果等统一进行考核，考核结果作为各级党政领导及相关部门负责人年度工作绩效考核的重要依据。

【网上关工委建设】 2020年，市关工委抓好驻会班子老干部学网、懂网、用网工作，要求作为“一把手”工程，纳入重要议事日程，作为衡量驻会班子工作能力的重要标准、作为衡量队伍建设的重要条件、作为评选先进的基本要件。举办全市关工委主任学网、懂网、用网培训班，省关工委网站主任张洪奇授课。制定《四平市网上关工委建设推进规划》，对全市关工委学网、懂网、用网提出目标任务和实施步骤。

【发挥“五老”作用】 7月22日，习近平总书记到四平市视察，市关工委将总书记在四平战役纪念馆参观活动时的照片和重要讲话重要指示收录编辑到《四平关工》中。下发通知，要求各级关工委及“五老”学习。各县（市）区和市直相关部门关工委组织有阅历、有社会影响的老同志，采取多种方式开展宣讲活动。《中国火炬》2020年第9期《思想道德建设》专栏报道四平宣讲工作。

【专题调研】 7月17日，市关工委主任赵连友带领驻会班子成员到双辽市第二小学开展“传承红色基因，争做时代新人”专题调研。双辽市第二小学坚持挖掘依托各种教育资源，搭建主题教育载体，建立主题教育活动展室，在学校操场四周建“一路、四园、四池”的德智体美劳的体验实践基地。市关工委在全市宣传推广双辽市第二小学的经验做法。梨树县关工委接到省、市关工委关于开展线上“传承红色基因，争做时代新人”主题教育活动的通知后，通过微信工作群进行安排部署，县教育局关工委召开讲师团座谈会，围绕“传承红色基因，争做时代新人”主题教育活动，确定宣讲题目，到中小学校进行宣讲。梨树县关工委依托睿鹏红色教育基地组织青少年参观学习“两史”，开展谈体会、写心得活动。主题教育活动开展以来，到红色教育基地参观的青少年13600人次，收到各界人士和青少年撰写的感怀文章360篇。

【扶贫助学活动】 铁东区关工委连续多年开展扶贫助学活动，2016年市政府提出设立“金秋助学日”以来，每年协调驻区企事业单位和爱心人士捐赠善款20万元，近5年筹措资金148万元，每年为困难学生资助1000元，有1000名困难学生得到资助。总结宣传推广四平欧亚商贸公司捐资助学的先进经验。四平欧亚商贸公司从2011年成立关工委以来，在区关工委的指导下，每年组织开展捐资助学活动，9年从未间断，职工累计捐资36万元。

（王晓佳）

保密管理

【概况】 2020年，四平市落实中共中央关于保密工作的决策部署和省委工作要求，坚决贯彻总体国家安全观，强化落实党管保密原则，加强保密工作领导。贯彻落实《党政领导干部保密工作责任制规定》《吉林省党政领导干部保密工作责任制实施办法》以及市委书记郭灵计批示精神，向各县区、市直机关单位党政主要负责人发出《保密工作提醒信》113封。四平市委保密委员会办公室被评为2020年全省保密工作系统先进集体。

【依法治密】 落实《中央关于全面推进依法治国若干重大问题的决定》和《法治政府建设实施纲要（2015—2020）》，印发《四平市国家保密局行政执法公示制度执法全过程记录制度重大执法决定法制审核制度》。

【保密监督管理】 全面推进各机关单位工作秘密事项清单梳理工作，督促机关单位切实担负起工作秘密管理的主体责任。完成高考、中考、公务员考试等近20次国家统一考试的保密监督管理工作，全年考试无失泄密问题发生。

【网络保密管理】 抓好涉密网、非涉密工作内网和互联网“三张网”的保密检查和监督管理。坚持每日专职人员值班制度，及时处理报警信息，掌握实时动态，有效防范和处置违规存储、处理、传输涉密文件、涉密信息行为。

【保密技术服务保障】 完善保密基础设施建设，提高保密技术服务保障水平，加强关键保密技术装备配备力量，强化对各机关、单位涉密载体销毁工作的指导管理。

【保密督导检查】 7月至8月，市保密局对全市各机关、单位进行全覆盖保密检查。在检查前制定严密的工作计划，确定受检单位名单，成立督导小组，确定9方面20项重点检查内容，分成2个督导小组开展工作。

（袁　琳）

党史研究

【概况】 2020年，四平市委党史研究室通过快手平台将习近平总书记视察四平纪实向社会发布。为吉林省党史研究室《中共吉林执政实录》（2019年）提供市、县两级工作概况、领导名录和市委活动大事记。文字材料6万字。征集《中共四平执政实录》（2019年）文字资料50万字。征编2020年中共四平市委活动大事记，翻印《四战四平》《四平党史资料》（第一辑）等书籍。对征集的图片和资料归纳整理，归档立卷，录入电脑。

【党史编研】 完成再版《四战四平》送审稿，新增图片30幅，文字30万字。完成《中国共产党四平历史》（第二卷）编写大纲及部分内容的撰写。整理完成《中共四平市委活动大事记》（2016—2020年卷）。出版《中共四平执政实录》（2018年卷）。征集《习近平总书记视察四平纪实》图片和资料约20万字。

【党史宣传】 在四平广播电视台开辟《党史回眸》专栏，宣传党史知识。7月，在四平广播电视台交通文艺频道开辟专栏《中共四平历史》60讲。在《四平日报》开辟专栏《党史上的今天》，普及党史知识。在《四平日报》开辟《红色印记》栏目，全文连载《中共四平历史》（第一卷），增加《四战四平》内容。在四平市政府门户网站制作维护专栏《党史回顾》，每天滚动播出党史知识。开展党史“七进”（进社区、进学校、进军营、进机关、进企业、进农村、进网络）活动，各条战线党史宣讲员宣教党史。

【革命遗址遗迹党史内容检查】 针对烈士陵园与战役纪念馆中有关党史内容与史实不符的情况，召开四平党史有关史实座谈会，全市展馆、遗址遗迹党史内容联合检查限期整改协调会。完成四平战役纪念馆展板和北山烈士陵园碑文整改，四平党史对外宣传口径实现统一。吉林省第四批党史教育基地评选工作，四平市上报遗址遗迹10处。

（滕俊辉）

党校工作

【概况】 四平市委党校发挥党校在意识形态工作中的主渠道、主阵地的作用。邀请市纪委监委驻市委组织部纪检监察组组长刘列军对全体干部约谈，对校委班子集体谈话，抓实“一岗双责”。从思想上、制度上筑牢廉洁从政的防线。抓好抓实脱贫攻坚工作，推进项目落实，坚持目标导向、问题导向和结果导向。持续抓实“1241”主题活动将“一坚持”（坚持学习常态化）、“两深入”（深入基层，深入相关领域）、“四结合”（结合理论讲堂，结合主课讲堂，结合红色教育平台，结合自身工作实际）、“一保证”（保证问题整改到位）贯穿“不忘初心、牢记使命”主题教育始终。落实《中国共产党党校（行政学院）工作条例》和习近平总书记关于党校（行政学院）办学治校的重要指示批示精神，落实中央八项规定及其实施细则精神。2020年，市委党校获中共吉林省委党校（行政学院）系统第五届“精品课”大奖、第二届优秀组织奖、年度优秀决策咨询奖。

【理论研究】 全年发表论文131篇，其中省级以上19篇。围绕“教学出题目、科研做文章、成果进讲堂”的教研咨一体化运行机制，夯实主业主课的科研支撑，实现科研由学术导向向问题导向的转变，全年有108人次参加调查研究，完成市情调研报告20篇，《咨政专报》8篇。在省党校系统获奖14人，在社科联获奖6人。梨树县委党校发表论文9篇，完成吉林省委党校课题4篇。伊通满族自治县委党校发表论文1篇，完成吉林省委党校课题1篇。双辽

9月24日，市委党校组织学员在烈士陵园开展红色教育活动

（李坤元　供图）

市委党校完成吉林省委党校课题1篇。

【教学培训】 全年接待进修班、培训班、专题研讨班39期，培训人数1196人，红色党性教育班40期，培训学员2501人。全年开发新专题课50个，开设“理论讲堂”和“主课讲堂”平台，每周二进行理论讲堂，每周五进行主课讲堂，全年开展“两堂”50讲。梨树县委党校开展专题班1期，培训学员130人，开展线上网络培训2期，培训1150人；双辽市委党校开展培训专题班3期，培训946人；伊通满族自治县委党校开展培训专题班6期，培训1310人；铁东区委党校开展培训专题班11期，培训5700人，开展线上网络培训4期，培训4500人。

【决策咨询】 2020年，中共四平市委党校围绕习近平总书记关于东北振兴、视察吉林、视察四平重要指示精神等作为重点选题和主要内容，进行理论性、系统性、创新性研究。其中《加大四平红色文化资源开发力度 提升红色文化品牌影响力》《四平市三次产业发展现状及优化研究》《培育新型农业经营主体 助推四平市农业高质量发展》等8篇文章，分别获市委书记郭灵计和市长胡斌签批。伊通满族自治县委党校决策咨询成果2件，梨树县委党校决策咨询成果1件。

（李坤元）

表5　2020年中共四平市委党校办班情况表（主体班）

序号	班　次	主办方	人数（人）	培训时间
1	“十三五”期间第三期市管干部进修班	组织部	57	2020.10.19—2021.1.19
2	全市中青年干部培训班	组织部	86	2020.11.24—2021.2.24
合计	—	—	143	—

（李坤元）

表6　2020年中共四平市委党校办班情况表（非主体班）

序号	班　次	主办方	人数（人）	时间
1	全市社区戒毒社区康复工作人员培训班	司法局	50	9.16
2	学习习近平总书记在吉林考察调研时的重要指示精神暨2020年团干部培训班	团市委	100	9.18
3	四平市涉密网络“三员”培训班	保密局	97	10.16
4	四平职业大学基层党务工作者培训班	职业大学	89	10.17

续表 6

序号	班 次	主办方	人数（人）	时间
5	四平市学习贯彻习近平总书记视察吉林重要指示精神专题示范培训班	组织部	240	10.29—30
6	四平市红嘴经济技术开发区关于对 2020 年度党员发展对象培训班	红嘴经济开发区	36	11.13
7	铁西进修学校教师素质提升班	铁西进修学校	65	11.17
8	吉林银行四平分行 2020 年支部书记及党务工作者培训班	吉林银行	60	11.20—22
9	四平市社会青年社会组织“伙伴课堂”培训班	团市委	50	11.27
10	四平市农产品电商营销推介培训班	团市委	70	12.1
11	“传承红色基因 勇于担当使命”共青团吉林市委党性教育实践活动培训班	吉林市团市委	40	12.12
12	2019 年全市各级机关新录用公务员初任培训班	组织部	76	12.14—18
13	全市水利系统质量安全培训班	水利局	80	12.25
合计	—	—	1053	—

（李坤元）

档案工作

【概况】 2020 年，四平市档案工作服务经济社会发展大局，围绕重点建设项目做好指导工作。组织完成国道建设项目档案验收。梨树县档案工作服务农村基层社会治理试点工作经验做法在国家局推进会上交流，四平市村务档案管理工作在全省推进乡村振兴战略实绩考核中位居第一。落实《儿童福利机构业务档案管理办法》。全市各级综合档案馆累计完成馆藏档案数字化 757 万页，目录 79.2 万条。持续推进国家重点档案保护与开发项目，完成国家重点档案文件级目录著录 21 万余条。至年末，四平市有各级各类档案馆 8 个，其中综合档案馆 6 个，馆藏档案 84 万卷(件)，年接待利用 2.5 万人次，公开出版编研档案资料 20 余种，举办档案展览 21 个，接待参观 11 万人次。

【依法治档】 市档案局落实中央和省依法治档部署要求，推进行政执法“三项制度”落实，按时完成“12345+”制度体系清单任务，推进严格规范公正文明执法，推动档案工作更加规范化、法治化。梳理编制四平市档案行政权责清单，明确具体档案行政职权行使范围。

【档案收集】 2020 年，市档案局印发《关于做好新型冠状病毒肺炎疫情防控档案收集归档工作的指导意见》，各级综合档案馆征集接收进馆文件材料、音视频、微信公众号截图、抗“疫”照片、书画作品、请战书等各类重要原始记录和档案资料 10104 件。

【数字档案馆建设】 围绕加快推进“数字四平”建设，市档案馆启动档案馆室一体化利用服务集成云平台建设，依托政务外网搭建档案管理软硬件平台系统，实现全市档案数据统一审核、集中保存、共享服务。制定下发《关于规范电子会计凭证报销入账归档的通知》，推进电子发票电子化报销、入账、归档工作。推行“互联网+”档案培训新模式，建立档案业务指导云平台，制定印发《四平市市直机关数码照片归档管理细则》，统一规范数码照片数据管理标准，实现市直机关数码照片档案资源整合。

（王珊珊）

【档案资源利用】 至年末，四平市档案馆馆藏包括旧政权档案、现行机关、企事业单位 280 个全宗，档案 13.05 万卷、11.5 万件，资料 9300 余册。馆藏档案类型主要包括文书档案、各种专业档案等。载体多样化，包括纸质档案、音像档案、电子档案、实物档案等。馆藏以文书档案为主，约占馆藏总量的80%。为四平市各级各类机关、企事业单位、社会组织及个人在编史修志、工作查考、经济文化建设、维护社会稳定和人民群众合法权益提供档案利用服务。全市各级档案馆共接待档案利用咨询6610人次，提供档案资料12149卷（件），复制档案资料12421页。

【爱国主义教育基地改建升级】 围绕市委、市政府中心工作，以优质服务为导向，以开发利用为核心，发挥档案资政育人作用。完成市档案馆爱国主义教育基地升级改建工作，并进入试运行阶段。升级后的爱国主义教育基地展厅面积约230平方米，展出珍贵照（图）片400余幅，档案实物近300件，多媒体屏幕1块。展厅设《远古呼唤》《四平由来》《抗日火》《血浴英城》《建我家园》《成就梦想》《抗击疫情》《总书记在四平》《群星璀璨》9个板块。

【档案征集编研】 联合市档案局、双辽市档案馆、梨树县档案馆和伊通满族自治县档案馆共同编撰《不能忘却的历史——四平市抗美援朝史料汇编》，围绕铭记抗美援朝历史、弘扬抗美援朝精神的主题，征集文献资料30篇、档案照片近百张，分综合材料类、总结报告类、政策文件类3个专题，再现抗美援朝时期四平人民积极参军参战、踊跃捐献、增产节约、支援前线的历史场景。

【档案服务民生】 围绕中心工作和社会各界使用档案的需求，利用网络预约、电话预约、异地查询、微信查询等方式，拓宽档案利用的方式和渠道。全年接待现场查询345人次，提供查询468人次，提供档案资料1346卷（件），复制档案2443页。档案资料在政府政务、编史修志、退休待遇、公证诉讼、个人档案补建、解决信访等方面发挥作用。市档案馆探索建立民生档案跨省（市）利用服务工作新举措，跨馆服务2次。接收四梨同城化建设管理中心文书档案545件、会计档案81卷、项目档案22卷；接收破产企业会计档案35卷；接收四平市教育局死亡干部档案3卷；将馆藏77号全宗880卷死亡干部档案信息进行重新著录；对40号全宗（原市人事局）2008年职称任职2000份文件逐一进行著录。

【档案信息化建设】 市档案馆在保证档案信息安全的前提下，结合工作实际，采取突出重点、分步实施的方式，依托升级后档案管理系统，完善档案管理系统数据资源。完成档案数据光盘整理1000张；完成60余家单位（2001年至2017年）电子档案光盘数据导入局域网工作，形成目录83819条，挂接原文745199页。以市档案馆局域网为基础，四平政务网为纽带，建立数字档案综合应用平台，同时建设标准化、网络化、安全可靠的四平市数字档案馆云平台系统。

【档案鉴定】 市档案馆对馆藏到期拟开放的档案进行档案鉴定。以全宗为单位，按照“全宗号—目录号—案卷号—件号”登记涉密文件，完成10个全宗10943卷，合计44111件档案登记工作，登记带有密级档案2421件；继续对新中国成立后的档案进行开放鉴定。本着严格区分控制开放与应开放范围，严明开放程序的原则，完成9387卷，合计38843件开放档案鉴定工作，形成开放档案7373卷、控制开放档案2014卷的鉴定意见。

【“6·9国际档案日”主题宣传】 围绕“档案见证小康路，聚集扶贫决胜期”宣传主题，开展“6·9国际档案日”宣传活动。召开庆祝“6·9国际档案日”专题会议，安排部署相关活动日程；在市区主要位置悬挂档案日的宣传横幅；在《四平日报》开设《档案公益宣传》板块；在单位办公楼电子屏幕持续播出档案日活动宣传标语；在市档案馆网站和微信群等平台线上宣传；在档案馆内设置档案咨询台，向到访人员发放档案宣传图册和印有档案知识的法制宣传单；组织干部职工开展档案业务答题活动。

（宋大鹏）

四平市人民代表大会

SIPING MUNICIPAL PEOPLE´S CONGRESS

综　述

【概况】 2020年，四平市人民代表大会召开代表大会2次、常委会议9次，制定修订地方性法规5部，开展“三查（察）”活动22次、专题询问2次，听取专项工作报告26个，审议议题51项，提出意见建议77条，做出决议、决定13项，任免国家机关工作人员54人次，督办代表议案1件、建议118件，向市委请示报告重大事项10件次。四平市第八届人民代表大会第五次会议实有代表324人，代表由干部、工人、农民、企业负责人、普通专业技术人员、事业单位负责人、解放军武警、新社会阶层、社区工作者和其他基层代表构成。

【人事任免】 四平市人民代表大会坚持党管干部原则与人大依法任免相统一，正确行使任免职权，全年任免地方国家机关工作人员54人次，执行宪法宣誓制度，激励任命人员忠于宪法、遵守宪法，维护宪法权威。

【重大事项决定】 四平市人民代表大会依照法定程序贯彻党委意图，科学决定重大事项。对辽河流域、南北河生态综合整治专项规划，紫气大路、东丰路立交桥建设资金列入年度预算、国民经济和社会发展计划、预算编制执行调整等13项重大事项作出决议、决定。

重要会议

【四平市第八届人民代表大会第五次会议】 1月7日至9日，市八届人大五次会议在四平会堂召开。会议通过《关于四平市人民政府工作报告的决议》等六项决议。补选四平市第八届人民代表大会常务委员会委员6名。通过《四平市第八届人民代表大会法制委员会主任委员名单》《四平市第八届人民代表大会农业与农村委员会主任委员名单》《四平市第八届人民代表大会城乡建设环境资源保护委员会主任委员名单》《四平市第八届人民代表大会教育科学文化卫生委员会主任委员名单》《四平市第八届人民代表大会民族侨务外事委员会主

1月7日，四平市第八届人民代表大会第五次会议在四平会堂召开

（楚天舒　供图）

任委员名单》。

【四平市第八届人民代表大会第六次会议】 6月9日，市八届人大六次会议在四平会堂召开。会议以无记名投票方式选举胡斌为四平市人民政府市长。依法补选第八届人民代表大会常务委员会委员3名。会议由大会执行主席、主席团常务主席赵守信主持。市第八届人民代表大会第五次会议应到代表324人，出席第一次全体会议的代表308人，符合法定人数。大会执行主席（按姓名笔画为序）史奎春、刘勇、李岩、赵守信、胡长海、侯川、娄少华（女）、姚令军（满族）、袁桂琴（女）、高铁成、韩福春。大会主席团成员，不是主席团成员的现任市级领导，在四平市的全国人大代表出席大会并在主席台上就座。市政协八届四次会议的全体委员和中、省、市直相关单位的负责人列席会议。

【四平市第八届人民代表大会常委会会议】 年内，市人大常委会召开常委会会议8次。3月19日，市八届人大常委会召开第二十九次会议。市人大常委会主任赵守信，副主任姚令军、袁桂琴、侯川、史奎春、高铁成，市委常委、四平军分区司令员、市人大常委会委员刘建国，市人大常委会秘书长范颖杰及委员38人出席会议。市委常委、副市长任小龙，市人民检察院检察长姜生，市监察委员会、市中级人民法院相关负责人，市政府有关组成部门负责人、市人大法制委委员列席会议。会议由姚令军主持。会议表决通过《四平市人大常委会2020年工作要点（草案）》《四平市机动车停车条例（草案）》（表决稿）。会议决定任命许辉为四平市人民政府副市长、四平市公安局局长。

5月21日，市八届人大常委会召开第三十次会议。市人大常委会主任赵守信，副主任姚令军、袁桂琴、侯川、史奎春、高铁成，秘书长范颖杰及委员36人出席会议。市政府副市长王柏仲，市中级人民法院院长朴永刚，市人民检察院检察长姜生，市监察委员会相关负责人，市纪委监委派驻市人大机关纪检监察组组长，市政府组成部门负责人，市人大机关副局级以上干部列席会议。会议由袁桂琴主持。会议表决通过《四平市人民代表大会常务委员会关于接受郭灵计辞职请求的决定》。会议决定任命胡斌为四平市人民政府副市长，决定胡斌为四平市人民政府代理市长。

6月3日，市八届人大常委会召开第三十一次会议。市人大常委会主任赵守信，副主任姚令军、袁桂琴、史奎春、高铁成，秘书长范颖杰及委员36人出席会议。市政府副市长曹武，市中级人民法院院长朴永刚，市人民检察院检察长姜生，市监察委员会相关负责人，市政府有关组成部门负责人，铁东区、铁西区政府负责人，市纪委监委派驻市人大常委会机关纪检组组长及市人大常委会机关副局级以上干部列席会议。会议由史奎春主持。会议表决通过《关于召开四平市第八届人民代表大会第六次会议的决定》《四平市第八届人民代表大会第六次会议议程（草案）》《四平市第八届人民代表大会第六次会议主席团和秘书长名单（草案）》；通过市八届人大常委会代表资格审查委员会《关于个别代表的代表资格的报告》。

7月27日，市八届人大常委会召开第三十二次会议。市人大常委会主任赵守信，副主任姚令军、袁桂琴、侯川、史奎春、高铁成及委员35人出席会议。市政府副市长王有利，市中级人民法院院长朴永刚，市人民检察院检察长姜生，市监察委员会相关负责人，市政府有关组成部门负责人，铁东区、铁西区政府负责人，市纪委监委派驻市人大常委会机关纪检监察组组长及市人大常委会机关副局级以上干部列席会议。会议由高铁成主持。会议决定任命刘琦为四平市人民政府副市长。

8月25日，市八届人大常委会召开第三十三次会议线上召开。市人大常委会主任赵守信，副主任姚令军、袁桂琴、侯川、史奎春、高铁成及委员34人参加会议。市纪委监委派驻市人大常委会机关纪检监察组组长列席会议。会议由姚令军主持。会议表决通过了关于接受个别省十三届人大代表辞职请求的决定。

9月23日，市八届人大常委会召开第三十四次会议。市人大常委会主任赵守信，副主任姚令军、袁桂琴、史奎春、高铁成及委员33人出席会议。市政府副市长王有利，市监察委员会、市中级人民法院、市人民检察院相关负责人，市政府有关组成部门负责人，市人大法制委员会委员，市纪委监委派驻市人大常委会机关纪检监察组组长列席会议。会议由袁桂琴主持。会议表决通过市八届人大常委会代表资格审查委员会《关于个别代表的代表资格的报告》《四平市人大常委会关于批准〈四平市2019年财政决算〉的决议》《四平市人大常委会关于修改〈四平市人民代表大会议事规则〉4项议事规则工作规则的决定》《四平市人大常委会关于批准〈四平市辽河流域条子河城区段南北河生态综合整治专项规划〉的决议》《四平市市区挖掘管理条例》和新修订的《四平市城乡规划监察条例》；会议表决通过人事任免事项。

10月27日，市八届人大常委会第三十五次会议线上召开。市人大常委会主任赵守信，副主任姚令军、袁桂琴、史奎春、高铁成，秘书长范颖杰及委员38人参加会议。会议由姚令军主持。会议表决通过《四平市城市环境卫生条例》，该条例将按照法定程序，报吉林省人大常委会审查批准后，公布实施。

12月3日，市八届人大常委会召开第三十六次会议。市人大常委会主任赵守信，副主任姚令军、袁桂琴、史奎春，秘书长范颖杰及委员35人出席会议。市委常委、副市长刘琦，市中级人民法院院长朴永刚，市监察委员会、市人民检察院相关负责人，市政府有关组成部门负责人，各县（市）区人大常委会负责人，市纪委监委派驻市人大常委会机关纪检监察组组长，市人大常委会机关副局级以上干部列席会议。会议由史奎春主持。会议表决通过市八届人大常委会代表资格审查委员会《关于个别代表的代表资格的报告》《四平市人大常委会关于批准四平市2020年预算调整方案的决议》《四平市人大常委会关于对政府采购四平市紫气大路上跨铁路立交桥、东丰路（仁兴街至一经街）上跨铁路立交桥工程建设项目资金纳入年度财政预算的决议》；会议表决通过人事任免事项。

【市人大常委会主任会议】 年内，市人大常委会召开人大常委会主任会议11次。3月18日，市八届人大常委会召开第三十四次主任会议。市人大常委会主任赵守信主持会议，市人大常委会副主任姚令军、袁桂琴、史奎春、高铁成，秘书长范颖杰出席会议。市人大常委会副秘书长、各专门委员会负责人、各办事机构负责人，市纪委监委派驻市人大机关纪检监察组、组织部、政府办、检察院、人社局相关负责人列席会议。会议决定市八届人大常委会第二十九次会议于3月19日举行。

3月19日，市八届人大常委会召开第三十五次主任会议。市人大常委会主任赵守信主持会议，市人大常委会副主任姚令军、袁桂琴、侯川、史奎春、高铁成，秘书长范颖杰出席会议。会议决定将《四平市机动车停车条例（草案）》（表决稿）提请常委会表决。

5月20日下午，市八届人大常委会召开第三十六次主任会议。市人大常委会主任赵守信主持会议，市人大常委会副主任姚令军、袁桂琴、史奎春、高铁成，秘书长范颖杰出席会议。市人大常委会副秘书长，市人大各委、室负责人，市纪委监委派驻市人大机关纪检监察组组长，市委组织部、市中级人民法院、市人民检察院、市公安局、市司法局负责人列席会议。会议决定市八届人大常委会第三十次会议于5月21日举行。

6月2日下午，市八届人大常委会召开第三十七次主任会议。市人大常委会主任赵守信主持会议，市人大常委会副主任姚令军、袁桂琴、史奎春、高铁成，秘书长范颖杰出席会议。市人大常委会副秘书长、各专门委员会负责人、各办事机构负责人，市纪委监委派驻市人大常委会机关纪检监察组组长列席会议。会议决定市八届人大常委会第三十一次会议于6月3日举行。

7月20日上午，市八届人大常委会召开第三十八次主任会议。市人大常委会主任赵守信主持会议，市人大常委会副主任姚令军、袁桂琴、史奎春、高铁成出席会议。市人大常委会副秘书长、各专门委员会负责人、各办事机构负责人列席会议。会议决定市八届人大常委会第三十二次会议于7月27日举行。

8月25日，市八届人大常委会召开第三十九次主任会议。市人大常委会主任赵守信主持会议，市人大常委会副主任姚令军、袁桂琴、史奎春、高铁成出席会议。市人大常委会副秘书长列席会议。会议决定市八届人大常委会第三十三次会议于8月25日举行。

9月21日下午，市八届人大常委会召开第四十次主任会议。市人大常委会主任赵守信主持会议，市人大常委会副主任姚令军、袁桂琴、史奎春、高铁成出席会议。市人大常委会副秘书长、各专门委员会负责人、各办事机构负责人，市纪委监委驻市人大常委会机关纪检监察组组长列席会议。会议决定将《四平市城乡规划监察条例（修订草案）》《四平市市区挖掘管理条例（草案）》提请市八届人大常委会第三十四次会议表决。

9月23日上午，市八届人大常委会召开第四十一次主任会议。市人大常委会主任赵守信主持会议，市人大常委会副主任姚令军、袁桂琴、史奎春、高铁成出席会议。会议决定将《四平市城乡规划监察条例（修订草案）》《四平市市区挖掘管理条例（草案）》提请市八届人大常委会第三十四次会议表决。

10月27日，市八届人大常委会召开第四十二次主任会议。会议以线上形式召开。市人大常委会副主任姚令军主持会议，市人大常委会主任赵守信，副主任姚令军、袁桂琴、史奎春、高铁成，秘书长范颖杰参加会议，市人大常委会副秘书长列席会议。会议决定市八届人大常委会第三十五次会议于10月27日举行。

10月27日，市八届人大常委会召开第四十三次主任会议。会议以线上形式召开。市人大常委会副主任姚令军主持会议，市人大常委会主任赵守信，副主任姚令军、袁桂琴、史奎春、高铁成，秘书长范颖杰参加会议，市人大法制委主任委员刘皓列席会议。会议决定将《四平市城市环境卫生条例（草案）》（表决稿），提请常委会表决。

12月2日下午，市八届人大常委会召开第四十四次主任会议。市人大常委会主任赵守信主持会议，市人大常委会副主任姚令军、袁桂琴、史奎春，秘书长范颖杰出席会议。会议决定市八届人大常委会第三十六次会议于12月3日举行。

（楚天舒）

立　法

参见“法治”。

（楚天舒）

人大监督

【概况】 2020年，市人大常委会围绕中心、服务大局，在财政经济、乡村振兴、生态治理等领域开展重点监督工作，全年召开常委会会议8次，听取专项工作报告26个，审议议题51项，开展专题询问2次。全年开展视察11次，下基层检查2次、基层调研6次。市人民代表大会支持和保障代表依法履职、发挥作用，听取办理情况专项报告，建议办理质量和效率不断提升，全年提出意见建议77条，督办代表议案1件、建议118件。

【财政经济监督】 听取审议2019年度本级预算执行和其他财政收支情况的审计工作报告，审查2019年财政决算，听取审议2020年企业复工复产、重大项目建设、优化营商环境、国有资产及政府性债务管理等8个专项工作情况报告，对11个部门开展优化营商环境专题询问。在完善预算绩效管理、提高政府资金使用效益、防范化解政府性债务风险等方面提出审议意见13条。

【乡村振兴工作监督】 四平市人民代表大会对脱贫攻坚、乡村振兴战略实施情况进行专题视察，听取专项工作报告，对10个部门开展乡村振兴战略实施情况专题询问。在强化造血功能、坚决防止返贫、加强乡村治理等方面提出审议意见10条。

【生态治理监督】 听取审议2019年度全市环境质量状况和环境保护目标完成情况报告，对辽河流域水污染防治、土壤污染防治、市区饮用水水源地保护情况等进行视察，听取专项报告。在生态治理、黑土地保护、水源地管理等方面提出审议意见21条。持续监督推进全市三年造林绿化工作，提前完成造林绿化目标任务，造林10.42万公顷。全程监督推进"南北河生态综合整治"民生工程，完成南北河沿岸7.1千米道路基础设施建设、3.5千米生态林廊和部分河道护坡建设、河道清淤20万立方米的工程监督。

（楚天舒）

视察　调研

【视察】 年内，市人大常委会开展视察11次。4月21日至23日，市人大常委会副主任袁桂琴带领市人大常委会部分常委，视察全市基层医疗卫生服务能力建设情况。4月27日至29日，市人大常委会视察全市脱贫攻坚工作完成情况，市人大常委会副主任史奎春及市人大常委会部分组成人员参加活动。7月1日至3日，市人大常委会副主任高铁成带领由市人大常委会部分人大代表组成的视察组，视察全市工业经济运行情况。7月8日至10日，市人大常委会副主任袁桂琴带领由市人大常委会部分组成人员及部分市人大代表组成的视察组，视察全市《宗教事务条例》贯彻实施情况。8月26日至28日，市人大常委会副主任史奎春带队，视察四平市辽河流域水污染防治工作进展情况。8月31日至9月2日，市人大常委会副主任高铁成带领市人大常委会视察组视察全市重大项目建设开展情况。9月7日、9日，市人大常委会副主任姚令军带领视察组就《中华人民共和国道路交通安全法》《吉林省实施〈道交法〉办法》贯彻实施情况，到伊通满族自治县，市公安局交通管理支队车辆管理所、事故处理大队、指挥中心等地开展视察，召开座谈会。9月7日、9日，市人大常委会副主任史奎春带领市人大乡村振兴视察组一行到伊通满族自治县、铁东区、梨树县和铁西区视察乡村振兴战略实施工作。9月14日，市人大常委会副主任史奎春带领部分市人大常委会委员和省、市、县三级人大代表，视察四平市城区绿化工作。10月19日至20日，市人大常委会副主任史奎春带领由部分常委会委员组成的视察组，视察全市老年人权益保障工作情况。11月11日，市人大常委会副主任史奎春率视察组到四平市饮用水水源地保护区及城市供水单位，视察《四平市市区饮用水水源地保护条例》贯彻实施情况。

【检查】 年内，市人大常委会下基层检查2次。2月17日下午，市人大常委会主任赵守信到英雄大街、四梨大街和高速公路3个四平市区出入口，检查来（返）平人员安置流程等情况，询问登记、对接、管控等相关事宜，后到铁西区站前街站前社区和英雄街阳光社区实地查看隔离人员看护情况；市人大常委会副主任姚令军，秘书长范颖杰参加活动。11月18日，市人大常委会检查组集中检查代表建议办理情况，市委常委、副市长刘琦，市人大常委会副主任姚令军，市政府秘书长左今明参加活动。

【调研】 年内，市人大常委会全年下基层调研6次。4月8日，市人大常委会副主任史奎春到梨树县林海镇夏甸子村，调研脱贫攻坚工作完成情况。4月14日，市人大常委会主任赵守信到梨树县梨树镇中安堡村调研脱贫攻坚工作，市人大常委会秘书长范颖杰陪同调研。4月14日，市人大常委会副主任、总工会主席姚令军到梨树县金山乡长岭子村调研脱贫攻坚工作。4月15日，市人大常委会副主任袁桂琴到伊通满族自治县调研脱贫攻坚工作。7月21日，市人大常委会副主任史奎春带领相关部门，到梨树县高家村人力资源市场、铁东区时代创客广场，实地调研全市就业工作开展情况，召开座谈会。7月22日，市人大常委会主任赵守信到铁西区北沟街北沟社区，对接调研党支部工作包保提升情况，主持召开座谈会。

（楚天舒）

代表工作

【代表活动】 四平市人民代表大会支持和保障代表依法履职、发挥作用。全年组织代表专题培训班4期，履职实训，让代表参与常委会会议及三查（察）

活动，有半数以上市人大代表参加常委会活动。全市各乡镇街道完成人大代表之家建设，率先在全省实现全覆盖，代表广泛听取和反映群众诉求愿望，上情下达、下情上传渠道畅通。新冠肺炎疫情防控期间，各级代表捐款捐物合计3300万元，代表抗“疫”先进事迹在《人民代表报》等媒体刊发。代表工作在省人大专题会上介绍经验。

【议案办理】 2020年，四平市人民代表大会对118件代表建议、12件重点建议跟踪督办，听取办理情况专项报告，建议办理质量和效率不断提升，一批反映强烈的热点难点问题得到妥善解决。推进“三进两联一发挥”（进村屯、进社区、进企业，联系基层、联系群众，发挥代表主体作用）主题活动，各级人大代表走进农村、企业和社区，帮助解决问题373件次。

（楚天舒）

表7 2020年四平市第八届人民代表大会第五次会议代表建议批评和意见办理结果一览表

编号	代表姓名	内容提要	承办单位	办理结果简要情况
1	韩凤香	关于加大扶持新型农业经营主体力度加快农村一、二、三产业融合发展的建议	市农业农村局	成立联席工作领导小组，加强组织领导。加快农村金融改革步伐，创新惠农e贷等信贷产品，提升信贷融资支持力度
2	邵世伟	关于郭家店镇、十家堡镇和孟家岭镇三镇行政区划归属梨树县管理的建议	市民政局	梨树县三镇于2017年划归铁西区管辖，根据《行政区划管理条例》规定，行政区划应当保持总体稳定，不宜作频繁调整
3	韩凤香	关于加快推进我市乡村振兴战略的建议	市农业农村局	一是增加农村资金投入，强化公共资源覆盖；二是创新农业服务体系，促进要素集聚流通；三是强化人才培养引进，强化农业智力支撑
4	金宝军	关于加大对行人和非机动车违章管理力度的建议	市公安局	在人流集中路段设置行人过街天桥，加大行人、非机动车交通秩序管理力度，在交叉路口增设行人闯红灯违法抓拍曝光系统，联合市委宣传部文明办在市区开展交通志愿者协管交通活动
5	秦效东	关于弘扬中华优秀传统文化的建议	市文广旅局	充分利用图书馆、博物馆、文化馆等各类文化资源，广泛开展中华民族优秀传统文化宣传，近年来我市成立孔子学会并建立了孔子庄园，给市民特别是中小学生提供了精神家园
6	秦效东	关于打造工匠精神的建议	市人社局	以服务企业发展、服务技能成才为宗旨，积极对接企业生产实际需求，紧密结合岗位练兵，激发广大劳动者学技术、比技能的热情，培养造就一大批知识型、技术型高技能人才，更好地服务于四平经济社会发展
7	秦效东	关于东北抗联红色教育基地建设的建议	市文广旅局	大力开发爱国主义教育基地和红色教育课堂，从宣传推广红色研学游精品线路、探索建立研学旅行市场主体奖励机制两方面着手，深入挖掘四平战役过程中所形成的丰富而独特的革命英雄主义历史资源，运用现场教学、情境教学和体验式教学方式，开展红色党性教育项目教学活动
8	秦效东	关于加大养老投入的建议	市民政局	高度重视老年人事业，不断加大投入力度，积极推动和完善养老服务体系

续表 7

编号	代表姓名	内容提要	承办单位	办理结果简要情况
9	秦效东	关于加强职业技能教育的建议	市人社局	一是开展四平市终身职业技能培训；二是开展职业技能提升行动；三是开展企业新型学徒制培训；四是开展职业技能竞赛活动；五是开展企业职工（含在企业工作的劳务派遣人员）培训
10	秦效东	关于解决养老问题的建议	市民政局	坚持“五化统筹”，深入推进养老服务供给侧改革，着力推动养老服务高质量发展
11	秦效东	关于振兴乡村旅游的建议	市文广旅局	积极贯彻落实省文旅厅《吉林省扶持涉旅企业发展奖补细则（试行）》等对乡村旅游的奖补政策，积极为符合条件的乡村旅游经营单位争取奖补
12	秦效东	关于中华传统文化教育基地建设的建议	市文广旅局	举办“我们的节日”为主题的传统文化活动，建立孔子庄园，新建图书馆、博物馆、文化馆等文化教育基地，加大基层文化设施建设投入，建立乡村街道文化站、文化服务中心
13	邵世伟	关于解决四平新型工业化经济开发区征收回迁工作遗留问题的建议	市住建局	新开区棚改项目已全面复工，积极解决征收回迁工作遗留问题
14	陈立友	关于取缔师院露天市场（果园街与文苑路交会）的建议	铁西区政府	经实地调查，该处露天市场已存在多年，给附近居民带来极大方便，居民反映保留意愿强烈，决定暂时保留该市场。同时，进一步加强市场管理，在方便居民的同时确保不影响居民生活
15	杨树发	关于强化资金互助组织经营管理的建议	市金融办	按照省里要求，联合市农业农村局、市市场监管局、市供销社、市银保监局积极组织实施，抓好落实
16	赵　航	关于解决基层单位人才匮乏的建议	市人社局	一是每年事业单位的招聘计划中，各级编制部门在制定招聘用编计划时，划定乡镇事业单位招聘比例，加强补充新的人员。招聘政策上结合实际合理设定本地户籍和服务期限等条件。二是在人员调整过程中，编制部门、人社部门重点推行“向下调人”，严控“向上调动”，确保人员不“流失”
17	赵丹丹	关于加大力度扶持国家级非物质文化遗产的建议	市文广旅局	积极与市县两级财政沟通，力争建立专项非遗扶持资金，用于非遗保护、保存工作，推进非遗工作发展
18	邹贺立	关于维修郭家店高速公路路口至 102 国道道口路段的建议	梨树县政府	已建成通车
19	邹贺立	关于在郭孟公路大顶山硅灰石公司路口安装限速监控的建议	梨树县政府	梨树县公安局交通管理大队已经将该处路段列为安全隐患路段，制定了整改方案，对该路段进行了整改
20	张　武	关于建设牙四公路梨树县路段的建议	市交通局	完成榆树台过境段建设，全线 22 座桥梁完成 14 座、21 道涵洞完成 8 道
21	杨大伟	关于设立“四平市环卫工人节”的建议	市执法局	决定将每年的 10 月 26 日确立为“四平市环卫工人节”，并于 2020 年 10 月 26 日开展四平市第一届环卫工人节庆祝活动
22	冯　彤	关于加强广告车辆违规停放治理工作的建议	市公安局	贯彻实施《四平市停车管理条例》，采取联合巡查的方式，重点解决停放废弃机动车和私自在车体上加装广告装置、违规张贴广告等违法行为

续表 7

编号	代表姓名	内容提要	承办单位	办理结果简要情况
23	赵　志	关于合理设置路长公示牌的建议	市执法局	指导协调两区执法局，会同各包保网格化责任人实际踏查设置点位，通过现场走访，听从周边居民建议等摸底调查，经过选址、协调商户、调整合理位置，在两个月内完满完成此项工作
24	杨绍臣	关于整治电子弹弓非法狩猎，依法保护野生动物的建议	市林业局	加强领导，强化野生动物保护；加强联合执法，强化野生动物救助、保护；加强部门合力，加大对野生动物保护工作的宣传；加强监管，依法严惩非法狩猎行为
25	任　鸣	关于打造四平地区少数民族旅游品牌、争创吉林省十大夜市之首的建议	伊通县政府	大力发展民族文化旅游，全力实施“旅游兴县”战略，紧紧抓住全域旅游示范区创建活动机遇，进一步深入挖掘，传承民族文化资源
26	焦振齐	关于加大政策支持力度、推动农业保险创新发展的建议	市农业农村局	收入保险已纳入中央财政补贴试点范畴，我市将积极争取试点和引导农业保险机构开展收入保险，时机成熟全面推广。扩大农业保险覆盖面，开展特色农产品补贴
27	焦振齐	关于推进乡村振兴战略实施的建议	市农业农村局	（同 3 号）
28	孙凤玉	关于对破损路面及时恢复加强监管的建议	市住建局	提请市人大审议通过《四平市市区挖掘管理条例》，加强监管
29	孟　润	关于依法处罚蓄意占用公共停车位的商户，方便市民出行的建议	市执法局	指导两区执法局联合公安部门采取徒步巡逻和车辆巡逻相结合的方式，加大对违规侵占汽车公共停车位行为的整治力度
30	宋广伟	关于落实新发展理念全面加强森林资源管护，遏制森林资源锐减局面的建议	市林业局	规范建设项目使用林地审核，加大对破坏森林资源违法行为的打击力度，从源头上着力遏制破坏森林资源违法犯罪活动。加快林业管理及经营方式改革和制度创新，加大森林资源管理力度，推行“一长两员”的管护模式，全面推广应用“吉林省林业资源巡护监管系统”
31	吴中波	关于废弃矿坑停耕及残失地的生态复绿的建议	市自然资源局	按照“谁治理、谁受益”的思路，积极探索构建矿山地质环境恢复和综合治理新模式，多渠道吸引社会资金投资矿山治理项目
32	胡冰洁	关于重视与支持民族地区旅游产业的建议	市文广旅局	积极推动伊通县入选全国第二批全域旅游示范区创建名单，围绕满族文化底蕴，策划举办各类文旅互动，全方位打造四平文旅品牌，举办“吉林·四平满族文化旅游节”
33	裴　钰	关于大力推进麦饭石综合利用的建议	伊通县政府	加大招商引资力度，吸引国内知名企业到伊通县进行洽谈合作
34	马春彪	关于政府主导上下联动全民参与协调推进“健康四平行动”的建议	市卫健委	一是制定方案，做好贯彻落实健康中国行动顶层设计；二是加强领导，全力推进健康中国行动的机构机制；三是统筹部署，逐项落实健康中国行动的各项指标；四是强化宣传，广泛营造健康中国行动的浓厚氛围

续表 7

编号	代表姓名	内容提要	承办单位	办理结果简要情况
35	卢万合	关于四平市乡村二、三产业振兴的建议	市农业农村局	出台《加快工业质量、效率和动力变革的若干意见》《关于加快民营经济发展的若干意见》等扶持政策，积极培育评定农业产业化龙头企业。鼓励构建农业田园综合体，吸引外出人员返乡创业
36	刘成林	关于加快推进长期照护险在四平开展工作的建议	市医保局	依据国家和省开展长期护理保险制度试点政策，根据企业（单位）和相关部门资金状况，待条件成熟时，探索建立我市及所属县（市）长期护理保险制度试点
37	张国福	关于引进“百名优秀中青年校长”的建议	市教育局	定期分析校长队伍的素质状况，制定校长队伍建设规划及具体落实措施。利用“万名大学生留平计划”“院士专家四平行”“长白山人才工程”等人才引进政策，因地制宜做好优秀中青年校长引进工作，补充地方和学校需要
38	张国福	关于打通行政（县、区）边界村“村村通”的建议	市交通局	指导各县（市、区）纳入农村公路建设规划之中，完善农村公路路网建设
39	徐　友	关于解决留守儿童问题的建议	市教育局	印发《关于加强留守儿童教育关爱工作的意见》，加强对留守儿童档案、控辍保学等管理工作，加强对留守儿童心理健康和法制安全教育，开展教育关爱活动
40	吴立新	关于农村小微企业实施注册商标“只跑一次”的建议	市市场监管局	加强商标注册知识宣传普及，建立 1+X 模式的局内知识产权绿色咨询通道；推动知识产权强市战略有效实施，通过加大专利、商标等知识产权业务的服务和保护力度，提升四平市产品影响力；加大第三方服务机构的监管力度，加强商标注册服务和管理，提升我市商标注册服务能力和水平
41	胡晓威	关于加强医疗人才队伍建设的建议	市卫健委	多种途径招聘人才，积极引进高学历人才，为医疗卫生事业可持续发展提供人力资源保障
42	梁国民	关于加快完善经济开发区配套设施的建议	市商务局	实施每个开发区 1 平方公里以上产业承载区建设，实现“七通一平”
43	王春梅	关于继续颁发职业技能等级证书的建议	市人社局	全面推行企业职业技能等级认定工作，每年开展 2 次认定工作。开展技能人才第三方评价和技工院校职业技能等级认定工作，每年申报 2 次，报省人社厅，人社厅负责评估认定工作
44	张国福	关于厘清学校扶贫工作主体责任的建议	市扶贫办	严格落实国家资助政策，实施“两免一补”。按照《关于减轻中小学教师负担进一步营造教育教学良好环境的若干意见》要求，将规范部署扶贫任务列入需统筹规范社会事务进校园项目
45	许少野	关于四平市叶赫旅游发展工作的建议	铁东区政府	制定《叶赫满族镇旅游总体规划》以及《叶赫—山门风景区总体规划》，抓好规划的实施
46	许少野	关于整顿美容美体行业，拒绝诱导消费，强制消费，打击治理恶意欺骗消费者的建议	市市场监管局	开展专项整治行动，打击商家违法违规行为，将维护消费者合法权益摆在更加突出的位置。结合“放心消费在四平”创建活动，加强市场监管、推进企业自律

续表 7

编号	代表姓名	内容提要	承办单位	办理结果简要情况
47	许少野	关于加快推进四平市现代农业“一体化”项目的建议	市农业农村局	一是依托现代农业产业园推动，着力推进四平市市级、省级产业园区建设；二是依托经济能人协作引领，成立四平市优质农产品协会；三是发挥组织领导优势，推进农村土地经营权流转；四是积极整合资源，加大政策扶持力度；五是依托企业带动，引进中化农业“MAP”模式；六是加大宣传力度，营造浓厚氛围
49	张　春	关于拆除东山路和南四纬路交叉路口绿岛的建议	市住建局	按照绿化规划，暂不拆除现有绿地
50	张　春	关于加强和推进消防执法进物业小区工作的建议	市消防救援支队	支队全面推进物业小区消防车通道治理工作，联合公安和综合执法等部门采取错时检查措施，对物业小区占用、堵塞消防车通道的行为进行检查，并督促物业小区开展消防车通道划线工作
52	林桂英	关于完善和加大四平市水源地退耕还林的措施和力度的建议	铁东区政府	加大资金投入，加强管理，保护辽河流域及下三台水库、山门水库水生态环境
53	林桂英	关于以连带责任规范建设方工程资金落实情况避免拖欠农民工工资事件的发生的建议	市住建局	市住建局进一步规范建筑市场秩序，加大监管力度，配合人力资源和社会保障部门要求全市建设项目足额缴纳农民工工资保证金，督促建设单位按合同约定拨付工程款，避免拖欠农民工工资事件的发生
54	曹树华	关于将污水处理后的中水用于工业和城市绿化的建议	市住建局	组织实施“四平市再生水回用工程”。目前，项目可研报告、环评报告、水土保持方案已批复，正在进行施工图设计，并签订 2 户意向供水服务协议
55	曹树华	关于利用处理后的中水提取热能，节能减排的建议	市住建局	目前四平热力有限公司和中核四平污水处理厂已达成合作意向，四平热力有限公司已制定供热方案。待报请吉林省住建厅经供热专家进行论证后，方可按相关规定的程序实施
56	曹树华	关于四平市雨天立交桥下水灾治理的建议	市住建局	四平市于 2016—2019 年对下穿式立交桥降水系统进行了改造施工，南湖公铁立交桥、北迎宾公铁立交桥、兴红公铁立交桥和老城公铁立交桥全部改为强排式泵站，同时对暂时未进行提升改造的新华公铁立交桥和北河公铁立交桥降水管线进行全面疏通和部分改造
58	薛李冰	关于大力推进四平新型工业化经济开发区建设危险废物处置项目的建议	梨树县政府	吉林天茂国文固体废物处置有限公司水泥回转窑协同处置工体废物项目已建成，通过市场化运作，引进国际国内知名企业，建设焚烧、填埋处置项目，对危险废物进行补充处理
59	隽成军	关于培育打造四平“夜经济”街区的建议	市商务局	制定出台《关于应对疫情影响促进商业消费的若干举措》《关于深入推进促消费工作实施方案》，打造“夜经济”示范工程。落实好国家、省支持“夜经济”发展政策，完善“夜经济”发展环境，不断丰富“夜经济”形式，举办好“啤酒节”“消夏夜市”等“夜经济”活动，重点打造仁兴步行街、华宇熙和万象等“夜经济”街区
60	王进馥	关于为我市民营经济营造良好法治环境的建议	市司法局	不断加强优化营商环境工作组织领导，全面依法清理有悖公平竞争的规章、文件。强化监督，持续规范行政执法。加强政策法规梳理，不断完善政策传递方式，加大政策法规宣贯力度。全心服务，努力为民营企业发展提供优质法律服务

续表 7

编号	代表姓名	内容提要	承办单位	办理结果简要情况
61	王进馥	关于加快推进四平市田园综合体建设的建议	市农业农村局	推进田园综合体建设试验示范工作，加强项目实施组织领导力度，强化政策支持，加强市场经营主体的培育
62	王进馥	关于加强推进四平市社区数字网格化建设的建议	市民政局	“智慧社区”建设工作已纳入全市“智慧城市”整体规划，制定了《四平市智慧社区建设实施方案》，会同有关部门有序推进
63	吴志平	关于推动四平市特色小镇健康发展的建议	市发改委	出台《四平市特色小（城）镇创建实施方案》，积极推进梅花鹿、农机、啤酒、种业 4 个特色小镇和第二批省级特色小镇建设工作
65	徐　岩	关于加强垃圾分类回收宣传的建议	市执法局	设立分类试点 11 个，购置餐厨垃圾专用运输车 4 辆，推动铁西区生活垃圾处理厂项目建设
66	刘婷婷	关于建设儿童游乐场所的建议	市住建局	积极谋划，科学选址，推进儿童游乐场项目建设
67	顾　爽	关于修缮通往盲校道路的建议	市住建局	盲校门前道路属农村“村村通”道路，经与铁西交通局沟通，由于此处为外环内规划项目区，建设村村通公路与规划市政道路及地块开发相冲突，建设后涉及重复建设和资金浪费问题，故暂缓建设
68	赵红军	关于加快四平市结核病防治所和四平市结核病医院项目建设及尽快从市区搬迁的建议	市卫健委	市结核病防治所主体已经完工，市结核病医院项目正在建设，待 2 个项目完成后进行整体搬迁
69	陈红玉	关于关注学生龋齿问题重视学校口腔教育的建议	市教育局	将口腔健康教育纳入健康教育课计划，有针对性的传授口腔健康知识，开展《儿童口腔疾病综合干预项目》
70	高淑珍	关于取消一级公路城市主入口道路收费站的建议	市交通局	与省公路管理局进行沟通，取消一级公路收费站，需还清政府贷款或收费站已到批准收费年限，方能撤站
71	孙凤玉	关于城市管理不能一味取缔小商小贩应该加强对他们的规范管理的建议	市执法局	结合全市“夜市经济”，指导两区执法局设置户外摊点，允许在门店外规定范围内设置临时商品摆放区域，免收占道、摊位、卫生等相关费用。指导两区环卫部门和垃圾处理企业，做好清扫保洁和垃圾清运工作
72	王　信	关于延长 123 路公交车路线的建议	市交通局	调整公交车线路，解决西南新城区群众到铁西区政府的出行问题，打通“断头路”、连接“最后一公里”
73	运　亮	关于巡游出租车价格调整的建议	市交通局	认真调查研究，依据《四平市深化出租汽车行业改革实施方案》，起草《关于调整四平城区巡游出租汽车运价建立运价动态机制的申请报告》，做好出租车运价调整工作
74	李　丽	关于因地制宜建设小型球类活动场地为青少年身心健康成长创造条件的建议	市文广旅局	对老旧小区的运动场所改造可借助城镇老旧小区改造工程，征求社区居民建议，报市住房和城乡建设局同意后进行改造。对新建小区，由规划部门进行规划后由开发商进行建设
75	杜小光	关于做好南湖二期扩建项目收尾工作的建议	市住建局	园林部门在公园内设置保洁、保安人员，配备垃圾清运车等保洁工具，对公园进行常态化管理，确保公园环境卫生
76	陶　杰	关于尽快打通城市道路上的断头路的建议	市住建局	打通植物园街、兴红中路、北迎宾街等断头路

续表 7

编号	代表姓名	内容提要	承办单位	办理结果简要情况
77	陶　杰	关于吉林师大和吉林工程职业学院学生食品安全问题加强监督的建议	市市场监管局	下发《加强食品摊贩登记管理的通知》，持续加强校园食品安全监督检查，维护广大师生舌尖上的安全
78	乔兴生	关于整顿供电、供水、供热垄断企业收取入网费、配套施工费及各种不合理收费的建议	市发改委	供电、供水方面不收入网费，只有供热企业可以收取管网建设费（入网费），收费标准实行市场调节价，即双方协商确定收费标准。关于供电、供水、供热配套施工费收费问题，按照公平竞争相关规定，配套工程由开发建设企业自主选择工程建设单位，不再由供电、供水、供热企业垄断建设和收费
79	乔兴生	关于将铁西区仁兴步行街南四马路已建公厕改为机动车道路的建议	市住建局	经市住建局与市自然资源局协调，南四马路目前规划为市步行街，如需将此段道路改为机动车道路，暂不可行
80	乔兴生	关于恢复开通铁东区天桥下北幸福街路段的建议	市住建局	铁东区正在相关企业洽谈在该地块建设项目，规划部门在重新编制该项目规划条件后，即可重新调整幸福路的道路用地性质，随项目建设打通幸福路
81	乔兴生	关于铁东区北九马路、北一纬到北二纬路段打通道路的建议	市住建局	积极争取建设资金，尽快打通城市“断头路”
82	王好学	关于加强拥军工作的建议	市退役军人事务局	现役军人凭有效证件及残疾军人凭残疾军人证免费乘坐公交车政策已经实行。全市社区、医院、车站均已设立了现役军人、复员军人优先窗口。全市各景区对现役军人凭有效证件免费开放的政策部分实行
83	王好学	关于合理使用公共停车位的建议	市执法局市公安局	实施《四平市停车管理条例》，科学合理设置占路停车泊位，严格违法停车处罚
84	刘金田	关于在市区主要干道划设出租车固定乘降点的建议	市公安局	在需求比较集中的路段增加设置出租车专项泊位，规范出租车停车管理
85	刘金田	关于在市区主要街道人行斑马线设置红绿灯的建议	市公安局	在市区 4 个主要的交通岗安装 4 块行人闯信号曝光屏，在市区道路 11 处行人集中横过马路的路段安装信号灯，在 7 处路口增设信号灯，增设礼让斑马线示范路口 16 个，协调城建部门在人行过街特别密集的路段建设 4 座人行过街天桥
86	纪来成	关于开放四平市迎宾小学南侧与紫气大路立交桥之间原四平市公安局、四平市检察院、丰鸿宾馆院落的建议	市住建局	3 处地块均为在建工地，拆除围挡存在安全隐患
87	纪来成	关于修建四平市铁西区滨河小区周边道路的建议	市住建局	制定建设计划并逐步实施
88	徐　岩	关于规范监考教师监考期间行为的建议	市教育局	严格执行省教育考试院都制定并下发《考务手册》，所有考试前都组织进行三级分层次考务培训，对考务工作和考试纪律教育等进行专项培训，严肃考风考纪，为考生创造公平公正、和谐愉悦的考试环境
89	陶　杰	关于禁止在居民生活区内燃放烟花爆竹的建议	市公安局	采取各种宣传手段，加大烟花爆竹禁限放规定的宣传力度，做到人尽皆知，对于违反规定燃放烟花爆竹的单位和个人，市公安局将按照国家和我市相关的规定予以处罚

续表 7

编号	代表姓名	内容提要	承办单位	办理结果简要情况
90	陶　杰	关于增建公共卫生厕所的建议	市执法局	在城区新建 20 座水冲公厕，针对四平站附近没有公厕的问题，已经在车站广场内北侧位置建设一座 90 平方米高标准的水冲公厕
91	赵红军	关于四梨公路西侧污水管网建设问题的建议	市住建局	我市已启动北迎宾街（兴红路—新华大街）、慧智街（兴达路—北环城路）、康平路（慧智街——经街）三条主干路建设，彻底解决该区域排水问题
92	赵红军	关于在紫气大路阳光桥路口修建过街天桥的建议	市住建局	市住建局已与电力部门沟通，由于此处电力架空线迁改难度较大，受紫气大路北侧电力架空线制约，建设过街天桥存在安全隐患，故暂时难以实施
93	赵红军	关于市政府后身的滨河路解除机动车禁行的建议	市公安局	不宜解除：一是该路段为滨河景观道路，主要用于休闲锻炼，整条南滨河路早晚时段已采取禁行措施，其他时段单行；二是由于该路段中间没有任何单位、小区出口，机动车没有进出的刚性需求；三是该道路与紫气大路隔岸相对，距离近、短，不会起到分流作用，且两端出口都在桥头，高峰时段会造成桥头交通拥堵
94	陈立友	关于养犬问题的建议	市执法局	实施《四平市犬类管理条例》，制定《关于贯彻落实〈四平市养犬管理条例〉的实施意见》。以 61 种烈性（大型）犬品种为重点，制定了《四平市禁养犬名单》和《大型犬只禁养标准》。指导两区执法局联合公安部门，加大巡查处罚力度
95	陈立友	关于加强机场周边鸽子养殖管理的建议	市公安局	市公安局城管支队联合市执法局、市农业农村局等部门到勤业村走访排查，建立机场周边养鸽户管理群，由机场发布可放飞时间，要求全体养鸽户遵守
96	陈立友	关于推进医疗机构实行实名制挂号的建议	市卫健委	市内二级以上医疗机构基本实现了患者实名挂号。现在各医院在窗口凭有效身份证件挂号的基础上，患者也可以采用微信、网上预约、电话预约、诊间预约等多种形式进行实名制的预约挂号
97	陈立友	关于坚决制止私家车占用消防通道的建议	市消防救援支队	（同 50 号）
98	陈立友	关于加强出租车使用手台管理的建议	市交通局	协调公安交管部门加大处罚力度，保障出租车司机为了自身和乘客的安全
100	刘海峰	关于疫情防控工作的几点建议	市卫健委	一、抓好“五项”重点工作。一是抓排查；二是抓隔离；三是抓建设；四是抓防控预案；五是抓宣传；二、做到“五个”扭住不放。一是紧紧扭住救治“四早”不放；二是紧紧扭住进京管控不放；三是紧紧扭住防境外输入不放；四是紧紧扭住校园防控不放；五是紧紧扭住冷链排查不放。三、提早部署秋冬季疫情防控
106	姜祥利	关于加强市区标语宣传品规范工作的建议	市执法局	按照“谁宣挂谁负责”原则，明确宣挂单位责任，严格审批条件。指导两区执法局开展专项整治行动

续表 7

编号	代表姓名	内容提要	承办单位	办理结果简要情况
108	郝守义	关于发挥区位文化优势打造“东北雪城”旅游品牌的建议	市文广旅局	积极推进冰雪旅游发展，开展群众娱乐性滑雪滑冰活动，走好冰雪经济“群众路线”，鼓励各县（市）区因地制宜制定冰雪产业和冰雪经济发展规划，引进、自建群众性冰雪项目，让更多群众参与到“三亿人上冰雪”的宏大工程中来，为冰雪体育运动发展、提升市民身体素质、丰富群众文体生活打牢基础
109	郝守义	关于建议城区出租车运价动态机制的建议	市发改委、市交通局	（同 73 号）
110	郝守义	关于引导支持商协会组织健康发展的建议	市民政局	鼓励和支持社会组织参与社会治理和公共服务，鼓励和支持商协会参与承接政府购买服务，争取国家支持项目或利用现有资源改造，建立社会组织服务中心列入“十四”五计划
111	聂继锋	关于在沥山路增设路灯的建议	市住建局	经市住建局与市交通局沟通，暂未将沥山路路灯列入 2020 年建设计划，在资金条件允许情况下，争取将此段路灯建设列入 2021 年建设计划并予以实施
112	杨大伟	关于加强对居民住宅小区管理的建议	市住建局	严格执行《四平市物业分级收费及规范管理规定（试行）》，下发《关于进一步加强住宅专项维修资金补建、表决和应急使用工作的通知》,加强物业管理规范化建设。实施老旧小区改造工程，完善老旧小区改造后的物业管理
113	赵　志	关于改造长平高速四平出站口的建议	市交通局	会同吉林高速有限公司及设计单位共同进行了现场踏查，对建议进行了研究，目前不具备改造条件
114	张福春	关于加强市区绿化管理养护工作的建议	市住建局	实施《四平市城市绿化条例》，提升城区绿化水平
115	乔兴生	关于促进四平市砂石建筑行业健康发展的建议	市水利局 市自然资源局	依法开采，加强管理，打击非法采砂行为
116	王　纲	关于加强对铁东区北一马路二手车商户占用公共车位进行管理的建议	市执法局 市公安局	指导两区执法局联合市公安局等相关部门开展二手车占道经营集中整治活动，严厉打击违法占用行为
117	王　纲	关于加大加快畜牧业发展的建议	市农业农村局	根据当前的畜牧业实际发展情况，成立了恢复生猪生产专项工作领导小组，重点抓好恢复生猪生产和畜禽养殖粪污综合利用整县推进工作，不断加大“十四条”生猪生产政策落实，增加畜牧业基础设施建设投入，强化指导与服务，鼓励和扶持标准化、规模化养殖

（楚天舒）

四平市人民政府

SIPING MUNICIPAL PEOPLE´S GOVERNMENT

综　述

【概况】 2020年，四平市地区生产总值526.6亿元，增长3.3%。一般公共预算全口径财政收入74.5亿元，一般公共预算财政支出257.3亿元。全市规模以上工业总产值同比增长4.1%，增速列全省第四位；工业增加值同比增长5.7%，增速列全省第五位；实现利润总额17.3亿元，同比增长68.0%，增速列全省第三位。工业经济实现稳步增长。全年完成工业固定资产投资20.06亿元，增长17.3%，高于全省平均增速8.6个百分点，增速列全省第二位。“梨树模式”推广面积24.4万公顷，新建高标准农田2.67万公顷。市场主体数量新增1.4万户，总数突破20万户。城镇新增就业2.7万人、全省排名第二，农村劳动力输出36.8万人、全省排名第一。城镇常住居民人均可支配收入29288元，农村常住居民人均可支配收入15890元。

【经济发展】 开展工业攻坚行动，抓好538户“四上企业”（“四上企业”是指规模以上工业企业、资质等级建筑业企业、限额以上批零住餐企业、规模以上服务企业）监测分析。推行“一企一策一专班”，中联重机吉林公司等一批“双停”企业盘活启动。协调立白、纳爱斯、金士百、君乐宝等域外企业总部增加四平生产份额，四平卷烟厂增加产量1.5万大箱。开展院士四平行等活动，推动四平精细化学品、巨元换热器与中科院长春应化所等科研院所合作，新增科技小巨人企业11户，增幅50%，全国热交换器能效提升专题会议在四平市召开。新建高标准农田26733.3公顷，粮食产量继续保持45亿公斤阶段性水平。特色农业发展迅猛，有规模棚室园区71个，新建扩建万头以上规模养猪场8个。创新打造“平地生香”农产品区域公用品牌。伊通满族自治县新兴乡被评定为国家农业产业强镇，梨树县绿色瓜菜园、伊通特种果品园被评定为省级现代农业产业园。7月22日，习近平总书记到四平市视察，充分肯定黑土地保护“四平经验”“梨树模式”，嘱托保护好黑土地这一“耕地中的大熊猫”，全市推广保护性耕作24.4万公顷，农业生产综合机械化水平为91%，梨树县、伊通满族自治县、双辽市整县推进黑土地保护国家示范项目铺开。东北四省区保护性耕作现场交流会等会议相继在四平市召开，第六届黑土地论坛在北京举办。国家黑土地保护与利用科技创新联盟成立，黑土地保护效应持续放大。因时制宜发展“地摊经济”“夜经济”，开展英城钜惠欢乐购等“十大促销活动”，打造“嗨购日”品牌，社会消费品零售总额降幅逐季收窄。出台智慧物流产业系列扶持政策，现代物流产业持续壮大。文化旅游产业逐步回暖，全市接待游客550万人次。

【项目建设】 新建、续建5000万元以上项目224个，北方农机示范基地等一批项目开工建设，精细化学品搬迁改造等一批项目竣工投产，谋划全市“一号项目”138个、新基建“761”工程项目379个。四平市第二届发展大会签约项目20个、总投资139.3亿元，到北京市与中国企业联合会开展经贸交流，与正威集团签约，列入吉林省招商引资调度系统到位资金192亿元，增长39.2%。红嘴农高等37户“双停”企业盘活启动，君乐宝、湖南中烟等域外企业增加四平生产份额，新增高新技术企业10户、科技“小巨人”企业11户。

【区域合作】 发挥四平在哈尔滨、长春城市群向南开放的枢纽作用，与“一带一路”沿线国家开展经贸文化活动。谋划与蒙古、俄罗斯、哈萨克斯坦、乌克兰等国家的经济贸易合作，打通陆地通道。利用四平—通辽—乌兰巴托—蒙古国—俄罗斯—白俄罗斯—终点站明斯克口岸铁路沿线发展对外贸易。探索推进“一带一路”国际合作示范区建设，推动国际产能合作。培育境外经贸合作重点园区，深化教育、科技、卫生、文化、旅游等国际合作。依托营口贸易港，四平特色产业实现借港出海。融入长吉图开发开放先导区战略，启动长春、四平一体化协同发展，起草协同发展框架协议，开展长春、四平一体化协同发展课题研究及编制相关规划。在规划统筹一体化、合作平台一体化、创新机制一体化、产业发展一体化、基础设施一体化的总体框架下，谋划长平一体化产业布局和产业发展。四平市与长春市签订《长平一体化协同发展框架协议》，确定“一体六同”发展任务，编制《长平一体化发展规划》，推进一汽专用汽车委托改装基地、长伊一级公路等重点项目。印发《2020年四平市与金华市对口合作工作要点》《对口合作工作手册》《对口合作工作纪实画册》《四平—金华对口合作成果资料汇编》，推进梨树县华统农业产业链建设等12个重点项目建设。实现经验互学，新冠肺炎疫情防控期间，对标金华新冠肺炎疫情防控相关机制，四平市全面启动“不见面”在线审批，确保特殊时期业务办理不打烊、审批服务不打折、项目建设不停摆。实现项目互建，与金华达成合作意向项目36个，投资70亿元；梨树县华统农业产业链项目运营生产；一正药业集团与浙江大学药学院中成药生成过程质量控制技术产业化示范、双辽市浙江运达大型风电装备制造等一批重点项目落地。

（刘　勇）

7月10日，四平市—金华市对口合作座谈会在浙江省金华市召开

（刘 勇　供图）

【深化改革】 市属国有企业改革进展顺利，城投等平台公司成功转型资本投资运营公司，组建四平发展集团和晟平投资集团，全面开展存量平台债务化解和增量项目投融资，形成两轮驱动新型投融资发展体系。市区4个开发区重组纳入属地党委政府管理，集中力量打造“1平方公里”产业承载区，伊通经济开发区晋级省级开发区。四平市成为吉林省首个县域农村产权交易试点，构建农村新型普惠融资“三支柱一市场”服务体系。在全国率先组建乡村建设投资开发公司，为实施乡村振兴战略探索四平路径。推进长平一体化，“一体六同”合作框架协议成功签订，区域经济一体化发展规划编制完成，启动一汽委改基地建设。深化对口合作，华统农业产业链等项目开工建设。四平海关正式开关。举办首届东北农副产品展洽会，全年进出口总额47452万元，增长28%。四平市信用监测排名由年初的105位跃升

至18位，在全国261个地级城市中跃升幅度位列第一；市委书记、市长网民留言答复率100%，在全国385个副省级和地级行政区中位列第一；“信易贷”平台入驻市场主体7.6万户，成功授信65.5亿元，企业入驻率、融资总额与GDP之比均为全国第一。

【城乡建设】 统筹规划市域、市区、县城和乡村建设，构建以中心城市为龙头、县域城市为骨干、美丽乡村为基础的城乡发展新格局。城市基础设施逐步完善。西湖街公铁立交桥顺利开工，建设市政道路20条、建成通车14条，完成北迎宾街、南六纬路等一批国庆献礼工程。改造雨污分流排水管网24千米，南北河截流干管等8个黑臭水体治理工程完工，城市地下综合管廊形成廊体43.75千米，建设工业开发区污水集中处理设施9个，完成排污口排查整治。加快新型智慧城市建设，统筹完成“城市超脑”“数字城管”等建设，城市管理更加科学智能。城乡环境不断改善。整治违章建筑1063平方米，新建水冲公厕20座，完成生活垃圾转运处理137万吨，城区生活垃圾无害化处理率100%。完善畜禽粪污资源化利用体系，规模养殖场粪污处理设施配套率100%，畜禽粪污资源化综合利用率90%以上。开展农村乱占耕地建房问题专项整治，摸排核实图斑8219个。推进“美丽乡村”建设。改造农村公路827.2千米，创建市级以上美丽乡村305个，评选美丽庭院3.4万户、干净人家9.7万户，伊通满族自治县被评为全省“文明村屯干净人家”创建活动优秀县，在双辽市召开全省农村人居环境整治现场会，“双辽模式”成为吉林省样板。

【社会事业】 市图书馆、大剧院、博物馆、滑冰馆复工续建，市体育馆正式向社会开放。市区新建小区配套幼儿园13所，改造老旧小区68个，创建幸福小区30个，新增供热面积130万平方米，新建大容量地下停车场2处。开展“春风行动”就业援助月等活动，新增城镇就业2.27万人，超出全年任务的41.9%，农村劳动力转移就业35.35万人，超出全年任务的21.9%。启动“点对点”劳务输出工作，全年劳务输出3934人。实施“万名大学生留平计划”，与41家高校签订人才合作协议。发放城乡低保金2.78亿元、城镇职工养老金38.79亿元、失业金3351万元，推进国家医保基金创新方式试点工作。推进教育教学改革，补齐普惠性学前教育短板，提升义务教育教师工资待遇。全面推行“健康直通车”，购药受益261人次，在吉林省基本公共卫生服务项目绩效考核中排名第一。举办第四届叶赫冰嬉节、第二届四平满族文化旅游节等系列活动。四平市第八次被评为“全国双拥模范城”。做好扫黑除恶收官，三年累计立案查处涉黑涉恶腐败和“保护伞”问题298件，打掉团伙21个，扫黑除恶综合考核排名吉林省第一。破获吉林省首例跨国电信诈骗案，全年现行命案破获率100%。安全生产事故起数与死亡人数同比下降33.33%。重点信访积案化解率99%。网民留言回复率96.2%、办结率76.8%，市政数局被人民网评为“网民留言办理工作活力奋进单位”。

【政府重要会议】 2月26日，市政府召开八届七次全体会议，会议深入贯彻落实中共中央、国务院、省委、省政府和市委决策部署，动员全市上下进一步聚焦产业，奋力推进全市产业大发展快发展，为完成全年各项工作任务打下坚实基础。市长郭灵计出席会议并讲话。8月14日，市政府召开八届八次全体会议，深入贯彻习近平总书记视察吉林视察四平重要讲话重要指示精神，全面落实省委全会、省政府全体会议和市委七届九次全会精神，总结工作，分析问题，统一思想，明确目标，狠抓落实，坚定信心和决心，鼓足士气和勇气，统筹做好新冠肺炎疫情防控和经济社会发展各项工作，确保全面建成小康社会和“十三五”规划圆满收官。市长胡斌出席会议并讲话。2020年，四平市人民政府召开常务会议16次。

（王环环）

表 8　2020 年四平市人民政府常务会议一览表

会议名称	会议时间	会议内容
八届六十一次常务会议	1 月 8 日	研究《2020 年市政府重点工作责任清单》《四平市全面开展“信访积案清零行动”实施方案》《四平市“十四五”规划编制任务分工方案》《四平市第一季度经济发展“开门红”工作方案》
八届六十二次常务会议	2 月 17 日	听取关于《四平市经济运行高质量发展指标体系责任分工方案（试行）》有关情况的汇报、听取《关于 2020 年拟新建项目申请可行性研究报告批复》有关情况的汇报、听取《关于疫情防控期间四平市就业情况和劳务输出情况》的汇报
八届六十三次常务会议	3 月 13 日	研究《四平市重点项目谋划工作方案》《四平市人民政府分别与西安电子科技大学、渭南市人民政府签署战略合作框架协议》《四平市“链长制”招商工作方案》《四平市防贫保障救助基金操作规范》
八届六十四次常务会议	3 月 24 日	研究《关于建立府院联动机制的实施意见》
八届六十五次常务会议	4 月 17 日	研究《2020 年度各县（市）区、开发区招商引资考核评价办法》《四平市创建国家节水型城市实施方案》《四平市换热器产业扶持政策》《四平市区土地、房屋征收项目奖励制度》《四平市辽河流域条子河段生态综合整治专项规划》《四平市残疾人联合会改革方案》
八届六十六次常务会议	4 月 28 日	研究《四平市人民政府关于应对疫情影响促进商业消费的若干举措》《四平市 2020 年度县（市）区、开发区经济运行考核评价办法》《四平市 2020 年度各县（市）区、开发区项目建设考核评价办法》《四平市智慧物流产业扶持政策（试行）》《四平市大面积停电事件应急预案》
八届六十七次常务会议	5 月 28 日	研究《城市道路挖掘管理条例（草案）》《关于支持四平电网发展建设的实施意见》《四平市新冠病毒肺炎疫情防控应急预案》
八届六十八次常务会议	6 月 9 日	研究《四平市安全生产专项整治三年行动实施计划》
八届六十九次常务会议	6 月 18 日	审议《四平市人民政府重大行政决策程序规则（草案）》《四平市专班谋划项目攻坚方案》《关于支持企业发展的十条措施》《四平市百日安全生产大检查方案》
八届七十次常务会议	7 月 7 日	讨论《推进企业上市工作实施意见》《四平市城市市容和环境卫生管理条例（草案）》
八届七十一次常务会议	7 月 30 日	审议《四平市声环境质量标准适用区域划分的规定》《四平市设立“环卫工人节”（草案）》
八届七十二次常务会议	8 月 5 日	听取关于十四五规划编制有关情况的汇报
八届七十三次常务会议	8 月 6 日	讨论《四平市“1+N+X”经济工作落实方案》《四平市国有资本发展控股集团有限公司组建实施方案》《加快人力资源服务业发展的实施意见》
八届七十四次常务会议	9 月 2 日	讨论《四平市银行机构不良贷款清收百日攻坚行动工作方案》《拖欠民营企业中小企业账款以资抵债偿还实施方案》《四平市人民政府决策咨询工作规则》《四平市 2020 年度重大行政决策事项清单》
八届七十五次常务会议	10 月 13 日	研究《关于进一步做好当前信访工作的实施意见》《四平市推进“最多访一次”实施方案》《四平市乡村振兴建设投资集团筹建方案》《四平市改革国有资本授权经营体制试点实施方案》《四平市行政事业单位经营性国有资产统一监管实施方案》《关于进一步加强市属国有企业领导人员管理的意见》《四平市工业攻坚奖励方案》《市粮食和物资储备局直属国有企业公司化改制后薪酬制度改革指导意见》
八届七十六次常务会议	11 月 13 日	研究《重点企业（重点项目）政府直接响应机制》《四平市招商引资优惠政策兑现流程》《四平市河道管理条例（草案）》《四平市坚定稳住工业增长持续深入开展工业服务攻坚行动方案》《四平市按份共有产权公租房（原廉租住房）国有产权转让工作实施方案》《市本级生产经营类事业单位转企改制方案（送审稿）》

续表 8

会议名称	会议时间	会议内容
八届七十七次常务会议	12 月 10 日	研究《四平市银行业金融机构支持经济发展考评办法》《关于加强基层应急管理体系、能力建设的实施方案》《关于建设体育强市的实施方案》《关于加强文物保护利用改革的实施方案》《关于足球改革发展的实施意见》《四平市道路危险货物运输管理暂行办法》
八届七十八次常务会议	12 月 28 日	讨论《政府工作报告》《四平市国民经济和社会发展第十四个五年规划和 2035 年远景目标纲要草案》

（王环环）

政务督查

【重点工作督查】 将国务院印发的《政府工作报告》细化清单，分解落实，全程调度，跟踪督办。对市政府常务会议决策事项实行台账管理，列入重点督查的决策事项 100 项。梳理 2017 年以来，中共中央、国务院和吉林省委、省政府反馈历次巡视、审计类问题 537 个，整改完成 427 个。围绕四平市贯彻落实省政府关于经济运行“62 条措施”“56 条措施”有关情况，细化分解形成任务清单，明确责任部门、责任领导和责任人，列入重点督办事项，跟踪督办，形成督查报告，上报省政府督查室。新冠肺炎疫情期间，开展专项督查 45 次，发现整改问题 180 条。全年下发督查通知 355 份，撰写督查报告 120 份，印发督查通报 37 份，编辑督查周报（市长专刊）22 期，编辑政府决策督查专刊 12 期。

【网民留言督办】 每天转办、每周核查、每月通报人民群众在人民网地方领导留言板、四平吧、四平新闻联播“随手拍”反映的问题。在人民网地方领导留言板回复率排行榜中，四平市位于全国 333 个地级市州中前 10 位。向省委决策咨询委员推送四平市关于推动全市网民留言办理工作经验做法。

（王环环）

调研信息

【《四平政务要情》编发】 2020 年，编发《四平政务要情》132 期，上报吉林省政府信息 634 条，比 2019 年增长 32%；采用 148 条，增长 55%，省政府领导批示 24 条。《四平政务要情》大幅增加调研类信息刊发数量，市政府领导做出“阅研、研办、研究推广”等批示 147 条，推动工业运行、招商引资及项目建设、停产企业盘活、老旧小区改造、粮食生产收购、困难群众基本医疗保障等工作开展。

【调查研究】 加强调查研究，改进调研方法，实现被动等稿向主动约稿转变、在上面听向到下面看转变、理论概念向成果落实转变，了解第一手信息，掌握最前沿成果，刊发《内部情况通报》30 期、《调查与研究》14 期，市政府领导批示 10 期，《市政府八届七次全体会议报告汇编》《疫情期间市直机关调研报告汇编》《市直机关调研报告汇编》《贯彻落实习近平总书记视察吉林视察四平重要讲话重要指示精神调研报告汇编》等调研报告，推动相关工作开展，在“六稳六保”“全市老旧小区建设”“全市规上服务业发展”等方面为领导科学决策提供参考。

（王环环）

建议提案办理

【概况】 2020 年，四平市政府承办人大代表建议和政协提案 312 件，其中代表建议 114 件，政协提案 198 件，满意率100%。对议案分类别进行指导督办，应该解决且能够解决的问题，集中力量尽快解决，明确答复；应该解决但一时难以解决的问题，拿出时间表和路线图，向提出建议的代表委员通报办理进展情况；受当前条件限制无法解决的问题，实事求是向提出建议的代表委员说明情况。指导承办部门加强与代表委员的沟通联系。各部门正式答复前利用微信、邮箱、电话等形式征求代表委员意见，修改完善正式答复意见，由部门主要领导审核签字，答复内容实事求是，表述清晰扼要，格式准确规范。要求各部门领导出面正式答复代表，杜绝由基层单位领导或科室负责人向代表委员答复。市政府办公室在《四平日报》、政府网站公开每件建议提案办理结果简要情况（不宜公开除外），各承办部门对涉及公共利益、社会关切不涉密的建议办理复文，在各单位门户网站公开，主动接受代表委员和人民群众的监督。

【议案办理规范化】 印发《关于做好2020年度人大代表建议政协委员提案办理工作的通知》，明确办理目标、时限和要求。研究每件建议提案内容，提出拟办意见，报请市政府办公室分管领导和市政府分管领导签批交办，5月末，所有建议提案全部落实承办部门，在政府网站公开。落实主要领导负总责、分管领导具体负责、综合科室协调督办和业务科室具体办理的“三级负责制”，明确每件建议办理工作的主管领导和业务科室负责人，做到件件有人管、事事有人抓，形成市政府各级领导和全体机关干部人人有责、全员参与建议办理工作的新格局。议案督查科坚持周调度、月汇总，全程跟踪建议办理工作进展情况，按照办理工作目标要求和时间节点，督促、指导承办部门推进办理工作。

【议案督办】 贯彻落实中央、省市委关于解决形式主义突出问题为基层减负的通知要求，改变督查检查方式，到建议办理现场，实地检查建议落实情况。与市人大人选委到各县（市）区代表团，当面征求代表对建议办理工作的意见和建议。将建议办理工作纳入2020年全市督查考评管理，起草评估考核实施细则，年末将考评结果报市委督查考评办，作为部门绩效考核依据。及时向市人大常委会和市政协报告重点建议和重点提案的办理情况。全面梳理办理结果，印发《关于市八届人大五次会议代表建议批评和意见办理情况的通报》。

（王环环）

政务服务

【概况】 2020年，建立健全政务公开工作机制，修订完善决策公开、政策解读、舆情回应、社会评议等工作制度12项。开展26个领域基层政务公开标准化目录梳理。市政府门户网站开设《惠企惠民政策手册》专栏，将各项“放管服”全新举措和惠企惠民政策点精准呈现，扩大公众参与度，提高社会知晓率。市政务大厅创新推行快递免费送达、午间不间断服务、休息日错时预约服务、投资项目VIP领办代办、企业定制政务服务、容缺承诺服务、告知承诺服务等便民措施。新冠肺炎疫情防控期间，市政务大厅创新服务举措，实行“网上办、掌上办”24264件、“预约办”2916件、“邮寄办”20件、“领代办”224件、“延期办”1345件。四平市先后成为国家级政务服务标准化试点城市、吉林省行政检查备案智能综合管理系统应用、吉林省政务大厅综合标准化等7个省级试点城市。1月23日，《国家标准化管理委员会关于下达第六批社会管理和公共服务综合化标准化试点项目

6月3日，四平市人民政府国家级政务服务标准化试点启动会议在市政务大厅举行

（齐广才 摄）

的通知》中确定四平市人民政府政务服务标准化试点。国家公共信用信息中心在2020年第9期《城市信用监测月报》上，以《四平市强化社会信用体系建设，助推营商环境明显改观》为题，刊发四平市先进经验。人民网、新华财经、新华网、央广网、中国民族广播网等国家级媒体宣传报道12次。《吉林日报》、吉林频道、吉视通客户端等省级媒体宣传报道28次。《吉林改革》、《吉林软环境建设工作》、吉林软环境微信端专题报道18次。

【“一窗受理、集成服务”改革试点】 对标省政务服务事项管理系统，40个部门依申请办理的行政权力和公共服务业务办理项1448个进驻市政务大厅，业务办理项不具备进厅条件71个。40个部门的1433个业务办理项实现“一窗受理、集成服务”，占进厅事项的98.96%。36个部门的1210个业务办理项，实行无差别全科受理，占进厅事项的83.56%。

【政务服务事项标准化试点】 收集国家级标准142个、地方标准21个、行业标准8个、自建标准1067个，获吉林省市监厅试点启动资金40万元。通过吉林省中期验收，无差别全科受理、无证明办理、政务大厅创新服务3个标准被确定为吉林省地方标准。

【工程建设项目审批制度改革试点】 市政务大厅在工程建设项目审批制度改革试点成果基础上，创新方式方法，挖潜力、增活力、强动力，通过减环节、减流程、减材料、减时间，压缩审批事项15项，审批材料缩减60%，审批效率提高50%以上。受理工程建设项目302件，办结256件。其中立项规划选址72件，计划投资186.43亿元。

【“无证明城市”改革】 清理保留有法律法规规定的证明事项1368项，其中市本级216项。本着不向群众索要证明，采取直接取消、申报承诺、数据查询、部门核验等多种方式，实现“无证明”办理。完善市、县、乡、村四级联络代办机制，对尚未实现数据共享的证明事项，实行联络员、代办员兜底办理。组织23个部门一把手在媒体进行“双承诺”，即不向群众开证明、不向群众要证明。全市办理事项4万件，减少群众跑动10万次，节省办事成本50万元。

【企业服务】 7月，制定《全面提高企业登记效率实施方案》。市政务大厅推出“零见面、网上办，零证明、减材料，零成本、没费用，零等待、马上办，零跑动、送上门”企业开办新举措，办事时限由原来的3个工作日压缩至6小时以内，做法在吉林省推广。

【公共资源交易】 利用公共资源交易平台系统，保障公共资源交易等部分网上交易活动“零延误”。新冠肺炎疫情防控期间，主动接受本级疾控部门的指导或评估，在公共资源交易场所中设置备用的防疫隔离区，及时改善公共资源交易场所配套设施。利用达到疫情防控要求的工作场所，保障涉及城市运行必需、疫情防控必需、重要国计民生及企业生产经营急需的项目开展现场交易活动。按照《财政部办公厅关于疫情防控采购便利化的通知》和《吉林省公共资源交易管理委员会办公室关于疫情防控期间依法依规创新公共资源交易活动运行方式的通知》等文件要求，把与疫情防控相关的采购项目作为紧急采购项目进行。对于非紧急的采购活动，因疫情防控而无法开展或无法按规定时间继续进行的采购活动，酌情做暂停或延期，按规定发布相关信息、通知有关当事人。对于确有必要在疫情防控期间开展的政府采购活动及相关工作，选择网络、电话、邮寄等非现场方式实施。平台交易项目1469个，成交金额82.22亿元。其中，政府采购项目943个，中标成交金额28.18亿元；建设工程项目371个，中标金额39.72亿元；交通工程项目68个，中标金额4.81亿元；水利工程项目25个，中标金额1.88亿元；产权交易项目48个，成交金额0.0144亿元；土地出让12宗地，成交价款7.58亿元；矿业权出让2个，成交价款0.0351亿元。中心代理政府采购项目91个，预算金额2.48亿元，中标成交金额2.37亿元，节省资金 0.11 亿元，节支率4.44%。

【政府采购保证金清理】 履约保证金和质量保证金按规定时间及时退付，全年签订政府采购合同 110 份，合同金额合计 22905.23 万元，退付履约保证金及质量保金 136 笔，金额合计 447.06 万元，退付“政采云”电子卖场入围供应商履约保证金 202 笔，金额合计 101 万元。

【政务服务“好差评”制度建立】 建立政务服务“好差评”制度，购置多功能设备 16 台，系统运行正常，并与全省“好差评”系统进行对接。制发《四平市人民政府政务大厅政务服务“好差评”制度》《关于建立政务服务差评100%整改 100%回访工作机制的通知》等相关文件，实行“一次一评”，充分体现企业和群众“主人翁”地位。四平市实现零投诉，群众满意率 100%。

【政务外网四级贯通】 按照统一标准、分级建设、分级管理、分级付费模式，市、县、乡、村四级电子政务外网贯通，接入外网 1317 条。市域 5 个县（市）区所有乡镇（街道）、村（社区）便民服务中心窗口工作人员 5176 人，管理机构人员 2352 人。设置无差别综合窗口 1588 个，分类综合窗口 1256 个、专窗 832 个。

【行政检查备案智能综合管理系统应用试点】 吉林省政数局、省司法厅、省市监厅联合在四平市开展行政检查备案智能综合管理系统应用试点工作。完成检查人员资格审查，6287 名执法人员信息录入智能备案系统。对标国家和省直对口部门，对标认领检查事项 2633 项。核实四平市市场主体信息 33041 家。6 月 28 日实施，备案检查 4000 次，计划外检查减少 22.6%。检查市场主体满意率 100%。

【简政放权】 加大简政放权力度，推进吉林省政务服务事项标准化试点，按照“对标梳理、权责一致、依法合规、因地制宜”的原则，全力推进事项梳理，编制市、县、乡、村清单目录 20 份，实现“四级十同”的标准体系。动态调整行政权力事项清单和责任清单，市本级保留权责清单 2072 项。加大放权力度，从方便企业和群众出发，依法把能够由铁东区、铁西区和开发区实施的行政审批权和公共服务事项管理权下放，市本级减放行政权力事项 97 项。

【政务信息共享】 全市各有关部门按照《四平市政务信息资源共享责任清单》要求，依托市数据共享交换平台前置区，通过电子政务外网对接各部门自建政务信息系统，实现数据归集，获得共享交换服务。四平市政务信息共享网站正式开通上线运行，163 个部门挂载目录，上线数据 2216 条，挂载库表 2019 项，挂载数据 570640 条。

【公共资源交易平台项目清查】 按照《关于开展纠正地方公共资源交易项目场外交易行为清查工作的通知》文件精神，对四平市进入公共资源交易平台的项目进行清理自查。四平市及市辖区清查项目 321 项，其中场外交易 33 项；各县（市）、区清查项目577 项，其中场外交易 96 项。

【互联网+招标采购行动】 1 月 1 日，四平市“政采云”电子卖场上线运行。开通网上超市、在线询价、反向竞价、网上服务市场 4 个板块。至 12 月 31 日，四平市入住供应商 417 家，上架商品 76505 件，总成交额 4703 万元，交易 13567 单，节资率 27%，平均发货时间 1.85 天，市本级预算单位使用率 91%，位居吉林省第一，财政部宣传推广，吉林省政府多次表扬。11 月 3 日，四平市公共资源交易管理委员会办公室下发《四平市公共资源交易电子招标投标操作规程（试行）通知》。建设工程、政府采购电子化上线运行。为实现公共资源交易全流程电子化建设，网络科协调宾馆维修人员、配合新点公司完成 60 台套智能设备的安装调试，对原有开评标室监控设备和办公设备进行升级改造。

【产权交易业务】 市本级国有产权、土地使用权和矿业权出让项目，7 月 1 日起划转由市公共资源交易中心代理，全部进入市公共资源交易平台交易。按《关于印发〈吉林省公共资源管理交易目录（第二批）〉的通知》、公管委《关于公共资源交易业务代理划转的通知》要求，中心与市罚没管理办公室就罚没资产处置进行业务衔接磋商。11月5日，委托拍卖机构在市公共资源交易网上发布罚没资产拍卖公告，收取竞买保证金16万元。11月17日，完成网络竞拍，总拍卖底价71万元，成交价款84.12万元，溢价率118.48%。

（胡南　郑宪富）

人事人才

【概况】 10月23日，召开全市人才工作领导小组工作会议，对全市人才工作领导小组成员单位进行调整，制定下发《关于鼓励引导人才向艰苦边远地区和基层一线流动的七项措施》《域外就业的四平籍学子回引行动实施方案》《四平市引进人才配偶工作安置实施方案》。在吉林省创新开展“云笔试”“云面试”人才引进模式，制作发布《逐梦新时代、四平等你来》引才宣传片，面向全国发布引才公告3批次370人，与全国51家高校签订《校地人才合作协议》。市级“人才编制池”储备编制300个、县级“人才编制池”储备编制124个。开展“院士专家基层行”活动，邀请中科院院士仝小林在线对吉春制药开展技术咨询服务。为72名引进人才发放人才子女落户奖励金14.4万元。择优评选出“工匠之星”10人、“创新创业先锋”10人、“全市优秀农村实用人才”50人。开展“走进四平”“返家乡”社会实践活动2批次，吸引307名四平籍大学生到四平市实习。

（毛锐）

【事业单位招录】 2020年，四平市人事社会保障局发布公告并进行招聘及选调工作6次，其中招聘岗位385个，选调岗位49个。完成社区书记专项招聘工作，招录社区书记28人。落编聘岗安置2019年招聘的日喀则籍考生8人。

【工资审核审批】 按照考核结果通过机关保前置系统完成全市事业单位10328人工资正常晋升的审批工作；补差核算市直义务教育学校教师工资153人。

（施巍）

外事服务

【概况】 2020年，四平市以中央外事工作会议和习近平总书记关于外交外事工作系列重要讲话精神为指导，全面贯彻落实省委、市委外事工作决策部署。全市对外工作有序开展，全面履行统筹、协调、管理、服务职能，提升涉外工作能力和水平，主动参与党和国家重大外交外事活动，在地方层面做好配合和保障工作。由于受新冠肺炎疫情影响，因公出访工作暂停的情况下，市外事部门积极与上级外事部门及外国地方政府、商协会保持密切联系，做好访前准备工作。

【对外交流】 1月15日，新加坡工商联合总会、泰国中华总商会邀请吉林省经贸代表团到新加坡、泰国开展经贸交流活动，按照吉林省统一部署，四平市组成经贸代表团随省经贸代表团到新加坡、泰国。四平市代表团与新加坡企业发展局中国司处长张晓思等就能源、石化、医药、物流、汽车等产业进行交流。团长柳东宇介绍四平市的基本情况、区位优势、产业情况。柳东宇对新加坡企业发展局关注的医药、物流、专用车方面产业需求及合作方式等做出说明。四平市代表团与新加坡中华总商会出版委员会主席谢锦发、总务委员会副主席吕立岩、会员事务委员会副主席陈树生、中国事务副主管吴育斌等进行座谈，团长柳东宇从农业大市、农产品大市、食品大市、物流节点大市、装备制造业大市、大健康医药产业大市、旅游文化大市6个方面介绍四平市。1月17日上午，四平市代表团一行拜访泰国中华总商会主席陈振治，副秘书长蒋应初、罗豪杰向四平市代表团介绍商会的历史、发展现状及服务宗旨。四平市代表团与泰中吉林总商会、亚洲国际贸易投资商会、泰中罗勇工业园进行对接洽谈和实地调研。7月，根据全国对外友协要求，四平市外事部门组织参加《2020年世界城地组织中国大陆会员工作视频会议暨国际城市创新优秀案例视频交流会》；11月，市委常委、常务副市长陈强会见参加中国·四平第二届发展大会的上海合作组织秘书处副秘书长卓农·谢拉利一行，双方就开展多领域务实合作深入交流并达成共识。进一步推动考察上海合作组织秘书处支持的上海合作组织风情园项目落户伊通。新冠肺炎疫情防控期间，外事部门向国外华侨组织协助采购口罩26.5万只。日本须坂市、俄罗斯巴尔吉赞斯克市以及韩国企业先后向四平市捐赠口罩19000只。在国外疫情暴发后，四平市向罗马尼亚的两个城市捐赠口罩30000只，向西班牙中华妇女联谊总会捐赠中药香囊500个，向尼泊尔巴拉特普尔市捐赠口罩30000只和新冠病毒抗体检测试剂盒6000个，向墨西哥特卡特市、日本须坂市各捐赠口罩10000只。日本须坂市中学生与四平市第三中学学生跨越语言障碍，通过书信互递祝福。

（孙胜男）

【涉外事务管理】 新冠肺炎防控期间，市外办同步翻译每天的《四平市疫情通报》，在卫健委网站上供全球浏览，为在四平市居住的外国人开通外语服务热线电话2部，实行24小时值守。派出1人入驻长春龙嘉机场，协助完成四平市境外返回四平市人员转运过程中的翻译工作，另有2人通过吉林省外事办召集进入上海浦东机场的后备翻译梯队。

【外事接待】 2020年，四平市接待来访外宾3批20人次。2020年1月6日至7日，俄罗斯友好合作城市巴尔吉赞斯克市代表团来访，与四平市针对教育合作、中医医疗、农业机械、居民住宅建设等方面进行交流洽谈。11月20日，上合组织秘书处代表率团来访，参加四平市第二届发展大会暨伊通满族自治县“伊鹿高鸽”产业发展招商引资项目推介会。12月10日，泰国驻华大使馆商务参赞、蒙古国驻呼和浩特领事馆商务参赞等外宾组团来访，对四平市装备制造企业进行考察并开展商务洽谈。

【国际友城缔结】 2020年，四平市外事办通过电子邮件、视频会议等方式推介四平市及企业，与尼泊尔巴拉特普尔市及意大利卡斯泰利纳尔多市就推进友好城市建设达成一致。四平市通过线上联系的方式与意大利热内亚市政府、美国亚凯迪亚市政府建立联系，约定新冠肺炎疫情结束后进行互访，双方建立友好合作关系。

（王思鸥）

港澳事务

【概况】 2020年，四平市与香港特区政府部门、侨社商会、知名企业在政治、经济、文化、旅游等领域建立“朋友圈”，开展贸易合作，建立直营直销、代购代销、实体店销售、股份合作、线上销售等销售网络。

【参加“第13届亚洲金融论坛”】 1月13日，四平市经贸代表团团长柳东宇一行在香港参加“第13届亚洲金融论坛”开幕式。“第13届亚洲金融论坛”由香港特区政府和香港贸易发展局举办，论坛主题为“重塑增长：创新 突破 共融”。论坛邀请前美国联邦储备局主席耶伦博士、2019诺贝尔奖得主麻省理工学院经济学教授阿巴西·巴纳吉、赛富亚洲投资基金创始管理合伙人阎焱、渣打控股有限公司行政总裁温拓思等100余位国际知名嘉宾主旨演讲，45个国家及地区3000余人参加会议。四平市代表团与日本电气香港有限公司、罗兵咸永道会计师事务所、香港贸易发展局（东北）代表赵启荣、香港贸易发展局大连办事处负责人李晓丽等参会企业及企业家对接交流。

【经贸交流】 2020年1月12日，香港贸易发展局邀请吉林省经贸代表团到香港开展经贸交流活动，按照吉林省统一部署，四平市组成经贸代表团随省经贸代表团到香港。1月13日，四平市代表团与香港中华厂商会副会长吴国安、常务会董尹德辉博士进行交流，观看香港中华厂商会宣传片，吴国安介绍香港中华厂商会在香港发展情况。四平市代表团团长柳东宇介绍四平市的地域优势，历史文化底蕴，工农业发展状况和营商环境，特别推介四平市换热器产业发展状况以及占全国的份额。四平市代表团与华润集团办公厅助理主任李树清就电力、燃气、医药、啤酒等方面合作进行交流。

（孙胜男）

地方志编纂

【志书编纂】 2020年，四平市地方志编纂委员会出版发行《四平市志(1983—2005)》。全书194万字，全面系统、真实客观、图文并茂地记述四平市23年间经济、政治、文化、自然和社会等方面的发展变化状况，突出四平地域的历史、文化积淀，突出改革时期时代特征，突出有个性的地方特色，客观地反映四平市经济社会在改革创新中的发展变化，生动形象地展示市委、市政府带领四平人民谋发展的艰苦奋斗历程。全书33篇229章877节(大事记除外)。志书前置四平市地图和彩色图片，表格随文中，篇末设专题记述、附录、编纂始末、索引。

【地方综合年鉴编纂】 2020年，四平市地方志编纂委员会按照“两全目标”的时间表、路线图，对年鉴编纂工作作出科学、合理安排。推进《四平年鉴(2020)》编纂进度。年初，下发《四平年鉴(2020)》征稿通知，利用微信工作群、QQ工作群和电话沟通等方式加大稿件征集力度，加快上稿进度。7月30日，稿件全部编辑完成，报送吉林人民出版社审核验收。11月24日，稿件由吉林人民出版社审核合格，交付印刷厂印刷。至12月末，《四平年鉴(2020)》出版发行，全书80万字，彩页50余幅。编纂完成《四平年鉴(2020)》《梨树年鉴(2020)》《双辽年鉴(2018)》《双辽年鉴(2019)》《双辽年鉴(2020)》《伊通年鉴(2020)》《铁东区年鉴(2020)》《四平市铁西年鉴(2020)》5个县(市)区8部年鉴。实现市县两级地方综合年鉴全覆盖。

【地情资料编纂】 2020年，四平市地方志编纂委员会编辑完成《知家乡 爱四平 三字经》，采用“三字经”体裁，并配以插图、释文，记述四平市的自然、历史、文化、民俗等，全书约4.5万字。

【志鉴服务】 2020年，四平市地方志编纂委员会全年接待有关单位、个人咨询四平地情、历史沿革20余次。市人大、市科协、市规划设计院、辽宁省昌图县等单位和个人先后查找有关资料。

(高新茗)

机关事务管理

【概况】 2020年，四平市突出抓机关事务工作的标准化、信息化建设，主动服务，高效保障，科学规范管理，完成各项工作，四平市机关事务管理局被吉林省机关事务管理局评为优秀单位。成立正通、正和、正诚3家公司，开展服务营商业务。四平宾馆实行第三方承包经营，解决历史遗留欠账问题、职工工资发放问题、经营发展问题。政府幼儿园坚持特色办园理念，提升品牌效应，为解决适龄儿童“入园难”问题，筹备建设政府幼儿园第二分园，主楼框架建设完成。吉平物业公司创收2720万元，比2019年增长37.5%。

【公务用车管理】 3月16日，公车信息化平台运行使用。市公车平台有公车106台，全部安装终端在信息化平台上监控运行，公务用车业务管理与公务车辆监控实现无缝对接，实现公务用车“申请—审核—审批—调度—用车—归队”流程“透明化、可视化”，实现无纸化办公和实时监控，数据即时上传对接省平台。全年出车10870台次，保障公务出行48109人，安全行驶15.45万千米。7月，对市公车平台老旧车辆进行更新，新购置8台红旗H7和2台别克商务GL8。更换下来的公车按国有资产处置程序处理，实行网络拍卖处置，制作宣传海报2000份，大型公告宣传板1块，协调《四平日报》、四平市公共资源交易平台、四平市二手车交易平台等媒体平台进行公告宣传报道。7月29日，在吉平宾馆第一开标室，公车拍卖工作在市管局、市纪委纪检组、市公共资源中心、市财政局国有资产管理中心等部门的共同监督下进行，原11台车估价21.35万元以68.19万元拍卖成交，溢价率219%。

(姜　莹)

信访工作

【概况】 2020年，全市信访工作坚持以习近平总书记关于加强和改进人民信访工作的重要论述为指导，树立以人民为中心的发展思想，扛起“为民解难，为党分忧”政治责任。对违法信访行为出重拳、严整治，

7月24日，四平市信访重点工作座谈会在市信访局三楼会议室召开

（于墨洋 供图）

着力引导群众以理性合法的方式表达利益诉求、依法逐级走访。完成市、县两级联合接访大厅改建，从简化办理流程、缩短办理时限入手，做到即接即办、规范有序。

【信访工作制度体系构建】 2020年，市信访办落实首接首办责任制，市、县两级信访部门严格规范办理流程，秉持“最多访一次”“只跑一地”理念，简化办理流程，缩短办理时限，做到即接即办、规范有序；落实访调对接机制，对符合人民调解、司法调解的信访事项，主动对接，发挥调解功能，推进化解；实行督查督办机制，市、县两办督查室和信访部门坚持开展信访督查工作，对照指标监督、带着案件严查，实行当场纠错、当面整改；强化联席会议机制，注重规范事涉责任部门和配合部门在办理信访事项过程中的职责任务，摸清、找全、提准信访事项所产生的背景、形成的原因、处理的焦点、化解的政策法规依据和衍生的影响。

【积案专项治理】 2020年，市信访办本着破解一个、推动一类问题解决的思路，聚焦上级移交、交办、督办的重点、敏感信访事项，推进集中治理重复信访、化解信访积案专项工作，特别是在化解重点、敏感信访事项上，坚持提高政治站位，按照提级办理、特事特办、聚力攻坚的要求，突出在“事心双解”上下功夫，狠抓实体化解，按规定要求完成中联办交办的重复信访治理案件784件和“两个专项攻坚”案件33件的化解任务，并通过审核。

【信访隐患排查】 2020年，市信访办始终坚持定期排查与适时排查、全面排查与重点排查相结合，持续加强对重点时段、重点群体、重点领域和重点问题的滚动式排查，做到超前谋划部署。逐一落实“五位一体”包保稳控责任。

【《信访条例》宣传】 市信访办印发《关于开展〈信访条例〉修订实施15周年宣传活动的通知》，组织开展微视频征集活动、主题征文活动和系列宣传活动，坚持线上、线下相结合，运用传统媒体、新媒体和信访部门宣传载体等形式，集中宣传信访政策法规与工作方法机制，以及信访干部担当作为的案例、事迹。上报及推广宣传视频14条、征文20篇，与四平广播电视台联合录制播出专题片《坚持人民至上，诠释忠诚担当》。

（于墨洋）

中国人民政治协商会议四平市委员会

SIPING MUNICIPAL COMMITTEE OF THE CHINESE PEOPLE´S POLITICAL CONSULTATIVE CONFERENCE

综　述

【概况】 2020年，中国人民政治协商会议四平市委员会（以下简称“市政协”）在中共四平市委的领导下，全面贯彻中央、省委、市委政协工作会议精神，围绕全市中心工作，服务大局、融入大局、维护大局，深耕协商主业、精准建言资政、广泛凝聚共识、锻造工作品牌，完成市委、市政府交办的各项任务。政协四平市第八届委员会委员设置界别27个，有委员328人，其中中共委员128人，非中共委员200人；常委会组成人员66人，其中主席1人，副主席5人，秘书长1人，常委59人。3月，增设农业农村委员会。

【协商议政监督】 市政协发挥提案协商、议政、监督三重功能，着力推动提案工作“提质量、出精品”，采取“高层次协商办理、专题性协商办理、跟踪协商办理、联合协商办理”等措施，全年办理提案209件。小区物业管理和老旧小区改造的提案办理协商案例，被选作市级党委对同级政协印象最深刻案例上报省政协。市政府重视转化关于提升民营企业核心竞争力、建立中小微企业培育机制、从源头上破解融资难等提案，相继出台《改进金融服务建立“三项机制”搭建“两个平台”工作方案》等系列文件。深入贯彻落实习近平总书记视察吉林视察四平重要讲话重要指示精神，围绕市委市政府工作重点，以新媒体方式召开“推进四平农业特色产业”网络议政、远程资政协商会，5个县（市）区政协主席就特色农业建言，5个县（市）区党委或政府负责人专题答复。围绕“提升四平市社区医疗服务能力”深入调查研究、开展协商议政，为破解基层医疗存在的瓶颈问题形成《建议案》报市委决策参考。围绕“实施垃圾分类”“修建过街天桥”“破解停车难题”等，为民生建言献策，得到相关部门采纳落实。

【视察调研】 2020年，市政协围绕助推“文化强市”战略，提出拍摄《四战四平》大型历史题材电视剧建议，市委、市政府责成市政协牵头筹拍工作，国家、省相关部门给予关注支持，通过省评审立项。持续开展专题视察和重点提案督办，助推中小学书法教育事业发展。结合扶贫攻坚深入开展“书法进村小”活动，为贫困村小购置笔墨纸砚，组织书法家开办书法启蒙课。组织政协书画院开展“书画进军营”行动。加强文史资料收集整理，助力《四平日报》办好《城市记忆》栏目。

【建言资政】 市政协承担“河湖治理”任务，实施系列方案举措，得到市委“问题找得准、解决办法实、成效意义大”的批示。在全省政协系统创新协商方式经验交流会上，被推选作典型发言。《人民政协报》、人民政协网到四平市采访摄制《蝶变河湖耀英城——吉林省四平市政协助推生态河湖治理工作纪实》专题片。在杭州举办的全国河（湖）长制工作经验交流会上，四平市做经验交流发言。市政协牵头摄制《万鸟翔集入画来》专题片，在参加由水利部河长办主办的第二届“争创示范河湖”全国短视频公益大赛中获第十名、三等奖。针对全市“册外地”有效利用进行系列协商推进，通过市县两级政府推动，全市收取土地承包费1.5亿余元，平均每个乡镇每年收费230万余元，每个村集体每年增收20万元。

（刘海武）

重要会议

【政协四平市第八届委员会第四次会议】 1月6日上午，政协四平市第八届委员会第四次会议在四平会堂开幕。市委书记韩福春出席会议并讲话。主席杨枫代表市政协常委会作工作报告，副主席寇春生代表市政协常委会作提案工作报告，市政协、县（市）区政协、民主党派、常务委员、界别委员和新委员代表分别作大会建言发言。8日下午，举行闭幕会。主席杨枫主持并讲话，会议审议通过《中国人民政治协商会议四平市第八届委员会第四次会议决议》，审议批准市政协常委会工作报告和提案工作报告，会议补选郭玉峰、李欣、张崇、牛雪峰、崔立金、王欣欣、万奉龙为八届市政协常务委员。

1月6日，政协四平市第八届委员会第四次会议在四平会堂召开

（刘海武 供图）

【政协常委会会议】 全年召开政协常委会会议4次。3月25日，市政协八届十三次常委会会议召开；4月9日，市政协八届十四次常委会会议召开；8月13日，市政协八届十五次常委会会议召开；12月9日，市政协八届十六次常委会会议召开。

【政协主席会议】 全年召开市政协主席会议4次。3月24日，八届十三次主席会议召开；4月7日，八届十四次主席会议召开；8月13日，八届十五次主席会议召开；12月9日，八届十六次主席会议召开。

（刘海武）

表9 2020年政协四平市第八届委员会主席会议一览表

会次	时间	主要内容	主持人	参会人员
八届十三次	3月24日	审议市政协八届十三次常委会会议议程（草案）；审议市政协常委会2020年度工作要点	杨枫	市政协主席、副主席、秘书长出席会议，相关副秘书长和委室负责人列席会议
八届十四次	4月7日	审议市政协八届十四次常委会会议议程；审议组建农业和农村委员会建议；审议有关人事任免事项（吉利任社会法制委副主任，免去办公室副主任）	杨枫	市政协主席、副主席、秘书长及常委出席会议，市政协副秘书长、各委室负责人及市纪委市监委驻市政协机关纪检监察组负责人列席会议
八届十五次	8月13日	审议通过市政协八届十五次常委会会议议程、日程（草案）；传达学习习近平总书记视察吉林和四平时重要讲话重要指示精神、市委七届九次全会精神和全省市县政协工作经验交流会精神。听取刘琦副市长作的《城区基层医疗卫生服务工作情况通报》；审议《多措并举 做细做实 尽快提升四平市社区医疗服务的调研报告》；审议市政协相关工作事宜	杨枫	市政协主席、副主席、秘书长及常委出席会议，市政协副秘书长、各委室负责人及市纪委市监委驻市政协机关纪检监察组负责人列席会议

续表 9

会次	时间	主要内容	主持人	参会人员
八届十六次	12 月 9 日	审议市政协八届十六次常委会会议议程；传达市委书记郭灵计对老旧小区改造和加强物业管理的重要批示精神；听取审议《关于推进四平市老旧小区改造精深实施的调研告》（审议稿）	杨枫	市政协主席、副主席、秘书长及常委出席会议。市政协副秘书长、各委室负责人列席会议

（刘海武）

协商议政

【界别协商】 11 月 24 日，市政协召开推进四平农业特色产业资政协商会议。四平市委副书记、市长胡斌，市政协主席杨枫出席会议并讲话。四平市委副书记李岩，市政协副主席赵青山、周进、李秀云，市政府秘书长左今明，市政协秘书长刘伟忠出席会议。市政协副主席寇春生主持会议。会议通过创新网络议政远程协商新形式召开。各民主党派驻会负责人，部分在平省政协委员、市政协委员和市政协专家咨询委员会相关专家代表，市直有关部门主要负责人在主会场参加会议。各县（市）区党委、政府、政协主要负责人在分会场参加会议。各县（市）区政协主要负责人代表市县联合调研组作建言发言；各县（市）区政府主要负责人作协商回应表态发言。

【提案办理协商】 2020 年，市政协征集提案 269 件，其中集体提案 28 件，联名提案 26 件，委员个人提案 215 件。经审查立案 209 件，转交市委办理 11 件，转交市政府办理 188 件。至年末，立案提案全部办复，办理答复率 100%，委员满意率100%。

【河湖治理工作推进会议】 6 月 1 日，河湖治理工作推进会议召开，委员与市政府相关部门开展面对面协商。市委书记郭灵计出席会议并讲话。市政协主席杨枫出席会议并通报全市河湖治理工作情况。市委副书记李岩主持会议。副市长曹武，市政协副主席寇春生、秘书长刘伟忠出席会议。会议以视频形式召开。市直相关部门负责人在主会场参会。梨树、伊通、双辽、铁东、铁西党政主要领导及相关部门、各乡镇负责人在各地分会场参会。会上，播放市政协《生态河湖美丽四平》专题片和各县（市）区河湖治理工作专题汇报片。

（刘海武）

民主监督

【监督性视察】 12 月 9 日，市政协组织常委会组成人员到铁西区水利小区、长征社区，对四平市老旧小区改造和加强物业管理工作进行监督性视察。市政协主席杨枫，副主席赵青山、周进、寇春生、李秀云，秘书长刘伟忠参加视察。市政府副市长郑一明应邀参加活动。视察结束后召开专题协商会议，寇春生传达市委书记郭灵计对老旧小区改造和加强物业管理的重要批示精神；郑一明对四平市老旧小区改造工作情况进行通报。

【专题调研】 市政协围绕市基层社区医疗服务保障体系建设，组织委员于 2 月至 6 月到市政府相关职能部门以及 13 家社区卫生服务中心，就城区基层医疗卫生服务职能、机构、编制、人员、场所、专项经费保障、服务体系的形成等情况进行调研，形成《多措并举，做细做实，尽快提升四平市社区医疗服务能力》的调研报告。报告对社区医疗卫生机构现状、问题及成因进行详细的阐述和客观的分析，并就如何发挥议事协调功能、如何坚持尽快达标投产、如何让政策落地发挥应有效应、如何撬动社区医疗服务开展等问题，提出建设性意见和建议，组织相关专家对报告进行论证和完善。《报告》于 8 月 14 日提交市政协八届十五次常委会通过，形成建议案报党委政府决策参考。

（刘海武）

表 10　2020 年政协四平市第八届委员会重点提案一览表

提案号	提案者	案　　由	承办单位
167	刘雪蕾	关于加快四平市老旧小区改造的提案	市住建局
3	民盟 四平市委	关于激活沉淀生产要素助推经济高质量发展的建议	市工信局
23	韩　忠	关于打造河畅水清的水环境建议	市水利局 市生态环境局 市林业局
69	徐群丽	关于倾力发展现代农业推动实施乡村振兴战略的建议	市农业农村局
157	孟　达	关于四平市在人才引进中应适当降低门槛、提高相应待遇的建议	市委组织部
5	姜天昊	关于建立中小微企业培育机制从源头上破解融资难题困境的建议	市金融办 市工信局
180	九三学社 四平市委	关于为四平市民营经济营造良好法治环境的建议	市政法委 市政数局
1	民进 四平市委	关于传承“红色”基因纵深推进“文化铸市”的建议	市委宣传部
27	农工党 四平市委	关于着力构建防止返贫长效机制的建议	市扶贫办
8	民建 四平市委	关于提升四平市民营企业核心竞争力的建议	市工信局
66	王　岩	关于加强四平市交通秩序管理的提案	市公安局
96	杨立东	关于全面打造“夜四平”大力发展城市夜经济的建议	市商务局 市市场监督局
68	施俊生	关于在居民小区内设立电瓶车充电桩的建议	市住建局
112	姜守文	关于加强中小学午餐配餐管理的建议	市教育局 市市场监督局
140	周　进	关于整合四平市政务网络的建议	市政数局
6	鲍　帅	关于依托梨树百万亩绿色原料基地，擦亮中国优质玉米之都品牌的建议	梨树县政府 市委宣传部 市农业农村局 市粮食局
2	民进 四平市委	关于进一步系统推进四平市城区生活垃圾分类工作的建议	市执法局

（刘海武）

中国共产党四平市纪律检查委员会 四平市监察委员会

THE CPC SIPING MUNICIPAL COMMISSION FOR DISCIPLINE INSPECTION AND SIPING MUNICIPAL COMMISSION OF SUPERVISION

综　述

【概况】 2020年，四平市纪检监察机关围绕省纪委监委"1133"工作思路，忠诚践行"两个维护"，抓牢监督第一职责，推动全面从严治党。全市处置问题线索4384件，立案966件，给予党纪政务处分1057人，移送司法机关25人，其中立案查处县处级干部13件，处分19人次；乡科级干部91件，处分104人次。

【纪检监察体制改革】 推进纪律检查体制改革、监察体制改革和纪检监察机构改革，完善制度机制健全监督体系。落实"两为主一报告"和"三为主一报告"工作机制。向省纪委监委和市委请示报告90次，办理省纪委监委指定管辖案件22件，会同组织部门提名考察和调整下级纪委监委班子成员6人。制定《关于完善乡镇（街道）体制机制工作实施方案》，建立工作制度54项。

【一体推进"三不"体制机制】 一体推进不敢腐、不能腐、不想腐体制机制。强化"不敢腐"的震慑，紧盯"关键少数"和"重点领域"及各种风险背后的腐败问题，重点查办沈某、纪某、张某、王某、龙某、康某等一批党员领导干部严重违纪违法案件。扎紧"不能腐"的笼子，开展一体推进"不敢腐、不能腐、不想腐"课题调研，制定《四平市纪委监委关于推进以案促改工作指导意见》。用好忏悔书、案例剖析和纪检监察建议，落实责任，督促整改，堵塞漏洞，规范权力运行，下发纪检监察建议书128份。增强"不想腐"的自觉，开展警示教育，全市召开同级同类警示教育大会30场（次），通报曝光84批324起487人，发布审查调查信息25个，剖析典型案件23起。

【纪委七届五次全体会议】 3月20日，四平市第七届纪律检查委员会第五次全体会议召开。市委书记韩福春做重要讲话，市委常委、市纪委书记、市监委主任梁彦举主持会议，传达十九届中央纪委四次全会和省纪委十一届五次全会精神。全会以视频会议形式召开，铁东区、铁西区设分会场。市纪委七届五次全会第二阶段会议由市纪委常委会主持，梁彦举代表市纪委常委会作题为《牢记初心使命 忠诚履行职责 为四平全面振兴全方位振兴提供坚强保障》的工作报告。

【省委第三巡视组巡视四平市工作动员会议】 6月11日，省委第三巡视组巡视四平市工作动员会召开。会前，省委第三巡视组组长蓝中华主持召开与四平市委书记郭灵计、市长胡斌的见面沟通会，传达省委书记巴音朝鲁关于巡视工作的讲话精神，通报有关工作安排。会上，蓝中华作动员讲话，对做好巡视工作提出要求。郭灵计主持会议并讲话。省委第三巡视组副组长及有关人员，省委巡视办有关人员，市委和人大常委会、政府、政协党组领导班子成员，市中级人民法院、人民检察院党组主要负责人出席会议。其他在职省管干部，近两年退休的市级领导干部，市纪委监委、市委组织部领导班子成员，市委、市人大常委会、市政府、市政协副秘书长，巡察办主任、副主任和巡察组

6月11日，省委第三巡视组巡视四平市工作动员会议在市纪委廉政教育中心召开

（张 宠 供图）

组长，市直各部门主要负责人，所辖县（市）区、各开发区党政主要负责人等列席会议。

【“不忘初心、牢记使命”主题教育总结大会】 1月21日，四平市纪委监委“不忘初心、牢记使命”主题教育总结大会召开。市委常委、市纪委书记、市监委主任、市纪委监委“不忘初心、牢记使命”主题教育领导小组组长梁彦举出席会议并讲话。市委“不忘初心、牢记使命”主题教育第十一指导组组长冯彤到会指导并讲话。

（张 宠）

巡察工作

【政治巡察】 2020年，市纪委监委对5个县（市）区和10个市直部门脱贫攻坚工作开展专项巡察，采取“边巡边交边改”方式，将发现的185个问题及时反馈给被巡察单位，下达立行立改通知书24份。

【省委巡视巡察整改落实】 制定《四平市纪委监委落实省委第三巡视组反馈意见整改方案》，对反馈问题细化分解，压实责任；对全市整改工作跟进监督、全程监督，推动巡视整改工作落实。制定《关于省委巡视工作领导小组对各县（市）区巡视整改调研反馈问题监督整改工作方案》《加强和规范巡察整改意见》，对2019年被巡察单位整改情况跟踪督导。

【巡察监督方法规范化】 2020年，四平市制定《市委巡察工作协作配合办法》。按照规范化、实用化、标准化、流程化的思路，对《巡察工作手册》进行再规范、再修改、再完善。加强对县（市）区巡察工作指导，制定《关于开展延伸巡察村（社区）党组织指导意见》，统筹推进巡察有形覆盖、有效覆盖。

（张 宠）

党风廉政建设

【纠治“四风”】 2020年，四平市贯彻习近平总书记关于坚决制止餐饮浪费行为等重要指示精神，坚守重要节点，实地明察暗访，严防享乐主义、奢靡之风反弹回潮。把整治形式主义、官僚主义纳入党委巡察、监督检查和审查调查工作作为重点，解决加重基层负担问题。查处违反中央八项规定精神问题93个，党纪政务处分80人，通报典型案例4批次16个问题18人。督促73个部门（单位）完善主体责任清单和负面清单。

【干部队伍建设】 2020年，市纪委监委开展课题研究，形成调研报告9篇。处置反映纪检监察干部问题线索29件，其中初核16件，谈话函询10件，了结3件。在国家、省级主流媒体刊发宣传稿件21篇，省纪委采用纪检监察信息和案例71条（件）。

（张 宠）

纪律检查

【扫黑除恶】 2020年，市纪委监委对黑恶势力同流合污、袒护包庇，政治利益与经济利益交织的，深挖猛打；对失职渎职、徇私枉法、默许纵容黑恶势力违法犯罪的，严查重处；对不闻不问、失责失察，致使黑恶势力坐大成势的，严肃处理。坚决打好扫黑除恶主动仗、攻坚仗、整体仗，“线索清仓”“伞网清除”工作在全省率先完成。

【扶贫领域专项整治】 2020年，市纪委监委深化扶贫领域专项治理，查处扶贫领域问题60个，通报曝光7批25起50人。办理中央脱贫攻坚专项巡视“回头看”移送问题线索2批次13件，给予党纪政务处分11人。

【民生领域专项整治】 持续深化拓展群众身边腐败和作风问题专项治理，围绕教育医疗、食品安全、土地征收、强农惠农等方面开展监督检查，常态化整治群众身边“微腐败”。

【人防领域专项整治】 2020年，市纪委监委持续整治人防领域腐败问题，督促人防系统解决侵占国有资产、占用人防场所、欠缴易地建设费等问题，压实人防部门党组主体责任，挽回国家经济损失1.57亿元。

【“四种形态”运用】 2020年，市纪委监委坚持抓早抓小、宽严相济，惩前毖后、治病救人，坚决落实“三个区分开来”要求，充分运用“四种形态”提供的政策策略。2020年，市纪委监委运用“四种形态”批评教育帮助和处理4461人次。

（张　宠）

监督检查

【政治监督】 2020年，持续政治监督调研，探索建立政治生态监测评估体系，协助市委配合省委第三巡视组在四平市开展工作，主动接受政治体检。严肃查处违反政治纪律政治规矩问题，坚决清除对党不忠诚、不老实的两面派、两面人。

【日常监督】 2020年，市纪委监委综合运用述责述廉、约谈提醒、工作提示、列席民主生活会等方式，做实做细日常监督。市纪委监委谈话函询58批561人次，回复党风廉政意见57批532人次，提出暂缓意见17人。细化原则方法，严把问责质效，问责党员干部89人。

【专项监督】 2020年，市纪委监委监督推动落实扶持政策205项。查处破坏营商环境问题14个，给予党纪政务处分14人，移送司法机关5人。推动化解政府债务1.8亿元，防范金融领域重大风险，助力全市减税降费8.17亿元。

【监督运行工作机制】 2020年，市纪委监委绘制“1+1”“1+N”“1+X”工作机制流程图，以机制创新实践为改革深化提供支撑，推动日常监督多维度、常态化、全覆盖。探索“1+N”新模式，通过监督检查室带动派驻纪检监察组开展工作。市纪委监委派驻纪检监察组查办案件31件，5个派驻纪检监察组实现了查办案件“零”的突破。

（张　宠）

2月13日，市纪检委检查指导组到伊通满族自治县调研企业复工情况

（张宠　供图）

民主党派·工商联

THE DEMOCRATIC PARTY AND FEDERATION OF INDUSTRY AND COMMERCE

中国国民党革命委员会四平市委员会

【概况】 中国国民党革命委员会四平市委员会（以下简称“民革四平市委”）坚持把思想政治建设摆在首位，加强对民革党员的思想政治教育，强化思想政治引领。4月10日，民革党员霍伟被市委宣传部、市文明办评选为“四平好人——最美逆行者”。4月20日，民革吉林省委举行新冠肺炎疫情防控工作专项表彰，民革四平市委和博爱支部、卫生科技支部获先进集体；王学君、徐冰峰、于刚、霍伟、陈春宇、黄云、徐甫林、闫重、李鑫、史季、陈健楠、鲁金龙12名党员获先进个人。4月29日，民革四平市委开展表彰活动，表彰自身建设先进集体3个，即卫生科技支部、教育支部、博爱支部；参政议政先进集体7个，即卫生科技支部、师大支部、博爱支部、教育支部、经济支部、铁东一支部、铁西一支部；社会服务先进集体3个，即卫生科技支部、教育支部、中山法律服务站。王伟等9人被评为党务工作先进个人；田园等13人被评为参政议政先进个人；霍伟等6人被评为社会服务先进个人。

【组织建设】 至2020年年末，民革四平市委下辖基层组织9个，有民革党员186人，年内新发展民革党员5人。4月29日，八届十二次市委会议召开，会议增补徐冰峰为兼职副主委。7月31日，八届十四次市委会议召开，会议增补孟达、赵丹丹为市委委员，增补丁明伟为兼职秘书长。开展基层组织换届，下发《民革市委关于基层组织换届的安排意见》。6月5日，民革卫生科技支部第一个完成基层组织换届。至年末，7个基层支部完成换届工作。支部主委连任的4个支部，新换主委的3个支部，调整比例42.9%；27名支部委员中，新担任委员职务的10人，调整比例37%。民革吉林师大支部发展1名博士、1名硕士，民革铁西一支部发展1名博士后。

【参政议政】 2020年，民革市委参加中共市委、市政府、市政协和有关部门召开的协商会、座谈会、征求意见会，发表参政议政意见和建议。主委王学君在省政协十二届三次会议上提交《关于提升我省高速公路服务区品质措施的建议》，代表民革在联组会议上做《我省体制机制改革面临的问题与建议》的专题发言；在市政协八届十五次常委会上，主委王学君作题为《关于社区卫生服务中心建设的建议》。民革四平市委关注农业发展、关注“三农”问题，为助力农业大市率先实现农业现代化建言献策。在中共四平市委“十四五规划”征集意见座谈会上，主委王学君代表民革市委做题为《关于发展四平市农产品产业链》的建议发言。新冠肺炎疫情防控期间，民革党员履行参政议政职能，撰写《关于加强基本生活物资及医疗物资储备的建议》《关于加强基层医护人员补充和培训的建议》《关于保证医疗市场公立医院主体地位的建议》《关于保障复工企业防疫物资使用及配备的建议》等7篇意见和建议。2020年，民革市委撰写调研报告10篇，提案议案38件，社情民意45条。

【社会服务】 8月7日，民革四平市委主委王学君带领民革中山法律援助站站长、律师史红荣到双辽市卧虎镇五家子村开展法律扶贫活动。律师史红荣对《民法典》进行宣讲，重点围绕涉及农民相关权益的具体法条进行解读。对村、镇遇到的具体涉法问题提供法律咨询服务。10月16日，民革四平市委副主委曲晓春带领中山法律援助站朱凤涛等律师到双辽市卧虎镇五家子村开展法律服务活动，就涉及农业、农民、农村相关的法律知识进行宣讲，发放法律宣传材料300份，并对村民提出的农民工讨薪问题提供法律咨询服务。

【"组织建设年"活动】 按照《吉林省2020年民革组织建设年实施方案》和民革省委相关工作要求，成立民革四平市组织建设年活动工作领导小组，制定《四平市2020年民革组织建设年工作方案》，以领导班子建设、组织发展和基层组织建设、干部队伍建设、内部监督建设和机关建设为重点，做好组织建设各项工作。

【"医疗助教进校园"志愿服务】 10月30日，民革四平市委主委王学君、副主委徐冰峰和卫生科技支部民革党员带领"同心博爱 医疗助教"公益联盟医生到梨树县东河镇中、小学开展"医疗助教进校园"志愿服务活动，活动出动医疗体检车2台，医务工作者20名，为梨树县东河镇中学32名教师、172名学生和梨树县东河镇中心校小学20名教师进行健康体检和视力、龋齿筛查。医务工作者现场为师生讲解健康知识，围绕如何健康饮食、合理锻炼身体等问题进行专业指导。

【"推进教育均衡发展城乡共勉你我同行"主题公益活动】 10月30日，民革四平市委教育支部到梨树县东河中学开展"推进教育均衡发展城乡共勉你我同行"主题公益活动，教育支部主委李勇和支部民革党员与东河镇中学的领导班子、骨干教师开展交流座谈，针对东河镇中学的实际困难和需求，教育支部联合四平第十七中学，依托利用城区大校名校教育资源优势扶助支援乡村学校。

（于　刚）

中国民主同盟四平市委员会

【概况】 中国民主同盟四平市委员会（以下简称"民盟四平市委"）以"四新""三好"为目标，以"解放思想再深入　全面振兴新突破"教育实践活动为主线，以建设新时代高素质参政党为统领，推进思想政治建设全面落实并取得阶段性成果。通过机关例会、印发文件通知等形式，组织广大盟员学习中共十九届五中全会精神和习近平总书记视察吉林重要讲话重要指示精神。组织机关干部到上海民盟传统教育基地参观学习。借助民盟吉林省委网站、民盟四平市委网站和微信公众平台发布信息100条，在人民政协网、《协商新报》等媒体发表信息10条，宣传重大活动、优秀人物、先进事迹。2020年，民盟四平市委被民盟中央评为"民盟中央群言杂志社年度优秀发行单位"。7月，四平民盟经济支部被民盟中央授予"盟务工作先进基层组织""民盟思想政治建设和宣传工作先进集体"，盟员徐群丽获评民盟中央"民盟思想政治建设和宣传工作先进个人"，民盟四平市盲童学校支部获评民盟中央"民盟思想政治建设和宣传工作先进基层组织"，民盟四平市委平商联合会支部被民盟中央授予"民盟社会服务工作先进集体"，盟员秦红波获评民盟中央"民盟社会服务工作先进个人"，盟员付雪获评民盟中央"2019年度反映社情民意信息工作先进个人"。11月，盟员金广山获中国鸟网生态贡献奖。

【组织建设】 2020年，四平市成立民盟企事业二支部。至年末，民盟四平市委下辖基层组织49个，其中包括吉林师范大学委员会及下设的4个支部；有民盟盟员1158人。年内新发展民盟盟员37人。2020年是民盟四平市委基层支部换届年，民盟四平市委制定换届方案，按照组织程序，做好换届各项工作，选优配强基层组织领导班子。

【参政议政】 民盟四平市委在市政协八届四次会议上，市政协常委、民盟四平市委主委徐群丽作《激活沉淀生产要素，助推经济高质量发展》的大会发言。民盟四平市委被评为2019年度提案办理协商先进单位。盟员中的政协委员提交市政协会议建议19份，其中立案16份，3份建议被转为委员来信。《关于四平市书法教育进校园，提升城市品位的建议》获2019年度优秀提案。提案《关于激活沉淀生产要素助推经济高质量发展的建议》和《关于倾力发展现代农业推动实施乡村振兴战略的建议》被列为市政协重点提案，分别由市长胡斌和市委副书记李岩领办。全年有36条意见建议被全国政协、民盟中央和省政协、民盟省委选用，其中盟员付雪撰写的《关于将华医网继续教育学分由收费项目转化为上网学习免费授分的建议》被全国政协选用，盟员付雪撰写的《关于调整与社会生活密切相关法律处罚程度的建议》《关于对境外返回人员集中隔离及治疗费用应自行承担的建议》，于宝龙撰写的《关于保护野生动物的建议》被民盟中央选用。依托"上海市突出贡献专家协会四平工作站"，邀请联合国工业发展组织全球科技创新网络专家委员会和中国农科院专家，就吉林省乡村振兴、科技创新等重点领域开展专题调研，召开专题访谈会10次，形成调研报告2篇，即《深化农村改革，扎实推进乡村振兴战略》《科技创新型企业发展面临的困难和建议》提交民盟中央。围绕助力生态环境建设向市政协建言议政。邀请省、市相关专家就河湖湿地调研考察6次，撰写提案建议近20篇，其中《生态环境和野生动物保护》的提案被市政协列为精品提案上报省政协。7月2日，市政协主席杨枫带队开展提案现场视察督办。在民盟四平市委的持续助推下，叶赫转山湖将打造国家级湿地生态公园列为重点工作。民盟四平市委向省政协提交《关于重视残疾人权益保障全面提升自闭症等精神智力残疾人群体保障和服务的建议》。4月10日，提案承办单位省残联协调四平市残联和伊通满族自治县政府主要领导，在伊通满族自治县"情暖至亲"残疾人综合服务中心召开提案答复工作现场会。新冠肺炎疫情防控期间，民盟四平市委通过微信公众号、网站等网络移动终端，及时反映民盟工作动态、盟员提交的社情民意和提案建议等。全市盟员累计提交的抗击新冠肺炎疫情类社情民意信息30篇。

【社会服务】 民盟四平市委10余次到双辽市卧虎镇五家子村扶贫点，先后为鹅雏养殖、猪仔养殖、集中养羊等扶贫项目筹措资金，并参与春节走访慰问、消费扶贫等帮扶活动。连续十年开展"万个水饺献爱心"活动，慰问四平市儿童福利院的孤残儿童。持续推进"烛光行动"、"迎新春送春联"文化惠民、"万福进万家"等活动。依托"平商联合会"，到四平市盟员企业调研企业复工复产及当前生产存在的困难和问题。民盟四平市委建立"上海市突出贡献专家协会四平工作站"。围绕"打造北方农机产业创新示范基地""发展现代农业"等课题到上海调研，参加中国农业现代化论坛暨黑土生态食材对接会和2020全球科技创新大会暨首届"5G+"智能零售高峰论坛。

【手拉手医疗扶贫】 民盟四平市委副主委、四平市第四人民医院副院长王辉带领第四人民医院16名医护工作人员，先后到梨树县八里卫生院、十家堡三家子卫生院、铁东区冶河镇卫生院和梨树镇中心卫生院等基层卫生院开展义诊活动7次，义诊1000人次。医疗队为村民进行检查，同时进行健康知识讲解以及健康扶贫优惠政策宣传。

【民盟大讲堂】 5月28日，民盟四平市委举办线上"民盟大讲堂"活动，邀请教育部首批国培专家、吉林省政协委员、国家二级心理咨询师、民盟吉林省委基础教育专家讲师团团长、盟员陈晓冬教授为四平市第三中学七、八年级学生和家长作题为"网上复学后中小学生及家长的心理调适与学习策略"的心理健康辅导讲座，讲座获网上点赞119万次。

【"爱心伴鸟飞"红隼救助放飞活动】 5月3日至6月17日，民盟盟员和志愿者救助野生鸟类20只，有苍鹭、红隼、鹰鸮、灰林鸮等珍稀保护鸟类。6月18日，民盟四平市委在西湖湿

6 月 18 日，民盟四平市委在西湖湿地公园开展“爱心伴鸟飞”红隼救助放飞活动

（于宝龙　供图）

地，开展“爱心伴鸟飞”红隼救助放飞活动。副主委秦红波，市林业局野生动植物管理科科长贺文光，民盟盟员、四平野生动物保护志愿者联盟主席邹志强，秘书长金广山，民盟市委全体机关干部，野生动物保护志愿者代表，部分民盟盟员 30 余人参加活动。民盟市委领导与盟员、志愿者代表共同放飞 3 只被救助的红隼。民盟盟员和野保志愿者向西湖湿地周边的市民发放宣传单。先后开展“爱鸟月”系列活动、参与拍摄制作四平生态环境保护宣传片和摄影图册。

（于宝龙）

中国民主建国会四平市委员会

【概况】 中国民主建国会四平市委员会（以下简称“民建四平市委”）坚持思想建设为核心，继承和发扬民建的优良传统。深入学习贯彻习近平新时代中国特色社会主义思想和中共十九大精神，加强中国特色社会主义参政党建设，以开展多种形式的学习和活动为载体，教育引导全市民建会员，深化对多党合作初心、中国特色社会主义参政党历史使命的认识。参观民建中央教育基地，教育民建会员继承和发扬民建的优良传统，以不忘初心为使命，牢记职责义务。

【组织建设】 至 2020 年年末，民建四平市委有总支委员会 3 个，下辖基层组织 16 个，有民建会员 406 人，年内新发展民建会员 20 人。1 名会员被评为民建中央先进个人，33 名会员被评为省优秀会员。

【参政议政】 在四平市八届人大五次会议、四平市政协八届四次会议上提交建议提案 26 件，其中《关于提升四平市民营企业核心竞争力的建议》《关于建立中小微企业培育机制从源头上破解融资难题困境的建议》被列为重点提案，并分别由市级领导领办。《关于提升四平市民营企业核心竞争力的建议》被市政协评为优秀提案，民建四平市委会被评为 2020 年度提案办理协商先进单位。提交《民建四平市委赴金华市调研情况及报告》《关于精准扶贫工作中庭院经济产业的调研报告》等调研报告。抗击新冠肺炎疫情初期，民建四平市委会提出《关于延长 2020 年春节假期的建议》《关于加强返岗工作人员保护的建议》建议，报送国务院“疫情防控工作”平台；山东高考考生被冒名顶替事件引起社会关注，民建四平市委会提出《斩断高考冒名顶替的“黑手”》的建议，得到民建中央采用。

【社会服务】 2020 年，按照脱贫攻坚领导小组及市委统战部的部署，通过探索特色养殖业方式，逐步从饲养鹅雏、仔猪扶持项目扩大到母羊繁殖产业扶贫项目，多次购买贫困户的农副产品进行消费扶贫，包保的双辽市五家子村 3 个贫困户全部脱贫。领导班子坚持走访会员企业，通过与会员交流思想、工作和生活中遇到的问题，重点关注常态化防疫企业的运行状态。推荐会员参加民建中央、民建省委骨干会员培训班，选派会员参加非公经济论坛等

1月18日，民建四平市委到铁东区爱馨老年公寓慰问老人

（史 俐 供图）

活动，为会员开阔眼界、扩大对外合作空间提供帮助。坚持每年春节走访慰问民建80岁以上老会员，成立总支医疗扶贫定点单位，面向全市居民开展健康服务免费体检活动，为办理老年证的老人捐献口罩2万个。新冠肺炎疫情防控期间，1名会员被市委宣传部评为“四平好人——最美逆行者”。

【走访四平民建会员企业】 11月24日，民建四平市委副主委金宝军走访四平民建会员企业，民建四平市委委员、铁东总支主委刘伟陪同走访。金宝军一行先后到会员企业盛达燃气公司、梨树县汇丰大药房走访，了解企业经营情况及遇到的难题，为会员姜天昊、周会峰颁发民建吉林省优秀会员的荣誉证书，现场指导四平民建会员之家建设。

（史 俐）

中国民主促进会四平市委员会

【概况】 中国民主促进会四平市委员会（以下简称“民进四平市委会”）围绕党委、政府的中心工作，聚焦决战脱贫攻坚，全面建成小康社会，按照履职有力的目标，开展“履职能力建设”主题年工作，履行参政议政、民主监督、参加中国共产党领导的政治协商基本职能，民进四平市委会被评为民进全国会史工作先进集体、民进全国履职能力建设先进集体，胡冬梅被评为民进全国会史工作先进个人、卢万合被评为民进全国履职能力建设先进个人。

【组织建设】 2020年，新成立民进四平市吉林省脑科医院支部。至年末，民进四平市委会下辖基层组织36个，其中基层委员会1个，总支委员会3个，支部32个；有民进会员524人，年内新发展会员2人。10月18日，民进四平市基层组织建设现场会在四平召开，与会人员在吉林师大基层委员会、经管总支、实验中学支部、二实验小学支部4个基层组织的民进活动室参观学习、观摩交流、总结经验。民进四平市委会领导班子成员联系基层，分别到师大基层委员会、实验中学支部、二实验小学支部、经管总支、市直支部等基层组织开展宣讲辅导、调研指导。师大、经管、中介、二十中、地直街、企业6个基层组织被评为民进吉林省先进基层组织，丁宏等26名会员被评为民进吉林省优秀会员。

【参政议政】 四平市各级人大、政协召开的全体会议期间，民进界别提交议案、提案、社情民意信息30件。市政协八届四次会议期间，民进界别提交集体提案10件。民进四平市委会提交的《关于传承“红色”基因，纵深推进“文化铸市”的建议》《关于进一步系统推进四平市城区生活垃圾分类工作的建议》集体提案及杨立东提交的《关于全面打造“夜四平”大力发展城市夜经济的建议》提案被评定为2020年度重点提案。刘铁梅提交的《关于推进老旧小区基础配套设施改造的建议》、赵秀霞提交的《关于发展夜间经济，打造城市消费新动力的建议》、民进四平市委会提交的《关于加强中小学午餐配餐管理的建议》、白宇提交的

《关于规范市区垃圾分类工作，提升市民垃圾分类意识的建议》、张天平提交的《关于推进四平市垃圾分类管理工作的建议》被评定为市级领导领办督办的重点提案的相关提案。新冠肺炎疫情防控期间，开展四平市大型超市、农贸市场疫情防控管理工作的调研。胡冬梅、李卫红、陈猛、邢喜伏、田二鹏等会员围绕抗击疫情阻击战中出现的各种焦点问题提出提案 3 件、社情民意信息 4 条。《关于疫情防控阶段做好企业复工相关工作的建议》《关于学校学生如何渡过抗击疫情这个特殊假期的建议》《关于加强大型超市、农贸市场等人员密集场所管控的建议》以集体提案形式提交，相关部门答复。《关于疫情防控阶段做好企业复工相关工作的建议》被中共吉林省委办公厅作为重要信息专报省委领导参考。2019 年度提案工作表彰会上，民进四平市委获提案办理协商先进单位，胡冬梅获提案办理协商先进个人；集体提案《关于进一步加强四平市小区物业管理工作的建议》及杨立东个人提案《关于大力扶植电商企业发展，促进电商为特色优质农产品网销服务的建议》被评为优秀提案；杨立东代表民进四平市委作题为《集智聚力 参政建言 促进提案工作提质增效》的经验交流发言。市政协副主席、民进四平市委会主委李秀云做大会发言，提出《关于传承“红色”基因，纵深推进“文化铸市”的建议》。6 月，在民进吉林省委会召开的参政议政工作会议上，民进四平市委会李秀云、胡冬梅、卢万合、王家武、纪晶被评为民进吉林省委会 2019 年度参政议政工作先进个人，张小川被评为优秀提案先进个人，崔小刚被评为政协工作先进个人。参加市委、市政府召开的各种通报会、征求意见会，各部门听证会议，市政协资政协商会议、双向评议会议、专题议政性常委会议、提案答复公开等会议 10 次。民进四平市委会主委李秀云参加《政府工作报告》征求意见座谈会，提出重视人才吸纳及储备、重视普惠性学前教育工作等建议。民进四平市委会参加市教育局、住建局、城市执法局、农业农村局等提案答复会提出意见建议。参加市政协重点提案专题协商调研对接会、重点提案对接推进会等。在市政协召开的创新提案工作座谈会上，胡冬梅代表民进四平市委会针对如何提高提案质量作交流发言。胡冬梅、杨立东在市政协专题议政性常委会议上针对四平市老旧小区改造工作提出建议措施。民进四平市委会组织会员撰写参政党理论文章。召开宣传思想工作暨参政党理论研讨会，张国芳、邢喜伏、张小川在会上做交流发言。参加民进吉林省委会第十六次参政党理论研讨会，卢万合、邢喜伏、张小川、丛飚、魏宗扬撰写的论文获奖。

【社会服务】 民进四平市委会到双辽市卧虎镇五家子村开展扶贫工作，填写扶贫手册，整理贫困户档案，采集贫困户各项信息，查找贫困户在生活上遇到的问题，到贫困户家中走访宣传扶贫政策，帮助贫困户销售农产品，为贫困户及家庭成员缴纳人身意外伤害保险，

12 月 24 日，民进四平市委会在吉平宾馆举行“庆祝民进成立 75 周年座谈会”

（姜楠 供图）

用消费扶贫的方式增加贫困户的收入，春节期间为贫困户送去米面油等慰问品。1月12日，到双辽市卧虎镇五家子村开展庚子（2020）年“春联万家·迈向小康”活动，为村民送去春联、福字、窗花。10月，企联会成员为贫困户捐款投入的母羊繁殖产业扶贫项目产生效益，贫困户得到项目分红。铁东区政协委员高经国、刘晓明等捐资购买米面油、棉衣等物品到叶赫满族镇走访慰问贫困户。会员李卫红、荆宝军、李岩、王殿明、刘宇喆等参加无偿献血公益活动。会员李卫红、丁宏开展义务送教活动，为中共四平市委党校举办的青年干部培训班、市管干部培训班进行体育教育教学1个月。

【庆祝教师节暨2018—2019年度先进基层组织、优秀会员表彰大会】 9月6日，民进四平市委会庆祝教师节暨2018—2019年度先进基层组织、优秀会员表彰大会在四平市吉平宾馆会议中心召开。出席大会的有民进吉林省委会专职副主委段维智，四平市政协副主席、民进四平市委会主委李秀云，中共四平市委统战部副部长宋春来，吉林师大党委统战部长王有存，铁东区委统战部长齐威，铁西区委统战部副部长赵世彤，民进四平市委会专职副主委胡冬梅，民进四平市委会副主委杨立东、卢万合，全市民进各基层组织会员180余人参加会议。会议表彰吉林师大基层委员会等13个市级先进基层组织和62名优秀会员，授予四平市瑞峰商贸有限公司法人代表周峰“抗击疫情 爱心奉献”特殊贡献奖。

【“歌唱祖国·赞美逆行者”主题线上活动】 3月8日，民进四平市委会举办庆祝三·八节——“歌唱祖国·赞美逆行者”主题线上活动，240余名会员参加活动。邀请民进吉林省委会专职副主委段维智、专职副主委兼秘书长张景元及省委会机关各部门领导参加活动。表演的节目有歌曲演唱、诗歌朗诵、抖音短视频、绘画、乐器演奏等。

（姜　楠）

中国农工民主党四平市委员会

【概况】 中国农工民主党四平市委员会（以下简称“农工党四平市委”）注重筑牢思想基石，政治引领贯穿始终。深入学习贯彻习近平新时代中国特色社会主义思想和中共十九届全会精神，贯彻落实习近平视察吉林重要讲话重要指示精神，按照习近平总书记对民主党派成员“四新”“三好”（“四新”即多党合作要有新气象、思想共识要有新提高、履职尽责要有新作为、参政党要有新面貌；“三好”即做中国共产党的好参谋、好帮手、好同事）的要求，围绕中心服务大局，夯实多党合作政治思想基础。召开专题会议深入学习贯彻中共十九届五中全会精神，召开纪念中国农工民主党成立90周年座谈会等，形成理论文章4篇，意见建议12条。在庆祝中国农工民主党成立90周年理论研究优秀论文评选中，唐静撰写的《不忘初心，开拓创新》获二等奖，娄俊撰写的《继往开来，不辱使命》获三等奖。

【组织建设】 至年末，农工党四平市委员会下辖基层支部21个；有农工党党员401人，农工党四平市委员会农工党员中高级知识分子占80%，大学本科及以上307人，换届后发展农工党员58名。组织10人参加农工党省委举办的监督委员会培训班、8名党员参加新党员培训班、6名骨干党员参加骨干党员培训班。完成21个支部换届工作。被农工党省委评为优秀市委会，3个基层支部被评为先进集体、8名党员被评为优秀党员、1名机关人员被评为优秀党务工作者。神农集团被农工中央评为宣传思想先进基层组织，四平市科技支部被评为党史理论先进基层组织，马春彪被评为优秀党员。

【参政议政】 2020年，聚焦民生关注热点，提交《关于杜绝市场出售旧衣服的建议》《关于改革四平市老年人乘坐公交车优惠政策的建议》《关于在居民小区内设立电瓶车充电桩的建议》等提案；有针对性地提出《关于加强基层医疗机构处理医疗废物能力的建议》《加强抗生素监管和合理使用的建议》《心理健康问题社会化趋势亟待关

7月1日，农工党四平市委到铁西区平西乡西八大村开展“2020年环境与健康宣传周”活动

（门馥郁　供图）

注和重视》等提案。其中，《关于在居民小区内设立电瓶车充电桩的建议》《关于着力构建防止返贫长效机制的建议》被市政协列为重点提案。

【社会服务】 走访慰问双辽市卧虎镇五家子村贫困户3户，考察各民主党派捐款参与发展的母羊繁殖项目；围绕“美丽中国，我是行动者”主题，结合环保进乡村、社区、企业、校园文明实践活动，开展环保宣传周系列活动，发放环保宣传册资料600册；开展“携手打造健康村义诊咨询献爱心”活动，连续4年送健康服务到基层，到铁东区叶赫满族镇叶赫村，现场义诊村民110人，为86位村民做腹部彩超、心电图以及血糖检测；免费发放常用药品价值1200元；对接慢病患者及孤寡老人家庭建立长期联系19户，向村民赠送13类500余册农技科普书籍。打造健康村10个，签约“家庭医院”4300户，走进失能半失能老年人家庭3500余户，受益居民近万人。

（门馥郁）

九三学社四平市委员会

【概况】 九三学社四平市委员会（以下简称“九三学社四平市委”）始终将加强思想建设作为做好自身建设的基础来抓，学习贯彻落实中共十八届五中、六中全会，中共十九大和九三学社十一大会议精神，完成社中央、社省委工作统一部署。举办新社员《九三学社章程》学习培训会2期；参加社省委组织的新社员培训班2期；组织广大社员学习网络课程9期；召开社市委宣传工作会议和思想建设研讨会。社员宋国杰、张炜、孙凤卓完成社中央关于教育论坛征文3篇；社员马宁、李卓完成社省委九三学社创建75周年征文2篇；社员任应习、程源完成社省委九三关于开展思想政治建设调研报告2篇。上交社省委第十届文化读书月活动读书心得17篇；组织社员填报想想调查问卷30份；完成社中央网络调查问卷14份。“三八节”期间，社员马晓亮主讲《女性压力与情绪的管理》专题知识线上讲座；九三学社创建75周年之际，召开座谈会；重阳节前夕，组织老社员开展“情浓重阳”老社员茶话会。

【组织建设】 至2020年年末，九三学社四平市委下辖基层组织15个，工作委员会6个；年内新发展九三学社员17人，其中博士3人，研究生3人；高级职称5人，中级职称9人。

【参政议政】 围绕四平市政府工作报告，抓住重点、百姓关心的热点组织调研，并分别召开参政履职选题会、建议审题会、调研座谈会，研究选题方向。10名九三界别市政协委员参加市政协八届四次会议。会议期间，上报《关于加强推进四平市社区数字网格化建设的建议》《关于加快推进四平市田园综合体建设的建议》《关于为四平市民营经济营造良好法治环境的建议》集体提案3件。其中《关于为四平市民营经济营造良好法治环境的建议》被列为市政协重点提案督办，由市级领导跟踪督办。市政协委员上报提案13件，区政协委员提案15件。社员刘晓鹏、刘北力、刘寅凯提出《关于出租车行业重点联防联治》《发挥四平市中医中药优势加强新冠肺炎防治能力的建议》《发挥高校人才智库优势 做疫后社会恢复与建设的“及时雨”》等建议。其中《关于出租车行业重点联防联治》的建议被省政协采纳，在吉林省政协《社情民意》第25期刊登。社第四人民医院支社社员刘北力提出《关于四平市各家临床治疗新冠肺炎确诊和疑似病例绝对不可缺少中药治疗》和《关于四平市各大超市使用燃艾》的建议。王鹤撰写的《杜绝境外入境旅客中转防疫真空刻不容缓》的社情民意通过绿色通道直报九三中央并被采纳；林春楠撰写的《关于为依法防疫提供司法保障的建议》被九三社省委采纳推荐上报。社员提出《关于将医用口罩等疫情防控用规模性耗品列入中央储备的提案》。

【社会服务】 2020年，九三学社四平市委到包保村贫困户走访10次。到包保村开展建档立卡户稳定脱贫各项指标相关信息核实工作，包括收支监测明白卡、完善扶贫手册，核准包保帮扶精准户措施、家庭总收入、总支出、年人均收入、政策落实等相关数据。为包保户购买项目羊2只3000元，年底每户分红200元。组织广大社员购买贫困户农副产品花生、小米和为包保户保险。社员撰写的《地域有界心无疆 团结战“疫”迎春来》在《吉林日报》刊发。1月18日，九三学社四平市医疗卫生支社社员为铁东区山门镇靠道村五社白血病患者朱鹤家送去米、面、油等生活用品及慰问金。9月5日，九三学社四平教育支社社员到四平市铁西区特殊教育学校开展爱心餐费捐助活动。9月25日，九三学社四平医疗卫生支社到北沟社区卫生服务中心向居民普及健康知识，社员姜明平主讲《中医之人体阴阳》中医养生基础知识。10月11日，九三学社四平城建勘测、经济、铁西、铁东支社联合开展金秋助学公益活动。到四平盲校为盲童学生送去4000元的盲文纸。甲虫俱乐部四平分会会长张敏发起新春“济困慰问”公益活动，为帮扶的7个贫困家庭、学生送去价值5810元的食品和慰问金3500元。与你“童”行快乐相伴公益活动，为3户贫困家庭送去学习用品和生活用品。“爱心365助学”公益活动，为贫困学生送去助学金。“枫”情之旅公益活动，到辽宁本溪老边沟景区开展环保公益活动，在景区捡拾白色垃圾。每月1号为四平城东乡敬老院送爱心早餐公益活动。四平爱心公益协会会长王亚红组织爱心人士为8名贫困学生捐款2.3万元。

（遇美亮）

9月26日，九三学社四平市委就引种中草药发展特色经济在梨树县十家堡北药园林农业科技示范基地调研

（程澍文 摄）

四平市工商业联合会

【概况】 四平市工商业联合会（以下简称“市工商联”）学习传达习近平总书记视察吉林、视察四平重要讲话精神等党中央重大决策部署，进一步强化服务职能，教育引导民营企业家坚定理想信念。坚持商会和党建融合发展，引领商会各项事业建设全面健康发展。发挥商会党组织的政治核心作用，提高政

7月20日，吉林省工商联法律宣讲团到四平市，为民营企业就《民法典》及常见法律风险及防控进行专题授课

（张大鹏　供图）

治站位，积极作为、履行责任。全年组织4个批次，近1000家企业参与全国工商联线上调研工作。

【组织建设】 2020年，全市工商联有团体会员17个，企业会员547个，个人会员1244人，年内新发展个人263人。市工商联直属商（协）会组织包括四平市平商联合会、四平市河南商会、四平市室内装饰协会、四平市君子兰协会4家。

【民企评议】 2020年，市工商联引导民营企业参与民企评议政府服务工作。在省工商联原有分配的线上线下民营企业参与数量基础上，组织65户企业参与线下评议，650户企业参与线上评议。

【服务民营企业】 2020年，市工商联与市检察院沟通协商，共同出台《关于加强沟通联系促进民营企业经济健康发展的实施办法》，建立健全联合调研、民主监督、信息互通共享等机制，为民营企业提供法律咨询、法治宣传。2020年，全市对11家民营企业负责人作出不起诉决定。引导19名工商联界别政协委员履职尽责，开展提案撰写培训会，提高提案质量。全年提交提案51件，工商联界别政协委员孟达的提案《关于我市在人才引进中应适当降低门槛、提高相应待遇的建议》，姜天昊的提案《关于建立中小微企业培育机制从源头上破解融资难题困境的建议》被列为市政协重点提案。姜天昊在政协会议上作交流发言。通过会员微信群宣传复产复工及相关惠企疏困政策信息。与有关金融机构联系，宣传吉林银行等金融机构最新针对民营企业复工复产的金融产品。为中小微企业解决部分融资问题。组织8家民营企业到长春参加“吉浙百家企业手拉手”活动，与浙江金华企业对接，有8家企业实现结对签约。组织四平市企业参加“新疆阿勒泰地区优质农牧产品展销对接会”，与新疆吉木乃县签订经贸交流友好合作协议书。四平市企业与阿勒泰地区企业签订农产品商贸合作协议，协议金额近100万元。参与四平市第二届发展大会，利用工商联平台联络优势开展招商引资工作，北京、广东、浙江、河南等地30名企业家参会，意向投资20亿元，多名企业家被评为“四平市招商大使”。7月31日，首次在商业购物广场举行线下招聘活动，提供就业岗位1925个，为群众准备创业贷款、技能培训、残疾补贴等政策“大礼包”。活动接待千余人进场应聘，发放就业优惠政策宣传资料1200份，实现就业200人。在“民企帮扶脱贫攻坚光彩行动”中，组织全市范围内160家企业，对接全市125个建档立卡贫困村。采用产业帮扶、就业帮扶、公益帮扶等方式帮扶贫困户。2020年，四平市有150家民营企业获评“脱贫攻坚奉献企业”。

（张大鹏）

群众团体

MASS ORGANIZATION

四平市总工会

【概况】 2020年，四平市总工会贯彻落实中共十九届五中全会和省、市委全会精神，以及上级工会工作部署，以服务大局、服务职工为主线，实施“六项行动”。面对新冠肺炎疫情，坚决贯彻落实中央和省、市新冠肺炎疫情防控重要指示，做好“六稳”工作，落实“六保”任务，勇敢“逆”行，科学防控，助力企业复工复产。工会财务审计工作获全省市级工会经审工作规范化建设特等奖。

【基层工会组织建设】 2020年，全市有基层工会3830个、会员26万人、专兼职工会干部5500名。开展乡镇（街道）工会规范化建设活动，对实现达标的38个乡镇（街道）工会每个拨付专项经费2万元。投入专项资金10.5万元推动小微企业工会组建，在县区建成小微企业服务站15个。推进G1长平高速公路靠山屯服务区和陶家屯服务区“司机之家”建设试点工作。四平市税务局工会、吉林省艾斯克机电股份有限公司工会、四平市妇婴医院儿科三疗区工会分会获全国、省“模范职工之家”“模范职工小家”称号；四平供电公司工会副主席李雪获全国“优秀工会工作者”；四平市中心人民医院工会副主席刘岩等7名工会干部获全省“优秀工会工作者”。

【厂务公开民主管理】 2020年，市总工会推进民主管理工作制度化、规范化、法治化建设。建立劳动关系监测点15户，其中非公有制企业13户、国有企业2户。吉林省神农健康产业集团有限公司获“全国厂务公开民主管理先进单位”，全市国有企事业单位厂务公开民主管理制度覆盖率100%，民营企业厂务公开民主管理制度覆盖率80%。

【工资集体协商】 2020年，市总工会实施集体协商“稳就业促发展构和谐”行动计划，开展集体协商质效评估工作，提升职工参与率和满意率。开展企业集体协商“要约行动”，全面推行企业集体协商集体合同制度。全市集体合同覆盖率90%，工资专项集体合同覆盖率80%。

【安全生产活动】 2020年，市总工会开展以“安康杯”竞赛为载体的群众性安全生产工作。排查安全风险隐患，为常态化疫情防控和经济社会发展提供安全保障。组织各级工会开展“白山松水安全行”和“安全生产月”活动，利用工会宣传媒体和职工培训基地、安全生产培训教室、职工书屋等教育培训阵地，结合安全生产活动，组织开展安全生产系列宣传教育、主题宣讲、警示教育活动。

【工会法律服务】 2020年，市总工会开展“尊法守法、携手筑梦”主题法律宣传教育活动。到企业机关、一线岗位，发放各类法律法规宣传手册5000册，为职工群众现场解答问题120件。在市县两级法院设立劳动争议调解工作室和职工法律援助窗口，成立工会调解委员会，全市聘用劳动调解员37人。

【服务民营小微企业】 1月1日起，全市范围内对民营小微企业上缴的工会经费实行全额返还政策，民营小微企业工会经费实现“零征收”，全年为130家民营小微企业返还工会经费218万元。为51家小微企业、个人投放贴息贷款资金2372万元。

【劳动模范服务管理】 2020年，市总工会免费为200名市级以上劳模、五一劳动奖章获得者和四平工匠进行标准500元的健康体检；组织市级以上的劳模先进67人到四川省成都工人疗养院疗养、休养。为市级以上劳模免费订阅《四平日报》《劳动新闻》《工人日报》300份。

【工会服务保障】 2020年，市总工会为全市2760户建档立卡困难职工全部解困脱困。开展“春送岗位”活动，协同人社、就业部门跨地区劳务输出1200人。开展“夏送清凉”活动，筹集资金57万元，为高温作业、户外劳动等一线职工送去物资12000份。开展“金秋助学”活动，筹集助学资金16.3万元，为22名困难职工家庭子女求学圆梦。开展“冬送温暖”活动，筹集资金79.39万元，走访慰问困难企业102家，走访帮扶慰问困难职工、困难农民工596户。新增互助职工1.4万人。全年，参保3.2万人，赔付73人次，赔付支出55.9万元。投入25万元资金，在全市新建户外劳动者服务站40个。

【女职工工作】 2020年，市总工会为162名抗击新冠肺炎疫情工作中表现突出的医护和基层一线女职工代表，送去价值4.2万元的慰问品。以“三八”国际妇女节为契机，把3月定为女职工维权活动月。向职工

7月14日，市总工会购买物资到企事业单位开展“夏送清凉”慰问活动

（谭福成 供图）

群众发放近千册女职工维权法律法规知识手册。推进职工子女爱心托管服务工作，新建“爱心妈咪小屋”3家。

【工会“大学校”建设】 2020年，市总工会制定《四平市产业工人队伍建设改革试点方案》。开展岗位技能竞赛和技能提升活动，筹措资金70万元，举办培训班21期，培训1400人。新冠疫情防控期间，运用宣传媒体，提倡议、发信息、普知识。利用新闻媒体传递工会声音、讲好职工故事，编辑出版抗击《疫情专刊》，刊发工会系统先进事迹和先进人物。

（谭福成）

共青团四平市委

【概况】 2020年，四平市以“学习寄语精神，展现青春担当”“绽放战疫青春·坚定制度自信”“迎接少代会 争做好队员”为主题，以学习会、座谈会和主题团队日等形式，开展学习宣传贯彻习近平总书记有关贺信、寄语和重要指示精神活动2016场，组织团员青年参与“青年大学习”网上主题团课学习43.9万人次。持续推进榜样零距离《青春有为》栏目，播出68期。团市委以习近平总书记到四平市视察为契机，把四平战役纪念馆青年之家打造成青少年爱国主义教育基地，开展“继承革命传统 传承红色基因”活动，参与人数2000人。

【组织建设】 2020年，全市有各级共青团组织1520个（不含高校），共青团员29854人（不含高校），年内新发展共青团员4300人。集中推进社会领域的组织覆盖和工作覆盖，全市“两新”领域团组织184个，超额完成目标任务。打造“青年

之家”品牌，在社区、乡村、企业及服务型窗口单位等青年聚集地建设“吉青家园”45家，吸引和覆盖青年40593人次。成立社区和社会组织、企业、农村、学校和少先队4个专门委员会，建立县域联络站。加强党建带团建，将共青团重点工作纳入全市党建工作责任制，团建与全市党建工作统一部署、统一检查、统一考评。

【直播带货活动】 2020年，团市委开展首届中国·四平“直播带货节”活动，市委副书记、市长胡斌带领县（市）区长和第一书记走进直播间，宣传推介四平。开展“网红嘉年华·嗨购9·23”带货活动，成立四平市青年新媒体协会，采用市场化模式直播带货。2次直播带货活动成交订单28.08万单，销售额799.29万元，总流量1205万次。

【服务青少年】 2020年，团市委开展“青春回家过大年”四平青年人才返乡联谊会、四平市青年返乡创业交流座谈会、“走进四平”暨“返家乡”社会实践、线上就业招聘服务和青年创新创业大赛等活动，为青年就业创业搭建平台，落实万名大学生留平计划。8月7日，四平市青少年发展网红公益基金捐赠仪式在市青少年活动中心举行。团市委、市慈善总会、市公安局、市青年电子商务协会等相关部门人员出席活动捐赠仪式，四平市网红青年代表阿哲携团队捐赠50万元成立四平市青少年发展网红公益基金，

8月7日，四平市青少年发展网红公益基金捐赠仪式在市青少年活动中心举行

（庞 迪 供图）

重点围绕青少年发展和助力脱贫攻坚、乡村振兴服务。成立未成年人法律援助工作站11家，为全市青少年提供法律咨询、法律援助等。针对中高考学子，开展轻松备考12355与你同行中高考减压讲座和重点青少年减压社区行暨团市委2020年高考志愿填报公益讲座。针对留守儿童，开展“七彩假期 情暖童心”志愿服务活动。

（庞 迪）

四平市妇女联合会

【概况】 2020年，四平市妇女联合会组织基层妇联干部重走习近平总书记视察吉林视察四平时的路线；召开市妇联党组理论中心组（扩大）学习会和支部党员大会传达学习，下发《学习贯彻习近平总书记在吉林考察时的重要讲话重要指示精神的通知》，对全市妇联系统学习宣传贯彻工作提出明确要求，在“四平女性”微信公众号上发布习近平总书记吉林考察及妇联系统学习热议的信息3期。四平市妇联被吉林省妇女联合会、吉林省农业农村厅、吉林省人力资源和社会保障厅、吉林省文化和旅游厅、吉林省扶贫开发办公室授予2020吉林巧姐大赛优秀组织奖。至年末，在3家社会组织、1家机关事业单位建立妇联组织；建立“妇女微家”29个，执委特色工作室6个。

【“巾帼心向党 奋进新时代——百千万巾帼大宣讲”】 全市各级妇联组织开展“巾帼心向党 奋进新时代——百千万巾帼大宣讲”活动，邀请抗击新冠肺炎疫情全国三八红旗手、四平市抗“疫”最美女性、四平市疾病预防控制中心病毒检验科科长刘宇，四平市抗“疫”最美

女性、四平市中心人民医院重症医学科副护士长邢芳讲述巾帼抗“疫”故事。全年举办群众性宣教活动172场次，其中市本级3场，市、县、乡、村四级妇联干部、执委130人参加；梨树县151场，5000名妇女群众参加。

【“最美女性”表彰】 9月3日，四平市三八红旗手、红旗集体及抗击新冠肺炎疫情“最美女性”表彰大会召开。市委常委、宣传部部长赵连军出席会议并讲话，市委常委、副市长刘琦，市人大常委会副主任姚令军，市政协副主席赵青山出席会议。会上，刘琦宣读关于四平市三八红旗手、红旗集体及抗击新冠肺炎疫情“最美女性”表彰决定；与会领导为获奖集体和个人代表颁奖。各县（市）区分管领导、妇联主席，市直机关工委、市卫健委、教育局、公安局、税务局等市直各部门分管领导、市直机关单位妇女干部代表，铁东区、铁西区妇女群众代表，市女企业家协会会员代表，受表彰的个人和集体等200人参加会议。表彰四平市抗击新冠肺炎疫情“最美女性”99人，四平市三八红旗手29人，四平市三八红旗集体3个。双辽市评选表彰抗击新冠肺炎疫情三八红旗集体16个，三八红旗手57人。

【助企创业就业】 2020年，市妇联搭建政企交流平台，帮助企业纾困解难，组织召开“提振发展信心，助力复工达产”女企业家座谈会，邀请税务、社保、金融等相关业务专家现场宣讲政策并解惑答疑；开展“吉人巾帼贷”融资服务活动，与中国人民银行四平中心支行、四平城区农村信用合作联社分别签订支持妇女创业就业发展的金融服务方案，为女性经营主体提供金融支持服务；开展“春风送岗”活动，为妇女就业和企业用工搭建供需平台，发放宣传资料5300份，组织女性专场招聘活动23场次，其中线上招聘7场次，招聘用工单位74家，提供岗位626个，求职人员1200人，达成就业意向140人；用好“吉林三姐”项目平台，加大“吉林三姐”培训力度，全年举办“吉林三姐”培训21期，培训妇女860名；新冠肺炎疫情防控期间，以“钉钉”直播课形式举办“吉林大姐”家庭服务项目线上送技能活动2期，为妇女提供“足不出户享服务，立在家门学技术”的线上服务；依托省妇联“吉林巧姐”农特产品销售平台，组织“吉林巧姐”参加吉林省暨长春市“吉林巧姐”大赛暨市集活动、吉林省巾帼农特产品市集活动，26位“吉林巧姐”携76件手工作品、3家单位参加2020年“吉林巧姐”大赛暨市集活动，5名选手获优秀作品奖；助推“网姐”直播带货，至年末，电商培训班学员全部在淘宝、快手、抖音、拼多多等平台注册并开播。组织9名“吉林网姐”电商服务站负责人参加2020年全国妇联巾帼电商能力提升培训班。梨树县郭丽娟在“人民优选直播大赛”中获优秀“巾帼特约推荐官”称号。

9月3日，四平市三八红旗手、红旗集体及抗击新冠肺炎疫情“最美女性”表彰大会在市公安局警官会堂召开

（孙华浓　供图）

【妇女儿童维权社会化】 2020年，市妇联结合“三八”维权周、“6·26”禁毒日、“敬老月”维权月、

“11·25”反家暴日、“12·4”国家宪法日等时间节点，以学习宣传男女平等基本国策、《宪法》、《民法典》、《吉林省反家庭暴力条例》为重点，全年开展普法宣传活动200场，发放宣传手册1万份，张贴宣传海报5000张。举办基层妇女干部法律知识培训班1场，培训妇联干部130名；开展“送法律”进社区活动，带领律师到铁东区新春社区为有需要的社区妇女提供专业法律咨询和法律帮助。到华宇社区开展《吉林省反家庭暴力条例》《中华人民共和国民法典》普法讲座，发放宣传册80份。与市政法委、公安局、检察院、法院、司法局、民政局、教育局联合下发《关于共同推动维护妇女儿童权益“五项机制”工作的通知》，明确规定各级妇联组织要发挥妇女儿童法律服务窗口（站、室）和家事法庭作用，统筹协调各方力量，督促、协调有关部门对违法犯罪行为发现1起、查处1起，形成问题联治、工作联动、矛盾联调、风险联控的工作格局。全年开通“12338”妇女维权热线，受理妇女群众电话和上访188件，调处率100%，调成率97%以上。市妇联与吉林公捷律师事务所续签协议，3名专业律师担任专职律师，每周一到妇联坐班，为妇女儿童提供包括法律咨询、心理疏导、法律援助等一站式服务。

【基层妇女干部培训】 2020年，市妇联全面落实基层妇联领头雁行动计划。举办全市基层妇女干部培训班，全市妇联执委、县（市）区、乡镇（街道）妇联主席或副主席、执委，市妇联机关干部130人参加培训，采取理论教学、现场参观、经验交流等学习形式，邀请市委党校、省农业农村厅等专家教授，围绕学习贯彻中共十九届五中全会精神、习近平总书记视察吉林重要讲话重要指示精神、女性心理健康、民族宗教、乡村振兴等6个专题进行辅导解读。

【创业致富带头人培训】 市妇联组织巾帼创业致富带头人参加各类实用技能培训3期，组织9名有创业致富项目的村妇联主席、执委及巾帼创业致富带头人参加省妇联举办的“乡村振兴巾帼行动”专题培训班。

【帮扶和送温暖】 市妇联到包保的贫困村开展帮扶和送温暖工作，协调5万元资金，帮助解决村部漏雨问题。春节期间，联合女企业家协会为29户贫困户送去价值1.2万元慰问物品。新冠肺炎疫情防控期间，为贫困户送去消毒液、口罩等。帮助贫困户王凤文销售乌骨鸡98只，销售额7840元。

【直播带货活动】 参与省妇联“助力乡村振兴、巾帼电商同行”直播带货活动，全市各级妇联组织通过巾帼主播开拓线上市场，累计直播18场，销售农产品41.8万元，其中向省妇联推荐优选农特产品55件，伊通满族自治县慧格格鲜花饼和四平红成黑豆油入选参与直播，累计销售额1.2万元。

【“平安家庭”创建】 开展“平安家庭”创建活动，各级妇联开展禁毒、防艾宣传活动200场次。开展全市贫困、残疾、留守、流动妇女儿童和家庭，单亲、失亲、矛盾多的特殊人群家庭摸排工作，对排查出的重点人群和家庭5547人，建立基本信息台账，实施动态管理。

【“最美家庭”创建】 市妇联开展“最美家庭”寻找推荐等工作，刘爽、孙潘悦等9户家庭获评2020年吉林省抗“疫”最美家庭；陆瑶家庭获评2020年省抗“疫”最美家庭标兵户；评选四平市“最美家庭”20户。

【家风家教宣传】 2020年，市妇联在全市家庭推出以“‘疫’日静思 筑家国情”为主题的“战疫”家书征集活动，征集家书400封，选出10封优秀家书在“四平女性”微信公众号上展播。开展优良家风家教公益宣传，在媒体播放公益片《幸福满满》《家旅途》《在何方》30余次。开展“共树好家风”最美家庭事迹展播活动，展播王小清、宋波、侯艳玲、付彦臣等最美家庭事迹。

【家庭教育评估】 2020年，市妇联协调教育、卫生、文广旅、科协、文明办、民政、关工委7家单位，围绕《四平市家庭教育的五年规划（2016—2020年）》确定的总体目标及实施规划整体情况，开展终期自查评估。

12月2日，吉林省家庭教育五年规划终期评估检查组对四平市实施《吉林省家庭教育五年规划》情况评估检查。

【家庭亲子阅读】 2020年，市妇联结合“4·23”世界读书日，联合华宇书房亲子阅读体验基地开展“书香飘万家——看见幸福‘阅’出梦想”家庭亲子阅读活动。在四平市第三中学校开办“萤火虫”读书会，投入亲子阅读项目资金3万元。

【“相约云端·欢度六一”】 2020年，市妇联以“相约云端·欢度六一”为主题，通过“演一演”“唱一唱”“画一画”等形式，线上征集儿童节系列庆祝作品200部，连续6期将优秀作品在“四平女性”微信公众号上展播。

【援疆儿童牵手活动】 六一前夕，市妇联组织四平市7名品学兼优的儿童为援疆儿童代表，与新疆阿勒泰地区吉木乃县小朋友开展“小家传大爱，共筑家国梦”援疆儿童牵手活动。通过电话、微信视频形式赠送新疆小朋友节日礼物、祝福语、祝福画等。

（孙华浓）

四平市文学艺术界联合会

【概况】 2020年，四平市文联引导广大文艺工作者把思想和行动统一到中央和省市委的部署要求上来。开展“解放思想再深入、全面振兴新突破”教育实践活动。开展“重走红色之路、重温入党誓词”主题党日、“新冠病毒基本防疫知识”大家谈、“新闻摄影技巧”学习研讨活动。实施“文艺进社区”项目，举办“英城战疫”主题摄影展、“推动老旧小区改造”文艺演出、“我们的中国梦”文化进万家活动。针对出版物制定《四平文艺》编校工作制度。针对协会管理制定《协会管理制度》《协会班子成员考核办法》；制定《市文联网络安全管理制度》。

【组织建设】 依据中国文联、省文联改革方案精神，结合四平市文艺工作实际，市文联起草《四平市文联深化改革工作方案》。利用1个月时间，对文联所属13个协会和县区文联进行调研，成立四平市文艺评论家协会。四平市楹联家协会升格为一级协会。6个文艺家协会换届。至年末，四平市文联所属协会16个，会员1500人。

【四平市第三届古筝艺术节】 8月29日，2020吉林省第七届市民文化节暨四平市第三届古筝艺术节在四平市铁西区英雄广场举行，四平市文联领导及部分所属协会领导出席活动，活动分3个篇章。第一篇章：歌颂祖国。以盛世国乐开篇，歌唱和祝福祖国繁荣昌盛，通过节目讴歌全国人民在党和政府的带领下，取得的抗疫阶段性胜利。第二篇章：幸福生活。以传统和各种流行音乐、武术等结合，描绘欢快幸福的生活。第三篇章：美好未来。以音乐探索为主，将传统古筝与西方乐器、电音等组合，展望美好未来。

【“向人民汇报”中国音协新兴音乐群体轻骑兵走进四平】 12月25日，由中国音协、吉林省文联、中共四平市委、四平市人

12月25日，“向人民汇报”中国音协新兴音乐群体轻骑兵走进四平文艺演出在四平会堂举行

（刘影 供图）

民政府主办，吉林省音协、中共四平市委宣传部、四平市文化广播电视和旅游局、四平市文联承办的“向人民汇报”中国音协新兴音乐群体轻骑兵走进四平文艺演出在四平会堂举行，11名中国新兴音乐群体的一线艺术家参加演出，整场演出在四平电视台播出。

【四平歌词创作征集】 2020年，市文联开展宣传推介四平歌词创作征集活动，通过采风、召开座谈会等环节，创作征集新歌词100首，评选7首优秀作品报送市委。

【“我们的中国梦”——文化进万家】 元旦、春节期间，开展“我们的中国梦”——文化进万家活动。组织开展走进贫困村、走进社区、走进企业、“同心同书——祖国新春好”书法家送万“福”进万家等活动。到农村、社区、机关、企事业单位，送去新春祝福送去演出活动3场，送春联300余副，送“福”字300余张。

【第十五届四平市“九月鲜花”文艺展演周】 9月12日，由中共四平市委、四平市人民政府主办，中共四平市委宣传部、四平市文学艺术界联合会承办的第十五届四平市“九月鲜花”文艺展演周活动在英雄广场举办开幕首场演出。活动从9月12日开始，到9月21日结束，有展演、展览、展映三部分。展演部分从12日开始，在英雄广场连续举办4台文艺演出，演出节目60个；展览部展出作品300件；展映部分在四平电视台黄金时段播出电视连续剧《我的前半生》。

【文艺作品创作】 2020年，全市文艺工作者创作发布主题鲜明、贴近现实、奋发昂扬的文艺作品3000件。优秀作品在学习强国、吉林网、腾讯网、《四平日报》、四平电视台、《四平文艺》刊发播映。在网络开设“艺”起战“疫”行动，举办抗疫优秀作品展7场，展播优秀文艺作品千余件，并被相关媒体发布推广。申请开通微信公众号，弘扬社会主义核心价值观，推出优秀战疫作品，推介四平市优秀文艺家，讲述四平故事、传播四平声音。四平市楹联家协会举办迎“5·12”国际护士节——赞抗疫英雄嵌名联作品展，用楹联的形式，为每位援鄂白衣天使设计不同风格的嵌名作品10幅，并赠送手书楹联1幅。展览过后，文联将展出的楹联作品制作成“联嵌英名”画册，赠送每一位援鄂英雄纪念收藏。市委宣传部、市文联主办，市摄影家协会承办的“英城战役”主题摄影展在英雄广场和铁西区文苑社区举行。展出摄影作品150幅。

【《四平文艺》杂志】 2020年，杂志《四平文艺》出刊4期，封面重新设计，内容上有所创新。《四平文艺》分《文艺之声》《文艺时空》《大家春秋》《文学园地》等版块，发表文艺动态48条、小说13部、诗歌165首、散文（随笔）42篇。

（刘　影）

四平市科学技术协会

【概况】 2020年，四平市深化学习型党组织建设，开展“解放思想再深入　全面振兴新突破”教育实践活动，深入开展“走、转、解”攻坚活动，完成党员、干部的个人作风建设自评工作，部署领导干部和普通党员干部深入基层调研工作，推动改革再深入、实践再创新、工作再抓实。组建习近平新时代中国特色社会主义思想宣讲团，到学会、高校、企业开展专题学习宣传，配合市委宣传部开展中共十九届四中、五中全会精神基层宣讲。组织参加吉林省首届科技工作者创新创业大赛、组建四平市科技志愿服务队、开展防疫科普活动、举办线上讲座、开通心理咨询热线等活动。制定、修订、补充和完善党组决策、业务管理、日常事务管理、财务及经济活动管理等方面30项工作制度，形成比较完善、针对性和可操作性强的制度体系。建立企业需求库，收集四平市企业信息254家，需求95项，形成四平市企业技术需求调研报告1篇。参加市委组织部主办的“四平市人才引培主题服务日”活动，帮助有技术需求的3家企业，联系专家与企业进行对接，提供技术支持，同时引导大学生返乡入乡创业就业，组织开展2020年“创响中国”系列活动。开展“双创”科技成果展活动，选出全市 18 家优秀企业的科技创新成果，制成展板 50 张，向公众展示。至年末，全市有企业科协 32 家，高校科协 3 家，园区科协 2 家；有学（协）会 5 家，即四平市心理学会、四平市营养学会、四平市健康学会、四平市工艺美术协会、四平市催眠协会，学会会员 308 人。

【全民科学素质建设】 年初起草《2019 年全民科学素质工作总结和 2020 年全民科学素质工作要点》，印发给各个成员单位和各县区纲要办，为 2020 年工作开展提供指导。组织召开四平市关于迎接吉林省《全民科学素质行动计划纲要》实施情况督查工作部署会议，要求各地各部门直面问题、正视差距、补足短板、加快推进；形成四平“十三五”规划期间《纲要》实施工作情况汇报。组织开展“2020 年科普周”活动。开展科普进机关、进社区、进校园活动，采取线上线下相结合的方式，分别邀请吉林工程学院、吉林省脑科医院、吉林师范大学和市口腔医院的专家学者，面向机关干部、社区群众、在校学生开展专题讲座。根据《志愿服务条例》和《科技志愿服务管理办法（试行）》，发动各县（市）区科协、高校科协、企业科协、市级学会发挥作用，到一线吸纳基层科技工作者，组建科技志愿服务分队 9 支，有志愿者 418 名。起草下发《四平市科普示范基地标准（试行）》，通过市直各相关部门及各县（市）区科协、企业科协、市级各学（协）会组织推荐，有 35 家单位参加评定工作。申请省财政补助资金 64.26 万元，用于维修科技馆办公楼墙体和楼内设施、购置先进的科普仪器设备；申请中央财政支持 53.2 万元，市财政配套支持27.4 万元，购置Ⅱ型科普大篷车 1 台，车内有台式互动展品 25 件、机器人 4 台、无人机 1 台；利用科普设备与教育局培训基地联合打造四平市中小学科普教育馆，并对全市中小学生免费开放。组织参加吉林省青少年科技创新大赛和艺术大赛，在吉林省第三十五届青少年科技创新大赛中，四平市代表队获三等奖 9 项，市科协被评为优秀组织单位；举办全市科技辅导员培训班，参加培训的科技辅导员和科技教育管理人员 300 名；举办首届科技创新大赛网络培训班，借助科普展品和特定的科普方式向青少年传播科技创新知识，展示科学技术发展成就；组织参加省“英才计划”选拔赛，建立高校与四平市中学联合发现和培养青少年科技创新人才的有效模式。

9 月 11 日，市科协对四平市科普示范基地现场认定考核

（刘欢　供图）

【组织建设】 2020 年，成立市级学会 1 家，企业科协 6 家。组织各企业、高校、园区、科研机构等单位加入中国科协“绿平台”。帮助 28 家企业完成绿平台注册和培训工作。推进专门委员会建设工作，新建专门委员会 5 个，拟定完成委员会名单和工作任务。建立《市科协机关基层党组织标准化建设方案》，对“三会一课”制度、组织生活会制度、请示报告制度等提出要求。

【学（协）会建设】 2020 年，市科协起草《四平市学会组织通则》，对学（协）会的宗旨任务、管理、内部治理、终止与清算进行明确规定；下发《关于做好学会、协会年检初审工作的通知》，有 4 家学（协）会通过年检审核，取消

2家，整改1家。走访调研所属学会5家，就学会工作开展、党支部建设等情况开展调研，形成调研报告1篇。推进行业协会商会与行政机关脱钩工作，对市科协兼管的学会、协会进行排查，并形成脱钩情况报告。组织四平市心理学会开设心理咨询服务热线，开展心理咨询、心理疏导和健康辅导。建立四平市科技人才信息库，录入各类科技人才456人，并制作信息展示平台。

【科普宣传】 2020年，市科协谋划组织科技工作者日系列活动，以“科技为民、奋斗有我”为主题，完成制作宣传微视频。持续开展新冠肺炎疫情防控相关科普知识宣传，借助“科普中国”APP，鼓励科普信息员及时转发相关信息，为群众持续提供足不出户的科普服务和舆情引导；向各县（市）区及时更新发放科普宣传海报2000张、科普宣传图册500册，向校园发放室内宣传挂图3300张，户外挂图400张；走访辖区内的高新技术企业，指导企业做好防疫科普宣传。发表宣传科协代表“战疫”先进事迹文章12篇，推荐科协代表张春雨参加“四平最美逆行者”评选活动并获奖，推荐1名科技工作者参加全国创新争先奖评选活动，推荐4名科技工作者参加“吉林省最美科技工作者”评选活动；在“七一”前后，利用《四平日报》、四平电视台等平台，对在全市科技工作中贡献突出的4名优秀科技工作者代表进行宣传。8月23日，由四平市政府主办，市科技局、市委宣传部、市卫健委、市科协承办的四平市科技活动周在四平市电商园正式启动，拉开2020年四平市科技活动周序幕。活动历时1周，主题为“科技战疫 创新强国”，重点围绕四平市科技战疫成就、科技创新成果、宣传普及科学知识、科技助力脱贫攻坚等方面展开宣传。在科技活动周上做展板100块，40家科技企业向民众展示科技研发成果；邀请医学专家为民众免费进行义诊、开展健康生活讲座；法律专家免费提供法律咨询，向公众发放民法典宣传册500册。

7月10日，全小林院士与吉林吉春制药股份有限公司进行线上对接。图为交流会现场

（刘 欢 供图）

【院士专家基层行】 市科协开展院士专家基层行活动，邀请仝小林院士与吉林吉春制药服务有限公司进行线上技术交流与指导，邀请吉林大学、长春大学、阿里认证数据团队的8名专家分别与四平市各县（市）区的15家企业进行对接服务。

（刘 欢）

四平市社会科学界联合会

【概况】 社会科学界联合会（以下简称“市社科联”）依法指导、组织、管理、协调所属哲学社会科学各学会、协会、研究会等的工作，有计划地组织所属学术团体和社会科学工作者开展学术研究和交流活动，围绕四平市在全面建成小康社会中遇到的重大理论问题结合实际进行综合研究。市社科联调度四平市各高校参与四平市社科规划项目的立项工作。2020年，申报社科规划课题项目241项，其中经专家评审委员会通过86项，结项77项。四平市社科联有学会（协会、研究会）4个，暨四平市哲学学会、四平市厨师协会、四平市家庭教育研究会、四平市诗词学会，有会员214人。全市有省级科普基地 5 家。

【课题研究】 2020 年，市社科联结合新冠肺炎疫情防控情况设计课题，邀请市政府副秘书长、吉林师范大学和市委党校的教师及基层组织干部等组建课题组，申请《吉林省疫情防控背景下社区治理问题研究》项目，获得项目经费 3 万元。

【社科普及】 2020 年，市社科联在全市组建科普基地 8 家，其中华宇社区科普基地和博达学院科普基地晋升为省级科普基地。依托华宇社区科普基地，利用省社科联科普奖励资金聘请专家，开展线上社会科学普及活动。运用社科联微信公众号进行科普活动，宣传新冠肺炎疫情防控知识，转发省、市官方媒体声音，引导广大市民不信谣、不传谣，采取有效防护措施防控疫情。

【社科成果评奖】 市社科联收到第十一届四平市社会科学优秀成果奖评审材料 199 项，根据《第十一届四平市社会科学优秀成果奖评审工作实施细则》，经过申报、初审、专家评审、评审委员会终审，评出论文类一等奖 32 项、二等奖 36 项、三等奖 28 项；著作类一等奖 7 项、二等奖 5 项、三等奖 4 项；咨询报告类：一等奖 3 项、二等奖 3 项。

【组建四战四平史研究基地】 市社科联向省社科院申请成立吉林省社科院四平分院四战四平史研究基地，8 月 28 日，获省社科院批准；11 月 23 日，在四平战役纪念馆举行揭牌仪式。省社会科学院党组成员、副院长丁晓燕，市委常委、宣传部部长赵连军、吉林师大副校长李海波等领导出席揭牌仪式，市社科联主席赵金刚、副主席单桂英以及基地相关负责人出席活动。

（李晓晗）

四平市归国华侨联合会

【概况】 2020 年，四平市本着“以侨为本，为侨服务”的宗旨，强根基，抓关键，谋长远，推进各项工作的开展。侨联改革工作、侨胞之家创建工作、归侨大病救助取得成效，《中华人民共和国归侨侨眷权益保护法》宣传常态化。

【机构改革】 根据《中共吉林省委办公厅关于印发〈吉林省侨联改革方案〉的通知》和《中共四平市委办公室关于印发〈四平市侨联深化改革方案〉的通知》精神，设立四平市归国华侨联合会，隶属中共四平市委统一战线工作部设办公室、群众工作部（海外联谊部）。人员编制核定全额拨款事业编制 10 名，其中行政管理岗位编制 8 名，专业技术岗位编制 2 名。核定领导职数 2 名。执行日期为 2020 年 8 月 26 日。

【归侨侨眷扶贫帮困】 对全市贫困归侨侨眷、因病贫困、侨界困难学生进行摸底调查并建立档案。开展走访慰问侨界代表人士和困难归侨侨眷活动。春节期间，走访慰问梨树县、伊通满族自治县贫困归侨侨眷 5 户，送去扶贫款 2500 元；春耕前夕，给 8 户归侨侨眷送去扶贫款 8000 元。

【《中华人民共和国归侨侨眷权益保护法》主题宣传】 以纪念《中华人民共和国归侨侨眷权益保护法》颁布 30 周年及“七五”普法为契机开展宣传活动。发放宣传单 1000 份，组织机关干部、归侨侨眷、各界群众参加中国侨联举办的第二届“侨商杯”法律知识竞赛活动。

【“侨胞之家”建设】 贯彻落实吉林省侨联关于建好“侨胞之家”的指示精神，成立由市侨联党组书记张崇任组长的“侨胞之家”工作领导小组，确定工作人员 2 名。制定《关于侨胞之家建设的指导意见》《侨联机关干部联系基层侨联组织制度》。至年末，四平市依托基层社区组建“侨胞之家”9 家。机关 4 名工作人员对全市“侨胞之家”进行包保，不定期对所联系的基层侨联组织“侨胞之家”建设进行指导。在社区多功能活动室加挂“侨胞之家”牌子；制定工作制度、工作计划、管理规定等；组织归侨侨眷开展座谈会、培训会、节日联欢会等系列活动。宣传梨树县梨树镇树勤社区“侨胞之家”和双辽市辽南街团结社区“侨胞之家”好的做法。组织各县（市）区统战部分管侨联工作和“侨胞之家”的负责人到梨树镇树勤社区“侨胞之家”参观。双辽市采取“深化工作理念，找准建设方向；坚持以侨为本，拓展服务职能；筑牢思想根基，凝聚侨心侨力”的工作思路开展“侨胞之家”工作。四平市将双辽市的做法总结题为《凝聚侨心，汇聚侨力，抓好‘侨胞之家’建设，打造统战特色品牌》的经验材料，在全市统战工作会议上介绍并推广。各级“侨胞之家”为归侨侨眷“送温暖、献爱心”33次，帮助贫困和残疾归侨侨眷37次；与共建单位开展学习类、公益类活动27次；制作各种宣传展板9块，发放《侨法宣传手册》《吉林侨联》《侨胞之家学习文辑》《中国侨联十代会精神学习手册》等宣传品1500册。

（石继平）

四平市台胞台属联谊会

【概况】 2020年，四平市落实中央和省市委关于对台工作有关部署要求，做好对台工作，把习近平总书记在《告台湾同胞书》发表40周年纪念会上的重要讲话作为做好新时代台联工作的根本遵循，引导台胞台属把思想和行动统一到中央和省、市委的部署要求上来。配合推荐省台联换届人选推荐工作，接待台胞台属对相关政策咨询5人。5月10日，省委台湾工作办公室副主任李静一行到四平市就开展对台工作进行调研。8月29日，参加省台联组织的省内部分台胞青年和台联、台盟机关青年干部集体收看专题为《疫情后的电商运营新思路》的台湾青年创业领航公益讲堂，阿里巴巴集团环球课堂讲师叶家麟、阿里巴巴国际站台湾成功商学讲师游筑雅分别作题为《两岸电商创业公开课》《阿里巴巴国际站创业之路》的讲座。10月22日，参加吉林省台联、台盟在省社会主义学院举办的学习习近平总书记在吉林考察时的重要讲话精神培训班。11月3日，省委统战部三处处长曲渊春一行3人到四平市就对港澳台工作进行考察调研。

【联谊活动】 9月24日，市政协与市台联联合举办“2020年弘扬抗联精神，建设美好家园中秋联谊会”，活动在白山市举行，政协副主席周进、政协副秘书长胡万宝、台联界别政协委员应邀出席联谊会。

（钱　程）

四平市残疾人联合会

【概况】 5月，四平市残疾人联合会（以下简称“市残联”）按吉林省残联要求，进行机构改革。5月13日，经市政府常务会议通过《四平市残疾人联合会改革方案》。改革后市残联内设部室5个，即办公室、康复部、组联部（含维权部、信访接待室）、教育就业部、宣传文体部。编制15名。12月，招录公务员2人，实有在编人数11人。下属事业单位有残疾人康复中心、残疾人就业服务中心、残疾人辅助器具服务中心（5月并入残疾人康复中心）、残疾人托养服务中心。市残联发挥“代表、服务、管理”残疾人的联系纽带作用，坚持依法开展残疾人工作，动员社会力量，发展残疾人事业，在服务大局、维护稳定，维护残疾人权益方面较好地履行部门职责。根据全国第二次残疾人抽样调查结果测算，四平市有残疾人15.5万人，其中视力残疾25057人，听力残疾25871

11月3日，市残联在四平市睿龙职业培训有限公司举办2020年初级面点师培训班

（杨博　供图）

人，言语残疾3460人，肢体残疾46936人，智力残疾19470人，精神残疾15136人，多重残疾19299人。至年末，四平市有持证残疾人60868人，其中视力残疾5894人，听力残疾4423人，言语残疾1416人，肢体残疾33604人，智力残疾6933人，精神残疾7753人，多重残疾845人。有一、二级持证残疾人30407人，三、四级持证残疾人30461人。

【残疾人康复服务】 2020年，全市有9270名残疾人提出康复服务需求，各级残联为10291名残疾人提供康复服务，完成全年任务指标的111%。采取灵活的服务措施，相继向2486人开展辅助器具适配服务，发放包括轮椅、拐杖、助听器等辅助器具2396件。市残疾人康复中心指导各县（市）区残联和残疾儿童定点康复机构，灵活开展线上康复教育指导、家长培训等服务，180名残疾儿童及家长参与线上教学，实现残疾儿童康复训练不间断。

【残疾人就业服务】 2020年，全市实现新增就业人数767人，完成年度任务目标的122%；培训残疾人1604人，100%完成全年工作任务。市残联加强就业指导，扩展服务模式，通过网络发布就业咨询、企业招聘资讯和岗位就业信息。推行企业安排残疾人就业审核新模式，4月1日，市残疾人就业服务中心进驻四平市政务大厅，实行企业用工网上申报，相继有72家企业通过审核。推动残疾人就业基地建设，带动残疾人就业。确认残疾人就业基地、辅助性就业机构28家，安置284名残疾人就业，带动282名残疾人就业。四平市建立残疾人辅助性就业机构——四平吉奥脑病医院，安置12名精神残疾人辅助性就业；双辽市建立茂林镇养鸽基地、卧虎镇养羊基地、东明镇藤椅编织基地和柳条乡水稻育苗基地4个品牌区域，并推广冬小麦种植和百合种植项目；梨树县通过产业扶持，有460名残疾人领取羊羔和1000元饲料。2020年，向上争取残疾人就业（扶贫）基地资金117万元，扶持基地4个。

【残疾人家庭无障碍改造】 四平市承担国家级、省级贫困残疾人家庭无障碍改造任务469户，其中国家级任务393户，省级任务76户。实际完成改造528户，完成任务目标的113%，各县（市）区全面超额完成任务。

【残疾人扶贫】 经全市各级残联多次核查认定，四平市建档立卡的贫困残疾人全部按期脱贫。市县两级残联会同地方政府，对“三类”残疾人全面分析，逐户制定一户一策的帮扶方案，实现扶助政策不落一人。结合扶贫走访，市残联会同卫健部门，相继为256名建档立卡残疾人办理新残疾人证，并将残疾人名单通报民政部门。各级残联不间断向贫困残疾人普及扶贫政策，多次登门走访慰问。贫困残疾人精神康复服务率实现100%、家庭医生签约覆盖率100%。助残日期间，市残联分别为10户贫困残疾人家庭送去慰问金各500元。市残联会同民政局对全市困难残疾人生活补贴、重度残疾人护理补贴落实情况进行全面督导核查，进一步推动“两项补贴”（困难残疾人生活补贴和重度残疾人护理补贴）发放落实，四平市建档立卡的未脱贫残疾人两项补贴实现100%发放。四平市102户建档立卡贫困残疾人家庭纳入无障碍改造。

【残疾人换证办理】 2020年，是第二代残疾人证换发后10年有效期的集中换证年，市残联指导各县（市）区做好残疾人换证办理工作。至年末，残疾人换发新证1.8万人，换证工作同时对残疾人生产生活基本状况和需求进行调查。

【惠残政策补贴】 6月，市残联会同市民政部门，对全市残疾人“两项补贴”落实情况开展全面核查。全市残疾人困难生活补贴覆盖率98.5%，重度残疾人护理补贴覆盖率95.8%，“两项补贴”应补尽补率超过吉林省要求的不低于95%的目标。至年末，全市享受困难生活补贴的残疾人21641人，享受重度护理补贴的残疾人28452人。各级残联抓好残疾人机动轮椅车燃油补贴工作，相继确认上报符合补贴条件的残疾人员300名。

【残疾人信访维权】 2020年，市残联党组关注疫情影响残疾人生产生活出现的各类问题，做到预测在前，严谨对待，及时办结，把问题解决在萌芽，引导残疾人服从大局，服从防疫安排。全年接待残疾人上访20批次98人。上访主要诉求有受新冠肺炎疫情影响请求困难救济、原残疾人三轮车运营群体中的部分残疾人要求政府强化待遇保障等。经市残联党组开展思想工作，所有残疾人均听从劝导，未出现矛盾激化及越级上访问题。

【残疾人文体活动】 5月14日，为迎接助残日，四平市残疾人联合会组织残疾人开展文艺会演。5月17日，由市残联主办，市盲人协会承办的“助残脱贫，决胜小康”线上直播文艺演出活动在市残疾人康复中心举行。文艺演出在配乐诗朗诵《习主席寄语——堂堂正正一辈子》中拉开帷幕。参加文艺演出人员均为视力残疾人，演出京东大鼓、歌曲独唱、诗朗诵、电子琴弹唱、二人转、太极拳、太极扇、手语舞等14个节目，其中太极扇表演《盲人心中的光明》、歌曲《朋友，读书吧》为原创作品。12月，市残联在市残疾人康复中心开展“立足岗位争先锋　振兴四平作表率”主题演讲活动，13名党员参加主题演讲活动。助残日期间，双辽市、梨树县、铁东、铁西区多名残疾人在“智慧残联”钉钉平台参加“云健身”活动等。市盲人协会举办“助残脱贫、决胜小康”线上直播文艺演出。至年末，四平市建立残疾人文化活动示范点18个，投入9万元为残疾人文体示范点采购音箱、麦克风、液晶显示器等文体活动器材。在2020年举办的第三届全省残疾人运动会上，四平市选手获10金、1银、5铜的成绩。

【“共抗疫情 健康有我”盲人太极拳比赛】 10月13日，四平市盲人协会在植物园双桥广场举办以“共抗疫情 健康有我”为主题的盲人太极拳比赛。盲人太极拳比赛参赛选手18位，分3组3个比赛项目进行。邀请铁东区太极拳协会主席张丽娟、太极拳教师隋继光、杨福明担任决赛的评审老师。比赛评选出一等奖3名、二等奖6名、三等奖9名，四平盲协为获奖选手颁发证书及奖品。太极拳比赛项目被中国盲人协会评为2020年全国盲协优秀服务引领项目。

（杨　博）

四平市红十字会

【概况】 2020年，全市红十字会有专职工作人员31人；有志愿服务队3支，分别是四平市红十字志愿服务队海上虎分队、四平市红十字志愿服务队金士百分队、四平市红十字大学生蓝天救援队，队员200人。全年接收捐款216.76万元，捐赠物资价值1920.73万元。12家爱心捐赠企业、2名爱心捐赠个人以及2名优秀志愿者受到吉林省红十字会表彰。四平市红十字会大学生蓝天救援队获“四平好人”最美逆行者集体和第十五届四平杰出青年集体。志愿者于涛被吉林省红十字会推荐为“中国红十字会新冠肺炎疫情防控工作优秀志愿者”。

【应急救护培训】 2020年，市

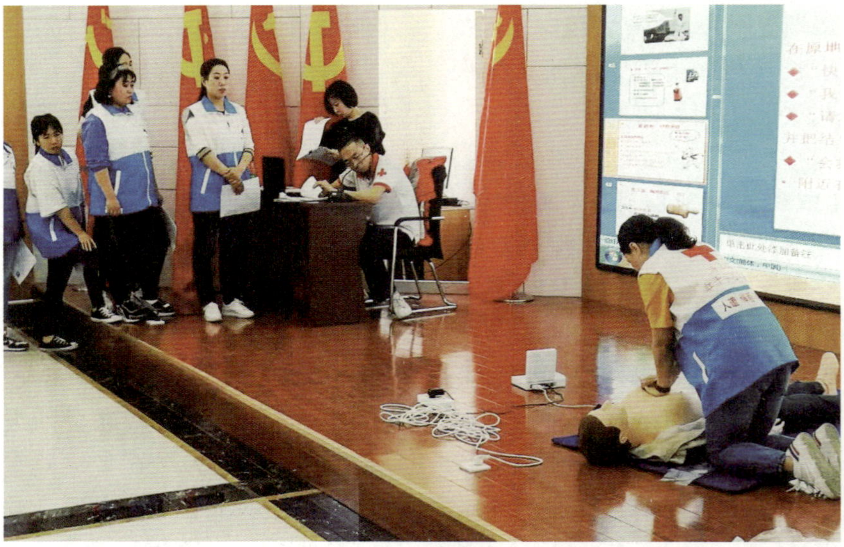

9月11日，市红十字大学生蓝天救援队在市非公有企业会议室开展急救知识培训活动

（张谦　供图）

红十字会以“助力疫情防控，红十字救在身边”为主题，围绕普及应急救护知识组织红十字工作人员、志愿者走向街头，到村屯、社区开展“红十字博爱周”活动。通过发放宣传单、册，设立咨询台等形式集中宣传急救知识和技能。“红十字博爱周”活动发放宣传单、册5000份，悬挂条幅18条，发放宣传公共卫生项目的兜子、围裙200份，受益人群2000人。四平市红十字大学生蓝天救援队队员对四平南崴子收费站工作人员进行急救知识培训。四平市海上虎红十字志愿服务分队对建行海丰广场支行，阮氏教育集团87名员工、老师进行一对一应急救护知识指导。

【人道救助】 2020年，市红十字会持续开展“红十字博爱送万家”活动。全市各级红十字会投入资金近10万元开展专项人道救助和节日走访慰问活动。弘扬“人道、博爱、奉献”的红十字精神。为志愿服务队长期包保的孤寡残疾老人和困难学生家庭送去生活补助金。国庆节和中秋节前，走访慰问阳光天使特殊儿童康复教育中心，给孩子们送去月饼，并对活动场所进行消杀作业。志愿服务队队员、职业大学教授梁旭为困难家庭孩子进行一对一的高考帮扶，结合孩子的实际情况，解决报考院校的问题。国庆、中秋节，红十字会志愿服务分队购买月饼175公斤，走访慰问社区3个、培训中心1个和低保贫困家庭68户。申请中国红十字基金会小天使、阳光天使项目救助金额17万元，救助患儿5人。对困难家庭肿瘤患者实施定点医院治疗、减免医疗费用的医疗救助。至12月20日，申请吉林省红十字会肿瘤救助基金项目，首次救助541人，救助频次3202人次。

【社会宣传】 2020年，市红十字会宣传推动无偿献血、造血干细胞捐献、人体器官和遗体捐献。市红十字会以“生命回想·云上缅怀”为主题，组织开展线上遗体和人体器官捐献缅怀纪念周活动。全市红十字会专职干部和志愿者以征稿、发布朋友圈等方式开展宣传礼赞活动。以“安全血液，拯救生命”为主题，宣传“献血，让世界更健康”，呼吁全社会通过自愿定期献血来拯救生命。

【志愿服务】 2020年，市红十字会开展“助力疫情防控，红十字救在身边”“人人动手，扮美家园”、驰援武汉、红十字应急救护普及培训、“博爱送万家”“红十字博爱周”、协助市交通安全委员会开展平安春运、交通安全劝导等志愿服务活动。配合市文明办、市公安局交管支队等部门开展文明城创建、环境整治、平安春运、文明卫生日、学雷锋、服务中高考、“99公益日”腾讯乐捐筹款活动等志愿服务。红十字会志愿分队队长周有维被吉林省红十字会授予防疫优秀志愿者。红十字海上虎志愿服务队在节日走访慰问、开展“四关爱活动”、为武汉市和四平市一线防控工作者捐款捐物、参与新冠肺炎疫情防控工作，到社区开展巡查宣传、消杀服务、管理募捐箱等工作，累计出动志愿者1000人次。全年对10栋办公楼、2处娱乐场所、8所幼儿园进行防疫消杀作业，累计消杀面积9万平方米，对400辆出租车、33车辆公车进行消杀处理。四平大学生蓝天救援队为四平市博达幼儿园、第一实验幼儿园、小书虫幼儿园、紫微星幼儿园、紫薇国际幼儿园等园所，消杀作业，累计消杀楼房102栋、610个单元，消杀面积54万平方米。对迎宾小学、八一小学、八马路小学、南河小学，第六中学，师范大学幼师分院等校园的教室及室外活动场所进行地毯式消毒。

（霍灵美）

法　治

RULE OF LAW

立　法

【概况】 2020年，市人大常委会围绕城市建设管理和环境保护中的重要事项，聚焦人民群众关注的热点问题，依据政府需求，确定立法题目。制定《四平市机动车停车条例》《四平市城市环境卫生条例》《四平市市区挖掘管理条例》《四平市河道管理条例》，修订《四平市城乡规划监察条例》，完成《四平市垃圾分类管理条例》等法规6部。

【法规实施监督】 2020年，市人大对《四平市养犬管理条例》《四平市市区饮用水水源地保护条例》等法规实施情况进行专项检查。审查市政府报备规范性文件6件。立法工作在吉林省人大专题会上介绍经验，“小切口”立法得到全国人大法工委的肯定。听取政法系统落实《市人大常委会关于推进以审判为中心的刑事诉讼制度改革工作审议意见》办理情况专项报告4个，在建立机制、协同执法、维护公平等方面提出审议意见4条。转交涉法涉诉信访案件16件。检查《中华人民共和国道路交通安全法》《宗教事务条例》等法律法规贯彻实施情况，听取有关专项工作报告。在加强公共基础设施管理、老年人权益保障、建立医疗应急机制、加强智能交通管理等方面提出审议意见29条。

【四平市“小广告”发布管理规定】 市人大常委会遵循立法为民主旨，突出地方立法讲求“小切口”和特色、务实、管用，制定出台12条规范的创设性单项法规《四平市小广告发布管理规定》，专项治理广告乱贴现象。市人大常委会把开展《四平市小广告发布管理规定》执法检查纳入常委会年度工作要点。在《四平日报》、市广播电视台、手机短信开设专栏专版专题，市人大常委会法工委工作人员专题解读小广告治理法规；组成常委会执法检查组开展为期3个月小广告法规专项检查；监督政府及相关部门合力开展全市小广告专项整治行动；常委会专题听取检查组执法检查报告和市政府落实情况报告；组织市、县（市）区两级人大代表联动开展《四平市小广告发布管理规定》专题视察，系列专项监督、行为监督、前沿监督、合力监督、跟踪监督。专项治理小广告行动，立案查处小广告张贴案例120件，封号处理张贴者电话201个，执法罚款3.5万元。在市人大常委会的监督下，非法张贴小广告得到遏制。

（楚天舒）

政法委与综治

【概况】 2020年，四平市成立由市委书记、市长任组长的平安四平建设领导小组，健全多部门参与的平安四平建设工作机制，形成党委领导、政府负责、社会协同、公众参与、法治保障的社会治理体系。命案发案创历年新低，八类暴力犯罪案件和可防性侵财案件下降，“两打两控”战果全省领先，连续五年入围“中国最安全城市”榜单。交通事故“四项指标”（事故宗数、损毁车数、死亡人数、经济损失）实现三连降，连续4年杜绝一次死亡3人以上的较大交通事故。全市普速铁路安全隐患综合整治吉林省排名第一。铁东区、双辽市获省级平安县（区）称号。5月

13 日，四平市全面依法治市推进大会召开，统筹推进法治政府建设。审判机关充分发挥审级制度诉讼分流、职能分层和资源配置功能，盘活带动法院组织体系再优化、再升级。检察机关围绕“四大检察”全面协调充分发展，完善刑事、民事、行政检察监督和公益诉讼检察案件办理机制，实现刑事检察强中更优、民事检察变弱为强、行政检察脱虚向实、公益诉讼检察拓面提质。公安机关积极稳妥推进大部门、大警种制改革，聚焦战斗力标准，体现实战化要求，突出专业化建设，实现扁平化管理。在省内率先开展联合作战指挥体系建设试点，形成可复制、可推广的实战智能指挥“四平样板”。司法行政机关全力推动健全完善法治建设工作体系，建立健全多方联席协商机制，深入开展法治政府创建活动，开展民主法治示范村创建活动，严格落实行政执法责任制，建立“双随机”工作机制。

【扫黑除恶专项斗争】 全市打掉涉黑组织 10 个、恶势力犯罪集团 4 个、恶势力团伙 9 个，立案查处涉黑涉恶腐败和“保护伞”问题 325 件，处理 290 人，涉及“保护伞”95 人，移送司法机关 47 人，查封、扣押、冻结涉案资产折合人民币 4.92 亿元，摸排出有问题村屯干部 639 人、清除干部队伍 560 人，形成可借鉴、可推广、可复制的四平农村“三资”专项治理经验模式，最高法院将四平市

5 月 13 日，全市市域社会治理现代化试点工作动员会在市公安局会堂召开

（侯 状 供图）

审判的孟某某案作为经典案例，王某某案被评为“全省扫黑除恶精品案件”。四平市被全国扫黑办确定为工作联系点，综合考核排名吉林省第一。

【市域社会治理现代化试点】 四平市成立由市委书记、市长任双组长，政法委书记任常务副组长的市域社会治理领导小组，制定《实施方案》和《工作责任清单》、建立推进机制，四平市被列为吉林省首批市域社会治理现代化试点城市，在全省率先启动，做法多次得到省委政法委的肯定。5 月 13 日，市域社会治理现代化试点工作动员会在市公安局会堂召开。依托“雪亮工程”，实现市、县、乡、村四级综治中心一体建设，初步实现“一网通管，一屏观全城”。

（侯 状）

法治政府建设

【概况】 2020 年，按照《中共吉林省委全面依法治省委员会办公室关于进一步规范法治政府建设年度报告工作的通知》要求，起草《2019 年度四平市法治政府建设情况报告》，在市政府网站公开。开展法治政府示范创建工作，印发《市本级法治政府建设示范创建指标责任分工清单》，明确创建指标。贯彻落实《吉林省法治工作重要决定和方案备案工作办法》工作要求，印发《四平市法治工作重要决定和方案备案工作办法》。规范备案审查行为，加强备案审查管理，印发《法治工作重要决定和方案备案材料样式》和《法治工作重要决定和方案备案审查意见文书规范（试行）》。

【全面依法治市】 5月13日，组织召开全面依法治市推进大会，全面部署2020年法治建设工作。市委书记郭灵计与各地各部门主要负责人签署《全面依法治市任务交办单》78个。5月14日，组织召开依法治市委员会第三次会议，审议通过《市委全面依法治市委员会2020年工作要点》《四平市关于加强法治乡村建设的实施方案》《关于加快推进公共法律服务体系建设的实施方案》。组织召开全面依法治市委员会守法普法协调小组工作会议，部署《中华人民共和国民法典》学习宣传、“七五”普法总结验收和法治乡村建设工作任务。

9月15日，市司法局在英雄广场举办《民法典》宣传活动

（王庆宇 供图）

【行政立法审查】 市司法局配合市人大做好年度立法计划征集、地方性法规草案合法性审核工作，与市人大法制委联合发布《公开征集年度地方性法规和政府规章立法建议项目的公告》，明确制定项目《四平市机动车停车条例》《四平市城市环境卫生管理条例》《四平市城市道路挖掘管理条例》《四平市河道管护条例》，完成合法性审查，市政府常务会议审议通过。

【依法行政规范执法】 市司法局全面推行行政执法“三项制度”工作。梳理市直各行政执法部门行政处罚、行政强制事项和权力清单，市直29个部门承担行政处罚事项1222项，13个部门承担行政强制事项55项，梳理完成不予处罚清单210项、从轻处罚清单195项、减轻处罚清单200项、免予行政强制清单6项。落实“双随机、一公开”监管要求，审核执法部门年度抽查计划，完成市直执法部门重大行政处罚备案，执法委托组织备案。组织市直部门执法人员参加网络培训。

【文件规范性审查】 2020年，市司法局向上级政府备案行政规范性文件3件，收到各县（市）区政府备案4件、市直部门备案5件，对备案审查中发现的问题，及时提出整改意见建议；提交审查的行政规范性文件4件，其中审核通过并发布3件；为落实《关于做好吉林省地方政府规章 行政规范性文件集中清理工作的通知》和《关于开展民法典涉及行政法规、规章和行政规范性文件集中清理工作的通知》要求，分别于4月和8月开展对不符合“放管服”改革、妨碍统一市场和公平竞争、有悖于平等保护原则、不利于民营经济发展、不符合生态文明建设和环境保护要求、不符合军民融合发展要求，及与民法典的精神、原则和规定不一致的法规、规章和行政规范性文件的进行集中清理、全面清理，宣布废止《四平市政府性投资项目监督管理办法》规范性文件1件。

【行政执法人员资格管理】 2020年，行政执法人员资格智能备案工作稳步推进，全地区录入系统的持证行政执法人员6045人，其中市直部门1654人、持省政府证836人、持部委证815人、持双证15人。在四平广播电视台《新视界》栏目中开办《行政检查备案智能综合管理系统》专题。

【行政复议案件办理】 依法办理行政复议案件，按照《中华人民共和国行政复议法》《中华人民共和国行政复议法实施条例》的规定，发挥行政复议的内部救济功能和层级监督功能，促进行政机关依法行政，维护公民、法人和其他组织的合法权益的职能。2020年，收到各类行政复议申请120件，其中立案43件，审结36件，正在审理中7件。

【行政应诉】 2020年，市中级法院收到各级人民法院行政应诉案件22件，其中未开庭审理案件5件，结案案件17件。

【市政府法律顾问团业务开展】 四平市办理涉法事务48件，其中合同协议35件、诉讼（出庭应诉）1件、会议1件、其他涉法事务11件。

（王庆宇）

公 安

【概况】 2020年，四平市围绕“创建全国最安全地区”目标，强化主责主业，坚持固本强基，勇于攻坚克难，争创一流业绩。“昆仑2020”专项行动吉林省排名第一、“云剑2020”专项行动排名第二、“净边2020”专项行动排名第三，打击治理跨境赌博工作排名第三并在全省介绍经验。公安工作省、市领导批示肯定47次。四平连续5年入围“中国最安全城市”榜单。四平市公安局作为吉林省厅“坚持政治建警全面从严治警”教育整顿试点单位，工作做法被公安部整顿办刊发，在全省公安机关推进会上介绍经验。出入境管理局获评第六届全国文明单位，金盾志愿者服务队被评为“吉林省优秀志愿服务组织标兵”，治安支队长王雨被评为全国公安系统抗击新冠肺炎疫情先进个人。《四平警事》创作者董政被中国互联网发展基金会评为“百项网络正能量榜样”，抖音账号获中央政法委“四个一百”、中央网信办“五个一百”、人民公安报社优秀公安抖音账号等奖项。在全省警务技能实战比武竞赛中，获派出所系统团体第一名、经侦系统第三名，市公安局被公安部城市警务中心确定为研究基地。十九届五中全会交通安保工作被省厅记集体二等功。

7月6日，公安干警在梨树县高考考点为考生提供安全保护

（关慧琦 供图）

【情报指挥中心建设】 2020年，四平市公安局情报指挥中心（以下简称“情指中心”）全年接电话报警224929起，有效电话报警48896起，其中刑事警情910起，治安警情3290起，交通事故13906起，火灾警情65起，事故警情1起，求助警情17480起，咨询警情4640起，举报警情698起，纠纷警情7689起，其他警情218起。处警科对有效警情录入信息、反馈信息进行核查，发现错误有效警情录入信息、反馈信息3555条，占有效警情的7.27%。新冠肺炎疫情防控工作期间，情指中心接收省厅下发的各类疫情数据信息129279条，经筛查下发给各地71133条。接收省公安厅推送四平市人员必查清单143批2257条。情指中心接收电围数据41990条，电话回访11613条。

【刑事案件侦查】 2020年，全市各类刑事案件立案4493起，破案1765起。命案比2019年下降23.5%，命案现案全部破获，连续4年保持命案现案侦破率100%。命案积案超额完成既定任务指标。抓获命案逃犯8人，超额2人完成既定任务指标。

【经济案件侦查】 全年受理经济案件170起，立案135起，破案106起，抓获犯罪嫌疑人160人，为国家、企业和人民群众挽回经济损失6400万元。侦破特大跨境网络赌博案，涉案金额13亿元，打掉为网络赌博提供结算业务的地下钱庄2个。破获四平市某公司逃税案等系列大要案件，连带破获“5·21”吉林省首个医药CSO虚开增值税发票案，虚开金额10.2亿元。办理非法吸收公众存款案3个。

【毒品案件侦查】 2020年，市公安局以“净边2020”专项行动为中心，建立“集群打击”工作体系，制定下发行动方案，调整人员，细化打处贩毒人员数、打掉团伙、“拔钉追逃”数和外流人员等工作指标。侦破部级毒品目标案件2起，打处毒品犯罪嫌疑人64人，决定强制隔离戒毒21人，查获吸毒人员60人，缴获毒品3.9千克。四平市在吉林省缉毒执法绩效暨“净边2020”专项行动考核中排名全省第三位。侦破公安部“2020—245号”毒品目标案件，抓获涉毒人员31人，缴获毒品1.99千克，收缴毒资101.06万元，打掉横跨吉林、四川两省涉嫌运输、贩卖毒品的犯罪团伙1个；完成公安部“2020—65号”毒品目标案件集中收网行动，打处涉毒犯罪嫌疑人20人，查获吸毒人员23人，强制隔离戒毒6人，收缴毒品1.4千克，麻古3000余粒，扣押毒资50万元，涉案车辆3台。6月，以“全民禁毒宣传月”为契机，通过线上、线下相结合的方式开展系列禁毒宣传活动。禁毒“云上”四平烽火台点亮292.2万次，参与禁毒有奖答题15372人，开展禁毒微直播、禁毒先锋宣传投票等活动。依托抖音公众号“四平警事”发布禁毒宣传短视频2个。在《中国禁毒报》、人民网、《吉林日报》等媒体发稿10篇。

【电信案件侦查】 四平市依托反电信诈骗中心，狠抓宣传防范、电话预警拦截、接警止付、资金流查控等工作，打击防范电信网络诈骗。全市抓获电信诈骗犯罪嫌疑人504人，比2019年同期上升200%，连带破获案件120余起。依托公安部、省公安厅预警信息平台，电话提醒被骗当事人2000次，冻结止付涉案钱款500万元。

【户政“放管服”和“只跑一次”改革】 全市各级户政窗口秉持“三零”（业务办理零差错、零矛盾、零投诉）目标，继续推进户政“放管服”和“只跑一次”改革，优化户籍业务办理流程，推进预约服务、延时服务、上门服务、特事特办、开设绿色通道、服务民营企业窗口等便民服务举措。下发《关于强力推进居民身份证网上办理业务的紧急通知》，组织全市户政窗口民警熟知“互联网+公安”综合服务平台业务办理。

【“一标三实”信息采集工作】 市公安局与市供电公司对接，推进“一标三实”信息采集工作，联合下发《关于做好“公安地址+电力用户”大数据信息共享应用工作的通知》。逐人核查省厅推送的实有人口信息，更新维护出租房屋、暂住人口、从业人员、行业场所、重点人口等易变动信息。《实有人口信息管理系统》中推送电力信息数据125.19万条，标记124.83万条，完成率99.72%，完成省厅确定的工作目标的95%。

【“一格一警”工程建设】 2020年，市公安局推进“一格一警”工程建设，制定下发《四平市公安局推进“一格一警”工程建设实施方案》，统筹各县（市）区公安局组织派出所统一划分辖区内网格，每个网格以封闭小区、独立院落为单元，以不低于500户为基准，四平市110个社区，划分网格253个，配备网格辅警253人，形成社区民警带领网格辅警、网格辅警统筹社区网格员共同管理社区的警务工作模式。

【出入境与往来港澳台管理】 全年受理出入境证件2490个，护照1143个，港澳通行证（含签注）1105个，往来台湾通行证242个，办证量比2019年下降近80%。在通过国家级标准化试点最终验收的基础上，按照移民局实际要求修订整改内控标准272个。

【危险化学品等行业管理】 四平市有危险化学品单位51家，剧毒从业单位28家，放射源单位12家，烟花爆竹经营单位

9 家、民爆单位 9 家，建立管理档案，录入系统进行信息化管理。公共安全大队组织指导各县（市）区局治安大队，从危险品的审批、储存、运输和销售等环节入手，开展风险隐患排查，发现整改风险隐患 15 处。完成重点时段安保维稳工作任务。

【交通安全管理】 全市发生一般以上道路交通事故 934 起，死亡 128 人，受伤 1033 人，经济损失 347.2 万元，分别比 2019 年同期下降 18.78%、14.67%、20.54%、83.65%，交通事故死亡人数比 2019 年同期减少 22 人，杜绝一次死亡 3 人以上较大交通事故。交管支队施划交通标线 6.4 万平方米，停车泊位 2.2 万个，维修被撞护栏 960 米，新装护栏 486 米，更换挪建护栏 1260 米，临时搭建护栏 2100 米。

【城市环境整治专项行动】 市公安局联合市场监督管理局等职能部门，开展为期 1 个月的重点整治校园周边食宿班的专项行动，专项行动排查非法食宿班 80 户，取缔和自行关停 61 户。联合园林管理处、铁西广场管理办公室、铁西执法局等部门对铁西广场夜间秩序进行清理整治专项行动，清理驶入广场的摩托车、电动车等车辆 600 台，清理摆摊经营 300 处，告诫经营沙滩摩托车业户移除沙滩摩托车 70 台，劝阻遛狗行为 80 起。开展打击“两违”建筑专项行动 100 人次警力，拆除违法违规建筑 500 平方米。配合水利局水资源办查处违法违规用水和私自取用地下水的洗车房 8 家、洗浴场所 9 家。

【监所安全管理】 开展四类风险隐患排查整治工作，排查问题隐患 9 条，整改 6 条，完成排查整改任务 67%。公安监所集中开展“查隐患、堵漏洞、抓队伍、保安全”专项行动，排查整治各类安全隐患和突出问题 47 项，整改 45 项，整改完成任务 96%，公安监所实现疫情零感染、安全零事故工作目标。新冠肺炎疫情防控期间，四平市监所开启战时封闭管理勤务模式，严守场所封闭管理、人员核酸检测、收押过渡隔离“三条底线”，把住入口关、隔离关、防治关、封闭关、就医关、出所关、指导关、落实关。

【安保维稳】 围绕“平安校园”“平安医院”“平安三电”“平安油区”“平安金融”等平安创建工作，全年制定相关工作方案 11 个，集中开展内部单位安全大检查 4 次，发现各类安全隐患等不安定因素问题 633 处，下达整改通知 98 份，调处各类矛盾纠纷 5 起，清理整改重点单位周边治安乱点 27 处。强化重点领域信息员布建，完善线索摸排上报机制，组织专人到高校、中小学校园、医疗机构、三电油气单位等重点领域、重点群体及重点部位，对各类违法犯罪线索进行系统摸排收集，收集各类违法犯罪线索 15 条，督导指导破案 6 起，打处各类违法及犯罪嫌疑人 25 人，其中侦办考试作弊案件 1 起，抓获违法犯罪嫌疑人 2 人，全年起诉嫌疑人 12 人。开展“政治安全、社会稳定、公共安全、队伍管理”风险隐患排查整治行动，发现整改隐患 10226 处。围绕重要节点重大警卫安保，开展“平安系列”集中清查统一行动 7 次。完成“两会”、十九届五中全会等重要会事活动和节假日等重要节点安保工作。工作做法受到省委常委、省委政法委书记侯淅珉，副省长、公安厅厅长刘金波批示肯定，在全省政法机关推广。

（关慧琦）

检 察

【概况】 2020 年，四平市人民检察院坚持党对检察工作的绝对领导，重要工作、重大事项向市委及市委政法委请示报告 3 次。落实法治讲堂、业务练兵等实训举措，组织参加民法典学习 216 人次。强化检察信息宣传及调研工作，被省级以上单位采用信息 37 篇、调研文章 6 篇。履行“两个主体”责任，开展专项督察 4 次，提醒谈话 68 人次，出台司法风险防控指引，梳理履职风险点 56 个，对重点岗位、重点领域和关键环节全流程监控。打击非法集资、传销等涉众型经济犯罪 121 人，挽回经济损失 2.2 亿元。打击破坏生态环境资源犯罪，起诉 137 人。打击侵犯企业合法权益犯罪，起诉破坏经济秩序犯罪 416 人，对民营企业人员涉罪案件不批捕15人，不起诉12人。市、区两级检察院办理重大疑难复杂案件785件，列席审委会讨论案件11件。健全法律监督机制，适用认罪认罚从宽审结各类案件2258件3098人，提出量刑建议1837人，法院采纳率92.5%，出台提前介入公安机关刑事案件侦查规定、公益保护一体化办案实施办法等12项机制。推进检务公开，发布程序性信息4860条，法律文书2682份，重要案件信息273条，重点评查案件816件，整改评查发现的不规范问题53处。组织人民监督员参与检察工作60余次，听取意见建议28条。全市检察机关批准逮捕1247人，提起公诉3085人，其中打击危害公共安全等犯罪376人，严惩恶意欠薪犯罪9人，帮助290名务工人员追回被拖欠工资900万元。重点打击食品药品安全领域犯罪，依法起诉133人。批捕起诉准确率100%，移送涉黑涉恶线索86件，针对监管漏洞制发检察建议56件。

【职务犯罪案件办理】 2020年，市检察院起诉职务犯罪案件39件42人，推进适时介入，适时介入率100%。依法对6名司法工作人员职务犯罪案件提起公诉，做出生效有罪判决。

【刑事诉讼监督】 2020年，市检察院监督公安机关立案25人，撤案17人，纠正漏捕8人，纠正漏诉32人，提出纠正违法85件次。对认为确有错误的判决提出抗诉15件。

【未成年人司法保护】 市检察院落实“一号检察建议”，强化未成年人司法保护，批捕未检案件41件58人；不捕案件12件18人；起诉案件61件105人，不起诉案件21件37人，提起抗诉2件。推进“护苗”“净网”工作，开展校园法治巡讲14次，市检察院检察官连续3年参加央视《法律讲堂》栏目。

【刑事执行监督】 2020年，四平市开展重大案件讯问合法性核查8件，对无羁押必要的建议变更强制措施66人。监督纠正社区矫正漏管案件6件6人，提出检察建议9件9人。对财产刑执行核查588人，涉案金额1700万元，提出书面纠正意见12件。审查罪犯减刑、假释等案件2117件，对巡回检察中发现问题发送检察建议8件。

【控告申诉检察】 市检察院做到“群众来信件件有回复”，对收到的216件来信和接待的588次上访，全部实现7日内程序性回复、3个月内实体性答复。市检察院被最高检评为“全国文明接待室”。开展对“因案致贫”被害人的司法救助，依法为受到犯罪侵害的25名贫困群众申请司法救助金69万元。

【民事行政诉讼监督】 全年回应群众诉求，受理各类民事监督案件356件。受理不服生效裁判监督案件100件，向省检察院提请抗诉5件。向审判机关提出抗诉7件，提出再审检察建议9件。深入开展执行监督，发出检察建议164件，审判机关全部采纳。受理行政诉讼监督案件17件，其中做出不支持监督申请决定13件，向省院提请抗诉4件（省院支持2件）。化解行政争议10件。开展行政执行活动监督，提出检察建议54件，对行政机关不当履职提出检察建议51件。

【检察公益保护】 全年下发诉前检察建议196件，移送法院起诉22件，提起刑事附带民事公益诉讼案件14件。开展野生动物资源保护专项行动，发出行政公益诉讼诉前检察建议9件，提起刑事附带民事公益诉讼7件。办理影响消防安全等新类型案件27件。起诉非法占用耕地等犯罪37人，办理涉土地承包、流转监督案件4件，对破坏、占用土地行为发出诉前检察建议43件，提起公益诉讼5件，移送刑事犯罪线索1件。

（赵　永）

法　院

【概况】 2020年，全市法院受理各类案件30017件，审（执）结29492件，结案率98.25%，其中四平市法院受理各类案件4705件，审（执）结4587件，结案率97.49%。2名法官被评为吉林省审判业务专家，1篇论文获全国法院第三十二届学术讨论会二等奖，3个集体和个人的案例、论文被省级以上刊物选用。刊发《四平法苑》，开展全市“最美人民法官”评选活动。全市法院与同级综治中心

1月10日，四平市中级人民法院法官到下三台水库水源地保护现场处置纠纷

（费季为 摄）

对接，定期到巡回审判点和“百姓说事、法官说法”点开展诉讼协调服务和宣讲《民法典》。市法院与市人民银行、市银保监局等部门成立金融消费纠纷人民调解委员会，设立金融消费纠纷调解中心，依法审理金融借贷类案件1069件。开通涉贫案件立案、审理、执行“绿色通道”。加强公益司法保护与行政执法衔接，审理环境资源类案件138件。市法院审理的四平市首例环境民事公益诉讼案件，入选吉林省环境资源审判典型案例。市法院立案二庭被吉林省高级人民法院记集体二等功。

【刑事审判】 全年审结刑事案件2369件，结案率93.82%。依法审理扰乱公共秩序案件338件；依法审理危险驾驶、交通肇事案件678件。审结职务犯罪案件26件32人，其中县处级以上干部11件11人。

【民商事审判】 市法院依法审结劳动争议案件1530件，成立“法院+工会”劳动争议调解工作室。持续做好家事审判，推行离婚冷静期制度，审理婚姻家庭纠纷案件1503件。

【行政审判】 2020年，市法院依法审结行政诉讼案件415件，并推动构建府院联动机制，建立“1+7”工作机制，实质性化解行政争议，行政机关败诉率比2019年下降1.8个百分点。

【案件执行工作】 市法院推行“执行员+法警+书记员”团队化办案模式，开展“发挥执行职能，做好‘六稳’工作，落实‘六保’任务”专项执行行动，采取失信惩戒措施902人次，执结案件6122件，执结率99.77%，执行到位标的24.06亿元，执行到位率51.08%，比2019年上升18.4个百分点。执行质效指标工作经验被人民网报道。协调吉林省高级人民法院、长春市中级人民法院解除盛世华城等房地产项目用地土地使用权的查封，3000户居民办理产权证照。

【法院体制改革】 2020年，四平市推进“厅网巡线”一体化诉讼服务中心建设；推行导诉、立案、缴费网上办、掌上办；推行诉讼服务“好差评”制度，群众好评率99.88%。深化“分调裁审”机制改革，市法院一审案件简易程序适用率88.03%；一审案件服判息诉率94.92%；诉讼、执行案件平均用时同比分别缩短11.1天、65.3天。外迁内设法庭8个，新设人民法庭6个，在乡镇、村屯成立巡回审判点39个。

【“一站式”诉讼服务】 2020年，四平市依托“一站式”诉讼服务中心建设，开展矛盾纠纷多元化解工作，新收案件比2019年下降14.03%。四平市铁西区人民法院被评为全国“一站式”多元解纷与诉讼服务体系建设先进单位。

【优化营商法治环境】 开展推进法治化营商环境建设专项行动，召开第四届法企共建座谈会，印发《关于充分发挥审判职能作用营造法治化营商环境支持民营经济大发展的实施意见》，审结涉企案件4442件，结案率89.32%，执行到位标的1.52亿元。落实《民营企业及经营者轻微犯罪依法免责免罚清单》，依法适用企业经营者19人。开展涉产权和企业家权益冤错案件甄别纠正专项行动，保障企业产权和企业家合法权益。支持企业家创新创业，加强知识产权司法保护，专业化审理相关案件55件。市法院参与“出清企业”有序破产，指导成立四平市破产管理人协会。

【“加强管理年”活动】 开展“加强管理年”活动，全市法院坚持重点问题整治和制度建设并重，完善制度257项，建立案件质效周通报、月调度、定期评查的管理模式，定期开展督导，发现并反馈问题145个，开展规范司法行为专项整治行动，整改问题51个。

（齐　龙）

司法行政

【公共法律服务】 2020年，四平市建设公共法律服务“三大平台”，全市司法行政系统建成公共法律服务中心5个，乡镇（街道）公共法律服务站76个，公共法律服务村居（室）910个。全市“12348”热线平台解答群众法律咨询6000余次，全市法律援助机构办理法律援助案件800件，全市公证机构办理公证10000件，全市司法鉴定机构完成鉴定案件500件，仲裁机构办理案件32件，标的额16800万元。为全市群众提供各类公共法律服务2500次。

【公益法律服务团】 组织成立四平市律师行业新冠肺炎疫情防控公益法律服务团，按地区设立六个服务团队为疫情防控和企业复产复工提供法律咨询。组织律师深入顾问单位、有法律服务需求的民营企业、遇到经营困难的企业开展“法治体检”活动。通过网络微信、四平市企业家协会、四平市企业会联合会等公共平台，主动出具《全市工商企业家非常时期防范风险意识法律意见书》，整理出涉企30项风险及应对策略，警示全市企业疫情期间经营风险。设立电话、网络等法治体检咨询热线，为企业提供24小时的法律咨询服务，解答法律问题300人次。全市律师完成民营企业法治体检200家。

【戒毒管理】 加强对强制隔离戒毒场所安全的检查指导，在春节及“两会”期间多次到戒毒场所进行场所安全及违禁品检查。加强禁毒宣传，组织全市司法行政戒毒系统参加“禁毒烽火闪亮云间”四平“云上”宣传活动。禁毒宣传月发放禁毒宣传单10000份、禁毒教育读本600本、宣传展板3块、张贴禁毒标语50幅。在第33个“世界艾滋病日”开展“携手抗艾、共担健康责任”宣传活动。对各县（市）区社区没有开展戒毒康复工作的部门进行指导，根据工作实际以及戒毒人员分布情况，组建社区戒毒社区康复机构75个，社区戒毒社区康复基础工作站74个，中心工作站2个，帮教小组74个。

【人民调解】 开展专项排查，在春节、“五一”、“十一”和中秋节等重点时间节点开展矛盾纠纷排查化解专项活动，围绕市政法委《关于全市开展社会矛盾纠纷化解排查工作方案》要求，指导司法所和人民调解组织深入开展矛盾纠纷预防、排查、调处。全市建立“百姓说事点”1177个，其中39个“百姓说事点”升级为个人调解室，成立个人品牌调解室9家。拓展行业性、专业性人民调解组织建设，协调市中级人民法院和人民银行备案成立四平市金融消费纠纷人民调解委员会。

【社区矫正】 市司法局组织召开四平市《社区矫正法》学习培训工作专题会议，通过市委依法治市办将《中共吉林省委全面依法治省委员会办公室关于在全省组织开展学习宣传贯彻〈社区矫正法〉工作的通知》转发到全市。按照《关于在全市开展创建社区矫正工作“五化建设”达标司法所活动实施方案》的要求，联合市检察院对全市5家社区矫正中心、36家司法所社区矫正工作进行考核验收。印发《关于做好国家重大节日、重要时间节点全市社区矫正安全稳定工作的通知》，要求各县(市）区司法局对在册的社区矫正对象进行一次深入走访排查，认真梳理分析可能存在的安全隐患和矛盾纠纷，彻底整治排查出的问题。

【法治宣传】 市司法局组织部署《民法典》学习宣传，印发

12 月 16 日，吉林省重点人群工作组到天桥社区戒毒（康复）工作站检查戒毒康复工作

（王庆宇 供图）

《民法典学习宣传工作实施方案》，将《民法典》列入全市干部教育培训计划。在全市社区发放《民法典》宣传折页 10000 张、宣传海报 2000 张、普法宣传手册 5000 册，向市委、市人大、市政府、市政协发放《民法典》147 册。在全市 125 个贫困村组织开展《民法典》讲座。组织开展“七五”普法总结验收工作，印发“七五”普法迎检方案，部署各县（市）区各部门全面开展迎检工作。按照省司法厅普法验收要求，整理完成10 类、32 个分项材料，文件方案类材料 220 份，照片 1000 张上报到省厅普法验收平台。组织开展以“深入学习宣传习近平法治思想 大力弘扬宪法精神”为主题的宪法宣传系列活动。12 月 1 日至6 日“宪法宣传周”主场活动在铁西区英雄广场举办，市直部门、中省直 61 个部门参加活动。现场展出宣传板 130 块，悬挂条幅 80 幅，设立咨询台 8 处，解答群众法律咨询 200 人次，发放各类宣传资料 6000 份。宪法宣传周期间，利用公共场所、居民小区、宾馆、临街商铺 LED 显示屏，户外大型广告屏滚动播放宪法宣传标语、宣传海报、宣传视频等公益广告。

（王庆宇）

仲 裁

【概况】 四平仲裁委员会是四平市人民政府依据《中华人民共和国仲裁法》组建的四平地区唯一的常设仲裁机构，职能是以仲裁方式公正及时地解决平等主体的公民、法人和其他组织之间发生的合同纠纷和其他财产纠纷。至 2020 年年末，有仲裁员 67 人，均为各领域内的知名教授、研究员、高级经济师、高级工程师、高级律师、高级法官、医学教授等，能够为当事人提供优质专业的仲裁服务。

【民商事仲裁】 2020 年，四平仲裁委员会受理民商事仲裁案件 34 件，标的额 1.6 亿元。其中涉及建筑工程领域 4 件，房地产领域 9 件，知识产权领域 3 件，买卖合同纠纷 15 件，其他领域 3 件。

【企业仲裁服务】 2020 年，四平仲裁委员会办理服务企业仲裁案件 33 件。为在新冠肺炎疫情期间需要咨询、立案的中小企业开通“绿色通道”，本着就近、快捷、经济、灵活的原则，在尊重各方当事人意愿的基础上，提高办案效率，节约当事人办案成本，方便民营企业，特别是困难企业通过仲裁化解纠纷，受疫情影响导致生产经营困难的中小企业，可以申请缓交仲裁费，缓交期限一般为仲裁庭组庭前，特别困难的，延长至首次开庭前。

（王庆宇）

军 事

MILITARY

四平军分区

【概况】 2020年，四平军分区落实军委国防动员部、吉林省军区党委决策指示和四平市委有关要求，坚持政治建军，聚焦备战打仗，突出动员主业，深化改革转型，狠抓疫情防控，军分区全面建设稳步提升。6月，根据国务院批复，四平市代管的县级公主岭市变更为长春市代管。12月，公主岭市人民武装部转隶长春警备区，2021年1月起执行。

【党管武装】 2020年，各级党委重视党管武装工作，落实第一书记述职、现场办公等制度，市、县"第一书记"坚持重要事项过问、重点工作协调。协调召开四平市委常委议军会暨军事日活动，研究推进军事斗争、国防动员准备、后备力量建设、红色文化培训4个方面工作。

【思想政治建设】 2020年，落实党委中心组理论学习制度，坚持党委成员宣讲领学、交流导学、实践促学，组织党委中心组理论学习12次。巩固深化"传承红色基因、担当强军重任"和"不忘初心、牢记使命"主题教育成果，区分4个专题集中授课辅导。利用视频系统，采取随机抽点方式组织讨论交流。举办庆祝中华人民共和国成立71周年和建党99周年系列活动，组织全体官兵到四平"塔子山"战斗遗址、四平战役纪念馆参观见学，到烈士陵园祭奠英烈等。注重加强经常性思想教育和"四反教育"，推进舆论法理斗争和心理攻防应急力量建设。深化全民国防教育，持续开展全民国防教育日宣传活动。全年在各级媒体发表稿件86篇，在吉林省军区《要讯》刊登稿件21篇。

【应急应战能力建设】 2020年，新建改建民兵训练基地和民兵应急营连部，增购补充装备器材，指挥所实现标准化配载，基础设施配套完善。采取统一规范、集中会审方式，组织所属人武部完成制案、修案、落案。开展首长机关训练，分批次进行考核，人人建立训练档案，完成民兵分队年度训练任务。按照"国动委牵头抓总、

9月30日，四平市烈士公祭活动在烈士陵园举行

（马亮　供图）

职能部门按职领编”模式，完成全市普通民兵和基干民兵编建任务。为保障四平市防汛、防台风行动，组织军分区、人武部两级民兵抢险救灾分队集中备勤2000人次。参加吉林省军区组织的文职人员参谋业务集训暨比武考核，取得第二名；代表吉林省接受军委国防动员部组织的民兵调整改革检查考评，获第四名。

【国防动员建设】 2020年，坚持以征兵“五率”考评细则为抓手，持续优化兵员结构，坚决落实廉洁征兵，不断提升征兵质量，完成征兵任务，大学生征集比例为80.5%。组织专武干部履职能力培训，开展专武干部资格认证考核。全年77名专武干部通过考核、持证上岗。发挥市国防动员委员会职能作用，做好国防动员各项准备。多次组织召开全市专项动员任务对接会和国防动员潜力调查任务部署会，完成各项国防动员工作任务。

【依法治军建设】 2020年，军分区党委结合抓“四个秩序”规范试点建设，加强部队正规化建设，强化安全发展意识。两级党委筹措资金，推进硬件基础设施升级改造，规范、完善软件使之常态化运行。军分区注重抓安全训练、抓制度规范、抓配套建设，落实安全形势分析制度，采取定期检查、专项整治、风险评估等措施，持续开展安全隐患排查整治，在吉林省军区组织的安全大检查中排名第一。代表省军区接受军委国防动员部安全保密大检查，取得第三名。

【后装服务保障】 2020年，坚持严格党委理财，落实“集中采购”制度，做到“能统尽统”。根据中央军委部署安排，取消家底经费、结余经费上缴。为机关营院修建隔离墙、改造变压器、更换炮库彩钢瓦和栽种云杉等树木。军地联合打击军服制假售假，全市军服售卖商店下架军服制品。以战时状态抓好新冠肺炎疫情防控，落实人员管控、排查隔离、专业消杀等规定，做好防疫物资筹措发放，实现“零感染”目标。组织新配发补充制式装备，加强民兵装备仓库建设，正规管理秩序，完善技防手段，提升信息化水平，完成退役报废武器装备转运销毁工作。军分区被吉林省军区评为“退役报废武器销毁处理先进单位”。

（张文革）

武警四平支队

【概况】 2020年，武警四平支队党委贯彻总队党委决策部署，带领官兵练兵备战，强基固本，脚踏实地，狠抓落实，部队建设呈现向上向好发展态势。完成“十三五”规划攻坚任务，伊通、梨树中队“智慧磐石”工程建设，支队军史长廊和基层荣誉墙建设，基础设施改造项目等，暖心惠兵“十件实事”全部落地。

【思想政治建设】 2020年，坚持用习近平强军思想武装头脑，以《习近平谈治国理政》第三卷等为基本教材，党委中心组先学一步、理论骨干深学一层、机关基层全员覆盖，推动理论武装走深走实。以“传承红色基因、担当强军重任”主题教育为牵引，依托军史长廊和荣誉墙建设，用活“四战四平”红色资源，引领官兵在新时代“传承英雄精神，走好英雄道路”。注重常态落实教育制度，全年抽查教育教案300份，推门听课、视频查教30次，组织群众性思想辨析11次，录像辅导5次，开展“我最喜欢习主席的一句话”“强军故事会”“饭堂小广播”等活动。组织教（指）导员精品课和“双百”微课评比，让24名“红肩章”小教员走上讲台，用兵言发兵声、用兵语讲兵事，提升政治教员队伍讲理论、搞教育能力。开展“治五不、讲三爱”“心连心交朋友”和“深知兵、真爱兵、育好兵”活动，结合蹲点调研和安全检查，组织官兵思想摸排和心理疏导10次，帮助2名士官解决婚恋家庭问题、2名伤残士官解决退役医疗保障问题，为30名官兵发放困难补助。

【“弘扬家国情，共筑强军梦”系列表彰】 2020年，支队举办“弘扬家国情，共筑强军梦”系列表彰活动，表彰部队建设中的先进典型和军嫂，将典型事迹上灯箱、进画册、入队史。郭昊林微课被武警部队评为“双百”优质微课，武昀浩、李真被总队评为“十佳‘四会’政治教员”，逄志强被总队表彰为新媒体宣传先进个人。

【基层建设】 2020年，支队党委坚持工作精力倾注基层，人力物力倾斜基层，评比表彰倾向基层。按照“强弱搭配、性格互补、新老结合、军政兼顾”原则，配备基层主官。党委机关到基层蹲点帮建7批次402天，随机下部队检查100次，发现解决实际问题20个。尊重大队日常工作统筹计划权、干部选拔任用和士官选晋推荐权、党员发展和骨干配备决定权等各项职权，按照《大队工作基本规范》建设大队。累计投入200万元，为基层新建基础设施、维修老旧营房、购买给养器材。基层表彰奖励指标占支队总数的90%以上。

【练兵备战】 2020年，支队以专项任务准备为牵引，精修方案计划，细化力量编成，突出首长机关快捷式、精密式指挥法训练和任务部队专攻精练，遂行任务能力在“卫士”演习中得到检验。紧盯基础训练短板弱项，以“消灭不及格，提高优良率”为目标，党委机关带头参训，全员普训。组织野外驻训和“魔鬼周”训练。常态抓好执勤能力提升和执勤隐患治理，稳步推进科技强勤。

【安全工作】 2020年，支队贯彻总队正规化建设集训精神，更换办公设施、翻新生活环境、改造老旧库室。配发智能手机柜15个，协调电信运营商搭建手机跟踪管控平台，完善主官主抓、一机一卡、人机联控的管理机制。全年组织拉网式安全排查7次，治理隐患20处，解散工作微信群43个，办公电脑USB接口物理封堵率100%。

【后勤保障】 2020年，支队围绕建设“打仗型”后勤，修订完善应急保障方案10类，补充战备物资装备170件套，升级改造机关基层战备库（室）；与驻地供应商和银行签订战备保障协议7类，建立日常定点化、任务多元化的社会化保障体系；组织“一组五队”常态演练和后勤实战化比武，完成野外驻训、“魔鬼周”极限训练和新兵野营拉练伴随保障任务。采取观摩学习、审定食谱、实地和网络检查等措施，加大伙食管理力度，官兵伙食满意度98%。落实新冠肺炎疫情防控要求，封闭管理、配齐物资、集中隔离，实现“不传入、零感染”的防疫目标。

（丁自强）

1月11日，武警四平支队特战队员到某片区参加“魔鬼周”极限训练

（丁自强　供图）

退役军人事务

【概况】 2020年，四平退役军人事务局按照国家退役军人相关政策，根据上级工作要求和部署，进一步提升退役军人服务保障水平。安置接收军转干部和转业士官；平级调整正科级干部1人、提拔调整正科级干部4人、副科级干部2人，八级职员转正1人，完成职级晋升2人。四平市第八次被命名为全国双拥模范城，军休中心第三党支部被市委组织部评为“全市离退休干部先进集体”，烈士陵园管理中心获中共四平市委宣传部、四平市教育局、四平市文化广播电视和旅游局联合颁发的2020年“四平市学生综合素质评价社会实践基地”“四平市学生研学实践基地”荣誉牌匾，获四平市精神文明建设指

导委员会颁发的2020年“文明服务示范窗口”荣誉牌匾。为四平战役纪念馆展馆改陈布展及实施扩建充实馆藏，联系四战四平参战部队战斗英雄、指战员及其后代，收集与四平战役相关的历史文献资料、指战员的回忆录、影像资料、照片，以及立功证书、奖章、烈士证明、军装等实物。在清明节，国庆节、“9·30”公祭日等重要时间节点，开展“红色九月、彪炳历史、照亮未来”等主题教育活动。组织参加1950年全国英模大会的英模后人11人，开展“英雄后人重走父辈路”主题活动。与今日头条寻人板块合作，开展“为烈士寻亲”活动，通过寻人板块上传125条信息，为9名烈士找到亲属。迁回散葬烈士墓2座。

【退役军人安置】 2020年，四平市完成接收计划分配军队转业干部和符合政府安排工作转业士官工作，实现计划分配军转干部100%安置进入公务员（参公）岗位，转业士官100%安置到事业单位和中央企业的“双百”工作目标。完成自主择业军转干部、军队离退休人员和伤病残退役士兵接收落户及转文职人员工作。完成部分退役士兵社保接续工作，为养老保险断缴退役士兵按服务年限进行补缴。

【优抚工作】 9月30日，四平市在烈士陵园组织开展全市烈士公祭活动，市领导、机关干部、驻四平部队、学校师生、烈士家属及社会各界群众代表1300人参加。开展“最美退役军人”推荐评选活动，制定《关于四平市最美退役军人推荐评选活动方案》，在《四平日报》上刊登公告，在《今日头条》新闻平台上发布，15人被评为四平市“最美退役军人”。

【档案工作】 2020年，市退役军人事务局组织整理归档永久文书档案495件、30年文书档案104件、10年档案265件、永久照片档案17组50张，将永久档案和30年档案进行电子化；完成2019年度文书档案和照片档案年度归档验收工作，获得合格证。

【退役军人政务服务】 2020年，对照国家及省级目录，组织完成政务服务事项清单7项、服务指南及流程图标准化梳理和依申请政务服务事项复用工作，形成办事流程图，明晰工作脉络，确定受理条件和申请材料。对依申请政务服务事项承诺办理时限在法定时限基础上压减50%。调整政务公开工作领导小组和公共资源配置政务公开工作领导小组，编制发布政府信息公开指南和政府信息主动公开目录清单。

【“五有”建设】 2020年，市退役军人事务局推进全市县、乡、村三级服务中心（站）“五有”（有机构、有编制、有人员、有经费、有保障）建设任务。配

表11 四平市第一届“最美退役军人”一览表

序号	姓名	工作单位	序号	姓名	工作单位
1	董景江	中共四平市委机构编制委员会办公室监督检查科科长	9	邓立军	梨树县公安局城市管理警察大队教导员
2	高　恩	四平市教育局教育督导室主任	10	张中文	梨树县榆树台镇三合村五社退役军人服务站站长
3	杜东风	四平市公安局治安管理支队三级警长	11	刘　强	中国农业银行梨树支行大堂经理
4	谷立志	四平市民政局副局长	12	张志刚	梨树县农机技术推广总站站长
5	李永飞	四平市梨树灌区管理中心党委办公室主任	13	夏成明	伊通县公安局治安大队民警
6	宋　旭	中国邮政集团有限公司双辽市分公司总经理	14	陈春光	伊通满族自治县救助中心职员
7	张建国	双辽市那木乡跃进村党支部书记	15	李　明	四平市自然资源局铁西分局办公室主任
8	李亚明	梨树县供电公司十家堡供电所所长			

（马　亮）

备工作人员1175人，落实各类经费保障169.5万元。组织全市示范型服务中心（站）推优及互学互鉴现场会和落实75项标准互学互鉴现场会2场，完成示范型服务中心5个，示范型服务站55个，乡街级服务站创建率71%。

【退役军人就业创业】 2020年，成立市退役军人就业创业指导团队，确保就业创业政策和就业信息人人知晓。按程序考察遴选退役军人培训机构8家，其中市本级培训机构3家，编制退役军人培训目录31项。举办退役军人专场招聘会11场，有11家域内企业参与，部分应聘退役军人通过企业面试、达成用工意向。

【军休干部服务】 2020年，完成军休干部安置接收工作。春节和“八一”期间，分别对离休干部和伤病残干部进行走访慰问，为离休干部落实特需费。为军休干部发放生日蛋糕卡进行生日慰问。对军休遗属进行定期询查。协助病故军休干部家属处理丧葬事宜，按政策落实遗属待遇。组织全体军休干部进行健康体检，重大节日为全体军休干部及遗属购买并发放节日福利，保障军休干部各项待遇落实。妥善解决2名历史遗留遗属补贴问题。

【大学生“带编入伍”】 2020年，为促进市全日制普通高校毕业生就业，实现军地人才融合，加强事业单位干部队伍建设，引导和鼓励高校毕业生到部队建功立业，解决市大学生征兵难题，协调相关部门制定四平市大学生“带编入伍”计划、实施方案。计划在全市事业单位2023年设置岗位，专门用于招聘2021年入伍、2023年退役的全日制普通高校毕业生。

6月10日，四平市退役军人事务局与银行系统拥军优抚协议签署仪式在市工商银行会议室举行

（马亮　供图）

【慰问活动】 2020年，春节和“八一”之际，为驻四平地区部队送去慰问金和空调、洗衣机、冰柜、运动服、运动鞋等慰问品。组织慰问执行特殊任务部队官兵家属1户，送去慰问金1000元。慰问过往部队1次，送去5760元慰问品。

【拥军社区改造】 2020年，组织改造四平市南迎宾街986-8号“拥军社区”，依托拥军社区的“拥军路”，建立双拥宣传展板，整理筛选双拥共建图片70张，悬挂于“拥军路”双侧围栏上，形成双拥长廊1条。

【签署拥军优抚合作协议】 6月10日，市退役军人事务局与驻平8家银行（中国工商银行四平分行、中国农业银行四平分行、中国银行四平分行、中国建设银行四平分行、交通银行四平分行、中国邮政储蓄银行四平分行、四平市城区农村信用合作联社、吉林银行四平分行）签署拥军优抚合作协议。根据合作协议，8家银行将为四平市拥军优抚对象量身定制方式多样的费用减免、高效服务、利率优惠、额度保障等特色金融服务和就业创业资金支持。拥军优抚对象可持军官证、士兵证、退役证、优待证等有效证件，申请办理专属银行卡，并享受免收银行卡工本费、年费、小额账户管理费、国内跨行转账费4项免费服务和存款、创业贷款优惠，财税咨询费用减免政策优惠3项，享受绿色通道优先服务。

【军人子女入学】 2020年，继续实施以“免收择校费、优待分数段”为主要内容的教育拥军优待工程，使军人子女实现“花最低费用，上最好的学校，受最理想的教育”。有军人子女94人享受四平市教育优待。

【随军家属就业安置】 2020年，市退役军人事务局对驻四平部队提出的随军家属就业问题，按对等安置原则，将6名四平区域外家属安置到对应的事业单位；铁东区、铁西区帮助协调落实家属安置，分别安置家属3名。

（马 亮）

人民防空

【概况】 2020年，四平市人防工作按照“战时防空、平时服务、应急支援”的使命任务要求，聚焦专项治理问题整改，坚持以战领建、以战领训、以战领管，加快人防组织指挥、防护工程、通信警报、专业队伍体系建设。

【战备建设】 2020年，市人防办围绕建立统一高效的指挥体系，加快推进党政军联合指挥所人防指挥场所建设，提出项目建议书和可研性报告获吉林省人防办批准。按照体系合理、手段先进、功能高效要求，加强防空警报器建设，实现电声警报器、多媒体警报、太阳能供电等多种警报手段并用。市、县两级实现防空警报系统中央站无线统控，鸣响率100%，主城区警报音响覆盖率100%。以市政府和军分区名义，下发防空指挥部编成方案，明确编成单位平时、战时职责。按照市政府和军分区下发的专业队伍建设方案，重新整组人防专业队伍，优化专业队伍力量结构，新型专业队比例适当。

【人防实战化演练】 2020年，市人防办组织人防机动指挥所到伊通满族自治县拉动演练，参加省人防办组织的检验性评估。参加省人防办组织的洗消专业队集中训练，提升专业队伍保障能力。根据重要经济目标防护试点要求，按照有组织机构、有防护预案、有专业队伍、有应急物资、有防护演练的要求，指导目标单位完善防护预案，在华生燃气公司组织重要经济目标防护试点建设。11月17日，在华生燃气公司进行实兵演练。

9月18日，市人防办在主要街路宣传人防法律法规、防空知识、“三防”知识

（高永生 供图）

【人防工程建设】 2020年，市人防办完善市人防工程建设联合审图、质量监督、联合验收和备案机制。严格人防工程审批程序，批建防空地下室，超额完成省人防办人均防护面积指标任务。

【人防工程专项治理】 2020年，市人防办对照专项巡察和专项治理，梳理党的政治建设、思想建设、组织建设、作风建设和党风廉政建设等7个方面47个突出问题，列出问题清单、任务清单、责任清单进行整改。

【人防服务】 2020年，市人防办清费减负、简政放权，梳理简化人防行政审批和人防责任事项清单，精简审批环节、缩短审批时限、优化审批流程，重新修订人防审批办事指南，梳理“最多跑一次”清单5项，政务服务事项要件减少9个，办事环节减少22个，办理时限减少工作日14个，人防行政审批“最多跑一次”办结率100%。

（高永生）

经济管理

ECONOMIC MANAGEMENT

宏观经济调控

【概况】 2020年，四平市新冠肺炎疫情防控、经济运行、规划编制、项目建设、民生保障、区域合作等各项工作取得新进展。全年地区生产总值完成526.6亿元，比2019年增长3.3%，高于全省0.9个百分点，增速在全省9个市（州）中排名第三。

【经济运行监测】 2020年，四平市制定下发《四平市经济运行高质量发展指标体系责任分工方案（试行）》，落实经济运行分析制度，实行月调度、季分析，市委常委会议每季度研究经济运行情况，市政府不定期召开经济运行调度会议，分析经济运行中存在的问题，研究解决办法，落实推进责任，稳定经济运行。全市农业生产总值增长4.7%，粮食产量44.41亿千克。猪、牛、羊、禽出栏比2019年分别增长2%、3%、22%、-8%，存栏分别增长0.3%、-3%、32%、0.3%。肉、蛋、奶分别增长0.7%、-13%、-12%，总量减少6%。经济作物产量增长5.8%。水产品产量增长3%。规上工业总产值增长4.1%，其中50户重点企业产值占工业总产值的81.6%，增长3.0%。规上工业增加值增长5.7%。建筑业产值增长19%。服务业增加值增长1.9%，其中房地产业增加值增长8.1%，营利性服务业增加值增长9.9%，交通运输、仓储和邮政业增加值下降1.1%，批发零售业增加值下降3.9%，住宿餐饮业增加值下降3.4%。固定资产投资增长10.1%。效益指标、先行指标实现“一增收 一稳定 两增长”。市区一般公共预算地方级财政收入可比口径增长3.6%。人民币存款余额增长10.7%，贷款余额增长3.54%。全市全社会用电量增长3.68%，其中工业用电量增长4.2%。全市货运总量增长5%，其中铁路货运量增长33%，公路货运量增长5%。

【规划编制】 2020年，市发改委完成《四平市产业布局行动纲要》及20项重大课题研究攻关。组织开展实地调研、座谈

4月18日，四平市“三早”行动项目集中开工现场会在北方农机创新示范基地召开

（刘 勇 供图）

研讨、分课题攻关，形成《四平市国民经济和社会发展第十四个五年规划和2035年远景目标纲要》，经市八届人大七次会议审议通过。

【项目建设】 全年开工复工建设500万元以上项目364个，较2019年增加97个，其中5000万元以上项目224个，较年初计划增加74个。全年入库入统500万元以上项目354个，入库入统达97%。固定资产投资完成161.4亿元，增长10.1%，高于全省1.8个百分点，增速在全省9个市（州）中排名第二。

【产业转型升级】 推进校企合作，呋喃铵盐系列产品、换热器技术产品升级换代，20万吨/年离子膜烧碱装置整体搬迁工程项目建设推进化工产业集聚发展。世宝机械通过年产10万套中重型智能转向系统项目建设，提升产品质量及生产能力，产值增长55%，实现连年高速增长，形成新的经济增长点。助力农业创新发展，发展休闲农业、乡村旅游、农产品加工、电子商务等新产业新业态，铁东区惠丽农场科技示范创业园、铁西区东八大村六之维绿色食品农创园等5个“乡里农创园”纳入省级名单。

【能源项目开发利用】 2020年，四平市完成2019—2020年采暖季清洁取暖评估工作，清洁取暖率80.16%。争取到2020年度风电、光电项目建设计划19.5万千瓦，占全省下达总装机容量的10.8%。围绕“新基建761工程”及专项债券支持的领域，谋划包装能源项目158个。为5个电动汽车充电基础设施项目和2个电能清洁取暖项目，争取到省预算内资金200万元。完成地方政府3天储气能力建设责任目标任务，制定《四平市保能源安全工作实施方案》《四平市大面积停电事件应急预案》。

（刘　勇）

自然资源管理

【概况】 2020年，市自然资源局围绕“12345”（科学编制1个国土空间规划；做好资源保护和要素保障2篇文章；推进机构改革、无籍房办理、土地收储3项工作；抓好土地市场、城区违建、非法采矿、违建别墅4个专项整治；建立完善党建引领、风险防控、民意回应、项目服务、落实督导5项工作机制）的工作思路，落实上级关于自然资源工作的新定位、新要求和新部署，在用地服务、无籍房办理、土地出让等方面取得成效。至年末，土地管理部门办理供地项目52宗，供地面积129.05公顷，收取土地价款28.41亿元，土地净收益17.6亿元。

【国土项目建设】 按照程序依法依规修改和调整部分四平市土地利用总体规划，规划修改项目27个，总面积73.59公顷。其中，中心城区项目8个，调整面积17.83公顷；平西乡项目12个，调整面积48.73公顷；叶赫满族镇项目3个，调整面积4.7公顷；石岭镇项目4个，调整面积2.33公顷。针对开发区1平方公里承载区、“三早”项目、申报国债等重点项目，落实政策、提前介入、科室并联、压缩时限、跟进服务。全

6月25日“土地日”，市自然资源局志愿者开展《中华人民共和国土地管理法》《中华人民共和国城乡规划法》宣传活动

（娄特　供图）

年完成建设项目用地预审与选址意见42件，上报省厅农用地转用手续32件（包括康平路、慧智街、农机产业园等重点项目），总面积545.33公顷。其中，批回31件，面积545.10公顷；省厅会审1件，总面积0.23公顷。

【国土空间规划编制】 市自然资源管理局协调组织编制单位到县（市）、铁东区、铁西区和相关15个市直部门，分期分场调研和座谈，了解各部门的用地需求与对国土空间规划的建议。召开国土空间总体规划前期专题研究会，就“双评价”“双评估”“城镇空间发展战略研究”“城镇开发边界划定”4个专题进行讨论，完成四平市村庄布局规划专题研究。按照要求，重新修改2019年年末提交的生态红线评估成果，汇总县（市）生态红线数据。本着“应扣尽扣”的原则预留足够的发展空间，完善生态红线评估调整成果，通过市政府常务会议审议。四平市生态保护红线成果，报省级审核。

【“放管服”改革】 2020年，深化“放管服”“最多跑一次”改革，成立四个空间规划服务站，下沉基层，主动服务，超前服务，助推项目落地，打通服务项目“最后一公里”。优化工程建设项目审批流程，破解企业难题，助力企业发展。采取建设用地预审和规划选址“两审合一”方式，容缺受理，为40家用地单位、100余个地块出具地类认定书。受理申请审批建设项目，办结发证248项，其中建设项目用地预审和选址意见书24项，建设用地规划许可证45项，建设工程规划许可证82项，建设工程定位、验线合格通知书24项，竣工规划核实认可证46项，乡村建设规划许可证27项。在信用公示平台发布公示信息244条，在企业信用信息公示双达标平台录入用地许可证和工程许可证信息144条。

【土地收储】 全年完成X-45、A-07-01-A、晨兴涤纶综合体3个地块征收工作。至年末，完成剩余的6个地块征收工作，进入土地供应程序，可收取土地出让价款37.16亿元，土地净收益23.97亿元。

【土地行政执法】 2020年，四平市土地行政执法部门打击处理各类违法行为，做到及时发现、制止和处理。查处违建别墅问题、清查整治问题21个，全部完成整改。结合环保督察、扫黑除恶等重点工作，督察发现具体问题108个，完成整改76个。立案查处各类土地、矿产违法案件91件，涉及土地面积190公顷，收缴罚款1000万元，移送公安机关追究刑事责任2人。起草下发农村乱占耕地建房问题摸排工作实施方案，按照属地负责原则，组织各县（市）区、乡镇、村屯摸排乱占耕地建房问题，完成排查省下发四平市的10691个疑似农村乱占耕地建房问题图斑。

【第三次国土调查】 市国土资源管理局组织全市各级三调办完成县级初始调查成果自查纠错、地类流量流向分析报告编制、国家抽查图斑在线核查、国返地方复核错误图斑核实与举证、数据库接边及成果上报、统一时点更新方案的编制与下发、地方自主图斑的内业提取及外业举证、统一时点更新监测图斑外业举证、权属复核、数据库8项整改工作。7月中旬，全市完成统一时点更新外业举证及内业建库工作。8月上旬，通过省级核查，上报国家三调办核查。9月初，按照国家及省三调办要求，对河湖、湿地图斑及军队三调数据进行核实并上报。至年末，四平市三调5个调查单元国返数据整改全部通过省级核查并报国家三调办，四平市三调工作位居全省前列。

【不动产登记管理】 2020年，四平市完成不动产各类业务登记89263件，发放不动产权证及不动产登记证明65583本。收缴不动产登记费1072万元。起草《四平市农村宅基地房地一体不动产登记工作建议》。

【无籍房登记】 2020年，四平市完成无籍房首次登记项目40个、489栋30582户、264.5万平方米。除涉法、涉诉，军事用地外，无籍房登记项目全部完成，其中干休所、宏泰二期项目进入不动产登记程序。

（娄 特）

【地质调查】 2020年，吉林省第三地质调查所承担省基金项目6个，其中新立项目2个，续作项目4个。计划勘查项目4个，其中新开1个，续作3个。合作勘查项目3个；地质市场项目3个；地质技术服务项目90个。有探矿权6个，第一类1个，第二类2个，第三类2个，第四类1个。其中探矿权保留1个，合作勘查3个，拟注销探矿权1个，拟转让探矿权1个。无采矿权，无新立探矿权。续作基金项目4个，吉林省洮南市聚宝铜矿外围金蟾一带铜及多金属矿普查项目；吉林省洮南市宝泉一带铜、铅、锌多金属矿普查项目；吉林省东丰县胡米—建国一带银矿普查项目；吉林省四平市胡家屯—崔家屯一带金及多金属矿普查项目。新立基金项目2个，吉林省公主岭市杨大城子一带地热资源普查项目；吉林省东辽县太平沟金及多金属矿预查项目。计划勘查项目4个，吉林省伊通满族自治县小桥子一带银及多金属矿调查项目；吉林省伊通满族自治县小黑顶子金银及多金属调查项目；吉林省梨树县郑家沟一带金及多金属调查项目；吉林省双阳区土顶子一带金及多金属矿调查项目。

（李　燕）

国有资产监管

【概况】 2020年，市国有资产管理中心规范市属国有企业领导人员管理，依据有关法律法规和政策规定，起草《关于进一步加强市属国有企业领导人员管理的意见》，印发实施。配合融资平台公司转型改革，组建集团公司工作筹备组，根据资产清查结果，对全市资产进行梳理，通过采取资源整合、政策引导等措施，推进四平市融资平台公司由功能类向竞争类转型。结合四平国有资本授权经营体制改革，起草《四平市改革国有资本授权经营体制实施方案》，由市政府办公室印发实施。根据《四平市政府办公室关于在市、区开展国有资产清查工作的通知》精神，6月，在市区范围内开展国有资产清查工作，有612家行政事业单位及国有企业参加资产清查工作，其中行政事业单位555户，国有企业57户。市区行政事业单位和企业国有资产总额602.18亿元，负债总额381.27亿元，净资产（所有者权益）总额220.91亿元。全市有国有企业134户，资产650.63亿元，负债364亿元，所有者权益286.62亿元，营业总收入14.64亿元，利润-9505.83万元，年末从业2.15万人。依法依规办理资产报废、盘活、出租、划转、拍卖和产权界定等审批事项117件。

【国有房屋减免租金政策】 市国有资产管理中心落实《吉林省政府疫情防控阻击战中适度减免中小企业租金政策有关工作事项的通知》规定，落实中小企业租用国有房屋减免租金政策，走访调研承租行政事业单位房屋的服务业小微企业和个体工商户37户，检查全市19家行政事业单位租金减免政策落实情况，减免37户市场主体约80万元的房屋租金。助力中小企业复工复产，为345户适用于减免租金政策的中小企业减免国有房屋租金313.05万元。

【国有资产处置审批】 市国有资产管理中心资产处置审批执行《四平市市直行政事业单位国有资产管理暂行规定》，确保国有资产处置程序规范，手续完备。全年做资产处置审批117件，其中资产报废处置51件，出租处置11件，划转处置22件，产权界定处置11件，拍卖处置5件；盘亏处置3件。

【行政事业单位国有资产监管】 6月15日，印发《四平市市级行政事业单位国有资产配置管理办法》《四平市市级行政事业单位通用办公设备家具配置标准》，对所有行政事业单位国有资产由静态管理转变为动态监管。10月26日，印发《四平市行政事业单位经营性国有资产集中统一监管实施方案》。2020年，全市有474个行政事业单位按月在财政部统一报表系统（行政事业性资产月报系统）对资产变动情况进行填报，年末在行政事业单位资产管理信息系统进行资产年度报告。

【企业国有产权登记管理】 四平市制定《四平市企业国有资产产权登记业务工作规程》。印发《关于印发〈四平市国有企业公司制改制工作实施方案〉的通知》发送给各相关单位，推进符合改制要求的9户企业改制。

【“三供一业”分离移交】 市国有资产管理中心对全市纳入“三供一业”分离移交范围的9户中央和省直国有企业核查项目17个。召开协调会，下发督办函和定期调度等方式，推进“三供一业”分离移交收尾工作。完成17个项目的资产移交、职能移交和维修改造工作。

【债务化解】 2020年，市国有资产管理中心推进民营企业及中小企业账款拖欠清理工作，规范用房产化解债务的审批程序和工作流程，摸清可用化债房源。全年化债签订合同房源687套，化解债务2.26亿元，办理完产权移交208套。

【市级行政事业单位资产配置管理】 2020年，市国有资产管理中心规范市级行政事业单位国有资产配置管理，优化资产结构，促进党政机关厉行节约，推进资产管理与预算管理相结合，制定《四平市市级行政事业单位国有资产配置管理办法》《四平市市级行政事业单位通用办公设备家具配置标准》，印发至各单位执行。起草《关于市直党政机关和事业单位经营性国有资产集中统一监管的实施方案》，市政府办公室印发实施。

（张诗慧）

财 政

【概况】 2020年，市、区两级财政部门采取多种手段增收节支，确保全市财政平稳运行。根据《关于调整四平市财政局相关职责的通知》，对市财政局职责进行调整，增加市国有企业改革工作职责，重新明确国有资产监管职责9项。会同税务部门、人民银行四平分行讨论财政体制调整方案可行性，形成《四平市关于调整市对区（开发区）财政体制的实施方案（讨论稿）》。全市一般公共预算全口径财政收入完成74.5亿元，比2019年减少4.8亿元，下降6%。全市一般公共预算地方级财政收入完成33.8亿元，减少3.2亿元，下降8.7%。全市一般公共预算财政支出完成257.3亿元，增加17.4亿元，增长7.3%。市区一般公共预算全口径财政收入53.1亿元，减少3.6亿元，下降6.4%。

表12　2020年四平市一般公共预算收支决算总表

项　目	决算数（万元）	项　目	决算数（万元）
本年收入合计	211190	本年支出合计	924070
上级补助收入	543317	上解上级支出	15023
返还性收入	34050	—	—
一般性转移支付收入	454689	—	—
专项转移支付收入	54578	—	—
待偿债置换一般债券上年结余	—	—	—
上年结余	80794	—	—
调入资金	193285	调出资金	—
债务（转贷）收入	62151	债务还本支出	60003
—	—	补充预算周转金	—
国债转贷收入、上年结余及转补助数	—	国债转贷拨付数及年终结余	—
动用预算稳定调节基金	30609	安排预算稳定调节基金	42612

续表 12

项　目	决算数（万元）	项　目	决算数（万元）
接受其他地区援助收入	—	援助其他地区支出	—
省补助计划单列市收入	—	计划单列市上节省支出	—
—	—	待偿债置换一般债券结余	—
—	—	年终结余	79638
—	—	减：结转下年的支出	79638
—	—	净结余	—
收入总计	1121346	支出总计	1121346

（刘禹希）

【政府性债务及债券资金管理】市区偿还地方政府性债务到期本息 9.56 亿元，偿还政府隐性债务本息 19.76 亿元，完成2020年度偿债任务。年内，无新增隐性债务，国家核定法定债务率为 107%，属于无风险地区，守住不发生系统性风险的底线。债券资金管理，核定四平市新增地方政府债务限额120.4 亿元，比 2019 年增长5%。向上争取债券资金 13.2 亿元，增长 62%。出台《关于强力推进地方政府债券项目资金使用工作的意见》《四平市政府专项债券资金管理暂行办法》，明确部门职责，建立工作台账，细化政府专项债券资金管理。建立副市长包保债券使用推进工作机制，成立专班每周对资金使用情况统筹调度。会同市政府督查室对各县(市）区债券资金使用情况开展调研，强化督导，打通支出进度堵点。

【脱贫攻坚资金投入】2020 年，投入扶贫资金 2327 万元，其中市级配套资金远超中央、省级规定的扶贫资金投入比率。全年抓扶贫资金拨付进度，扶贫资金拨付率 100%。全程监管扶贫资金，制定《四平市财政专项扶贫资金管理实施办法》，开展各类扶贫资金专项检查。市财政局包保的伊通满族自治县营城子镇打草村脱贫攻坚工作，被党中央、国务院评为全国脱贫攻坚先进集体。

【生态环境治理资金投入】全年四平市争取辽河流域治理项目22 个，到位专项资金 11.2 亿元，实现辽河流域水质 4 个出省断面全部达到国家考核标准。四平市参加全省市政水环境综合治理提升示范项目竞争性评审获第一名。全年四平市投入1635 万元支持林业森林资源保护、生态保护与产业化发展。污水治理、垃圾清运等环境整治投入8531 万元。

【新冠肺炎疫情防控资金拨付】四平市支持新冠肺炎疫情防控工作，拨付疫情防控相关资金5239 万元，开辟拨款“绿色通道”，推行快捷政府采购程序，满足疫情防控期间设备购置、医疗救治、人员补助、政府采购等方面资金所需，向上争取抗“疫”特别国债资金 2.7 亿元。拨付市场监督管理工作经费2900 万元，用于保障常态化疫情防控下市场产品质量安全和维护市场秩序。先后为长春、吉林、白山等地区紧急调拨防疫救灾物资 20 批次，其中帐篷810 顶、棉大衣 600 件、折叠床4200 张。

【就业和社会保障资金投入】四平市投入 2100 万元稳岗补贴和 2550 万元公益性岗位补贴，保障四平市城镇就业人数维持在全省较高水平。社会保障标准有序提升，农村、城市居民最低生活保障标准由月人均325 元、540 元分别提高到 342元、560 元，分别增长 5%和4%；基本公共卫生服务经费人均补助标准由 60 元提高到65 元，增长 8%。

【民生福祉资金投入】2020 年，

四平市投入近1亿元改造老旧小区；投入3372万元落实部分退役士兵社会保险接续政策；投入3285万元支持林场改革，解决职工社保和基本生活问题；投入2.14亿元支持滑冰馆、文化艺术中心等重大文化项目建设，公共文化场馆持续免费对市民开放，科普基础设施完善。拨付城乡义务教育经费9171万元，提升中小学办学条件，支持普通高中校园路面、体育场、监控设施建设，改善校园环境。落实义务教育教师待遇，市直义务教育教师平均工资收入水平不低于公务员平均工资收入水平。

【财政预算绩效管理改革】 四平市全面实施预算绩效管理事关财政资源配置方式的优化和政府治理模式的转变，贯彻落实《中共吉林省委 吉林省人民政府关于全面实施预算绩效管理的实施意见》，出台《四平市贯彻落实全面实施预算绩效管理实施意见工作方案（2020—2021年）》，方案细化目标任务、工作内容和时间节点，强弱项、补短板，推动全面实施预算绩效管理工作常态化、制度化、规范化。

【财政事权和支出责任划分改革】 2020年，四平市制定出台《四平市基本公共服务领域市与区共同财政事权和支出责任划分改革方案》。《方案》将义务教育、学生资助等八类18项涉及人民群众基本生活和发展需要、现有管理体制和政策比较清晰、由市与区共同承担支出责任、以人员或家庭为补助对象或分配依据、需要优先和重点保障的主要基本公共服务事项，纳入市与区共同财政事权范围。在教育领域和社会保障领域开展财政事权和支出责任划分改革，推动领域内形成分工合理、权责一致的体制机制，推动市区基本公共服务均等化，促进各区均衡发展。

【政府采购改革深化】 1月，经请示市政府批准后，市政府采购“云平台”正式运行，预算单位使用率95%，在全国地级市排名第七位。四平市有供应商735家（不含省级供应商），其中中型企业占4%，小型企业占20%，微型企业占76%，有商品36万台（件）。进一步规范政府采购行为，解决政府采购限额标准以下货物、服务采购无章可循，采购不规范的问题。至年末，市直完成交易20807单，成交额7846万元，单笔最高41.73万元，与京东、天猫等电商平台相比节资率35.6%。

【非税收入电子化改革】 四平市推进非税收入收缴电子化暨电子票据管理改革工作，进一步推进“放管服”改革，规范政府非税收入收缴、退付管理。依托全省统一的非税收入项目库和非税收入电子化管理信息系统，逐步取消主管部门和执收单位设立的非税收入过渡账户。突破时空限制，提供全市统一的多渠道缴款方式。通过财政部门、人民银行、执收单位、代理银行间联网，实行非税收入电子化管理，实现资金和信息自动匹配，并通过财政专户缴入国库。非税收入退付信息在合法性和有效性审核的基础上，直接从国库退付到缴款人账户。实现全市财政票据和资金收缴退付数据集中管理和综合利用。11月24日，举办四平市政府非税收入收缴电子化暨财政电子票据业务培训会，第一笔电子票据的正式开具，标志四平市财政电子票据和政府非税收入收缴电子化管理业务正式上线运行。

【政府专项债券资金管理】 四平市核定新增地方政府债务限额120.4亿元，增长5%。向上争取债券资金13.2亿元，增长62%。出台《关于强力推进地方政府债券项目资金使用工作的意见》《四平市政府专项债券资金管理暂行办法》，明确部门职责，建立工作台账，细化政府专项债券资金管理。签订化债合同房源687套，完成产权移交208套，化解债务2.26亿元。204个政府性投资项目，完成207个标段的结算评审。制定优化评审工作流程，会同相关部门和造价咨询机构共同制定工作方案，完成财政投资项目403项，项目评审总造价38.77亿元。其中项目竣工结算评审191项，送审值25.81亿元，审定值21.9亿元，审减资金3.91亿元。

（刘禹希　巴依涵）

税　务

【概况】 2020年，四平市税务系统围绕优惠政策落实要给力、“非接触式”办税要添力、数据服务大局要加力、疫情防控工作要尽力地达到“四力”要求，一手抓疫情防控，一手抓税收工作。推进国税地税征管体制改革，划转社保和非税征管职责，营改增、个人所得税、资源税等改革在四平落地。优化纳税服务方式，形成“网报为主、自助为辅、实体补充”的办税模式。全年，减税降费和组织收入一体推进。税务系统深入落实各项减税降费政策，支持企业复工复产。2020年，全市完成全口径收入621369万元，减收15657万元，下降2.5%，其中市区468180万元，减收5672万元，下降1.2%；县（市）153189万元，减收9985万元，下降6.1%。全市地方级收入214634万元，增收1534万元，增长0.7%，其中市区地方级收入147688万元，增收3261万元，增长2.3%。入库社会保险费182463万元，工会经费3378万元。全省率先完成企业和灵活就业人员社保费以及部分非税收入项目划转工作，各项征收指标位居全省前列。

表13　2020年四平市分税种收入统计表

单位：万元

税种	全市						其中：市区					
	累计	同期累计	增减额	增幅%	地方级	占比%	累计	同期累计	增减额	增幅%	地方级	占比%
全口径收入合计	621369	637026	−15657	−2.5	214634	100.0	468180	473852	−5672	−1.2	147688	100.0
其中：1.省地方级	282717	291747	−9030	−3.1	—	—	193816	197690	−3874	−2.0	—	—
2.市地方级	214634	213100	1534	0.7	214634	100.0	147688	144427	3261	2.3	147688	100.0
一、税收收入合计	598285	612493	−14208	−2.3	196756	91.7	449933	454897	−4964	−1.1	133500	90.4
1.增值税	204250	237164	−32914	−13.9	52149	24.3	136629	157486	−20857	−13.2	34602	23.4
2.消费税	163716	151324	12392	8.2	0	0.0	163619	151183	12436	8.2	0	0.0
3.个人所得税	19771	20855	−1084	−5.2	4745	2.2	13055	12875	180	1.4	3133	2.1
4.企业所得税	59639	62877	−3238	−5.1	14313	6.7	38890	43327	−4437	−10.2	9334	6.3
5.车辆购置税	24995	23787	1208	5.1	0	0.0	11135	11465	−330	−2.9	0	0.0
6.城市维护建设税	24821	26574	−1753	−6.6	24821	11.6	20853	22223	−1370	−6.2	20853	14.1
7.营业税	82	2026	−1944	−96.0	21	0.0	57	1686	−1629	−96.6	14	0.0
8.耕地占用税	8055	7294	761	10.4	8055	3.8	1611	1954	−343	−17.6	1611	1.1
9.契税	42402	26769	15633	58.4	42402	19.8	33452	18754	14698	78.4	33452	22.7
10.土地增值税	13930	10394	3536	34.0	13930	6.5	10322	7347	2975	40.5	10322	7.0
11.土地使用税	8613	11305	−2692	−23.8	8613	4.0	5456	8583	−3127	−36.4	5456	3.7
12.房产税	9051	13432	−4381	−32.6	9051	4.2	5668	9342	−3674	−39.3	5668	3.8
13.车船税	11382	9941	1441	14.5	11382	5.3	6388	5746	642	11.2	6388	4.3
14.印花税	3638	3590	48	1.3	3638	1.7	2261	2243	18	0.8	2261	1.5
15.资源税	2928	3995	−1067	−26.7	2928	0.1	100	229	−129	−56.3	100	0.1

续表 13

税种	全市						其中：市区					
	累计	同期累计	增减额	增幅%	地方级	占比%	累计	同期累计	增减额	增幅%	地方级	占比%
16.环保税	1012	1166	−154	−13.2	708	0.3	437	454	−17	−3.7	306	0.2
二、非税收入合计	23084	24533	−1449	−5.9	17878	8.3	18247	18955	−708	−3.7	14188	9.6
17.教育费附加	11258	11820	−562	−4.8	11258	5.2	9030	9429	−399	−4.2	9030	6.1
18.地方教育费附加	7480	7861	−381	−4.8	3740	1.7	5996	6261	−265	−4.2	2998	2.0
19.水利建设基金	1925	1738	187	10.8	770	0.4	1391	1159	232	20.0	556	0.4
20.残疾人就业保障基金	2344	2791	−447	−16.0	2110	1.0	1782	1919	−137	−7.1	1604	1.1
21.文化事业建设费	16	104	−88	−84.6	0	0.0	16	96	−80	−83.3	0	0.0
22.石油特别收益金	0	85	−85	−100.0	0	0.0	0	0	0	0	0	0.0
23.税务部门罚没收入	61	134	−73	−54	0	0.0	32	91	−59	−0.1	0	0.0
附：社保	274427	126592	147835	116.8	0	0.0	118995	44938	74057	164.8	0	0.0
工会经费	3510	3507	3	0.1	0	0.0	2689	2565	124	4.8	0	0.0
出口退税	−2518	−255	−2263	887.5	−630	−0.3	−2506	−208	−2298	1104.8	−627	−0.4

（芦　磊）

【依法治税】 2020年，市税务局公示行政执法事项2707项，实施重大税务案件审理13件。开展税收执法督察和财务审计，规范“两权”运行。督促落实“黑名单”人员税收惩戒措施，化解“黑名单”该限未限风险。开展增值税专用发票内部快速反应工作，防范发票内部管理风险。开展扫黑除恶专项斗争和“双打”专项行动，营造公平公正的税收法治环境。

3月25日，市税务局和市财政局到四平市金士百纯生啤酒有限公司调研减税降费政策落实情况

（芦磊　供图）

【税收征管】 2020年，四平市税收征管工作分类分级管理，调整个体税源管理方式和汽车销售企业管理职责，规范房地产建筑业税收管理。配合政府开展“无籍房”清理。完善风险管理运行机制和管评查互动机制，全市风险应对税收贡献率排在全省前列。落实增值税改革措施，推广增值税专用发票电子化的准备工作。与公安部门配合，比对核查车购税信息。依法依规进行企业所得税征收方式认定，促进企业规范财务核算。完成首次个人所得税汇算清缴工作，为2.8万户纳

6月23日，市税务局为郭家店凤凰山农机农民合作社负责人（右一）颁发“营商环境义务监督员”聘书

（芦 磊 供图）

税人退税1554万元。推进土地增值税示范性清算审核，完成4个项目，补税1600万元。

【“非接触式”办税缴费推行】 四平市按照“非必须，不窗口”原则，推广电子税务局，注册纳税人4.2万户，将网上办税项目扩大到203个，对201项涉税业务实施“容缺办理”，网上申报率99.8%。增设自然人税收管理等模块，自然人社保、医保实现微信便捷缴费。加快电子税务局体验厅建设，实行“网报为主、自助为辅、实体补充”的新办税模式。

【便民办税春风行动】 2020年，四平市连续第8年开展“便民办税春风行动”，出台举措24类76项。出台市县两级落实纳税服务主体责任措施30条，进一步明确市县两级服务厅建设、纳税服务主体责任。开展税收政策宣传辅导，各项减税降费政策落地生根。落实首问负责、限时服务、延时服务等制度。实施纳税服务“好差评”，开展纳税人需求和满意度调查，组织“文明服务明星”“文明服务窗口”评选推荐。税务局被评为“2020全市营商环境建设工作标兵单位”。

【“银税互动”合作覆盖面扩大】 2020年，四平市开展纳税信用等级评定和修复，2019年度纳入信用管理企业2.42万户，占比92.7%。落实“守信激励、失信惩戒”制度，引导纳税人及时主动纠正失信行为。持续巩固扩大“银税互动”成果，将四平市城区10家地方法人银行机构纳入“银税互动”合作范围，在全省率先实现辖区内银行全覆盖，全市422户企业获得信用贷款2.26亿元。

（芦 磊）

金融监管

【概况】 2020年，四平市金融监管机构组织金融业支持“稳企业、保就业”政银企对接活动，签订贷款金额14.44亿元，线上线下达成贷款意向超52亿元。依托四平商会搭建与企业对接桥梁，建立企业联络员制度。开展“信易贷”业务，与市政数局联合召开联席会议6次、银企座谈会3次，融资总额与GDP之比居全国城市第2名。推进“银税互动”业务，联合市政府举行地方法人银行机构“银税互动”签约仪式，四平市10家机构在全省率先入驻平台。下发小微企业金融服务收费意见，开展银行保险机构减费让利自查、督查工作，引导银行机构落实中共中央减费让利要求。启动行政处罚程序，全年案件行政处罚罚款120万元，禁止从事银行业工作1人，取消高管任职资格2人，警告1人。

（高艺凌）

【货币政策执行】 中国人民银行四平市中心支行执行稳健的货币政策，建立“建机制、督落实、促对接、强服务”四位一体机制，推进各项金融政策直达实体经济，促进消费升级，支持中小微企业渡难关、稳发展。制定下发《四平市金融支持疫情防控期间复工复产工作的指导意见》《四平市金融支持稳企业保就业指导意见》《关于稳企业保就业进一步做实做细中小微企业金融服务的实施意见》。督导金融机构用好专项资金，先后落实存款准备金调整政策3次，全市金融机构释放可贷资金14.4亿元。稳妥落实疫情防控专项再贷款政策，组织全市7家金融机构运用再贷款政策，发放贷款7.38亿元，发放“再贷款再贴现专用额度”贷款4.1亿元。

（靳嘉峰）

【不良贷款清收处置】 9月2日起，全市范围内开展银行机构不良贷款清收百日攻坚行动，成立百日攻坚行动领导小组，政府部门出台《四平市银行机构不良贷款清收百日攻坚行动工作方案》，构建市、县两级纵向到底、各行业主管部门横向到边的工作体系，形成“日推进、周报告”的工作机制，逐笔梳理，逐类研究。召开内外部推进会、调度会4次，设计不良贷款明细表、进展情况表、清收处置困难节点明细表，督导机构制定清收方案，针对重点机构约谈13家次、实地督导2家次、下发监管意见7家次。至12月31日，全市银行机构不良贷款余额较年初减少11.95亿元，不良贷款清降额度创历史最高水平。非法集资新发案件数下降68.3%，涉案金额下降88.7%。

（高艺凌　杜青坤）

【金融风险处置】 四平市依法推进金融监管全覆盖，筑牢金融安全网，按月约谈4家高风险农村信用联社，下发风险提示书进行风险提示。制定农村信用联社风险处置方案，指导农村信用联社采取自身清收和依法清收相结合方式处置不良贷款。至11月末，四平市辖区内法人金融机构不良贷款较年初下降11087万元，占不良贷款余额的1.95%，高风险金融机构处置不良贷款79653万元，不良贷款余额和占比实现双下降。

9月16日，四平银保监分局召开不良贷款清收百日攻坚推进会

（高艺凌　供图）

【反洗钱监管】 制定《中国人民银行四平市中心支行关于在新型冠状病毒感染肺炎疫情防控期间做好反洗钱工作有关问题的通知》，分类评级市级43家金融机构、县域39家金融机构2019年度反洗钱工作。配合行政司法机关打击假借抗击疫情实施金融诈骗等犯罪活动，接收重点可疑交易线索报告5份。

【外汇管理】 2020年，四平市加大外汇管理非现场核查频次，开展非现场核查400余次，处理问题和疑问数据41笔。开展现场核查、检查18次。“数字外管”建设完成金融机构标识码自动化处理系统、吉林省外汇调研信息系统、国际金融前沿研究成果分析软件、资本项目报表服务系统开发。扩大跨境人民币使用，开展形式多样的跨境人民币宣传推介活动，全市办理跨境人民币业务3688.97万元，增长近16倍。

（靳嘉峰）

【融资收费检查】 2020年，市市场监督管理局组织召开违规收费行为提醒告诫会，摸排四平市所有具有向小微企业提供贷款业务的商业银行，制止商业银行利用优势地位捆绑收费等违法行为。检查9家商业银行涉企贷款收费情况，责令6家商业银行退还企业多付评估费、抵押登记费381.8万元。

（陈　思）

审 计

【概况】 2020年，四平市完成审计项目47个，提交审计报告47篇、审计信息简报13篇。查出主要问题金额120782万元，处理处罚金额84491万元，挽回或避免损失3728万元。移送处理事项8项，移送处理人员12人。提出审计建议84条，被采纳率100%。

【重大政策措施跟踪审计】 四平市完成新冠肺炎疫情防控资金和捐赠款物管理使用跟踪审计。提出防控一线城乡社区工作者工作补助未按要求及时发放、部分防疫物资采购手续不完备、白条入账等问题。推动8个单位建立健全防疫物资管理、物资使用公开、发放等方面规章制度8项。市审计局在市政府常务会议八届六十六次会议上做专题汇报。

【财政审计】 2020年，市审计局组织对3个县（市）区政府新增财政直达直惠资金审计，涉及资金16亿元。审计专项债券管理使用情况，涉及资金1.2亿元。完成直达资金监控平台与国库集中支付系统未自动挂接、抗“疫”特别国债项目资金8972万元未及时支付到位、将11018.99万元新增抗“疫”特别国债资金直接转至预算单位实有资金账户3个方面问题整改。查出应计未计固定资产、应缴未缴财政存量资金、应缴未缴税费和超预算支出等问题。

【经济责任审计】 市审计局经济责任审计领导干部17名，查出违规金额6195万元，其中应负领导责任金额274万元。管理不规范金额5880万元，其中应负直接责任金额127万元，应负领导责任金额5753万元。

【民生资金(项目)审计】 2020年，市审计局完成4个县（市）区2019年度扶贫政策措施落实和资金管理使用情况的审计工作。开展对保障性安居工程、失业保险基金等审计或者审计调查项目。通过就业政策落实审计，发现问题12个。养老保险基金社会救助资金审计，查处违规问题11个。

【审计整改督导】 2020年，市审计局按照市政府部署，牵头整改上级审计机关审计发现问题18项，年内完成整改15项、落实相关部门3项。

（王　蔚）

统 计

【统计监测】 2020年，市统计局开展精准化服务体系建设，增强精准预警监测能力。开展地区生产总值统一核算工作，2020年市政府经济运行调度会议上，为相关部门主要负责人讲解新的GDP核算原理。市委常委扩大会上，介绍新的GDP核算方法，党政领导与部门领导了解GDP核算方法。健全完善各专业主要经济指标调度监测服务机制。按季度核算统计报表，做好季前监测工作，形成分析预报材料。升级改版《四平统计月报》，创刊《统计专报》，全年印发《统计专报》56期，报送市相关领导，17篇被市领导签批，其中市委书记、市长签批9篇。

【统计基础建设】 市统计局落实四平市政府下发的《关于进一步加强统计基础建设工作的通知》，全市各级统计机构均指定乡镇、街道有一名党政副职领导分管统计工作站工作。各乡镇、街道统计工作站实行人员集中办公，业务归口管理，依法独立开展统计工作。举办全市乡镇、街道分管统计工作的领导和统计人员培训班进行业务培训，提升基层统计工作人员能力水平。网络与数据安全管理工作建设延伸到全市53个乡镇政府、24个街道办事处统计工作站，确保基层统计数据传输报送畅通、信息资源共享。在四平市人民政府网站，发布《四平市统计系统招聘统计辅助工作人员公告》，公开向社会招聘统计辅助工作人员15人。

【第七次全国人口普查】 2020年，市统计部门做好第七次全国人口普查各项工作，按时序进度推进各环节。按照“坚持依法普查、确保数据质量、提升信息化水平、加强宣传工作”四个工作着力点，制定人口普查实施方案和宣传方案。落实组织领导、经费、“两员”保障、设备配备“四个到位”，组织督导县级开展对乡级“两员”业务培训，按照普查时间节点完成县级边界确认、乡级边界确认和普查小区划分、建筑物标绘工作。有序开展行职业编码工作，科学评判普查数据质量，做好普查数据整理上报工作。全市抽调10771名普查员开展第七次全国人口普查各项工作。

（玉　明）

【调查服务】 2020年，国家统计局四平调查队按照国家统计局吉林调查总队推动文字产品生产，报备全队2020年课题的选题、报送、跟进及登记工作；抓好各项紧急调查协调工作、特殊时间节点的征文报送等工作。至11月末，四平调查队上报信息、约稿149篇，统计分析26篇；以约稿、执笔等形式参与撰写总队课题、调研26篇。被吉林调查总队采用115篇；获省领导签批75次，省委、省政府办公厅批示98次；信息、专报等获市委书记、市长等市领导签批14篇；经市委、市政府上报信息、分析等5篇文章被国办、省办采用，2篇被省政府采用，1篇专刊发表。

【住户调查样本轮换】 国家统计局调查队汇总整理样本轮换各项基础数据，制作剩余大样本名录库和《样本轮换调查小区地形图》，与剩余大样本名录库进行匹配；组织召开推进样本轮换摸底工作培训会，系统培训样本轮换调查员，联系各社区和村委会，由社区和村委会派出1名辅助调查员协助开展本次样本轮换摸底工作，进行入户摸底工作。印发“住户调查样本轮换，需要您的支持与配合”宣传手册、宣传“公告”、宁吉喆局长“致调查户的一封信”及宣传标语等形式，让17个调查点住户提前了解住户调查样本轮换工作。至年末，四平队新一轮电子记账率达95%。

9月21日，国家统计局四平调查队在英雄广场开展“第十一届统计开放月”宣传活动

（李大伟　供图）

【畜牧业归口数据调查】 2020年，畜牧业数据归口后，调查的畜牧业全面报表、主要畜禽监测调查均为季度报表。四平调查队新抽调业务骨干1名，抽回扶贫驻村人员，将业务细化，明确分工，职责落实到人。6月22日，抽调的业务骨干参加总队召开的畜牧业分市县调查视频培训。6月23日、10月30日，四平调查队分别组织县队（局）业务人员、辅助调查员开展畜牧业调查相关业务培训和主要畜禽监测调查业务培训。培训内容为统一数据的收集方式、上报渠道、评估方法等。调查数据上报由主管领导确认签字，加盖单位公章，经县级初审、市级复审，存档备查。

【“统计开放月”活动】 9月20日是全国统计开放日。9月21日，国家统计局四平调查队在富强、南河、西关等8个社区和英雄广场进行“第十一届统计开放月”现场宣传活动，向居民介绍中国统计开放日的由来，进行第七次全国人口普查的宣传。统计开放月首次采取知识竞赛的方式向广大调查对象开展宣传，活动从系统内部开展统计法律法规知识竞赛，由各专业科室牵头组织出题，发动参与统计工作调查对象主体和社会公众参加知识竞赛，评选答题优异者予以奖励。

【新一轮消价基期轮换】 按《新一轮基期调查目录》，市调查队对新基期新增的101个规格品跟踪维护，根据上级要求随时调整、扩增，在程序中设置任务，分配到采价员手机中，采集新基期规格品价格，年底统一补录；根据《关于开展2020年吉林省流通消费价格权数测算工作的通知》要求，有序开展权数测算专项调查工作，以消价处反馈数据为基础测算四平地区权数，根据四平市实际情况，做好部分分类的测算评估工作。

（李大伟）

价格监督管理

【概况】 2020年，四平市全年受理价格认定案件153件，其中涉行政案件5件，涉纪案件5件，涉刑案件143件。价格认定结论金额576.01万元。通过出具价格认定结论，为纪检监察、司法和行政案件办理提供公平公正的价格认定依据。

【价格监测】 2020年，四平市价格调控和管理实现政府对重要商品、服务价格变动进行实时监测，科学开展价格监测工作。针对新冠疫情的特殊情况，按照国家发展改革委和省市领导相关部署，率先启动价格监测预警，从1月20日起，进入农贸市场和药店开展重要民生及防疫相关商品价格监测和巡视。监测品种增加，监测品种数量由26个增加到40个品种，品种也由单纯农副产品增加到口罩、消杀用品和消炎药品等防疫相关商品。监测上报次数增加，从1月20日起，启动价格监测预警，由常态化监测变为日监测日上报，即由原每周一、周三、周五上报，变为每天上报省价格监测中心监测报表，开展对消杀防疫药品巡视工作。至年末，进入北三农贸市场等3家农贸市场开展调查200次，走访巡视神农、永红等药店400次，上报省监测中心监测报表200份，编写价格监测快讯3份。针对12个劳动力监测点，组织协调各劳动力监测点按照规定详细填写，准时向国家网点报送劳动力价格数据。按照省监测中心要求提供调查报告。组织完成《四平市粮食生产和市场情况调查报告》和《四平市房地产情况市场调查》，上交省监测中心。

【农产品调查】 四平市根据国家农产品调查相关要求，有序开展农调工作。完成蔬菜种植调查户选点工作，因城市扩容，重新实地考察筛选，确定梨树县喇嘛甸镇王家园子村为四平市5个品种蔬菜种植调查点。市发改委分时段定期到农调户家里了解掌握情况，收集调查数据，完成对蔬菜调查户2020年度5个蔬菜品种的成本调查汇总工作、对9个玉米调查户2021年种植意向的调查、对9个玉米调查户2020年农户存粮的调查、对9个玉米调查户2020年农户购买农资情况的调查、对3个生猪调查户2020年的生猪直报调查任务、流转地租金调查等6项调查工作，按照国家相关规定为农调户发放证书和牌匾。

【价格成本监审】 全年完成吉林省华生燃气集团有限公司2018年、2019年度管道天然气配气定价成本监审，博达高中成本监审和师大附小办学成本监审3个项目的定价成本监审工作。形成成本监审和调查报告，作为调定价格的基本依据。

【保供稳价】 2020年，四平市落实支持企业复工复产电价政策，减轻企业负担4000万元。阶段性降低非居民用气成本，减轻企业负担23万元。落实残疾人自主就业创业和托育机构价格支持政策，对其用电、用水、用气、用热均执行居民类价格。启动联动机制发放价格临时补贴，做好基本民生保障工作。1月至9月（10月中止），全市发放价格临时补贴3160万元，惠及低收入群体78万人次。推进水价改革，印发2020年农业水价综合改革实施计划，完善四平市城镇非居民用水超定额累进加价制度。

（刘　勇）

【公用企事业单位价格监管】 市市场监督管理局督促公用企事业单位向社会公开服务标准、资费标准等信息，采取“双随机、一公开”形式，检查全市44家转供电主体收费情况，责令退还个体工商户多付价款182万元，督促转供电单位将降价政策传导到终端用户。查处公用企事业单位违规收费案件2起，责令退还企业多付价款42万元，收缴罚没款76万元。

（陈　思）

市场监督管理

【概况】 2020年，按照四平市委、市政府和省市场监管厅的部署，围绕吉林省市场监管"6+1"体系建设，坚持统筹安全和发展两个大局，做好管理和服务2件大事，完成机构改革工作，在全国首创市区一体的扁平化市场监管新模式，建立统一、协调、高效的市场监管新体制。全国文明单位通过第六届复核，实现"食药特"（食品、药品、特种设备）等领域安全监管零事故。企业年报、"双随机、一公开"监管、互联网+监管等工作名列全省前位。全年全地区实有市场主体207406户，办理市场监管部门各类许可证14392件。定检和监检锅炉、压力容器、起重机、电梯等设备10018台次。完成股权出质87件、动产抵押143件，实现助企融资97.06亿元，总体增长40.36%。向全国信用信息共享平台（四平）上报行政许可信息14643条。受理消费者咨询、投诉、举报19034件。

【商事制度改革】 2020年，市市场监督管理局依托"吉林省市场主体e窗通"系统，推进企业开办全程网上办理，实行"五零"（零见面、零证明、零成本、零等待、零跑动）服务举措，将企业开办时间压缩至6小时以内，其中市场监管部门审批时限不超过2小时。11月，发出全省首张食品经营许可电子证书。扩大"证照联办""证证联办"范围，为不需要现场核查的食品经营户实行"证照联办"，营业执照和食品经营许可实现"一口受理、一套材料、一窗发证"。对药械经营企业开展"四证联办"，减少合并现场检查次数，压缩许可审批时限。扩大"证照联办"范围，与人社局、应急局合作，推行社会力量办学许可证、危险品经营许可证和营业执照"证照一窗通办"业务。压减办理时限，减少办事流程，为企业进入市场提供快速通道，实现企业开办由"一件事一次办"向"整件事一次办"迭代。至12月15日，全地区实有市场主体207406户，其中企业26156户，个体户173198户，农民专业合作社8052户，比2019年增长7.22%。完成各类市场主体登记48800件，其中新开业26572件，变更9566件，注销12662件。办理市场监管部门各类许可证14392件，其中新增11109件，变更1974件，注销1309件。

【市场主体结构】 至年末，市场主体新登记26567户，比2019年增长14.2%。其中，内资企业新登记153户，增长48.5%；私营企业新登记4515户，增长17.9%；个体工商户新登记21740户，增长13.4%；农民专业合作社新登记159户，下降5.4%。全年完成"个转企"324户，增长147.3%。

【标准化示范试点项目建设】 组织辖区内在建及拟申报的示范试点单位在标准化长效工作机制的建立、政策支持、工作创新、建立健全标准体系、组织实施标准等方面补充完善，在建的3个农业标准化示范区全部通过省市场监管厅中期评估。组织申报重点领域省级标准化试点项目10个，获准立项4个，分别为梨树县卢伟农机农民专业合作社的"全程农机种植标准化示范区"、双辽市吉林宏野农机种植专业合作联社的"生态高产田标准化示范区"、伊通满族自治县大农长丰农机专业合作社的"稻渔种养标准化示范区"和四平市巨元瀚洋板式换热器有限公司的"先进制造业和现代服务业融合发展标准化试点"，为企业争取省厅标准化战略资金40万元。

【对标达标提升专项行动】 四平市宣传引导企业在专项行动信息平台上注册基本信息并参与对标达标行动，注册用户50户，其中政府机构5户，第三方检测机构5户，行业协会2户，企业38户。发布对标技术方案6个，有28户企业提交41个对标结果。组织市热交换器产品质量监督检验中心即换热器国验中心通过中国标准化研究院2020年复审，成为企业标准"领跑者"第三方评估机构，参与企业标准"领跑者"评估活动。四平巨元瀚洋板式换热器有限公司企业标准（Q/THT C47-2019板式热交换器）经过评估确认，成为2020年度全国板式换热器行业的"领跑者"。争取省市场监督管理厅"企业产品和服务标准比对和评价”标准化专项资金20万元。结合对达标提升行动，鼓励企业采用国际标准或国外先进标准。2020年，有4户企业的5个产品（3个换热器企业各1个产品和博尔特2个产品）获省市场监督管理厅采标备案登记。

【消费维权】 2020年，市场监管局建立消费维权部门联席会议制度和市场监管领域消费投诉举报“统一接收、按责转办、限时办结、统一督办”工作机制，优化消费环境，推动放心消费，将维护消费者合法权益摆在突出位置。至年末，受理消费者咨询、投诉、举报19034件，解决群众急、难、愁、盼问题，为消费者挽回直接经济损失39万元，平均每天受理5件。命名2020年度市级放心消费示范店94家、示范商圈2个、示范行业2个、示范工厂1家，其中11家单位被命名为吉林省放心消费示范店、示范商圈。组织指导相关市场主体参与“放心肉菜示范超市”活动，四平欧亚商贸有限公司通过省厅验收考核。打击商标侵权领域违法行为，查办案件15件，罚没金额36万元。

【新型市场监管】 2020年，市场监管局支持市场主体复工复产和新产业新业态发展，出台《保市场主体十五条措施》等政策文件4份，帮助引导中小微企业综合运用股权出质和动产抵押解决资金难题。全年完成股权出质87件、动产抵押143件，实现助企融资97.06亿元，总体增长40.36%。组织开展公平竞争审查存量清理，出台四平公平竞争审查10条措施，建立公平竞争审查常态化机制，加大反不正当竞争监管执法，查办破坏公平竞争案件2起，收缴罚没款25万元，编印《法治市场监管工作手册》《“先证后照”改革后加强事中事后监管工作手册》，制定《食品、药品、产品质量抽检不合格线索处置办法（暂行）》规范线索处置流程。向全国信用信息共享平台（四平）上报行政许可信息14643条。市本级列入异常名录501条、移出异常名录237条，市本级有严重违法失信企业92家，信用修复33个行政处罚信息。

1月30日，四平市市场监管局执法人员到药店检查重点药品和异常人员登记制度落实情况

（陈 思 供图）

【药品安全监管】 建立药品（疫苗）安全监管联席会议制度，畅通相关部门间信息交流和沟通联系，制定《2020年四平市药品流通监督管理工作要点》《2020年四平市药品抽样计划》《四平市药品、医疗器械及化妆品安全专项整治三年行动实施方案》，开展中药饮片等领域专项整治和疫苗流通使用环节联合监督检查，查办药械领域违法案件9起，收缴罚没款35万元，完成13户药品零售企业的GSP飞行检查，开展药械监督抽样384批次，其中药品350批次，医疗器械34批次。

【便民惠企政策监管】 2020年，市监管局以加强惠企政策执行监管为手段，保障“六保”“六稳”工作落实，发挥价格监管职能作用，监督检查疫情防控期间收费公路免费通行等“便民惠企”政策执行情况，确保国家和省市各项优惠政策直达基层、直达民生，直接惠及市场主体。

7月3日，四平市市场监管局组织执法人员到第十四中学开展“特种设备常识进校园”主题活动

（陈思　供图）

【食品安全监管】　市市场监督管理局制定《食品安全监管三年行动实施方案》，联合相关市直部门开展专项整治行动，加强对食品生产经营关键环节和学校、敬老院、农村大集等重点场所的日常监管和重点整治，查办食品安全领域违法案件25起，收缴罚没款67万元。全年完成食品安全监督抽检885批次、快检10000批次，收到各类不合格食品检验报告43份。关停校园周边非法食宿班82家，全市169所学校食堂和330所幼儿园食堂明厨亮灶率100%，“互联网+明厨亮灶”138所。

【产品质量安全监管】　启动四平市产品质量安全专项整治三年行动，印发方案，组织实施，压实产品质量安全主体责任和监管责任。查办产品质量安全领域相关违法案件35起，收缴罚没款68万元。组织开展生产流通领域产品质量安全监督抽检，专项抽检烟花爆竹、农资、煤炭等重点产品，监督抽检生产领域产品质量204批次，流通领域产品质量监督抽检999批次（含省级抽检），依法查处不合格产品。按照市委、市政府部署，在全国、全省率先开展质量检验机构改革，整合分别隶属于4个不同部门的6家机构，成立四平市产品质量检验院。举办全国热交换器能效提升专题工作会议，与省换热器协会和省换热系统中试中心签订战略合作协议。组织开展计量检定和计量监管执法，开展秋菜市场专项整治和粮食收储计量监督检查，没收作弊电子秤6台，发现问题收粮点1个。全年完成各类计量器具检定2.2万台（件），强检计量器具受检率96%，查处计量领域违法案件3件，罚款总额130万元。

【特种设备安全监管】　四平市实施特种设备“网格化”安全监管，压实属地监管责任和经营使用单位主体责任。推动市政府将电梯安全纳入“四平市2020年十大民生实事”，制定《四平市特种设备安全专项整治三年行动方案》，对特种设备实施全覆盖、有重点的专项整治和监督检验，发现24家特种设备使用单位存在的安全隐患57处，全部完成整改。完成锅炉、压力容器、起重机、电梯等设备定检和监检10018台次，压力管道定检和监检43.8千米，安全阀校验2300只。

【网络市场监管】　2020年，全面加强网络市场监管，开展线下广告排查、线上广告清理和网络交易监管，依法规范宣传行为、整治网络空间，关闭网店1个、下架商品5件。

【执法专项行动】　四平市开展“严冬”“春雷”执法专项行动和流通领域突出问题、重点行业领域专项整治。查办各类案件131起、收缴罚没款519万元，责令相关县（市）市场监管部门全面排查并依法吊销“8·20”王某某案件、“7·25”李氏家族案件、孟某某案件涉及的黑恶势力成员名下登记注册的公司、个体营业执照，对涉案人员名下公司纳入异常企业名录，对孟某某涉案评估资产416.62万元上缴国库。建立常态化工作机制，编印《四平市市场监管领域行业治乱长效常治工作机制》，下发《关于做好对含有西地那非成分的食品、药品和性保健品认定工作的通知》，破解保健市场乱象整治中难点问题。

（陈　思）

知识产权管理

【知识产权扶持政策】 2020年，四平市组织开展省知识产权项目申报，吉春制药申报专利导航项目获资金补助15万元。四平市精细化学品有限公司等6家企业的7项专利获专利转化资助补贴12.6万元。组织四平市企业开展专利保险工作，艾斯克机电集团有限公司等2家企业的4项有效发明专利的补助保险。落实《四平市市场监督管理局支持企业复工复产企业复工复产十二条措施》《关于疫情防控期间积极推进中小企业知识产权质押融资工作的通知》文件精神，组织召开知识产权服务企业座谈会、实地企业调研宣讲，建立知识产权融资平台。组织开展省知识产权项目申报，获省级资金补助20万元。开展国家知识产权优势、示范企业培育，组织相关企业开展专利导航项目、专利资助项目和地理标志证明商标申报，新注册地理标志证明商标3项。帮助四平市相关企业获商标专利领域争取资助资金58.36万元，牵头起草《四平市加强知识产权建设十八条工作措施》，市委常委会议审议通过。

（李　天　陈　思）

【知识产权执法监管】 市知识产权局开展知识产权“铁拳行动”、打击侵犯知识产权专项执法行动等系列战役，依法严厉查处侵犯商标、专利、著作权违法行为，办结商标侵权案件23起，罚没金额43.6万元。专利侵权纠纷案件4起，其中调解结案2起，行政裁决2起。版权部门查处各类侵权盗版案件4起。公安机关破获假冒注册商标和销售假冒注册商标商品案8件。检察机关批捕侵犯知识产权案2件、2人，起诉1件、3人。审判机关审结知识产权案件50件，其中侵犯著作权案件13件，侵犯商标权案件37件。

4月26日，四平市市场监管局执法人员在铁西区二里社区发放知识产权宣传册

（李　天　供图）

【知识产权宣传】 2020年，四平市利用“4·26”知识产权宣传周、“专利宣传周”等节点，通过知识产权进企业、进商场、进社区集中宣传。强化《专利法》《商标法》等知识产权相关法律法规学习，在省监厅组织“知识产权宣传周法律知识竞赛”活动中，四平市获最佳组织奖。知识产权宣传活动发放知识产权宣传册1.5万册。

【知识产权服务】 四平市设立“国家知识产权局商标业务四平受理窗口”，2021年2月1日起启动运行，四平市是吉林省第五个获批受理商标业务的地级市。组织召开知识产权服务企业座谈会，实地企业调研宣讲，宣传与企业相关的知识产权运用、产品研发、改革创新、企业维权及相应的优惠政策。

【知识产权教育示范学校】 推动知识产权保护工作向青少年延伸，组织四平市中小学申报全省中小学知识产权教育示范学校。至年末，全市有试点学校2家，示范学校8家。组织学校参与全省青少年发明创造大赛，获金奖3个、银奖3个。

【法律咨询服务】 四平市组建知识产权调解机构，建立换热器行业知识产权服务中心。建立中国知识产权维权援助中心四平工作站，制定《四平市知识产权维权援助管理办法》和《四平市知识产权维权援助工作实施方案》，为全市社会公众、企事业单位知识产权权属纠纷和侵权诉讼提供法律咨询服务。

（李　天）

【“4·26”版权宣传】 “4·26”世界知识产权日，市新闻出版局利用户外LED广告屏、媒体平台、宣传板，以“全面加强版权工作，推动构建新发展格局”为主题，通过集中投放、播出和张贴国家版权局统一制作的版权宣传片、海报等向干部群众普及版权相关法律法规。联合市文化市场综合行政执法支队、市市场监督管理局、市生态环境局、市财政局在四平中科能源环保有限公司集中销毁非法出版物1751册。组织四平市洪满农民画文化艺术发展有限公司农民画作者和部分志愿者40人举办专题讲座，结合国家版权相关法律法规，结合农民画版权保护案例进行讲解和宣传。吉林省新华书店集团梨树县有限责任公司结合党史学习教育、世界读书日开展一系列宣传教育活动。吉林省荣艺堂工艺品有限公司通过悬挂条幅、展板、印宣传册等方式，向企业员工、顾客宣传版权保护知识。

（高双庆）

信用体系建设

【概况】 2020年，四平市以“信用四平”网站为支撑，实现信用信息查询、红黑名单、联合奖惩、政策发布等功能。制定部门和行业信用管理制度20项，下发《四平市信用红黑名单发布制度》《四平市关于全面建立信用承诺制度的通知》《关于全面开展以信用为基础的分级分类监管的通知》。建立诚信典型范围清单、严重失信行为及主体范围清单、守信激励政策措施清单、失信惩戒政策措施清单。建立守信联合激励、失信联合惩戒机制。按照“谁处罚谁修复”原则，通过线上教育培训、线上修复的方式，集中组织各行政相关部门开展修复工作，为700户失信企业修复信用。全国城市信用监测排名由2019年的105位跃升至28位，居省内第一、东北第二，先进经验在全国推广。推进“信易贷”平台融资，纳税企业平台入驻率100%。至年末，成功授信795笔，授信总额65.55亿元，“信易贷”平台注册企业占四平市企业的比例居全国第一，发放贷款总额占城市GDP的比率居全国第一。

【信用基础建设】 2020年，建设开通四平市综合信用信息服务平台和“信用四平”网站。发布信用工作情况，开通信用信息归集、查询、公示等功能。上报“双公示”（“双公示”即公示行政许可、公示行政处罚），召开“双公示”工作培训会议5次，上报“双公示”成为部门惯例。在2020年吉林省和国家组织的“双公示”评估工作中，四平市在吉林省内评估排名第二，国家评估优良。依据法律法规确认违规市场主体，推动红黑名单建设和联合惩戒工作，联合惩戒严重失信市场主体11家。四平市综合信用信息服务平台归集数据1亿条，水、电、气、供暖等特定信用信息数据开始归集。

【信用监管机制】 2020年，制定出台《四平市加快社会信用体系建设构建以信用为基础的新型监管机制任务分解表》《关于全面开展以信用为基础的分级分类监管的通知》，指导部门和地区开展信用监管工作。加强事前监管，在市政务大厅利用LED显示屏和电视墙对办事的群众和企业进行诚信教育宣传。在政务大厅各审批窗口布设信用教育宣传（单）册，推行事前教育。强化事前监管，公示信用承诺2.3万个，“双公示”9万条。强化事中监管，制定各行业领域分级分类监管制度26项，全省试点的行政检查备案制度已全面应用信用监管。加强事后监管，为800户失信企业进行信用修复。

【重点领域失信整治】 2020年，按照《四平市开展诚信缺失突出问题专项行动的实施方案》要求，针对人民群众普遍关注的诚信缺失问题、经济社会领域出现的失信突出问题，开展专项治理。对电信网络诈骗、互联网信息服务领域失信、防疫物资产品质量问题、扶贫脱贫失信、考试舞弊、交通运输领域失信、骗取社会保险、失信被执行人惩戒、金融领域失信、生态环境保护失信问题开展专项治理。按照国家发展改革委《屡禁不止、屡罚不改严重违法失信行为专项治理方案》，推进“屡禁不止、屡罚不改”失信主体治理，治理对象退出率100%，各相关部门上报典型案例，全部通过“信用中国（吉林四平）”网站对社会公布。

6月14日，志愿者在伊通满族自治县第一中学门口开展“诚信建设万里行”活动

（胡南 供图）

【信用应用推广】 推动市直各部门在行政管理和公共服务中应用信用记录和信用报告，出台《关于在重大金额政府采购和招投标中使用信用报告的通知》，招投标和政府采购中全面实现查询信用中国信用记录。推动四平市综合信用信息服务平台和“互联网+”、工改系统、工程项目在线审批平台、全流程审批系统、公共资源交易系统等实现对接共享，实现信用信息在行政审批、资质审核、市场准入等方面全面应用。开展其他“信易+”应用，建立“信易租”“信易阅”“信用+维权”等9个“信易+”产品和领域。“信用+维权”让企业间经济纠纷矛盾解决在司法前端。“信易医”为获得“四平好人”“诚信市民”等荣誉称号的个人在定点公立医院享受绿色通道、借用轮椅平车无需缴纳押金等特色信用诊疗服务。推进全国中小企业信用信息平台（信易贷）在四平实施应用。

【“诚信建设万里行”活动】 开展诚信建设万里行宣传教育活动，通过信用四平、信用吉林和信用中国网站宣传推介诚信四平，开展主题实践活动。通过信用四平网站刊发有关诚信教育2500篇。“6·14”全国征信日，四平市组织各部门和县（市）区开展“关爱信用记录 做诚信四平人”主题宣传活动。联合市人民银行四平中心支行，在吉林师范大学举行“诚信杯大学生征信知识竞赛”活动。7月，开展四平市首届“十佳诚信企业”和“十佳诚信市民”评选活动。集中组织开展诚信进机关、进社区、进校园、进企业、进农村、建设诚信经营示范街（区）、诚信企业和诚信市民评选表彰等活动。

（胡　南）

【企业信用信息管理】 根据《吉林省建筑施工现场标准化管理达标考核办法》《关于开展2019年度省级标准化管理示范工地考核评定工作的通知》和《四平市建设工程“英雄城杯”奖（市优质工程）评选办法》文件要求，7月5日至19日，市住房和城乡建设局组织市建筑业协会专家对申报的施工企业及建设项目进行考评。考评采取实地检查和内业资料评审相结合的方式，对各地申报项目进行考核验收。中国二十二冶集团有限公司承建的四平市地下综合管廊工程（师院西街工程）、吉林省乾旭建业集团有限公司承建的伊通满族自治县县委党校综合楼PPP项目被评选为“英雄城杯”奖。

（刘润达）

黑土地保护

BLACK SOIL PROTECTION

综　述

【黑土地概况】 东北平原黑土带位于松嫩平原中部，总面积约1100万公顷，其中黑土耕地约815万公顷，占东北地区耕地总面积的32.5%。黑土地的粮食产量占东北地区粮食总产量的44.4%。四平市地处松辽平原中部腹地，黑土耕地约50万公顷。梨树县作为全国重要的商品粮生产基地，农业资源“黄金玉米带”“黑土地之乡”享誉世界。黑土覆盖约26万公顷耕地面积，粮食总产量多年保持在25亿公斤以上，稳居全国产粮大县前五强。中国农业大学国家黑土地现代农业研究院在黑土地保护与利用的研究和推广过程中，分别在东北吉林、辽宁、黑龙江及内蒙古4省区建立示范基地10个和核心示范基地100个，采取“合作社+农技推广站+大学+企业”的联动机制，推动形成东北4省区功能各有侧重、研究层次鲜明的农业科技示范基地网络体系。2020年7月22日，习近平总书记到吉林省四平市梨树县考察黑土地保护时强调，“采取有效措施切实把黑土地这个‘耕地中的大熊猫’保护好、利用好，使之永远造福人民”。8月，四平市以习近平新时代中国特色社会主义思想为指导，深入贯彻总书记关于黑土地保护讲话精神，遵循创新、协调、绿色、开放、共享发展理念，深度解读黑土地保护梨树模式内涵，以黑土地保护对农机发展要求，以产业规模化、高端化、智能化和绿色化转型升级为导向，以农机制造为主要任务，以科研创新和综合服务为延伸，开展黑土地保护性耕作模式和农业现代化生产方式的示范和引领。全年四平市推广保护性耕作24.4万公顷，比2019年增长25.3%，占吉林省的20.3%。梨树县推进国家黑土地保护试点县项目，推广玉米秸秆堆沤还田等技术面积4万公顷。至年末，四平市投入经费1.62亿元，推广黑土地保护重大技术180万亩次，梨树县、伊通满族自治县、双辽市成为国家黑土地保护示范县。

【“梨树模式”】 梨树县位于中国东北地区吉林省西南部，松辽平原腹地，地处世界“北半

5月6日，五星专业合作社社员在铁西区平西乡进行大田喷药作业

（李坤　摄）

球三大黑土带”和“黄金玉米带”之上，土壤肥沃，地势平坦。农业是梨树的主导产业，基础雄厚，常年粮食总产量达25亿公斤，人均占有粮食、人均贡献粮食、粮食单产和粮食商品率四项指标均在全国名列前茅，素有“东北粮仓”和“松辽明珠”之美誉。2000年以来，梨树县面临着土地土壤退化、农业生态环境恶化、农业经营模式粗放、农业生产现代化程度不高等诸多瓶颈性问题，梨树农业进入由产量高速增长向高质量发展转型的新阶段。梨树县联合中国科学院沈阳应用生态研究所、东北地理与农业生态研究所、中国农业大学等科研院所以及相关农机生产企业，在系统分析美国、加拿大等国家免耕栽培技术研究与应用的基础上，研发并创建适合中国东北黑土区的玉米秸秆覆盖全程机械化栽培技术，逐渐摸索出一条适合中国国情的黑土地保护与利用的新路径。从2007年开始，梨树县农业技术推广总站与中国科学院、中国农业大学等科研单位深度合作，经过十几年科研攻关、探索和实践，研发出的适合我国国情的玉米秸秆覆盖全程机械化栽培技术模式，并将其总结为“梨树模式”。其核心内容是，在玉米收获时将秸秆直接覆盖在地表，配套相关技术措施，建立秸秆覆盖、免耕播种、宽窄行种植、配方施肥、化学除草、综合防病及收获全程机械化技术体系，达到保持土壤水分、减少土壤风蚀水蚀、培育土壤肥力、节约耕作成本的目的。“梨树模式”是对传统耕作方式的变革。过去农民种一季玉米，地要反复整压4次，会破坏黑土层结构。现在用上秸秆覆盖、条带休耕、机械化种植，清理秸秆、开沟、施肥、播种、覆土、镇压等工序一次作业即可完成。

【国家黑土地试点县项目建设】 梨树县是典型农业大县，地处松辽平原中部腹部，黑土地资源丰富，全县有黑土地近26万公顷。梨树县为发展黑土地经济，先后与多家科学院所签订合作协议，落户梨树县。2010年3月27日，梨树镇高家试验示范基地被中国科学院确定为“中国科学院保护性耕作研发基地”。2010年，中国农业大学在梨树县建立梨树实验站，2011年9月正式挂牌成立；2015年8月4日，吉林省科技厅批准成立吉林省梨树县黑土地保护与利用院士工作站。院士工作站由中国农业大学、中国科学院以及吉林农大的相关资源环境专家组成，包括首席专家中国农业大学石元春院士、中国农业大学资源与环境学院李保国教授等10人的专家团队，9月7日，吉林省梨树县黑土地保护与利用院士工作站揭牌；2017年9月1日，举行“中国农业大学梨树实验站东北四省区工作站”和“黑土地院士工作站东北省区试验示范基地”授牌仪式和签约仪式；2018年9月20日，中国农业大学国家黑土地现代农业研究院揭牌成立，2018年10月9日，中国科学院研究生实践基地在吉林省梨树县中科院保护性耕作研发基地挂牌。每年有50名专家学者、130名硕博人员针对黑土地保护、农业资源利用、高产高效等课题开展研究，汇集石元春院士、武维华院士、张福锁院士在内的中国农业大学和中国科学院等40名国内专家和美国肯塔基大学教授Ole Wendroth等9名外国专家。先后在基地进行新技术新成果试验示范50项，累计引进包括国家重点基础发展规划项目（973项目）等重大农业课题项目22项。“黑土地保护与利用科技创新联盟”的科研团队，从事玉米秸秆全覆盖条带式免耕生产研究过程中，承担国家及省内项目20项，发表SCI文章58篇。

【“梨树模式”升级版打造】 “梨树模式”的研究与推广始于2007年，由中国科学院沈阳应用生态研究所张旭东研究员牵头，在梨树县中部黑土区、西北部风沙区建立研究示范基地3个，并开展相应的研究示范工作。2010年3月，梨树镇高家试验示范基地被中国科学院确定为“中国科学院保护性耕作研发基地”。2016年3月2日，《农民日报》以《非‘镰刀弯’地区玉米怎么种——‘梨树模式’值得借鉴》为题进行整版报道，梨树新的玉米种植方式引起多方关注。2016年至2019年，梨树县与科学院所合作，发展黑土地经济，承接连续3年投资3150万元的黑土地保护项目、每年投资近千万元的玉米秸秆

梨树县国家百万亩绿色食品玉米标准化基地核心区

（王祝伟 摄于9月25日）

综合利用项目等，先后与中国农业大学、中国科学院沈阳应用生态所、中粮营养健康研究院、大北农集团、中化现代有限公司签订合同，多个产业项目落地。至2020年，从建立第一块面积15公顷试验基地开始，经历试验、示范、推广3个阶段，在东北四省区推广100万公顷，研制出中国第一台免耕播种机。梨树县境内的保护性耕作研发试验示范基地扩展为8个，总面积约2000公顷。四平市扩面提标“梨树模式”，实施黑土地保护技术示范“三个一”工程，即在梨树县建立10个300公顷现代农业生产单元；建立100个100公顷以上的乡级示范基地；建立1000个10公顷以上的村级展示基地。形成完善的保护性耕作政策支持体系、技术装备体系和推广应用体系。

【黑土地政策扶持】 2020年，四平市贯彻《吉林省黑土地保护条例》，制定出台《梨树县黑土地保护与利用试点项目实施方案》《梨树县秸秆全覆盖保护性耕作补贴方案》《2020年梨树县“梨树模式”推广实施方案》等政策文件，形成上下配套衔接的制度体系。建立对黑土地科技人才、种粮大户和新型合作经济组织年度表奖制度。国家黑土地现代农业研究院与太平洋保险公司合作，推出农业保险新产品，在梨树县试点2000公顷地，一公顷地保费900元，保障农民每公顷最低收益1.7万元。吉林省对保护性耕作给予每亩40元的补贴，梨树县在此基础上每亩增加10元，一公顷地补贴750元。

【黑土地宣传推广】 建立黑土地联盟微信群，开办网上大讲堂。在每月8日、18日、28日晚8点，请专家在微信群中做客，在线讲课并解答农民提出的问题。开展协同攻关，通过建立黑土地发布微信公众号，每周定期发布以“黑土地保护与利用”为主题的植物保护、作物栽培、农业气象相关领域的专业知识、生产建议、季节性预测、典型案例等。制定特色挂历、编制“梨树模式”技术手册等，省农委制成动漫片播放。

【黑土地保护工作专题会议】 2020年10月30日，市政府召开全市黑土地保护工作专题会议。市委副书记、市长胡斌出席会议并讲话。会议贯彻落实习近平总书记到四平视察重要讲话重要指示精神，打造样板、当好前锋、做好示范，部署好全市明年黑土地保护工作。市长胡斌要求，要创建好国家级黑土地保护综合开发示范区。要以示范区创建为引领，推广“梨树模式”。以梨树县为重点，创建黑土地保护模式，打造“梨树模式”升级版，探索出“教科书”式的适应不同地区、不同条件的黑土地保护样板模式。以实施梨树县“511”工程为重点，加快构建市、县、乡、村四级黑土地保护示范基地体系。会上，市农业农村局主要负责人汇报全市黑土地保护工作情况；各县（市）区主要负责人汇报下一步黑土地保护工作情况。

（王 影 龙海波）

“梨树模式”推广创新

【四平国家黑土地保护利用综合示范区规划编制】 2020年11月，为深入贯彻落实习近平总书记关于黑土地保护利用的指示精神，落实创建国家黑土地保护利用综合示范区重要举措，市农业农村局委托农业农村部规划设计研究院编制《四平市国家黑土地保护利用综合示范区总体规划（2021—2025年）》。规划在总结“梨树模式”、分析发展现状、挖掘四平优势的基础上，通过科技集成创新、搭建示范平台、完善服务体系、加强基地建设等系列措施，促进黑土地保护利用成果向更高层次、更大范围、更多类型中示范推广，为东北黑土地保护利用提供综合解决方案。

【国家级黑土地保护综合开发示范区】 吉林省黑土区是东北四省区其中之一，在黑土地上多年的耕种，忽视保养，土地土壤变得瘠薄，甚至被破坏。2015年，农业部启动黑土地保护利用试点项目，在全国开始实施黑土地保护利用试点。2016年，吉林产区梨树县被确立黑土地保护利用试点县，作为黑土地保护利用试点的梨树县，率先创建全国第一个黑土地保护利用院士工作站，梨树县政府与中国科学院、中国农业大学、中国农业科学院等科研院所开展院地合作，率先在东北大地开启黑土地保护与利用攻关探索。率先搭建辽吉黑蒙四省区“黑土地保护利用科技联盟”。2018年，梨树县以《吉林省黑土地保护条例》颁布为契机，在第四届梨树黑土地论坛上发起“吉林省粮食主产区黑土地保护行动倡议”。2020年，“黑土地保护科技联盟”在东北四省区设立示范基地100个，试验田面积1000公顷。建立全国第一家黑土地保护与利用院士工作站和国家现代农业研究院。与中国农业大学合作投资7000万元建成占地面积2.3万平方米的中国农业大学梨树实验站。流转土地100公顷作为黑土地保护利用的研发基地，打造院士专家的“梨树试验田”。

【县乡村三级黑土地保护示范体系建设】 梨树县创新黑土地保护示范体系，在全县建设县乡村三级黑土地保护示范体系，在东北四省区推广。以梨树县为核心建设县乡村三级黑土地保护示范体系，辐射带动东北地区示范基地101个，打造“梨树模式”升级版。

【黑土地保护模式创新】 四平市开展黑土地保护示范工作。2019年完成《四平市耕地质量评价报告》，耕地质量评价为四平市开展黑土地保护工作提供科学依据。针对黑土层变薄推广保护性耕作技术。保护性耕作技术就是采取免耕或少耕的耕作技术，主要采取作物秸秆覆盖免耕播种、作物残茬免耕播种、缓坡耕地等高线种植、苗带少耕种植4种技术形式。重点推荐作物秸秆覆盖免耕播种技术（梨树模式）。针对黑土地变瘦问题采取养分调控技术，主要抓4个方面，推广测土配方施肥技术，完善和更新测土配方施肥数据，通过田间取土检测，了解耕地养分丰缺状况，对土壤进行诊断，提出科学的施肥方案；推广使用高效肥料，高效肥料包括缓释肥、控释肥、营养套餐肥、水溶肥等，其肥料利用率一般来讲要高于普通肥料10%—20%，因此就可以减少施肥10%—20%；增施有机肥，增施有机肥包括增施商品有机肥和堆沤有机肥；精准施肥，扩大机械施肥面积，提高精准施肥水平，减少化肥浪费及施肥不合理对耕地质量的影响。施肥三精准，施肥数量精准、施肥时间精准、施肥位置精准。针对黑土地变硬的问题，采取深翻作业和深松作业技术。2018年，梨树县、双辽市和伊通满族自治县被确定为“国家黑土地保护示范县”。2019年项目开始实施，连续每年投资1800万元，3个示范县（市）推进示范面积12万公顷，占全省9个国家级黑土地保护试点项目县（市）区的33%。2019年，梨树县黑土地保护大数据平台建成固定监测站15个。至2020年年末，建设完成固定监测站32个。

【保护性耕作推广】 梨树县在全县实施保护性耕作，在第四届梨树黑土地论坛上发起了“吉林省粮食主产区黑土地保护行动倡议”，呼吁各地加强黑土地保护与利用。“梨树模式”在东北四省区推广。“黑土地保护科技联盟”在东北四省区设立38个示范基地，试验田面积达1000公顷，“梨树模式”推广面积66.67万公顷。被誉为非“镰刀弯”地区玉米种植的“梨树模式”率先实现秸秆全覆盖技术“国产化”、免耕播种机具

12月2日，梨树县农业技术推广总站站长王贵满在百万亩绿色玉米生产基地为学生讲解保护性耕作

（刘 艳 摄）

“中国化”、耕作技术推广“系统化”。双辽市保护性耕作技术覆盖全市所有乡镇街，有15个乡镇街实现整体推进，90%以上的村实现整体推进，培育出整乡、整村和整屯三级不同规模的示范样板。

【黑土地高标准农田建设】 四平市落实“藏粮于地”战略，巩固和提升粮食综合生产能力的根本举措，建设高标准农田。全市建设高标准农田从2005年开始，国家相关部门陆续出台多项措施，着力黑土地资源保护与合理开发利用。2017年，原农业部、发展改革委等6个部门制定政策文件，要求通过修复治理和配套设施建设，有效遏制黑土地退化。四平市作为黑土地保护和治理的重点地区，坚定贯彻“藏粮于地、藏粮于技”战略，在黑土地保护和治理方面实施高标准农田建设、千亿斤粮食、水土保持及小流域治理、生态林建设、农田灌溉用水污染防治等多项农业技术措施工程项目，黑土层变薄、变瘦、变硬趋势实现逆转。2020年，新建高标准农田2.67万公顷，推广保护性耕作22.4万公顷。

【专业合作社发展】 梨树县依靠合作社的示范引领，鼓励支持村干部、种粮大户、致富带头人发展规模化经营。专业合作社着眼打破一家一户分散生产经营模式，以“民办、民管、民受益”为原则，通过带地入社、土地托管和土地租赁等多种规模化方式并存的经营方式来探索规模化发展方向，在推动土地规模经营的同时，为解放的劳动力积极提供就业信息、开辟就业渠道、寻找就业岗位，推动农户分工分业，劳动力实现内转外输。至年末，全县有农民专业合作社3418个、家庭农场938个，流转土地面积8公顷，全县近七成玉米耕地全面应用保护性耕作。

【农机装备水平】 围绕农机产业一条主线，出台专项政策，引导企业加快转型升级步伐，打造高端制造、科技创新、产业服务、先进配套四大功能，做强播种机械、秸秆处理机械、动力机械、配套机械、收获机械等八大产业。四平市顺邦农机制造有限公司研发的“收集王”牌秸秆饲料打捆机打破国外高端打捆机对国内市场的垄断，成为国内独家首创产品，堪称中国农机打捆设备领域一次颠覆性技术创新，荣获2项国家发明专利、14项实用新型专利。“康达农机”是专业生产黑土地保护配套机具的农机企业。公司研发、生产的8个类型43款产品受到全国农户的青睐，获“中国农机行业年度产品金奖”等。至2020年，四平市农机产业门类齐全，服务体系完善，形成以耕整地、播种、田间管理、收割、秸秆处置利用装备为主体的农机产业链条。实现年产免耕播种机10000台、秸秆打捆机5000台、大型联合收割机3000台。全国现代农业示范区梨树县农机大户数量超过320户，农业综合机械化率93.6%。是吉林省唯一国家级全程机械化示范市。

【卢伟农机农民专业合作社】 梨树县卢伟农机农民专业合作社位于梨树县康平街道八里庙村，2011年11月成立。入社农户6户，带地入社面积5公顷，有1台

4月28日，卢伟农机农民专业合作社社员操作康达免耕播种机在田间作业

（袁松年　摄）

55马力旋耕机。2020年7月22日，习近平总书记视察卢伟农业农机专业合作社。至年末，合作社入社社员260户，社员带地入社面积170公顷，合作社规模经营土地总面积670公顷，吸纳股金450万元。承担梨树县农业技术推广总站的田间示范，合作社在中国农业大学、吉林农业大学和吉林省农业科学院等单位的专家教授和研究生的指导下，开展各种田间试验项目。合作社承担大小田间试验和田间示范项目8项。

【黑土地保护培训】 依托中国农大梨树实验站，每年整合2000万元资金用于黑土地保护的研发、培训和推广，打造黑土地保护培训基地，承办东北四省区保护性耕作现场交流会等活动，培育相关人员2000人。实验站针对中国黑土地保护与利用，建立完善区域可持续农业技术示范样板和培训基地，解决中国农业发展道路、农业现代化建设问题，打造成高端论坛、科技创新、成果转化、人才培养和服务三农创新平台。11月3日，在梨树县举办“黑土地保护与利用应用技术”高级研修班，邀请多名专家学者为70名合作社社长及家庭农场场主进行为期5天的授课，将习近平总书记视察四平市提出的“以‘黑土地’人才为发展引领”重要指示精神落到实处。成立“职业技能领导小组工作专班”，整合培训资源，构建统一培训联合体，拓展线上线下两种培训渠道，开展职业技能培训4.2万人次，完成全年培训任务的175%。至年末，组织各合作社理事长和家庭农场负责人参加专业技术培训会15次，组织超过百人的培训研讨会3次，召开小规模的研讨会12次。

【第六届梨树黑土地论坛】 11月26日，在北京会议中心举办第六届梨树黑土地论坛。论坛主题《加强政产学研金协作，齐力推进黑土地保护与利用》，全国人大常委会副委员长、九三学社中央主席武维华出席开幕式。开幕式由中国农业大学校长孙其信主持。东北四省区分管领导、两院院士及190余名专家学者参加论坛。开幕式上，举行“国家黑土地保护与利用科技创新联盟”的发起仪式。联盟依托中国农业大学吉林梨树实验站和中国农业大学国家黑土地现代农业研究院，由中国农业大学、中国科学院等17家单位共同发起。农业农村部、科学技术部、中国科学院领导参加发起仪式。中国农业大学党委书记姜沛民介绍，自梨树实验站成立以来，中国农大联合各科研院所、相关企业、农民合作社在东北地区建立专家工作站8个、技术推广基地100余个，开启“合作社+技术工作站+高校”的联合模式。吉林省副省长李悦、农业农村部总农艺师、办公厅主任广德福，科学技术部农村科技司二级巡视员高旺盛，中国农业大学党委书记姜沛民，金融界代表中国太平洋财产保险股份有限公司京津冀区域协同发展总监武博，吉林省四平市政府市长胡斌参加开幕式。学术报告期间，围绕“数字技术助推农业高质量发展”“黑土地保护与利用研究进展”等主题，中国工程院院士赵春江、中国农业大学李保国教授、中国科学院沈阳应用生态研究所研究员张旭东等专家、行业代表研讨和交流。

【中国黑土地博物馆】 中国黑土地博物馆是中国农业大学在梨树县打造的一个农业建设教育基地。博物馆位于梨树县梨树镇泉眼沟村中国农业大学梨树实验站。占地面积400平方米。每周一至周五开馆，作为“青年之家”阵地，年平均接待各省市县青年5万余人次。2019年，中国黑土地博物馆年挂牌正式对外开放，建成国内首家较大规模的综合类农业宣传教育主题展馆。展馆分6个区域单元，介绍中国黑土地的形成、开垦、利用、退化、保护、行动等内容。馆内有1.5米大型土柱3个、中型土柱14个、小型土柱20个、不同省份的土样3000瓶、智慧农业信息平台1套、多媒体设备6个、教育展示片4部。从历史背景教育到实例展示，展馆利用多媒体、智慧农业信息平台、实物展品、土壤标本等高科技手段，以声、光、电结合的现代多媒体、智慧农业信息平台和实物展品相结合的展示手法，通过“信息化+现代化”教育方式开展互动、学习、观赏，集知识性、趣味性于一体，阐述教育主题。7月22日，习近平总书记到四平考察后，追寻总书记足迹到黑土地博物馆参观的各省、市、县参观人员5.3万人。

【东北黑土地保护性耕作行动计划现场推进会】 9月23日，东北倒伏玉米机械化抢收工作布置会暨东北黑土地保护性耕作行动计划现场推进会在梨树县召开。农业农村部副部长张桃林，副省长李悦出席会议并讲话。辽宁省、吉林省、黑龙江省和内蒙古自治区4省区代表参加会议。农业农村部副部长张桃林在会上对东北黑土地保护性耕作行动计划推进工作进行部署。会议由农业农村部农业机械化管理司司长冀名峰主持。会议指出，东北黑土地保护性耕作行动计划推进要“五管齐下”。狠抓组织推动；狠抓观念转变；狠抓实施质量；狠抓机具保障；狠抓政策协同。与会人员参观梨树县保护性耕作研发基地、卢伟农机农民专业合作社、全国百万亩绿色食品原料标准化生产基地、倒伏玉米机收作业现场、免(少)耕播种作业现场。

（王影　龙海波）

位于梨树县泉眼沟村的中国黑土地博物馆

（摄于6月5日　梨树县农业技术推广总站供图）

产学研合作

【概况】 中国农业大学国家黑土地现代农业研究院在黑土地保护与利用的研究和推广过程中，相继建立中国农业大学吉林梨树实验站、吉林省梨树黑土地保护与利用院士工作站、东北黑土地保护与利用科技创新联盟、博士后科研工作站、国家农业科技示范展示基地、国家级专家服务基地。随着各大高校、科研院所的专家学者和研究生到梨树县开展科研工作，国家级科研基地、科研机构相继落户研究院，一大批多学科、多领域的精英人才汇聚梨树县。建立国家级研发基地2个，即梨树模式保护性耕作研发基地、中国农业大学吉林梨树实验站试验基地。打造研究中心5个，即农业气候应对研究中心、植物保护研究中心、保护性耕作栽培中心、农业机械研究中心、农业信息化研究中心。

【中国科学院保护性耕作研发基地】 至2020年年末，中国科学院保护性耕作研发基地在梨树县高家村建立梨树模式保护性耕作研发基地15公顷。中国农业大学吉林梨树实验站建立试验基地100公顷，其中核心基地20公顷，基地是针对中国黑土地保护与利用、农业可持续发展等重大科技难题开展攻关研究，内容涉及土壤学、地理信息技术、植物营养学、气象与气候学、生态学、环境科学、农学等多学科的分析和测试研究，旨在将试验基地打造成为集现代农业科研、教学、培训、试验于一体的综合性农业生态系统试验示范基地，创建高标准农业专家团队，建立完善的区域可持续农业技术样板和培训基地。

【中国农业大学吉林梨树实验站】 中国农业大学吉林梨树实验站坐落在梨树县梨树镇泉眼沟村，2011年9月正式挂牌成立，是中国农业大学与梨树县政府共建的综合性农业生态系统实验站。以中国东北典型黑土为研究基地，通过开展作物及其环境过程的系统监测研究，深入探讨东北粮食主产区农田生态系统的结构和功能及其动态特征，为东北平原农业实现高产、高效和可持续发展提供调控技术体系。2018年，吉林省人力资源和社会保障厅批准，设立中国农业大学吉林梨树实验站博士后科研工作站（以下简称“工作站”）。

【中国农业大学国家黑土地现代农业研究院】 吉林省政府为缓解黑土区农业发展不平衡、不充分的问题，强化农业科技对农业发展的支撑作用，完成“率先实现农业现代化”目标，省政府与中国农业大学依托梨树实验站提出“深化地校合作，共建国家黑土地现代农业研究院”的倡议，2018年9月，中国农业大学国家黑土地现代农业研究院落户中国农业大学吉林梨树研究院。中国农业大学国家黑土地现代农业研究院针对中国黑土地保护与利用，农业可持续发展等重大科技难题开展探讨研究，建立完善区域可持续农业技术示范样板和培训基地。主要任务是通过研发（基础研究与技术研发等）、示范（技术的集成示范与推广应用及科普展示等）、服务（如政策研究、策划咨询、规划设计、农业科技服务、土地银行等）和产业化（制定相关标准及科技成果产业化等）四大功能模块，建立东北四省区现代农业科研、教学、培训和示范基地，为东北四省区农业可持续发展提供理论指导、示范窗口、技术依托、技术保障。2020年7月，由农业农村部批准成立的国家农业科技示范展示基地落户中国农业大学国家黑土地现代农业研究院。中国农业国家黑土地现代农业研究院黑土地保护利用专家服务基地被选为优秀省级专家服务基地。

【黑土地保护与利用科技创新联盟】 依托中国大学吉林梨树实验站，成立“黑土地保护与利用科技创新联盟”科研团队。发表论文 14 篇，分别为《Soil macrofauna assemblage composition and functional groups in notillage with corn stover mulch agroecosystems in a mollisol area of northeastern China》《不同秸秆覆盖量免耕对土壤氨基糖积累的影响》《东北玉米带秸秆覆盖免耕对土壤性状的影响》《免耕不同秸秆覆盖量对土壤可溶性

中国农业大学吉林梨树实验站

（王 影 供图）

氮素累积及运移的影响》《黑土区免耕秸秆不同覆盖频率下大型土壤动物群落结构特征》《免耕条件下不同秸秆覆盖量对土壤木质素含量的影响》《免耕条件下不同秸秆覆盖量的土壤有机碳红外光谱特征》《秸秆覆盖免耕对土壤氨基糖在团聚体粒级中分布的影响》《免耕秸秆覆盖条件下尿素来源铵态氮和硝态氮的累积与垂直运移过程》《对 2BMZF 系列免耕播种机综合性能分析》《解决农作物秸秆焚烧的主要途径是秸秆直接还田——吉林省梨树县秸秆覆盖还田 10 年回顾》《东北地区玉米生产过程中存在问题的分析》《东北黑土地保护与实施保护性耕作技术的探讨》《玉米免耕播种机的使用与调整》。获专利、知识产权 9 项，“免耕指夹式精量施肥播种机”“全秸秆覆盖免耕深松机”“全秸秆覆盖免耕追肥机”“播种机模拟作业检测台”“一种可调式秸秆处理机”被中国国家知识产权局授予实用新型专利，“播种机排肥机构保护器”被中国国家知识产权局授予发明专利，《玉米秸秆覆盖全程机械化宽窄行距栽培技术规程》《玉米秸秆覆盖全程机械化等行距平作栽培技术规程》《玉米秸秆覆盖全程机械化等行距垄作栽培技术规程》在中国国家版权局登记。推广项目 3 个，即《玉米秸秆覆盖保护性耕作技术推广》《玉米秸秆还田保护性耕作技术示范推广》《玉米秸秆条带覆盖免耕生产技术规程》。

【玉米秸秆堆沤还田技术推广】 吉林省梨树县玉米秸秆还田技术推广工程保护生态环境、节约资源、促进粮食增产和农民增收。梨树县玉米秸秆还田技术推广，主要实施全覆盖保护性耕作技术推广、玉米宽窄行休闲耕作技术推广和玉米秸秆人工腐熟发酵技术推广3项内容。梨树县玉米全覆盖保护性耕作技术示范推广，梨树镇高家村建立国家级保护性耕作研发基地，在黑土地上示范推广，并在梨树西北部的风沙土区林海镇、四棵树乡进行示范推广。玉米秸秆技术还田量为100%，全县推广面积2万公顷；玉米宽窄行休闲耕作技术推广是通过宽行与窄行隔年休闲种植，实现抗旱、保墒、培肥地力、节本增效的作用，全县推广面积8万公顷。人工收获秸秆还田量为30%左右，采用专用机械收获秸秆还田量实现100%；玉米秸秆人工腐熟发酵技术推广，应用秸秆腐熟剂，采用人工或机械，将秸秆切碎，撒于地表，腐熟剂处理后，进行旋耕作业与耕层土壤充分混合，达到快速腐解的目的，全县实施面积6.67公顷。堆沤秸秆肥还田，组织农民秸秆肥堆沤还田，实现每3年一个轮回让土地实现秸秆肥覆盖，全县实施面积2公顷。

【免耕条件下耕作方式研究】 2010年，由中国农业大学资源与环境学院任图生教授牵头，在梨树县泉眼沟村建立占地面积3.73公顷的试验研究基地。主要研究免耕条件下行距的最佳配比、免耕条件下的深松方法和措施、秸秆覆盖的比例和方法以及作物轮作制度体系的建立等。制定《玉米秸秆全覆盖等行距垄作少免耕栽培技术规程》《玉米秸秆全覆盖等行距平作少免耕栽培技术规程》和《玉米秸秆全覆盖宽窄行少免耕栽培技术规程》3种耕作模式，详细地制定实施过程中的技术要求和操作要点。至2020年末，3个规程耕作模式均取得知识产权保护，并申请确定为吉林省地方耕作标准。

【秸秆能源利用工程】 梨树县开展秸秆能源利用工程，进行秸秆固化成型技术推广。秸秆能源利用工程包括秸秆固化成型技术推广和秸秆气化利用技术推广两项内容，是采用“物理法”成型技术，将粉碎的玉米秸秆原料高温状态下挤压固化，实现燃烧充分、基本无烟尘排放，残余的灰烬小于7%，是很好的肥料。梨树县在蔡家镇、林海镇、沈洋镇建有加工厂，年消耗秸秆50万吨左右；秸秆气化利用技术推广是利用秸秆资源，发展农村沼气，将玉米秸秆粉碎，作为沼气池发酵原料，生产沼气。实现秸秆能源转化，减少秸秆家庭焚烧数量。梨树县县小城子和十家堡2个镇建有大型秸秆沼气站，年消耗秸秆20万吨。

【玉米秸秆覆盖免耕技术示范推广】 玉米秸秆覆盖免耕技术的示范推广近十年，由梨树县农业技术推广总站站长王贵满研究员牵头，开展“梨树模式”的示范推广工作。通过在梨树县梨树镇高家村、四棵树乡付

3月20日，铁西区平西乡利用机械化作业解决玉米秸秆离田再利用

（柳 扬 摄）

家街村进行的定位试验研究，摸索出一套适合东北地区的玉米秸秆全覆盖全程机械化免耕播种的全新技术模式，并通过建设独特的推广宣传网络体系来促进“梨树模式”有效的推广。开展“2123工程”，即在全县打造以2个国家级试验基地、10个专业性试验示范基地、20个乡镇级综合试验示范基地、300个覆盖全县的村级示范推广基地，形成引领全县、各有侧重、层次鲜明的农业科技示范基地网络，为推广“梨树模式”提供样板。实施“331工程”，即在每个乡镇建设30个百亩方，3个千亩方，1个万亩方。共建立20个万亩示范片、60个千亩核心区、600个百亩示范户，总覆盖21个乡镇、314个村，累计面积为32万亩。示范方内以“梨树模式”作为主体技术，以合作社为载体，推进土地规模化、技术标准化、商品品牌化，为现代农业的发展奠定基本格局。成立“梨树模式”讲师团，即聘请中国科学院、中国农业大学专家教授为顾问，组织农业、农机等方面专家成立“梨树模式”讲师团，加强师资培训，对每个乡镇技术人员进行单独培训，对“梨树模式”进行系统的讲解。至2020年年末，成立黑土地保护与利用科技创新联盟，在东北四省区建立试验示范基地61个，总示范面积1.47万公顷。

【吉林省康达农业机械有限公司】 公司于2009年12月9日落户吉林省四平市铁西区循环经济示范区，是专业从事研发、制造为保护性耕作技术配套机具的农机生产企业。主要生产免耕播种机、深松整地机系列产品，形成2BMZF免耕机系列产品、精播机系列产品、1SZL系列深松机及深松整地机系列产品4类。产品进入《国家支持推广的农业机械产品目录》和国家确定的适宜保护性耕作区域——北方十五省区《农业机械购置补贴产品目录》。获“中国农机行业年度产品金奖”等。其中免耕指夹式精量施肥播种机系列和免耕气吹式精量施肥播种机系列产品均可在不清秸秆不整地的前提下，精准播种，实现高产增收，引领东北地区的黑土地保护免耕播种技术。2020年，免耕播种机产量约5000台，实现产值2.2亿元。

【配套机械研究与开发】 免耕播种机、深松机、收获机3类机具是实施玉米秸秆全覆盖免少耕栽培技术的关键机具。2008年，由中国科学院东北地理与农业生态研究所关义新研究员牵头，联合农机制造企业开始对配套免耕播种机的研制。同年，第一台免耕播种机问世，实现与玉米秸秆覆盖全程机械化栽培技术配套的主要机具装备国产化，解决了耕地秸秆多、播种难的问题。2009年8月16日，吉林省农业委员会组织有关专家对免耕播种机进行鉴定，专家组一致认为“小型圆盘免耕播种机属国内首创，技术性能达到国内领先水平”。到2017年，小型圆盘免耕播种机型发展到第6代产品，可以替代进口产品，累计投放市场9000台，在全国10个省区广泛应用。至年末，免耕播种机、深松整地联合作业机和专用收获机均在玉米秸秆覆盖全程机械化栽培技术中得到应用。

（王 影 龙海波）

农　业

AGRICULTURE

综　述

【概况】 2020年，四平市在册耕地面积57.07万公顷，人均0.46公顷。全市农民人均可支配收入14803元，粮食总产量44.41亿千克。是国家重点商品粮生产基地、吉林省重要的蔬菜和畜产品生产基地。全市农林牧渔业总产值按可比价格计算比2019年增长5%，其中农业产值比2019年增长4.7%，林业产值增长38.1%，牧业产值增长5%，渔业产值增长12.6%。全年全市猪、牛、羊、禽肉总产量32.1万吨，减少0.21万吨，下降0.7%。其中，猪肉产量18.3万吨，增长1.5%；牛肉产量7万吨，增长2.9%；羊肉产量0.8万吨，增长22.0%；禽肉产量5.9万吨，下降6.3%；牛奶产量3万吨，下降12.1%；禽蛋产量26.3万吨，下降13.0%。猪饲养量394.9万头，增长1.1%；牛饲养量100.2万头，下降0.7%；羊饲养量133.1万只，增长27%。年末生猪存栏162.4万头，全年生猪出栏232.5万头，增长1.6%。全市农业机械总动力达308.6万千瓦，增长6.7%。拖拉机保有量6.4万台，增长1.3%。农用水泵53581台，增长0.06%。农村用电量46187.2万千瓦时，增长5.2%。

梨树县泉眼沟村玉米田

（王祝伟　摄于9月29日）

【农业新型主体培育】 2020年，四平市实施新型经营主体提升计划，做好减法，清理“空壳社”，发展壮大家庭农场和农民合作社。至年末，全市农民合作社7996个、家庭农场4192个。

【土地规模化经营】 四平市发展土地流转、土地托管、土地入股等规模经营，推进土地向新型经营主体集中，完善农业社会化服务体系，将小农户纳入现代农业发展轨道。全市农村土地规模化经营比重62%。新型农业经营主体经营耕地面积200公顷以上的23个，经营耕地面积66.66公顷到200公顷的170个，经营耕地面积33.33公顷到66.66公顷的187个，经营主体经营面积11.61万公顷。

【农村集体产权制度改革】 四平市完成农村集体产权制度改革，全市成立村级股份经济组织197个，村级经济组织558个，实施股份合作制改革的村量化资金7700万元。规范其他方式承包地管理工作，发展壮大村集体经济，全年发包土地6.07万公顷，发包收入1.3亿元。

【农技推广】 落实科学管理、防灾减灾等综合田间管理技术，推广保护性耕作、测土配方施肥、绿色防控、统防统治等绿色增产重大技术46.67万公顷。坚持生态优先、用养结合、稳产丰产、节本增效导向，深入实施东北黑土地保护性耕作行动计划，促进全面黑土地保护和农业可持续发展，全年推广保护性耕作技术24.4万公顷，占全省20%以上。推广玉米除草剂减施增效、赤眼蜂防治玉米螟等绿色统防统治技术19.4万公顷。实施养分调控技术推广，实现主粮作物测土配方施肥全覆盖。

【农业基础设施建设】 贯彻习近平总书记视察吉林视察四平重要讲话重要指示精神，实施“藏粮于地，藏粮于技”战略，统筹发挥农业部门牵头抓总作用，协同发挥部门合力，到田间地头，测绘勘探，设计谋划，上图入库，加快建设“集中连片、旱涝保收、稳产高产、生态友好”良田体系，全市新建高标准农田2.67万公顷，其中梨树县新建8700公顷，双辽市新建9300公顷，伊通满族自治县新建7000公顷，铁东区新建1000公顷，铁西区新建6700公顷。

【农业现代化产业园建设】 坚持“姓农、务农、为农、兴农”建园宗旨，围绕玉米、水稻、杂粮杂豆、休闲旅游农业等特色主导产业，对标国家级、省级、市级、县级现代农业产业园创建标准，构建形成国家、省、市、县四级现代农业产业园建设体系。经逐级选拔培育，全市新申报成功省级现代农业产业园创建单位2个，新认定市级现代农业产业园6个。

【农业产业化联合体及龙头企业创建】 经过省、市农业主管部门考核、评估、认定，四平市晋升省级农业产业化重点龙头企业6户，新培育认定市级农业产业化重点龙头企业15户；晋升国家级农业产业化重点龙头企业1户。培育认定市级示范农业产业化联合体20个，打造省级示范农业产业化联合体4个。

（李秀夫）

【特色产业小镇建设】 重点推进梅花鹿、农机、啤酒、种业等4个特色产业小镇建设。形成种业小镇调研报告；成立东北农机创新研发中心，对康达农机厂房升级改造，新建年产5000台精密免耕播种机项目；完成啤酒特色小镇项目规划及梅花鹿小镇策划方案。申报创建省级特色小镇，四平市专用车小镇列入吉林省第二批省级特色小镇（培育类）名单中。

（刘　勇）

种植业

【玉米】 2020年，四平市玉米种植面积50.92万公顷，比2019年减少0.13万公顷，总产量39.83亿千克，减少1.72亿千克。其中，梨树县玉米种植面积22.50万公顷，增加0.03万公顷，总产量18.48亿千克，减少0.39亿千克；双辽市玉米种植面积13.32万公顷，减少0.14万公顷，总产量9.66亿千克，减

10月10日，四平市铁东区叶赫满族镇张家村农民在收割水稻

（李坤　摄）

少 0.28 亿千克；伊通满族自治县玉米种植面积 12.32 万公顷，减少 0.03 万公顷，总产量 9.76 亿千克，减少 0.95 亿千克；铁东区玉米种植面积 1.89 万公顷，减少 0.02 万公顷，总产量 1.33 亿千克，减少 0.07 亿千克；铁西区玉米种植面积 0.89 万公顷，增加 0.03 万公顷，总产量 0.6 亿千克，减少 0.03 亿千克。

【水稻】 全市水稻种植面积 42226.66 公顷，比 2019 年增加 538.66 公顷，总产量 3.73 亿千克，增加 0.25 亿千克。其中，梨树县水稻种植面积 9333.33 公顷，减少 12.67 公顷，总产量 1.05 亿千克，增加 0.26 亿千克；双辽市水稻种植面积25353.33 公顷，增加 527.33 公顷，总产量 2.09 亿千克，增加 0.04 亿千克；伊通满族自治县水稻种植面积 7353.33 公顷，增加 3.33 公顷，总产量 5800 万千克，减少 499.9 万千克；铁东区水稻种植面积 186.67 公顷，增加 32.67 公顷，总产量 100 万千克，减少 24 万千克。

【大豆】 全市大豆种植面积 1.78 万公顷，比 2019 年减少 0.02 万公顷，总产量 4160 万千克，减少 7.7 万千克。其中，梨树县大豆种植面积 5333 公顷，减少 1356 公顷，总产量 1900 万千克，增加 358.8 万千克；双辽市大豆种植面积 9573 公顷，减少 380 公顷，总产量 1650 万千克，减少 695.5 万千克；伊通满族自治县大豆种植面积 1627 公顷，增加 583 公顷，总产量 550 万千克，增加 342.9 万千克；铁东区大豆种植面积 1087 公顷，增加 744 公顷，总产量 50 万千克，减少 11.7 万千克；铁西区大豆种植面积 133 公顷，增加 79 公顷，总产量 10 万千克，减少 2.2 万千克。

表 14　2020 年四平市粮食作物生产情况统计表

种　类	全　市		铁西区		铁东区		梨树县		伊通县		双辽市	
	播种面积（公顷）	总产量（吨）	播种面积（公顷）	总产量（吨）	播种面积（公顷）	总产量（吨）	播种面积（公顷）	总产量（吨）	播种面积（公顷）	总产量（吨）	播种面积（公顷）	总产量（吨）
粮食作物合计	581777	4440922	8675	60212	19780	135073	247919	2000204	131706	1041992	173697	1203440
一、谷物	558604	4363929	8627	60114	19405	134427	236923	1954595	129880	1034455	163769	1180338
粳稻	43753	372218	12	65	146	1215	11646	104382	6844	58165	25105	208391
小麦	248	1028	—	—	—	—	90	376	3	6	155	646
玉米	512726	3981466	8615	60049	19113	132265	224860	1847982	122927	975553	137211	965617
谷子	947	2775	—	—	30	10	123	501	10	57	784	2207
高粱	901	6414	—	—	116	937	177	1331	96	674	512	3473
其他谷物	29	29	—	—	—	—	27	24	—	—	2	5
二、豆类合计	18420	45947	48	98	353	559	7158	19694	1437	5389	9425	20207
大豆	16338	41655	48	98	353	559	7062	19155	1429	5377	7446	16467
绿豆	869	1610	—	—	—	—	2	4	4	7	863	1600
红小豆	606	—	—	—	—	—	19	—	4	—	583	—
三、薯类	4753	155230	—	—	22	441	3837	129573	390	10741	504	14475
马铃薯	4038	138997	—	—	22	441	3395	121634	253	7050	368	9872
甘薯	715	16233	—	—	—	—	442	7939	137	3691	136	4603

（市统计局）

【种子经营管理】 全市有规模的种子生产经营企业30家，种子经营商店常年稳定在600家，全市主要农作物良种覆盖率100%。四平市玉米品种以良玉99、富民58、富民985、禾育35、禾育47、京科968、天农9、翔玉998等为主，其中富民系列和禾育系列玉米品种是富民种业和禾冠种业选育的具有自主知识产权的优良玉米品种。7月22日，习近平总书记视察梨树县黑土地保护示范田的百亩玉米，种植的就是富民号、禾育号系列玉米品种。良玉、富民、禾育等品种面对2020年的3场台风，表现出较强的抗倒伏性。水稻以吉林省农科院、通化市农科院系列品种为主，主要有吉粳515、吉粳528、通科39、通育266。大豆以吉林省农科院和吉林农业大学系列品种为主，主要有吉育508、吉育552、吉育47、吉农82、吉农28。经过筛选，推出107个玉米、水稻、大豆高产、高质、高抗新品种，形成优良品种群。

【种子繁育】 吉林省禾冠种业公司进入育、繁、推一体化经营序列，综合实力位居全省第5名；梨树县富民种业公司2020年申报育、繁、推一体化经营企业，综合实力接近全省前10强。以禾冠公司、富民公司为主，全市一些企业在海南省建立南繁种子基地，冬季在海南种植，春季在大西北种植，形成一年两熟加代繁育。禾冠公司、富民公司开始与国内大型种业公司、科研院校合作，主动与域外大型企业、科研院校联合攻关，每年有5个玉米新品种获国审、省审通过。

（李秀夫）

园艺业

【概况】 2020年，四平市园艺业9大主导产业持续平稳发展，年生产产值59.8亿元。蔬菜面积3.33万公顷，年产蔬菜168万吨，产值32亿元。瓜类生产面积5533.33公顷，年产28万吨，产值7.3亿元。水果面积5133.33公顷，种植苹果梨、“123”苹果、鲜食葡萄等品种，千亩以上露地果园6个，食用菌产量1039万袋，产值实现1亿元，规模以上食用菌企业12个，主要品种有平菇、黑木耳、香菇等。花生、马铃薯等经济作物2.65万公顷，产值实现9亿元。中药材种植面积4000公顷，主要有桔梗、黄芪、玉竹、百合、赤芍、丹参、射干、龙胆草、板蓝根、蒲公英等30余个品种，成为园艺业新的支柱性产业。

【“一村一品”建设】 全市创建省级以上“一村一品”示范村镇19个。主导产业为水稻、杂粮等粮食类7个；棚膜果蔬类5个；榛子、苹果、黑果花楸等林果类3个；花生类1个，梅花鹿1个，百合和中药材类各1个。园艺特产业产值实现83亿元。

表15 2020年四平市“一村一品”示范村镇统计表

序号	村镇名称	主导产业	创建时间	级别
1	吉林省四平市双辽市红旗街道办事处	花生	2011年	国家级
2	吉林省四平市梨树县梨树镇高家村	棚膜蔬菜	2012年	国家级
3	吉林省四平市梨树县小城子镇爱德村	皓月肉牛	2013年	国家级
4	吉林省四平市梨树县喇嘛甸镇王家园子村	棚膜蔬菜	2015年	国家级
5	吉林省四平市双辽市东明镇前太平村	有机大米	2017年	国家级
6	吉林省四平市伊通满族自治县景台镇秀山村	榛子	2018年	国家级
7	吉林省四平市双辽市新立乡公平村	水稻	2019年	国家级
8	吉林省四平市伊通满族自治县伊通镇前范村	水稻	2020年	国家级
9	吉林省四平市铁东区叶赫满族镇永合村	苹果	2018年	省级

续表 15

序号	村镇名称	主导产业	创建时间	级别
10	吉林省四平市双辽市辽南街道张家村	杂粮	2018 年	省级
11	吉林省四平市梨树县喇嘛甸镇高家窝堡村	胡萝卜	2019 年	省级
12	吉林省四平市梨树县喇嘛甸镇喇嘛甸村瓜菜	瓜菜	2019 年	省级
13	吉林省四平市梨树县孤家子镇大林子村	绿色水稻	2019 年	省级
14	吉林省四平市伊通满族自治县永盛街道东宋村	黑果花楸	2019 年	省级
15	吉林省四平市伊通满族自治县伊通镇二道村	百合	2019 年	省级
16	吉林省四平市双辽市双山镇百禄村	蔬菜	2019 年	省级
17	吉林省四平市双辽市新立乡山丁村	水稻	2020 年	省级
18	吉林省四平市伊通满族自治县伊丹镇	梅花鹿	2020 年	省级
19	吉林省四平市伊通满族自治县景台镇五台子村	中药材	2020 年	省级

说明：粮食产量 =（谷物产量 + 豆类产量 + 薯类产量）/5 （李秀夫）

【棚膜经济】 至 2020 年年末，四平市规模棚膜经济面积409.18公顷，规模棚膜园区71 个。其中，梨树 32 个，伊通 10 个，双辽 13 个，铁东区 9 个，铁西区 7 个。铁西花溪谷、六之维新模式上规模。冬季蔬菜种植品种有黄瓜、辣椒、豆角等果菜类，有芹菜、生菜等叶菜类，有大白菜、萝卜、土豆等秋储菜，冬季蔬菜供给率 65%。

（李秀夫）

表 16　2020 年四平市规模棚膜园区统计表

序号	主体（公司、合作社等）名称	所 在 地	园区面积(公顷)
1	丰农农民专业合作社	梨树县喇嘛甸镇平岭村六组	2.33
2	丰园蔬菜种植专业合作社	梨树县喇嘛甸镇高家窝堡村六组	6.07
3	永丰农民专业合作社	梨树县喇嘛甸镇喇嘛甸村六组	6.4
4	牛家村温室大棚园区	梨树县喇嘛甸镇牛家村十组	2.2
5	柳树营村大棚园区	梨树县喇嘛甸镇柳树营村十二组	2.31
6	红地球农民专业合作社	梨树县喇嘛甸镇喇嘛甸村五组	3
7	百草园农民专业合作社	梨树县喇嘛甸镇梨树贝村一组	2.8
8	盛园蔬菜种植养殖专业合作社	梨树县喇嘛甸镇王家园子村二组	16.6
9	成胜农场	梨树县喇嘛甸镇王家园子村二组	4.07
10	鑫旺种植养殖农机农民专业合作社	梨树县喇嘛甸镇老程窝堡村一组	3.33
11	吉林省鼎融水果种植有限责任公司	梨树县霍家店街道霍家店村	2
12	园艺村农民专业合作社	梨树县霍家店街道园艺村	13.07
13	华银农民种植专业合作社	梨树县东河镇王平房村	2.18
14	春雨农民种植合作社	梨树县沈洋镇前太平村	8

续表 16

序号	主体（公司、合作社等）名称	所 在 地	园区面积(公顷)
15	惠民养殖农民专业合作社	梨树县林海镇双山村三门李家屯	6.09
16	满园春有机蔬菜种植基地	梨树县蔡家镇蔡家村	3.6
17	吉林省博生现代农业有限公司	梨树县蔡家镇敬友村	4.53
18	红旗村棚膜园区	梨树县孤家子镇红旗村	5.1
19	辽河绿品汇园区	梨树县孤家子镇新鲜社区	3.3
20	育苗小蔬菜	梨树县榆树台镇董家村	5
21	六之维合作社	梨树县十家堡镇八棵树村	12.81
22	兴宝农业科技有限公司	梨树县梨树镇泉眼沟村	16.93
23	梨树县兴运家庭农场	梨树镇后房身村	4.73
24	梨树县汇泽农业发展有限公司	梨树镇苗圃村	4.2
25	尊信农民种植专业合作社	梨树县梨树镇高家村	4.4
26	春雨果蔬农民专业合作社	梨树县梨树镇西平安村	5.87
27	经济园区东平安棚膜园区	梨树县霍家店东平安村	2.6
28	富农棚膜园区	梨树县梨树镇大烟筒村	4.6
29	红旗村棚膜园区	梨树县孤家子镇红旗村	5.27
30	吉林省黑土地现代农业开发有限公司	梨树县梨树镇后房村	5.2
31	荣峰家庭农场	梨树县十家堡镇十家堡村	2.4
32	金卓农牧业农民专业合作社	梨树县沈洋镇前太平村	4
33	吉林省铠绎农牧业发展有限公司	伊通满族自治县马鞍镇东风村	18.33
34	华盛绿能（伊通）农业科技有限公司	伊通满族自治县伊通镇建国村	18.8
35	蔬菜种植专业合作社	伊通满族自治县马鞍镇马安村	2.8
36	秋益种植专业合作社	伊通满族自治县伊通镇兴隆村	2.33
37	山里红山野菜种植专业合作社	伊通满族自治县靠山镇靠山村	2.8
38	金利百合专业合作社	伊通满族自治县三道乡胜利村	3.33
39	瑞杰花卉种植专业合作社	伊通满族自治县伊通镇建国村	3
40	伊通满族自治县龙生种养专业合作社	伊通镇建国村	10.33
41	伊通满族自治县七彩田园综合体园区	伊通镇东新村	9.27
42	伊盛种植专业合作社	伊通满族自治县营城子镇向前村	5.33
43	吉林省天元润土农业发展有限公司棚膜园区	双辽市辽西街	32.13
44	丰合生态园农业发展有限公司食用菌棚膜园区	双辽市卧虎镇	3.53
45	永加乡忠信村棚膜园区	双辽市永加乡忠信村	3.33

续表 16

序号	主体（公司、合作社等）名称	所 在 地	园区面积(公顷)
46	胜利棚膜蔬菜园区	双辽市服先镇胜利村	3.67
47	林清食用菌棚膜园区	双辽市兴隆镇连珠村	3
48	绿之缘蔬菜种植专业合作社	双辽市双山镇百禄村	2.80
49	双辽市鑫洪珣牧业有限公司	双辽市服先镇向阳村	2.57
50	华亿食用菌有限公司	双辽市王奔镇王奔村	2.67
51	勤俭村棚膜园区	双辽市服先镇勤俭村	3.27
52	那木乡景贵家庭农场	双辽市那木乡乌兰村	2.12
53	双山灌区	双辽市双山镇灌区	2.40
54	吉林蔬语农业有限公司	双辽市服先镇五一村	2.59
55	乐丰蔬菜瓜果种植专业合作社	双辽市王奔镇光明村	2.13
56	益恒农民专业合作社	铁东区石岭镇佘家村三组	2.04
57	绿野苗圃种植农民专业合作社	铁东区石岭镇姜家洼村三组	2.01
58	哈福农民专业合作社	铁东区石岭镇哈福村三、五组	4.73
59	吉林省惠丽农场有限公司	铁东区山门镇头道村	2.4
60	铁东区叶赫绿宝农民专业合作社	铁东区叶赫满族镇砬子沟村五组	4.80
61	叶赫那拉太阳谷农业发展有限公司	铁东区叶赫满族镇双合村三组	3.47
62	绿香园大棚葡萄专业合作社	铁东区城东乡下三台一屯	22
63	洁翠园农业发展有限责任公司	铁东区城东乡房身村二屯	6.67
64	城东乡锦绣前程农民专业合作社	铁东区城东乡下三台一屯	2.07
65	吉林省吉府源农业科技有限公司	铁西区平西乡獾子洞村三社	5.13
66	花溪谷示范园	铁西区平西乡西八大村二社	7.4
67	六之维采摘园	铁西区平西乡东八大村四社	7.8
68	国庆种植农民专业合作社	铁西区平西乡新发村七社	2.8
69	领鲜葡萄种植专业合作社	铁西区平西乡獾子洞村三社	6.67
70	恒金种植专业合作社	铁西区平西乡海清村三社	8
71	农达食用菌栽培专业合作社	铁西区平西乡新发村一社	3.67

（李秀夫）

林　业

【概况】 2020年，四平市推进生态环境治理，完成“水系水体绿化通道”建设、“村屯绿化美化”、国省干线公路“绿色大通道”建设工程。全市完成各项造林绿化23466.67公顷（含补植），完成省林草局造林任务的309.42%。三北五期防护林建设826.67公顷，完成率116%；农田防护林网建设1068.67公顷，完成率102%。围绕“四边植树”，完成村屯绿化面积3333.33

7月30日，市林业局人员到市国有林总场调研造林成活率情况

（庞 博 供图）

公顷。完成“绿色大通道”建设工程4条。四平市森林覆盖率19.5%，城市建成绿地率34.19%，建成区绿地覆盖率38.78%，人均绿化面积9.55平方米。

【森林防火】 坚持“全面设防、不失万一”的工作原则，落实“横向到边、纵向到底、网络定责、分级管理”的制度，实现森林火灾预防、指挥、扑救措施的系统化、规范化、标准化和综合化。四平市实现自有森林火灾记录以来连续69年无重大森林火灾，省人民政府确定的全省连续40年无重大森林火灾的目标。

【有害生物防治】 森林有害生物防控工作重点抓林业有害生物队伍建设、基础设施建设、强化业务指导。做好美国白蛾和松材线虫病等重大林业有害生物防控，推进美国白蛾疫情防控和落叶松毛虫应急处置工作。四平市重大林业有害生物防控工作在全省林业有害生物防治目标管理考核中被吉林省林草局表扬。

【现代林场建设】 率先实现“智慧林业”“数字林业”目标。12月，与中国铁塔股份有限公司签订战略合作协议，铁塔公司提供给市国有林总场森林防火视频监控点塔杆、监控点机房、电源、网络等相关配套资源。提升林业高分辨、高动态遥感数据应用、森林防火自动报警、预警处理机制、数字分析、应急处理能力，实现森林资源视频监控覆盖率95%。

（庞 博）

农产品质量建设

【农产品质量监测】 2020年，四平市坚持“农产品是产出来的，也是管出来的”的原则，落实属地监管责任和企业主体责任，强化监测力度。全年完成上级监测的样品453个，完成本级快速检测样品1250个、定量监测样品240个，合格率稳定在98%以上。

【农产品合格证制度试行】 全市范围试行合格证制度，印发宣传手册2500份，走访生产经营主体350家，发放告知书和合格证样板各350份，悬挂条幅150个。全年开具农产品合格证18349张，附带合格证上市的农产品1310千克。

【农产品质量安全专项整治】 开展农产品质量安全专项整治“利剑”行动，严厉打击各类违法违规用药和非法添加行为。出动执法人员1713人次，检查生产经营主体874家次，发现质量安全问题2个，开展监督抽查样品2196批次，媒体宣传36次，发放宣传材料3557份，指导培训150场次，培训862人次。

【品牌建设】 创建四平市“平地生香”农产品区域公用品牌，首批授权28家企业使用，首开全域性、全品类、全产业链的综合性农产品区域公用品牌建设全省先例，形成“大而强”“小而美”相辅相成的品牌矩阵。

（李秀夫）

畜牧业

【规模养殖】 2020年，四平市落实惠牧政策，突出抓好规模养殖、生猪恢复和非洲猪瘟疫病防控，双辽牧源等4个万头生猪养殖场新（改）扩建项目全部投产，全市规模养殖场发展到723家，其中生猪292家，牛121家，羊73家，禽202家，其他35家。畜牧业产值256.2亿元。

【畜禽饲养量】 全市畜禽饲养量5520.5万头（只），其中生猪394.9万头，牛100.2万头，羊133.1万只，禽4892.3万只。肉蛋奶产量61.4万千克，其中肉产量32.1万千克，蛋产量26.3万千克，奶产量3万千克。畜禽总量居全省前三位。

【生猪稳产保供】 全市恢复生猪生产，成立四平市恢复生猪生产专项工作领导小组，分解生猪稳产保供目标任务，建立包保制度，印发指导文件，助力生猪产能恢复。2020年，省政府下达四平市的任务目标生猪养殖量378万头，其中出栏218万头，存栏160万头。四平市全年生猪养殖量395万头，其中出栏233万头，存栏162万头。超额完成目标任务。

【梅花鹿产业发展】 发展梅花鹿产业，打造梅花鹿特色农产

表17　2020年四平市畜牧业生产情况统计表

类型	单位	出栏数	肉产量（吨）	存栏数
一、大牲畜总头数	头	—	—	580510
1.牛	头	434802	70122	567272
#良种及改良奶牛	头	—	—	3604
2.马	头	865	119	4330
3.驴	头	2880	209	8226
4.骡	头	215	22	682
二、猪	头	2325025	183149	1624343
三、羊	只	683225	8135	647879
四、鹿	只	8639	372	71600
五、家禽	千只	32244	59370	16679
#鸡	千只	28764	53824	14465
六、家兔	只	7468	15	2911
七、牛奶产量	吨	—	29796	—
八、禽蛋产量	吨	—	263002	—
#鸡蛋产量	吨	—	4047	—
九、绵羊毛产量	公斤	—	575670	—
十、山羊绒产量	公斤	—	3019	—
十一、蜂蜜产量	吨	—	23	—
十二、鹿茸产量	公斤	—	25252	—
十三、肉类总产量	吨	—	251177	—
十四、猪牛羊肉产量	吨	—	261406	—

（市统计局）

品优势区。推进梅花鹿标准化养殖进程，优化鹿群结构，搞好品种改良与扩繁；开发梅花鹿精深加工产品。厚植伊通满族自治县新兴乡梅花鹿养殖基础优势，创建伊通满族自治县新兴乡国家级农业产业强镇。

【动物卫生监督管理】 2020 年，四平市依法开展动物、动物产品的检疫工作，全年产地检疫生猪 121.78 万头、牛 11.05 万头、羊 4.91 万只、禽 2086.83 万只，屠宰检疫生猪34.60 万头、牛羊 2.55 万只、禽 2788.46 万只，检查车辆 4736 台，各公路动物卫生监督检查站检查动物数 545.92 万头（只），动物产品 2.40 万吨。依法对动物养殖、动物诊疗、兽药销售、屠宰加工、畜产品贮藏以及病死动物和病害动物产品的无害化处理等环节的监管，查处生猪违法违规调运案件 8 起，查处违法违规生猪运输车辆 5 台，查处无检疫证、无耳标生猪 128 头。

【动物疫情防控】 组织开展春、秋两季动物防疫工作，印发《关于切实做好当前动物防疫工作的紧急通知》，对全市重大动物疫病防控工作进行安排和部署。发布《四平市重大动物疫情防控工作提醒》，评估四平市动物卫生风险。落实动物运输车辆备案制度，推进违法违规生猪调运专项整治，做好动物疫病防控工作。针对动物疫病防控的薄弱环节下发督办单，填堵防控漏洞，补齐防疫短板。

（李秀夫）

6 月 16 日，四平市畜牧工作总站、双辽市畜牧工作总站在双辽市王奔镇农贸市场开展畜产品质量安全宣传暨产业扶贫技术指导活动

（李秀夫　供图）

农业机械化

【概况】 至 2020 年年末，四平市农机总动力为 305 万千瓦。全市拖拉机保有量 6.4 万台。其中大型拖拉机 2900 台，中型拖拉机 26000 台。玉米收割机 8355 台，稻麦联合收割机 988 台，水稻插秧机 5510 台，玉米播种机 3.39 万台，其中免耕播种机 4693 台。全市农作物机耕率 96.2%、机播率 92.6%、机收率 82.3%，农作物耕种收综合机械化水平为 91%，创建全省唯一的国家全程机械化示范市。

【农机补贴】 四平市以农机购机

表 18　2020 年四平市农业机械和农业机械化情况统计表

类型	单位	全市	铁西区	铁东区	梨树县	伊通满族自治县	双辽市
农业机械总动力	千瓦	3086009	69343	63281	1425999	630689	896697
#柴油机	千瓦	284410	68854	60806	1294713	595050	824987
电动机	千瓦	213097	489	2444	122692	33407	54065
大中型拖拉机	台	28748	477	465	13393	6149	8264
小型拖拉机	台	35300	195	656	12143	9296	13010

续表 18

类型	单位	全市	铁西区	铁东区	梨树县	伊通满族自治县	双辽市
#手扶式	台	3925	—	60	315	3400	150
拖拉机配套农具	台	97437	292	674	45645	18333	32493
#58.8千瓦及以上拖拉机配套农具	台	11689	0	210	7479	1000	3000
机引犁	台	24774	—	26	7148	5100	12500
旋耕机	台	12196	116	266	6429	3785	1600
机引耙	台	1587	78	25	631	303	550
播种机	台	34620	85	98	16064	5678	12695
排灌动力机械	台	55583	4676	80	27475	4170	19182
农用水泵	台	53581	4000	500	26111	3370	19600
机动脱粒机	台	11465	85	20	4640	3280	3440
畜牧养殖机械	台	16414	89	2136	3914	4517	5758
#饲（草）料加工机械	台	12265	79	2011	2825	4350	3000
粮食加工机械	台	3101	420	53	73	1255	1300
油料加工机械	台	25	—	6	—	9	10
农田基本建设机械	台	84	—	—	24	—	60
机耕面积	千公顷	321.61	7.67	18.63	124.84	106.70	63.77
机播面积	千公顷	549.59	7.72	18.87	246.73	114.90	161.37

（市统计局）

补贴惠农政策为引导，扶持农机户（合作社）和农机新型经营主体购置先进适用的农业机械，重点装备全程机械化所需主要机械和关键环节、薄弱环节所需机具，弥补全程机械化“短板”和“薄弱点”，重点向免耕机、联合收割机等绿色、高性能机具等主要农产品生产机具倾斜，实现农业机械化和农机装备转型升级；全市落实农机购置补贴资金2.39亿元，补贴机具10247台（套）。

（李秀夫）

农田水利

【水利“十四五”规划编制】 四平市组织编制《四平辽河流域“十四五”综合治理（2021—2025）规划》《四平市“十四五”水安全保障规划》。谋划新基建“761”工程41项，投资90.26亿元，其中列入省水利厅“761”工程水网项目包中项目投资72.87亿元。谋划推进“十四五”规划期间重点项目143个，项目总投资156.17亿元。其中“十四五”规划期间计划投资125.07亿元，结转“十三五”规划期间投资31.10亿元。配合省水利厅“大水网”项目，谋划四平水网规划。

【工程建设】 完成下三台水库饮用水源地工程和山门水库饮用水源地工程建设。投资506万元完成中小河流叶赫河四平市叶赫干流治理工程（四期）堤防填筑3.1千米，防浪墙砌筑730米，土方工程8.1万立方米，石笼2867立方米。投资6.1亿元，完成东辽河、西辽河重点段治理工程、伊通河综合治理工程、条子河综合治理工程等重点水利工程建设。投资2515万元扩建一水厂；投资1000万元改扩建第四净水厂。

【“雷霆护水”专项行动】 市农业农村局与市公安局建立协调机制，联合印发《“雷霆护水”专项行动实施方案》。全市出动执法人员 4854 人次，出动执法车辆 1989 台次、执法船艇 49 航次，巡查河道长度 1.54 万千米，巡查湖泊水库面积 7.61 万公顷，巡查农村水利工程 74 个，检查监管对象 333 个，责令停止违法行为103 件，限期补办有关手续 120 件，限期采取补救措施 14 件，查处违法犯罪案件 119 起。

【水土保护生产建设项目】 全年新批在建生产建设项目 41 个，其中四平市本级 7 个，梨树县 10 个，伊通满族自治县 18 个，双辽市 6 个。全年征收水土保持补偿费 202.3 万元，其中市本级40.61 万元，双辽市 101.95 万元，梨树县 16.36 万元，伊通满族自治县43.38 万元。

【水利行业监管】 2020 年，四平市重点监管小型水库、在建水利工程项目、重点水利工程运行管理情况，组织抽查小型水库 22 座，下达整改通知单 5 份。派出 3 个督导组督查全市大中小型水库防洪调度和汛限水位执行情况，发现问题 19 个，整改 19 个，整改率 100%。专项稽查市直水利工程在建项目 2 次。全市各县（市）、区水利部门在河道非法采砂专项治理行动中巡查 494 次，出动人员 1799 人次，车辆 666 台次，处理非法采砂案件 51 起，其中移交公安机关 4 起，行政处罚 45 人，罚款 16.39 万元。开展生产建设项目水土保持遥感监管，复核市本级扰动图斑 93 个，查处未批先建违规生产建设项目 24 个，下达责令改正水土保持违法行为决定书。

（于杰骁）

梨树灌区春季灌溉泡田

（摄于 6 月 5 日　张立峰供图）

【灌区管理】 梨树灌区完成春季维修养护、柳建工程 12 座，维修闸、跌、涵 30 处。渠系土方清淤、复堤整治 31 条，使用机械 549.6 台时。8 月 31 日，供水期结束，全年灌溉用水指标控制在计划指标范围内。续建配套与节水改造工程及量测水信息化工程资金到位，项目招投标和开工建设，至年末，完成工程建设任务的 90%，占总投资的 91%。5 月，四平市梨树灌区委托中国水利水电科学研究院编制灌区“十四五”续建配套与现代化改造实施方案，5 月 31 日，通过省水利厅组织的实施方案初审；6 月 24 日，通过水利部评审。9 月 2 日，完成吉林省四平市梨树灌区“十四五”续建配套与现代化改造工程 2021 年中央预算内水利投资建议计划的编报，上报水利厅。11 月 13 日，四平市梨树灌区“十四五”续建配套与现代化改造工程 2021 年省级预算内基本建设资金申请报告及资金申请表上报水利厅，申请省级预算内资金 702 万元。11 月 24 日，四平市梨树灌区2021 年续建配套与现代化改造工程事前绩效评估报告及效益目标申报表报送水利厅。至年末，完成四平市梨树灌区“十四五”续建配套与现代化改造 2021 年可研及实施方案设计招标工作，北京中水科工程总公司中标，进行勘测设计工作。11 月至 12 月，勘测测算梨树灌区工程管理范围及保护范围，测算梨树灌区干渠 17 条 247.8 千米，测算支渠 119 条 335.63 千米，测算干沟 13 条 202.71 千米，测算支沟62 条 177.54 千米。测定干支渠(沟) 管理范围 3355.77 万平方米，干支渠保护范围 1955.48 万平方米，绘制成图。

（张立峰）

工　业

INDUSTRY

综　述

【概况】 2020年，四平市工业产业主要以食品加工、冶金建材、能源、特色装备、基础化工、医药、轻纺等产业为主。全市规模以上工业经济稳步增长。1月至12月，全市规模以上工业总产值比2019年增长4.1%，增速列全省第四位；工业增加值比2019年增长5.7%，增速列全省第五位；实现利润总额17.3亿元，比2019年增长68.0%，增速列全省第三位。工业经济实现稳步增长。全年完成工业固定资产投资20.06亿元，比2019年增长17.3%，高于全省平均增速8.6个百分点，增速列全省第二位。

【项目建设】 2020年，四平市建立工业项目秘书机制，实施清单化、责任化、机制化“三化”管理，推动工业项目早建成、早投产、早达效。全年四平市在建重点工业项目82个，其中新建项目39个，续建项目43个。项目总投资97.5亿元。至年末，四平市有康达农机二期、四平精细化呋喃铵盐系列产品搬迁改造等竣工投产项目20个。有省级企业技术中心38户，省级企业研发中心项目4个。12月17日，四平市与一汽解放汽车有限公司进行对接；农机产业创新示范基地项目完成《中国黑土地保护农机产业创新示范基地项目可行性研究报告》《四平市农机产业发展规划（2021—2035年）》，通过专家评审。

（赵　苒）

装备制造业

【概况】 2020年，四平市装备制造业形成农机、专用车、换热器、其他机械基础的产业。至年末，全市有规模以上企业38户。其中，换热器规模以上企业14户；专用车及零部件规模以上企业9户；农机规模以上企业4户；其他机械基础规模以上企业11户。产业运行平稳、规模壮大，规模以上企业实现产值33.4亿

表19　2020年四平市规模以上工业企业主要产品产量统计表

产品	单位	2018年	2019年	2020年
天然原油	万吨	8.7	10.7	10.7
大米	万吨	11.5	13.8	13
饲料	万吨	105.5	145.7	49.8
精制植物油	万吨	3.7	3.4	1.2
鲜、冷藏肉	万吨	3.5	5.6	2
方便面	吨	—	—	—
乳制品	万吨	6.2	6.6	5.8
冷冻饮品	万吨	2.7	2.5	2.6
发酵酒精（折96度商品量）	万千升	36.3	37.9	36.5
纱	吨	6506	6878	5253
服装	万件	13.4	81	441.1
人造板	立方米	21817	17342	9268

续表 19

产品	单位	2018 年	2019 年	2020 年
纸制品	万吨	2.4	2.1	2.9
合成洗涤剂	万吨	15.4	14.5	14.1
化学药品原药	吨	—	—	2554
中成药	吨	11787.1	9838.0	8335.1
塑料制品	吨	21434.5	20443.5	4829
水泥熟料	万吨	126.4	231.3	245
水泥	万吨	277.6	402.5	325.6
砖	万块	24792.6	5262	—
平板玻璃	万重量箱	1109.2	1176.2	1199
粗钢	万吨	—	—	170.4
钢材	万吨	130.5	147.8	143.3
铝材	吨	—	—	1207
工业锅炉	蒸发量吨	231	—	—
钢绞线	万吨	—	3.5	4.9
起重机	吨	921	1151	—
滚动轴承	万套	379.8	398	—
风机	台	624	530	556
机械化农业及园艺机具	台	135	9243	8633
改装汽车	辆	3821	2116	—
汽车仪器仪表	台	12789	—	—
印制电路板	平方米	—	4293.5	5560.1
自来水生产量	万立方米	1884	2015	2134.6
发电量	亿千瓦小时	106.5	111.1	111.5

（市统计局）

元，比 2019 年增长 11.7%，高于全市工业平均增幅 7.6 个百分点，占全市工业产值 10.6%，占工业比重提高 0.6 个百分点。2020 年，装备制造总产值 33.4 亿元，比 2019 年增长 11.7%。

【第十一届区域能源高峰论坛举办】 12 月 24 日，四平市人民政府与中国建筑节能协会共同主办，中国区域能源委员会、吉林省换热器协会和四平巨元瀚洋板式换热器有限公司承办的第十一届区域能源高峰论坛举办。会议取得《区域能源系统板式热交换器》团体标准立项、“标准符合性验证”认可和行业协会、国金中心和中试中心协同联动服务、与深圳前海能源合作推进大型冷站用板式换热器国产化等成果。

【重点项目】 9 月，巨元换热器的吉林省换热系统试验检测中心项目通过吉林省科技厅验收，中试中心在项目承担期间，取得授权专利 10 件，与国际协会组织 AHRI 达成实验室合作协议，参加制定行业标准 1 项、国家标准 1 项；睿能北方“石油加氢”项目，产品进入生产应用阶段，是石油炼制过程中不可缺的设备，“石油加氢”项目实施前一直依赖进口，价格昂贵且工期长，国产化后设备成本节约 30%，产品耐温 300 度，承压 50 公斤；康达二期年产 5000 台（套）免耕播种机项目，主要生产农机高端关键零部件，至年末，项目主体建设完成，调试设备，投入使用，形成年产 1 万台免耕播种机生产能力。

【“一汽解放四平专用车委托改装合作基地”启动仪式】 1 月 15 日，四平市人民政府与一汽解放四平专用汽车有限公司签订《共建一汽解放四平专用车委托改装合作基地战略合作框架协议》。4 月 28 日，在四平专用车产业园区举行“一汽解放四平专用车委托改装合作基地”启动仪式，四平市委书记郭灵计、吉林省工业和信息化厅副厅长马毅、长春市副市长王海英、一汽解放汽车有限公司董事长胡汉杰为“一汽解放四平专用车委托改装合作基地”揭

4月28日，“一汽解放四平专用车委托改装合作基地”启动仪式在四平专用车产业园区举行

（田伟 供图）

牌。会议上有6个投资项目签约，其中投资合作项目3个，委托改装合作项目3个。

【四平市维克斯换热设备有限公司】 公司前身是四平换热器总厂，2002年企业改制为四平市维克斯换热设备有限公司，主导产品为板式热交换器、管壳式换热器、热交换机组、一、二类压力容器、空冷器等。产品应用到国家同步辐射中心、北京正负电子对撞机、中国散裂中子源、秦山核电、福清核电等重要工程中。有板式热交换器20万平方米，压力容器、管壳式热交换器、空气类热交换器3000吨，集成式热交换成套设备500套的年生产能力。产品出口法国、沙特、俄罗斯、韩国、巴基斯坦、印度、越南等国家。“ViEX”商标被评为换热器行业中唯一的中国驰名商标。企业连续多年获得国家级“守合同重信用”AAA级单位、国家石油钻采炼化设备质量监督检验中心评定的“板式热交换器生产企业合格产品”。2020年销售板式换热器1300台，换热机组25台，实现产值5279万元，比2019年减少0.1%。

【吉林省艾斯克机电股份有限公司】 公司成立于1979年，是国内最大的智能化家禽屠宰和深加工成套装备研发、制造、销售及提供工艺解决方案、设备维护方案的生产商和服务商。艾斯克公司围绕家禽屠宰及深加工设备深耕细作，自主开发研制百余个系列产品，主导产品为智能化家禽屠宰及深加工成套装备，产品主要面向国内外大中型家禽屠宰和食品（肉类、海鲜类、面食类、蔬菜类）深加工企业，产品销往全国20个省（市）、自治区，出口到亚非欧10个国家和地区，在国内市场占有率达到60%以上，始终保持行业技术领先水平。2020年，艾斯克销售家禽屠宰成套设备300台(套)，实现产值2亿元，比2019年增长35.7%。

【四平市奋进专用汽车有限公司】 公司成立于1995年3月31日，2013年2月加入位列世界500强企业的中国第二大中央直属企业——中国航空工业集团公司，奋进公司是具有国家专用车生产资质的专用汽车制造企业。公司主要设备有120台（套），有完善的自卸车生产线、半挂车生产线、轿运车生产线、厢式物流车生产线，年生产能力6000辆。产品主要包括自卸车、半挂车、罐式车、轿运车、渣土车、清淤车、勾臂车、集装箱、垃圾车、厢式运输车等系列产品。部分车型和汽车零部件具备自主研发能力。公司产品覆盖黑龙江、辽宁、吉林、内蒙古、河北等省区，向河南、江西、山东、湖北等南方市场拓展，产品出口俄罗斯、朝鲜、蒙古等国家。公司先后获吉林省著名商标、吉林省名牌产品、吉林省质量诚信企业、吉林省守合同重信用AAA单位、省级企业技术中心、省级出口基地重点企业等称号。2020年，实现产值1.5亿元，比2019年增长50.8%。

【四平市巨元瀚洋板式换热器有限公司】 公司成立于1986年，经过多年发展成为国内换热器的龙头企业。公司产品是吉林省名牌产品，先后获吉林省著名商

四平市巨元瀚洋板式换热器有限公司组装车间

（摄于 4 月 1 日　四平日报社供图）

标，吉林省质量诚信企业，AAA 级吉林省“守合同重信用”单位，是《板式热交换机组》国家标准、《可拆卸板式热交换器》《钎焊板式热交换器》行业标准、《板式烟气换热器》团体标准的起草单位。主要产品有板式换热器、集成换热系统等 8 大族群 100 种换热产品。板式换热器年产 200 万平方米，集成式产品年产 5000 台套。产品应用于核能、生物质能、电力、石油、船舶、集中供暖、空调制冷、海水淡化等行业领域。至年末，累计获国家专利 63 项，其中 6 项发明专利填补多项国内空白；全年实现产值 4.6 亿元，比 2019 年增长 14.6%。

【四平吉运专用汽车有限公司】 公司前身是中国第一汽车集团公司四平专用汽车厂，2007 年转制为民营公司。公司有员工 160 人，技术研发人员 6 人，主要生产设备 131 台（套），具备年产 6000 辆各种类型专用车的生产能力。公司产品布局结合国家 GB1589—2016 新标准，主要产品有仓栅式半挂车、中置轴车辆运输车、翼展式厢式车、环卫垃圾车、自卸车等 3 大系列 78 个产品。公司国内主导市场为东北三省及东四盟地区，在俄罗斯、朝鲜、蒙古、东南亚等国家均有市场。公司的自卸车、半挂车、加油车及牵引座总成被国家评为“中国名牌产品”“中华精品”；被中国保护消费者基金会评为信得过“金奖”和“银奖”，吉林省名牌产品、免检产品。2013 年，经吉林省工信厅、科技厅认定公司技术中心为省级企业技术中心。2017 年，经一汽解放汽车有限公司认定为专用车新产品研发合作平台。2020 年，中航奋进改装各类专用车辆 2649 辆，其中一汽解放委改车辆 2208 辆，比 2019 年增长 148.6%，列一汽解放专用车委改企业委改量第二名。2020 年，实现产值 6910 万元，比 2019 年增长 53.1%。

（赵　苒）

医药工业

【概况】 医药行业形成中成药为主、化药为辅、鹿产品加工为补充的发展格局。四平市医药行业有驰名商标 3 个，国家级保护品种 14 个、独家产品 27 个、批准文号 892 个。产品类型有片剂、颗粒剂、胶囊、丸剂、贴膏、口服液、鹿系列保健品等 15 个剂型 496 个品种。知名产品 40 个，包括一正贴膏、小儿热速清、肺宁颗粒、十味降糖颗粒、抗骨增生片、追风舒筋活血片、阵痛安神胶囊、鹿茸胶囊、鹿胎素等。受新冠肺炎疫情影响，2020 年，规模以上企业 13 户实现产值 12.3 亿元，比 2019 年减少 11.6%。

【资金扶持】 四平市统筹使用医药健康产业各类扶持资金，集中支持重点企业和重点项目。以奖励方式重点支持原研药、首仿药、新型制药、高端医疗器械的研发创新，企业兼并重组、龙头企业培育等。以贷款贴息方式支持医药健康企业实施重大产业化项目。以奖励性补助方式，支持科研机构、高等院校加强科技创新平台建设。

【项目支持】 2020 年，四平市建立科研项目后补助机制，鼓励和引导企业加大科研投入；引导企业加大研发投入，推动企业成为技术创新的主体。对四平市企业建立研发中心或与域外研发机构开展合作的，在项目支持上给予倾斜，推动技术成果优先在四平市转化。健全和完善中试中心、企业技术中心、科技创新中心、院士工作站、产业技术创新战略联盟和创新医药公共服务平台的服务功能，抓住企业、项目、品种的培育。引导和支持市内外企业在四平市扩大生产规模和再投资，推进重大产业化项目实施，培育战略性大品种。

8月18日，吉林吉春制药股份有限公司产品分装车间工人在分装药品

（王刚 摄）

【重点项目】 吉林一正药业集团中成药生产自动化及质量控制项目，总投资1.2亿元，年产芪蛭降糖胶囊1亿粒，小儿热速清口服液1.2亿支。吉林吉春制药股份有限公司现代中药数字化提取精制智能工厂项目投资9000万元，通过技术改造实现全自动现代中药数字化提取精制生产线建设，至年末，改造提取车间提取管线50米，改造多功能提取罐2台，购置安装WMS系统1套、RF手持无线终端2套、4台智能制造设备及软件；吉林省华仁医疗器械有限公司口罩及熔喷布生产项目投资3000万元，新上口罩生产线和熔喷布生产线，取得医疗器械生产许可证，生产医用口罩。

【吉林吉春制药股份有限公司】 公司是集制药、梅花鹿养殖、保健品加工于一体的“国家高新技术企业”，获国家科技进步二等奖，是全国质量工作先进个人单位、国家可持续发展示范区示范单位。公司产品有12个剂型，231个品种。其中，国家重点新品种2个；中药保护品种4个；国家专利产品6个；国家级新药11个；独家品种12个；国家基本药物品种25个；国家医疗保险品种63个。受新冠肺炎疫情影响，2020年，公司完成产值4.5亿元，比2019年减少2.2%。

【吉林一正药业集团有限公司】 公司是集科技研发、生产经营、医疗服务为一体，是吉林省重点医药骨干企业。2020年，公司有药品批准文号116个，研发的一正牌“消炎镇痛膏”获中国骨伤风湿疾病类优秀产品品牌十强；“芪蛭降糖胶囊”剂型品种进入2009年版《国家医保目录》；“小儿热速清口服液”成为国内小儿首选用药，进入2012年版《国家基本药物目录》；自主研发的中药产品“双黄栀胶囊”“胃康胶囊”“抗敏颗粒”相继上市。受新冠肺炎疫情影响，2020年，完成产值2.74亿元，比2019年减少7.2%。

【吉林益民堂制药有限公司】 公司成立于1985年。公司产品有9种剂型60余个品种，企业以吉林省名牌产品、吉林省医疗保险品种、吉林省基本药物肺宁颗粒及其系列中成药，国家医疗保险品种、国家重点新产品、吉林省名牌产品“启脾口服液”，独家品种“芪冬养血胶囊”为主导产品。受新冠肺炎疫情影响，2020年，公司完成产值7002万元，比2019年减少36.6%。

（赵 苒）

化工产业

【概况】 2020年，四平市化工产业有双辽化工园区和四平生态化工园区2个化工园区，形成基础化工、精细化工、化工新材料3个分支，主导产品有离子膜烧碱、液氯、头孢呋辛酸、食品级二氧化碳、水性胶黏剂等。重点企业有四平精细化学品公司、双辽昊华化工有限公司、吉林天泽二氧化碳科技有限公司等企业。编制《四平市化工产业链强链指南（1.0版）》，完成四平市化工产业上下游企业链、产品链图谱。2020年，四平市化工业规模以上企业7户，实现产值8.83亿元，比2019年增长29.1%。

【危化品搬迁改造】 2020年，市工业和信息化局制定化工企业搬迁改造计划和任务清单，按时间节点调度和指导属地政府推进工作，组织市直相关部门联合对四平市涉及危险化学品搬迁改造的2户企业进行核验。12月，通过吉林省省级专项工作组核查验收，四平市历时3年的危化品搬迁改造工作收尾。

【化工园区通过省化工园区办考核】 2020年，市政府召开相关县市、化工园区和市直相关部门会议，专项安排部署建设化工园区考核推进工作；市工业信息化局牵头组织应急、生态环境、住建、发改、自然资源、交通、消防等部门到2家化工园区现场指导，提出整改意见和建议，形成专项报告。至年末，四平市2家化工园区通过省化工园区办现场考核。

【资金扶持】 2020年，四平市人民政府针对双辽昊华化工有限公司20万吨/年离子膜烧碱装置整体搬迁项目资金短缺问题，市长胡斌协调金融机构为企业解决贷款2.15亿元。

【重点项目】 2020年，四平市精细化学品有限公司500吨/年新型农药中间体建设项目，生产过程中产生的氯化氢尾气和废水通过循环综合利用，项目完成安装、调试，达产后年实现产值1亿元，利税3000万元。四平市精细化学品有限公司年产1000吨呋喃铵盐系列产品搬迁改造建设项目，利用吉林省糠醛原料优势，生产呋喃、乙酰呋喃、呋喃铵盐系列产品，项目试生产，达产后年实现产值3亿元，利税1.45亿元。双辽昊华化工有限公司20万吨烧碱项目，生产20万吨/年烧碱，同时联产8万吨/年液氯、6万吨/年高纯盐酸、2万吨/年次氯酸钠等系列产品，整体工程完成95%；2020年，完成吉林省宝利科贸有限公司年产2000吨纳米环保新材料项目建设，正式投产。项目占地面积2.4万平方米，建筑面积1.04万平方米，年产1800吨BL脱硫脱氢催化剂和200吨高效清塔剂。挖掘和谋划山东中农联合生物科技有限公司农药项目、四平市新型绿色环保农药系列项目、年产50万吨农用系列化学品等重点项目9个。

【四平市精细化学品有限公司】 公司是1999年由四平轻化工研究所转制成立，是国家高新技术企业，国家创新型企业，吉林省科技小巨人企业，是吉林省研发、生产化工新材料及医药中间体为主的重点生产基地。公司有生产车间10个，多功能中试车间3个和污水处理站2个。主要产品均是自主研发、具有独立知识产权的高科技产品。产品有医药中间体产品头孢呋辛系列、头孢吡肟中间体、抗艾滋病药物中间体、头孢抗生素万能成盐剂等9个品种，农药中间体产品新型环己二酮类内吸性谷类作物除草剂Tralkoxydim重要中间体、高效低毒农药及新型除草剂苯氧菌酯中间体、茚虫威重要中间体及除草剂嘧苯胺磺隆、苯嘧磺草胺的中间体等4个品种，化工新材料产品光的引发剂中间体、透明成核剂中间体、锂电池电解液中间体及造纸领域感光材料等5个品种。2017年8月，与大连理工大学蹇锡高院士合作建立吉林省化工新材料领域院士工作站。通过研发创新和技术积累，先后完成国家及省级科技计划项目23项、转化19项。其中达到国际先进水平14项；获国家授权专利6项；获吉林省科技进步奖6项；5种产品被评为国家重点新产品。2020年，实现产值6.55亿元，比2019年增长68.1%。

【吉林天泽二氧化碳科技有限公司】 公司2015年1月注册。主要研发、生产和营销环保黏合剂、高纯二氧化碳产品。T.Z. Tech的核心技术为二氧化碳基聚氨酯在黏合剂配制领域的研发与应用、二氧化碳回收提纯等。主要产品有年产环保水性胶黏剂1万吨；年产高纯/食品级二氧化碳12万吨，注册商标为“碳泽”。2018年10月，在大连召开的全国二氧化碳行业会议上，天泽公司获“行业贡献奖”和“应用推进奖”。天泽公司为科技型中小企业入库企业，2019年，公司被认定为国家高新技术企业。2020年，公司有国家发明专利2项，实用新型专利7项，计算机软件著作权1项，申报和正在申报的国家发明专利6项。2020年，公司实现产值2761万元，比2019年增长19.3%。

（赵　苒）

食品加工业

【概况】 2020年，四平市农畜产品和食品加工产业形成涵盖农副食品加工业，食品制造业，酒、饮料制造业和烟草制品业4类食品工业体系。主要产品包括酒精、淀粉、卷烟、精制植物油、啤酒、冷饮饮料、乳制品、冷鲜肉、大米、饲料等。四平市引导基础条件比较好的“拳头”产品企业，完善产业链条，推广“龙头企业+合作社+家庭农场或农户”等模式，建立原料基地。培育发展产业集群头部企业，细化行业分工，扶持带动中小微企业协同发展。引进推广应用新技术、新工艺、新装备。主要龙头企业有吉林省新天龙实业有限公司、天成玉米开发有限公司、四平君乐宝乳业有限公司、四平金士百啤酒股份有限公司、湖南中烟四平卷烟厂、四平宏宝莱饮品股份有限公司。有规模以上企业32户，完成工业总产值103.6亿元，占全市规模以上工业总产值的32.6%，比2019年减少0.8%。

【科技对接平台搭建】 2020年，四平市发挥省内各大高校、科研院所优势，搭建科技对接平台，通过组织科研机构、大专院校与企业开展成果转化对接会、建立科研成果发布平台等方式，实现资源共享，为企业发展提供技术、工艺支持，推动科研成果快速转化。

【产业园区建设专项扶持】 重点培育发展食品加工产业园区，建立产业园区建设专项扶持政策，安排产业园区发展专项资金，优先完善产业园区路网、水网、电网、通信网、物流网等基础服务功能建设。

【开展产业链招商】 依托对口合作，实施精准招商和产业链招商，引进浙江华统肉制品股份有限公司，利用原四平红嘴农业高新技术开发有限公司土地、厂房及设备，建设生猪屠宰、屠宰加工和肉制品加工一体全产业链项目，年实现产值4.69亿元。

【重点项目】 食品加工产业建设重点项目13个，其中新建项目5个、续建项目8个。总投资18亿元。其中新天龙实业股份有限公司年产4.5万吨酒精移地节能提质改造项目，完成投资6555万元，新增主要设备水洗塔1座、甲醇塔1座、回收塔1座、换热器、再沸器、中间储罐、酒精泵、无水酒精成套装置等设备64台（套）；吉林大清鹿苑保健科技有限公司吉林特色产业园区项目，完成投资38282万元，建设完成包装车间、提取车间、过滤车间及附属公用工程5.2万平方米的建筑设施；大清鹿苑斑龙胶囊等系列保健食品开发及产业化项目完成投资5300万元，完成综合楼主体工程和部分设备选型购置。

【四平宏宝莱饮品股份有限公司】 公司是饮料和冰品的专业制造销售公司。主要产品有冷饮、饮料2类近百个系列，遍及东北、华北、华东、华南的所有经济发达地区，100个地级以上城市。是四平市的骨干企业，也是东北地区饮料行业龙头企业，其中花生露饮料在东北地区、全国同类产品销量第一，在全国冷饮行业排名前四。2020年，受新冠肺炎疫情影响，公司实现产值5.39亿元，比2019年减少8.5%。

【四平金士百纯生啤酒有限公司】 金士百公司有世界领先的啤酒生产技术和装备，纯生啤酒生产工艺技术，自2003年起保持领先。生产的新产品1985纯生啤酒的上市，优化金士百啤酒产品结构。2020年，受新冠肺炎疫情影响，公司实现产值6.78亿

四平金士百纯生啤酒有限公司瓶装啤酒生产线

（摄于5月12日 市工业和信息化局供图）

元，比2019年减少8.1%。

【四平君乐宝乳业有限公司】 君乐宝乳业集团四平公司主要经营酸奶、低温乳酸菌饮料等产品。主要工艺采用国际领先标准，按照国家药品GMP标准建设，由国际知名乳业机械设备公司承担工艺设计，生产线采用国外先进技术和工艺，关键设备全部进口。设计产能为20万吨/年，其中酸奶11.1万吨，乳酸菌饮料8.9万吨。公司先后被授予全国文明单位、2016—2018年度全省文明单位、吉林省放心消费示范工厂等称号。2020年，公司实现产值4.18亿元，比2019年减少7.3%。

【湖南中烟工业有限责任公司四平卷烟厂】 四平卷烟厂是湖南中烟下属六个生产点之一。与湖南中烟重组后，企业实现品牌整合、管理磨合、情感融合的“三合”工程和国家局提出的政府满意、行业满意、企业满意、员工满意的“四满意”目标。2014年11月，四平卷烟厂完成异地技改，生产能力提高到30万箱。全年实现产值27.82亿元，比2019年增长3.0%。

（赵 苒）

冶金建材业

【概况】 四平市冶金建材行业形成非金属矿采选、水泥及制品制造、平板玻璃制造等产业。2020年，四平市有规模以上冶金建材企业25户，完成工业总产值86亿元，比2019年增长13.5%；钢铁产能170万吨，占全省的10.6%，水泥熟料核定产能365.5万吨，占全省的15.6%，平板玻璃产能1442万重量箱，占全省的100%，占全国的1.6%。

【国家产业政策落实】 严控钢铁、水泥、玻璃行业新增产能，依法依规退出和处置落后产能，引导不具备竞争力的产能通过联合、重组和专业化分工，实施技术改造，优化升级产品结构，走差异化路线，形成行业的产品特色。

【盘活启动闲置资产】 针对冶金建材产业停产企业，坚持专班推进、因企施策，帮助企业想办法、谋出路，协调解决盘活过程中遇到的债务、资金短缺、手续办理等疑难问题，推动停产企业盘活启动。金钢股份参加通钢冷轧板厂拍卖，竞拍成功，建设50万吨盘扣脚手架项目，达产后年新增产值30亿元。

【融资支持】 利用现有资金渠道，对符合条件的企业在绿色制造、智能制造、品牌建设等方面融资支持力度。通过政府和社会资本合作吸引社会资本投资冶金建材产业。对推动传统产业转型升级、激活企业闲置资产和产能、科技创新、延伸产业链、提升域内配套率等方面项目给予适当奖补。

【政银企对接】 落实重点新材料首批次应用保险试点工作的开展和推广。开展政银企对接活动，鼓励企业尝试新的融资方式，如众筹、互联网融资、成立产业引导基金等。

【重点项目】 吉林金恒建材科技有限公司50万吨盘扣式脚手架项目投资4.6亿元，建设年产15万吨焊管、15万吨盘扣式脚手架、50万吨镀锌生产线；吉林金钢钢铁股份有限公司年产50万吨高强板带生产线项目投资6000万元，将三轧生产线改造成为1条年产50万吨高强板带生产线。

【吉林久盛生态环境科技股份有限公司】 公司建于2003年，资产2亿元，业务覆盖吉林省全境，为交通、水利、市政、房建等领域提供建筑石材和生态砌块2类50余个产品及其配套服务。参与编写吉林省交通运输厅《公路工程水泥混凝土生态砌块应用技术指南》行业标准、吉林省住房和城乡建设厅《混凝土空心砌块砌体结构排水检查井技术规程》地方标准、交通运输部《公路工程混凝土制品——边坡砌块》行业标准。产品与技术3次被列入省、部级公路、水利科技成果推广目录。至2020年，公司有发明专利4项、实用新型专利30余项。获国家科技进步二等奖1项，省科学技术一等奖1项、三等奖1项。受新冠肺炎疫情影响，2020年，实现产值1851万元，比2019年减少38.6%。

（赵　苒）

【中国电建集团四平线路器材有限公司】 2020年，公司完成陕北±800千伏换流站直流场和阀厅金具、南昌±800千伏换流站直流场和阀厅金具研究，参与中国电力科学研究院组织的1000千伏特高压交流工程金具通用设计工作，开展纳米改性铝合金金具、配网金具研制。橡胶制品增补至B类、光伏支架增补至A类、地脚螺栓、紧固件增补至B类、电缆桥架C类升级至B类，实现在集团装备产品分类推荐目录中申请成功。“纳米改性铝合金金具研制”“陕北±800千伏换流站工程直流场配套金具研发”项目在中国电建集团装备研究院有限公司立项。通过“国家电网有限公司2020年35千伏及以上输变电设备、材料及信息化设备供应商资质能力信息核实”“10千伏电压等级输电线路金具和铁附件供应商资质能力核实”“国网特高压资质审核”“南方电网公司供应商资质能力评价”。主要生产设备利用率在95%以上，特种设备设施有效期内100%安全运行，未发生重大设备事故。公司开发新供应商39家，全部集采平台采购和公开招标采购，集中采购率100%，上网采购率提高8.8%，采购成本比2019年下降14.9%。铝加工分厂产量1676吨，下降30%；机锻分厂产量2636吨，下降20.3%。实现营业收入2.92亿元，预算指标2.5亿元，完成预算指标的116.96%，增长49.26%；实现利润总额175万元，预算指标为−533万元，完成预算的110.94%，减亏1750万元；新签合同3.22亿元，预算指标2.83亿元，完成预算的113.94%；资产负债率77.57%，较年初下降10.57%。营业收入2.92亿元，回款2.64亿元。技术改造投入资金1070.59万元，采购设备52台。科技投入945万元，有实用新型专利30项、发明1项。

（吴启迪）

电力工业

【概况】 2020年，四平市有吉林电力股份有限公司四平热电公司、国能双辽发电有限公司、国网四平供电公司3户电力企业。2020年，完成发电量97.78亿千瓦时；供热量完成1114.55万吉焦，其中工业供汽量81.77万吉焦。国网四平供电公司落实阶段性降低企业用电成本“八条措施”，减免非高耗能大工业企业、一般工商业企业电费的5%，惠及6.54万客户0.81亿元。落实农村“五补”政策，下调电价至少0.24元/千瓦时，完成1010户农业生产客户的退补工作，降价减费273.57万元。全年3户电力企业实现安全生产“零伤亡、零事故”的年度任务目标。

【吉林电力股份有限公司四平热电公司】 2020年，公司实现安全生产“零伤亡、零事故”的年度任务目标。全年完成发电量22.75亿千瓦时；供热量807万吉焦；工业供汽量81.77万吉焦。签订市场化合同电量15.52亿千瓦时；争取到非市场化电量指标8.03亿千瓦时；实现对天成玉米有限公司开栓供汽，对外供汽量增长18.45万吨；5号机组续建项目由四平市政府申请纳入《吉林省能源发展“十四五”规划》；厂区50MW生物质综合智慧能源项目列入省“十四五”规划；综合智慧能源项目重点开发及储备项目锁定22个，完成立项审批2个，

吉林电力股份有限公司四平热电公司

（摄于8月12日　崔轶宁供图）

签订合作框架协议4个，达成合作意向16个。8月19日，在中国电力企业联合会“2019年度全国火电300MW等级亚临界供热湿冷机组能效对标竞赛”颁奖大会上，四平热电厂4号发电机组获AAAA级奖项。公司被授予“四平市模范单位”“吉林省模范集体”等荣誉称号；11月，通过中央文明委复查验收，连续四届被评为“全国文明单位”。

（崔轶宁）

【国能双辽发电有限公司】 至2020年年末，连续安全生产4818天，实现第十三个安全年。发电量完成75.03亿千瓦时，比2019年增发6.31亿千瓦时；供热量完成225.78万吉焦，增加1.15万吉焦。完成治理项目105项，处理缺陷6040条。全年发电指标充足，发电权折发电量75.15亿千瓦时。抢抓5G增量市场，大用户增加10.69亿千瓦时。5台机组同时运行72天，增加37天，全年开机率升高3.99个百分点。开展储煤提质47.4万吨，产生经济效益810万元。全年掺烧经济煤种39.84万吨，节约燃料成本742万元。99兆瓦风电项目获吉林省发改委核准批复。

（金浩然）

【国网四平供电公司】 2020年，公司持续保持“双零”状态，实现第15个安全年。落实阶段性降低企业用电成本“八条措施”，减免非高耗能大工业企业、一般工商业企业电费的5%，惠及6.54万客户0.81亿元。配合集双、嫩双高速项目建设，迁改输电线路30处，迁改配电线路123处。落实农村“五补”政策，下调电价至少0.24元/千瓦时，完成1010户农业生产客户的退补工作，降价减费273.57万元。建立扶贫联系点7个，对13户贫困户逐户精准识别，一户一策，实施“网格化、捆绑式”责任监督体系，包保贫困户全部脱贫。落实国家消费扶贫行动计划，实施“三进活动”帮销、“全员参与”助销、“线上平台”拓销、“扶贫旅游”促销措施，盘活四平地区42个营业厅和43个客户接待室空间资源，利用闲置空间开辟营业厅扶贫专区，助销扶贫农产品156万元。组织对四平地区25个交通枢纽、供热企业、疫情防控物资生产企业等重要客户，6家防疫定点医院、6家隔离留置点，进行安全用电隐患排查。开展“非公司”产权公配供电设施安全隐患排查工作，完成市区老旧小区改造100个。启动在四平市委、市政府、公司及城郊公司停车场建设公用充电桩项目，计划建成充电桩30个，其中交流24个、直流6个。

（王德楠）

建筑业

CONSTRUCTION INDUSTRY

综　述

【概况】 2020年，四平市建筑业企业完成总产值62.5亿元，比2019年增长19.1%，高于全省平均水平11.4个百分点。完成建筑业增加值21.23亿元，增长11.8%，约占GDP的4%。企业施工面积145.5万平方米，竣工面积54.1万平方米。

【建筑业企业培育】 2020年，四平市确定重点扶持企业10户。晋升建筑工程施工总承包一级资质企业2户，晋升建筑工程施工总承包二级资质企业5户，晋升市政工程施工总承包二级资质企业2户，晋升专业承包资质企业2户。培育新企业25户，企业办理增项资质42户。至年末，全市具备建筑业总、专业承包资质企业195户。具备建筑工程施工总承包资质企业111户，其中一级资质企业4户，二级资质企业27户，三级资质企业80户。具备市政公用工程施工总承包资质企业98户，其中一级资质企业1户，二级资质企业8户，三级资质企业89户。具备公路工程施工总承包资质企业10户，其中一级资质企业1户，二级资质企业2户，三级资质企业7户。具备水利工程施工总承包资质企业33户，其中二级资质企业4户，三级资质企业29户。具备电力工程施工总承包资质企业9户。具备机电工程施工总承包三级资质企业8户；具备石油化工工程总承包三级资质企业3户。具备地基基础、建筑装饰装修等20项专业承包资质企业187户。

【建筑业转型升级】 利用信用评价开展工作，依据企业基本条件评价分和市场行为评价分的综合得分情况以及企业违法违规情况，在全区190户参评企业中评出优秀企业19户、合格企业140户、不合格企业31户。依据评价结果差异化管理，逐步净化市场环境。

（刘润达）

建筑市场监管

【招投标管理】 全年招标条件核准65项，其中直接发包项目27项，依法必须公开招标项目38项。施工公开招标74个标段，计划投资额13.76亿元，中标价11.33亿元。依法必须公开招标的服务标20项，中标价1830.83万元。

【建设工程项目检查】 2020年，四平市对市区建设工程建筑市场违法违规行为依法进行查处，针对建设项目未取得施工许可证擅自开工建设、违法发包、肢解发包、转包挂靠、违法分包，工程款及分包款是否按合同约定支付，项目班子是否在岗履职等进行检查。到建筑工地，采取查阅相关资料、检查施工现场，约谈项目相关责任人等形式，提出整改要求。检查在建工程129项，建筑面积371.86万平方米。其中，结转工程72项，建筑面积247.57万平方米；新开工程57项，建筑面积124.29万平方米。下发责令改正通知书55份。在全市范围内开展建筑市场违法违规行为专项执法检查，下发《四平市住房和城乡建设局关于开展建筑市场违法违规行为专项执法检查的通知》文件。

【施工现场标准化管理】 按照《吉林省住房和城乡建设厅关于印发吉林省房屋建筑工程施工

标准化管理办法》《吉林省住房和城乡建设厅关于印发市政工程施工标准化管理办法的通知(试行)》文件要求，强化建筑施工标准化建设工作管理，以文明施工标准化建设深化建筑施工扬尘治理工作，严格施工现场扬尘治理“六个百分之百”(工地周边百分之百围挡；物料堆放百分之百覆盖；出入车辆百分之百冲洗；施工现场地面百分之百硬化；在建工地百分之百湿法作业；渣土车辆百分之百密闭运输）工作标准，推进建立健全扬尘治理长效机制。全年开展标准化检查2次，对不达标的施工现场下达限期责令通知书，督促落实整改，四平市19个施工项目取得“省级标准化示范工地”证书或奖牌。

【劳务用工人员管理】 按照《保障农民工工资支付条例》规定，落实农民工实名登记管理，落实有关农民工文件精神。年初，召开全市《保障农民工工资支付条例》宣传活动，全市新建、在建项目负责人，农民工代表120人参加。联合市人社劳动监察支队检查各施工现场劳务用工管理，针对重点项目、政府投资项目召开解决拖欠农民工工资预警约谈会，并要求施工总承包单位作出书面承诺书，建设单位拨付的工程款必须先行发放工人工资，督办解决拖欠农民工工资案件20件，直接解决拖欠农民工工资1465万元，涉及工人791人。

（刘润达）

建设工程质量监管

【概况】 2020年，四平市监督房建工程317项，工程总面积249.58万平方米；老旧小区改造工程106个小区；市政道路工程6项，长6453米；城区雨污分流改造工程7505米；过街天桥工程4项。制定《监理工作监管办法》《四平市建设工程质量监督工作导则》。

【工程造价管理】 全年完成工程询价、测定60项。更新吉林省建设工程造价信息网价格信息1037条。完成建筑工程质量安全成本指标的调查、测算工作。

【工程质量管理】 四平市对参建各方的质量行为和实体质量进行巡查和“双随机”检查202次，对106个老旧小区改造项目抽查巡查204次，抽查钢筋、砌块、商品混凝土、节能材料等建材32组，对检查中发现的问题下发质量问题整改通知单67份，停工通知单2份。清理监理挂证人员35名，对8家商混企业和11家检测机构进行专项整治。检查四平市区、双辽、伊通、梨树在建工程的施工质量标准化项目36项，检查中发现的问题均已监督整改完成。对17项工程的竣工验收程序进行监督，竣工验收合格率100%。竣工验收备案工程71项，工程面积113.15万平方米，备案工程质量100%合格。

（刘润达）

建设工程安全监管

【建筑施工安全专项治理】 6月起，四平市建设工程安全生产服务中心负责市区内施工现场安全生产日常监管工作。开展日常安全生产检查90次，检查房屋建筑工程77项，建筑面积248万平方米；检查市政工程12项，施工企业53家，监理企业9家，下发责令整改通知50份，排查安全隐患142项，全部整改完成。依据《吉林省住房和城乡建设厅关于做好工程收尾阶段和冬季施工安全管理的通知》要求，制定《四平市2020年秋冬季施工安全隐患排查方案》，重点检查建设、施工、监理安全生产管理责任人落实情况，加强收尾及越冬工程的安全防护。

【建筑施工安全生产标准化管理】 8月、10月，四平市开展全市工程安全生产标准化专项检查2次，采取多部门联合、内业外业相结合的检查方式，对四平市区和双辽、伊通等在建工程施工现场进行随机抽查，检查在建工程33项，对检查中发现问题下发限期整改通知书14份。

（刘润达）

表 20 2020 年四平市建筑业企业生产情况统计表

类型	建筑业总产值（千元）						竣工产值	房屋建筑施工面积（平方米）		从业人员情况（人）		
	建筑业总产值	其中：装饰装修产值	其中：在外省完成的产值	建筑工程产值	安装工程产值	其他产值		房屋建筑施工面积	其中：本年新开工面积	从事生产建筑业活动的从业人员平均人数	期末从业人员数	其中：工程技术人员
总计	6250788	89067	382385	5585950	626274	38564	3274365	1455223	909443	19474	10847	1832
建筑业	6250788	89067	382385	5585950	626274	38564	3274365	1455223	909443	19474	10847	1832
房屋建筑业	3243402	1258	67658	3181468	55083	6851	1551827	1374325	840658	11606	6139	628
住宅房屋建筑	3000173	1258	67658	2993322	—	6851	1359362	1349699	820532	10713	5682	572
其他房屋建筑业	243229	—	—	188146	55083	—	192465	24626	20126	893	457	56
土木工程建筑业	2503215	66860	301862	2265319	208295	29601	1583511	66898	63285	5803	3326	736
铁路、道路、隧道和桥梁工程建筑	1596466	—	291694	1559099	23368	13999	1190368	64898	62285	3915	2355	461
铁路工程建筑	13702	—	7563	13702	—	—	13702	—	—	46	17	5
公路工程建筑	641402	—	284131	641402	—	—	346753	—	—	2307	672	182
市政道路工程建筑	941362	—	—	903995	23368	13999	829913	64898	62285	1562	1666	274
水利和水运工程建筑	624400	—	7522	608798	—	15602	184178	—	—	1117	538	166
架线和管道工程建筑	130818	—	2646	—	130818	—	130818	—	—	379	212	90
架线及设备工程建筑	51051	—	2646	—	51051	—	51051	—	—	169	24	6
管道工程建筑	79767	—	—	—	79767	—	79767	—	—	210	188	84
电力工程施工	54109	—	—	—	54109	—	10287	—	—	237	35	10
其他土木工程建筑	97422	66860	—	97422	—	—	67860	2000	1000	155	186	9
其他土木工程建筑施工	97422	66860	—	97422	—	—	67860	2000	1000	155	186	9
建筑安装业	418779	—	1877	63098	355362	319	84488	14000	5500	1681	1091	419
电气安装	348262	—	1862	32275	315987	—	32635	—	—	1232	401	338
管道和设备安装	24511	—	—	21670	2841	—	15000	14000	5500	140	151	27
其他建筑安装业	46006	—	15	9153	36534	319	36853	—	—	309	539	54
建筑装饰、装修和其他建筑业	85392	20949	10988	76065	7534	1793	54539	—	—	384	291	49
建筑装饰和装修业	85392	20949	10988	76065	7534	1793	54539	—	—	384	291	49
公共建筑装饰和装修	66236	1793	10988	64443	—	1793	42917	—	—	296	248	36
住宅装饰和装修	19156	19156	—	11622	7534	—	11622	—	—	88	43	13

（市统计局）

商贸服务业

TRADE SERVICE INDUSTRY

综　述

【概况】 2020年，四平市限额以上批发业、零售业企业、住宿业、餐饮业企业181户。全市社会消费品零售总额171.99亿元，比2019年下降10.6%，剔除价格上涨因素，实际下降12.6%，在吉林省各市州中排名第四，其中城镇零售额下降19.3%、乡村零售额增长52.4%。

【推进服务业发展】 市发展改革委分析形成《服务业行业任务分解清单》，对各地、各部门新核算体系下抓服务业发展工作指导；帮扶重点企业，推进服务业企业提质上档，服务业企业提档升级“四上”标准17户，达标上限企业入统23户；君汇能源成品油贸易服务跻身省级现代服务业集聚区，实现四平市省级服务业集聚区“零”的突破。

【促销活动】 1月15日至1月23日，市商务局联合市宝泰购物广场有限公司举办第三届春节年货大集，搭建保暖大棚2个，设商品展位42个，全市32个“第一书记”分期分批推销代言产品，年货大集日批发零售额30万元。3月28日至4月6日，组织商企联合开展“共克时艰，情暖英城”促销活动。4月30日至5月30日，联合市宝泰购物广场、欧亚商贸、仁兴商厦、双亿超市、华生商场、壹晟雅歌、君汇能源7家市区限额以上商贸企业举办“五月大礼、钜惠英城”促销活动。6月21日至6月30日，市政府与中国银联吉林分公司合作，市商务局承办，联合全市重点限上商贸企业和限下样本企业（含个体）举办百万消费券大促销活动。8月至年末，开展“英城钜惠欢乐季”促销活动。

【会展活动】 8月29日至31日，

表21　2020年四平市贸易库企业（含个体）统计表

单位：户

县（市）区	批发企业	零售		住宿		餐饮		合计
		企业	个体	企业	个体	企业	个体	
梨树县	4	12	9	1	—	—	11	37
伊通满族自治县	8	8	6	1	1	—	5	29
双辽市	9	5	6	1	2	—	8	31
铁东区	8	18	4	3	1	—	3	37
铁西区	4	20	3	3	—	4	13	47
合计	33	63	28	9	4	4	40	181

（蒋志勇）

10月30日，第一届东北（四平）农副产品展洽会在四平万邦农副产品批发市场举办

（蒋志勇　供图）

“第一届中国·四平汽车博览会”在四平东环汽车文化产业园举办，展会期间销售汽车843辆，实现销售额6760.6万元。10月30日至11月1日，第一届东北（四平）农副产品展洽会在四平万邦农副产品批发市场举办。展洽会以“质量·品牌·融合·共享”为主题，旨在展示现代农业发展成果，促进特色农业发展，邀请150家企业与商户入驻，分扶贫助贫展区、县（市）区展区、外埠展区、美食文化展区和综合商业展区，吸引15万人次参与，实现农副产品交易总额1200万元，企业达成协议13项、意向50项，签订一批长期交易订单。

（蒋志勇）

批发零售业

【概况】 2020年，四平市有批发零售企业7975户，个体78616户。批发零售业零售额比2019年下降24.1%。在限额以上单位商品零售额中，粮油、食品类零售额增长40.1%，饮料类零售额增长27%，烟酒类零售额增长13.9%，服装、鞋帽、针纺织品类增长19.3%，化妆品类增长9.6%，金银珠宝类增长79.2%，日用品类下降13.4%，家用电器和音像器材类增长119.6%，中西药品类增长13.7%，文化办公饮品类增长46.4%，家具类增长18.2%，通信器材类增长610.5%，建筑及装潢材料类增长58.2%，石油及制品类下降12.5%，汽车类增长75.1%。

【批发业】 2020年，四平市批发业全口径销售额85.20亿元，比2019年增长9.3%，其中限上批发业销售额53.09亿元，增长5%；限下批发业销售额32.10亿元，增长17.4%。全市限上批发业金样本企业有9户，按销售额高低排名依次为吉林省烟草公司四平市公司、伊通县天宝粮贸有限公司、国药控股四平有限公司、吉林一正医药有限公司、伊通县永盛粮食贸易有限公司、梨树蔡家中谷国家粮食储备库、双辽艾瑞格贸易有限公司、吉林省育祥医药有限公司、金海超汽车销售有限公司，9户金样本企业销售额47.22亿元，占全市限上批发业销售额的88.94%，增长6.02%。

【零售业】 2020年，四平市零售业全口径销售额107.36亿元，下降6%，其中限上零售业销售额完成60.11亿元，同比下降17.4%，限下零售业销售额47.25亿元，增长14%。全市限上零售业金样本企业11户，销售额43.59亿元，占全市限上零售业销售额的72.52%，下降76.57%，按销售额高低排名依次为中石油、君汇集团、中石化、欧亚商贸、君汇靠山屯、汇众汽车、神农大药房、中拓汽车、汇田汽车、成拓汽车、奥典汽车。

【四平欧亚商贸】 四平欧亚商贸有限公司是长春欧亚集团下属企业，总建筑面积4.5万平方米，大区内有员工2000余人、商贸店有员工960人，是集食品百货、家居家饰、服饰家电、餐饮等多功能多业态于一体的大型综合一站式现代购物场所。有九洲欧亚、红嘴欧亚、梨树欧亚、地直街欧亚、双辽欧亚、伊通欧亚等门店。至2020年，实现销售近26亿元，纳税额1亿元。

【四平万邦农副产品批发市场】 四平万邦农副产品批发市场总规划占地面积150万平方米。项目一期占地面积5万平方米，建筑面积3万平方米，投入资金3亿余元。项目二期占地面积5万平方米，于2020年4月18日开工建设，建设水果农产品东北交易中心，建筑面积2.2万平方米，主要有水果加工分级车间、分混区气调库、现代化装卸区等。项目三期计划总占地面积5万平方米，主要建设恒温冷库建筑2栋面积1.2万平方米，气调库2栋建筑面积1.2万平方米，二层仓储库1栋建筑面积1200平方米。主要经营品种有各类蔬菜、水果、猪肉、羊肉、牛肉、蛋品、鸡货、粮油等。2020年，年交易量80万余吨，交易额120亿余元。

【百货大楼改扩建工程】 四平百货大楼（原四平百货二商店）始建于1952年，坐落在四平市铁西区仁兴商业步行街核心地段，是吉林省老字号百货商店。1992年7月，四平百货大楼股份有限公司成立，注册资本1000万元，其中国有股占比31.5%，法人股占比3.5%，个人股占比65%。2006年9月，百货大楼由国有商业企业改制成为民营企业。2013年6月，百货大楼开始实施改扩建工程，建设集购物、休闲、娱乐、酒店、公寓等多业态商业城市综合体。改扩建项目被列为四平市“4·18”重点项目、吉林省“三抓、三早”项目。改扩建项目在原地建设25层的综合体，占地面积1.2万平方米，建筑面积15.2万平方米，其中大型购物中心10万平方米，酒店1万平方米，地下车库2.5万平方米，住宅1.7万平方米。停车位800个。聘请哈工大设计院、大连合思建筑设计有限公司、派沃（中国）商业设计机构、戴思乐科技集团共同设计。由中建钢构有限公司承建。2栋塔楼作为整个项目的标志性建筑，呈环抱之势，寓意雄鹰振翅翱翔，墙体流动的曲线设计，寓意舞动四平。室内有东北最长49米飞天梯、39米天井瀑布。2020年8月28日，四平百货大楼改扩建工程项目正式竣工开业。

（蒋志勇 刘瀛森）

8月28日，四平百货大楼扩建工程竣工

（市商务局 供图）

住宿餐饮业

【概况】 2020年，四平市有住宿业和餐饮业企业276户，个体21450户。住宿和餐饮业增加值5.12亿元，比2019年下降3.4%。

【住宿业】 2020年，四平市住宿业全口径营业额2.21亿元，下降2.3%，其中限上住宿业营业额0.52亿元，下降8.8%；限下住宿业营业额1.69亿元，下降0.1%。全市限上住宿业金样本企业有5户，营业额0.34亿元，占全市限上住宿业营业额的65.38%，增长4.53%，按营业额高低排名依次为新风宾馆、戴斯大酒店、吉平宾馆、伊通晟源物业、梨树韩州宾馆。

【餐饮业】 2020年，四平市餐饮业全口径营业额16.41亿元，下降2.9%，其中限上餐饮业营业额1.09亿元，下降12.6%；限下餐饮业营业额15.31亿元，下降2.1%。全市限上餐饮业金样本企业有5户，营业额0.24亿元，占全市限上餐饮业营业额的21.94%，增长10.16%，餐饮业缺少龙头企业。按营业额高低排名依次为壹晟雅歌、李连贵、婚博园、梨树煮动力火锅、伊通满族自治县新琴合琴火锅城。

（蒋志勇）

粮食购销

【概况】 2020年，四平市为保障粮食安全，抓购销、管库存、保供应、强产业、严储备。密切关注港口、南方主销区、国际粮食市场信息和农民售粮心理预期，通过四平电视台、部门网站，及时发布最新粮食政策和市场信息，引导农民适时售粮、安全储粮。及时启动稻谷最低收购价执行预案。深化产区与销区合作、农户与产后服务中心合作、金融与粮企合作，引导多元主体进入市场。市直5家国有粮库与中粮贸易、厦门建发、厦门国贸、海大集团、浙粮集团等企业建立收购合作，合作收购粮食21.2万吨，合作金额4.3亿元。全市粮食产后服务中心29个，收购农民手中余粮41.83万吨，为农户代存储玉米1.25万吨。召开“疫情防控重点保障企业信贷资金协调会”，实施“储贷分离”措施，协商农发行、商业银行和大型粮食收购企业，注入粮食收储资金近6亿元入市收购。全市辖区内建立粮食流通绿色通道服务企业复工复产。到市区36户粮食收储企业上门服务指导复工复产，直属企事业单位建立“吉祥码”中级站点管理。向上申报佳乐宝、南山仓储物流有限公司等12户疫情防控重点保障企业资金政策扶持。紧盯粮油“加工”和运输环节精准施策，保障南山粮食仓储物流、通达米业、佳乐宝、天成玉米等粮食收储和深加工企业生产作业。收购季收购新粮390万吨，其中玉米359万吨、稻谷31万吨。

9月24日，全省粮食和物资储备系统2020年安全生产应急演练在四平市举行

（高绿莎　供图）

【成品粮油储备和保价稳供】 新冠肺炎疫情防控期间，市区成品粮油盐储备充足、市场供应平稳有序，成品粮油储备和协议应急储备供应动态平衡。协调中储粮四平直属库，将5.4万吨最低收购价水稻作为应急原粮储备；建立市区15天应急成品粮油储备，储备大米3000吨、小麦粉1125吨、食用植物油225吨。向市场投放冻猪肉268吨，调节春节和新冠肺炎疫情期间猪肉价格。启动粮油监测日调度制度，关注成品粮油价格、供需情况和应急物资保障需要。建立辖区内19家地方应急粮油加工企业、74家粮油应急供应网点和4家地方粮食应急配送中心。指导市盐业公司在保证应急储备的同时，动用食用盐库存443吨，粮油盐市场供应充足。调拨应急物资2928件9批次。组织、采购50吨优质“稻花香”大米驰援浙江金华。

【农户庭院储粮安全】 市粮食局先后到3个县（市）、16个乡镇、32个村屯，指导以“地趴”形态储粮的农户倒堆、翻晒粮食，解决“地趴粮”问题。吉林省人民政府办公厅《每日政务要情》转发“四平市有效解决地趴粮问题”经验做法。

【粮食企业安全生产隐患排查】 开展“冬春安全生产专项治理”“五个必须落实40条”等8个安全生产专项行动，检查企业

36户，发现隐患121处，督导企业整改。

【粮食收购市场监管】 2020年，四平市打击干扰粮食收购秩序、采用高科技设备干扰电子秤等损害农民利益的不法行为。采取“双随机、一公开”执法检查方式，检查粮食收储企业8户，维护粮食市场收购秩序。对市区9个临储粮库点原粮、欧亚超市销售成品粮、军粮供应站供应军粮进行质量检测。

【粮食品牌建设】 组织制定粮食“十四五”规划。与省局沟通，对标市政府重点工作，在构建粮食安全储备体系、加强基础设施建设、提高应急保障能力、加强粮食品牌建设、促进粮食产业提档升级等方面，提出思路、主要目标和重点任务。打造优质玉米黄金名片，针对畜禽育雏原粮玉米需求质量高、市场空间较大的特点，推进四平玉米商品向“高端供应”转变。成立四平市优质玉米产业联盟，注册“名沃”高端玉米品牌商标，引导市区5户企业加入“吉林玉米产业联盟”，形成“创品牌、管品牌、强品牌”工作思路和发展理念，形成优质玉米核心品牌系列和重要支撑。“名沃”玉米品牌比普通玉米每斤多卖40元，“名沃”牌籽粒玉米销售1万吨，销售额2450万元。开展“线上线下”推介，借势吉林大米“云推介”活动，四平“孤牌”“东北小町米”“优选长粒香”“徐老磨长粒香”等系列产品，在线上开展推介活动。参加第34届中国鲜食玉米、速冻果蔬大会暨2020首届中国吉林鲜食玉米产业大会、第三届中国粮食交易大会和2020国际米食味品鉴大会暨第14届IGO世界粮油展，宣传“四平大米白金名片”“四平玉米黄金名片”“四平杂粮彩金名片”3张粮食名片。孤家子镇获“中国水稻优质产区”，5家优质大米企业获全国金奖。

（高绿莎）

供销合作

【概况】 2020年，四平市围绕“三农”工作大局，以提升为农服务能力为根本，以“深化综合改革、服务乡村振兴”为主题，以开展“综合改革攻坚年”活动为抓手，构建农村产业、农业社会化服务、基层组织、乡村服务等体系。推广四平“农合联”“四平乡村游”和四平“供销e家”网络平台，拓宽供销社为农服务渠道。发展各类连锁门店1603个、配送中心17个、专业合作社420个、农村综合服务中心654个、各类行业协会68个。完成土地托管面积19333公顷，完成土地流转面积2933公顷，完成统防统治、配方施肥、农机服务面积2667公顷。备春耕期间，联络指导各县（市）农资部门和指导相关农民专业合作社开展农资供应工作，全市供应各类化肥20万吨。推进各县（市）供销社监事会组织机构的建设，梨树、伊通、双辽供销社监事会机构配齐人员。依托四平供销集团对资产实行统一管理，集中运营四平东远储运公司、久能再生资源公司、长发供销社、东达公司、农资公司、东方科技城公司、陶瓷市场有限公司的资产及市供销社资产办公室自有资产，对外投资490万元，收取企业资产管理费132.15万元。社有企业利润1.52亿元，比2019年增加0.16亿元，增幅12%；全资控股企业利润1.44亿元，营业收入16.51亿元，增长13.7%；电商收入0.48亿元，增长0.44亿元；资产15.82亿元，增长5%；所有者权益8.87亿元，增长111%。

【中合供销粮油四平公司优质粮油产业化示范推广建设项目】 中国供销粮油吉林分公司、四平供销集团、伊通供销社与伊通华瑞米业有限公司合作的中合供销粮油四平公司优质粮油产业化示范推广建设项目计划投资1.63亿元，纳入国家新网工程项目库，争取“新网工程”项目资金4500万元，通过项目可研论证。

【四平市再生塑料制品产业园项目】 吉林省吉恒环境科技有限公司四平分公司，通过四平供销集团和四平市东远农资储运公司共同谋划四平市再生塑料制品产业园项目落地，总投资3.12亿元，在市商务局和铁西区商务局招商引资系统中登记备案，省商务厅确认吉林省吉恒环境科技有限公司四平分公司2020年度投资额2亿元。

【城市移动废旧物资回收网络项目】 四平供销集团协调推进的

城市移动废旧物资回收网络项目计划投资3140万元，由新组建的供销集团四平东昊管理有限公司进行实际操作，进入实质运营阶段，在铁东区、铁西区投放移动回收车40辆。

【城市建筑垃圾处理项目】 四平供销集团协调推进的城市建筑垃圾处理项目计划投资1.8亿元，由新组建的四平瑞舍建筑垃圾再生资源有限公司进行实际操作，纳入四平市招商引资系统备案管理，进入实质推进阶段。拟集中收储、统一开发土副产品3户企业的4.35万平方米的连片土地项目进入论证阶段。

【“农合联”平台建设】 全市农村合作经济组织联合会（以下简称“农合联”）会员单位420户。组织协调农合联会员单位参加“2020吉林省供销年货大集”“长春年货大集”和“第十九届中国长春国际农业·食品博览（交易）会第三届供销特色农产品展销会”。在第十九届农博会上，双辽市卧虎镇农庄酒厂“卧虎农庄”牌高粱大曲酒和伊通满族自治县华瑞米业有限公司“伊通河”牌有机大米获“吉林省第三届供销特色农产品金牌农产品”。四平市北方万邦农业发展有限公司日均交易量3000万元，是四平市区最大农产品交易市场主体公司，加入四平“农合联”，成为会员单位。9月28日，吉林省供销社农合联建设推进会在双辽市召开。四平市“农合联”作为可复制推广的组织体系，创新经验在全省供销社综合改革现场会上做经验交流。

【“四平乡村游”平台建设】 “四平乡村游”平台吸纳136家具备条件的农家乐、采摘园等农村经济组织加盟。设计精品旅游线路16条，红色旅游景点6个，发布四平旅游景点30个。平台网站浏览量21万次，访客9万人。举办“供销网上年货大集”两届，集中展销四平地方特色优质农产品。

【供销e家】 四平“供销e家”是经营四平土特产品，发展四平市农业，产地直采，线上线下融合发展的综合性电商平台，四平“供销e家”发展模式被作为吉林省发展电子商务的典型经验培养。四平“供销e家”发展方向由B2B向B2C延伸，线下生鲜配送范围从四平地区企事业单位扩展到个人用户。疫情期间，通过微信小程序订货，无接触配送次日送达。四平“供销e家”生鲜配送额600万元。

（陈天龙）

专项经营

【烟草专卖】 2020年，四平市烟草销量比2019年增幅0.39%，实现销售收入增幅7.76%，单箱值增幅7.35%，税利增幅6.33%。全区划分营销三级网格178个、单元格907个。落实营销网建工作，制作五张制式表单，统一网格工作流程、标准。全区发展终端客户2892户，占比19.96%，其中A类及以上现代终端占比56.43%；发展诚信互助小组669个，零售客户1.19万户，覆盖率82.03%；投建灰烟柱550个。划分专卖单元格999个。推进建设优质单元格，探索试行“6514”工作法，创建“无假烟、无走私烟、无真烟异常流动、无无证经营卷烟”的“四无”单元

8月16日，市供销社组织四平“农合联”会员单位参加第十九届中国长春国际农业·食品博览（交易）会

（陈天龙　供图）

格。通过专卖网格化服务管理模式，查办案件259起，查获涉案卷烟712.63件，案值475万元，罚款20.23万元。立足专卖网格化服务管理，强化侦办大要案，初步建立以“8423”工作法为核心的打假破网滚动办案机制。侦办国标网络案件3起，其中“5·21”网络案件逮捕8人，判决8人，涉案金额875.87万元；“11·22”网络案件涉案金额505.90万元，2人判处有期徒刑5年；“11·01”网络案件涉案金额136万元，批捕3人、判决2人。梳理企业在用规章制度，健全审批、决策、执行、监督、问责等管理制度，构建系统完备、防治一体、运行有效的规范管理制度体系。推进定额管理标准建设，定义预算指标定额标准97项，制定费用指标控制定额标准38项，分类制定事项编制定额标准193项。健全完善采购管理制度体系，修订“三项工作”管理委员会工作规则，落实“应招尽招，真招实招”。加强供应商管理，建立供应商黑名单管理制度。

（陈　浩）

【盐业经营】 2020年，四平市销售各类商品盐2992吨，食盐储备240吨，保证全市3个月的军需民用。依法保证食盐供应不脱销、不断档，加强窗口服务，优化服务质量，提升营销人员服务水平。制定送销服务制度、退换货制度，保证食盐的质量和供应。推行食盐加碘防治碘缺乏病的主导措施，建立碘盐质量保证体系，严把商品盐的六项检测制度，做好每个环节的检测，相关部门抽样检查中没有出现质量问题，获中国盐行业企业信用AAA级食盐批发企业资质，居民碘盐合格率100%。

（刘　春）

【石油销售】 2020年，四平市成品油销量26万吨，营业收入16.18亿元。新增客户57家，新增销售1万吨，用好省公司农机卡及柴油优惠政策惠农助农，实现农机卡销售柴油9200吨。汽油销售结合防疫礼包充值送，昆仑银行8.5折，银联云闪付，邮储加油满减等促销活动平衡量价效关系；“万千百十”营销活动指标实现销售146万元，销售KR8级别以上润滑油3453桶。“九城千站云游购”作为线上直播营销在全省惠民助农直播嘉年华活动中推销商品4600单，实现销售额156万元。

（魏胤琼）

物流业

【概况】 2020年，四平市推进市级物流产业发展相关机构组建工作，成立四平市物流产业发展工作领导小组、四平市物流产业发展服务中心，在市商务局设物流发展科。四平市初步形成以农产品物流（特别是粮食物流）为主、工业品物流与商贸物流并重的物流产业体系。粮食跨省运输渠道畅通，粮食物流量每年600万吨以上，调入面粉、大米、油脂分别为55万吨、100万吨和20万吨，形成“国有粮食储备库为主，国有控股企业为辅”的粮食收储系统，达到“一县一个中心库、一个乡镇不少于一个收储库”；除粮食产品外，酒精、淀粉、蔬菜、饲料等在内的农产品物流稳定发展。工业品物流以化肥、钢材、建材、农机专用机械及汽车零部件等产品为主，基本形成以“专用装备、交通装备及其零部件、化工等工业制品为主，以能源、钢材、建材等生产资料为辅”的工业物流体系。在商贸物流方面，陶瓷、钢材、木材、蔬菜等批发市场向专业化、规范化方向发展。

【“十四五”现代物流产业发展规划】 10月10日，在中国采招网发布《四平市“十四五”物流产业发展规划》编制项目招标信息。10月30日，机电产品招标投标电子交易平台公布北京中物联物流规划研究院中标。四平市聘请北京中物联物流规划研究院编制《四平市“十四五”现代物流产业发展规划》，绘制产业图谱，明晰物流产业空间布局，确定物流产业发展的主要任务和重点工程，明确发展物流业的路径和保障措施，规范和引导全市物流产业快速发展。

【物流项目建设】 谋划推进东北农产品集散交易市场、北方万邦·东北农产品物流园、万通建材物流产业园等重点物流项目，实施动态管理、清单推进和信息共享，做好项目跟踪服务工作。北方万邦·东北农产品物流园二期项目，4月18日开工，10月30日竣工投入使用，占地面积10万平方米，建设面积9.6万平方米，其中农产品低温仓储2万平方米，快速分拣仓1.2万平方米，日交易额4000万元。万通建材物流园一期十栋交易市场完工，50%以上的商户签署入驻协议。双辽四合工贸被列为省级煤炭储运基地，年静态储煤能力300万吨、年吞吐能力500万吨。梨树天成益盛与营口港多式联运合作，年玉米交易量60万吨。

【物流企业培育】 支持现有物流企业做大做强，推动解决企业在建设过程中遇到的征地拆迁等问题和困难。重点扶持万邦农产品物流园、万通建材、京平物流等企业发展壮大。聚焦精准招商，市领导带队到北京、河南郑州、山东临沂等地开展考察招商活动，集中优势资源和工作力量，引进辐射带动作用强、市场前景好的龙头企业。

（蒋志勇）

电子商务

【概况】 2020年，四平市有规模化的电商产业园区5个，入驻电商企业300户，其中市本级2个，双辽市1个，伊通满族自治县1个，梨树县1个。年交易额近7亿元。全市有电商企业800家，有天猫网店3个，京东特色馆1个。伊通满族自治县、双辽市是商务部评定的国家级电子商务示范县，建设县级电子商务公共服务中心2个，镇级电商服务中心11个。其中建成7个，正在建设4个。村级电商服务站388个，申报省级电子商务示范村43个。网络交易额50.98亿元，占全省比例1.05%；网络零售额12.9亿元，占全省比例1.92%；实物型网络零售额8.33亿元，占全省比例1.58%；服务型网络零售额4.57亿元，占全省比例3.18%。

【电商服务站智慧化改造】 督导伊通满族自治县、双辽市2个电子商务示范县开展电商服务站智慧化改造工作。双辽市村级电商服务站智慧乡村应用安装使用97个，覆盖率83%。伊通满族自治县完成村级电商服务站智慧化改造53个，覆盖率28%。

【中国·四平"直播带货节"】 6月19日至23日，在抖音等平台举办中国·四平"直播带货节"，活动以市长带领县（市）区长、第一书记走进直播间的形式，推销四平市的品牌、产品。中国·四平"直播带货节"线上销售九月青豆角、玉米面条、新中农五谷杂粮、君乐宝乳品、乌米面粉等6类40款当地农特产品，成交订单10.03万单，销售额235.95万元。

【电商培训】 督导各县（市）区抓好网络无"触点"工作，开展"线上+线下"培训模式，面向电商服务站站长、电商创业者、农村转移就业劳动者、高校毕业暂未就业大学生、下岗失业人员、贫困家庭子女、从事或对电子商务及电商直播感兴趣的企业和个人开展培训。开展电商培训班19期，参加培训1600人。

（蒋志勇）

新兴服务业

【法律服务】 2020年，四平市有公共法律服务中心5个，乡镇（街道）公共法律服务站76个，公共法律服务村居（室）910个，以县区级公共法律服务中心为主阵地，乡、街公共法律服务站为依托，村、（社区）公共法律服务室为延伸的三级公共法律服务实体平台建设基本完成。5月，制定下发《中共四平市委全面依法治市委员会关于印发〈关于加快推进公共法律服务体系建设实施方案〉的通知》《2020年公共法律服务工作要点》。6月，制定下发《关于印发〈四平市司法局公共法律服务质量提升年活动方案〉的通知》。10月，联合下发《关于成立四平市退役军人志愿者法律服务对的通知》。各法律服务中心按照"3+X"的模式，增加司法鉴定、公证、仲裁等服务窗口。完善"12348"热线功能，推进整合律师、公证、法律援助、司法鉴定资源，面向各村（社区）群众公开法律顾问、法律专家联系方式，每年为每个村服务不少于50小时，建立微信群473个，村（社区）法律顾问覆盖率100%。开展公证多点办公服务活动，在市政府政务大厅设置公证办公窗口，方便群众就近办理，充分发挥公共法律服务中心、站、室职能优势，建立农村妇女、儿童、

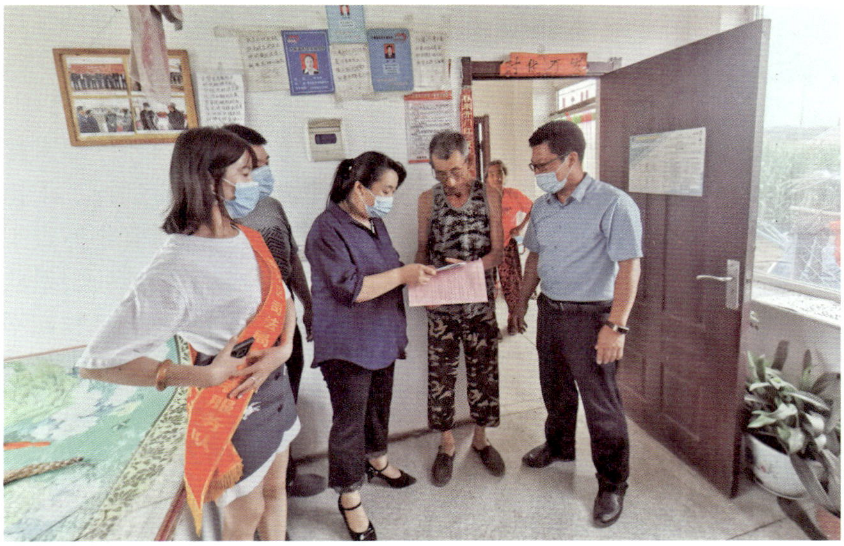

8 月 10 日，铁东区司法局法律志愿者服务队到叶赫满族镇向农民群众解读《民法典》相关法律知识

（韩舒宇　摄）

老年人、残疾人、农民工法律服务维权窗口，建立服务绿色通道，设立农民工法律援助工作站 6 家，设立未成年人法律援助工作站 11 家。推广中国法网、四平普法网、四平司法局官网、四平司法行政微信公众号、微博官方账号等。建立驻村（社区）法律顾问微信、QQ 工作群，及时解答群众法律咨询，全市购置、安装公共法律智能机器人 30 余台，在市政府政务大厅及各县（市）区公共法律服务中心、部分公共法律服务站和村（居）室安装公共法律智能机器人。四平市公共法律服务信息化模块纳入全市综治平台信息化建设。全市“12348”热线平台解答群众法律咨询 6000 余次，法律援助机构办理法律援助案件 800 件，公证机构办理公证 10000 件，司法鉴定机构完成鉴定案件 500 件，仲裁机构办理案件 32 件，标的额 16800 万元。为全市群众提供各类公共法律服务 3500 次，全年办理农民工欠薪40 件。

（王庆宇）

【人力资源服务】 2020 年，四平市有经营性人力资源服务机构 50 家，有人力资源服务从业人员 382 人，大专及以下学历 320 人，本科学历 60 人，硕士以及上学历 2 人，具有人力资源从业人员资格证书的人数 92 人。人力资源服务机构全年营业总收入 10478.11 万元（其中代收代付 8608.94 万元）。提供求职登记、现场招聘、岗位培训、劳务派遣、人力资源管理咨询等业务 8991 人次，帮助实现就业 3683 人次。

（施　巍）

【健康养老服务】 2020 年，四平市发展医养、休闲、娱乐于一体的养老产业项目，投资 7.9 亿元。资生康复养老项目、伊通姬乐谷山水休闲养老庄园等项目建成投入使用。出台《四平市 2020 年养老院服务质量建设专项行动实施方案》，完成养老机构综合责任保险续保工作，公办养老机构续保率 100%。出台《关于申报 2020 年养老服务业发展专项资金工作的通知》，为 11 所机构、12 所日间照料中心、12 所农村养老大院，82 名贫困居家失能老人发放补贴资金 105 万元。出台《四平市新建住宅小区配建社区居家养老服务设施建设、移交与管理的办法》，持续推进新建小区按照人均用地不少于 0.12 平方米标准分区分级规划设置养老服务设施。出台《关于开展居家老年人巡访关爱的实施方案》，采集老人信息 5580 人，做好相关民生保障政策的对接和帮扶。四平市有注册养老机构 75 所（市区 27 所、梨树 7 所、双辽 13 所、伊通28 所，公办 33 所、民办 42 所），比 2019 年减少 7 所；养老床位8200 张（公办 3425 张，民办4775 张），减少 81 张；有城市社区老年人日间照料中心 116 所，农村养老服务大院 464 所，入住老人 3962 人，增加 51 人，护理员 529 人，减少 62 人，医养结合覆盖率 95.8%。

（邓海丰）

【家政服务】 2020 年，四平市家政服务全地区注册个体工商户 32 户，企业 108 户；市区内注册个体工商户 7 户，企业

四平市巨元瀚洋板式换热器有限公司国家热交换产品质量监督检验中心中试实验室

（韩振伟　摄）

64户。商务部门加大政策性资金扶持力度，市商务局从省商务厅争取家政服务业扶持资金19万元，2020年上半年拨付给13户家政企业。指导家政企业开展网上业务培训，提高家政服务人员业务素质，全年市本级网上培训家政人员5000人次。

（刘瀛森）

【广告业】 2020年，四平市有广告业经营单位3894户，从业人员5441人。其中私营企业2165户，从业人员3418人；内资公司（非私营）349户，从业人员465人；外商投资企业30户，从业人员30人；个体工商户1338户，从业人员1499人；事业单位6户，从业人员23人；其他6户，从业人员6人。年内，四平市市场监督管理局对广告业进行检查指导，组织各基层分局检查辖区内商场、超市、药店、化妆品店、专业批发市场，主要检查店堂、周边区域的宣传单、海报、横幅、商品包装以及大众媒体发布的商业广告是否存在虚假宣传、误导消费者经营行为。其间，累计开展巡查60次，出动执法人员300余人次，对药店现场责令改正60余户，对商店、超市、市场责令改正5户。

【检验检测】 2020年，国家热交换产品质量监督检验中心完成燃煤锅炉改造项目，性能测验系统的热负荷能力扩大到3700千瓦。整合四平市检验检测资源，与吉林省换热系统中试中心试验室签订租赁合同，检测能力热水—冷水性能测试能力由原来的1—200m³/h扩大到1—800m³/h；蒸汽—水性能测试能力由原来的0.5—6T/h扩大到0.5—16T/h；新增试验介质热水—低温水/乙二醇；新增密封垫片高温持久可靠性能测试设备和热交换器的疲劳试验设备。申请实用新型专利3项，软件著作权1项、发明专利1项。制定地方标准、团体标准支撑检验检测工作有序进行。承担省级板式热交换器监督抽查工作，对吉林省换热器的质量状况进行分析。6月14日，四平市产品质量检验所完成资质认定专家现场考核，6月19日，资质认定证书发放。至年末，完成市本级抽检企业130户，208批次产品的检验工作，抽检合格率100%。

（王新刚）

【会计业】 2020年，市财政局与市公安、工信等部门沟通协调，做好系统维护、考点设置、考场安排、电力网络保障等考务工作。完成四平考区初、中、高级会计专业技术资格考试工作。四平考区报考初级会计资格考试3138人，参考人数1805人，参考率58%；中级会计资格考试753人，参考人数335人，参考率50%；高级会计资格考试27人，参考人数15人，参考率56%。完成四平行政区域内会计人员信息采集和审核确认工作，引导会计人员开展网上填报。同步引导会计人员通过网上学习方式开展继续教育。开展珠心算工作，选派26名选手参加全省珠心算比赛，其中学生A组、B组获团体二等奖，学生C组、D组、E组、F组和学前组获团体三等奖，有9人获个人二等奖、15人获个人三等奖。

（刘禹希）

信息业

INFORMATION INDUSTRY

数字化建设

【概况】 2020年，四平市信息化项目建设以部门“点单”，市政务服务和数字化建设管理局（以下简称“市政数局”）“做菜”为原则开展“城市超脑”“雪亮工程”“数字城管”一期建设，整体按照“一中心、融平台、多接口”的设计思路规划。一个中心为城市超脑云计算中心，三大中台（数据中台、业务中台、智能中台，中台可满足所有部门数据的录入、治理和使用，赋能城市治理人工智能场景快速搭建及应用）、GIS公共服务平台1个、三大平台（共享总平台、综治分平台、公安分平台）。4月24日，市委专题会议召开，部署城市超脑一期暨雪亮工程和数字城管项目，确定由政数局牵头，市政法委、市公安局、市执法局联合建设。10月9日，城市超脑一期暨雪亮工程和数字城管项目工程完工。

【“城市超脑”项目】 按照全市“一中心、融平台、多接口”总体思路，基于云计算、大数据、人工智能、5G及物联网等新一代信息技术，建设“城市超脑”云计算中心和数据中台、智能中台、业务中台三大中台，构建“城市超脑”底座，形成四平市智慧城市的基本架构。完成综治、公安、城管、应急、“12345”、消防6个部门数据的接入、治理和输出，日处理数据量20万条。

四平市政务服务中心（办事大厅）网上办理自助服务区

（摄于6月16日　胡绍国供图）

【数字城管】 城管分平台完成平台搭建和市区64平方千米，5大类、124小类、28万城市部件普查工作，城市部件全部纳入系统，实现数字化定位管理。GIS公共服务平台，以公共开放的方式提供所有智慧应用所需要的GIS功能集和四平基础空间地理信息数据，实现四平66平方千米0.5兆分辨率倾斜摄影数据的采集和三维建模。12月，省委政法委、省公安厅对各市（州）2020年度“雪亮工程”建设进行考评，四平市获吉林省第一名。

（赵志祥）

【信息基础设施建设】 2020年，四平市区规划建设5G基站615个，全年四平市区新建5G基站

677个，超计划建设62个。中国铁塔、中国移动、中国联通、中国电信完成投资约2.18亿元，四平核心城区5G网络全覆盖，四平移动打造南至新华大路、北至爱民街，东至商业步行街、西至建新街的精品网络区。移动、联通和电信均开通5G网络应用，全市累计5G用户数近30万人，超额完成年初计划的目标任务。

【工业互联网】 四平巨元公司"换热器企业级工业互联网平台"项目成功申报"吉林省2020年度重点产业发展专项资金项目"，通过专家评审并获省厅项目资金支持124万元，该项目是依托巨元公司龙头企业地位，盘活区域及企业现有资源，为区域工业企业提供产业、金融、政策、双创等公共服务。建设包括营销管理平台、制造服务平台、研发服务平台、协同发展平台、公共服务平台等，项目一期投资799万元，二期计划投资4150万元。

（赵 苒）

【"互联网+政务服务"】 市政数局完善人口库、证照库、地理信息库、电子签章、电子签名的开通应用，提高"一网通办""区域可办""异地能办"的平台支撑能力。市政务大厅全年受理各类审批项目538019件，办结537492件，办结率99.9%，提前办结效率85.4%。即办件505795件，占全部办件的94%；网上办理76699件，占全部办件的15.2%。无差别全科受理57030件，办结56944件，办结率99.8%，提前办结效率85.4%。市政府门户网站将网站首页的"办事服务""政务服务"等与服务相关的一级栏目名称统调为"政务服务"，链接至四平网上办事大厅（政务服务窗口）地址。梳理各部门已有各类办事服务专栏、平台，统一链接至各级网上办事分厅，实现前端整合。

（胡 南）

四平市政务服务中心（办事大厅）工商服务窗口

（齐广才 摄于6月11日）

【智慧城市建设】 6月11日，四平联通分公司中标"智慧城市"项目，中标额6930万元。四平市"智慧城市"项目以"雪亮工程"为牵引，落地智慧城市三中台基座，同时落地视频共享平台、智慧城市三中台、综治、城管等场景。

（崔智尧）

互联网信息与广播电视传输服务

【网络APP应用服务】 2020年，四平市广播电视台利用互联网技术进行媒体融合，使广播电视台具有互联网传输的优势特性。利用互联网技术、空间宣传传统广播电视节目，传统广播电视节目成为客户视频节目新的终端。电视融媒体网络化借助第三方APP平台，结合广电自制节目特点，开拓更多功能，增强电视媒体的互动性。媒体中心用最快的速度制作并推送链接，体现新媒体速度快，传播广的特点，每天第一时间在"新四平"和微信公众号推送四平新闻联播的重要新闻。

【广播电视传输服务】 "新四平"平台每天晚上实时推送四平新闻联播内容10条，白天推送市委网信办布置的宣传任务40条，推送台里原创视频链接若干条。微信公众号每天推送3次，每次8条，早晨和晚上以市里宣传主题为主，中午推送贴近民生百姓关心的热点话题。“现场云”每天推送若干条，主要包括记者现场采访图文推送，直播预告，大型活动的直播，和专栏《镜观四平》。“抖音”推送原创作品和转发积极向上的热门视频。全年新四平推送2万条，公众号推送7000条，抖音推送150条，现场云图文推送和直播预告300条、大型活动直播20场。

【新媒体宣传】 新媒体中心发挥编辑职能，把握各个时期的宣传主题，全年建专栏30个，推送公益广告30条，下载推送建党百年系列视频《百炼成钢》100期，推送台里原创视频《四平记忆》7期，下载推送《百年瞬间》系列视频100期，推送宣传部制作视频《跟我学党史》100期，制作推送天天学党史答题链接100期，原创视频《镜观四平》20期，获点击量近百万次。

（于桂芹）

电信业

【概况】 2020年，四平市有中国电信集团有限公司四平分公司、中国联合网络通信有限公司四平市分公司、中国移动通信集团吉林有限公司四平分公司电信业运营公司3个，辖公主岭、梨树、双辽、伊通4个县（市）分公司。主要经营国际、国内固定电话业务、移动通信业务，数据传输、互联网、宽带接入等综合电信服务和宽带应用等增值电信业务；宽带、固话、IPTV、5G、4G、3G、2G通信业务；移动语音通信、固话通信、数据业务、家庭宽带、专线、WLAN、商务宽带、物联网、集团短彩信、企业视频彩铃、城市名片、5G视频消息、和商务直播、云视讯会议系统、千里眼视频监控、和对讲、云网一体化产品、综合信息化应用及各行业信息化解决方案等业务。

【中国联合网络通信有限公司四平市分公司】 至年末，联通移动网用户102.51万户，其中5G用户15.89万户，宽带用户30.8万户，占市场份额的49.4%，300兆以上宽带占比22.9%。推进IPTV业务发展，联通电视用户23万户。成立ICT网格，打造“互联网+”创新型信息化整体解决方案支撑团队。基础成本完成8100.3万元，比2019年降幅10.51%；日修成本压降24.8%；电费、租赁费压降11.04%；成本占收比14.37%，下降3.28%。全年基站建设投入7213.9万元，其中宏基站6587.3万元，室内分布系统（以下简称“室分”）626.6万元。开通5G宏基站317个、室分楼宇13栋。其中，市区建设站址275个，占4G基站71%；县城建设站址42个，占4G基站的15%。室分主要部署旗舰营业厅及自有办公楼和2B用户、口碑场景、高价值高流量区域。涉及口碑场景站址57个，重要场景124个，一般场景136个。口碑场景区域建设5G站址占现网4G站址比例132%。完成10个高档小区的覆盖，建设后平均覆盖率95%。12个千兆小区的覆盖，市区5个小区全部纳入5G建设中，建设后平均覆盖率92%。完成四平全区2G退网376个。投资22.21万元，购置10G PON设备12套。全年投资40万元改造、新建小区宽带，开展全量PON+

四平云数据基地

（程澍文　摄于3月11日）

LAN 改造 7 个，完成 8 个新建小区进线工作。平安城市点位建设 12000 个，市区内视频监控基本全覆盖。全市新建点位 212 处，加挂摄像机 377 个。同时，在各类人员聚集场所建设人脸识别摄像机 412 个。

（崔智尧）

【中国电信集团有限公司四平分公司】 全年新建 4G 扶贫基站 37 个；与联通公司共同推进 5G 网络建设，完成 5G 室外站建设 317 个，室分 7 个；与联通建规划站址 83 个，解决乡镇、农村网络覆盖不连续问题和热点投诉问题。新冠肺炎疫情防控期间，协调配合查询外省疫区到四平人员信息。为四平市政府政务大厅安装热成像测温系统。为应急管理局、医疗保障局、急救中心等相关单位分别建设应急指挥信息化平台、医保基金监管服务平台、120 急救指挥调度系统等信息化项目。

（孙　艳）

【中国移动通信集团吉林有限公司四平分公司】 移动电信业务收入 7 亿元，通信用户 202 万户；5G 客户 17 万户；有线宽带用户 22 万户，魔百和新增用户 8 万户。与四平市人民政府签署建设“数字四平”战略合作协议，开展 5G 基础通信设施建设，落实新基建“761”工程建设项目，5G 网络基础设施建设年度投资 1.22 亿元，实现四平市区 5G 网络连续覆盖。新冠肺炎疫情防控期间，公司针对党政军机构、定点医疗医院、公路铁路出口等 69 个重点基站进行网络保障。配合政府相关部门，持续发送疫情预警等相关公益短信 170 次、1.5 亿条。配合市政府老旧小区改造工作，成立专门工作组、建立 200 人的专业团队负责工程施工，申请专款 1200 万元。

（孙奥森）

12 月 28 日，四平移动新华营业厅工作人员为用户服务

（孙奥森　供图）

无线电管理

【无线电安全保障】 2020 年，四平市完成“春运无线电安保”“两会”和国庆期间国家重大活动无线电安全保障工作。根据国家做好汛期无线电安全应急保障工作的要求，完成四平市汛期期间无线电保障任务。全年参加国家级、省级和其他各类考试保障 30 次 65 天，参加无线电安全考试保障人员 554 人次，压制疑似作弊信号 10 次，完成各项监测保障工作任务。

【无线电监管】 2020 年，四平市查处各类干扰 14 次，其中联合公安局和文广新部门处理黑广播 7 次、干扰移动基站 1 次、航空干扰 4 次、铁路干扰 2 次。全年累计干扰监测时长 2531 小时，出动 130 人次。

【无线电宣传】 2020 年，四平市开展无线电工作宣传活动 1 次，通过悬挂宣传标语、发放宣传册、放置展板块、现场解答群众问题等形式与群众互动，对新无线电管理条例和相关无线电工作进行宣传。

（赵　苒）

旅游业

TOURISM

综　述

【概况】 7月22日，习近平总书记视察四平战役纪念馆后，四平市贯彻落实习近平总书记重要指示精神，调整旅游思路，以红色文化建设为引领，带动全域旅游发展。四平市旅游形成以红色旅游、民族旅游、生态休闲、乡村旅游为特色的系列旅游产品。2020年，接待旅游人数370万人次，比2019年下降32.77%；旅游营业收入127.38万元，下降61.36%。

【全域旅游规划】 2020年，结合贯彻落实习近平总书记视察四平的指示精神，市委、市政府对四平市旅游业发展思路进行调整，提出发展红色旅游，带动历史文化游、自然生态游、乡村休闲游、冰雪旅游，带动四平市全域旅游发展。四平市对《四平市全域旅游发展总体规划（2018—2030）》进行编修调整，按吉林省旅游规划统一要求，四平市旅游规划期限调整为2021年至2035年。修改完善《四平市“十四五”文化、广播电视、旅游和体育发展专项规划》旅游部分。伊通满族自治县列入国家第二批创建全域旅游示范区名录，创建国家级全域旅游示范单位通过省专家组的验收。双辽市编制完成全域旅游发展规划。

【旅游促销】 8月14日至22日，由吉林省文化和旅游厅，中共四平市委、四平市人民政府主办，四平市文广旅局、四平市商务局、四平金士百纯生啤酒有限公司承办的第二届“吉林·四平满族文化旅游节暨四平百威啤酒音乐节”在英雄广场举办。活动以“吉祥满乡·多彩四平”为主题，现场设美食区、水吧区、舞台区。中间为餐饮区，供群众观看演出、品尝啤酒（美食）。场外有文化旅游商品区，农副产品展示、展销区，展售满族特色商品、非遗作品产品、工艺美术品、土特产品、第一书记代言产品、网红代售产品等。开设满族文化体验旅游线路，吉林师范大学满族文化博物馆、吉林师范大学“松辽剪纸”艺术工作室、叶赫满

8月14日，第二届“吉林·四平满族文化旅游节暨四平百威啤酒音乐节”在英雄广场开幕

（王雷　摄）

族景点（叶赫那拉城、叶赫部东、西王城遗址）等。第二届吉林·四平满族文化旅游节活动，销售文化旅游商品近万元；文艺演出12场次，观众近万人次；啤酒节接待消费者9000人，周围流动人员6万人次，H5链接转发4000次，朋友圈浏览量2.6万余次，抖音信息浏览量4万次，啤酒节现场及带动周边酒店、交通等经济收入160万元。12月18日，吉林省旅游商品大赛在吉林东北亚文化创意科技园举办，专家组从旅游商品和文艺创作产品的品牌性、地域性、创新性、市场性、工艺性、实用性和示范性等方面进行评审，突出商品的包装设计、产品质量和实用性。经专家评审组评审，四平市美术馆商品旗方壶获铜奖。

叶赫那拉城冬景

（王祝伟　摄于11月26日）

【旅游资源】 2020年，四平市有A级旅游景区(点)13个。其中，AAAA级旅游景区5个，AAA级旅游景区5个，AA级旅游景区2个和叶赫皇家山滑雪场景区1个。

（刘旭忠）

表22　2020年四平市旅游景区一览表

名称	级别（A）	地址	接待人数（万人次）
叶赫那拉城景区	国家AAAA级旅游景区	四平市南部30千米处	接待游客、旅游团体8万人次
伊通满族博物馆	国家AAAA级风景区	伊通满族自治县伊通镇	接待国内外学者、游客近3万人次
双辽一马树森林公园	国家AAAA级风景区	双辽市红旗镇	接待游览的团体、游客5万人次
四平战役纪念馆	国家AAAA级风景区	四平市铁西区英雄广场	接待游览的团体、游客20.70万人次
北方巴厘岛水上乐园	国家AAAA级风景区	梨树县梨树镇霍家店村	停业
伊通南山旅游风景区	国家AAA级风景区	伊通满族自治县伊通镇二道岭子村	接待旅游团体、游客3万人次
伊通大孤山旅游风景区	国家AAA级旅游风景区	伊通满族自治县大孤山镇	接待旅游团体、游客5万人次
铁东区馨苑文化城	国家AAA级风景区	铁东区叶赫满族镇环湖路	接待旅游团体、游客6万人次
太阳海岸水世界	国家AAA级风景区	铁西区百货大楼综合体	接待旅游团体、游客8万人次
铁东区二郎山庄	国家AAA级风景区	铁东区山门镇	停业
梨树县博物馆	国家AA级风景区	梨树县梨树镇	接待旅游团体、游客0.4万人次
梨树县玉龙潭景区	国家AA级风景区	梨树县十家堡镇上三台村	停业

（刘旭忠）

旅游项目建设

【概况】 2020年，四平市重点旅游建设项目3项，分别是露美生态园项目、“满乡风情·七彩伊通”田园综合体项目、伊通火山温泉国际旅游度假区项目，均在伊通满族自治县。3个项目计划总投资63.36亿元。2020年，项目投资10亿元，完成项目部分的工程建设。

【露美生态旅游乐园项目】 四平市旅游项目建设重点在伊通满族自治县。露美生态旅游乐园项目，位于马鞍山镇铁炉村，总占地面积176公顷。总投资3.36亿元。2017年开工建设，按照AAAA级旅游景区标准规划建设，2020年完成投资1300万元。完成规划设计，修建景区道路、旅游厕所等基础设施建设，景区打造花海景观、生态采摘，绿色种植、养殖，是集满族民俗乡情文化、运动休闲文化等深度融合于一体的休闲度假区。

【“满乡风情·七彩伊通”田园综合体项目】 “满乡风情·七彩伊通”田园综合体项目位于伊通镇东新村，由吉林省铠绎农牧业发展有限公司投资建设，总占地面积34.54平方千米，计划总投资10亿元。至10月，完成投资2.57亿元。完成四季果蔬园建设，建设大棚132栋；修筑路基30千米，打抗旱井30眼，修建塘坝5座。建成采摘住宿接待中心用房1处、2000平方米停车场。完成3.5万平方米的温泉酒店6层主体建设。完成6.2万平方米农产品收储加工中心的2400平方米冷藏部分主体建设。完工满族四合院建设，满族三合院在建设。

【伊通火山温泉国际旅游度假区项目】 伊通火山温泉国际旅游度假区项目位于伊通县大孤山镇，总投资50亿元。项目累计完成投资7.3亿元，完成基础设施建设、景区绿化美化、打造温泉井、栽植各类景观苗木等项目建设。悦如火山温泉文化旅游博览园完成投资1.2亿元，温泉馆3、4号楼封闭完成。

（刘旭忠）

旅游业态

【红色旅游】 四平市红色文化资源丰富，红色旅游是四平旅游的重要内容。以红色文化为引领，带动四平全域旅游发展。相继建成四平市烈士纪念塔、四平市烈士陵园、四平战役纪念馆；兴建仁兴小学、仁兴街、仁兴商厦；改建、扩建、命名英雄广场和英雄大街。四平市列入全国30条红色旅游精品线第26条的第一站，烈士纪念塔、烈士陵园、四平战役纪念馆、梨树县东北民主联军四平保卫战指挥部旧址为国家红色旅游经典景区，四平战役纪念馆成为全国爱国主义教育示范基地。全市有四平战役纪念馆、四平烈士纪念塔、四平烈士陵园、四平保卫战塔子山战斗遗址、梨树东北民主联军四平保卫战指挥部等红色旅游景点和教育基地8个。2020年，接待省内外团体、游人参观游览近百万人次。

四平战役纪念馆

（摄于7月12日　四平富丽摄影公司供图）

表 23　2020 年四平市红色旅游景点一览表

名称	地址	接待人数	备注
四平烈士纪念塔	铁西区英雄大路与新华大街交会处	接待全国各地参观瞻仰四平烈士的各界人士、游人近 12 万人次	吉林省爱国主义教育基地。吉林省红色党性教育基地
四平战役纪念馆	吉林省四平市英雄大路 60 号	四平战役纪念馆接待社会公众 20.70 万人次，接待省内外机关、企事业单位团体 700 个	国家 AAAA 级旅游景区、红色旅游经典景区、全国爱国主义教育基地。吉林省红色党性教育基地
四平市烈士陵园	四平市北郊国道 102 线四平入口处	接待祭奠、缅怀烈士的各界人士、群众近 40 万人次	全国爱国主义教育示范基地，全国百个红色旅游经典景区，吉林省中共党史教育基地。吉林省红色党性教育基地
塔子山战斗遗址	四平市区东 10 千米处	接待全国各地旅游团体、游客，四平市社会各界人士约 10 万人次	吉林省爱国主义教育基地。吉林省红色党性教育基地
东北民主联军四平保卫战指挥部旧址	梨树县梨树镇	全年接待游人 0.4 万人次	吉林省红色党性教育基地
三道林子战斗遗址	四平市北山	接待游人或团体 7 万人次	吉林省红色党性教育基地
马仁兴铜像广场	铁西区	接待游人或团体 5 万人次	吉林省红色党性教育基地
耻钟亭	铁西区（铁路一小）	接待游人或团体 3 万人次	吉林省红色党性教育基地

（刘旭忠）

【乡村旅游】 2020年，四平市乡村旅游主要经营休闲娱乐、餐饮住宿、采摘体验、拓展训练、历史文化和民俗、农事体验6种类型。全市有乡村旅游经营单位36家，其中星级农家乐2家，AAAAA级乡村旅游经营单位1家，AAAA级乡村旅游经营单位4家。

（刘旭忠）

表 24　2020 年四平市乡村旅游经营单位统计表

序号	地区	企业名称	项目特色	企业地址	评 A 情况	评定时间
1	铁西区	四平市赵家大院生态园有限公司	餐饮、住宿、旅游观光、果蔬采摘、垂钓，农产品加工	平西乡獾子洞村	AAA	2017 年 5 月
2		航宇会展服务有限公司	主题公园、蒙古风情、采摘、垂钓、拓展训练、住宿、会议、烧烤广场	平西乡三道林子村 5 队	AAAAA	2019 年 8 月
3	铁东区	四平塔山花鸟园	采摘瓜果，餐饮、住宿、户外烧烤	山门镇塔山村二社	AAAA	2017 年 5 月
4		四平市鑫水韵旅游开发有限公司	有机蔬菜和山野菜、婆婆丁茶	叶赫满族镇张家村老爷庙屯	AAA	2017 年 5 月
5		云翠谷温泉旅游休闲度假有限公司	乡村土菜、粗粮细作、野菜	石岭子东山区核心区域	AAA	2017 年 5 月
6		龙王人家	铁锅炖、葡萄采摘	山门镇龙王村	AA	2012 年 9 月
7		叶赫人家	农家乐、果园采摘	叶赫满族镇永合村	AA	2012 年 9 月
8		大架山生态度假区	餐饮、住宿、登山观光	叶赫满族镇	AA	2012 年 9 月

续表 24

序号	地区	企业名称	项目特色	企业地址	评 A 情况	评定时间
9	梨树县	乐居山庄	采摘、特色餐饮	十家堡镇上三台村	AAA	2019 年 8 月
10		孔子文化园	特色餐饮、传统国学体验	十家堡镇三家子村	AAA	2019 年 8 月
11		柳条边客栈	特色餐饮、住宿、关东文化体验	蔡家镇蔡家村	AA	2019 年 8 月
12		吉林省梨树县地方戏曲剧团有限责任公司	二人转演出欣赏	霍家店街道	AA	2020 年 8 月
13		四平新型工业化经济开发区凤凰山饭庄	特色餐饮、自助烧烤、住宿、垂钓	十家堡镇上三台村	AA	2020 年 8 月
14		榆树台镇茗耀农业生态园	特色餐饮、住宿	榆树台镇团结村	AA	2020 年 8 月
15		喇嘛甸镇绿色农业生态园	餐饮、采摘	喇嘛甸镇	A	2020 年 8 月
16		美兰湖农家饭庄	特色餐饮、住宿、红色文化体验	蔡家镇下坎子村	AA	2019 年 8 月
17		文宇乡村农家乐	特色餐饮、自助烧烤、住宿、垂钓	万发镇东万发村	AA	2019 年 8 月
18	伊通满族自治县	世外桃源生态旅游有限公司	拓展训练、休闲、住宿、游乐、餐饮	黄岭子镇黄岭子村	AAAA	2020 年 8 月
19		马鞍山镇果蔬生态休闲旅游观光园	果蔬采摘、餐饮、休闲游乐、养殖	马鞍山镇东风村	AAAA	2019 年 8 月
20		绿之村生态农业发展有限公司	餐饮、休闲、娱乐、游湖、荡秋千、垂钓	河源镇保南村	AAA	2017 年 11 月
21		吉林省德盛农牧科技发展有限公司	休闲娱乐、大榛子培育采摘、餐饮	景台镇秀山村	AAA	2017 年 11 月
22		春水如嘉生态园	垂钓、餐饮、休闲、蓝莓培育采摘	伊通镇长安村	AAA	2017 年 11 月
23		营城子镇聚贤庄农家乐	冬钓、餐饮、娱乐	营城子镇太平村	三星级农家乐	2017 年 11 月
24		友成农家乐	游乐、餐饮、垂钓、快艇游	小孤山镇山河村	三星级农家乐	2017 年 11 月
25		圣轩山庄	自然景观、休闲、餐饮、采摘、游乐河源镇大酱村	河源镇大酱村	AAA	2019 年 9 月
26		露美生态旅游乐园	民俗、观光、体验采摘、餐饮、度假、康养	马鞍山镇铁炉村	AAA	2019 年 9 月
27		吉林丰源山庄有限公司	满族特色餐饮、矿泉康养、自助烧烤、野外宿营	新兴乡闫家村	AAA	2020 年 9 月
28		吉林省凯之旋生态农业开发有限公司	旅游观光、休闲垂钓、特色餐饮、渔业养殖、休闲采摘	景台镇东方红村	AAA	2020 年 9 月
29		吉林省欢欣岭山水文化旅游开发有限公司	特色餐饮、民俗住宿、水面娱乐活动、冰雪运动、山地越野、生态水产园、水果野菜采摘、苜蓿草海、水库冬捕	大孤山镇欢欣岭村	AAA	2020 年 9 月

续表 24

序号	地区	企业名称	项目特色	企业地址	评 A 情况	评定时间
30	伊通满族自治县	范家村圣莲谷	药膳食材、果蔬采摘、特色农产品、菊花茶、黑玉米、中小学生劳作体验基地、康养文旅	景台镇范家村	AA	2020 年 9 月
31		吉林省铠绎农牧业发展有限公司(田园综合体)	餐饮、温泉洗浴、果蔬采摘、中草药种植、垂钓、花海	伊通镇东新村	AA	2020 年 9 月
32		吉林省颐乐谷山水休闲养老庄园	餐饮、采摘、房车住宿、娱乐	景台镇绿化村	AAAA	2020 年 9 月
33		伊通满族自治县新山休闲农业发展有限公司	休闲娱乐、餐饮、垂钓、采摘	营城子镇新山村	AAA	2020 年 9 月
34	双辽市	王奔镇宝山村	休闲娱乐、采摘、垂钓、荷花池	王奔镇宝山村	AAA	2020 年 10 月
35		双山镇天龙家庭农场	休闲娱乐、垂钓	双山镇多稼村	—	—
36		双山镇绿之缘采摘园	采摘香瓜、果蔬	双山镇百禄村	—	—

（刘旭忠）

【四平市 7 个村入选吉林省首批乡村旅游重点村】 6月9日，《吉林省文化和旅游厅 吉林省发展改革委关于公布吉林省第一批省级乡村旅游重点村名单的通知》，经专家评审和公示，省文化和旅游厅、省发展改革委决定，四平市伊通满族自治县河源镇保南村、四平市梨树县蔡家镇蔡家村、四平市双辽市王奔镇宝山村、四平市铁东区山门镇龙王村、四平市伊通满族自治县马鞍山镇铁炉村、四平市铁东区叶赫满族镇砬子沟村、四平市铁东区石岭镇哈福村7个村入选吉林省第一批乡村旅游重点名单。

【伊通保南村入选全国乡村旅游重点村】 8月26日，文化和旅游部、国家发展改革委公布《文化和旅游部 国家发展改革委关于公布第二批全国乡村旅游重点村名单的通知》，吉林省四平市伊通满族自治县河源镇保南村入选全国第二批乡村旅游重点村名录。

（刘旭忠）

旅游推介

【旅游精品路线推出】 3月27日至4月2日，与北京乐狮传媒公司合作，利用北京10号线换1号线站厅LED显示屏宣传四平旅游。四平代表团与全国各地旅行商交流，四季游线路达成合作意向，针对不同季节和假期，推出四平季节性、特色性、经典性的休闲游、文化游、登山游、红色游、乡村游等旅游路线。6月21日，四平市四季旅游集散中心正式揭牌。“五一”期间，推出四平踏青旅游路线5条；国庆·中秋双节期间，推出“假期8日游”乡村旅游精品路线11条。

【“礼遇吉林·‘香·满’四平”推介】 组织参加“礼遇吉林·文旅达人”推介活动，四平市有19件旅游商品、1家文旅消费集聚区体验地报名参加活动。采用“直播+短视频”营销方式，借助新浪微博和抖音平台，打造文旅消费载体，形成文旅消费新的增长点。微博打卡直播总时长180分钟，直播打卡最高49.1万人次，总计870.1万人次。

【四平·金华文旅交流】 10月17日，由四平市委宣传部、金华市委宣传部主办，四平市文化广播电视和旅游局、金华市文化广电旅游局承办的“平易近人 转动金华”四平·金华文旅交流活动在浙江省金华市举办。四平、金华市委宣传部和文旅局领导及旅游企业代表、媒体记者等参加交流活动。10月19日，主题为“冬季到四平来玩雪”四平·金华文旅推介会在金华市万达嘉华酒店举行。推介会主要以介绍四平市的旅游资源为主，通过播放四平市旅游宣传片和现场推介及四平风光摄影展、四平文旅商品展向金华全面展示四平市特色旅游资源。

【第二届吉林·四平满族文化旅游节】 8月14日，由吉林省文化和旅游厅、中共四平市委、四平市人民政府主办，四平市文广旅局承办的第二届“吉林·四平满族文化旅游节”在英雄广场开幕。旅游节以“吉祥满乡·多彩四平”为主题，分7个版块，有大型文艺演出、文旅产品展销、体育彩票销售、图书展销、第一书记代言产品展销、非遗产品展示、群众文化表演等内容。以啤酒大棚为主的四平百威啤酒音乐节是活动中的重点，为期9天，旅游节以啤酒消费为核心，与文化、商贸、美食、娱乐、旅游、休闲等要素互动融合。旅游节活动图书展销售图书500余册，销售额1500元；体彩销售额8000元；文旅商品销售近万元；文艺演出12场次，观众近万人次；啤酒节接待消费者9000人，周围流动人员60000余人，H5链接转发4000余次，朋友圈浏览量26000余次，抖音信息浏览量40000余次，啤酒节现场及带动周边酒店、交通等经济160万余元。

（刘旭忠）

旅游管理与服务

【旅游市场监管】 四平市开展旅游市场整治行动，主要针对旅游市场中低价游、诱骗和强迫消费者消费等侵害群众利益的突出问题监管检查，处理旅游市场中不正当竞争的举报投诉，2020年，协调受理旅游投诉4件，挽回游客经济损失2600元。

【景区质量等级评定】 2020年，四平市贯彻和执行《旅游景区质量等级评定与划分》（国家标准）和《乡村旅游经营单位服务质量等级评定标准》（吉林省地方标准），指导四平地区的旅游景区和乡村旅游经营单位的经营和建设，遵照成熟一个发展一个的原则，开展旅游景区质量等级和乡村旅游经营单位评定工作。乡村旅游主要经营休闲娱乐、餐饮住宿、采摘体验、拓展训练、历史文化和民俗、农事体验6种类型。6月2日，国家林草局、民政部、卫健委和中医药管理局发布第一批国家森林康养基地公示名单，四平市云翠谷森林康养基地被评为“国家森林康养基地”。

【星级旅游饭店管理】 2020年，四平市贯彻落实《旅游饭店星级的划分与评定》（GB/T14380—2010）《绿色旅游饭店》（LB/T007—2015）标准，市文化广播电视和旅游局负责配合省文旅厅等级评定与复核，并不定期对饭店管理工作进行指导。至年末，四平市有四星级旅游饭店1家，为四平吉平宾馆；银叶级绿色旅游饭店1家，为四平万力酒店管理有限公司四平万达嘉华酒店。

【旅行社管理】 至年末，四平市有旅行社总社18家、分社9家、营业网点30家，其中具备出境游资质的国际旅行社2家。2020年，市文化广播电视和旅游局落实文旅部政策，为全市12家旅行社暂退质量保证金204.4万元。指导全市旅行社开展恢复生产，做好新冠肺炎疫情防控及经营行为等方面的工作。针对旅游市场中低价游、诱骗和强迫消费者消费购买旅游双套餐、旅游预付卡违规经营行为等侵害群众利益的突出问题进行检查，处理旅游市场中价格和不正当竞争的举报投诉工作，进一步规范旅游市场经营秩序。通过网络、微信、举报等途径，打击以微信群名义开展旅行社业务的违法行为。

【导游管理】 2020年，四平市导游审核由四平市导游协会承办，市导游协会为导游报审，市文化广播电视和旅游局行政审批办审核。3月，组织旅游从业人员参加“吉林省旅游从业人员在线教育培训”活动。培训内容为政策法规、安全生产、突发事件应对、文明服务、省内旅游景点讲解、红色旅游讲解、导游比赛视频等9项。

（刘旭忠）

房地产业

REAL ESTATE INDUSTRY

综　述

【概况】 2020年，四平市始终坚持“房住不炒”定位，深入贯彻落实国家和吉林省房地产市场宏观调控政策措施，持续开展住房租赁中介机构专项整治，进一步整顿规范住房租赁市场秩序。全年改造老旧小区68个；为1957户保障家庭发放租赁补贴353.3万元；出台《四平市物业服务分级收费及规范管理规定》，建立健全“质价相符”的物业服务体系。至年末，全市房地产开发企业120家，商品房销售面积1035869平方米，商品房销售额489707万元，商品房待售面积1255521平方米。房地产业增加值22.43亿元，增长8.1%。

【房地产市场监管】 2020年，市住房和城乡建设局联合市市场监管局在国家企业信用信息公示系统随机抽取市区6家房地产开发企业，就违规预售和“两书”（住宅质量保证书、住宅使用说明书）发放等问题进行检查，检查过程中未发现问题。下发关于禁止违规预售商品房告知书30份，就违规预售行为对企业进行预警。按照省住建厅《关于报送整顿规范住房租赁市场秩序工作情况的通知》要求，持续整顿规范住房租赁市场秩序，随机抽取市区31家房地产中介机构，就疫情防控措施落实情况和规范开展中介业务情况进行专项检查。

改造后的铁西区水利小区

（摄于12月7日　刘润达供图）

【住房制度改革】 四平市按照省、市住房制度改革各项政策，促进解决房改历史遗留问题，通过加强调度指导等方式，完成直管公房、自管公房、合作建房出售等审批工作。全年完成办证换证业务705件。其中，审核办理公房出售办证、换证90件；合作建房办证541件；对已房改过的房屋办理换证手续28件；为铁路办理公房出售26件；依据四平市不动产登记中心房屋登记信息查询证明，为中省直单位职工和调外地工作人员出具有关房改房屋情况证明13件；受理因工龄计算有误、面积误差等原因的房改纠错业务7件。全年直管公房出售191户，面积9310.84平方米。

（刘润达　崔亮亮）

房地产开发经营

【概况】 2020年，四平市在建房地产开发项目52个，房屋施工面积5865560平方米，其中新开工面积1267782平方米，房地产开发完成投资448021万元。办理完成房地产开发资质核定（四级、暂定级）行政许可67件，其中房地产开发资质核定（四级、暂定级）新办14件，延续44件，变更7件，丢失补证2件。全年销售商品房1035869平方米，其中商品

开发面积50.97万平方米的四平市铁东区美好嘉苑小区

（市棚改办 供图）

表25 2020年四平市房地产开发企业施工、销售和待售情况统计表

类 型	单位	合计	住宅	办公楼	商业营业用房	其他
房屋施工面积	平方米	5865560	4447261	9140	612354	796805
其中：本年新开工面积	平方米	1267782	1029573	5938	102672	129599
房屋竣工面积	平方米	578769	442257	—	85249	51263
其中：不可销售面积	平方米	8321	7501	—	820	—
房屋竣工价值	万元	131229	103551	—	18405	9273
商品房销售面积	平方米	1035869	877584	—	88030	70255
现房销售面积	平方米	589723	497857	—	64221	27645
期房销售面积	平方米	446146	379727	—	23809	42610
商品房销售额	万元	489707	391968	—	71224	26515
现房销售额	万元	253486	195933	—	46021	11532
期房销售额	万元	236221	196035	—	25203	14983
商品住宅销售套数	套	—	8101	—	—	—
现房销售套数	套	—	4774	—	—	—
期房销售套数	套	—	3327	—	—	—
待售面积	平方米	1255521	842648	8331	151075	253467
其中：待售1—3年(含1年)	平方米	728893	456230	—	76457	196206
待售3年以上(含3年)	平方米	319131	208666	8331	65336	36798

（市统计局）

住房销售面积877584平方米，商业用房88030平方米，其他70255平方米。商品房待售面积1255521平方米，去化周期14.5个月。其中，住宅842648平方米，办公楼8331平方米，商业营业用房151075平方米，其他253467平方米。

【房地产开发建设】 至2020年年末，四平市有房地产开发企业120家。其中，二级资质18家，三级资质11家，四级资质22家，暂定资质69家。2020年，四平市房屋施工面积5865560平方米。其中，住宅施工面积4447261平方米，办公楼施工面积9140平方米，商业营业用房施工面积612354平方米，其他竣工面积796805平方米。房屋竣工面积578769平方米，房屋竣工价值131229万元。

【商品房预售】 四平市批准商品房上市面积920609平方米，比2019年增长40.2%；上市7470套，增长37.3%。其中批准商品住房上市面积721169平方米，增长58.4%；上市6777套，增长61.1%；批准新建非住房上市面积199440平方米，下降0.96%；上市693套，下降43.9%。

【商品房销售】 四平市商品房销售面积1035869平方米，其中商品住房销售面积877584平方米，销售8101套，销售额391968万元，销售现房4774套，销售期房3327套。商品住宅销售均价每平方米4466元。

【房地产市场执法】 9月中旬，按照“双随机，一公开”执法检查计划和联合执法计划，市住房和城乡建设局联合市市场监管局在国家企业信用信息公示系统随机抽取四平金宇房地产开发有限公司、四平轩易合房地产开发有限公司、吉林省坤博房地产开发有限公司、长春欧亚集团四平欧亚置业有限公司、四平市巨展置业有限公司和四平市达兴房地产开发有限公司6家房地产开发企业，就违规预售和“两书”发放等问题进行实地检查，未发现问题，检查结果分别在国家企业信用信息公示系统和“我要执法”软件上进行公示。

（刘润达　崔亮亮）

9月3日，华宇集团四平城市公司在英雄广场举办房屋项目营销活动

（张蕾　供图）

房地产中介

【概况】 2020年，四平市对市区房地产中介机构进行全面摸底，继续开展住房租赁中介机构专项整治工作，整顿规范市区住房租赁市场秩序。至年末，市区有符合住房租赁业务经营资格代理机构153户。其中，开展住房租赁业务房地产中介机构72户，房地产估价机构5户，全年营业收入1890万元。

【住房租赁中介机构乱象专项整治】 按照《吉林省住房和城乡建设厅等部门关于印发〈全省专项整治住房租赁中介机构乱象工作方案〉的通知》和《四平市纪委监委驻市住建局纪检监察组关于开展征地拆迁领域突出问题和自查自纠工作的通知》要求，持续开展住房租赁中介机构专项整治工作。按照经营范围对市区内房地产中介机构进行筛选，最终确认开展住房租赁业务房地产中介机构72户。并在市住建局网站公开投诉举报电话和邮箱，受理群众反映的各种房地产中介问题。

【房地产租赁经营管理】 按照省住建厅《关于报送整顿规范住房租赁市场秩序工作情况的通知》要求，协调市公安局、市市场监管局、市政数局等部门，成立四平市规范住房租赁市场秩序工作协调小组。5月，成立专项检查组，随机抽取市区31家房地产中介机构，就规范开展中介业务情况进行专项检查，检查中发现的部分新成立的中介机构和分支机构不同程度存在未公示收费标准、未悬挂营业执照等问题，已要求限时整改。

（刘润达　崔亮亮）

10月24日，“华宇幸福汇”举办华宇幸福社区首届敬老节活动

（唐亚江　供图）

物业管理

【概况】 2020年，四平市有住宅小区503个，面积2123万平方米，实行专业化物业管理的住宅小区130个，省级示范项目2个。铁东区无物业的小区202个，面积403万平方米；有物业的小区50个，面积620万平方米。铁西区无物业小区171个，面积419万平方米；有物业的小区80个，面积681万平方米。未实行物业管理的小区现由街道社区代管，经费来源由属地政府拨付。完成老旧小区改造68个，投资1.99亿元。

【物业小区管理】 四平市将物业服务专项整治工作与城市管理效能提升三年行动、国家卫生城复检、走遍“四平”等工作有机结合，共同推进。建立市领导包保责任制，市级领导定期到所包保的小区进行巡查，对发现的问题及时解决。组织开展物业小区联合执法，结合扫黑除恶和行业乱象治理工作，到市区内物业小区以摸底排查的方式查找各类问题，将物业服务收费缺乏有效调节、物业服务标准和内容不清、物业服务质价不符等问题列入重点解决范畴。下发《全市物业服务分级收费及规范管理规定》，明确物业服务的5个等级及相应的收费标准，建立“质价相符”的物业服务体系，明确物业服务双方的权利义务。

【“幸福小区”创建】 2020年，四平市结合物业小区实际，推广“华宇幸福汇”社区服务新模式、阳光新城小区红色物业、紫薇公馆小区的经验做法，推进物业小区在“幸福小区”创建中的引领作用，通过“兼合式”党组织，推进物业小区的党组织建设，以“物业服务+”的模式创建物业“幸福小区”。10月24日，“华宇幸福汇”举办华宇幸福社区首届敬老节系列活动。活动分为线上、线下两部分。线上，以“握紧您的手”为主题，通过社区服务“公众号”面向社会有奖征集与父母的亲密合照；线下，开展“福寿百年”祈福仪式、拍摄全家福、耄耋宴、文艺演出、走访慰问老年人等活动。华宇社区以“华宇幸福汇”社区服务模式为核心开展幸福大家庭建设。

（刘润达）

金融业

FINANCIAL INDUSTRY

综　述

【概况】 2020年，全市金融业实现增加值34.87亿元，按可比价格计算，增长2.6%。年末金融机构本外币存款余额1795.6亿元，比年初增加193.5亿元。住户存款1479.4亿元，比年初增加239.7亿元。非金融企业存款138.9亿元，比年初增加7亿元。广义政府存款172.1亿元，比年初减少50.3亿元。非银行业金融机构存款5.0亿元，比年初减少3亿元。金融机构本外币各项贷款余额1002亿元，比年初增加45.4亿元。住户贷款364.1亿元，比年初增加49.3亿元，其中短期贷款111.9亿元，比年初增加17.2亿元；中长期贷款252.3亿元，比年初增加32.0亿元。企（事）业单位贷款637.9亿元，比年初减少3.8亿元。其中，短期贷款353.2亿元，比年初减少27.7亿元；中长期贷款273.1亿元，比年初增加16.1亿元。全市保险业实现保费收入559464万元，比2019年增长6.1%。全市证券业营业收入4210.1万元，比2019年增长37.48%；证券交易额576.3亿元，增长24.46%。

【资本市场发展】 2020年，四平市成立以市长为组长的上市工作领导小组，出台《关于进一步推进企业上市工作的实施意见》，上市奖励补助提升到500万元—600万元，四平市是吉林省唯一资本市场奖励补助政策从地区到板块全覆盖的地级市，并且平均奖励补助金额居全省首位。经过调研、筛选、培育，至年末，四平市8家重点企业初步形成在未来五年内逐步进军A股市场的梯次型格局。

（杜青坤）

【农村金融改革】 2020年，梨树县成立全省首个县域农村产权交易试点，完成“三支柱一市场”农村新型普惠融资服务体系基础性建设。至年末，建设农村金融服务站708个，占全市755个行政村的93.77%。为农户投放贷款（“红本贷”业务）4119笔，投放金额18615.41万元。推进双辽乡村振兴金融改革创新试点，村级担保基金扩展到8个乡镇，试点典型经验和做法在全省推广。双辽金融试点信贷投放总量107.58亿元，带动贫困户2357户。

（杜青坤　靳嘉峰）

【“信易贷”工作】 2020年，四平市借助全国中小企业融资综合信用服务平台（信易贷平台）“非接触式”线上融资优势，缓解企业融资难题。成功授信795笔，授信总额65.55亿元，平台

表26　2020年四平市金融机构主要指标统计表

单位：万元

金融机构	各项存款	#单位存款	#个人存款	各项贷款
合计	12346956	2231403	10113241	6859800
工商银行	1027195	141984	884716	760782
建设银行	2486367	630303	1854629	726887
农业银行	1376660	256531	1120101	800911

续表 26　　　　单位：万元

金融机构	各项存款			各项贷款
		# 单位存款	# 个人存款	
中国银行	528720	57448	470878	194913
农业发展银行	16789	16789	—	1010040
交通银行	155125	64146	40955	171270
邮政储蓄银行	1845323	65854	1779457	448425
吉林银行	1104490	250404	854086	960707
村镇银行	628055	95090	532965	530040
农村商业银行	—	—	—	—
农村信用社	2906925	331471	2575454	1258826

说明：该表为人民币数据。因归属不同，全金融机构存、贷款不等于各个机构存、贷款的和

（市统计局）

注册企业占当地企业的比例、发放贷款总额占城市 GDP 的比率均居全国第一，经验被新华社刊发，做法在吉林省推广。

（胡　南）

银行业

【概况】 2020 年，四平市（不含公主岭地区）有银行业金融机构 22 家，其中国有商业银行 6 家、政策性银行 1 家、城市商业银行 1 家、农联社 4 家、村镇银行 6 家、资金互助社 4 家。有营业网点 386 个，从业人员 6211 人。全辖（不含公主岭地区）银行业机构资产总计 1373.31 亿元，负债总计 1373.57 亿元；利润 -0.39 亿元；人民币各项存款余额 1234.7 亿元，比年初增加 118.91 亿元，增长 10.66%；各项贷款余额 685.98 亿元，比年初增加 23.48 亿元，增长3.54%；不良贷款余额 78.09 亿元，比年初减少 11.95 亿元，不良率 11.36%，比年初下降 2.2 个百分点。

【银行信贷投放】 2020 年，市金融办组织市县两级银行对接市场主体，发放信贷产品宣传手册 8 万份，为 1309 户市场主体解决融资需求 46.19 亿元，通过督导、推介等形式推广“信易贷”和“吉企银通”等线上融资平台，全市通过“吉企银通”线上融资 205 笔，放款金额 8.16 亿元。引导政府性融资担保机构年化综合担保费率降至 1%。市中小企业融资担保公司开发的委托贷款过桥业务，收费标准在全省同类业务中收费最低。印制《四平市金融支持实体经济信贷产品》手册，通过市、县、乡三级政府部门，按属地管理原则，发给全市所有市场主体。推出“公积金信用消费贷款”“汽车产业发展信贷”“便民快贷”“信用卡分期”等信贷产品和金融服务方式。邮储银行发放消费贷款 100 笔 1000 万元，为 1 户商户提供 2000 万元的贷款及票据贴现；工商银行四平分行发放个人住房类贷款526 笔、个人消费类贷款 185 笔 2 亿元；农业银行四平分行发放信用卡 3000 余张，办理分期超 1 亿元，消费额近 9 亿元；建设银行四平分行实现信用卡分期交易额度近 4 亿元，增长 25.41%。

（杜青坤　靳嘉峰）

【金融服务】 2020 年，开通紧急开户绿色通道，简化开户流程。辖区通过绿色通道开立抗疫相关账户 5 户，汇划资金 2073.71 万元。拓宽支付渠道，通过企业级聚合平台，推动银行机构依托手机 APP 开展支付服务，展示覆盖区域内的线上商户信息。引导 4 家地方性法人金融机构申请发行金融 IC 借记卡。开展金融标准落地实施推广工作，推动辖区金融标准化建设。总结双辽市双山镇国家级优秀乡镇现金服务示范区工作经验，继续推进街（镇）现金服务示范区创建，举办现金服务示范区建设知识竞赛。建立现金服务需求快速协调机制，为公主岭建行调剂防疫专项现金 1500 万元。为 11 家金融机构提供支持企业复工复产用现需求 120 次3200 万元，提供辅币用现 120 万枚 35 万元。开通资金拨付绿色通道，拨付防疫资金 301 笔 17834.34 万元。

联合6家承销机构开展国债提醒兑付，对存量未兑付国债进行排查，通过宣传指导、上门走访、电话联系等方式提醒投资人兑付。全辖区通过提醒兑付国债69笔964万元。采取“整村授信”“批量开发”信用模式，以个人信用记录为基准，打造“银行+信用村+信用新型主体+信用农户”合作平台。至年末，3个县（市）、12个乡镇的12个村举行信用村挂牌仪式，准入信用户394户，放款105笔401万元。指导辖区内金融机构针对“四类群体”（指对因感染新冠肺炎住院治疗或隔离人员、疫情防控需要隔离观察人员、参加疫情防控工作人员以及受疫情影响暂时失去收入来源的企业和人群）开展全面摸底分析，建立逾期台账，给予“四类群体”无还本续贷、延长还款期限、调整还款计划、下调贷款利率、减免疫情期间逾期利息等信用救助措施。辖区内各银行机构为“四类群体”调整信贷业务逾期记录1016笔，为疫情防控工作期间生产暂时停滞或受限的企业调整还款262笔。

（靳嘉峰）

【中国工商银行股份有限公司四平分行】 全年拨备前利润1.64亿元，增盈0.26亿元，增幅18.52%，计划完成率113.60%；净利润0.78亿元，可比口径增加0.03亿元，计划完成率89.3%；中间业务收入1.14亿元，增加686万元，增幅6.42%，计划完成率99%。一般性存款时点余额129.90亿元，年净增7.09亿元。其中储蓄存款时点净增13.55亿元，日均净增10.71亿元；各项贷款余额81.86亿元，年净增5.83亿元。其中票据贴现增量5.91亿元，信用卡透支增量6.67亿元。普惠贷款人行、银保监口径分别净增0.46亿元、0.43亿元。个人客户净增12.36万户、增速10.26%，计划完成率137.2%。其中，四星级以上客户净增1.20万户，增速9.21%；工银智能卫士客户净增4.25万户，计划完成率90.70%；信用卡客户净增1.76万户，计划完成率110.09%。信用卡消费额36.64亿元，计划完成率89.37%；融e购非金融交易额0.55亿元，计划完成率587%；消费扶贫交易额94.5万元，计划完成率141%。零售板块实现中收1.07亿元，增加782万元，增量贡献度114.1%。全行1万元以上公司客户净增157户，营销储备风电、冷链物流、高速等信贷项目14个。新拓校园防疫平台20户、应急物资管理平台10户、“工银e政务”108户，上线“智慧政务”“非税电子化”项目33个，开通银校通、党建云、工会云项目5个。签署《全面战略合作协议》，树立系统内“三农平台”推广标杆；承办区域银行系统与市退役军人事务局的签约仪式。压降潜在风险贷款1500万元，清收处置不良资产6828.59万元；不良贷款余额（含信用卡）1.1亿元，不良贷款率1.34%，下降0.08亿元和0.21个百分点。完成案件风险专项排查29项、信用风险整治6项、运营风险排查20项、安全生产督查27项；压降风险事件22笔，业务运营可控风险暴露水平万分之0.79，压降0.5个万分点，连续两年消灭E类网点；内控评价等级由末位跃升至首位。

（朱国生）

【中国农业银行四平分行】 全年存款余额187.8亿元，贷款余额115.9亿元，中间业务收入6146万元。个人存款时点净增20亿元，个人存款日均余额净增16.4亿元。非农个贷余额24.5亿元。贵金属收入、专业市场商户数指标、个人贵宾客户数、公私联动金额、出国留学服务中心存量等指标提前完成上级行年度计划。零售业务与网点转型“两转合一”（零售转型和网点转型）落地见效。推进智慧乡村、“三资”（资金、资产、资源）平台、智慧校园项目3个，创新升级的教育局版“智慧校园”项目。服务重大项目、重点工程，对公贷款比年初上升16亿元。民营企业贷款净增9230万元，监管口径普惠重点领域贷款12.73亿元，比年初增加2.82亿元。办理外商投资省内首笔登记业务。至年末，涉农贷款比年初上升8.7亿元。农户建档9617户，人脸识别建档1996户。扶贫贷款余额5.6亿元，较年初增加6400万元。直接购买国定贫困县农产品14.53万元，购买“三区三州”（“三区”是指西藏自治区和青海、四川、甘肃、云南四省藏区及南疆的和田地区、阿克苏地区、喀什地区、克孜勒苏柯尔克孜自治州四地区；“三州”是指四川凉山州、云南怒江州、甘肃临夏州。“三区三州”是国家层面的深度贫困地区，是国家全面建成小康社会最难啃的“硬骨头”）深度贫困地区农产品0.91万元，帮助销售国定贫困县农产品154.37万元。

（徐　茁）

【中国建设银行股份有限公司四平分行】 全年拨备前利润3.21亿元，新增4581万元。全口径核心存款余额305.15亿元，新增16.32亿元。对公存款余额75.73亿元。个人存款余额229.39亿元，新增35.34亿元。全口径贷款余额91.36亿元，新增10.92亿元。对公贷款余额46.21亿元，新增8.07亿元。个人贷款余额45.15亿元，新增2.85亿元。不良贷款额10810万元，不良贷款率1.22%；逾期贷款额1.78亿元，逾期贷款率2%。完成金融科技社会化平台推广应用982个，覆盖网点30个。平台客户8.77万户，有效活跃用户4.68万户。普惠金融贷款余额9.91亿元，完成计划的120.26%。小企业信贷余额7.31亿元，完成计划的167.8%。为防疫相关及受疫情影响的171户普惠型投放“云义贷”1.93亿元，为小微企业办理延期、续贷业务145笔2869万元。住房贷款新增1.04亿元，完成计划的30.48%。信用卡客户净增1.37万户，完成全年计划的105.15%，信用卡活跃客户净增4159户，信用卡中间业务净收入6083万元。手机银行活跃客户实现新增19.22万户，完成全年计划的124.69%。金融科技平台客户加权高贡献个人商户数增长1万户，完成计划的72.50%；生态场景个人活跃账户数新增1629户，完成计划的19.96%；龙支付活跃客户增长11万户，完成计划的98.04%。

（李敬林）

【中国银行四平分行】 全年营业净收入11166万元，其中净利息收入9016万元，非利息净收入2150万元。信用卡加权新增有效客户4020户，新增中银智慧付商户470户，手机银行平均月活动交易客户20832户。新冠肺炎疫情期间，为4户企业存量客户办理延期贷款11600万元；对1户集团客户办理1.29亿元贷款展期及7500万元还款计划延期调整；为5户国家级名单企业核定疫情保障信用量1.03亿元；对3户企业发放疫情保障专项贷款4700万元。

（孙铭研）

【交通银行四平分行】 交通银行四平分行总体情况稳中向好，对公存款和储蓄存款均达新高度。普惠贷款户数增加1倍以上，信用卡数量增加。普惠业务户数较年初增加30户，全年任务指标完成率176%。

（魏　健）

【中国农业发展银行四平市分行】 全年存款余额4.09亿元，贷款余额155.11亿元，贷款发放37.48亿元。开辟绿色通道，提高办贷效率，发放人行再贷款1.18亿元，发放其他疫情应急贷款9.06亿元，支持12户新冠肺炎疫情防控重点企业复工复产。投放粮油贷款31.16亿元，增加9.06亿元，支持企业购入粮食210万吨，增加46万吨。其中，投放市场化粮油贷款27.86亿元，增加17.93亿元；支持企业购入粮食191万吨，增加77万吨。市场化粮油贷款投放占比由2019年的45.57%上升到89.41%。投放“两不愁三保障”扶贫贷款1200万元。投放产业扶贫贷款26.61亿元，增加15.79亿元。支持新天龙等12户企业参加“万企帮万村”行动，引进帮扶资金1.2万元。购买贫困地区农产品10.15万元。投放城乡一体化贷款1.16亿元。投放农机贷款1600万元、农民合作社小企业贷款200万元。投放生猪产业链贷款1.64亿元。对4户小微企业投放贷款6510万元，直接让利43万元。

（陈禹行）

【吉林银行股份有限公司四平分行】 全年资产总额127.89亿元，全辖区入库税款0.58亿元。净利润0.40亿元，人均利润14.61万元。存款余额122.16亿元，贷款余额116.2亿元。对接政府“三早”项目、“761工程项目”“破冰”行动名单，认购市城市发展投资控股有限公司发行的非公开定向债务融资工具7亿，首期3亿元认购份额占比86%，为市政府非税收入财政专户开户银行。走访企业828户，开立代发工资账户20户，开办信用卡1622张，开办企业网银32户。开展“百强纳税大户”和“e窗通系统”服务活动，通过“e窗通”系统开立账户130户。为双辽昊华化工有限公司发放救助贷款2.15亿元；为四平市宝泰珠宝有限公司发放授信额度3.46亿元。为受新冠肺炎疫情影响的33户客户提供信贷支持政策。其中，延期还本18户，涉及金额1.02亿元；延期付息7户，涉及金额85.29万元；延期还本付息8户，涉及金额641.54万元；运用吉林省小微企业线上融资受理系统（吉企银通）与42户有融资需求的企业进行对接，帮助15户企业解决融资问题，发放贷款5850万元；通过“信易贷”平台与75户企业进行对接，授信企业38户，在平台发放贷款8.2亿元。“5·12”护士节，开展“白衣天使，吉行有爱”专项主题活动，走访市15家医疗机构，为有金融需求的医护人员及其亲属发放“天使贷”15笔405万元；走访在售34家楼盘项目、24家重点中介机构，为3767个家庭购房提供资金支持，发放住房贷款11.66亿元。发行长白山车享卡，推出信用卡装修、车位、汽车、现金分期业务，全年发放信用卡15638张，分期交易额0.77亿元。社保月均代发人员12万人，月均代发金额2.5亿元。与市医疗保障局合作，为医疗保险客户发放“社银一卡通”1.67万张。窗口受理、批量处理水、电、燃气、交通罚没缴费用户业务95万人次。各网点为特殊群体办理上门服务业务80次。开展“代发工资”“批量代扣”“增利账户”专项服务，发放长白山借记卡2.7万张。开展征信管理、消保管理、运营管理、新增授信业务、反洗钱管理等专项检查5次；开展任期审计58人次。组织召开信贷风险例会12次，制定风险化解方案20份。全年审核出账358笔、额度52.14亿元，退回92笔。5月13日，吉林银行四平分行举办“复工与振兴 吉银普惠2020”支持地方经济发展金融服务推介会。推介会上，吉林银行四平分行与四平市神农医院有限公司、吉林金钢钢铁股份有限公司、吉林省华宇集团、吉林省惠丽农场有限公司4家企业依次签订金融合作协议，累计金额9亿元。

（李　寒）

5月13日，吉林银行四平分行召开“复工与振兴—吉银普惠2020”支持地方经济发展金融服务推介会

（杜青坤　供图）

证　券

【概况】 至2020年年末，四平市有证券机构3家，即东北证券、国泰君安证券、中泰证券。有证券营业部5家，分别为东北证券紫气大路营业部、新华大街营业部、双辽营业部，国泰君安证券中央西路营业部，中泰证券中央西路营业部。占吉林省总量的3.18%。按照吉林省地方金融监管局的审核确认，进入吉林省企业上市挂牌后备资源库企业247家。其中，培育库25家，孵化库222家。

【新三板公司】 至2020年年末，四平市在新三板挂牌企业3家。吉林省艾斯克机电股份有限公司于2015年1月26日在全国中小企业股份转让系统（新三板）挂牌，证券代码：831739。吉林久盛生态环境科技股份有限公司2014年12月26日在新三板挂牌上市，2016年6月24日进入新三板创新层。股票简称“久盛生态”，股票代码：831484。四平神农大药房连锁股份有限公司于2017年3月13日在全国中小企业股份转让系统（新三板）挂牌，证券代码：870811。

【证券经营】 至年末，证券业开户13.83万户，比2019年增长4.81%；营业收入4210.1万元，增长37.48%；证券交易额576.3亿元，增长24.46%。

（杜　娟）

保险业

【概况】 至2020年年末，四平市有各类保险公司30家，其中财产保险公司15家，人寿保险公司15家。至年末，四平市有保险专业中介机构76家，其中市区30家，梨树24家，伊通10家，双辽12家。全年实现保费收入559464万元，增长6.1%。各类保险赔款和给付支出143256万元，增长3.0%。

【经营情况】 2020年，四平市财产险保费收入141847万元，增长3.3%；人寿险保费收入417617万元，增长7.2%。其中，财产险赔款支出70732万元，下降2.9%。人寿险赔款和给付支出72524万元，增长9.5%。保险从业人员2.66万人，增长22.6%。其中，寿险2.46万人，增长26.43%；财险2059人，下降9.93%。保险业实际总缴纳税金2.07亿元，其中财产险代扣代缴车船税金1.44亿元，其他增值税、个人所得税等税金6286万元。市保险行业协会为会员单位提供数据动态分析，并通过数据发现全市车险经营中的主要问题。落实和执行监管局和省保险协会“报行合一”的车险经营举措。市保险协会成立农险专委会。开展反保险欺诈及保险销售从业人员诚信建设工作。全年接到咨询、投诉、上访案件200余件，主要咨询以理赔、承保、销售误导、满期给付、退保和业务员离司等事项。电话、上访形成投诉卷宗材料案件34件，其中财产险7件，寿险27件。调解15件，诉求金额71万元，调解金额51万元，调解成功率41.11%。协会现场调解16件。财险投诉主要是理赔赔付，寿险投诉主要是理赔和全额退保。

（袁雪梅）

【农业保险】 安华农业保险股份有限公司四平中心支公司是经中国银保监会批准成立的专业农业保险公司，经营农业保险和商业保险。主要经营险种有运输工具险、财产险、责任险、信用保证险、货物运输险、意外健康险、农业保险等。全年商农险保费收入1.46亿元，其中商业险保费5748.58万元，农险保费收入8876.77万元。赔付商农险9842.58万元，缴纳税金1042.30万元，其中纳税292.67万元，代收代缴税金749.63万元。为4.2万名贫困人口和82个扶贫项目提供保险保障，扶贫保额6486.5万元。完成建档立卡扶贫农户2257户的承保工作，包括牛、能繁母猪、育肥猪养殖成本保险和畜禽目标价格保险等险种。公司承诺7×24小时“95540”服务专线畅通。公司接到报案后，查勘人员第一时间到达现场进行查勘定损；零现金支付，做到赔款到户，通过银企直连/第三方支付平台，直接将赔款打入参保农户的银行卡或存折中。对于受损严重、数额较大的保险事故，公司将启动农业保险重大灾害应急预案，提前预付部分赔款。对于典型、大面积性灾害，提供无人机查勘增值服务。

（沈英姿）

【人民人寿保险四平市分公司】 全年保费收入20709万元，理赔客户1422人，赔付2225.2万元，满期赔付7400万元。主要经营人寿保险、年金保险、健康保险、意外伤害保险等保险业务（法定保险业务除外）。

（朱　岩）

【人保财险四平市分公司】 全年保费收入3.42亿元，其中车险保费收入1.73亿元，非省统商非保费收入6304万元，农险保费收入6639万元。赔付支出1.82亿元，缴纳各类税金3698万元。“95518”保险服务专线24小时开通，为客户提供全天候、不间断、多形式、全方位的保险服务。与国寿财组成共保体，为31家企业承保政策性中小微企业复工防疫综合保险，提供风险保障1.24亿元；为市政府、社区、公安干警及医疗机构等疫情防控人员免费承保

“传染病”保险近3亿元。经营保险产品1000余种。其中主要经营险种有运输工具险类、财产险类、责任险类、信用险类、保证险类、货物运输险类、意外险类、健康险类、农业保险类。

（沙云峰）

【人寿保险四平分公司】 全年保费收入76699万元。创费3058万元，达成率123%，增长37.25%。其中长期险创费1591万元，短期险创费1480万元，完成率219%，增长396.64%。主要经营人寿保险、年金保险、理财保险、健康保险和意外伤害保险等。推出学生险产品，人均保额5万元。开展非法集资、反洗钱，销售风险排查11次，对6家支公司开展专项排查的现场检查工作。

（姜晓冬）

【人寿财险四平中心支公司】 全年保费收入1.16亿元。新冠肺炎疫情防控期间，为投保“店家一保通”“餐饮业守护神”的小微企业客户提供免费延长1个月保险期限服务，惠及企业58户；为受疫情影响停运的营运客车，提供为期1个月的免费延期；为1例因公殉职的新冠病毒防疫人员，启动绿色赔付通道，由省、市、县三级机构相关人员组成专项服务小组，在48小时内完成案件信息采集、人员情况核实、责任认定、赔付方案确定等全部理赔流程操作，向防疫殉职人员家属直接支付赔款30万元。

（裴丹丹）

【平安人寿保险四平中心支公司】 全年保费收入8742万元，意外伤害险保费1023.5万元，续期保费收入64913万元。全年任务59800万元，实际达成64913万元，达成率108.6%。赔付理赔案件3754件，理赔5381.03万元，赔付金额增比22.02%。豁免保费1040.98万元。理赔小额案件5日结案率100%，理赔平均时效1.43天。处理完成投诉案件117件，滚动投诉率0.06%；投诉案件10日结案率99%。公司通过“AskBob小桂圆”客服机器人，线上提供业务办理、服务咨询服务，为高风险、异地三方核身等业务需求提供空中人工远程服务办理。

（李　哲）

【太平洋人寿保险四平中心支公司】 全年保费收入65597万元；理赔案件5261件，赔付7927.56万元；纳税186.74万元。主要经营人寿保险、健康保险和意外伤害保险等保险业务。经营险种有金典人生、安享宝贝、安享百万等100余种。

（陈庆南）

【太平洋财险四平中心支公司】 全年保费收入1.47亿元，投保6.51万件，赔款5770.94万元，代收代缴车船税1670.76万元，其他税种缴税521.06万元。经营范围包括企业财产损失保险、家庭财产损失保险、建筑工程保险、安装工程保险、货物运输保险、机动车辆保险、船舶保险、能源保险、短期健康保险、意外伤害保险、一般责任保险、保证保险、信用保险（出口信用险除外），中央政策性种植保险、养殖保险、林木保险，地方政策性种植保险、养殖保险，商业性种植保险、林木保险，经中国保监会批准的其他财产保险业务。8月11日下午，四平市突降暴雨及冰雹，降雨持续2个小时左右，造成四平市城区内多台车辆因冰雹受损，少数车辆因暴雨积水导致被淹受损。灾害发生后，公司24小时客服热线“95500”全线开通，采取微信服务号、“太贴心”微信小程序等方式进行报案受理及理赔咨询服务。启动大灾应急预案，成立应灾工作小组，开通理赔绿色通道，迅速开展冰雹、水淹车案件施救及理赔工作。

（王思博）

【阳光财险四平中心支公司】 全年保费收入6300.97万元，投保4.65万件；理赔案件4644件，理赔1494.16万元；代收车船税947.68万元，缴纳税款300.15万元。经营范围包括车辆交强险、商业车险、企业财产保险类、工程险类、责任险类、信用保险类、保证保险类、家庭财产保险类、货物运输保险类以及短期健康保险和意外伤害保险类等。客户可通过车生活APP、微信服务号、官网及电话等渠道查询保单信息。全国统一客户服务电话“95510”，实行全年

365 天，7×24 小时全天候现场查勘服务，7×8 小时车辆定损服务。理赔特色“闪赔”服务，5000 元以下非人伤案件从报案到支付 24 小时；人伤 3000 元以下案件双方无异议 72 小时内赔付。

（陈莹莹）

【大地财险四平中心支公司】 全年保费收入 7519 万元，完成保费计划的 96.40%，增长 924 万元，增速 14.01%。其中车险保费收入 6943 万元，非车险保费收入 254 万元，意外健康险保费收入 322 万元。全险种精算赔付率 42.46%，低于年初分公司下达的预算指标 4.74%。缴纳税金 343.99 万元，代收代缴税金 1147.63 万元。其中，中支本部缴纳税金 99.84 万元，代收代缴税金 294.13 万元；梨树缴纳税金 46.27 万元，代收代缴税金 146.14 万元；公主岭缴纳税金 78.58 万元，代收代缴税金 299.54 万元；双辽缴纳税金 51.97 万元，代收代缴税金 188.15 万元；伊通缴纳税金 67.33 万元，代收代缴税金 219.67 万元。

（刘　立）

【中华联合财险四平中心支公司】 全年保费收入 8346.02 万元，投保件数 2.04 万件，理赔案件 2772 件，赔款 3059 万元，代收车船税 359.32 万元，全年缴纳税款 474.9 万元。经营险种 4386 个（含附加险），包括机动车辆保险、企业财产保险、家庭财产保险、工程保险、船舶保险、货物运输保险、责任保险、信用保证保险以及短期健康保险和意外伤害保险等。实行“365 天无休”制度，实行上门服务，可以电话咨询、测算保费，同时可以预约投保。

（孙　佳）

【天安财产保险股份有限公司四平中心支公司】 全年保费收入 3088.15 万元。投保案件 57646 件，理赔案件 2986 件，赔款金额 1247 万元；代收车船税 662 万元，全年缴纳税款 807 万元。主要经营车辆交强险、商业车险、财产损失保险、各类责任险、信用保险和保证保险、工程险、水险、人身险和短期健康保险、意外伤害保险；上述业务的再保险业务；国家法律、法规规定的或国家保险监管机构批准的其他业务等险种。

（刘继红）

【永诚财产保险股份有限公司四平中心支公司】 全年保费收入 1470.87 万元，理赔案件 1015 件，理赔金额 410.94 万元。主要经营财产损失保险、责任保险、信用保险和保证保险；短期健康保险和意外伤害保险等各类保险业务。公司提供全年 365 天，7×8 小时咨询及承保服务。

（王　金）

非银行金融机构

【小额贷款公司】 2020 年，四平市小额贷款公司比 2019 年减少 5 家，压降 21.7%，注册资本金额同比减少 1.25 亿元，从业人员减少 23 人，新增发放贷款减少 5205 万元，期末贷款余额减少 897 万元。至年末，四平市小额贷款公司 18 家，其中铁东区 2 家、铁西区 9 家、梨树县 2 家、双辽市 2 家、伊通满族自治县 3 家。注册资本金额 4.25 亿元，从业人员 144 人，累计发放贷款 1.34 亿元，期末贷款余额 2.43 亿元。

【融资担保公司】 2020 年，四平市融资担保公司比 2019 年注册资本金额增加 5450 万元，累计担保户数增加 136 户，累计担保金额增加 9.82 亿元。在保户数增加 21 户，在保金额增加 1.04 亿元。至年末，四平市融资担保公司 5 家，其中铁西区 2 家，梨树县 1 家、双辽市 2 家。注册资本金额 6.675 亿元，从业人数 86 人，在保户数 251 户，在保余额 15.2 亿元。另外，在四平市开展业务省融资担保分公司 2 家、省内域外融资担保公司 3 家。在保户数 308 户，在保余额 16.3 亿元。

【典当行】 2020 年，四平市典当行比 2019 年典当余额降低 702 万元。至年末，四平市有典当行 7 家，其中铁西区 4 家、双辽市 1 家、伊通满族自治县 2 家。注册资本金额 1.05 亿元，从业人数 44 人，业务笔数 295 笔，典当余额 7932 万元。

（刘　亮）

交通运输·邮政业

TRANSPORTATION AND POSTAL INDUSTRY

公路运输

【概况】 2020年，四平市交通运输行业坚持服务全市振兴发展大局，坚持贯彻新发展理念，坚持稳中求进工作总基调，推进交通重大项目建设。全年完成叶马公路二龙湖至叶赫段等项目投资1.774亿元。抓“四好农村路”建设，助力乡村振兴发展，全市完成新改建、老旧路改造827.2千米，完成投资5.5亿元，超计划完成92%。全省“四好农村路”综合考评中，四平市得分849分。面向企业服务指导，交通运输经济指标稳步增长，全市完成客运量972万人，旅客周转量5.82亿人公里，比2019年减少50.3%和48.7%；完成货运量8159万吨，货物周转量275.4亿吨公里，增加3.1%和2.6%。完成公路运输总周转量275.9亿吨公里，增速2.3%，全省排名第一。落实各项措施，做好行业疫情防控，指导抓实市直297台公交车、2975台出租车、137台班线客车落实日常病毒消杀和扫码实名登记工作。

双辽市“四好农村路”一马树段

（摄于6月14日　市交通运输局供图）

【公路建设】 2020年，县道叶马公路二龙湖至叶赫段建设项目，一级公路全长33.7千米，总投资11.3亿元，完成投资4.5亿元，完成工程量的40%；国道牙四公路桑树台至四平段建设项目，一级公路全长67千米，总投资12.9亿元，全线完成总工程量的25%，完成投资3.2亿元，全线21座桥梁主体完工，具备简易通车条件。国道抚公线营城子至伊通镇段续建项目，全长18.4千米，投资1.39亿元，二级公路标准，完成路基建设，投资6000万元。

【“四好农村路”】 全市“四好农村路”建、管、养、运全面协调发展，完善路网，各县（市）区落实农村公路建养资金，全年完成新改建农村公路294.1千米，老旧路改造533.1千米，实施生命安全防护工程261.5千米，危桥改造8座，完成投资5.5亿元。9月7日，吉林省推动“四好农村路”现场会在双辽市召开。全省“四好农村路”综合考评，四平市得分849分，位列全省第二名。全省60个参评县（市）区中，双辽市得分962分，位列全省第一名；伊通满族自治县得分920分，位列全省第七名；铁西区位列全省第二十二名、梨树县位列全省第三十八名、铁东区位列全省第四十七名。

【公路养护】 2020年，四平市公路日常养护和小修保养资金投入2429万元。完成两条匝道工程0.60千米，投入资金216.36万元。清理垃圾等杂物2034.6立方米、桥涵清淤578立方米，疏通边沟等排水设施170千米。春季路基整型107千米，油路灌缝419千米，处理路面坑槽2.88万平方米，采用石屑封面推油处理路面龟网裂8.5万平方米，更新示警桩322根，清洗轮廓标、里程碑2.1万处，维修桥梁伸缩缝2道，全年绿化完成银中杨补植682株，绿篱覆盖115平方米。汛期处理集阿线路堑段山体滑坡8处3148立方米，清除枯死、折断路树600棵，扶正歪斜杨树2700棵，全区秋季路树刷白7.7万株。入冬前铣刨拥包病害1.78万平方米；冬季除雪防滑检修设备52台（套），储备防滑料760立方米，融雪剂450吨。

【四平环城匝道项目建设】 完成四平市普通干线公路养护工程四平环城匝道（南互通S636、S637）项目，全长0.6千米，建设内容为路面垫层、水稳碎石上下基层、粗粒式冷再生下面层、细粒式沥青混凝土上面层、路基防护及排水、路面标线等，合同中标价216.36万元。标线恢复路段9条，其中京抚线2条，集阿线、牙四线、抚公线、长春经济圈、嫩双线、长双线和绥沈线各1条。路段全长165.48千米、79152.47平方米。

【公路山体滑坡抢修】 9月10日9时55分，受台风影响，G303集阿线K344+200上行（四平市铁东区石岭镇境内）发生山体滑坡，市交通运输局第一时间组织养护企业清理2600立方米山体滑坡砂石。13日，发生部分山体移位，市交通运输局立即采取应急响应，双向阻断交通16小时，经市应急局专家研判，打开单幅通车。至9月22日，清理土方2.5万立方米，实现双向通车。

9月，四平市环城路南互通S636和S637匝道工程竣工

（王立娟　摄）

【客运行业管理】 春运期间，全区道路运输实现零事故、零伤亡。全地区投入班线客运车辆789台次，其中市直投入班线客运车辆145台，准备应急客运车辆40台。1月、5月、6月，每月出动执法人员24人次，检查企业6家，检查班线客车15台和旅游包车16台。新冠肺炎疫情防控期间，客运公司悬挂防疫条幅8条，利用微信向企业宣传相关防疫知识40条。组织客运企业召开防疫会议4次，四平客运站每日对乘客和司乘人员的体温进行检测。每日对客运站和车辆消毒，实名制售票、设立发热隔离室、设立乘客体温检测设施。制定《四平市2020年错峰返程务工人员运输保障工作方案》《新冠肺炎疫情防控期间四平市客运行业预防性消毒工作实施方案》。四平市74个建制村全部通客车。

【安全隐患排查整治】 全市客运企业和重点路段开展城乡道路客运旅客运输领域安全隐患排查整治行动，出动执法人员78人次，3次排查企业9家，发现安全隐患问题3处，全部整改；路检路查农村客运班车48台，旅游包车45台，联合市公安部门组织全市农村班线驾驶员统一进行安全驾驶培训；按时限完成全市280台客运车辆卫星定位系统智能监控设备安装和验收工作。开展四平市道路旅客运输冬春安全治理专项行动，全年排查企业32家次，查扣非法营运车辆7台；督促企业利用安全生产管控系统填报安全风险和隐患排查40次；全年接待处理客运行业经营性矛盾信访26次。

【货运行业管理】 四平市有道路危险货物运输企业71户，车辆4179台，异地运营1392台，异地运营区域主要为山东省、河北省、辽宁省等地。结合全省安全生产“百日攻坚”“百日安全大检查”行动，对全市71户道路危险货物运输企业开展道路危险货物运输专项整治行动，下发限期整改通知书68份，其中立案查处企业7户，经济处罚16.4万元。指导企业制定岗位任职文件，层层签订岗位责任书，明确责任到人，确保企业经营工作做到定岗、定人、定责。采取推广使用“交道”APP，指导企业正确使用，企业每一位从业人员纳入教育培训，对日常安全教育培训以及车辆动态监控管理不到位的企业实施“零容忍”。

【车辆维修市场管理】 至年末，全市有维修企业697户。其中，市直203户，梨树县176户，双辽市282户，伊通满族自治县36户。市直完成上级部门转督办件6件，完成稽查工作立案96件、扣留车辆2台，罚款25.4万元。规范汽车排放检验机构和维护维修站建设，全市10户维修企业通过审核，其中市直7户、梨树县1户、双辽市2户。

【驾驶员培训审核】 2020年，市交通运输局开展道路运输从业人员网上报名和资格审核工作，完成网上受理、审核1500人次，3200人考试和发证工作。督导检查双辽市、伊通满族自治县考务工作，规范出租车驾驶员背景审核和建档工作。

【路政综合整治】 全年发生路政案件37起，全部查处结案，收缴路产赔偿款23.85万元。修复京抚线波形护栏230米，清理四梨大街护栏320米，恢复路中分隔带路缘石以及破损标志9处，路产恢复率98%。全年出动执法人员800人次、执法车辆200台次，查处超限超载车辆101台，卸载货物4172吨，其中处罚车辆38台，交警扣分187分。在超限超载多发的环城公路分别设置杨木林收费站、泉沟收费站、山门大学检查点3个，每天出动执法人员30人、执法车辆7辆，集中组织打击“百吨王”违法超限运输车辆。

【路政法制宣传】 “路政法制宣传月”活动期间，全市发放宣传卡、宣传单5200份，悬挂宣传横幅16条。清理违法建筑物4处、违法广告设施2处、违法占道堆积物15处、违法占道摆摊设点8处，消除公路安全隐患12处，规范公路标志12处。

【工程质量监督】 2020年，监督公路工程建设项目6个、63千米，公路危桥改造建设项目6座，安保工程1项。下发公路工程质量监督受理通知书5份，出具监督检查意见5份，单点

6月28日，市交通运输综合行政执法支队成立揭牌

（王大禹　供图）

检测4千多点。

【四平市交通运输综合行政执法支队成立】 6月，根据《中共中央办公厅国务院办公厅印发〈关于深化交通运输综合行政执法改革的指导意见〉的通知》，省委编办《关于同意四平市整合组建综合行政执法机构的复函》《四平市交通运输综合行政执法支队职能配置、内设机构和人员编制规定》的通知精神，成立四平市交通运输综合行政执法支队，核定全额拨款事业编制129名，隶属四平市交通运输局。职责为依法统一行使公路路政、道路运政、航道行政、港口行政、地方海事行政、工程质量监督等领域的行政处罚权以及与之相关的行政检查、行政强制权等执法职能；组织查处辖区内跨区域和具有全市影响的复杂案件、监督指导辖区内交通综合行政执法体系建设和执法工作。

（邵莹莹）

铁路运输

【概况】 四平站地处长春至大连、四平至齐齐哈尔、四平至梅河口铁路的交会点，是哈尔滨至大连高速铁路办理站之一，站中心位于京哈线自北京起887.89千米处。车站站场场型为双向混合式二级七场，上下行系统分别设到达场、直通场、编发场和客车场（客场）。上行、下行驼峰均为自动化驼峰，全站配备调车机6台。车站按设备情况及主要用途，在技术作业上为编组站，在业务性质上为客货运站，按工作量为一等站，是东北铁路网上的重要枢纽之一，担负长大、京哈、四梅、平齐及哈大高铁客货列车的接发、货物列车的编解，四平市及周边地区旅客运输任务。2020年，客运收入完成1.93亿元，其中四平东站完成1.04亿元，比年预算超1644.96万元，为计划的118.69%。旅客发送量完成235.81万人，其中四平东站82.56万人，比年预算超18.36万人，为计划的128.6%。班计划兑现率为98%，日均运用车870辆，比2019年压缩10辆；中转作业时间完成4.3小时，较计划4.5压缩0.2；一次作业时间完成16.8小时，较计划17.2小时压缩0.4，日均办理11015辆。

【经营管理】 贯彻落实沈阳局集团公司疫情防控期间节支降耗要求，坚持多措并举，严控支出。物资采购、设备大修、零小工程成本支出等主要项目，严格执行资金款源预算和逐级审批制度；油、水、电等能源消耗，通过查、定、用、管；差旅费、劳动保护等采取从严从紧制度；压缩间接生产费用，微机耗材、办公费用、通信费用，减少不必要的支出。坚持从严管理，规范经营，开展违反中央八项规定精神和规范经营管理自查自纠工作，对自查和沈阳局集团公司检查出的问题落实整改要求，全面整改到位。下半年车站安全经营一体化连续5个月被沈阳局集团公司评为一级。

【实施客运“畅通工程”】 2020年，开展服务质量专项整治，推进客运提质计划，围绕春、暑运节假日运输最大限度满足旅客出行需求，实施“畅通工程”。优化既有站出站检票通道设置，客运出站口实施封闭改造，设置出站旅客检票闸机8台。客运候车室增设旅客自助检票闸机12台，售票厅增设旅客自助售取一体机2台。推行营销工效挂钩激励政策争揽客流，至年末，超额完成沈阳局集团公司调整下达的计划任务。

（王　龙）

邮政业

【概况】 2020年，四平地区有邮政普遍服务营业场所111个，邮筒（箱）143个，电子化作业营业场所111处。提供邮政普遍服务的营业场所中，城市网点25个，农村网点86个，代办点12个，自办点99个，便民服务站1155个。有邮路229条，其中铁路邮路3条，汽车邮路226条。单程邮路41202千米。其中铁路邮路3723千米，汽车邮路37479千米。四平地区有法人资格的非邮快递企业28家，分支机构109家，四平地区乡镇网点总数为310个，已备案的末端网点386个，乡镇网点覆盖率100%。已建成的城市末端公共服务平台32个，农村公共取送点169个，制作发放“快递投递车辆”标识384个。全市乡镇快递网点覆盖率100%。全年邮政业务总量完成9.52亿元，同比增长42.02%；邮政行业业务收入（不包括邮政储蓄银行直接营业收入）完成8.67亿元，同比增长26.29%。邮政寄递服务业务总收入完成2772.94万元，比2019年增长13.95%；邮政寄递业务服务总量完成2432.12万件，比2019年下降14.47%。快递服务企业业务量完成2668.69万件，比2019年上升68.68%；业务收入完成3.77亿元，比2019年增长48.65%。其中，同城业务量完成343.2万件，比2019年上升66%；异地业务量完成2324.99万件，比2019年上升69.17%；国际/港澳台业务量完成0.5万件，比2019年下降50.83%。同城、异地、国际/港澳台快递业务量分别占全部快递业务量的12.86%、87.12%、0.02%；与2019年同期相比，同城快递业务量的比重下降0.25个百分点，异地快递业务量的比重上升0.74个百分点，国际/港澳台快递业务量的比重下降0.04个百分点。快递业务投递量9908.43万件，比2019年上升46.99%。

【邮政行业政策保障】 深化“放管服”改革，依法开展行政审批74次，审批按时完成率100%。与市人社局联合下发《关于开展全市邮政业从业人员职业技能培训工作的通知》，对101名快递员进行培训；贯彻落实《邮政强国建设行动纲要》，2019年末申报的25万吉林省服务业发展专项资金全部发放到企业账户，购买标准托盘等离地设施、新能源配送车辆以及发展绿色运输和仓储设备。

【监督检查】 全年通过摸底调查、用户走访、专题调研等方式，开展普遍服务营业场所、机要通信、扫黄打非、纪特邮票、仿印邮票等各项检查，出动194人次，检查邮政普遍服务营业场所62次，机要营业网点15次，集邮网点20次，下达整改通知书1份。

【邮政综合服务平台建设】 四平市邮政管理局指导邮政企业落实“网上办事、邮政寄递”工作，全市88个邮政营业网点实现移动支付，承接税务代开发票、警医邮便民合作等业务。开通代征税票网点95处，警医邮便民合作网点30处。

【推动邮政服务农村电商发展】 落实《国家邮政局关于推动邮政业服务农村电商发展的指导意见》，引导邮政企业推广“农产品+大同城寄递”的区域服务模式。其中四平地区千里辽河“一市一品”农产品进城示范项目，邮政自营和参与配送农特产品进城总量5997吨。

【“两进一出”工程】 启动“两进一出”（进村工程、进厂工程和出海工程）工程。成立以邮政管理局局长为组长的专项工作领导小组，落实“一把手”责任制，召开专题会议，细化工作措施。组织全市重点品牌快递企业召开四平市快递进村座谈会，详细解读《吉林省关于全面推进“两进一出”工程实施意见》，明确任务分工和时间节点，采取“打钩落实”“挂图作战”的方式，自我督促、加快落实。成立调研组，到铁东区合力村、铁西区勤业村、梨树县霍家店村、双辽市王家村等网点，与网点负责人、快递员、村干部、村民座谈，现场了解网点经营模式、业务量和百姓用邮需求。立足本地区实际情况，从“快商合作”“邮快合作”“快快合作”“交快合作”等模式中匹配不同地方特点，推进快件直投到村。组织市区、双辽市、伊通满族自治县、梨树县邮政快递企业分别召开座谈会、协调会、推进会，详细掌握快递进村距离、业务量、成本等数据，鼓励支持邮政快递企业结合农村发展特点和用邮需求的合作模式。快递进村派件量约1400万件，发件量120万件。申通、中通、圆通、韵达等品牌企业通过“驻村设点”“抱团进村”“快商合作”等方式实现快递进村369个，以顺丰、京东品牌为主的直投方式实现快递进村113个，完成快递进村比例65%，其中设点进村比例49.3%。铁东区和铁西区进村比例65.75%；双辽市进村比例94%；梨树县进村比例28%；伊通满族自治县进村比例32%。有20家快递企业与邮政公司正式签署《邮快合作下乡进村框架协议》。引导快递企业采取“进厂设点”“提供仓储”等方式服务制造业。邮政、顺丰、中通、百世等品牌与本地佳尔生活用品公司、宏宝莱饮品有限公司、君乐宝乳业集团等企业建立快递进厂的长期合作关系。其中佳儿湿巾全年产生业务量 72.36 万件，快递业务收入 200.69 万元，服务制造业的产值 558.4 万元。四平市地处内陆，没有海岸和航空业务，国际进出口业务量小，“快递出海”业务暂时没开展。

【“寄递一体化”整合】 2020 年，四平市落实“寄递一体化”整合工作，梳理营业、网运、投递作业各环节流程。全市新增普遍服务网点 2 处，撤销 1 处，委代办改自办网点 3 处。完成邮政普遍服务达标集中整治工作，整改率 100%。7 月 20 日，校园寄递项目启动。

【快递业市场监管】 2020 年，四平市推进寄递安全监管规范化、标准化，做好行业复工复产隐患排查，压实企业安全生产主体责任，严格抓好寄递渠道“三项制度”落实，严防野生动物、各类危险品及其他禁寄物品进入寄递渠道。开展防疫宣传，印发防疫主题海报、门贴、快件贴近 20 万份。加强进口冷链食品及货物疫情防控工作，未经过标准消毒的冷链食品快件不允许分发派送。配合卫生健康部门做好冷链食品及货物的核酸检测和消毒指导。管控国外进入四平的冷链食品邮件，做好检测排查，先后组织 2300 人次快递员进行免费核酸检测。全年开展各类检查301 次，出检 61 天，检查企业、网点等 301 个，出检 476 人。

【快递员权益保护】 新冠肺炎疫情防控期间，启动邮政业突发公共卫生事件 I 级应急响应，做好全行业健康状况监测，组织填写疫情防控“健康卡”，执行感染“零报告”制度；出动工作人员 33 人次驻守一线卡点，开展快递车辆登记引导工作，为快递企业干线车辆办理入城“绿色通行证”330 张；协调市人社局、工信局，为复工企业人员办理“复工工作证”846 份；向市防控物资保障组申请防疫物资、为各企业开放购买渠道，争取次氯酸钠消毒原液 50 公斤、酒精 25 公斤、一次性手套 20 包、医用手套 500 副、护目镜 50 个、医用口罩 2.34 万个；联合团市委共同召开“与人大代表、政协委员面对面”座谈会，委托人大代表、政协委员在两会上提出促进快递从业青年发展的议案、建议和提案。在市区内设立爱心驿站 20 个，为从业青年免费提供饮水、雨具、充电、应急药品等服务，号召四平市爱心企业和商家向快递小哥捐赠防寒手套 350 副。

【网点标准化建设】 2020 年，市邮政管理局到快递企业和网点，对“放心消费快递示范点”创建工作进行现场指导，要求企业严格按照《吉林省放心消费快递示范网点创建管理办法》有关规定，在企业内部进行推荐和考核，填写《放心消费快递示范网点创建申报表》。至年末，全市有 20 家企业提交申请材料，对评选出的网点进行公示，授予“放心消费快递示范网点”牌匾。

（黄　硕）

【中国邮政集团有限公司四平市分公司】 2020 年，中国邮政集团有限公司四平市分公司业务收入 4.98 亿元，比 2019 年增长 12%，利润完成 6054 万元。实现金融业务收入 3.59 亿元，比 2019 年增长 4327 万元。保险业务实现新单保费 6.81 亿元。理财保有量 20.77 亿元。手机银行新增激活客户 6.23 万户，新增收单商户 8856 户。全市寄递业务收入实现 3690 万元。其中，特快专递实现收入 993.67 万元，增幅 18.37%；快递包裹业务实现收入 1784.5 万元，增幅 18.27%；国际业务实现收入 76.88 万元；物流业务实现收入 710.45 万元，增幅 26.21%。农村电商转型速度加快。全市累计实现分销配送收入 6402 万元，比 2019 年增长 10.3%。电子商务收入实现 173 万元。分销配送收入实现 6229 万元，增长 14.03%。自主品牌“千里辽河”销售收入 3686 万元，增长 53.57%。“千里辽河”线上销售 1528 万元，产生包裹 32.5 万件，带动包裹收入 225 万元。集邮与文化传媒业务全年实现业务收入 3261 万元。其中，函件业务收入实现 756 万元；报刊发行业务收入实现 959 万元，集邮业务收入实现 1546 万元。惠农合作项目实现收入 7073 万元，其中市分公司自主开发 10 万元以上项目 29 个，实现收入 2618 万元。

（向天明）

经贸合作

ECONOMIC AND TRADE COOPERATION

对外贸易

【概况】 2020年，四平市外贸进出口总额47452万元，比2019年增长28%，增幅位列吉林省第二位。其中，进口总额20669万元，增长53.6%；出口总额26783万元，增长13.4%。5家企业实现进出口业绩零的突破，进出口额900万元。四平市精细化学品有限公司进出口额1.3亿元，天成玉米有限公司进出口额1.6亿元。

【进口】 2020年，四平市进口总额20669万元，增长53.6%。主要进口产品为乌克兰玉米，天成玉米开发有限公司进口额约占全市比重的58.6%。

【出口】 2020年，四平市出口总额26783万元，增长13.4%。主要出口产品为加工木材、医药中间体（医疗试剂）、花生半成品、屠宰设备、纺织制线、硅灰石矿产品等，主要出口欧美、日本、俄罗斯等。四平市精细化学品有限公司医药试剂出口印度，出口额约占全市比重的48.43%。

【四平海关正式成立】 11月26日，四平海关举行开关仪式，正式挂牌成立。四平海关是由中编办、海关总署批准成立，隶属于长春海关的正处级机构，负责四平市行政区划内的属地海关业务。下设正科级内设机构5个，办公室（党委组织宣传部）、综合业务科、企管科、查检科、核查科。人员编制18名。

【参加第三届中国国际进口博览会】 11月5日至10日，第三届中国国际进口博览会在上海举办。四平市组织19家企业参加博览会。采购（代理）成交额330万美元。

（蒋志勇）

招商引资

【概况】 2020年，四平市提出“将发展作为第一要务，把招商作为头等大事，把项目落地作为评价标准”的工作思路，扎实推进各项招商工作。全年有省外1000万元以上招商项目239个，实现到位资金191.79亿元，比2019年增长39.2%。全年签约招商项目86个，投资额

1月15日，四平市代表团一行拜访新加坡中华总商会

（邢江锋　供图）

499.05亿元。其中，重大活动集中签约项目37个，投资274.85亿元；各县（市）区、开发区自行签约项目49个，投资224.2亿元。对全市81个重点洽谈招商项目实行清单式跟踪推进，定期调度、通报，开工11个，签约13个。围绕《四平市产业布局行动纲要》，全市谋划包装招商项目212个，均达到投资计划书标准。

【境外招商】 1月12日至21日，应香港贸易发展局、新加坡工商联合总会、泰国中华总商会邀请，四平市组成经贸代表团随吉林省经贸代表团赴中国香港、新加坡、泰国开展经贸交流活动。1月13日，在中国香港参加“第13届亚洲金融论坛”开幕式。先后拜访中国香港、新加坡、泰国中华总商会，参与商务拜访和项目洽谈活动10余次，与40余位当地政府官员、商会领袖、工商界人士和知名企业家进行深入座谈交流。借助活动，重点对四平市的机械制造和换热器产业项目及投资潜力等进行宣传推介。

【第五届全球吉商大会】 8月26日至27日，四平市组织各县（市）区、开发区参加第五届全球吉商大会。在吉商大会期间，宣传推介四平投资环境和重点产业。其间，四平市——中外企业家联盟合作交流座谈会、四平市——中企会合作交流座谈会召开。分别与中外企业家联盟、中企会俱乐部的32家企业进行合作项目洽谈，与福建

11月20日，四平市第二届发展大会在四平富力万达嘉华酒店举行
（蒋志勇　供图）

盼盼集团、正大集团、海王集团、中铁股份有限公司等进行深入洽谈。大会期间，签约项目8个，计划总投资70.5亿元人民币。

（邢江锋）

【四平市第二届发展大会】 11月20日，四平市第二届发展大会在四平富力万达嘉华酒店举行。大会以“共享机遇、共赢未来”为主题，浙江省金华市政协副主席杨坚明、君乐宝乳业集团副总裁陈君等300余名嘉宾与企业家出席大会。市委书记郭灵计出席大会并致辞，市长胡斌宣传推介四平。会上，为2019年度优秀招商大使颁奖；为新聘任的55名“四平招商大使”颁发聘书。大会签约项目20个，总投资139.35亿元。梨树县以现代农业和绿色食品加工产业为主题，伊通满族自治县以汽车零部件及文旅休闲产业为主题，双辽市以建材、基础化工和能源产业为主题，铁东区以专用车和医药健康产业为主题，铁西区以农机和商贸物流产业为主题，分别举办重点产业合作交流座谈会。

【招商机制】 建立科学统筹招商工作的体制机制，建立招商引资“七比七赛”（比招商引资，赛签约落地；比开工建设，赛推进速度；比项目竣工，赛投资达效；比创新举措，赛破解瓶颈；比招才引智，赛层次数量；比营商环境，赛服务水平；比谋划包装，赛项目储备）赛马机制；建立“链长制”专业化招商机制；建立清单式推进机制；建立产业政策支持机制；建立专业化招商基础保障机制。

（蒋志勇）

开发区建设

【概况】 全市有开发区7家，

其中红嘴经济技术开发区（以下简称“红开区”）是国家级开发区，四平经济开发区（以下简称“经开区”）、四平新型工业化经济开发区（以下简称“新开区”）、辽河农垦管理区（以下简称“辽河区”）、梨树经济开发区、伊通经济开发区是省级开发区，双辽经济开发区是工业集中区。红开区、经开区、新开区、辽河区4个开发区是市委、市政府派出机构，新开区和辽河区由梨树县代管，红开区和经开区分别交由铁西区和铁东区代管。全市开发区核准规划面积180.65平方千米，实际管辖面积269.74平方千米。开发区建成区面积77.76平方千米，其中工业建成区面积33.11平方千米，建成区占核准规划面积的43.04%。2020年，全市开发区地区生产总值133亿元，公共财政预算收入16.19亿元，招商引资到位资金92.13亿元，区内企业2454户，其中“四上企业”（指规模以上工业企业、资质等级建筑企业、限额以上批零住餐企业、规模以上服务企业）176户。年初，市政府工作报告提出推进开发区一平方公里项目承载区建设，红开区和经开区一平方公里项目承载区建设标准化厂房主体框架完成，部分区块实现“七通一平”。红开区的一平方公里项目承载区包含在中国黑土地保护农机产业创新示范基地内，建设标准化厂房4万平方米、订制厂房框架3万平方米。有农机类在建项目2个，即康达农机二期扩建工程项目、艾斯克智能装备研发中心新项目；签约项目8个，即顺邦打捆机生产配套项目、沃兰德履带式收割机项目、禾润绞盘式喷灌机生产项目、全自动打捆机项目、农机配件加工项目、年产5000吨汽车车桥零部件项目、农机产业园合作项目、年产2000台404—220马力拖拉机项目。经开区有医药健康绿色食品产业园区和专用车产业园区。医药健康绿色食品产业园区医药产业孵化平台项目，4万平方米订制厂房建设完成。入驻医药产业类项目2个，松辽制药有限公司投资1.05亿元的年产1400吨中成药项目，吉林省新特恩医疗器械有限公司投资0.3亿元的年产80万支一次性医疗器械项目。绿色食品生产孵化产业园项目，9.6万平方米标准化厂房框架建设完成。入驻食品类项目2个，宁夏大窑集团总投资1.3亿元的年产10万吨碳酸饮料项目，宝福调味品总投资0.5亿元的黄豆深加工项目。医药健康绿色食品产业园区内还有益民堂健康产业项目正在建设中。高尔夫营养配餐建设项目完成签约。专用汽车产业园完成可研批复和前期手续办理。黑龙江宝隆有限公司投资0.3亿元的年产2000台专用车建设项目、辽宁天信专用车有限公司投资0.3亿元的专用车特种设备建设项目、吉林银海汽车有限公司投资0.5亿元的专用车建设项目确定入驻1平方公里产业承载区。其中，年产2000台专用车建设项目和年产2000智能喷洒车无人机项目先期入驻中联闲置厂房进行投产试运营。

【开发区改革】 制定《开发区整合优化和改革创新实施方案》，推动红开区、经开区改革措施落地见效。按照“一个平台、一个主体、一套班子”模式进行实质性整合，开发区全面工作委托铁西区和铁东区党委、政府管理。区党委书记兼任开发区党工委书记，区长兼任开发区党工委副书记，原开发区党工委书记、管委会主任担任整合后的开发区党工委专职副书记、管委会主任，同时兼任所在行政区党委副书记。开发区集中精力抓好招商引资和项目建设，将开发区市容、环卫、环保、征拆、信访维稳等社会管理和公共服务职能交由所在行政区负责。整合后的开发区编制合一，由所在行政区管理。科学合理设置内设机构，突出招商引资和项目建设职能；在核定的内设机构限额外，根据工作和事业需要，自行设立若干机构，无行政级别。干部交流实行双向制。明确开发区中层正副职可以在市直或区直单位之间交流任职，特别优秀的可以提拔到上一级领导岗位。在档案封存、保留原有编制性质不变的前提下，全员实行岗位竞聘。设立绩效薪酬体系，合理拉开收入分配差距。通过整合优化，解决红开区和经开区发展空间不足问题、同质化竞争的问题、主责主业不聚焦的问题、干好干坏一个样的问题。

【开发区晋档升级】 按照《四

平市产业布局行动纲要》精神，各开发区突出自身优势确定主导产业，发展方向更加明确。四平红嘴经济技术开发区在全国国家级开发区排名中前进14名，排列186名。四平经济开发区、铁东开发区、梨树开发区在吉林省开发区排名中位次分别前移7、9、11名。4月22日，伊通开发区晋升为省级开发区。

【区域合作】 深入开展吉浙对口合作。2020年，四平市各开发区分别与金华市各开发区签订框架协议，有针对性地开展对接合作。红开区与金华开发区共同注册运营管理公司合力推进“飞地经济”合作园区建设。梨树开发区与浙江兰溪经济开发区谋划建设吉浙高质量创业园项目，科研、规划、环评等手续完成，正在推进土地手续审批工作，申请国家专项债券。推进长平一体化发展。以“园区共建、产业同兴”为工作重点，推进长平两地开发区在汽车零部件产业、农机产业、生态化工产业方面加强合作。经开区谋划建设吉林省汽车产业园，吸引专用车及零部件企业入驻，新开区与长春新区签订战略合作协议，探索以“飞地经济”模式合作建设原料药产业园区。红开区与西安高新区签订合作框架协议，在产城融合、产业发展、科技创新等方面开展合作，重点推动合作共建四平市科技大市场项目。辽河区先后与徐州国家高新技术产业开发区、上海市开发区协会签订园区共建合作协议，围绕辽河农垦管理区内农副产品加工、塑编、清洁能源等产业资源优势开展合作。

（蒋志勇）

【四平红嘴经济技术开发区】 8月10日，四平红嘴经济技术开发区按照《四平市开发区整合优化和改革创新实施案》，完成与循环经济示范区的整合、职能交接和内部机构改革。整合后规划区域用地面积为88.58平方千米。实有工商注册企业874户，其中工业企业232户（规模以上工业企业40户）。整后法定部门8个，择优竞聘上岗113人。全年完成招商引资到位资金31.81亿元。建造特色装备制造产业园标准化厂房，洽谈签订入住协议和意向入驻企业10户。全年建设新、续建项目33个，总投资73.64亿元。其中，新建项目25个，总投资31.01亿元；续建项目8个，总投资42.63亿元。谋划各类项目45个，其中市政基础设施网类项目3个，水网项目类1个，社会事业补短板类项目4个，现代农业类项目1个，特色装备类项目13个，医药健康类项目2个，冶金建材类项目2个，智慧物流类项目2个，休闲旅游类项目1个，其他种类项目16个，总投资168.49亿元，其中10亿元以上5个，5亿元以上8个，1亿元以上31个。全区规模以上工业企业总产值89.8亿元，比2019年增长10.4%，社会消费品零售总额增长23.6%，规模以上服务业营业收入增长26.9%，固定资产投资增长40%，经济发展实现逆势上扬。组织区内企业与域外多家银行进行对接，为区内12户企业协调解决银行贷款1.46亿元，帮助4户企业解决银行贷款担保资金3900万元。组织区内企业报送省科技发展计划项目，申请项目经费450万元。

（连柏宇）

8月3日，四平红嘴经济技术开发区改革动员大会在市婚博园召开

（蒋志勇　供图）

【四平经济开发区】 8月，按照《吉林省关于加强开发区（工业集中区）机构编制规范管理的意见》，原吉林铁东经济开发区和四平经济开发区整合为四平经济开发区（以下简称“经开区”），整合后的开发区管委会设置机构12个，其中内设机构7个，自设机构4个，非公企业党委1个。内设机构为党政办公室、经济运行服务局（加挂技改办牌子）、投资促进局（加挂项目办牌子）、财务审计局（加挂总部经济办公室牌子）、园区建设管理局、督查考评办公室、安全生产监督管理局。自设机构为招商一局、招商二局、招商三局、招商四局。开发区管委会下设直属事业单位1个，即安全生产监察大队。管辖区域68平方千米，工业用地3.9平方千米。经开区规模以上企业24家，全年实现规模以上工业产值32.54亿元，固定资产投资完成15.79亿元，技术改造投资0.49亿元，谋划项目77个，签约项目12个，合同金额18.74亿元。录入省开发区管理系统项目19个，到位资金30亿元；录入省招商引资调度系统项目9个，到位资金18.22亿元。帮助四平市奋进专用汽车有限公司、吉林世宝机械制造有限公司、四平正和制药有限公司、四平睿能北方公司申请扶持资金120万元。邀请100名客商参加第十三届东北亚博览会、四平市发展大会、四平市物流大会等大型活动。

（王艳波 赵峰）

【四平新型工业化经济开发区】 新开区规划面积30.71平方千米，包括生态化工、物流、装备制造、建材4个产业园区，分布于郭家店、十家堡、孟家岭3个镇。有各类企业50户，其中规模以上工业企业10户。2020年，新开区工业总产值30.14亿元，其中规模以上企业工业总产值28.06亿元，占比93.10%。全年招商引资到位资金8.38亿元，固定资产投资完成3.41亿元。四平新开区生态化工园区核心区基础设施（一、二期）工程全面开工。项目总投资分别为0.88亿元和1.24亿元。建设1座40吨、2座20吨蒸汽锅炉及3千米供热（蒸汽）管线，园区路网修建道路3.3千米。新开区污水处理站建设项目建设完工，总投资5093.68万元。

（王 健）

【四平辽河农垦管理区】 2020年，辽河区内入驻企业530家，其中规模以上工业企业16户，限额以上商业企业3户，规模以上服务业4户。工业产品200余种，省级以上优秀产品30余种。规模以上工业企业工业总产值141983万元，减少2.96%。规模以上工业增加值29248万元，减少1.5%，利润6809万元，增长1.8%。工业销售产值141699万元，增长1.3%。实现产销率99.8%，增长0.3个百分点。限额以上商业企业3户，个体餐饮业2户。社会消费品零售额1150.2万元，下降34.9%。规模以上服务业1户，营业收入764.3万元，下降32.5%。全年开工项目13个，投资10.1亿元。梨树县绿色稻米现代农业产业园项目有观光玻璃栈道、木栈道、稻鸭稻蟹稻鱼等捉鱼乐池塘、寄养池、稻田画观景台，观光鱼池、彩色稻田画等旅游休闲项目，占地面积200公顷，一期工程完成40公顷。辽河区陈家河孤家子镇防洪治理工程（振兴大桥上游、后钱家桥下游段），计划投资2515万元。完成四平市辽牧生猪屠宰有限公司投资建设的年屠宰30万头生猪项目，投资3000万元。梨树县特困人员供养服务设施建设项目，计划投资2470万元，完成投资500万元。辽河区人合再生煤矸有限公司年产1亿块煤矸石烧结多孔砖建设项目，计划投资5179万元。四平市博利塑编年产2亿条聚丙烯塑料编织袋建设项目，计划投资1.1亿元，完成投资8201万元，12000平方米厂房竣工。四平耘垦牧业调理品车间改造建设项目，计划投资3500万元，完成一期投资1300万元。四平市博宏塑编有限公司年产9000万条聚丙烯塑料编织袋由低端产品转向高端产品建设项目，计划投资2339万元。梨树县牧丰养殖场蛋鸡养殖建设项目，计划投资6052万元，完成投资2880万元。梨深6井（辽河区孤家子镇七里界村）钻探试油工程项目，计划投资2100万元。梨树县孤家子镇辽河大街水管网改造工程计划投资3000万元，完成投资800万元。吉林合之初农业科技有限公司中国北方富硒有机循环农业产业园项目计划投资2亿元。四平北方塑编有限公司二车间改扩建项目计划投资5600万元。梨树县绿色稻米现代农业产业园项目计划投资3亿元。辽河区气膜综合体育馆（全民健身中心）建设项目计划投资6500万元。辽河区起步区建设项目计划投资74558万元。

（张　明）

【梨树经济开发区】 2020年，梨树经济开发区工业总产值46.15亿元，三产营业收入4.8亿元，申报规模以上工业企业3户。地方级财政收入2885万元，实现税收445万元。全年续建项目2个，即吉林创岐3000万袋鲜龙葵果基地项目，占地面积3公顷，投资6700万元；梨树明扬医院及康复中心建设项目，占地面积0.97公顷，投资1.14亿元。开工项目2个，即吉林省博纳瑞科技有限公司年产10万吨螯合肥项目，投资1.46亿元；宏吉投资有限公司建设年产10万吨有机肥项目，占地面积8.5公顷，其中征收建设用地2.5公顷，租赁土地6公顷，投资6700万元。

（李宝昌）

【伊通满族自治县经济开发区】 2020年4月22日，经省政府批准，伊通满族自治县经济开发区晋升为省级经济开发区。伊通满族自治县经济开发区实现地区生产总值3.81亿元，工业增加值2.7亿元，固定资产投资4.02亿元，全口径财政收入1.06亿元，招商引资到位资金4.02亿元，主营业收入9.88亿元。长伊片区起步区2平方千米高标准“七通一平”基础设施建设项目投资2.51亿元。景台片区总规划编制基本完成，污水处理厂建设项目科研完成，2.12平方千米起步区土地收储整理工作完成0.3平方千米。新开工项目4个，吉林省铠绎农牧业发展有限公司“满乡风情·七彩伊通”田园综合体建设项目，投资5亿元，占地面积1000公顷；吉林长庚生态园有限公司长庚生态园建设项目，投资8亿元，占地面积6.54公顷；长春海悦药业产业化项目，投资16.8亿元，占地面积18.2公顷；吉林省利霖再生资源有限公司再生资源循环经济园区项目，投资3980万元，占地面积1.3公顷。新签约项目4个，吉林省纵邦装配建筑产业有限公司年产20万立方米装配混凝土PC构件项目，计划投资6亿元，一期计划投资4亿元，一期占地面积15公顷；天津新瑞丰投资集团CS板材建筑结构体系加工厂建设项目，计划投资1.5亿元，拟占地面积2.3公顷；九鹿生物制药产业建设项目，计划投10.2亿元，占地面积约55.2公顷；年产400万条防漏防爆特种安全轮胎自动化生产线项目，计划投资6.61亿元，占地面积13.32公顷。

（张寒寒）

【双辽经济开发区】 2020年，双辽经济开发区规模以上工业企业总产值37.81亿元，下降0.48%；主营业务收入44.24亿元，增长16.39%；增加值10.59亿元，增长11.43%；全口径财政收入1.67亿元，下降14.5%；地方级财政收入7202.49万元，下降11.08%。全年签约项目6个，合同引资额34.54亿元，其中可再生能源发电及氢能基础项目投资27.4亿元，年产6万吨三氯氧磷及年产1.5万吨磷酸三乙酯项目投资1.56亿元，双辽硅砂工业园项目投资1.86亿元，双辽经济开发区（辽东经济园区）生物质热电联产项目投资3.22亿元，年加工2000万平方米复合墙体保温一体板材料（一期）新建工程项目投资0.5亿元。重点洽谈推进项目7个，投资101.97亿元，其中高科技产业园项目投资43亿元，牲畜屠宰项目投资4.4亿元，汽车玻璃基板项目投资15亿元，碲化镉弱光发电项目投资30亿元，高清洁醇醚车用替代燃油项目投资3亿元，细胞工厂项目投资2亿元，玻璃深加工产业园项目投资1亿元。续建项目5个，即昊华化工有限公司年产20万吨离子膜烧碱装置整体搬迁项目、沃亿佳生态农业有限公司年产10万吨MOS矿质元素生态激活剂项目、四海公铁物流有限公司综合物流园项目、四合工贸有限公司公铁联运现代物流中心项目、福源再生资源有限公司废旧橡胶循环产业园项目。

（董明瑶）

城乡建设

URBAN AND RURAL CONSTRUCTION

城乡规划

【概况】 2020年，四平市以市国土空间利用服务中心为主体，对应项目建设重要载体铁东区、铁西区和四平经济开发区、四平红嘴开发区，成立服务站4个。下沉服务铁东区15次、铁西区20次、经济开发区30次、红嘴开发区15次，累计为各区解决规划、用地问题30个，领办、帮办项目43个。

【规划项目审查制度】 2020年，四平市建立完善的规划项目三级会议审查制度，通过技术审查委员会、局规划委员会、市规划委员会以及专家论证会，审议、审查、审批项目420个。踏查项目现场150次，出具规划条件130项，审查规划方案133项。

【制定《四平市村庄规划工作方案》】 四平市村庄规划工作部署视频会召开，会议制定《四平市村庄规划工作方案》，经政府常务会议审议通过，下发各县市区实施；完成市本级村庄分类布局专题研究报告，经专家论证会、市规划委员会审议通过，上报省自然资源厅审查通过。

（娄　特）

城市更新

【雨污分流改造】 2020年，改造滨河路沿线雨污分流管线12千米，投资400万元；改造海丰大路、紫气大路、师院西街、公园北街等道路雨污分流管线2.8千米，投资700万元；改造老工业区雨污分流管线33.77千米，投资8150.88万元。

【房屋和土地征收】 全年房屋和土地征收项目55个，其中房地产开发项目22个，重点工程项目23个，第一批棚改项目10个。完成征收295户，房屋面积11.31万平方米，集体土地面积7.23万平方米。回迁安置18个地块，回迁安置总面积8.91万平方米，回迁安置总户数1344户。

【城市棚户区改造】 续建东南新城地块、18#—4—3（5、6、7、8）地块和新开区地块棚改工程，涉及回迁安置住房9687

12月8日，铁西区长征小区改造工程竣工

（刘润达　供图）

套。至年末，东南新城D10地块交付使用，安置动迁居民800余户，D13地块供电配套工程验收，C27地块主体工程收尾；18#—4—3（5、6、7、8）地块中3、6地块14栋回迁楼具备交付条件，动迁居民已办理进户手续；新开区棚改地块进行主体工程施工和配套工程施工。

【老旧小区改造】 完成铁东区和铁西区2019年老旧小区改造项目，改造老旧小区68个，完成投资1.02亿元。实施铁东区和铁西区2020年老旧小区改造项目，开工小区34个。完成提前批老旧小区改造配套基础设施项目，完成道路翻建和雨污分流改造17条，投资0.46亿元。

（刘润达）

表27　2020年四平市区老旧小区改造情况统计表

所在街道	小区名称	涉及户数（户）	小区内楼栋数（栋）
铁东区七马路街道	一中小区	282	6
铁东区黄土坑街道	汇贤小区	366	5
铁东区解放街道	铁路小区	134	3
	北华小区	415	7
	北华里	17	3
	友谊委二组楼	90	1
	线路小区	105	3
铁东区平东街道	国测小区	898	11
铁东区北门街道	西关社区	666	7
	东关小区	402	6
	平安小区	981	8
铁东区北市场街道	马车房小区	513	11
	烟厂小区	330	5
铁东区平南街道	银矿家属楼	152	1
	4000米家属楼	192	3
	九圆厂家属楼	36	1
	7000米家属楼	126	2
	粮谷家属楼	36	1
	爱平小区	178	1
	木器厂家属楼	55	1
铁东区四马路街道	长发	298	3
	线路小区	294	5
	东方小区	640	11
	万兴A区	1005	8
铁西区站前街道	新月小区	127	2

续表 27

所在街道	小区名称	涉及户数（户）	小区内楼栋数（栋）
铁西区仁兴街道	虹桥小区	333	4
	园达小区	336	5
	北体小区	646	9
	部队小区	378	7
	金店小区	360	7
	建行小区	202	4
	跑团小区	336	5
	育才小区	376	11
	天园小区	382	6
	207 小区	494	9
	工行小区	167	4
	铁路小区	323	3
	137 号楼	58	1
	富豪小区	128	2
铁西区英雄街道	拥军小区	950	19
	棉纺小区	221	4
	科院小区	440	11
	银行小区	45	2
	教育学院	50	1
	万达小区	66	2
	二塑家属楼	45	1
	东勘小区	252	5
	国光小区	798	10
铁西区地直街道	建行小区	164	4
	解困小区	525	7
	军分区小区	172	7
	临河小区	177	3
	审计小区	69	1
	植物油小区	165	4
	政府小区	732	11
	二里小区	906	17

续表 27

所在街道	小区名称	涉及户数（户）	小区内楼栋数（栋）
铁西区 地直街道	二里小区	742	15
	利群小区	1053	21
	水利小区	1900	23
	广益委小区	488	6
	大学城小区	289	3
	政府小区	403	7
	解困小区	784	10
	三建小区	154	3
	地调小区	335	7
铁西区 北沟街道	一道口小区	300	4
	铁路小区	985	14
	西官房小区	539	9

（刘润达）

道路桥梁

【概况】 至2020年年末，全市市政道路长449千米，道路面积716万平方米，其中人行道134万平方米。桥梁20座，其中立交桥13座。安装路灯31000盏，路长280千米。新建、扩建排水管道长337千米，污水排放量6195万立方米。按道路等级分类，城市主干路102.18千米（不含外环41.2千米）；次干路82.38千米（不含滨河路15千米）；支路74.11千米。

【道路建设】 围绕北方农机产业园配套路网建设和解决市区市民出行难问题，开工建设市政道路20条，投资3.99亿元，其中建成通车12条，总长12千米，完成投资1.49亿元。

【桥梁建设】 2020年，建成并投入使用过街天桥4座（迎宾街市中心医院、中央西路与育才街交会、六孔桥与仁兴街交会、中央东路与和平街交会），完成投资350万元；对兴红路公铁立交桥、北河路公铁立交桥进行桥梁维护加固，完成投资960万元；推进康平路公铁立交桥建设，桥梁框构已预制完成并推进合拢，完成投资1.11亿元。

（刘润达）

城市公共交通

【公共汽车运营】 2020年，四平市有公共汽车运营线路26条，线路总长度375.5千米，营运车辆316台，公交站点500米半径覆盖率96%。全年票款收入1785万元，减少1820万元，减少50.48%。

【出租车管理】 打击出租车非法营运行为，查扣无牌经营车辆22台，按照法定程序登录运政信息平台报卷处理，结案行政处罚11.5万元。通过市场检查和4G监控平台查处出租车驾驶员拒载、主动揽客、不按规定使用计价器等违法违规行为122起，结案行政处罚13.13万元。为公安、交警部门提供视频证据，帮助公安机关调取刑事案件视频40起、治安案件视频127起、其他案件视频41起，帮助交警部门调取交通事故视频135起。新冠肺炎疫情防控期间，帮助市疾控中心筛查确诊病例、疑似病例、密切接触者乘坐出租车辆500台，锁定车辆58台。联系滴滴公司免费为客运班车、包车客运、出租车制作二维码，实行实名制扫码登记乘车。针对四平东站、四平火车站在夜间等时段出租车运力只有3%—10%的情况，利用出租车智能监管平台调度四平东站、四平火车站附近空驶出租车，补充运力500台次。为解决防疫卡口、火车站、东站等换乘旅客乘车难的问题，组织、部署、调度心连心雷锋志愿团、出租车互助协会、蓝鹰爱心的哥车队等志愿者团队，有效疏导滞留旅客1299人。加气站设立消毒点7个，对加气出租车免费消毒。组织全市出租车到四平中韩女子医院进行弥雾消杀335台次。“闪亮全城·温暖四平”“向战疫英雄致敬”“英雄凯旋欢迎回家”等活动，出动出租车1500台次。对出租车进行年度审验及安全检查，检查出租车2870台，合格率100%；帮助乘客找回笔记本电脑、手机等遗失物400件，找回现金4万元。

（邵莹莹）

城市供热

【概况】 至2020年年末，华生燃气集团四平热力公司是四平市唯一一家具有合法特许经营权的供热企业，城区供热管网1080.8千米，在网面积2945.31万平方米，其中热电联产供热能力583兆瓦，自备热源锅炉6台，供热能力592.5兆瓦。

【供热服务】 2020年至2021年采暖期，四平市提前10天开栓供热，市区供热期为2020年10月20日零时开栓供热，停热时间为2021年4月10日零时。全市正常热用户开栓率100%。自备热源所有锅炉运行安装在线监控装置，粉尘、颗粒物排放达到环保标准。用户室内温度在18℃基础上提高2℃，室温合格率99.39%。采暖期内，供热企业24小时接听服务电话；同时到用户家中进行测温，安装室温采集器1227台，实时掌握热用户室内温度情况；安装物联网平衡阀341台，解决管网平衡失调的问题和排查供热管网及设施运行中存在的问题。

【供热监管】 实行住建局公共事业管理处与全市市民双向监督、供热日调度汇报、优质服务监督举报、企业综合信用评价等制度。监督供热企业按照规定参数运行；服务热线24小时开通，解决和回复供热投诉问题，供暖期供热投诉办结率100%，用户满意率99.89%。通过用户调查、群众来信来访、舆情分析等手段，了解分析供热采暖工作形势和问题。对群众反映强烈的供热不到位、室温不达标、收费不合理等问题重点解决。重点监督防范供热设施、能源储备等未达到标准的问题发生，查处违法违规行为。暂时不能解决的问题，做好解释，采取临时性、过渡性措施。

（刘润达）

城市供气

【概况】 2020年，四平市燃气气源有天然气和液化石油气2种。至年末，有燃气企业30家，其中管道燃气经营企业3家，液化石油气储配站10家，总储气能力2200立方米，天然气汽车加气站18家。全市燃气管线总长度921千米，其中中压管线323千米，低压管线598千米。居民燃气用户22.1万户，工商户3132户，工业用户68户。管道燃气可气化用户气化率超过80%，燃气普及率97.6%。天然气年销售总量8600万立方米。市区建有接收门站3座，其中华生燃气综合输配站是集输配、气化、加气于一体的综合型门站，门站日供气能力100万立方米，港华燃气门站、润发燃气门站为调压站。

【管道维护】 开展燃气超期表更换、室内腐蚀主管更换及燃气管网隐患排查整改工作。全年更换超期燃气表具2472个，更换室内腐蚀主管1524根，排查整改、低压燃气管线泄漏隐患57处，各类燃气设施问题隐患220处。配备车载、手持式激光检测仪，远程遥感监控。在市区管网末端调压设施、大中型工业用户调压、计量设施设置RTU压力流量智能监控系统。建立24小时客服及维修值班制度，完善应急指挥、应急响应、应急救援全方位的燃气管网突发应急处置系统。

【供气服务】 开辟充值宝缴费业务。用户利用公司微信公众号或抄表安检员、物业、社区的充值宝进行网上缴费。在市政务大厅和铁东大厅设立服务收费窗口，用户就近缴费。在大厅设立工改窗口，方便工业用户报装。实施移动抄表安检，抄表安检员入户抄表安检时，直接通过手机上传移动工单，实现快速转单、快速维修。实行易联云大客服系统，完善用户报装、抄表安检等相关信息。港华燃气门站、润发燃气门站工作人员上门服务用户。

【供气监管】 实行市住建局与市民的双向监督、优质服务监督举报、用户满意度调查等制度。加强行业监管，市场监督管理局等部门监督燃气企业按照规定执行各项收费服务、隐患排查整治等工作。服务热线24小时畅通，全年燃气服务类投诉办结率100%，用户满意率100%。通过开展用户满意度调查、网络舆情分析等手段协调解决群众反映问题。加强供气服务、安全等方面的监管，重点监督防范燃气设施、能源储备、保供措施等未按要求维护、政策未落实的问题发生，加强供气执法检查，查处违法违规行为。

（刘润达）

城乡供水

【概况】 2020年，推进四平市水务一体化改革，中核四平水务集团实现整合运营，全年向城市公共供水3261万立方米。5月8日，二龙山水库开闸放水灌溉农田。9月3日，农业灌溉供水结束，二龙山水库累计放水量21166万立方米。

【城市供水规范化管理考核】 下发的《吉林省住房和城乡建设厅关于2019年城市供水规范化管理考核情况的通报》中，四平市获总分95分，在全省47个城市供水规范化管理考核城市中名列第三名。

（王立国）

【再生水回用工程建设项目】 拟在市区污水处理厂北侧新建取水竖井1座，铺设再生水管线19.58千米。完成项目可研性报告、环评报告、不动产登记证、初步设计、施工招标等工作；完成再生水费定价，签订意向供水服务协议2户。

（刘润达）

城市绿化

【概况】 2020年，四平市区有英雄广场、站前广场、正平广场、铁东广场、热电广场、紫昕广场、西湖水上公园、植物园、南湖公园、一江山岛战役红色纪念园、北河公园、东山公园12个。建成区绿地面积2175公顷，绿地覆盖面积2441.2公顷，建成区绿地率33.7%，建成区绿化覆盖率82.08%，人均公园绿地面积10.2平方米。植树工作中，遵循适地适树、快慢结合、优化城市树种。栽植云杉、黑松、银中杨、美国红枫等乔灌木2.9万株，其中灌木造型2.81万平方米。种植海棠、鸢尾、玉簪、大花海棠等花卉20余个品种56.67万株，栽植草坪1.2公顷。设置“中国梦 我的梦 美丽四平·幸福家园”等景观造型2组。完成2019年春季新增绿化项目，栽植乔木20138株，灌木6591株，模纹及花卉21805平方米，草坪19026平方米，投资1603万元。完成东山公园和玄武公园场地地形整理及路床整形山皮石铺装2万平方米，栽植乔木3357株，投资800万元。

【城区绿化及生态修复工程】 完成市区18条主要街路、街头绿地绿化生态修复，栽植乔木3602株、灌木4674株、模纹

10月26日，南北河两岸生态修复示范段竣工

（刘润达　供图）

20630平方米、花卉1322平方米，投资939万元。

【南北河生态修复林廊工程】 南北河沿岸生态林廊全长73.52千米，计划栽植树木7.3万株。园林设计部门用2个月时间对两河沿岸现状实地踏查，制定设计方案，规划色彩和花季配合的搭配树种28个。9月末动工，完成林廊建设2.8千米、栽植树木2884株。

【南北河沿岸生态修复绿化工程】 南北湖沿岸绿地恢复面积19.32公顷，新建公园面积35.92公顷，其中南河段（中央西路—六孔桥）绿地恢复面积6.72公顷，北河段（红嘴河——一经街）绿地恢复面积12.6公顷，北河沿岸三角地段（北河北侧、铁路东侧、兴红路南侧）新建公园面积7.34公顷，北河沿岸东山公园段（北河南侧、九经街东侧、东郊街西侧）新建公园面积28.58公顷。至年末，完成土方倒运及种植土回填工作，栽植乔木2857株。

（刘润达）

环境卫生

【概况】 2020年，四平市道路清扫保洁面积1003万平方米，清运生活垃圾16.7万吨。有生活垃圾转运站42座，公共厕所164座；市容环卫专用车辆213台。以“走遍四平”环境整治活动为平台，完善各级路长、小区长巡查和市级领导早检（夜检）制度，采取“巡查发现—汇总分类—解决反馈”的工作模式，针对城市阶段性特点，以解决影响城市效能问题为目标，开展“城区出入口、公路、铁路两侧沿线环境”“春季环境”和“城区废弃场院、闲置楼房”等专项行动，发现问题3214个，其中基础设施破损问题986个，环境卫生问题1265个，市容市貌问题785个，乱停车问题178个。整改2639个，整改率81%，未完成整改问题的各责任部门制定整改计划和方案，倒排工期整改。

【生活垃圾分类】 四平市推进生活垃圾分类体系建设，商务部门在市区设立节能环保箱式回收车站点40个，对可回收物进行收集处理。联系长春市具有相关资质企业，通过购买服务方式对四平市有害垃圾进行收集、运输、处理。投资1.7亿元，建设1座日处理100吨的餐厨垃圾无害化处理厂和1座日处理100吨的混合垃圾分选厂，同步购置厨余垃圾运输车及垃圾分类投放装置。

【生活垃圾处理】 四平市制定下发《进一步加强城区生活垃圾收集、运输、处理等管理工作的通知》，明确垃圾处理的规范要求。定期组织人员到垃圾转运站，对转运场所和车辆进行检查，常年派人对垃圾焚烧发电厂进行实地监督。针对四平龙澄公司擅自停止生活垃圾运输的问题，经市政府授权，自2020年7月31日起，临时接管四平市龙澄公司的生活垃圾运输及垃圾中转站转运工作，保证城区生活垃圾转运工作。无害化处理城区生活垃圾16.75万吨，城区生活垃圾无害化处理率100%。

【冬季积雪清理】 按照天桥、陡坡路、桥涵引道等重点部位在雪停12小时内、主干路24小

1月19日，环卫工人清理路面积雪

（王苗苗　摄）

时内、次要街路48小时内清理完毕的要求，以城区108条主次街路，规划区域内的广场、商业步行街、主次干路、桥梁及引道、人行步道、居民区巷路、过境路连接线、高速公路连接线、街路市场、南北河滨河路等部位为重点，指导铁东、铁西区环卫部门按照《2020年度四平市冬季清雪实施方案》要求，启动清雪作业。全年降雪10场，组织清雪10场。

【城区街路保洁】 市城市执法局指导铁东、铁西区环卫部门按照主、次街路机械化洗扫率100%的要求，全面实施网格化机扫管理，主要街路、广场、商业街等部位保洁时间16小时以上，次要街路保洁时间12小时以上，达到“五净三根清”标准（即路面净、绿化带净、垃圾箱周围净、雨水井口净、马路边石净，树根清、电线杆根清、墙根清）。

【《四平市城市市容和环境卫生管理条例》起草】 按照研究起草、征询意见、修改完善的工作流程，完成《四平市城市市容和环境卫生管理条例》的起草工作，经市政府常务会审议通过，由吉林省第十三届人民代表大会常务委员会第二十五次会议于2020年11月27日批准，现予公布，自2021年2月1日起施行。

【“环卫工人节”设立】 8月，市政府审议并通过《关于设立环卫工人节的请示》，经市人大常务委员会备案，决定将每年10月26日确立为“四平市环卫工人节”。并于2020年10月26日开展“四平市第一届环卫工人节”庆祝活动。市政府市长、主管副市长出席庆祝活动，分别为铁东、铁西区环卫工人送去慰问金10万元、大米40吨。

（朱晏良）

城市管理

【概况】 2020年，四平市围绕提升城市管理效能目标，推进城市管理领域各项工作系统性建设。完成智慧环卫、犬类管理、智慧停车和户外广告管理4个子系统的建设，对全市28.4万个城市部件进行普查，平台处于上线试运行阶段。完成地下智能停车场项目的建议书、可研报告批复和申请专项资金的准备工作。地下智能停车场项目正办理规划审批、土地、设计及施工招标等手续。完成中央环保督察信访转办案件833号、省级环保督查221号信访转办案件的办结工作，得到东北督察局、省生态环境厅对市区陈腐垃圾处理项目完成情况的确认。协调铁东、铁西区政府和规划部门，建设完成水冲公厕20座，其中铁东区10座、铁西区10座。12月20日竣工，投入使用。

【“夜经济”监督管理】 出台《四平市关于城市管理领域助力经济发展5条便民措施》，指导铁东、铁西区城管执法局加强城区夜市、摊点的监督管理，规范经营行为，促进“夜经济”健康发展。四平市设置大型夜市6个，设置餐饮、服装、小百货等各类型摊位11289个。

【养犬管理】 研究制定《四平市人民政府〈四平市养犬管理条例〉实施意见》《四平市中心城区禁养犬目录》和《四平市养犬证办理流程图》。指导铁东、铁西区城管执法局开展准养犬只排查工作，四平市准养犬9764只，禁养犬639只，发放《文明养犬倡议书》3000份。指导铁东、铁西区城管执法局成立养犬登记“一站式”服务点，开展犬只信息采集登记工作。

【不文明祭祀管制】 春节、清明等重要时间节点，指导铁东、铁西区城管执法局通过实地走访、巡查盯守和夜间值勤等方式，对不文明祭祀行为加以管制。劝离焚烧祭祀用品群众320人次，查处售卖祭祀用品摊点120处，暂扣违法出售的祭祀用品2100件。

【公共停车位整治】 指导铁东、铁西区城管执法局对长期占用人行道、绿化带和公共停车位行为进行整治，出动执法人员110人次，执法车20辆次，清理扣留占位车辆杂物1014台（件），批评教育900人。

【共享单车管理】 四平市先后出台《规范共享单车停放4条管理措施》和《进一步规范共享单车停放5条管理措施》，召开专项工作推进会2次，约谈单车企业4次，指导铁东、铁西区城管执法局出动执法车辆90台次，执法人员816人次，收缴乱停乱放车辆4170台，共享单车规范工作进入常态化管理。

【违规宣传品清理】 铁东、铁西区城管执法局按照“谁悬挂谁负责、谁审批谁负责”原则，规范审批、管理具体要求，对违规宣传品进行清理。清理违规悬挂条幅276条、拆除违规设立广告牌16个、查处流动宣传车辆21台、清理不规范标语53处、不文明户外广告6处。

【餐饮业油烟污染治理】 印发《全市施工工地扬尘污染和餐饮业油烟污染治理情况督导工作的通知》，指导铁东、铁西区城管执法部门以餐饮业油烟为重点开展专项整治行动，铁东、铁西区城管执法局下达整改通知书166户，处罚8户，受理油烟投诉182件，回复率100%，满意率100%。餐饮业安装油烟净化设备率90%。

【建筑工地检查】 指导铁东、铁西区执法局加大对施工工地监控力度，从源头上遏制扬尘污染问题发生。采取设点检查和机动巡查相结合的方式，对建筑工地和渣土运输车辆进行检查，实地检查建筑工地21家，查处遗撒、带泥上路车辆145台，均教育整改。

（朱晏良）

【城区拆违】 全年拆除各类违建258处26225.47平方米，其中拆除老旧小区、四马路步行街及市区其他区域等各类违建176处11447.59平方米。征收范围内，经市自然资源局立案下达《责令限期拆除违法建筑决定书》，转铁东、铁西区政府配合拆除82件14777.88平方米。与铁东、铁西区执法部门对接，对老旧小区车棚履行拆除程序，立案违建车棚案件56件，限期拆除。

（娄 特）

美丽乡村建设

【概况】 2020年，四平市统筹城乡教育、医疗、社保和救助体制机制，农村低保救助、特困供养人员救助、农村义务教育控辍保学等应保尽保。加强乡村教育，实现每个乡（镇）有公办中心幼儿园1所。培育市级“乡里农创园”10个，其中5个被省发改委、省教育厅和省农业农村厅联合认定为省级“乡里农创园”。强化东辽河流域污染治理，全市建立市、县、乡、村四级河长体系，建立县、乡、村三级湖长体系，各级河长累计巡河10万次。化肥、农药持续减量施用，畜禽粪污资源化综合利用率90%以上，全域消除劣五类水质。实施“造林绿化三年攻坚行动”，全年完成造林绿化15766.67公顷。

【农村基础设施建设】 推进“四好农村路”建设，全年新改建农村公路（含老旧路改造）827.2千米。实施农村饮水安全工程，解决27.5万人农村居民安全饮水问题。推进农村电网改造升级工程，农村电网供电可靠率99%。加快农村宽带网络工程建设，农村家庭宽带网络实现全覆盖。

【农村人居环境整治】 完成农

双辽市东兴村新貌

（张树明 摄于8月10日）

村人居环境整治三年行动任务，实现农村生活垃圾治理和村屯保洁全覆盖，优化拓展“五清一绿两改”村庄清洁行动内容，推动农村人居环境达到干净整洁标准。全省农村人居环境整治现场推进会议在双辽市召开，双辽市被评为全国村庄清洁行动先进县和农村生活垃圾分类和资源化利用示范县。

【农村厕所改造】 按照省里工作要求和部署，全市农村开展厕所改造工作，打造农村卫生清洁环境，全部完成省定任务，改造农村厕所6300个。

【美丽乡村、美丽庭院、干净人家评选】 创建省级美丽乡村8个。开展“五美”“五净”为标准的美丽庭院、干净人家创建活动，评选美丽庭院3600户、干净人家6600户，农村人居环境整治“双辽模式”在全省推广。

（李秀夫）

【农村饮水安全】 2020年，四平市新建、改建农村集中式供水工程，保障农村居民27.5万人饮用安全、放心的自来水。至年末，全市农村饮水安全任务全部完成，完成投资4.26亿元，完成水源井219眼、管理房243座、铺设管网587.25万米。提前完成农村自来水普及率达到95%的任务目标，全市建档立卡贫困不安全饮水人口全部清零。

（王立国）

【农村危房改造】 2020年，四平市改造农村危房11994户，其中建档立卡贫困户9118户。至年末，全市21522户建档立卡贫困户通过“鉴定安全”“改造安全”“保障安全”等方式保障现住房安全，并由第三方鉴定机构逐户出具安全性认定报告。逐户建立农村危房改造纸质档案和电子档案，做到一户一档，危房改造实际情况、纸质档案、电子档案“三统一”。对危房改造农户均发放农户二维码，农户有问题可通过扫码直接反映给当地住建部门。督促指导各地建立长效机制，对贫困户现住房实行定期巡检和动态监测，村每季度、乡镇每半年、县（市）区每年至少巡查1次。

【建制镇生活污水处理设施建设】 按照《吉林省农村人居环境整治三年行动方案》和《四平市农村人居环境整治三年行动方案》要求，铁东区叶赫满族镇、石岭镇，梨树县十家堡镇、榆树台镇、郭家店镇，双辽市茂林镇、王奔镇、双山镇，伊通县大孤山镇、伊丹镇、营城子镇9个重点建制镇和2个辽河流域常住人口1万人以上建制镇均建成生活污水处理设施。贯彻落实《关于深入推进辽河流域治理工作的实施方案》的通知精神，推进乡镇污水收集和处理，完成其他14个建制镇生活污水处理设施建设。全市累计25个建制镇建成污水收集、处理设施，占全市建制镇总数的69%。污水处理总能力5.68万吨/日，铺设污水收集管网103.96千米。

【农村生活垃圾收运处置体系建设】 按照“村收集、乡转运、县处理”的原则，建立健全农村生活垃圾收运处置体系。全市建设乡镇生活垃圾转运站60座，其中铁东区17座，铁西区7座，梨树县16座，伊通满族自治县6座，双辽市14座。至年末，建成投入运行46座。配备垃圾箱、垃圾收集池、垃圾桶112292个，各类垃圾收集转运车2025辆，配备保洁人员4699人，全市755个行政村实现全覆盖式日常保洁。双辽市、梨树县、伊通满族自治县、铁东区、铁西区均由县级环卫部门统一负责农村生活垃圾清运工作，初步实现城乡环卫一体化。

【农村非正规垃圾堆放点整治】 制定下发《四平市农村生活垃圾非正规堆放点“回头看”和“再排查”工作实施方案》，要求各县（市）区对本地区农村非正规垃圾堆放点进行全面排查整治，对排查出的问题建立台账，相关信息录入《国家非正规垃圾堆放点排查整治信息系统》。经排查，双辽市、梨树县2018年以来非正规垃圾堆放点全部整治完成，并销号未出现反弹。全年未发现新增非正规垃圾堆放点。

（刘润达）

生态环境

ECOLOGICAL ENVIRONMENT

生态环境质量

【概况】 2020年，四平市实施“生态育市”战略，整治污染顽疾、推进生态治理，污染防治攻坚战取得成效，空气质量达到蓝天保卫战考核标准。全市空气质量优良天数比例为84.4%，首次达到国家二级标准；各断面水质均达到国家和省考核标准，全域消除五类水体；完成耕地质量类别划分，全市受污染耕地安全利用率100%，未发现开发利用疑似污染地块，涉重金属企业排放量完成减排9.23%。重点工程二氧化硫、氮氧化物排放量分别为2765吨和5373吨，二氧化硫减排96吨，氮氧化物减排157吨，化学需氧量、氨氮2项主要污染物分别削减598吨、86吨。4月，四平市在吉林省2019年政府目标责任制考评中获一等奖。11月，在吉林省2019年污染防治攻坚战成效评估中获评优秀等级。市生态环境局被评为“第二次全国污染源普查表现突出集体”。生态环保项目管理经验在全省生态环境系统推广，创新工作方法提升危废管理水平工作得到省生态环境厅表彰，联合开展跨境应急演练工作得到省环境应急指挥中心表彰。

四平市污水处理厂

（李 刚 摄于7月13日）

【城市空气质量】 四平市大气环境质量首次达到国家二级标准，$PM_{2.5}$ 达到33微克每立方米，比2019年下降3微克每立方米；PM_{10} 达到62微克每立方米，下降7微克每立方米；重污染天数2天，优良天数309天，优良天数比例84.4%。

【水环境质量】 境内东辽河四双大桥、东辽河周家河口、伊通河星光3个断面水质为三类，昭苏太河六家子、条子河林家、西辽河金宝屯3个断面水质为四类，均达到国家考核标准。二龙山、下三台、山门水库饮用水水源水质稳定达到三类。全市全域消除五类水体。四平市饮用水源按照国家标准达到城市居民饮水规定，二龙山、下三台、山门水库饮用水水源水质稳定达到三类。

【声环境质量】 四平市道路交通声环境昼间平均等效声级为

67.1 分贝，低于国家交通干线两侧区域标准 2.9 分贝。市区区域声环境平均等效声级昼间为 56.9 分贝，高于城考标准（56 分贝）。

【辐射环境监测】 排查辖区 13 家核技术利用单位，各单位落实辐射安全和防护制度及措施，履行辐射环境监测和个人剂量监测制度，排查整改安全隐患，全年没有发生辐射事故。10 月 23 日，四平市组织参加全省辐射环境空气自动监测站、应急车辆与应急平台联动联调专项演习活动，提升辐射应急知识储备。

（任桂红）

土地与森林资源保护

【耕地保护】 依据 2020 年省人民政府与四平市人民政府签订的耕地保护目标责任书，全市 2020 年耕地保有量不少于 54.13 万公顷，永久基本农田保护面积不少于 46.2 万公顷。市政府和各县（市）、区政府签订耕地保护目标责任书，要求各地层层签订耕地保护目标责任书，明确县级党委、政府加强耕地保护的主体责任。2020 年，为市本级城市建设用地占用和补充耕地 22 件，面积 116.90 公顷。

（娄　特）

【森林资源保护】 四平市在全市范围内开展专项整治毁林开荒、盗砍滥伐林木等涉林违法行为。召开专题工作会议，成立专项整治行动领导小组，制定专项行动方案。通过遥感判读、日常巡护、群众举报等方式，深挖违法案件线索，摸清辖区内各类破坏森林资源问题。全市查处各类涉林案件 213 起，罚款 106.34 万元，清收林地 312.9 公顷，恢复林地 25.7 公顷。

【造林绿化】 2020 年，四平市完成造林绿化 23503.98 公顷。其中三北防护林 830.67 公顷，农田防护林 1088.56 公顷，林地清收还林（含补植）15318.84 公顷，外环防风林带 17.79 公顷，义务植树 713.63 公顷，村屯绿化 3339.12 公顷，道路绿化 1498.17 公顷，水系水体绿化 697.2 公顷。

【“绿色大通道”建设工程】 四平市抓国省干线公路绿色通道建设，构建高标准城市绿化防护带，对主要公路沿线进行绿化，完成“绿色大通道”建设工程 4 条，即梨树县境内 102 线公路两侧；102 线到十家堡公路两侧各建设 30 米宽绿化带，苗木标准选择胸径 4 厘米以上杨柳树大苗，完成绿化总长度 33901 米，流转土地面积 132.2 公顷，绿化面积 94.09 公顷，栽植绿化苗木 15.62 万株；城区外环路新植总面积 29.7 万平方米，植树 6.3 万株，投资 340 万元；长平高速路组织实施绿化，全面整改提升。

【绿化工程建设】 四平市改善河流两岸生态环境，提高水系水体质量，完成“水系水体绿化通道”建设 20 条，总面积 697.2 公顷。“村屯绿化美化”工程以建设“绿美乡村”为目标，抓好乡村绿化，全市完成村屯绿化面积 3339.12 公顷。

（庞　博）

【化肥农药减量施用】 2020 年，四平市保护东辽河流域生态环境，水域减少污染，周边土地耕种化肥、农药连续四年实现减量施用，梨树县、伊通满族自治县、双辽市被确定为中央财政化肥减量增效试点县。

【畜禽粪污资源化利用】 按照省、市部署要求，成立畜禽养殖废弃物资源化利用技术指导专家组，开展专题系列指导和养殖污染防治技术培训。采取调研指导、检查督导、联合生态环境部门开展检查和下发工作提示单等方式，指导督促各地完善畜禽粪污收储运体系。全市依托整县推进畜禽粪污资源化利用项目，投入资金 6.3 亿元，建成区域畜禽粪污集中处理中心 17 个、村（屯）畜禽粪污收集点 1500 个，配套车辆 250 台（套），形成畜禽粪污收储运体系。至 2020 年年末，全市畜禽粪污综合利用率 90%以上，规模养殖场粪污处理设施装备配套率 100%。

（李秀夫）

自然保护区保护

【概况】 四平市有吉林双辽白鹤省级自然保护区、伊通火山群自然保护区、四平山门中生代火山自然保护区 3 个自然保

双辽白鹤自然保护区

（金广山　摄于11月2日）

护区。至2020年，3个自然保护区保护完好，保护区所在地政府每年进行资金投入保护和开发利用。四平山门中生代火山自然保护区、伊通火山群自然保护区的大孤山均被开发为旅游景区，每年接待旅游团体、游人近16万人次。

【吉林双辽白鹤省级自然保护区】 吉林双辽白鹤省级自然保护区始建于2006年，位于双辽市茂林镇新兴村三合屯南草原湿地内。保护区地处白鹤全球范围南北迁徙重要停歇地，属于“野生生物类型”“野生动物类型”自然保护区。主要保护对象为白鹤、东方白鹳、丹顶鹤、黑鹳等珍稀濒危水禽和湿地生态系统。自然保护区植物区属于返北极植物区域，自然植被类型主要有Ⅰ型草甸草原、Ⅱ型沼泽低湿草甸草原、Ⅲ型水生植被和Ⅳ型人工林植被。保护区有植物432种，其中列入《国家重点保护野生植物名录》的有山野豌豆、野菱角2种。保护区内分布有野生脊椎动物5纲24目58科197种，其中列入《国家重点保护野生动物名录》27种。国家一级重点保护鸟类有白鹤、丹顶鹤、东方白鹳、黑鹳4种；国家二级重点保护鸟类有灰鹤、蓑羽鹤、白枕鹤、小天鹅、大天鹅、白额雁、苍鹰、雀鹰、白尾鹞、鹊鹞、雁隼、长耳鸮、短耳鸮等40余种。2014年1月22日，经吉林省人民政府审核批准设立吉林双辽白鹤省级自然保护区。保护区总面积6603公顷，其中核心区面积2375公顷，缓冲区面积2088公顷，实验区面积2140公顷。每年迁徙季节飞到吉林双辽白鹤省级自然保护区停歇白鹤数量200只—500只，停歇期50天—65天。2020年，双辽市人民政府对白鹤省级自然保护区加强保护措施，明令规定湿地自然保护区内，不许开垦湿地，不许耕种农作物，不许挖沙。林业部门、环保部门坚持常态化巡查和检查，对破坏湿地行为和违法违规案件，及时纠正和处理。林业部门投入部分人力进行管护，组织人员在保护区内种植植被、周边栽种树木。春季候鸟迁徙到湿地，组织工作人员和志愿者对候鸟看护和保护，投食守护。全年到湿地考察的科研团体、科研人员、游人5000人次。

【伊通火山群自然保护区】 伊通火山群自然保护区始建于1983年，经吉林省政府批准建立，位于伊通满族自治县境内，面积765公顷。1992年，国务院批准建立国家级自然保护区；2004年，列入省级地质公园。伊通火山群形成距今约3380万年的第三纪，火山岩浆沿着断裂破碎地带和薄弱带侵出喷溢形成，主要为橄榄玄武岩，火山群典型、独特的“侵出式”火山成因机制属国内唯一，具有重要的科学价值和观赏价值。伊通火山群分布于伊通满族自治县境内600平方千米范围内，有16座430米高的火山弯丘，其复杂多变的岩石柱状形体，构成宏伟、奇特、罕见景观。其中小孤山、大孤山、西尖山、马鞍山、东尖山、莫里青山、北尖山，呈长勺般排列，形似北斗七星，在古老的伊通大地上广泛流传着“七星落地”的动人传说，俗称“七星山”。2020年，伊通满族自治县人民政府对伊通火山群自然保护区加强管护，保护区内严禁开采挖石、砍伐树木、开垦种植，自然保护区设专人看管。县自然资源局、生态环保局常态化巡管自然保护区。县政府在保护原生态自然景观和森林资源情况下，有效利用自然资源，投资开发大孤山、莫里青山等自然保护区，成为旅游景区。全年接待社会团体、游客10万人次。

【四平山门中生代火山自然保护区】 吉林省四平山门中生代火山自然保护区，始建于2000年9月，位于吉林省四平市东南山门镇至叶赫满族镇之间。2002年底被吉林省政府批准为省级火山地质公园。自然保护区包括四平市砬子东山，砬子北山、半拉山门，总面积123.2公顷，其中核心区面积40.3公顷，实验区面积82.9公顷。属于地质遗迹类型自然保护区，主要保护对象为中生代白垩纪流纹岩特殊的火山地质构造及典型火山地貌景观。保护区与山门、叶赫古镇、二龙湖风景区连成一片，构成东进长白山的门户。自然保护区形成绚丽多彩的地质遗迹，是世界罕见十分珍贵的地质奇观。2020年，四平市人民政府加强四平山门中生代火山自然保护区的管护，自然保护区范围周边勘界安桩维护，规定保护区内严禁开山挖石，挖沙垦地，种植农作物，乱倒垃圾等，市政府组织相关部门在保护区栽植树木、种植花草和植被，保护水土流失。市资源局、市生态环保局对保护区实行常态化管理和监管，设专人看管守护。全年游览参观保护区的科研人员、社会团体、游人等5万人次。

（龙海波）

节能减排

【建设领域节能减排】 2020年，开展城市建设项目，杜绝使用黏土实心砖和以黏土为主要原料的烧结多孔砖空心便清控制实心黏土砖应用，规范建筑市场墙材产品使用，执行国家建筑节能强制性标准，“禁实”率100%。全年没有新建、改建、扩建实心黏土砖生产线情况发生，达标率100%。

【建筑废弃物综合利用】 根据吉林省墙改办下发《关于对全省建筑废弃物综合利用工作情况进行统计和检查的通知》要求，对四平市2家利用建筑废弃物生产墙体材料企业开展统计和检查。至年末，建筑垃圾生产建筑材料建筑废弃物使用量4.7万吨。

【建筑节能检查】 2020年，四平市加强建筑节能执法检查，通过“双随机、一公开”平台，检查全市在建工地“禁实”“禁限”工作情况，采取现场实地踏查与查阅内业资料相结合。

【大型公建能耗统计】 按照吉林省住房和城乡建设厅下发的《关于开展吉林省国家机关办公建筑和公共建筑能耗统计工作的通知》要求，开展大型公建能耗统计工作。至年末，完成18栋大型公建能耗统计，建筑面积37.11万平方米。

（刘润达）

【节能监察】 根据工信部及省工信厅对节能监察的总体安排，四平市对7户企业，开展2020年度重点高耗能行业能耗专项、执行阶梯电价政策执行专项、

四平山门中生代火山自然保护区

（李刚 摄于5月29日）

重点用能产品设备能效提升3个主题的国家重点专项监察工作，对15户企业开展日常节能监察工作。至年末，完成7户企业的国家重大工业节能监察和15户企业的日常节能监察工作。

（赵 苒）

【公交节能】 2020年，全市公交行业按照相关规范落实能源消耗总量和强度“双控”要求，落实交通运输节能相关规划、政策文件、行动方案、标准规范。围绕节能减排工作总体要求，优化公交线路2条，科学设置公交站点站牌，提升城市公共交通服务水平，完成交通运输“双控”工作目标任务。市政府所在城市公交万人拥有量，因市区城市公交数量不变，市区人口总量（2019年67.8万人，2020年67.5万人）有所下降，公交万人拥有量比2019年有所增长。四平市出租车（新能源车或清洁燃料车辆）保有量比2019年略有增长；新能源公交车保有量81台，与2019年持平。叶马公路等交通建设工程，严格落实绿色环保要求，倡导公众采取共享单车等节能低碳环保方式出行。

（邵莹莹）

【节能项目申报】 全市开展公共机构节能改造项目的申报工作，争取项目专项资金。申请节能改造项目4个，专项资金拨付到位，项目改造完成。其中，市直项目1个，申请资金30万元；铁东区项目1个，申请资金20万元；伊通满族自治县项目1个，申请资金30万元；双辽市1个，申请资金30万元。

【节约型示范单位创建申报】 四平市组织各县（市）、区开展节约型示范单位创建申报，四平市机关事务管理局、铁东区机关事务服务中心、铁西区第十七中学、梨树县住房和建设局、伊通满族自治县委党校5家公共机构申报省级节约型公共机构示范单位，全部通过国家机关事务管理局考评验收，被国家机关事务管理局、国家发展改革委、财政部评为节约型公共机构示范单位。

（姜 莹）

【清洁生产】 四平市确定吉林金钢钢铁股份有限公司、四平中科能源环保有限公司、吉林双药药业集团有限公司、利雅得能源公司、四平市君乐宝乳业有限公司5家企业为开展清洁生产审核重点企业。至年末，5家企业均完成清洁生产审核，通过省生态环保厅评估验收。

（任桂红）

【淘汰落后产能】 全市实施清单化管理和调度机制，推进双辽昊华化工有限公司20万吨/年离子膜烧碱装置整体搬迁项目和梨树华泰化工有限公司关闭退出。年末，通过省级核查验收并受到省工信厅表彰。双辽经济开发区化工园区、四平新型经济开发区生态化工园区被省认定为有条件通过的化工园区，吉林省化工园区10家，四平市有2家。

（赵 苒）

河湖治理

【河长制实施】 2020年，四平市落实河长制实施工作，建立组织领导，强化部门联动，形成齐抓共管工作合力。制定《四平市全面推行河长制实施工作方案》《四平市河长制市级会议制度》《四平市河长制信息报送及共享制度》《关于完善河湖长制的实施意见》《四平市河长制督办督察制度》《四平市河长制工作市级验收制度》《四平市河湖日常监管巡查制度》《四平市河长制投诉举报受理制度》《四平市河长制重点项目协调推进制度》《四平市河长制工作考核问责办法》10个制度。召开市级总河长会议1次，通报2020年市级河长制考核结果并部署下一步工作；市级河长会议1次，研究仙马泉河水质现状并对下一步工作做出部署；全市地表水优良水体比例达50%，全面消除劣Ⅴ类；完成农村黑臭水体排查工作，经排查，四平市无农村黑臭水体。

【污水处理设施建设】 2020年，四平市完成梨树县十家堡镇、郭家店镇，伊通满族自治县大孤山镇、伊丹镇、营城子镇，双辽市茂林镇、王奔镇、双山镇，铁东区叶赫满族镇9个重点镇和梨树县榆树台镇、铁东区石岭镇2个辽河流域常住人口1万人以上乡镇11个污水处

12月22日，四平市南北河管理中心施工人员在南河河道市区段清淤作业

（四平日报社　供图）

理设施建设，全部运行。完成流域面积20平方千米以上的106条河流、自然水面面积1平方千米以上的4个湖泊管理范围划界、上图工作；编制完成《梨树县招苏台河岸线保护与利用规划》《双辽市西辽河岸线保护与利用规划》；全市畜禽粪污综合利用率86%以上，规模化养殖场粪污处理设施装备配套率100%；河流水系植树绿化697.5公顷；清理“四乱”问题15个，清理河道垃圾4.95万立方米，处理非法采砂案件51起。制定印发《四平市2020年清河专项行动实施方案》。市河长办单独或联合市辽河办、市农居办、市委督查室、市政府督查室开展督导检查15次，下达督办通知3期、督办单32份，并将发现的问题线索移交各属地政府整改。

【非法采砂专项治理】　四平市县（市）区水利部门在打击非法采砂专项治理行动中巡查494次，出动人员1799人次，车辆666台次，共处理非法采砂案件51起，其中移交公安机关4起，行政处罚45人，合计处罚金16.39万元，扣押挖掘机11台、铲车5台、运输车4台、三轮车6台、四轮车2台。

【南河一期综合治理】　南河一期综合治理工程治理河段为G1高速公路桥出口至六孔桥进口段，治理河道8362米、河道护岸17481米、两岸防汛路16633米，跌水工程1座、排水涵工程3座、农道桥工程3座。堤防压实修整2800米，河槽修整2.4千米，林廊路槽开挖566米，山皮石回填5294立方米，砼浇筑3170立方米，形成路面560米，完成投资465万元。

【北河综合治理】　北河综合治理工程治理河道4718米，河道护岸9397米，排（雨）水涵洞11座，清淤通道4处，下河台阶33处。堤防压实修整4468米，清理河道1.5千米，林廊路槽开挖1338米，山皮石回填5019.6立方米，砼浇筑1120立方米，形成彩色沥青路面200米，完成投资4939.92万元。

【辽河流域双辽市段新开河兴隆屯至西辽河汇合口堤防工程】　辽河流域双辽市段新开河兴隆屯至西辽河汇合口堤防工程位于双辽市卧虎镇境内，堤防护坡总长18288米，其中堤防石笼护坡15937米，植物护坡2351米。拆除重建穿堤涵洞1座。建设堤顶砂砾石路面16714米，改造上堤路33条。项目投资4248.9万元，其中中央投资下达3819万元。工程于2020年5月13日开工建设，工程建设全部完成。

【西辽河干流治理】　西辽河干流治理工程位于辽河三江口地区省界堤防双辽市段西辽河左堤，建设任务主要是在现有防洪工程基础上，通过加高培厚加固堤防、修建堤顶防汛路、护坡工程、护岸工程等措施，提高西辽河防洪体系的防洪能力。治理堤防长度29466米，治理塌岸险工4处；拆除排水涵洞1座；修建西辽河干流堤顶路面29466米，改造上堤路69条。工程投资10345.02万元，其中中央投资下达6000万元，省界投资下达3200万元。

10月23日，东辽河流域三级河长会议在梨树县召开

（王立国　供图）

【辽河流域管护】 辽河流域管护落实习近平总书记关于辽河流域污染防治的重要批示精神，抓好综合治理、系统治理、源头治理，把辽河流域项目建设作为加快补齐生态治理短板、筑牢生态保护支撑的关键。至年末，建成辽河流域水生态修复、水环境治理、水资源保护3类62个重点项目，辽河流域污染治理和保护工作得到生态环境部肯定，四平市被生态环境部确定为10个试点城市之一，谋划储备项目5类50个，总投资约40亿元。

【辽河流域梨树县东辽河重点段治理】 辽河流域梨树县东辽河重点段治理工程2019年开工建设，投资3.27亿元。治理工程范围为东辽河干流右岸5082米及东辽河左岸三间房至兴开河段，由东辽河干流堤防、险工护岸段、回水堤、干流堤防及回水堤上穿堤涵洞、河道内跌水工程组成。工程建设主要是加培堤防68697米，新建堤顶砂石路面14891米，治理穿堤涵闸22座，险工护岸12处，堤防护坡工程21.8千米22处。砂基砂堤渗控工程6段，采用水泥防渗墙措施4.04千米。双层地基渗控工程9段，采用背水侧减压槽措施2.97千米，主体工程全部完工。汲水河口上游段防洪标准达到20年一遇，汲水河口下游段防洪标准达到30年一遇。

【二龙山水库维修养护】 5月20日开工，6月20日完工。建设内容为对坝下、电站、一级保护区、尾水渠、溢洪道闸室、工农兵桥、坝下交通桥围栏除锈、喷漆、维修处理。输水洞围墙维修、防护网及玻璃更换。闸室、仓库、厂房维修线路、外墙粉刷等。工程批复投资33.78万元，实际完成投资33.78万元。

【伊通河综合治理】 位于伊通满族自治县主城区库伦大桥至九开大桥段，治理河道长度5913米，总投资2.94亿元。完成河道行洪断面为复式断面2776米，采用钢筋混凝土悬臂式直立挡墙护岸结合堤防防护结构，墙上设栏杆。土堤坡式护岸复式结构3137米，墙后设5米宽人行步道，人行步道外设堤防，迎水坡采用预制混凝土空心砌块内植草坪护坡，背水坡自然草皮护坡，堤防后为30米绿化带。翻板闸1座，液压升降坝2座，强排站3座，交通桥3座，清淤通道4处，码头5座，排水涵闸工程17座；城区段生态护坡及污染底泥清理工程投资5993万元，绿化面积9.6万平方米，清除河道淤泥71万立方米，水利工程总投资3.54亿元。

【伊通河重点段综合治理】 位于伊通满族自治县城区九开大桥至范家拦河闸段及库伦大桥上游500段，治理河道长度4792米，总投资3.19亿元。河道清淤、两岸加高培厚（新建）堤防总长度8012米，加高培厚后小桥子回水堤长1118米，堤顶设7米宽沥青混凝土路面，堤顶迎水侧每隔30米设置1盏路灯，迎水坡为联锁生态方砖结合草皮护坡，背水坡为草皮护坡，新建强排站1座，排水涵闸4座，新建下河台阶8处，下堤台阶14处，清淤路4条。伊通河管护河道总长10.71千米，河道两侧及周边环境绿化总面积约150公顷。投入资金

200万元，购置清雪铲车、扫雪车、清洗车、洗扫车、洒水车、垃圾清运车等管护设备59台。投入维修养护资金300万元，聘用专职管护员34人，临时雇工3400人次，负责伊通河城区段和伊溪湿地的设施设备的运行、检修和维护，绿化带的管理和养护，环境卫生的清理，冬季清雪、汛期防汛度汛等工作。10月，伊通河入选吉林省美丽河湖。

（王立国）

污染防治

【蓝天保卫战】 2020年，四平市落实国家蓝天保卫战三年行动计划，推进大气污染防治。抓工业污染防治，四平电厂、双辽电厂30万千瓦及以上燃煤发电机组超低排放改造完成，全市47台20蒸吨及以上非电燃煤锅炉全部安装污染防治设施和在线监测设备，淘汰10蒸吨及以下燃煤小锅炉885台，关停取缔“散乱污”企业25家。开展挥发性有机物产生企业摸底调查统计，全市184家加油站、95辆油罐车、1家储油库油气回收治理全部完成。源头治理管控，破解秸秆焚烧问题，坚持疏堵结合、标本兼治，印发《四平市2020年秸秆全量化处置工作实施方案》，严格落实网格化监管责任，推广“秸秆处置‘5+1’模式”，解决秸秆出口问题。抓机动车管控，建设机动车检测机构32家，非道路移动机械排查和核发号牌工作排在全省前列。在全省率先完成“黑烟抓拍”系统建设，24套抓拍设施与公安部门联网。抓扬尘管控，严格监控施工工地，从源头上遏制扬尘污染发生，道路机械化清扫率100%。提升应急处置能力，修订完善《重污染天气应急预案》，形成规范化模板，建立重污染天气监测预警应急体系、重污染天气预警预报平台，严格落实错峰起炉、错峰生产、“一厂一策”等措施，开展定期演练。

【碧水保卫战】 2020年，四平市以辽河流域污染治理与生态修复为重点，推进“两方案 一规划”。推行管家式服务模式，监管水污染处理设施，在全省率先推行水质分析研判制度，每月对全市52条河流57个断面采样监测、分析研判，采取精准管控措施。强化水资源管理工作，保护饮用水水源，划定3个地级、4个县级集中式饮用水源保护区，5个农村集中式、5个农村分散式水源保护区，从源头上保障饮水安全。科学管控生产用水，从严管理电力、钢铁、化工等重点行业用水定额，万元GDP用水量比2015年下降17.17%。发展节水高效灌溉农田2933.33公顷，农田灌溉水有效利用系数0.597。完成市区40个自备水源小区供水管网改造工程。提升水污染处理能力。全市建设污水处理厂（站）35座，设计处理能力34.01万吨/日；全市158家工业企业建设污水处理站168座，总处理能力达11.58万吨/日；9个工业开发区污水集中处理设施累计完成污水收集管网120.5千米。在全省率先完成各类排污口排查整治工作，排查污口583个，整治污口178个。

【黑土地保卫战】 2020年，四平市落实习近平总书记提出的“一定要保护好、利用好黑土地这一‘耕地中的大熊猫’”指示

治理后的伊通河新貌

（摄于8月7日 牛 杨供图）

精神，推进土壤污染防治工作，实现受污染耕地安全利用率不低于90%、污染地块安全利用率达90%以上的目标。全市重点抓9个重点镇、2个辽河流域常住人口1万人以上乡镇生活污水治理，划定畜禽养殖禁养区，禁养区内119户养殖企业全部搬迁关闭。抓农村人居环境治理，完成65个建制村农村环境综合整治。开展农用地土壤环境质量类别划分，推进受污染耕地安全利用和严格管控工作，完成67个建设用地地块信息采集，通过市级和省级质控。通过省级风险筛查，确定初步采样调查清单18个，更新公示土壤污染重点监管单位14家，未发现疑似污染地块。持续“清废行动”，监管涉重金属行业的污染防控，全市有3家涉重金属污染源企业，2家关停、1家处于停产，全域消除涉重金属行业“散乱污”现象，没有发生涉重金属重大及以上突发环境事件。实施全过程监管，市环保部门检查产废企业198家，结合疫情防控工作，加大对医疗废弃物监管力度，市、县、乡、村医疗废物处置率100%。

【城区噪声污染防治】 贯彻执行《中华人民共和国环境噪声污染防治法》和《声环境功能区划分技术规范》，通过“12369”受理噪声投诉65件，通过“12345”受理噪声投诉492件，通过110受理噪声投诉995件，办结率均100%。监督管理噪声源，四平市主城区施行全部禁止鸣笛，城区新增禁鸣交通标志33块，全市建设声屏障4276.8米，高2米。22个在建施工工地安装噪声自动监测系统，使用低噪声施工设备、隔声罩、隔声棚、移动声屏障等92个。监督管理社会生活噪声，绿色护考普通高等学校招生全国统一考试4500人。监督管理工业企业噪声，实施噪声治理工业企业4家，缴纳噪声税企业2家。

【环境安全保卫战】 2020年，四平市组织排查防汛、防台风、疫情防控、尾矿库等环境风险隐患，开展危险废物规范化管理督查考核工作，完善环境应急预案管理体系。10月，全市开展液氨泄漏应急实战演练；11月，市生态环境局与辽源生态环境局联合开展东辽河跨境水污染应急演练（柴油泄漏）。全年未发生突发环境事件。

（任桂红）

生态修复

【退耕还河】 四平市退耕还河土地9062公顷，开挖边沟约1000千米，安装围栏364千米，建设河流两岸保护带1903公顷。

【水源涵养林建设】 四平市完成条子河、昭苏太河水源涵养林417.6公顷。整治完成绿盾自然保护区问题151个和侵占破坏生态环境问题53个。

（任桂红）

【水土保持】 计划新增水土流失治理面积172平方千米。其中，市本级14平方千米；梨树县62平方千米；伊通满族自治县56平方千米；双辽市40平方千米。完成新增水土流失治理面积197.88平方千米。其中，市本级22.42平方千米；梨树县62.06平方千米；伊通满族自治县56.64平方千米；双辽市

9月24日，市水利局在山门水库开展增殖放流活动

（王立国　供图）

56.76平方千米。年度水土保持措施新增减少土壤流失量25.77万吨，其中市本级1.12万吨，伊通满族自治县3.15万吨，双辽市21.5万吨。

【水土综合治理】 2020年，四平市分别在梨树县和伊通满族自治县开展国家水土保持重点工程，均完成国家下达的任务指标。上年度2019年梨树县侵蚀沟综合治理工程完成100%（待验收）。2020年，完成侵蚀沟综合治理工程量的90%。国家水土保持重点工程伊通满族自治县2020年侵蚀沟综合治理工程的治理任务2.52平方千米，全部完成综合治理任务。全市完成水土保持预防保护面积1087.21平方千米。新建绿化带面积1.59平方千米，保护性耕作1068.59平方千米。

（王立国）

【矿山地质环境恢复治理】 经市政府八届六十四次会议批准，拟在四平市铁东区开展3处矿山地质环境恢复治理项目，为市政建设提供建筑石料。开展1个项目，地勘单位编制完成《矿山地质环境恢复治理方案》，上报省自然资源厅评审。

（娄　特）

【水资源管理】 完成2019年度实行最严格水资源管理制度自查及对所辖县（市）考核工作，上报省考核办。经省政府审定，四平市全省排名第三。下发《关于做好2020年度实行最严格水资源管理制度考核准备的通知》，结合省、市考核方案及重点工作任务，对各县（市）、区督导检查。2020年，用水总量5.8亿立方米，万元GDP用水量110.26立方米，万元工业增加值用水量63.3立方米，农田灌溉水有效利用系数为0.595。二龙山水库经过科学调度，全年为东辽河下游生态补水2.54亿立方米，市区南北河生态补水1388万立方米。按照《四平市区地下水超采区治理实施方案（2020—2021年计划）》，落实水量和水位管控措施。水利部印发《水利部办公厅关于2020年第二季度全国地下水超采区水位变化情况的通报》，四平市超采区水位回升位于全国108个浅层地下水超采区的第2位。省水利厅印发《吉林省水利厅关于2020年第二季度地下水超采区水位管控效果的通报》，对四平市地下水超采区治理管控工作给予通报表扬。

梨树县孟家岭镇马油坊村“废矿坑”复绿后变成“小天池”

（费季为　摄于6月20日）

【水土保持监管】 按照《水利部关于进一步深化“放管服”改革全面加强水土保持监管意见》《水利部办公厅关于印发生产建设项目水土保持监督管理办法的通知》要求，落实优化审批、简化验收报备等项规定。审批工作由政务大厅一站式受理，按照审批流程和时限办理，报批申请、送审方案、审查意见、批复文件等各要件齐全，档案管理规范，批复项目录入系统准确。全年，审批生产建设项目水土保持方案47个，其中四平市本级7个，梨树县10个，伊通满族自治县24个，双辽市6个。水土保持设施验收备案11个，其中四平市1个，伊通满族自治县9个，双辽市1个。

【《水土保持法》宣传】 5月10日，采用分散宣传的方式利用彩色LED大屏幕滚动播出《中华人民共和国水土保持法》《吉林省水土保持条例》，在市区主要街道、南北河桥头等处悬挂水土保持宣传标语，制作水土保持图解和宣传展板，出动宣传车到全市各个主要街道流动广播宣传，制作宣传《水土保持法》的重点法律内容在四平市有线电视台播放。

（王立国）

环境监管

【概况】 2020年，四平市落实行政执法“三项制度”，健全以“双随机、一公开”监管为基本手段、以重点监管为补充的监管机制，全年随机抽查738家次，任务完成率、信息公开率100%。出台《畅通信访渠道解决生态环境信访问题实施方案》，规范信访举报全过程流转程序，构建钉钉平台转办系统。落实《环评法》《建设项目环境保护管理条例》和《建设项目环境影响评价分类管理名录》，全年办理审批建设项目65个。全年整改完成中央生态环境保护督察和省级生态环境保护督察交办的反馈问题和信访案件977个，完成率100%。中央和省级“回头看”反馈的483个问题和信访案件，完成467个，完成率97%，其余16个按程序和要求落实到相关部门，督导按期完成。

【污染源普查】 完成第二次全国污染源普查工作。普查对象数量4945个（不含移动源）。其中，工业源2657个；畜禽规模养殖场1103个；生活源1168个；集中式污染治理设施11个；以行政区为单位的普查对象数量6个。污染物排放量中，水污染物排放量包括化学需氧量5.41万吨，氨氮0.13万吨，总氮0.46万吨，总磷0.07万吨，动植物油449.34吨，石油类10吨。大气污染物排放量包括二氧化硫1.74万吨，氮氧化物3.19万吨，颗粒物5.09万吨，挥发性有机物1.43万吨。9月27日，国务院第二次全国污染源普查领导小组办公室印发《关于表扬第二次全国污染源普查表现突出的集体和个人的决定》，四平市生态环境局被评为“第二次全国污染源普查表现突出的集体”。

【环境违法整治】 四平市采取查封扣押、限产停产、移送行政拘留等处罚措施，行政执法与刑事司法衔接，打击环境违法犯罪行为。全年办理生态环境领域行政处罚案件29件，查封扣押1件，限产停产1件，移送行政拘留3起。受理群众信访举报件297件，办结反馈率100%。

（任桂红）

【生态环保问题整改】 2020年，涉及发展改革委员会中央环境保护督察组督察反馈问题5个、省级生态环境保护督察组督察反馈问题11个。市发展改革委员会制定整改工作方案3个，建立责任清单，整改完成督察反馈问题19个。完成秸秆肥料化、饲料化、基料化、能源化及原料化“五化”利用量378.25万吨，“五化”利用率69.26%，超额完成省定目标67%。辽河流域南北河生态修复等11个污染治理项目及金钢钢铁设备改造等20个耗能项目列入“十四五”规划。市监管局配合市直相关部门，整改环保督察反馈问题，落实“禁塑”工作任务，开展煤炭质量监管、祭祀用品专项整治以及成品油市场专项整治，开展10蒸吨以下燃煤锅炉取缔工作“回头看”，办结省级环保督察信访案件2件，市信访局交办环保相关信访件1件。组织成品油及车用尿素监督抽检48批次，依法处置不合格产品6批次。开展塑料制品监督抽检56批次。检查经营煤炭市场主体72户，抽检煤炭33批次；检查经营祭祀用品市场主体150户，收缴封建迷信祭祀用品20车。

（刘勇　陈思）

教　育

EDUCATION

综　述

【概况】 2020年，四平市落实立德树人根本任务，补齐普惠性学前教育短板，深化普通高中教育教学改革，推动中等职业教育健康发展，加强中小学教师队伍建设，做好校园新冠肺炎疫情防控工作，抓好宪法宣传教育工作。高考本科一批进线率比2019年提高1.62个百分点，本科二批进线率提高2.5个百分点。实现四平市高考、中考、教师资格证考试等15次大型考试、10万余名考生零事故、零舆情、零疫情的工作目标。完成36所城镇小区配套幼儿园治理，完成率100%。推进“1+X”证书制度试点改革。落实保障义务教育教师工资待遇。全市有各级各类学校1178所（含幼儿园），教职工26986人，专任教师21232人，在校生229699人。

8月18日，全市教育系统深入学习贯彻习近平总书记考察吉林重要讲话重要指示精神，以党支部联系点撬动支部《条例》落实推进会议在市实验中学报告厅召开

（郭 旋 摄）

【教师队伍建设】 落实教师资格制度，施行“特岗招聘计划”，做好2020年服务期满的特岗教师转岗安置工作。推进省、市级骨干教师队伍建设，第36个教师节市教育局评选表彰255名优秀教师和55名优秀教育工作者。实施“万名大学生留平计划”“特岗计划”，招聘农村特岗教师354人。9月末前，实现“义务教育教师平均工资收入水平不低于当地公务员平均工资收入水平”的工资目标。印发《四平市减轻中小学教师负担工作规则》。市教育局通过公费师范生招聘、高校人才引进等形式为市直学校招聘教师109人。

【困难学生认定】 资助政策宣传渠道，落实家庭经济困难学生的认定工作。健全学生资助制度，完善家庭经济困难学生认定工作组织领导体制，公平、公正、公开地做好家庭经济困难学生认定工作，对家庭经济困难学生实现“应助尽助”。全市认证贫困学生55957人，资助资金4286.23万元。

【网上教学】 根据教育部和省

教育厅的部署，按照“疫情防控为重、分析研判为先、分类施策为要”的原则，制定下发《关于做好疫情期间推迟开学工作预案的通知》《关于在疫情防控期间利用线上开展教学活动的通知》等文件，发挥“互联网+教育”的作用。四平市教育学院发挥教研、培训、技术等方面的优势，培训全市教师4117名。各中小学利用微信群、QQ群在线学习本校网上教学实施方案，在线集体研讨，制定教学进度、安排作息时间、确定授课内容，同年组同学科教师在群中进行集体备课，编好导学案，提前一天发放给学生，做好预习。2月24日至6月11日，市教育局组织全市中小学开展网上教学，实施网上给学生面对面授课。设定直播课堂为主，利用微信群推送微视频、播放教学视频、推送相关音视频资源和电视视频学习等形式为辅的教学模式，全市近18万名学生进行网络课堂学习。

【教育督导】 市政府教育督导室注重发挥“督政、督学、评估监测”三位一体的职能作用，监督保障全市教育事业健康发展。5月，市政府教育督导室与市直6个部门组成督查组，检查25所各级各类学校（幼儿园）疫情防控和开学条件保障准备工作。根据省委、省政府文件要求，调整市政府教育督导委员会成员单位，由18个单位组成，明确督导委员会的工作规程，遴选聘任46名市政府督学，组织全市30名督学参加吉林省新任督学任职资格培训。开展各类专项督导和随机督导工作，督导检查县级政府履职、城乡义务教育一体化改革发展、幼儿园办园行为三项工作。11月，顺利通过国家督查组对市级人民政府2020年履行教育职责情况的实地督查验收。

【招生管理】 实施“阳光招生、平安考试、健康考试”工程，推动考试安全治理体系和治理能力建设。在新冠肺炎疫情常态化下进行组考工作，建立联席会议机制，齐抓共管、联防联控，完成教育招生考试15项。探索中考改革，完善中考信息管理系统；推进高考改革，做好高职分类和高职扩招专项考试工作。完成国家教育考试考务指挥中心及市本级标准化考点的电子监控巡查系统数字高清升级改造。

【校园安全管理】 根据全市各校工作实际，制定12项安全应急预案，定期组织开展以逃生为主的安全应急演练活动；开展以“消除事故隐患，筑牢安全防线”为主题的“护校安园”“安全生产月”和“白山松水安全行”工作；开展以保护青少年健康成长为主要内容的“扫黄打非”系列工作；开展校车摸底排查、治理工作，做到一车一档、一人一档；教育系统“雪亮工程”校园校车监控平台接入市级平台和省教育厅平台。联合公安、交通、交警等相关部门，排查校门及校园周边道路、设施等交通安全状况，保障学生上下学乘车的交通安全。与市文化市场综合执法支队等组成联合检查组，专项检查全市学校网络安全情况和校园周边文化市场；与市委政法委、市公安局、市应急局联合组成“护校安园”联合检查组对全市各级各类学校、幼儿园进行“平安校园”建设督导。市教育局完善《防治学生欺凌工作预防机制》《防治学生欺凌工作处置机制》《防治校园欺凌工作考评机制》。

【教育“三乱”治理】 市教育局下发《关于严禁违规组织征订教辅资料的通知》，严禁教师组织或变相组织学生和家长到指定商家购买教辅资料和学习用品。严格执行“一教一辅”规定，严禁教师以各种方式强迫学生及家长购买其他教辅资料；落实国务院《督查工作信息》的督办意见，部署各级各类学校对照督办意见开展收费项目自查，教育部门进行实地检查；重要时间节点开展“乱办班、乱补课”专项整治行动；节假日前，有针对性地开展师德师风专项治理；做好各级各类招生考试、教师评聘、特长生加试的监察工作。

【民办教育】 民办教育放宽办学准入条件，社会力量投入教育，不属于法律法规禁止进入以及不损害第三方利益、社会公共利益、国家安全的领域，不加以限制。办学启动资金等不做严格控制，吸引社会资金进入教育领域举办学校。依照《中华人民共和国民办教育促进法》《中华人民共和国民办教育促进法实施条例》和《四平市校外培训机构设置标准实施细则（试行）》规定要求和审批程序依法开展工作。依照相关法律法规，规范校外培训机构教师行为。监管民办教育机构办学行为，通过“双随机、一公开”执法检查、日常检查与定期检查相结合，督促民办学校加强食品卫生、防火设备及安全标识等安全设施的管理与维护。至年末，四平市有各级各类民办学校、校外培训机构、托幼机构 725 所，其中民办学校 14 所，校外培训机构 357 所，民办幼儿园 354 所。

（李　建）

学前教育

【概况】 2020 年，学前教育主要做好新冠肺炎疫情防控时期网络培训、开园相关工作、全国第九个学前教育宣传月系列活动。开展市级示范园复检，县（市）区级示范园、达标园和普惠性民办幼儿园抽检工作，完成四平市 36 所城镇小区配套幼儿园治理任务，新认定 128 所普惠性民办幼儿园，提高全市普惠性幼儿园覆盖率。全市有幼儿园 414 所（个），在园幼儿 34753 人，教职工 4890 人，其中园长 484 人，教师 2228 人，保健员 241 人，保育员 1274 人，其他 663 人。

【学前教育专题培训】 3 月 1 日，市教育局采取线上直播的方式举办以疫情之下整装再发为主题的全市幼儿园园长、保教人员、保健员网络培训。培训围绕幼儿园科学开展消杀、摸底排查教职工和幼儿家庭健康状况、线上指导家长对居家幼儿科学保教、制定职工返岗和幼儿返园规范、实施科学保教课程、做好家长沟通工作等进行讲解，就幼儿园做好疫情防控，疫情阶段开园前、开园后应对，教学管理和家长工作进行系统培训。全市 2000 名学前教育人员观看直播，并于 3 月 26 日开展了 2020 年吉林省学前教育教研指导责任区网络教研活动暨四平市“家园共育”网络主题论坛活动。

【学前教育宣传月系列活动】 “六一”儿童节当天，四平市教育局采取“线上直播”的方式，在四平市实验中学举行 2020 年学前教育宣传月活动启动仪式。市委组织部常务副部长、市委教育工委书记、市教育局党组书记张赤出席仪式，全市幼儿园园长、保教人员等近 2000 人参加。开展四平市幼儿园亲子游戏案例评选，通过网络平台指导家长开展亲子活动、室内游戏活动；成立专家组，依据评选标准、程序，遵循公平、公正、公开的原则，评选出一等奖、二等奖和优秀奖，表彰许海燕等优秀指导教师。开展专家讲座，邀请第十三届宋庆龄幼儿教育奖提名奖获得者、四平市学前教育专家组组长、四平市政府机关幼儿园园长孙颖就学前教育开展《疫情之下的家园共育》专题讲座。通过微信、QQ、钉钉等网络平台，结合学前教育特殊性，采取“一研二交三指导”（学前教育专家线上与幼儿园教师进行教学研讨；幼儿园教师线上教孩子开展游戏活动，教家长科学

表 28　2020 年四平市幼儿园基本情况统计表

单位：人

县（市）区	园数（个）	教职工中专任教师数	在园幼人数	入园幼人数
梨树县	93	382	8255	4867
伊通满族自治县	62	407	5792	2084
双辽市	109	397	9097	3232
铁东区	78	475	5370	951
铁西区	72	567	6239	1125
合　计	414	2228	34753	12259

（李　建）

制定安排幼儿一日生活；幼儿园教师线上指导家长开展亲子活动、室内游戏等活动）方式，宣传普及疫情防治知识和防控要求。

【普惠性民办幼儿园认定】 四平市根据吉林省普惠性民办幼儿园认定管理办法，开展2020年普惠性民办幼儿园认定工作，新认定128所普惠性民办幼儿园。至年末，全市有普惠性民办幼儿园235所。

（李　建）

义务教育

【概况】 2020年，推进城乡义务教育一体化发展，对口帮扶乡镇中心校，建立大学区对口帮扶乡镇中心校建设工作机制。各县（市）区政府贯彻落实义务教育"以县为主"的管理体制，加大财政投入。抓根本、补短板、敢创新、促改革，规范学校办学行为、提升教育教学质量、完善控辍保学机制、消除超大班额现象，义务教育发展呈现"一县一品""一校一特"新格局。全市有小学602所，招生13481人，在校生94725人，教职工10535人，其中专任教师9079人。全市有初中114所，招生13527人，在校生51966人，教职工7225人，其中专任教师6230人。

【规范招生入学行为】 全市规范招生入学行为，建立招生工作预警制度。招生工作开始前，全市有14所义务教育学校向社会发出学位预警，合理引导家

表29　2020年四平市小学学校基本情况统计表

单位：人

县（市）区	学校数（个）	毕业生数	招生数	在校生数	教职工数	专任教师数
梨树县	207	4755	3772	31561	3208	2556
伊通满族自治县	149	3115	2238	16995	2216	2038
双辽市	171	2979	2864	18934	2461	2149
铁东区	50	1537	2135	13258	1333	1220
铁西区	25	1620	2472	13977	1317	1116
合　计	602	14006	13481	94725	10535	9079

（李　建）

表30　2020年四平市初中学校基本情况统计表

单位：人

县（市）区	学校数（个）	毕业生数	招生数	在校生数	教职工数	专任教师
市　直	1	—	—	—	21	8
梨树县	39	6554	4168	17016	1931	1555
伊通满族自治县	24	4082	3026	10412	1365	1304
双辽市	27	4139	2793	10286	1310	1147
铁东区	15	2743	1758	7234	1103	965
铁西区	8	2433	1782	7018	874	693
合　计	114	19951	13527	51966	6604	5672

（李　建）

10月21日，四平市开展中小学“抗疫历风雨 常态学雷锋”现场观摩活动。图为六马路小学特色教学展示

（马 莉 摄）

长预期、有序分流生源。执行公民同招政策，7月13日至15日，伊通满族自治县教育局在珍珠球馆进行全县公办民办义务教育学校招生工作说明，面向社会公布各学校的学位空余情况。7月13日，铁西区教育局在纪检监察部门和学生家长的全程监督下，组织民办学校电脑随机派位，超出招生计划的652名学生通过随机派位的方式确定入校学生。

【控辍保学】 市教育局联合市扶贫办等9部门下发《四平市贯彻落实教育部等十部门加强控辍保学工作健全义务教育有保障长效机制若干意见实施方案》，完善相关单位（部门）的职责，将实施方案细化落实，解决因学习困难、家庭贫困、外出打工、疫情影响而辍学的问题。各县（市）区教育局每周上报《四平市义务教育阶段建档立卡适龄儿童、少年失学辍学情况周报表》，准确掌握各地建档立卡贫困家庭义务教育阶段适龄儿童、少年失学辍学情况，做到底数清、情况明。实行动态监管，具体责任人为班主任，主要责任人为校长。从10月29日起至12月31日止，各县（市）区教育局在每个工作日上报建档立卡学生接受义务教育动态监管情况统计表。上报表有变化，说明变化原因；有问题，上报解决问题的办法和结果。

【“温馨村小”建设】 四平市根据省教育厅要求，总结“温馨村小”（温馨乡村小学）建设工作，遴选“温馨村小”典型案例10个。9月22日，下发《关于推广学习四平市“温馨村小”典型案例的通知》，推进县（市）区各校乡村温馨校园建设。

【教育关爱特殊群体儿童】 针对疫情期间随迁子女和留守儿童的心理健康问题，开展教育关爱工作，做好心理干预，指导学生学习生活。全年接待心理咨询3668人次，进行家校沟通4188人次，对5330人进行生活关照。复学复课后走访3326户（人），建立QQ群513个、微信群1766个，通过QQ群、微信群沟通4500次，受益家庭（学生）6132户（人）。

（李 建）

普通高中教育

【概况】 2020年，全市高中学校推进高中新课程改革和高考综合改革，提高教育教学质量。组织开展疫情防控期间的网络集体备课活动，线上参加活动总人数1550人；组织开展学科专家组研讨会、市直普通高中高三备考调度会、四平市普通高中新教材说课大赛、小初高学科教学衔接活动。组成学习考察小组到吉林市、抚松县学习教育教学管理工作，举办四平市新高考改革管理者高级研修班培训活动。至年末，全市有高中20所，招生13106人，在校生35645人，教职工2584人，专任教师2293人。市直属高中4所，教职工947人，专任教师867人，在校生11209人。全市参加普通高考总人数为11430人，其中高职单招考试报名人数3461人。600分以上人数302人。本科一批进线人数1306人，本科一批进线率16.39%，比2019年提高1.62个百分点；本

表 31　2020 年四平市高中学校基本情况统计表

单位：人

县（市）区	学校数（个）	毕业生数	招生数	在校生数	教职工数	专任教师
市　直	4	4001	3948	11209	947	867
梨树县	7	3016	4059	10617	925	815
伊通满族自治县	6	2636	3185	8528	904	774
双辽市	3	1649	1914	5291	429	395
合　计	20	11302	13106	35645	3205	2851

（李　建）

科二批进线人数 5622 人，本科二批进线率 70.55%，比 2019 年提高2.5 个百分点。

【网络教学交流研讨】 2 月 19 日至 20 日，高中各学科教研员在主备学校确定中心发言人，围绕新冠肺炎疫情期间的授课内容进行网络集体备课活动，各科专家组成员、各校学科组长进行评析和研讨，共同设计备课方案和导学案。3 月 16 日至 18 日，举办 2020 年学科专家组研讨会，制定本学科教研工作计划、总结 2019 年高考经验及 2020 年高三复习备考策略、了解各校 2020 年高考改革准备情况。

【高考综合改革专家队伍建设】 8 月 24 日，下发《四平市教育局关于建设高考综合改革工作专家库的通知》，全市范围内采集相关专家信息，建设四平市高考综合改革工作专家库，发挥专家学者在高考综合改革政策咨询、推进等方面的作用。

【高考综合改革研修培训】 11 月，组织高考综合改革管理者培训，了解高考综合改革的政策与趋势，学习借鉴辽宁地区高中学校教育教学管理的实践经验，探索新形势下的高考综合改革模式，解决高考综合改革政策、选课走班、个性化教学等问题。

【高中初中学科联合教研】 11 月，分别开展四平市初中高中语文、物理学科联合教研，探索新课程新高考背景下的教学模式，解决初中和高中部分学科教育衔接问题，明确教学方向，促进教学有效衔接，实现教学一体化。

【办学条件评估填报】 3 月 6 日，下发《关于开展基于“3+1+2”选科模式的全省普通高中办学条件评估工作的通知》，指导各县（市）教育局、市直各高中学校在线填报普通高中学校办学情况，把好审核关，为四平市推进高考综合改革做好准备工作。

【新教材说课大赛】 10 月至 11 月，组织开展 2020 年四平市普通高中新教材说课大赛，检验新课程方案和课程标准在课堂教学中的落实情况和各学科教师对新教材的理解使用情况，促进四平市高中教师专业发展和骨干教师队伍建设，推进新课程改革。

【省重点高中】 至 2020 年年末，四平市有省级示范性高中 2 所，即四平市第一高级中学、四平市实验中学。省重点高中 5 所，即四平市第一高级中学、四平市实验中学、梨树县第一高级中学、伊通满族自治县第一中学、双辽市第一中学。纳入重点管理序列的高中 2 所，为四平市第三高级中学、四平市郭家店镇高级中学。

四平市第一高级中学在校生数 3981 人，教职工 328 人，其中专任教师 323 人，毕业生 1423 人。2020 年，四平市第一高级中学高考成绩，600 分以上人数 214 人，本科一批进线人数为 655 人；本科二批进线人数为 1388 人。5 人考入清华大学。全国中学生奥林匹克数学、物理、化学、生物学科竞赛中四平一中获省一等奖 17 个，位居全省第四位。

4月8日，四平市第一高级中学学生在新冠肺炎疫情防控期间有序入校

（李刚　摄）

四平市实验中学在校生数3730人，教职工317人，其中专任教师260人，毕业生1390人。特级教师3人、正高级教师5人、副高级教师125人，省学科带头人、省骨干教师33人，市教学标兵、市教学能手23人，市学科带头人、市骨干教师48人。2020年高考，1名学生获得四平市文科第一名。

梨树县第一高级中学有教学班73个，在校学生近4000人，任课教师238人，其中正高级教师1人，高级教师104人，中级教师119人。有省学科带头人2人，省骨干教师7人，省级教学新秀2人，市级学科带头人和骨干教师21人，有90余名教师获国家及省、市先进教师称号。

双辽市第一中学设校区2个，占地面积近11万平方米，建筑面积4.04万平方米。学校有教学班58个，学生3100人，教职员工285人，专任教师232人，其中高级教师85人，一级教师104人，省级和市级骨干教师53人。2020年，双辽一中高考报考人数1060人，进入本科线以上984人，600分以上人数21人。其中，本科一批进线人数（不含体艺生）145人，进线率13.68%；本科二批进线人数984人，进线率92.83%。理科最高分664分，文科最高分598分。

伊通满族自治县第一中学占地面积45000平方米。学校有教学班54个，在校学生3050人，其中住宿生548人。有教职工256人，其中专任教师246人，正高级教师3人，高级教师79人。学校有吉林省专家型校长1人、全国优秀教师1人、吉林省学科带头人1人、省市劳动模范3人、省教学新秀以及四平市教学标兵、教学精英、教学能手、骨干教师等30余人。2020年，学校高考成绩600分以上44人，本科一批进线人数241人，本科二批进线人数987人。理科最高分666分，省内排名510名；文科最高分622分，省内排名217名。

（李　建）

特殊教育

【概况】 2020年，全市扩大非义务教育阶段特殊教育办学规模，构建从学前到义务教育到普通高中、职业教育各学段衔接的特教办学体系。特殊教育精准施策，提升普及程度，根据残疾学生残疾程度选择特教学校就读、普通学校随班就读和送教上门，实现零拒绝、全覆盖。落实县级政府主体责任，巩固义务教育普及成果，教育行政部门会同残联机构摸底排查辖区内适龄残疾儿童少年入学需求，登录名单，对未入学残疾儿童实施“一人一案”，安置合适的教育，辖区内未入学适龄残疾儿童应入尽入。推进普通学校随班就读工作，发展“融合教育”，送教上门，拓宽“教育教学”覆盖面。全市有特殊教育学校7所，即四平盲童学校、四平市聋哑学校、四平市铁西区特殊教育学校、四平市育文学校、双辽市特殊教育学校、梨树县特殊教育学校、伊通满族自治县特殊教育学校。学校在校学生825人，教职工350人，其中专任教师316人。

【保障特殊教育经费】 2020年，四平市完善特殊教育经费保障机制，实施残疾学生免费义务

表 32　2020 年四平市特殊教育学校基本情况统计表

单位：人

县（市）区	学校数（个）	毕业生数	招生数	在校生数	教职工数	专任教师
市　直	2	56	36	224	166	143
梨树县	1	18	6	118	58	58
伊通满族自治县	1	5	23	172	25	24
双辽市	1	14	21	142	45	39
铁东区	1	4	4	53	23	22
铁西区	1	8	25	116	33	30
合　计	7	105	115	825	350	316

（李　建）

教育，义务教育阶段特教学校生均预算内6000 元公用经费标准落实到位，加大特殊教育学校资金投入，帮助特殊教育学校完善教学设施和教学环境。

【残疾儿童招生入学】 做好残疾儿童招生入学工作，组织各县（市）区教育局核查本地残疾儿童的入学情况，将入学情况填报残疾儿童入学情况监测系统，监测残疾儿童就读情况。采取特教学校就读、普通学校随班就读、送教上门等方式，安置义务教育阶段需要安置的残疾儿童少年，安置率 100%。

【特殊资源教室建设】 推进特殊教育资源教室建设，建立财政为主、社会支持、全面覆盖、通畅便利的特殊教育服务保障机制，市教育局、市财政局等部门加大特殊教育资金投入。10 月，完成四平市第五中学资源教室建设。

【特殊教育二期提升计划调研】 9 月 11 日，市教育局到四平盲童学校、四平市聋哑学校开展2020 年秋季开学和特殊教育二期提升计划调研，听取 2020 年秋季开学和特殊教育二期提升计划落实情况汇报，采取“看实地、查资料、听常课、研方法”的形式，同四平盲童学校、四平市聋哑学校的领导班子召开调研座谈会，征求基层学校的意见和建议。

【教师培训】 以国培计划、省培计划和县级全员岗位培训为依托，实行外出培训与继续教育、校本培训相结合策略，增加培训经费。四平盲童学校全年有 2 名教师参加全国通用盲文培训；全校教师参加市教育学院组织的特教线上培训（副校长雷继民作为主讲专家进行专题讲座）；进行校内 LED 显示屏制作培训、通用盲文培训、校内功能教室使用培训 3 次。四平市聋哑学校有 3 人次参加区县骨干教师提升培训项目；有 2 人次参加“研培结合”培训模式探索项目；有 1 人次参加特殊教育教师专业技能提升培训项目。

【四平盲童学校】 12 月 2 日，四平盲童学校参加吉林省特殊教育学会成立大会暨高端特教论坛会议，校长陈喜彪被选为副会长，学校成为理事单位。学校逐光管乐团受到省残联邀请参加“共享芬芳·共铸小康”吉林省庆祝第 29 个国际残疾人日文艺演出。学生陈艳新和耿永生分别获全国线上挑战赛盲生花样跳绳第 6 名和第 10 名（全国 5000 余名选手参赛）；副校长雷继民代表吉林省参加教育部和国家语委组织的经典诵读大赛，获全国三等奖。至年末，四平盲童学校在校生 259 人，教职工 118 人，其中专任教师 107 人，应届毕业生 98 人。

【四平市聋哑学校】 2020 年，学校把握教学主旋律，以教学工作为中心，针对教育对象的特殊性，满足残疾学生特殊教育需要，培养聋生语言交流能力，学校根据听障学生的特点，加强手语教学，推进笔谈交流教学，分阶段对学生进行笔谈训练。有一定残余听力的轻、中度听障学生以语言康复为主。学校为有残余听力的聋生配置无线聆听系统，通过先进的教学设备和训练，使部分有残余听力的学生有更多说的机会。学校开展全校微课、汇报课、青年教师基本功大赛等教学活动，给教师提供展示的舞台和交流互动平台。至年末，四平市聋哑学校有教学班12个，其中学前班1个、义务阶段教学班9个、高职班2个。在校生98人，教职工48人，其中专任教师36人，应届毕业生29人。

（李　建）

民族教育

【概况】 至2020年年末，全市有独立设置的民族中小学校（幼儿园）35所，其中满族高中1所，满族初中12所，蒙古族初中1所，满族九年一贯制学校3所，朝鲜族九年一贯制学校1所，满族小学13所，蒙古族小学1所，回族小学2所，满族幼儿园1所。全市民族中小学校（幼儿园）在校生17167人；教职工2420人，其中专任教师2267人。

【民族优秀教学成果】 组织四平市民族学校参加全省“民族教育优秀教学成果”征集活动，伊通满族自治县满族高级中学的“满族文化教育资源”、双辽市蒙古族中学的“开设马头琴课程加强传统文化教育”获省级优秀教学成果奖，其中伊通满族自治县满族高级中学的“满族文化教育资源”被省教育厅推荐参加教育部民族教育发展中心举办的“首届民族教育优秀教学成果评比及展示活动”。双辽市参与省教育厅的《吉林省蒙古族教育四十年（1980—2020）》编写工作，完成双辽市蒙古族教育四十年来发展情况总结。

【友好学校结对】 2020年，市教育局组织双辽市蒙古族中学和双辽市那木斯乡蒙古族中心小学参加吉林省与内蒙古自治区有关旗（县）教育局及蒙古族中小学校（幼儿园）开展的创建友好单位工作，分别与内蒙古通辽市科左后旗蒙古族实验中学和内蒙古通辽市科左后旗蒙古族实验小学结为友好学校。

【教师培训】 四平市在全市民族中小学校（幼儿园）开展民族教育风采展示及总结表彰活动、民族中小学校校长和教师培训活动。组织蒙古族学校骨干校长、教师参加“吉林省蒙古族基础教育科研名师领雁工程”，朝鲜族学校骨干教师参加“全省朝鲜语文学科教师专业素养提升高级研修班”，朝鲜族学校教师参加教育部举办的民族地区中小学教师国家通用语言文字教学能力提升在线示范培训。

（李　建）

中等职业教育

【概况】 2020年，四平市关注《职业生涯规划》《职业指导》教育质量，引导中等职业学校通过优秀员工座谈、企业家讲座以及优秀毕业生经验交流等方式，培育学生创业意识与创业精神，开拓学生就业创业视野，提高学生的岗位迁移能力。组织各中等职业学校参加省、市职业技能竞赛，提高学生的整体技能水平。5所中等职业学校建设8个职业启蒙教育基地，即服务类的护理、幼儿美术与电脑艺术、柳条编与剪纸职业启蒙基地；制造类的综合布线、激光内雕与网络直播，机械加工，激光技术与汽车维修，数控、焊接、汽修职业启蒙基地以及农业类的农业与园林职业启蒙基地。3所中等职业学校7个专业的430人被教育部批准参与“1+X”证书制度试点。四平市职教中心被省教育厅、省财政厅和省人社厅确定为吉林省现代职业教育改革发展示范学校；伊通满族自治县被教育部等6部门确定为第五批国家级农村职业教育和成人教育示范县。全市中等职业学校创业学生总数193人，创业率6.0%，较2019年上升3.6%。至年末，全市有中等职业学校21所，教职工1537人，其中专任教师1187人，在校生11785人。市直属中等职业学校7所，教职工642人，其中专任教师479人，在校生5905人。

【“乡里农创园”认定】 市教育局会同市发展改革委、市农业农村局培育和认定四平市级“乡里农创园”10个，其中5个被省发展改革委、省教育厅和省农业农村厅联合认定为省级“乡里农创园”。

【职业技能竞赛】 市教育局组织参加吉林省职业院校技能大赛，获得一等奖1个、二等奖13个、三等奖10个。组织全市中等职业学校技能大赛，设12个专业、30个赛项，比赛为期1个月，评出213名获奖学生、48名优秀指导教师、6名先进个人和6个优秀组织单位。

【全民终身学习活动周】 推进学习型城市建设，组织2020年四平市全民终身学习活动周，有4人被评为吉林省百姓学习之星，5个单位被评为全民终身学习活动周工作先进单位，6人被评为全民终身学习活动周工作先进个人。

【校企对口合作】 全年四平市中等职业学校与省内外256家企业开展合作，共同培养技术技能人才，其中包括烟台富士康、中粮家佳康、一汽汇众、厦门金龙汽车、大连海尔集团、吉利汽车、青岛五菱汽车、北京福田汽车、京东商城等国内知名企业。指导全市中等职业学校聘请行业、企业一线专家和技术人员到学校兼职授课，参与教材编写和教学模式改革，将行业、企业的先进技术及先进理念引进课堂。

【规范学校实习管理】 遵照《教育部等五部门关于印发〈职业学校学生实习管理规定〉的通知》要求，规范中等职业学校实习管理工作。各学校设置实习管理部门负责学生实习管理，与实习单位签订实习协议，学生实习期间的定期检查、考核评价、信息反馈等档案资料齐全。全市中等职业学校做好学生实习期间的跟踪、随访工作，采用回访谈心、电话联系、网上交流等形式与学生及实习单位联系，了解学生实习的整体情况。

【职业技能培训】 开展职业技能培训，围绕行业、产业发展需要，发挥中等职业学校培训服务功能，为全科医师、在岗护士、基层卫生工作人员举办医学及口腔培训，针对在岗职工、待岗工人、农民工进行实用技术培训；利用各校优质的实训场地和设备，开展系列技能交流活动；开展多形式、多渠道、多规格的短期实用技术培训。针对不同群体开展电子商务网络销售培训、新型职业农民培育工程、农村劳动力培训、农技工培训、育婴员培训、电焊工培训、农民创业培训等扶贫培训。2020年，完成贫困劳动力培训940人次，新型职业农民和农村劳动力转移培训544人次，企业职工培训411人次。

（李　建）

高等教育

【概况】 2020年，四平市有吉林师范大学、吉林工程职业学院、四平职业大学、吉林广播电视大学四平分校等高等教育院校4所。其中吉林师范大学、吉林工程职业学院归属吉林省教育厅管辖，吉林广播电视大学四平分校归属吉林省教育厅和四平市人民政府双重管辖，四平职业大学归属四平市人民政府管辖。2020年，4所大学有教职工2515人，在校学生34503人。

【吉林师范大学】 吉林师范大学是吉林省重点大学，占地面积100万平方米。至年末，有学院21个、教学部2个、研究所43个、实验室182个。图书馆藏书283.41万册。有全日制本科生17405人、研究生2602人、留学生141人、专科生1751人，教职工1636人。本科专业67个，其中国家级一流本科专业建设点7个，国家级综合改革试点专业1个，国家级特色专业建设点5个。有博士学位授权点1个，硕士一级学科学位授权点20个，硕士专业学位授权点9个。有教育部创新团队1个，省级以上科研创新平台42个，其中包括教育部重点实验室2个。与26个国家及中国香港、中国台湾地区的115所高校和科研机构建立友好合作关系。学校毕业生遍布全国31个省、自治区、直辖市。学校引进和培育博士51人，定向培养17人，博士化率为45.02%。选派9名教师赴国（境）外研修，24名青年教师到国内知名大学做访问学者，47名教师分别参加新入职教师教学基本功和中青年教师专业教学能力培训班，54名教师赴浙江大学参加骨干教师综合素能提升培训。获评吉林省有突出贡献中青年专家2人、吉林省教学名师2人，吉林省教学新秀2人。1名外籍专家被评为2020年度吉林省“优秀外国专家”称号。学校组织教师参加智慧树、超星和中国大学慕课平台培训，疫情期间开设线上课程1562门，线上巡查课堂664个，听课4381节。65名学生获得硕士研究生推免资格，其中推免至985、211院校55名，比例为84.62%。学校获批省级一流本科专业建设点3个，获批国家级一流本科课程6门。获批省级教育教学改革研究课题30项，立项建设校级教育教学改革研究课题49项；获批吉林省本科人才培养改革示范项目2项；获批省级基础学科拔尖学生培养基地1个，立项培育校级基础学科拔尖学生培养基地3个。学校获批国家社科基金项目6项，教育部人文社科项目5项，吉林省社科项目48项，吉林省教育厅项目19项，四平社科项目59项。获国家自然科学基金项目6项，教育部科技发展中心项目1项，省教育厅项目23项。获吉林省科学技术奖二等奖2项、三等奖4项。获第十一届四平市社会科学优秀成果奖一等奖39项，二等奖36项，三等奖12项。获授权发明专利49项、实用新型专利91项、软件著作权139项。学校有58个本科专业(类)，录取新生4869人，其中普通本科4416人，专升本398人，二学位55人；师范类专业2149人，非师范专业2720人；省内3112人，省外1757人。吉林省提前批公费师范生5个专业录取200人。

（张佳音）

【吉林工程职业学院】 吉林工程职业学院是经吉林省政府批准成立，隶属于吉林省教育厅的省属公办普通高等职业学院。学院占地面积192175平方米，建筑面积100195.18平方米，固定资产总值40820.4亿元，教学仪器设备总值1.6亿元。学院根据市场需求，科学设置学科和专业，设有粮食与食品工程学院、生物工程学院、机电工程学院、汽车工程学院、建筑工程学院、信息工程学院、管理学院、医护学院等12个教学院(部)，开设食品营养与检测、生物制药技术、机电一体化技术、汽车检测与维修技术、道路桥梁工程技术、移动通信技术、电子商务、高铁客运乘务、护理等42个专业。学院有多媒体教室147个，专业实验室73个，计算机机房22个，计算机1050台，校内实习实训基地3个，配有各种数控机床、拆装汽车等实习实训设备65台。校外实习实训、实践教学基地200处。2020年，学院制定线上教学工作方案等教学文件20个，开设线上课程45门。全年组织举办“战疫情·心服务”等系列线上线下就业服务活动，提供就业单位251家，就业岗位4100个。推进“1+X”试点工作，组织教师完成相关培训评价组织开展的线上线下培训87人次；建立“1+X”区域考核站点9个，组织职业技能等级证书考核任务9项，参加考证学生354人。制定出台《科研成果奖励办法》，立项各级各类纵横向教科研项目69项。其中，省部级2项、省级35项，科研成果获奖16项。学院与中国农大黑土地研究所、梨树卢伟农机合作社开展合作，申报、启动

12月31日，吉林现代农业职业教育集团成立大会暨梨树卢伟全程农机种植标准化示范区建设启动仪式在吉林工程职业学院举行

（崔希民 供图）

2020年全省重点领域标准化试点创建项目即梨树卢伟全程农业机械化标准化示范区建设，推广“梨树模式”“卢伟模式”；学院牵头成立由省内46所中高职院校、国内50家行业龙头企业组成的“吉林省现代农业职教集团”，聘请中国工程院院士、吉林农业大学教授李玉为集团顾问。实施“筑台引凤”计划，聘请大国工匠李万君为企业兼职专业带头人，成立“万君大国工匠班”。学院投资524万元维修食堂，投资432万元修建校门及校园道路。全年通过高招、单招、对口、转段、高职扩招等形式招生3045人。至年末，有在校生8180人。全年资助学生6000人次，资助资金900万元。获得省财政现代职业教育提升专项奖补资金2204万元。学院在吉林省职业院校技能大赛中，获团体一等奖5项、二等奖2项、三等奖4项。学院在中国教育在线发布“2020年度教育工作评选”中获得“2020年度院校品牌影响力奖”。

（崔希民）

【四平职业大学】 四平职业大学现有医药学院、机械工程学院、电子工程学院、财经学院、计算机工程学院、建筑工程学院、航空旅游学院、管理学院、汽车学院、鼎利学院等10个学院，设有9个学科门类47个专业。四平职业大学设置专业有计算机应用技术（5G）、计算机网络技术、软件技术、广告设计与制作、室内艺术设计、空中乘务、高速铁路客运乘务、城市轨道交通运行管理、国际邮轮乘务管理、民航安全技术管理、汽车检测与维修技术、汽车营销与服务、通信工程设计与监理、通信技术、物联网应用技术、会计、市场营销、电子商务、无人机应用技术、工业机器人技术、电气自动化技术、机电一体化技术、大数据技术与应用、物流管理、幼儿发展与健康管理、文秘、机械设计与制造、数控技术、新能源装备技术、工业设计、建筑工程技术、工程造价、工程测量技术、建设工程监理、护理、助产、医学影像技术、康复治疗技术、医学检验技术、药学、表演艺术、播音与主持、人物形象设计。学校以品牌特色及示范专业带动专业及专业群建设。电气自动化技术专业被评为省级示范专业；机械制造专业群和财经专业群被评为省级特色专业群；机械制造专业被评为省级品牌专业；财经专业群评为省级品牌专业群；机械设计与制造、会计、计算机应用技术、建筑工程技术、机电一体化技术专业被评为省级高水平建设专业。2020年，学校招生报道2899人，在籍高职学生7094名。学校形成一支以校内专任教师为主、企业专业技术人员为辅的“双师”结构教学队伍。学校在岗教职工423人，其中在编361人，专任教师313人；副高以上职称237人，其中正高33人，“双师型”教师135人。学校坚持立德树人、以人为本的育人观，大力弘扬劳模、工匠精神，通过参加各类职业技能大赛，以赛促学，以赛促练，在省级职业技能大赛获得一等奖2项、二等奖6项、三等奖16项，优秀指导教师奖2项。举办四平职业大学2020年春季校园线上网络双选会和四平职业大学2020年秋季线下校园双选会。四平职业大学被评为“吉林省中华职教社改革创新实验校”，校长刘少昆获吉林省黄炎培职业教育奖“杰出校长奖”。

（李尊清）

【吉林广播电视大学四平分校】 学校开设专、本科专业52个。至年末，有在校学生1406人。根据《国家开放大学综合改革方案》的要求，按照吉林广播电视大学统一部署，与市政府、市教育局相关部门沟通汇报，做好学校更名转型发展各项工作。明确学校为地方政府所属高校属性，理顺办学权力和教学职能。学校做强老年开放大学，扩展专业，增加班级，办学规模达到1000人。加强教学管理和老年教育科研工作，探索开展“康养游学”项目。全年招生500人。强化教学过程管理，保证实践环节落实到位；强化科研引领，组织教师开展科研、培训、教学活动，1项科研课题结题，立项省校课题1项。11月，通过国开综合教学检查。注重提高学员实践技能，《纯中药植物配方湿巾》获吉林省建行杯第六届吉林省“互联网+”大学生创新创业大赛职教赛道银奖。学校包保21户贫困户全部实现脱贫。

（那　彤）

科学技术

SCIENCE AND TECHNOLOGY

科技计划项目

【科技项目申报】 2020年，四平市组织企业申报国家及省级科技项目83项，申请资金5404.4万元。其中，组织四平市企业申报科技部“科技助力经济2020”重点专项33项，申请专项资金2750万元；申报省重大战略项目3项，申请资金360万元；推荐申报2021年度省科技计划项目47项，申请资金2294.4万元。

表 33　2020 年科技助力经济重点项目和重大战略项目申报统计表

序号	项目名称	申报单位	计划项目类别	申请资金（万元）
1	年产 5000 吨高强度水性聚氨酯树脂生产线建设以及调试	吉林天泽二氧化碳科技有限公司	“科技助力经济 2020”重点专项	100
2	年新增 3000 万只消杀产品配套包装	四平市金拓塑料有限公司	“科技助力经济 2020”重点专项	100
3	黑果腺肋花楸深加工项目	吉林省楸之源生态科技有限公司	“科技助力经济 2020”重点专项	100
4	新型 PDS 复合脱硫催化剂技术提升及产业化	吉林省宝利科贸有限公司	“科技助力经济 2020”重点专项	100
5	±800kV 特高压直流输电工程陕北换流站配套金具研发	中国电建集团四平线路器材有限公司	“科技助力经济 2020”重点专项	100
6	民用核级板式热交换设备的研制	四平维克斯换热设备有限公司	“科技助力经济 2020”重点专项	50
7	家禽胴体超大容量螺旋预冷机关键技术及其应用	吉林省艾斯克机电股份有限公司	“科技助力经济 2020”重点专项	100
8	高粱乌米种植及深加工	吉林省龙财元农业科技有限公司	“科技助力经济 2020”重点专项	100
9	文冠果栽培技术与推广	吉林省福瑞思德生态科技有限责任公司	“科技助力经济 2020”重点专项	50
10	吉林西部草原区仿野生中草药种植基地建设	四平市堡石图农牧业发展有限公司	“科技助力经济 2020”重点专项	100
11	吉林西部欧李生态种植基地建设及技术集成	吉林省大山欧李科技开发有限公司	“科技助力经济 2020”重点专项	100
12	一种新型生物菌剂促进玉米增产项目	吉林省建日生物科技股份有限公司	“科技助力经济 2020”重点专项	100

续表 33

序号	项目名称	申报单位	计划项目类别	申请资金（万元）
13	新型土壤改良生物有机肥料的开发	吉林新鼎生物科技有限公司	“科技助力经济 2020”重点专项	50
14	互联网+现代设施农业	吉林省吉府源农业科技有限公司	“科技助力经济 2020”重点专项	100
15	龙葵创岐欣液产品创新与产业化	吉林创岐生态农业技术开发有限公司	“科技助力经济 2020”重点专项	100
16	人脐带间充质干细胞治疗肺部损伤性疾病的制剂研发和产业化制备	吉林省拓华生物科技有限公司	“科技助力经济 2020”重点专项	100
17	鹿原料 DNA 精准检测技术的应用及鹿保健食品的研发与产业化	吉林大清鹿苑保健科技有限公司	“科技助力经济 2020”重点专项	100
18	赖氨酸磷酸氢钙颗粒产业化及二次开发	比智高药业有限公司	“科技助力经济 2020”重点专项	50
19	中药大品种肺宁系列产品技术升级与产业化	吉林益民堂制药有限公司	“科技助力经济 2020”重点专项	100
20	呼吸机专用 MCH 电加热元件技术研发及应用	四平市吉华高新技术有限公司	“科技助力经济 2020”重点专项	100
21	11.00—20 高机动轻型军用越野车轮辋开发项目	吉林省立新汽车配件有限公司	“科技助力经济 2020”重点专项	100
22	钛合金精密零部件加工系列刀具	四平恒锐工具有限公司	“科技助力经济 2020”重点专项	50
23	秸秆饲料捡拾打捆机	四平市硕丰机械制造有限公司	“科技助力经济 2020”重点专项	100
24	三种医疗康复设备研发生产与推广	四平市铁东区山门镇佶康医疗保健设备厂	“科技助力经济 2020”重点专项	50
25	智能空气高效灭菌仪	四平市绿舟节能科技有限公司	“科技助力经济 2020”重点专项	100
26	肺宁颗粒系列产品扩产扩能技术改造项目	吉林省罗邦药业有限公司	“科技助力经济 2020”重点专项	50
27	热反射型彩色喷涂速凝橡胶沥青防水涂料	吉林省宏源防水材料有限公司	“科技助力经济 2020”重点专项	100
28	聚丙烯微珠发泡及制品项目	吉林省百特富勒科技有限公司	“科技助力经济 2020”重点专项	100
29	优质黑猪高效繁育技术推广与示范	公主岭国家农业科技园区飞马斯牧业有限公司	“科技助力经济 2020”重点专项	100
30	苯噻酰草胺苄嘧磺隆干悬浮剂研发项目	吉林省瑞野农药有限公司	“科技助力经济 2020”重点专项	50
31	利用连续玄武岩纤维研制用于地铁的新型人防门	吉林省浩安人防工程有限公司	“科技助力经济 2020”重点专项	100
32	一种免耕补水施肥播种机应用与推广	吉林省农科院农机实验厂	“科技助力经济 2020”重点专项	100
33	高强度长纤维复合材料零部件模压自动化生产技术研发项目	吉林省恩威博模具制造有限公司	“科技助力经济 2020”重点专项	50

续表 33

序号	项目名称	申报单位	计划项目类别	申请资金（万元）
34	吉林省今后应重点发展的生物农业技术产业项目	吉林巨润生物技术有限公司	2021 年吉林省经济社会发展和工程科技重大战略问题与项目建议	200
35	吉林省保护性免少耕作技术体系与配套农机装备研究	中国农业大学吉林梨树实验站	2021 年吉林省经济社会发展和工程科技重大战略问题与项目建议	80
36	高效稳定钙钛矿太阳池设计与开发	吉林师范大学	2021 年吉林省经济社会发展和工程科技重大战略问题与项目建议	80
项目数合计		—	资金额度合计	3110

（姜宏超）

表 34　四平市申报 2021 年吉林省科技发展计划项目一览表

序号	项目名称	项目负责人	所在单位	申请经费（万元）	项目类别
1	集装箱式禽笼自动化输送系统开发	花园辉	吉林省艾斯克机电股份有限公司	50	工业领域（产业关键核心技术攻关项目）
2	一种精准高密度传输数据的电池供电型电磁流量计	浦胜余	四平市重兴机械设备有限公司	50	工业领域（产业关键核心技术攻关项目）
3	平面式金属氧化物半导体气体传感器	高红梅	四平市吉华高新技术有限公司	70	工业领域（产业关键核心技术攻关项目）
4	高效深冷组合式酒冷器	马　健	四平市三明换热设备制造有限公司	58	工业领域（产业关键核心技术攻关项目）
5	可移动板式 MVR 海水淡化机组	刘　凯	四平市巨元瀚洋板式换热器有限公司	50	工业领域（产业关键核心技术攻关项目）
6	农村无线 WLAN 网络全覆盖技术研发及应用	郭云鹏	四平市安信网络工程有限公司	80	工业领域（企业关键技术研发项目）
7	脱壳穿甲弹弹托制造技术研究及应用项目	王跃先	四平博尔特工艺装备有限公司	50	工业领域（产业关键核心技术攻关项目）
8	大型民用核电级专用板式热交换设备的研制	常玉霞	四平维克斯换热设备有限公司	50	工业领域（产业关键核心技术攻关项目）
9	箱式换热机组	刘方毅	四平艾维能源科技有限公司	40	工业领域（产业关键核心技术攻关项目）
10	智能空气高效灭菌仪	朱国通	四平市绿舟节能科技有限公司	70	工业领域（产业关键核心技术攻关项目）
11	5G 物联结合 DMA 分区计量数据分析技术	徐　闯	四平市重兴机械设备有限公司	22.4	工业领域（产业关键核心技术攻关项目）

续表 34

序号	项目名称	项目负责人	所在单位	申请经费（万元）	项目类别
12	一种新型生产盖板玻的制造方法及其设备	单晓义	四平宏大液压机械制造有限公司	50	工业领域（产业关键核心技术攻关项目）
13	四平市金谷大厦现代农业电商产业园建设与发展	于海洋	四平市金谷大厦运营管理有限公司	50	科技企业孵化器（众创空间）（后补助）
14	四平地区玫瑰香葡萄一年两熟栽培技术推广与示范	崔　云	四平市铁东区益恒生态果药农民专业合作社	30	地方科技创新引导
15	气吹式鲜食玉米剥皮机示范与推广	王志伟	吉林省康特农业机械有限公司	30	地方科技创新引导
16	乡村文冠果种植产业关键技术引导	刘振君	吉林省福瑞思德生态科技有限责任公司	30	地方科技创新引导
17	伊通县铠绎大樱桃星创天地创新创业技术服务平台建设	高晓波	吉林省铠绎农牧业发展有限公司	30	地方科技创新引导
18	桔梗花卉种质资源创新及观光示范园建设	赵国斌	吉林省铠绎农牧业发展有限公司	30	地方科技创新引导
19	有机肥替代化肥产业化研究与示范	张乾龙	四平市圣星生物科技有限公司	30	地方科技创新引导
20	地方农民创新创业科技服务平台	韩春伟	吉林省鑫旺商贸有限公司	30	地方科技创新引导
21	巅峰星创天地创新创业服务平台项目	王士国	吉林省互动巅峰科技有限公司	30	地方科技创新引导
22	叶赫满族镇万亩水果绿色、高产生产技术推广及示范	孔祥鸿	四平市铁东区叶赫满族镇营盘村绿园农庄	30	地方科技创新引导
23	大泽 807 玉米杂交种的培育和推广	冯思翰	吉林省大泽农业科技有限公司	30	地方科技创新引导
24	特色高粱乌米种植及深加工技术推广示范	殷龙德	吉林省龙财元农业科技有限公司	30	地方科技创新引导
25	食用菌菌糠作为垫料在发酵床养猪中的应用	左玉卓	双辽市职业中专	50	农业领域
26	利用银矿尾矿为原料生产人造抗菌装饰石材	王　佐	四平昊融银业有限公司	48	社会发展领域
27	青少年非自杀性自伤与父母教养、应对方式的关系及干预策略	林冬梅	吉林省神经精神病医院	20	社会发展领域
28	自体血 NK 细胞治疗中晚期非小细胞肺癌技术研发及临床研究	姜丽君	吉林省拓华生物科技有限公司	20	社会发展领域
29	穿戴式智能型溺水救生装置	董　刚	吉林省德天诺安全科技有限公司	50	社会发展领域
30	1 级能效板式换热器研发	姜　宇	四平市巨元瀚洋板式换热器有限公司	50	社会发展领域
31	自体血 MAK 细胞药物治疗晚期肝癌的临床前研究	张立娜	吉林省拓华生物科技有限公司	50	医药健康领域

续表 34

序号	项目名称	项目负责人	所在单位	申请经费（万元）	项目类别
32	蒙脱石散一致性评价研究	赵宪辉	吉林一正药业集团有限公司	50	医药健康领域
33	新型冠状病毒（COVID-19）核酸检测试剂盒的研发	杨　柳	四平市中心人民医院	21	医药健康领域
34	5G+MR 混合现实手术导航系统在骨科中的应用	房国军	四平市中心人民医院	30	医药健康领域
35	含人参系列中成药人参归脾丸和小儿健脾丸质量标准提升、制剂工艺改进及增加产品规格	赵　艳	四平市食品药品检验所	50	医药健康领域
36	中药大品种得生胶囊二次开发 2019 年较上一年度新增销售收入 5000 万元以上补助申请	曲风采	吉林吉春制药股份有限公司	200	医药健康产业发展专项（奖励、补助和贷款贴息）
37	鹿司令牌杜仲牦牛骨马鹿茸胶囊奖励、补助和贷款贴息项目	曲　晟	吉林大清鹿苑保健科技有限公司	200	医药健康产业发展专项（奖励、补助和贷款贴息）
38	参茸枸杞景天酒	赵　彤	比智高药业有限公司	80	医药健康产业发展专项（申报择优支持）
39	醒脑通络胶囊的开发和产业化研究	杨明妍	吉林省神经精神病医院	70	医药健康产业发展专项（申报择优支持）
40	保健食品鹿力牌鹿力口服液的产业化开发	郑周田	吉林大清鹿苑保健科技有限公司	80	医药健康产业发展专项（申报择优支持）
41	中药经典名方“清肺汤”复方制剂的产业化开发	王力飞	吉林吉春制药股份有限公司	80	医药健康产业发展专项（申报择优支持）
42	吉林省家禽加工装备科技创新中心	郭　峰	吉林省艾斯克机电股份有限公司	50	科技创新中心
43	四平市枫叶科技有限公司科技创新中心	邵媛媛	四平市枫叶科技有限公司	20	科技创新中心
44	吉林省农机装备科技创新中心	胡凤霞	吉林省康达农业机械有限公司	30	科技创新中心
45	SMC2/SMC4 在结肠癌预后评估及侵袭转移中的分子机制研究	马　良	四平市中心人民医院	12	自然科学基金（学科布局项目）
46	超弹性材料和结构中几类典型的非线性波动问题	冯　亮	吉林师范大学博达学院	13	自然科学基金（学科布局项目）
47	难愈创面细胞治疗基础与临床应用研究重点实验室	卫长荣	四平市烧伤整形医院	0	吉林省重点实验室
合计	申报项目 47 项			2294.4	—

（姜宏超）

【技术需求和科技成果征集】 2020年，四平市向企业征集技术需求、向高校科研院所征集科技成果，全年征集四平市企业技术需求32项，征集吉林大学、吉林农业大学、吉林建筑大学、东北师范大学、延边大学等高校可转化的科研成果和专利1197项，为校企对接活动打好基础。向省科技厅申报吉林省科学技术奖10项，其中《心可舒丸质量标准提高及优化生产工艺的研究》项目获吉林省科技进步奖三等奖。

（张艳鹏　姜宏超）

【气象科技】 2020年，四平市气象局进一步完善省市县一体化业务平台，组建四平市气象局气候变化团队，完善灾害性天气数据库以及各类灾害天气预报指标。组织编制《2020年汛期气象服务手册》，完善预报、预警、服务等业务规定和流程。人工影响天气弹药物联网系统投入使用，实现对全市人影弹药进行全面、全程、实时同步的监管。对“四平气象服务”微信公众号进行二次开发，增添卫星云图、雷达图显示的功能。推进基层气象防灾减灾标准化能力建设工作，完成四平市和梨树县“乡村振兴”气象服务专项建设。与市应急局设置专线，实现实时网络视频互联互通。

（陈　鑫）

【地震科技】 2020年，四平市提升全市地震科技监测能力，协调各县（市）、区地震主管部门推动国家地震烈度速报和预警项目建设，全市4个基本台完成基础设施建设。指导伊通满族自治县地震观测站开展故障设备维修维护工作。通过日常维护、应急演练等活动，开展流动监测仪操作培训。依托四平市防震减灾科普馆开展地震科普宣传活动，在全市科技活动周组织全市机关、学校及企事业单位和社会公众参观学习。组织全市中小学生到防震减灾科普馆参观体验，学习地震科普知识和应急避险技能。

（王　臣）

【校企对接合作】 7月15日，市科技局局长周志远带队到中科院长春分院开展科技合作对接交流调研，推进双方合作。7月17日，在四平市科技大市场召开中科院与四平市科技企业对接合作推进会，展示中科院在研重要成果及与四平市企业合作典型案例，谋划四平市企业与中科院合作方向，四平市40户企业参加会议。7月20日，“农掌门”农业科技平台（由陕西康田惠农农业科技有限公司创建）相关负责人到四平市，与吉林省鑫旺商贸有限公司总经理进行对接，双方就建立四平市“农掌门”农业科技平台进行洽谈对接，并先后到铁西区花溪谷农民专业合作社、铁东区王二十家农场考察大棚香瓜、西瓜种植情况，同时，对四平市周边陆地西瓜种植情况进行考察，重点考察温室大棚的建设情况以及当地地温、土壤、湿度等西瓜种植的环境情况，吉林省鑫旺商贸有限公司符合建立四平市“农掌门”农业科技平台的基础条件。参加省科技成果转化直通车、2020年吉林省浙江省跨区域科技创新合作大会等会议，促成吉林省康特农机机械有限公司与吉林农

7月20日，陕西“农掌门”农业科技平台一行到铁西区考察西瓜种植情况

（姜宏超　供图）

业大学签订合作协议，完成“气吹式鲜食玉米剥皮机示范与推广项目”。

（张艳鹏　姜宏超）

科技载体建设

【科技创新平台】2020年，四平市围绕贯彻落实习近平总书记视察吉林视察四平重要讲话重要指示精神，推进四平市农业现代化发展，依托梨树县黑土地保护性耕作模式、百万亩绿色食品原料标准化生产基地等资源优势，以农业科技创新为产业发展源动力、“循环、生态、可持续”为园区发展特色，创建省级农业科技园区。12月31日，四平梨树农业科技园区由省科技厅批准为吉林省第二批省级农业科技园区。2020年，出台《四平市科技创新中心建设实施方案（试行）》和《四平市重点实验室建设方案（试行）》，认定四平市科技创新中心2户、市重点实验室1户，推荐申报省科技创新中心3户、省重点实验室1户。备案市级“星创天地”10家，获批省级“星创天地”2家，至年末，全市有国家级“星创天地”1家，省级“星创天地”3家，市级“星创天地”37家。

【科技创新载体】培育和推荐申报国家高新技术企业和省级科技小巨人企业，推进四平市科技创新载体建设。新增高新技术企业10户、吉林省科技小巨人企业11户，年末四平市有高新技术企业40户、省级科技小巨人企业33户，增幅分别为33.33%、50%。市科技局被省科技厅评为“吉林省高新技术企业认定工作先进单位”。

（张艳鹏　姜宏超）

表35　2020年四平市高新技术企业统计表

序号	企　业	认定年份（年）	备　注
1	吉林金梓源生物科技股份有限公司	2018	—
2	吉林一正药业集团有限公司	2018	—
3	四平维克斯换热设备有限公司	2018	—
4	吉林省拓华生物科技有限公司	2018	—
5	四平恒锐工具有限公司	2018	—
6	吉林省中诺科技有限公司	2018	—
7	四平市吉华高新技术有限公司	2018	—
8	四平宏大液压机械制造有限公司	2018	—
9	吉林省康达农业机械有限公司	2018	—
10	四平市金拓塑料有限公司	2018	—
11	吉林四电成套设备有限公司	2018	—
12	比智高药业有限公司	2018	—
13	四平美联热工设备制造有限公司	2018	—
14	四平电力设计有限公司	2019	—
15	四平市安信网络工程有限公司	2019	—

续表 35

序号	企　业	认定年份（年）	备　注
16	四平巨元换热系统集成有限公司	2019	—
17	吉林天泽二氧化碳科技有限公司	2019	—
18	四平宏宝莱饮品股份有限公司	2019	—
19	四平艾维能源科技有限公司	2019	—
20	亚泰集团伊通水泥有限公司	2019	—
21	吉林远东振云塑业有限公司	2019	—
22	吉林吉春制药股份有限公司	2019	—
23	中国电建集团四平线路器材有限公司	2019	—
24	四平市枫叶科技有限公司	2019	—
25	吉林久盛生态环境科技股份有限公司	2019	—
26	四平市巨元瀚洋板式换热器有限公司	2020	复审通过
27	吉林省艾斯克机电股份有限公司	2020	复审通过
28	四平市精细化学品有限公司	2020	复审通过
29	吉林益民堂制药有限公司	2020	复审通过
30	四平市重兴机械设备有限公司	2020	复审通过
31	吉林省罗邦药业有限公司	2020	新增认定
32	四平市三明换热设备有限公司	2020	新增认定
33	吉林省精鑫药业集团有限公司	2020	新增认定
34	四平市龙业机械制造有限公司	2020	新增认定
35	四平欧维姆机械有限公司	2020	新增认定
36	四平通元热工设备有限公司	2020	新增认定
37	四平市天正换热设备有限公司	2020	新增认定
38	四平三帆科技制药有限公司	2020	新增认定
39	四平市隆发机械制造有限公司	2020	新增认定
40	四平市顺邦农机制造有限公司	2020	新增认定

（姜宏超）

表 36　2020 年四平市认定吉林省科技小巨人企业一览表

序号	企业名称	认定年份（年）	序号	企业名称	认定年份（年）
1	四平市巨元瀚洋板式换热器有限公司	2017	18	吉林创岐生态农业技术开发有限公司	2019
2	吉林吉春制药股份有限公司	2017	19	吉林一正药业集团有限公司	2019
3	吉林益民堂制药有限公司	2017	20	吉林省康达农业机械有限公司	2019
4	四平市天正换热设备有限公司	2017	21	双辽市双英种业有限公司	2019
5	吉林省拓华生物科技有限公司	2017	22	四平市隆发机械制造有限公司	2019
6	四平博尔特工艺装备有限公司	2018	23	伊通满族自治县永春米业有限公司	2020
7	四平市精细化学品有限公司	2018	24	吉林省铠绎农牧业发展有限公司	2020
8	吉林大清鹿苑保健科技有限公司	2018	25	四平市重兴机械设备有限公司	2020
9	四平维克斯换热设备有限公司	2018	26	吉林省华澳包装科技有限公司	2020
10	四平市枫叶科技有限公司	2018	27	吉林省世鑫冲压有限公司	2020
11	亚泰集团伊通水泥有限公司	2019	28	吉林鸿展流体科技有限公司	2020
12	四平市金拓塑料有限公司	2019	29	吉林元亨表面技术有限公司	2020
13	四平通元热工设备有限公司	2019	30	吉林省恩华新材料包装有限公司	2020
14	吉林富利生物科技开发有限公司	2019	31	吉林省吉通电力设备制造有限公司	2020
15	四平美联热工设备制造有限公司	2019	32	吉林省固宇建筑工程有限公司	2020
16	四平艾维能源科技有限公司	2019	33	吉林晟吉万汽车零部件有限公司	2020
17	四平市北威钼业有限公司	2019			

（姜宏超）

科技管理

【“十四五”规划编制】 2020年，四平市完成“十四五”科技发展规划和医药健康产业“十四五”发展专项规划。结合全市科技发展实际，突出产业布局和项目引导，编制四平市“十四五”科技发展规划和医药健康产业“十四五”发展专项规划，通过专家评审。

【科技人才培育】 实施《万名大学生留平计划实施方案(2020—2022年)》，制定《万名大学生留平计划》科技部门工作方案。配合省委组织部开展四平市科技人才创新创业调研，提出全市科技人才发展培育意见和建议。配合省科技厅向全市科技型企业征集用人岗位，“吉林人才网”等平台发布招聘信息。申报国家中青年科技创新领军人才项目及重点领域创新团队项目。根据省科技厅下发的《关于开展2020年度吉林省科技创业导师推荐聘任工作的通知》要求，推荐申报省级创业导师11名。全年培育省级科技特派员54名，市级科技特派员53名。至年末，四平市有省级科技特派员457人，市级科技特派员200人。

【科技培训】 推进全市科技企业创新水平，落实惠企政策，邀请省科技厅专家到四平市开展政策法规培训，召开科技企业认定及创业孵化相关政策培训会、高新技术企业认定管理政策网络视频培训会、高新技术企业申报材料辅导会、科技创新政策网络培训会等6次。全年，培训科技致富带头人68人，超额完成省科技厅下达的59人培训任务。

（张艳鹏　姜宏超）

文 化

CULTURE

公共文化

【概况】 2020年，四平市有公共图书馆4个，其中市级1个、县级3个。文化馆（艺术馆）7个，其中市级2个、县（区）级5个。博物馆（纪念馆）5个，其中市级2个、县级3个。美术馆2个，其中市级1个，县级双辽市美术馆12月1日新建。乡镇（街道）文化站72个。行政村建农村文化小广场755个。全市完成第五次全国文化馆评估定级初评工作，落实乡镇（街道）综合文化站管理工作，县（市）区乡镇文化站完成自查工作。

【公共文化场馆建设】 5月，四平市文化艺术中心项目复工。文化艺术中心项目有图书馆、读者服务中心、博物馆、美术馆、展览馆、群众艺术馆、朝鲜族艺术馆、大剧院，“六馆一院一中心”3个建筑物。图书馆楼建筑面积21000平方米，其中图书馆12000平方米，读者服务中心9000平方米。博物馆楼建筑面积28655平方米，其中博物馆面积15000平方米，美术馆面积7122平方米，展览馆面积6533平方米。群众艺术馆楼建筑面积27568平方米，其中群众艺术馆和朝鲜族艺术馆面积7800平方米，大剧院面积19768平方米。图书馆（读者服务中心）项目投资11052.18万元。博物馆（美术馆、展览馆）项目投资19215.47万元。群众艺术馆（朝鲜族艺术馆、大剧院）项目投资28578.2万元。图书馆主体结构封顶，完成屋面、室外装饰施工，完成部分水电管线设备、部分室内装饰基层、部分弱电管线安装、部分厨卫墙地砖铺装，全年完成工程投资1915.52万元。图书馆外网供热、供水完工。博物馆主体结构封顶、完成砌筑、抹灰、屋面施工和部分管线铺装及部分室外幕墙安装，工程投资2613.83万元。大剧院主体结构封顶，完成砌筑、室内抹灰施工和部分水电管线安装，工程投资1018.11万元。

【群众文化活动】 2020年，市文

11月13日上午，市图书馆到北体育街小学开展“纪念抗美援朝70周年”爱国主义教育读书活动

（市图书馆　供图）

广旅局组织开展“我们的节日”“市民文化节”“农民文化节”“我们的中国梦·文化进万家”等文化系列活动。到村屯、福利院和驻平部队开展“新时代红色文艺轻骑兵”慰问演出8场。全年进乡村、进企业、进社区、进军营、进学校送书万余册，举办阅读活动10场。开展网络阅读、线上“健康舞”培训、文艺节目云展播等近百场次文化惠民活动。

【四平市图书馆】 四平市图书馆有藏书40万册。年订阅期刊400种、报纸100种，自筹资金购进新书6000册，面向社会征集地方文献和书籍。2020年，市图书馆开展读书活动服务市民近10万人次。为铁西区平西乡三合村村民宣讲四战四平革命历史；与六中联合举办“传承红色基因 创建书香校园”英雄故事会活动；与六马路小学开展“爱国读本进校园”活动；与市北体育街小学联合举办“致敬抗美援朝 争做时代新人”爱国主义教育读书活动。为活动单位赠送革命历史读本3000册，发放全民阅读购书卡66张，价值6600元。新冠肺炎疫情防控期间，开展“闭馆不闭网、服务不打烊”线上全民阅读活动20场。到六中、六马路小学、三合村、新立村、西八大村、仁兴商厦、华宇小区等，为中小学生、市民送去图书2万册。

【四平战役纪念馆】 四平战役纪念馆占地面积2700平方米，建筑面积5158平方米。7月22日，习近平总书记视察四平战役纪念馆后，至年末，四平战役纪念馆接待社会公众突破16万人次，接待省内外机关、企事业单位团体700家；创新宣传教育形式，线上录制抖音讲解视频14集，点击量超过100万次，举办直播主题活动，在线观看3.4万人次；线下到四平市大、中、小学，驻平部队等地，联合开展“继承革命传统 传承红色基因”系列爱国主义宣传教育活动43次。“四战四平史研究基地”“中国移动吉林公司红色文化教育基地”落户四平战役纪念馆。全年征集档案资料30份，接收文物19件，书画作品7件。

【四平市博物馆】 四平市博物馆有藏品5802件，分为出土文物、传世文物、书画、古钱币、杂项五大类。曾举办《世界大型珍稀昆虫展》《书画美术精品展》等展览。2020年，市博物馆举办“大美清江 恩施土家族苗族自治州文化展”，“迎中秋 庆国庆”“九月鲜花”书画作品展，“笔耕新时代 翰墨绘华章”——铁西区庆祝中华人民共和国成立71周年美术、书法作品展，“笔墨歌盛世 书画颂中华”——四平市离退休干部书画作品精品展，四平市名家小幅国画（远大精微）精品展。

【四平市群众艺术馆】 四平市朝鲜族艺术馆承办“大美吉林 文化消夏”全省广场文化活动启动仪式等系列文艺演出活动12场，参演演员800人次，观看节目的群众万余人次；组建“新时代红色轻骑兵”文化扶贫惠农志愿者服务队，扶贫惠农文艺演出6场；用四平市原创歌曲创编广场舞《四平约你来》，抖音直播平台线上及线下培训5000人次；举办第九

8月14日，第二届吉林四平满族文化旅游节“吉祥满乡 多彩四平”在英雄广场开幕。图为市群众艺术馆表演的节目《四平约你来》

（周环宇 摄）

届“迎新春春联、剪纸、挂钱展”及“四平市抗疫主题摄影作品展”线上展览，收集展览优秀作品300幅；参加省级朗诵、声乐等专业比赛，获奖项81个。

【四平市美术馆】 2020年，市美术馆举办《以文抗疫 助力武汉》抗“疫”诗篇线上展。组织专业人员实施《最美逆行者》抗“疫”专题绘画创作；开展线上活动，举办《以爱之心·艺起同行》美术教育线上公益课堂成果展、《四时平安》系列线上摄影展、《让人文精神的曙光照进我们每个人的心灵》线上艺术作品展；举办系列写生活动，开展《结对共建，共进小康》主题系列活动、《直面生活—美丽乡村行·赴通化县小砬子沟》和《流金岁月——东北老工业基地写生》写生采风活动。

【四平市朝鲜族艺术馆】 2020年，市朝鲜族艺术馆开展“解放思想再深入 全面振兴新突破”教育实践活动，提升公共文化服务质量，线上线下开展活动，创作抗“疫”歌曲1首，编排舞蹈5个，微信公众平台推送9期，阅读量7118人次。承办2020‘英城之夜’等文艺活动15场次，观众8438人次。报送广场舞作品《快乐一族》参加“我和我的祖国”——文化新生活全国广场舞展演活动，被文化和旅游部全国公共文化发展中心、中国文化馆协会收录。

（徐烨辰）

文艺事业

【概况】 2020年，四平市组织文艺工作者开展文艺战“疫”、文艺创作、惠民演出和对外交流等文艺活动。完成春节期间重点演出任务，开展“我们的中国梦”文化进万家演出活动3场。组织协调四平艺术剧院有限公司、四平市交响乐团、艺术研究中心等单位，用诗歌、音乐、戏曲等形式助力四平市打赢新冠肺炎疫情防控阻击战。7月，组织惠民演出活动，演出涵盖市民文化节、农民文化节、送演出下基层、拉动经济促销费、文化“七进”等内容，演出面向市民、农村、贫困农村及景区叶赫那拉城、卧龙泉、采摘园等地，下基层演出52场。10月，“平艺近人·转动金华”四平·金华文旅交流活动在浙江金华市举行，举办“梨树二人转走进金华专场演出”。

【文艺创作】 四平市剧作家马驰创作的小品《快乐其实很简单》再次登上2020年央视春晚舞台。四平青年文化传媒有限公司马驰等人创作的网络电视剧《二龙湖爱情故事》在人民剧场举行开机仪式。2月，《二龙湖爱情故事》在爱奇艺网络媒体播出。《二龙湖爱情故事》讲述一群从城返乡的小人物在乡村创业中不断成长的故事。话剧《英雄师长马仁兴》是市文化局2017年为组织部创作情景教学剧创排的，话剧编剧吴东光，导演汪粤，参演演员55人，演出时长70分钟。2020年，四平市开展“解放思想再深入 全面振兴新突破”教育实践活动，10月，市文广局组织参演人员复排话剧《英雄师长马仁兴》，目的追寻英烈战斗足迹，重温“四战四平”惨烈战史，

8月22日，四平青年文化传媒有限公司在人民剧场举行网络电视剧《二龙湖爱情故事》开机仪式

（王雷 摄）

坚定理想信念，振奋革命精神，筑牢党性之基，推动四平市主题教育活动开展。创作抗“疫”诗歌《这样一群人》参加吉林省文旅厅举办的吉林省第六届经典诗文朗诵大赛，获一等奖。

【文艺演出】 春节期间，组织新年音乐会、中国·叶赫第四届冰嬉节开幕式和春节团拜会演出3场。7月24日，由市委宣传部、市文化广播电视和旅游局、市文联、四平广播电视台主办，四平艺术剧院有限公司和四平市朝鲜族艺术馆联合承办的第七届吉林省市民文化节系列活动暨2020“英城之夜”开幕式在铁西区水上公园举行，演出节目有歌舞《我的祖国》、铜管五重奏《我爱你中国》、歌曲《我相信》、朝鲜族四物表演《阿里郎变奏》、长鼓舞《红太阳照边疆》、满族舞蹈《清宫倩影》等。8月2日至3日，由市委宣传部、市文化广播电视和旅游局、市文联、四平广播电视台主办，四平市艺术剧院有限公司、四平艺术剧院戏曲剧团、吉林省京剧票友协会四平分会承办的第七届吉林省“市民文化节”四平市系列活动暨2020“英城之夜”戏曲文艺演出活动，演出节目有现代京剧《红灯记》《智取威虎山》选段，黄梅戏经典《天仙配》等。活动围绕“脱贫攻坚、全面建成小康社会”等重点内容，第十五届四平市“九月鲜花”文艺展演周、“同心抗疫 消夏文化节”文艺演出、“吉祥满洲·多彩四平”文艺演出等活动演出60场。9月1日，第七届吉林省“农民文化节”四平市系列活动暨“转”动四平 幸福满乡惠民演出在叶赫那拉城举行。举办“迎中秋庆国庆”中秋戏曲晚会，市专业演出人员、戏曲票友、戏曲爱好者参加。组织文艺演出人员到贫困村开展演出活动7场。

【艺术交流】 10月18日，由四平市委宣传部、金华市委宣传部主办，四平市文化广播电视和旅游局、金华市文化广电旅游局承办的2020年“平艺近人·转动金华”四平·金华文旅交流活动在金华拉开帷幕，活动为期2天。18日，四平市宣传、文化部门领导及梨树剧团的全体演职人员参观中国婺剧博物馆，就如何传承保护和发展婺剧、二人转等非物质文化遗产与浙江婺剧艺术研究院召开座谈会，双方围绕在文化发展上取得的成果、两地曲艺发展扶持政策、专业人才培养等方面交流与探讨。19日上午，举行以“冬季到四平来玩雪”为主题的四平·金华文旅推介会。推介会以介绍四平市旅游资源为核心，播放四平市旅游宣传片、举办四平风光摄影展和文旅商品展，向金华市民全面展示四平市特色旅游资源。两地文旅企业签署年度合作协议，推广双方文旅线路产品。19日晚，梨树二人转专场交流演出。

（徐烨辰）

文化遗产保护

【概况】 2020年，四平市梳理核对市本级、县（市）区级和尚未定级文物保护单位公布的文件、名称、保护范围及建设控制地带。四平市有国家级文物保护单位7处、省级文物保护单位47处、市级文物保护单位124处、县（市）区级文物保护单位353处，尚未定级文物保护单位380处。全市有博物馆、纪念馆5家，乡村博物馆6家。

【辽代墓葬考古发掘】 7月至9月，吉林省文物考古研究所对双辽市服先镇四合村1座辽代墓葬进行抢救性考古发掘。辽代墓葬是村民取土发现，未被盗掘，墓葬形制保存完整，墓葬为砖室墓，墓内有墓椁1座，发掘出土瓷器、铜器、骨器、铁器、玛瑙等30余件。墓葬为3人合葬墓，均为成年男性。结合墓葬规格和随葬品情况推测，墓葬年代应为辽代中晚期。

【文物博物图片展览】 5月至9月，开展四战四平革命历程、红色文化、满族故事等系列图片展进校园、进社区、进广场和进文化馆等系列宣传活动；5月17日至18日，邀请吉林省博物馆专家到四平进行现场文物鉴定；新冠肺炎疫情防控期间，博物馆日增加云平台展览等系列活动，通过广播、电视台、公众号和网站等宣传途径介绍博物馆日的活动和线上展览。

【非物质文化遗产传承】 组织开展2020年自然与文化遗产日活动，结合文化和自然遗产日“非遗传承·健康生活”主题，召开四平市非遗项目、传承人

表 37　四平市省级以上非遗项目及传承人一览表

序号	所在地区	项目类别	项目名称	保护单位	级别	传承人姓名
1	梨树县	曲艺	二人转	吉林省梨树县地方戏曲剧团有限责任公司	国家级	赵丹丹　付庆义
2	伊通满族自治县	传统体育游艺与杂技	满族珍珠球	伊通满族自治县业余体育学校	国家级	李洪涛　韩　禹　张天宇　范增龙　贾大明　杨学峰　于海波　张海波　汪　慧
3	铁西区	传统技艺	李连贵熏肉大饼制作技艺	四平李连贵饮食服务股份有限公司	国家级	程　年　王开祯　温程祥
4	双辽市	传统舞蹈	双辽太平鼓	双辽市文化馆	省级	姜殿海
5	伊通满族自治县	民俗	伊通满族萨满文化遗存	伊通满族自治县辰龙生态开发公司	省级	—
6	铁西区	传统体育游艺与竞技	梅花螳螂拳	四平市武术协会	省级	栾玉香
7	铁西区	传统美术	松辽剪纸	吉林师范大学	省级	李秀云　孔翔羽　刘雪玉　李美莹　姜亭亭　楚学娟　吕　航　张丽红　靳瑞芳
8	铁西区	传统技艺	满族旗袍制作技艺	吉林师范大学	省级	孙桂英
9	铁西区	传统医药	藤草药酒制作技艺	四平市文化遗产保护中心	省级	宋良坡　宋学玉　宋桂春

（徐烨辰）

授牌仪式暨全市非物质文化遗产工作座谈会，对历次非遗项目、非遗传承人进行授牌、颁发证书。组织动员以辽河农民画为重点的非物质文化遗产项目参与文化产业扶贫工作，开展集中培训活动 9 期，带动贫困地区劳动力就近就业和稳定增收，实现每月人均增收 400 元。组织省级非物质文化遗产项目申报工作，被评为省级代表性传承人 1 人。全年线上开展非物质文化遗产宣传活动 6 次。

（徐烨辰）

新闻出版

【概况】 2020 年，完成四平地区出版物发行单位 105 家、发行网点 94 家年度核验工作。出版物发行单位从业人员 161 人，经营出版物销售总额 522.95 万元，营业收入 719.78 万元，资产总额 998.78 万元，利润总额 155.77 万元。完善“互联网+监管”监管信息，确定市级监管事项清单，梳理检查事项清单。制定“双随机”抽查任务，监管行为覆盖率 81.25%。推进落实放管服、无证明城市改革，认领改革任务 7 项，明确推进时间节点。建立《四平市新闻出版局行政执法与刑事司法衔接工作制度》，规范行政许可、行政处罚执法文书。重新梳理市级政务服务事项清单，由原有的 25 项调整为 16 项。加强对衔接工作的检查和考核，明确双向移送、受理、立案、办案等工作。落实政务服务标准化试点和吉林省“双公示”评估工作。完成行政执法授权工作。

（高双庆）

【《四平日报》】《四平日报》刊发落实习近平总书记视察吉林视察四平重要讲话重要指示精神稿件 20 篇。刊发“三大攻坚战”稿件 500 篇。《解放思想再深入 全面振兴新突破》专栏开设《走基层、转作风、解难题》《怎么看，怎么办》等子栏，刊发稿件 100 篇。刊发对口合作稿件 10 篇、地摊经济照片文字稿件 17 篇、老旧小区改造照片文字稿件 13 篇、党媒联动稿件 40 篇、公益广告 80 版。自主开设《诚信四平》《文明家庭巡礼》《道德模范风采》等专栏。推进复工复产、“三抓三早”、备春耕生产、网红经济等宣传工作；宣传换热器、冶金建材、医药、黑土地等四平品牌。完善新闻网、APP 客户端、微博、微信等原有平台建设，推动主流媒体人、财、物、技向互联网倾斜。APP 客户端全新改版正式上线，创立《四平日报》官方抖音号。《四平日报》官方微博粉丝量 24.8 万次，单条最高阅读量 1040 万次，单条阅读量超过 100 万次的有 23 条。《四平微报》有日活粉丝量 10 万次。《四平微报》头条号单条最高推阅量 1838 万次。利用《四平日报》开展“公益扶贫+”广告售卖活动，帮助贫困农户售卖乌鸡。举办“四平日报小记者团”公益活动，开展研学活动 3 次。出版《高考志愿填报特刊》，免费向高三考生、家长发放。走访慰问贫困户，送彩电、收音机，捐赠生活用品价值 1.8 万元。为贫困大学生解决助学善款 5000 元。开展“青年记者走基层”活动，选派20 名记者到双辽、伊通、梨树蹲点采访 20 天，在《四平日报》上刊发新闻稿件 5 版、新闻 25 条、图片 15 幅。举办记者学堂 13 次，开展对编辑、记者“文、摄、编、制、发”等内容的培训。新冠肺炎疫情防控期间，推出《战疫瞬间》《战地家书》《战疫日记》等“战疫三部曲”专栏。开设《坚决夺取防控·发展双胜利》《战疫英雄谱》等专栏，刊发抗“疫”稿件 1200 篇，图片 760 幅，文字专版 5 期，图片新闻专版 6 期，书法美术作品专版 4 期，公益广告 11 期。《四平日报》发行 3.7 万份，实施项目 7 个，举办第十一届车房展、广场舞大赛等。与各县（市）区签约合作办刊，探索新媒体盈利模式，负责黑土地论坛官方微信号的制作与维护。四平日报社被中国报业协会党报分会评为全国城市党媒抗击疫情新闻宣传先进单位、全国城市党媒践行“四力”先进单位。《城市记忆》专栏被省政府授予第四届吉林省新闻出版报纸精品栏目奖。高考支招公益活动被吉林省宣传推选学雷锋志愿服务先进典型组委会授予“最佳志愿服务”项目。四平日报社有 6 人获评 2020 年度“四平好记者”。获“中国城市党报论文（论著）奖”2 部；获第二十九届（2019 年度）吉林新闻奖 8 部；3 部作品在全省报业“守望相助战役曲·心手相牵扶贫路”公益策划大赛中获奖。

（刘佳雪）

【阅读文化推广】 成立四平市全民阅读书香学院。组织书店面向公众开展公益阅读。围绕“4·23”世界读书日等重要时间节点，开展全民阅读活动，举办各类线上线下阅读活动 70 场，发放各类图书 10000 册，购书卡 1000 张。市税务局、中央路小学被评为 2020 年“书香吉林”建设示范单位。市委宣传部被省委宣传部评为 2020 年吉林省“服务农民、服务基层”文化建设组织工作先进集体。鼓励和引导农民通过手机注册使用“知农云学堂”。新冠肺炎疫情防控期间，通过网络学习了解先进农业生产理念和技术，全市 771 个行政村近万名农户参加活动。通过数字化阅读方式将图书资源向农村扩展，打通农村阅读的“最后一千米”。“知农云学堂”注册与参与人数获全国地级城市排名第八，被中宣部、农业农村部评为“新

12 月 26 日，四平市全民阅读协会举办“书香飘满英雄城”诵读活动。图为会员朗诵《读书给人力量》

（市全民阅读协会　供图）

时代乡村阅读季”活动优秀组织奖；引导农村中小学生青少年从小养成尊重创意、支持正版、文明上网和绿色阅读的行为和习惯。在全市各中小学开展以“拒绝盗版、健康阅读”为主题的文字和漫画作品征集活动，征集漫画作品500幅，文字作品300篇，其中10篇作品在省参赛获奖。通过微博、微信公众号、抖音等新媒体开展“云端绿书签”网上签名传递、组织网上答题活动。联合达贤书院、正大书苑等实体书店进行线下绿书签优惠购书活动。落实农家书屋资金116万元，采购图书5万册，5个县（市）区按要求完成农家书屋图书采购、配送及上架工作。引导学生、留守儿童、村民定期到农家书屋读书学习。结合农民文化节、“新时代乡村阅读季”“我的书屋·我的梦”开展农村少年儿童阅读实践活动。

（高双庆）

广播影视

【概况】 2020年，四平广播电视台有电视新闻综合频道、电视公共频道2套电视节目；有综合广播频率、交通文艺广播频率2套广播节目；新媒体中心平台1个；下属基层台站3个。全年，播出时政类新闻4200条，融媒快讯365期1460条，县区新闻360期1095条，民生类新闻144期1000条，对农节目340期2500条，专题19条。制作完成节目24598分钟。

【电视宣传】 2020年，电视新闻综合频道、电视公共频道开播《四平新闻联播》《新视界》《在你身边》《三农新时代》《随手拍》《融媒快讯》《县区新闻》《广电星工场》栏目。文体中心改版创新节目《芝麻开门》；保留制作《舞动四平》栏目；五一劳动节，录制“为爱加油”综艺节目；护士节，文体中心制作公益宣传片；举办“为爱发声”抗击新冠肺炎疫情公益演讲大赛，收到作品200部，选拔优秀作品100部，在“六一”期间黄金段位展播。10月，以《我和我的祖国》为题制作庆祝中华人民共和国成立七十一周年专题晚会；12月，推出少儿春晚选秀节目。全年制作抗“疫”宣传公益片12部、公益歌曲4首，完成抗“疫”专题片5期。

【广播宣传】 2020年，交通文艺广播节相继推出《侃侃二手车》《疯狂购物车》《爱车时间》《回家·一诺家装版》《吃喝玩乐》《全民养生汇》《宠爱有家》《二手房市场》《主播带你去旅行》《电器侠》《峰之伟装饰》等改版创新栏目。在早晚黄金时间，播出《习近平在厦门》《习近平在正定》以及《中共四平党史》等大型专题广播700期。播出防控疫情信息数千条。

【特色直播节目】 综合广播频率节目对原有的自办节目进行梳理，择优保留，淘汰或改版老旧节目板块。年初，组成临时“抗疫小分队”，随时接收、录制和发布最新疫情防控公告，复工复产报道等宣传任务。播出疫情防控信息百余条，播出1000次。5月，全国“两会”召开期间，安排专人值班，责任到人，完成转播工作。结合五四青年节、高考季、“六一”、“七一”、“十一”等时间节点，开设直播专题节目10期。多个栏目与多家传媒公司和新媒体平台合作，通过新媒体平台直击现场。推出《朋友，请听好》读书节目，《青春有为》访谈节目。

【新媒体宣传】 四平广播电视台新媒体中心开通公众号、新四平、现场云3个平台。新冠肺炎疫情防控期间，新媒体中心制作大量新闻链接，发送疫情相关链接几十万条，浏览量上千万次。新媒体中心独立直播和全媒体同步直播20场。开设《改革开放四十年》《脱贫攻坚进行时》《劳模风采》等专栏10个。网络评选活动“抗‘疫’微视频大赛”被市精神文明办授予文明网站、精神文明先进集体称号，2人被市委网信办授予先进工作者、优秀网评员称号。

【广播电视节目作品获奖】 参加吉林省广播电视新闻节目评奖、吉林新闻奖、社教、播音及吉林省电视文艺“丹顶鹤”奖评奖工作，报送作品42件。其中，新闻类作品22件；社教类作品8件；播音类作品9件；电视文艺“丹顶鹤”作品3件。获省一等奖11个，二等奖14个。获吉林新闻奖一等奖1个，二等奖2个，三等奖4个。参加全省“万众一心 共同抗疫”

表 38 2020 年四平市广播电视节目获吉林省新闻奖作品一览表

序号	推荐单位	参评项目	作 品 题 目	主 创 人 员	奖次
1	四平广播电视台	广播新闻长消息	根治“无籍房”四平七万多群众拿到房产“大红本”	吴爽、申志印、高文慧	一等奖
2	四平广播电视台	电视新闻长消息	桨声响起群鸟飞	孙国光、裴玲、徐超、黄鑫、刘乘铭	一等奖
3	四平广播电视台	电视新闻长消息	铁牛撒欢助跑农业现代化	申志印、谷天宇、吴爽、宿勇、高文慧	一等奖
4	四平广播电视台	电视新闻长消息	农村分类垃圾成了抢手货	孙国光、裴玲、徐超、杨兆勇、黄鑫	三等奖
5	四平广播电视台	电视新闻系列报道	我把青春献黑土 做好百姓当家人 ①有了集约的土地我们心里就不慌 ②让在家的青年有一番自己的事业 ③我们的工作就是为老百姓服务的 ④跟党走到祖国最需要的地方去	张海涛、吴爽、毛思博、申志印、居卓	二等奖
6	四平广播电视台	电视新闻新闻栏目	在你身边	张海涛、吴爽、申志印、孙硕、辛昕、杨光、高文慧	一等奖

（于桂芹）

表 39 2020 年四平市广播电视节目获吉林省广播电视协会新闻奖作品一览表（广播新闻）

序号	项目	作品题目	报送单位	作者姓名	奖次
1	广播长消息	根治“无籍房”四平七万多群众拿到房产“大红本”	四平广播电视台	吴爽、申志印、高文慧	一等奖
2	广播长消息	水稻大王把大米卖到猪肉价	四平广播电视台	申志印、谷天宇、吴爽、吕行	二等奖
3	广播连续报道	黑土地上的新型职业农民（上、中、下）	四平广播电视台	申志印、谷天宇、吕行、高迪	二等奖

（于桂芹）

表 40 2020 年四平市广播电视节目获吉林省广播电视协会媒体融合奖一览表

序号	参评项目	作品标题	发布账号（APP）	首发日期	主创人员	报送单位	奖次
1	融合创新	四平火了，2.3 万吨的大桥，蹭蹭蹭转体 87.5 度，网络爆表！	现场云	2019 年 6 月 18 日	张海涛、信永发、辛昕、曾山、刘旭、孙瑀晗、郝进进、李婷诺	四平广播电视台	一等奖
2	新媒体创意互动	十七中学 I 白山松水，大美吉林——长白山自然生态研学行	现场云	2019 年 10 月 3 日	张海涛、信永发、辛昕、曾山、刘旭、孙瑀晗、高子晴、李婷诺	四平广播电视台	三等奖

（于桂芹）

表41　2020年四平市广播电视节目获吉林省广播电视协会新闻奖作品一览表（电视新闻）

序号	项目	作品题目	报送单位	作者姓名	奖次
1	电视短消息	盲人妈妈“看”阅兵	四平广播电视台	申志印、宿勇、吴爽	一等奖
2	电视长消息	铁牛撒欢助跑农业现代化	四平广播电视台	申志印、谷天宇、吴爽、宿勇、高文慧	一等奖
3	电视长消息	秋收秸秆不用烧　巧变牛羊好饲料	四平广播电视台	吴爽、申志印、孙硕、谷天宇	二等奖
4	电视长消息	桨声响起群鸟飞	四平广播电视台	孙国光、裴玲、徐超、黄鑫、刘秉铭	一等奖
5	电视长消息	大山深处守护神	四平广播电视台	申志印、吴爽、宿勇、高文慧、刘鑫	二等奖
6	电视长消息	农村分类垃圾成了抢手货	四平广播电视台	孙国光、裴玲、徐超、杨兆勇、黄鑫	三等奖
7	电视长消息	用电商平台赚“美丽”的钱	四平广播电视台	孙国光、裴玲、徐超、张靖、于涵	三等奖
8	电视新闻专题	党建引领助脱贫　电商扶贫创新路	四平广播电视台	崔继英、张海燕、张宸赫、王海燕、裴玲玲、梁琦、金成峰	三等奖
9	电视系列报道	我把青春献黑土　做好百姓当家人 ①有了集约的土地我们心里就不慌 ②让在家的青年有一番自己的事业 ③我们的工作就是为老百姓服务的 ④跟党走到祖国最需要的地方去	四平广播电视台	张海涛、吴爽、毛思博、申志印、居卓	二等奖
10	电视新闻栏目	在你身边	四平广播电视台	张海涛、吴爽、申志印、孙硕、辛昕、杨光、高文慧	一等奖

（于桂芹）

十佳新闻作品评奖活动，获十佳作品1件。

【基层台站】 技术中心台微波站有数字电视19频道、45频道、43频道，其中转播中央1、2、4、9、10、11、12、13、14、15、17、外语频道12套电视节目；转播吉林省广播电台卫视、乡村、公共、法制、影视、生活、都市7套节目；转播四平1、2套节目。调频广播包括107.5频率转播《中国之声》广播。94.9、95.7、99.9、103.8频率分别转播吉林省旅游、乡村、经济、交通4套广播节目。93.4、93.9频率分别转播四平综合广播、四平交通文艺台。微波站传送始发站有长春652台，终端四平微波站。数字电视21套。转播中央1、2、4、9、10、11、12、13、14、15、17、外语频道12套节目；转播吉林省广播电台卫视、乡村、公共、法制、影视、生活、都市7套节目。孤家子电视转播台有数字电视19频道、45频道、43频道，电视节目21套。转播中央1、2、4、7、9、10、11、12、13、14、15、新闻频道12套节目；转播吉林省广播电台卫视、乡村、公共、法制、影视、生活、都市7套节目；转播四平广播电台四平1频道节目；转播梨树县广播电台1套节目。3套调频广播有1059频率转播中央综合广播；92.2频率转播省1套广播；94.4频率转播吉林乡村广播。广播发射台有中波发射机5部、电视频道3个。其中，754频率43频道有吉林都市、生活、影视、公共、法制频道5套节目；770频率45频道有中央1、2、4、10、12、13、14、15频道8套节目。794频率48频道。其中中央7、9、11、新闻国际4套节目。吉林省吉林卫视、都市、乡村频道3套节目。四平2套电视频道。3个广播频率包括666千赫四平广播，1107千赫吉林广播，

1359千赫中央综合广播。

（于桂芹）

【电影行业管理】 审核批准电影院2家。完成2019年国家、省电影专项扶持资金的申报及绩效工作，协调市财政局足额拨付资金，启动国家及省级电影专项扶持资金申报工作。完成国有电影企业的审计工作；完成“僵尸企业”改革任务，启动国有企业公司制改革工作。做好新冠肺炎疫情防控管理，有序恢复开放电影院；为普泰影院争取省新冠肺炎疫情补贴资金8万元。

（高双庆）

文化产业

【概况】 至2020年年末，四平市有互联网上网服务场所70家，其中开展上网服务61家，关闭9家。文化娱乐场所57家，其中营业56家，关闭1家。有旅行社24家，其中营业23家，关闭1家。

【文化产业收入】 全年互联网上网服务场所营业收入1341.02万元，比2019年下降52.34%；文化娱乐场所营业收入3844.41万元，下降34.47%；艺术表演场馆3家，即人民剧场、双辽大众剧场、四平艺术剧院有限公司，营业收入141.23万元，下降23.73%；文艺创作与表演3家，双辽市艺术传媒有限公司、梨树地方戏曲剧团、伊通满族艺术团，营业收入624.94万元，增长79.74%。

（徐烨辰）

文化市场管理

【概况】 2020年，按照文旅部要求，对四平市文化市场经营场所开展文化市场检查，加强“两节”“两会”“五一”“十一”等时间节点的市场监管工作，全年出动执法检查人员1875人次，检查车辆675台次，检查场所1347家次，办理处罚案件6起。

【专项整治行动】 全年开展安全生产检查、“2020护苗专项行动”“净网·护苗·秋风”文教联合执法等专项行动7次，收缴各类盗版图书2万册，检查书店、印刷厂70家。

【助力企业复工复产】 助力企业复工复产，帮助4家印刷企业、3家书店办理复工复产手续；为28家网吧协调减免互联网专线使用费，提供优惠贷款等事项；帮助17家旅行社暂退旅游服务质保金。市文旅局和市教育局、市公安局配合，在英雄广场、英城监狱为新华书店举行图书展销和促销活动。

（徐烨辰）

【扫黄打非】 组织扫黄打非执法检查300次，出动1072人次，检查经营单位9202家（次）。印发基层扫黄打非工作手册4000册、普法宣传资料2000份，初步形成有场所、有专职人员、有相关制度、有相关流程、有宣传阵地的运行机制。联合市文明办，将扫黄打非工作纳入新时代文明实践中心建设和精神文明创建考核体系。集中整治清理整顿“小锅盖”。全市清理“小锅盖”近2万个，12月31日集中销毁。

（高双庆）

【版权保护】 加强市正版软件领导小组统一协调工作机制，出台《四平市2020年推进使用正版软件工作计划》，联系微软公司、金山公司推进企事业单位软件正版化工作。巩固市级政府机关软件正版化工作成果，开展软件正版化检查“回头看”，督查和指导市级党委、人大、政协、检察院、法院等机关单位软件正版化工作。沟通市政数局及保密部门，做好国产系统替代前的统筹协调工作。协调配合政府采购管理部门，办公软件实行价格上限控制。针对网络下载盗版软件突出问题，将打击软件侵权盗版行为作为重要内容纳入打击侵权假冒工作和打击网络侵权盗版“剑网2020”专项行动，组织各级版权执法机关开展集中执法检查，查处典型案件。

（徐烨辰）

卫生健康

HYGIENE AND HEALTH

综 述

【概况】 2020年，全市卫生健康系统有各级各类医疗卫生机构1667个，全市有执业医师及执业助理医师60401人，注册护士6334人，药（士）师569人，技（士）师651人，检验师446人，卫生技术人员1149人，其他技术人员890人，管理人员1923人，工勤技能人员1512人。全市有医疗床位13370张。全市二级公立卫生医疗机构总诊疗量212.88万人次，总住院11.13万人次，预约诊疗19.12万人次。上级医院向下转诊1059人次，向上级医院转诊4360人次。全市医疗卫生机构收入46.08亿元（市直属医疗单位收入16.61亿元）。其中，公立医疗卫生机构总收入39.5亿元，占比85.72%；非公立医疗机构总收入6.58亿元，占比14.28%。四平市卫生健康委员会组织开展“亮身份担使命、让党旗在新冠肺炎疫情防控一线高高飘扬”活动，54个党支部，708名党员加入新冠肺炎疫情防控一线，37名医护人员支援武汉抗击疫情，6名援鄂队员加入党组织。各级公立医院有151名医护人员在一线递交入党申请书，9名医护人员火线入党。

表42　2020年四平市医疗卫生机构、床位、人员统计表

单位：个、张、人

	机构个数	实有床位数	执业(助理)医师	注册护士	药师(士)	技师(士)	检验师	其他卫生技术人员	管理人员	工勤技能人员
总　计	1667	13370	6040	6334	569	651	446	1149	1923	1512
一、医院	64	11371	3389	4839	454	479	316	431	1141	984
综合医院	28	5693	1987	2830	225	267	176	217	671	384
中医医院	7	1636	579	688	95	85	57	101	167	210
中西医结合医院	1	200	86	93	14	19	9	3	23	13
专科医院	28	3842	737	1228	120	108	74	110	280	377
口腔医院	2	33	77	36	2	5	2	—	11	20
眼科医院	5	175	30	62	3	5	3	30	20	29
肿瘤医院	1	162	50	65	8	8	6	7	10	41
心血管病医院	1	50	22	32	—	6	2	3	4	1

续表 42 单位：个、张、人

	机构个数	实有床位数	执业(助理)医师	注册护士	药师(士)	技师(士)	检验师	其他卫生技术人员	管理人员	工勤技能人员
血液病医院	1	16	2	8	—	—	—	—	5	—
妇产(科)医院	3	435	198	174	40	18	17	8	49	51
精神病医院	3	1449	129	430	24	15	12	13	42	118
传染病医院	1	200	39	74	16	14	10	12	48	32
结核病医院	1	300	40	24	6	1	1	—	13	21
骨科医院	1	100	22	40	3	5	3	—	14	12
康复医院	2	402	40	79	5	9	7	14	47	23
其他专科医院	7	520	88	204	13	22	11	23	17	29
二、基层医疗卫生机构	1573	1818	2345	1278	101	85	52	405	415	429
社区卫生服务中心(站)	17	107	175	202	13	9	7	25	36	26
社区卫生服务中心	17	107	175	202	13	9	7	25	36	26
卫生院	71	1711	868	538	78	74	43	285	370	403
乡镇卫生院	71	1711	868	538	78	74	43	285	370	403
中心卫生院	22	889	447	298	46	47	25	132	184	163
乡卫生院	49	822	421	240	32	27	18	153	186	240
村卫生室	757	—	439	11	—	—	—	—	—	—
门诊部	24	—	74	62	—	—	—	—	1	—
综合门诊部	3	—	6	1	—	—	—	—	—	—
中医门诊部	4	—	14	6	—	—	—	—	1	—
中西医结合门诊部	2	—	6	8	—	—	—	—	—	—
专科门诊部	15	—	48	47	—	—	—	—	—	—
诊所、卫生所、医务室	704	—	789	465	10	2	2	95	8	—
诊所	687	—	770	456	10	2	2	95	3	—
卫生所、医务室	17	—	19	9	—	—	—	—	5	—
三、专业公共卫生机构	19	181	266	174	12	85	76	268	300	89
疾病预防控制中心	3	—	78	9	3	39	37	45	87	18
省辖市(地区)属	1	—	45	3	—	31	29	18	24	9
地辖市属	2	—	33	6	3	8	8	27	63	9
县属	3	35	25	13	—	6	3	6	17	8

续表 42 单位：个、张、人

	机构个数	实有床位数	执业(助理)医师	注册护士	药师(士)	技师(士)	检验师	其他卫生技术人员	管理人员	工勤技能人员
专科疾病防治院(所、站)	3	35	25	13	—	6	3	6	17	8
专科疾病防治所(站、中心)	3	35	25	13	—	6	3	6	17	8
结核病防治所(站、中心)	6	146	150	115	9	20	16	60	113	49
妇幼保健院(所、站)	—	—	—	—	—	—	—	—	—	—
省辖市(地区)属	1	2	24	11	1	2	1	2	7	1
地辖市属	3	76	65	64	3	8	8	51	24	22
县属	2	68	61	40	5	10	7	7	82	26
妇幼保健院	5	145	141	114	9	20	16	55	109	47
妇幼保健所	1	1	9	1	—	—	—	5	4	2
急救中心(站)	1	—	8	12	—	—	—	4	4	11
采供血机构	3	—	5	25	—	20	20	11	31	2
卫生监督所(中心)	3	—	—	—	—	—	—	142	48	1
省辖市(地区)属	1	—	—	—	—	—	—	78	15	—
地辖市属	2	—	—	—	—	—	—	64	33	1
县属	—	—	—	—	—	—	—	—	—	—
四、其他卫生机构	11	—	40	43	2	2	2	45	67	10
其他	11	—	40	43	2	2	2	45	67	10

说明：本表人员合计中包括乡村医生 1273 人、卫生员 123 人、诊所乡村医师 27 人，不含乡镇卫生院在村卫生室工作的执业（助理）医师、注册护士数 （市统计局）

【健康四平建设】 实施健康中国行 15 项专项行动，将健康融入政策，推动以治病为中心向以人民健康为中心转变，完成《健康四平 2030 规划纲要》2020 年阶段性指标任务。开展爱国卫生运动，四平市被全国爱卫会命名为国家卫生城市，双辽市、伊通满族自治县被命名为省级卫生城市，实现四平市县级城市创建省级卫生城市（县城）工作“零”的突破。铁东区叶赫满族镇、双辽市王奔镇、伊通满族自治县靠山镇、伊通满族自治县营城子镇 4 个镇被命名为国家卫生乡镇。四平市在全省省级卫生城市暗访中得到 782.8 分，在 19 个参加暗访的城市中名列第二。

【公立医院改革】 加强医药卫生体制改革领导，调整市、县两级医改领导小组，由政府主要领导担任组长，根据市级领导变化及时出台调整文件。将深化医药卫生体制改革纳入全市改革任务体系，制定重点任务台账，确定阶段工作内容和完成时限，明确责任领导和具体负责人。取消公立医疗机构耗材加成，实现“零差率”销售。持续深化医疗服务价格改革，抓住开展药品耗材集中采购、取消医用耗材加成等改革窗口期，稳妥有序调整医疗服务价格，提高医疗服务收入占医疗收入的比例。加快推进以按病种付费为主的多元复合式医保支付方式改革，对诊疗方案和出入院标准比较明确、诊疗技术比较成熟的24种疾病实行按病种付费，对病种数量和病种包干费用实行动态管理。开展按疾病诊断相关分组付费试点，选择6家定点医疗机构作为试点单位。直属二级以上公立医院全部实现院长、书记分设。实行公立医疗机构医疗费用、医疗服务收入、药品和耗材占比等改革运行情况月监测。四平市公立医院综合改革绩效考核全省第二，被评为“全省公立医院综合改革先进单位”，受到吉林省医改领导小组表彰，奖励资金300万元。伊通满族自治县被评为“公立医院综合改革先进县”，受到省医改领导小组表彰，奖励资金100万元。

（张　坤）

疾病防控

【概况】 2020年，四平市传染病发病率92.57/10万；慢性病死亡率492.23/10万；高血压病人规范化管理率75.69%；糖尿病人规范化管理率73.62%；严重精神障碍患者规范管理率92.83%；艾滋病感染者治疗覆盖率91.6%，均超过国家规范化管理标准。3月，四平市疾病预防控制中心作为全省唯一一家单位，参加国家新冠病毒、流感、禽流感盲样考核，全部满分成绩通过。

【慢性病防控】 全市各级医疗机构均开展死因监测、肿瘤随访登记工作，举办全市死因监测、肿瘤随访登记工作培训班，对各县（市）区医疗机构开展技术指导和督导检查。2020年，市疾控中心获中国疾控中心“死因监测工作先进集体”。开展系列宣传活动，倡导健康饮食、适量运动等健康生活方式，普及高血压、糖尿病、脑卒中等慢性病防治知识。开展健康支持性环境建设工作，四平市创建各类健康支持性环境138个。加强对基层医疗单位的培训、督导和现场技术指导，全市高血压、糖尿病患者健康管理工作逐步规范。全市登记高血压病人173515人，规范化管理136974人，规范管理率78.94%。登记糖尿病人64863人，规范化管理46730人，规范管理率72.04%。开展严重精神障碍患者排查、诊断评估、患者信息录入、随访管理等工作，全市在册严重精神障碍患者9814人，规范管理9061人，规范管理率92.33%，服药率93.43%；开通新冠肺炎疫情防控24小时心理援助热线，在疫情防控期间，提供心理支持、心理疏导、危机干预等服务。开展心理危机干预能力提升项目培训工作，对市、县两级精神专科医院或综合医院精神（心理）科卫生专业医师、心理治疗师、心理咨询师、承担突发公共事件心理危机干预人员等50余人进行为期3天的培训。

【传染病防控】 四平市报告法定管理传染病15种，报告发病数为2462例，发病率111.49/10万，比2019年下降40.86%。死亡21例，死亡率0.95/10万，比2019年上升5.98%。2020年，无甲类传染病报告。

【地方病防治】 完成“三年攻坚”地方病防治评估自评工作。全市碘缺乏病、克山病、大骨节病、地砷病实现消除目标，地氟病实现控制目标。全市完成地方病监测全覆盖。完成500名孕妇、1000名8岁—10岁儿童碘缺乏病监测，食用碘盐覆盖率100%。相关心脏病病例搜索150人，无克山病新发病例。12周岁—17周岁儿童开展大骨节病临床检查2757人，未检出X线改变的儿童。全市有氟病区屯253个，改水率达100%。病区儿童氟斑牙检出率13.2%。砷病区屯，改水覆盖率100%，水氟合格率100%，地方病所有现患均建档管理。鼠密度调查，设4个监测点100个样方，平均鼠密度为0.31只/公顷，蚤指数为0.20。病原学检验鼠脏器402份，检蚤8组31只，血清学检验1502份，结果均为阴性。夜行鼠调查，布夹2800次，捕获率1.93%。全市布病报告病例121例，比2019下降8.33%，病率5.60/10万。布病流行病学调查3752人，血清学检查1766人，阳性率7.25%。

【预防接种服务】 全市免疫规划疫苗常规接种率仍保持在较高的水平，以乡为单位，各种疫苗剂次报告接种率均达90%以上。接种单位报告覆盖率100%，达到目标考核标准。全市14家产科接种室上传新生儿接种个案7100人，审核后全部推送到省平台。其中，卡介苗接种率92.3%；乙肝首针接种率95.9%；及时率95.8%，全部达到目标考核要求。5月，完成疫苗追溯设备采购；6月，举办培训和现场指导，全市所有接种单位实现疫苗全程追溯系统使用，单据扫码率100%，系统平台扫码接种率98%。完成3个县级年度免疫规划、免疫规划相关疾病监测、疫苗全程追溯的培训工作，培训700人次。完成疫苗全程追溯工作及免疫规划工作督导2轮、疫苗管理专项督导1轮。

（张　坤）

基层卫生

【社区医疗卫生服务】 2020年，四平市改善就医环境，按照每个街道或3万—10万名居民设置1个社区卫生服务中心的建设规划，规范四平市城区社区卫生服务中心标准化资源配置。铁西区站前社区卫生服务中心、仁兴社区卫生服务中心和北沟社区卫生服务中心开展基本医疗服务；铁东区四马路社区卫生服务中心、七马路社区卫生服务中心、平南社区卫生服务中心、解放社区卫生服务中心为试点单位。卫生健康行政部门与财政部门联合成立基本公共卫生服务工作领导小组，建立资金保障机制，足额、及时落实年度项目资金。全年为铁东区和铁西区投入公共卫生服务经费3740万元，服务覆盖57.56万人。

【基本公共卫生服务项目培训】 11月23日至27日，市卫生健康委在第四人民医院举办2020年国家基本公共卫生服务项目培训班。培训邀请省疾病预防控制中心、省结核病防治科学研究院、省卫生监督所、省妇幼保健院、省健康教育中心和相关市（州）单位的14位省级以上专家进行授课。专家结合国家基本公共卫生服务项目调整有关内容对居民健康档案、健康教育、预防接种、0—6岁儿童健康管理等12个项目、组织管理、资金管理进行专题讲解。培训采取专家精讲、教学互动、集中答疑的方式，现场解决参训人员在实际公卫项目工作上遇到的一些问题。各县（市）区卫生健康局相关科室负责人、各乡镇卫生院（社区卫生服务中心）业务工作人员1500人分批次参加培训。

11月24日，市卫健委在第四人民医院会议室举办基本公共卫生服务项目培训班

（市卫健委　供图）

【基层公共卫生人员培训】 全年全科医生转岗培训85人，培训419人，注册488人，住培招收428人，签约农村订单定向免费医学生145人，为村卫生室定向招录村医24人。公开招聘县聘乡用3人，乡聘村用3人；双辽市（贫困县）招聘农村全科特设岗位医生3名。组织县区医务人员57人参加吉林省技术推广项目培训。

【医疗联合体建设】 推进医疗联合体建设，由医疗机构提供技术支撑，从家庭医生签约、基本医疗、技术指导、人才培养、双向转诊等方面与社区卫生服务中心展开合作。城区13家社区卫生服务中心基本公共卫生服务、基本医疗和健康扶贫全部运行使用省基层医疗卫生机构管理信息系统，安装医保报销系统。《国家基本公共卫生服务规范》规定的12类项目服务得到实施。

【基层医疗卫生服务体系建设】 落实国家、省疫情防控要求，指导全市基层医疗卫生机构抗疫，先后多次组织对全市基层医疗卫生机构新冠肺炎疫情防控工作进行督导。3月，下发文件部署基层医疗卫生机构健康扶贫达标建设相关工作，要求全市71家乡镇卫生院有1名以上合格执业（助理）医师或全科医师，724个村卫生室有1名合格乡村医生，房屋建筑面积60平方米以上，四室分开、药品种类不少于80种的村卫生室；4月，完成全市724家村卫生室达标建设核查工作；6月，组织完成吉林省2020年定向招录村医考试（四平考区）现场笔试工作；8月，组织专家到各地现场复核，达到基本标准34家、推荐标准2家；9月，成立市级推进紧密型县域医共体工作指导小组，到试点县伊通满族自治县开展调研指导3次。全市新建中医馆4个，即梨树县十家堡镇中心卫生院、铁东区北门社区卫生服务中心、伊通满族自治县大孤山镇爱民卫生院、双辽市那木乡卫生院。梨树县孤家子镇卫生院等25个基层医疗卫生机构中医馆被确定为省级示范中医馆。

（张　坤）

妇幼保健

【妇幼健康工作督导检查】 四平市全面落实国家、省新冠肺炎疫情防控要求，指导全市医疗保健机构全力开展妇幼健康抗疫工作，召开全市妇幼健康工作推进会议，推进常态化疫情防控下妇幼健康工作。督导检查全市妇幼保健机构6家、助产机构14家2次，开展常态化疫情防控下妇幼健康工作。

【"母婴安全质量提升年"活动】 全市开展"母婴安全质量提升年"活动，加强重点时段及节假日期间孕产妇安全管理，建立高危孕产妇县级行政部门、县级保健机构、基层医疗卫生机构三级专班管理制度。结合母婴安全管理需求，下发《关于进一步加强孕产妇健康管理的通知》，明确孕产妇安全的5个方面管理，对标母婴安全要求，先后对孕产妇开展专项检查3项，全面排查母婴安全风险，保证孕产妇安全。

【助产机构实现平台对接】 四平市14家助产机构实现院内系统与省平台对接，辖区内孕产妇的检查结果、高危情况、危重救治情况实现信息共享、实时管理。试点城市双辽市的孕产妇手机终端、基层妇幼工作APP达到全覆盖，实现孕产妇预警、应急处置、过程监控的线上管理流程。

【建立贫困孕产妇救治基金】 指导各县（市）区争取当地财政支持，建立本地贫困孕产妇救治基金，提升贫困孕产妇发生危急重症时救助水平。

【高危孕产妇救治演练技能竞赛】 10月，组织全市高危孕产妇救治演练技能竞赛，参加全省决赛，获团体二等奖、急救演练卓越奖及个人单项奖一等奖2个、二等奖1个和三等奖2个。

【妇女儿童发展纲要终期评估】 10月，迎接全省妇女儿童发展纲要终期评估督导，妇女儿童发展规划监测指标25项均达到要求，通过检查。

（张　坤）

职业卫生

【医疗卫生机构医用辐射防护监测】 2020年，市卫生监督所对7家新发许可证的放射诊疗机构开展现场调查工作，进行电子表格录入和统计汇总；对7家监测点医院进行督导，收集监测报告，填写调查表，进行数据录入工作；统计四平市放射诊疗机构清单76家。

【非医疗机构放射性危害因素监测】 市卫生监督所对全市非医疗机构放射工作单位调查23家，将23家非医疗机构调查表数据及3家重点监测单位数据录入监测系统。

【重点职业病监测】 四平市有外地体检机构在省级平台填报29家企业，1916张个案卡；四平市中心人民医院体检2483人，全部填报到省级平台。

【职业性尘肺病随访与回顾性调查】 市卫生监督所制定下发

《2020年四平市尘肺病患者随访调查工作方案》，指定由四平市疾控中心组织实施全市调查及技术指导工作。市辖区本年度随访调查153人，比2019年增加5人；失访人数1人，比2019年减少6人。职业性尘肺病随访与回顾性调查摸清尘肺病患者185人（不包括公主岭），死亡66人，失访7人，存活108人。

【用人单位工作场所职业病危害现状调查】 全年各县（市）区复核企业428家。市本级对38家企业进行职业病危害现状调查工作，填报调查表企业333家。市级质控审核企业257家。

【用人单位工作场所职业病危害因素监测】 市卫生监督所举办“2020年四平市用人单位工作场所职业病危害因素监测培训班”。全年市疾控工作人员对73家企业进行职业病危害因素检测质控，现场填写调查表，检测7家企业，采集粉尘样品71个、噪声58点，检测样品全部送检。

【尘毒危害专项治理】 市卫生监督所开展尘毒危害专项治理，出动57人次，车辆24台次，现场检查19户次，下达监督执法文书19份，按时网报四平市尘毒危害严重单位的监督检查信息。

【职业危害评估督导】 根据《吉林省卫生健康委关于开展职业病危害防治评估工作的通知》要求，市卫生监督所和市卫健委、铁东区、铁西区卫生局职业卫生管理人员，下企业了解四平市主要职业病危害分布、职业病危害接触人群分布，要求各企业认真落实职业病危害项目申报工作。先后对两区及外县涉及职业危害评估企业进行全方位督导检查，评估督导7次，督导人员逐户详细审查评估企业提供的审核材料，提出完善修改意见，市卫生监督所对参与评估的103户企业全部审核1次。

【放射卫生监督】 根据《放射诊疗管理规定》要求，6月15日至30日，四平市中心医院体检中心与市卫生监督所配合，对全市放射工作人员进行职业健康体检，各医院从事放射诊疗工作的医生，口腔影像医师，护士及技术人员，其他放射岗位工作人员参加体检，体检400人次。结合省市双随机方案的要求，监督检查辖区内放射诊疗单位，检查放射诊疗单位20户次，下达卫生监督意见书20份，立案1起，结案1起。开展放射诊疗机构的预防性卫生监督，至11月末，市卫生监督所对17家医疗单位开展预防性卫生监督，其中校验15户，新办许可2户，整改达标后发放放射诊疗许可证17户。

【尘肺病防治攻坚行动】 市卫生监督所落实尘肺病防治攻坚行动方案和相关要求，督促各地尘肺病防治开展自查，了解和掌握尘肺病防治攻坚行动进展情况，每季度末报送汇总表和总结。抓好非煤矿山、冶金、化工等重点行业领域专项治理工作，四平市纳入尘毒危害治理范围的9户用人单位，3户停产，6户达标。做好源头防控，抓好达标健康企业建设活动，全市200户企业达标。

【职业健康保护行动】 市卫生监督所结合职业病防治法宣传周活动，正式启动四平市职业健康保护行动，开展职业健康保护传播作品征集活动，通过悬挂横幅、发放手册、知识问卷调查和以小群多路非聚集等形式，开展职业健康知识进企业、进社区，四平市出动人员258人次，组织活动58次，印发宣传资料35746份，参与企业数230家，参与劳动者5323人。

【职业病监测】 落实国家转移支持项目，做好重点职业病等项目监测，强化过程培训指导和质量控制，增强监测工作科学性和监测数据准确性。开展职业性尘肺病随访调查，摸准患者底数。加强职业病危害项目申报，加快用人单位申报进程，至2020年年末，市职业病危害项目申报企业527户。

（张　坤）

老龄卫生

【医养结合】 2020年，四平市建成医养结合机构5家，完成每个县（市）区至少有1所医养结合机构的目标，养老机构

12 月 11 日，市卫健委在市资生康复医院养护中心举办四平市老年护理人员培训班

（市卫健委　供图）

均以不同形式为入住的老年人提供医疗服务。组织开展老年医疗护理人员培训，医养结合机构、养老机构从事老年护理服务人员50 人参加培训。

【老年健康宣传】 四平市组织开展老年健康宣传周宣传活动、阿尔茨海默症预防与干预核心信息宣传活动以及“敬老月”等系列活动。完成“敬老月”“两节”走访慰问，对全市百岁老人走访实现全覆盖，发放慰问金、慰问品价值 20 万元。在四平电视台开展“敬老、爱老、助老”先进单位和先进个人展播活动，编印《四平百岁人生》。

【老年人健康管理】 四平市发展基层医疗卫生服务，将老年人作为重点人群纳入家庭医生签约服务，为居家老人提供健康档案管理、健康教育、康复护理等基本医疗卫生服务。至年末，全市65 岁以上老年人健康管理率 80%。

【老年人就医便利服务】 市县各级医疗单位开通老年人“无健康码”绿色通道，各医疗卫生机构设立工作人员协助老年人进行健康码查询操作，协助没有手机或确实无法提供健康码的老年人手工填写流调表等相关材料，缩短老年人在诊区外的等候时间。所有医疗机构全部为老年人开通“绿色通道”，在挂号、就诊、取药、交款等窗口张贴标识，实行老年人优先，所有医疗机构均为老年人提供现场号源，保留人工服务窗口，对于行动不便无陪同人员的老人由导诊或工作人员陪同办理。

（张　坤）

爱国卫生

【卫生城市创建】 2020 年，四平市指导双辽市、伊通满族自治县推进省级卫生城市（县城）创建工作，向省爱卫会上报创建省级卫生城市（县城）资料汇编。6 月 9 日，省爱卫会下发《吉林省爱卫会关于命名双辽市等 3 个城市为省级卫生城市（县城）的决定》，双辽市、伊通满族自治县被命名为省级卫生城市（县城），实现四平市县级城市创建省级卫生城市（县城）工作“零”的突破。多次组织人员对铁东区叶赫满族镇、双辽市王奔镇、伊通满族自治县靠山镇、营城子镇进行明查暗访和技术评估，并针对存在的问题提出整改意见，全面推进卫生乡镇创建进程。7 月 29 日，全国爱卫会下发《关于命名2017—2019 周期国家卫生乡镇的决定》，铁东区叶赫满族镇、双辽市王奔镇、伊通满族自治县靠山镇、营城子镇 4 个镇被命名为国家卫生乡镇。

【控烟行动】 根据《吉林省贯彻落实健康中国行动实施方案》中“实施控烟行动”相关要求，结合各地和市直机关实际，细化、分解工作任务，巩固无烟党政机关创建工作成果，提高无烟政府机关创建比例，健全完善戒烟服务体系，在四平市医院推广简短戒烟干预服务。结合新冠肺炎疫情防控形势，根据《关于组织开展第 33 个世界无烟日活动的通知》要求，组织开展世界无烟日活动，采取多形式倡导控烟活动，推进无烟环境建设。全市开展世界无烟日宣传活动 98 次，参加世

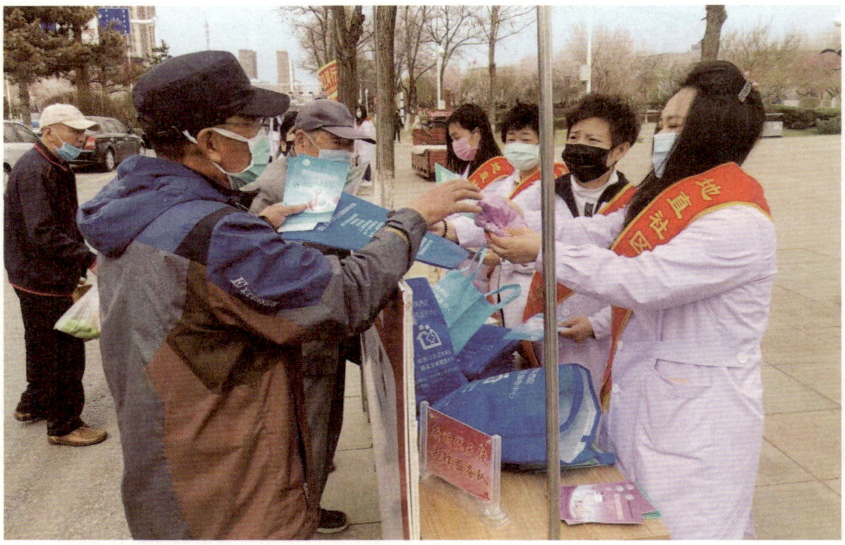

4 月 24 日，铁西区政府组织相关部门在英雄广场开展爱国卫生宣传活动

（李航　摄）

界无烟日宣传 5500 人次，发放张贴宣传材料 7.85 万份，新媒体发布文章 57 篇，新媒体发布文章阅读量 1.88 万人次。

【冬春季爱国卫生活动】 结合新冠肺炎疫情防控开展冬春季爱国卫生活动，注重农贸市场管理，综合整治全市范围内环境卫生，降低新冠肺炎疫情通过环境传播的风险。全市参与环境卫生集中整治 26.75 万人次，出动相关作业车辆 2.15 万台次，清理各类垃圾 7.18 万吨。

【健康科普宣传】 结合新冠肺炎疫情防控，组织开展线上线下多种形式的宣传活动，提高宣传覆盖面，普及卫生健康知识。全市在各类媒体（包括传统媒体和新媒体等）刊发健康科普宣传信息 1933 篇，健康科普宣传视频在各类视频播放设备（地铁、公交、广场等各类 LED 显示屏）1893 块上播放，健康科普宣传信息阅读量 50.77 万人次，针对机关、学校、企业、社区等组织开展健康科普讲座 177 次。每季度最后一个星期六为四平市“文明卫生日”，全年开展 4 次文明卫生日活动。

【病媒生物防治】 组织开展病媒生物监测工作，依据监测结果，结合各类疫情防控形势，组织开展春季、秋季、冬季市区统一灭鼠活动，确保病媒生物密度在国家标准之内，预防流行性出血热等传播传染病的发生。

【爱国卫生月活动】 全市利用互联网等新媒体形式，开展爱国卫生月活动宣传，利用“四平爱国卫生”微信平台开展宣传，3 月 30 日至 4 月 30 日期间，在线上推送 5 次活动文章39 篇。

（张　坤）

卫生监督

【行政执法全过程记录规范】 四平市规范行政执法行为，推进行政执法“三项制度”的实施。建立标准化权责清单目录，绘制执法程序流程图，在四平市政府网站公示标准化权责清单 61 项，行政处罚信息及时向社会公开；制订《四平市卫生计生行政执法全过程记录规范》等配套制度，购买执法记录仪 4 台、手持执法终端 11 部、便携式打印机 8 台。

【行政案件处罚】 全年处罚案件 85 件。一般程序案件 30 件，其中医疗机构 17 件，公共场所 7 件，消毒产品生产企业 2 件，非法行医 4 件，罚款 128645 元。警告案件 55 件，其中医疗机构 49 件，公共场所 6 件。

【投诉举报案件受理】 完善投诉举报处理制度，公开举报处理的流程和时限，办理人员 3 日内完成调查，7 日内进行反馈。全年受理投诉举报案件 21 件，核实并立案查处 12 件，罚款 10 万元，没收违法所得人民币 2045 元，没收药品器械 20 件，投诉举报案件答复率为 100%。

【“双随机、一公开”抽检】 完成国家卫健委、四平市“双随机、一公开”监督抽检工作任务。2020 年国家双随机抽检任务市区下达 146 户，其中关闭 21户。

1月22日，全市新型冠状病毒防治培训会在市中心人民医院举办
（市中心人民医院 供图）

完成正常营业的125户监督监测任务，监督完成率93.8%，完结率为100%。立案处罚6件，均为警告案件。市政府“双随机、一公开”抽检年度7项工作任务，其中跨部门抽检任务2项。全年完成7项139户抽检任务，其中市卫健委牵头与市市场监管局开展跨部门公共场所联合抽检88户，配合市应急管理局开展职业卫生跨部门联合检查1户，检查结果及时录入信用信息系统公示。

【执法人员培训】 全年加强监督执法人员的培训，提高监督员执法能力水平。全员参加国家卫健委监督中心网络培训，培训时间每人42学时以上。年内组织市级各类培训班6次，培训人数300余人次。

【卫生监督信息报告管理】 加强卫生监督信息报告管理，在国家卫健委卫生监督信息报告系统，市本级有效单位1160户。其中，公共场所504户、生活饮用水5户、职业卫生1户、放射诊疗28户、学校卫生42户、医疗卫生344户、传染病防治228户、消毒产品单位5户、餐饮具集中消毒单位2户、血液安全单位1户、计划生育单位1户。2020年，系统内国家“双随机”任务录入信息146户，行政处罚案件40件。

【创新卫生健康监督方式方法】 市卫健委创新卫生健康监督方式方法，探索“互联网+监管”“信用+综合监管”工作模式，综合监管制度稳步推进。在“互联网+监管”系统中认领42项行政检查事项，所有检查一律按照检查事项清单进行，做到清单之外无检查。全年利用“我要执法”APP完成检查事项392次。结合四平市实际制定四平市卫生健康行业“红黑名单”制度，对严重失信行为及时通过信用信息共享平台等门户网站，以卫生健康行业诚信“红黑名单”的形式予以公布。推进行政处罚企业信用修复工作，告知信用修复流程，支持失信企业主动纠错。全年符合修复条件的18个受到行政处罚的市场主体进行信用修复。

【公共场所卫生监督】 市卫健委对全市公共场所卫生监督实施量化分级管理，学校卫生实施综合评价，公共场所卫生监督量化分级管理率100%，学校卫生综合评价完成率100%。

【医疗美容综合监管执法专项行动】 开展医疗美容综合监管执法专项行动，检查医疗美容机构15家，抽查医疗美容主诊医师、执业医师28人，护士24人；抽查医疗文书36份。全年下达卫生监督意见书23份，立案3件，结案3件。其中给予行政警告处罚案件2件，罚款1件。处理群众举报医疗美容案件1件，立案1件，结案1件。

【医疗机构乱象整治行动】 开展医疗机构乱象整治行动，全年出动卫生监督员873人次，执法车辆291台次，检查医疗机构350家，下发卫生监督意见书197份。发现问题单位4家，均给予立案处罚。受理群众投诉举报事项4件，实施行政处罚4件，处理结果及时向群众反馈。

【医疗机构医疗废物综合治理行动】 开展医疗机构医疗废物综

9月1日，市卫健委在市中心人民医院进行秋冬季新冠肺炎卫生应急桌面推演

（市中心人民医院 供图）

合治理行动，全年检查医疗机构251户，出动监督员567人次，车辆119台次。书写卫生监督意见书165份，责令改正61户，立案49起。其中警告47起，罚款2起。

【预防接种单位专项监督检查】 专项监督检查预防接种单位，全年检查疫苗接种单位18户，出动监督车辆14台次，出动卫生监督人员52人次，下达卫生监督意见书19份。

【打击非法行医】 开展专项行动打击非法行医行为，规范医疗市场秩序。全年检查各类医疗卫生机构350户次，检查按摩、养生、体验、生活美容、配镜验光、矫正视力等场所173户次，对发现各类非法行医违法违规行为予以查处。立案8起，其中警告1起，罚款7起。开展取缔早市非法行医专项行动，检查早市6个，出动监督员13人次，监督车辆4台次，发现测血压、测血糖2人次，未取得医疗机构执业许可证开展拔牙、镶牙4人次，宣传消毒产品对皮肤病的治疗作用并销售消毒产品2人次，现场治疗灰指甲1人次，责令立即停止非法诊疗活动，没收药品及医疗器械，没收各类诊疗器械5件。

【职业卫生监督检查】 全年监督检查用人单位52户次，涵盖11个行业。出动监督员136人次，车辆50台次，书写卫生监督文书70份。责令改正60项次，立案4起，结案4起，均为警告案件。

【新冠肺炎疫情卫生监督】 组织开展医疗卫生机构、生产企业、公共场所、生活饮用水、学校托幼机构等单位新型冠状病毒感染的肺炎疫情防控专项监督检查。出动监督员5441人次，车辆1918台次，监督检查14524户，下达卫生监督意见书1226份，发放疫情防控告知书1105份，责令改正1370户次，现场培训9851人次。报送工作信息17条，指挥部采用16条。立案9起，移交公安部门1起，媒体曝光1起。

（张 坤）

中医药事业

【概况】 2020年，四平市结合《中医药发展战略规划纲要（2016—2030年）》，落实《中共四平市委办公室、四平市人民政府办公室关于落实促进中医药传承创新高质量发展的实施方案》，以提升基层中医药特色能力提升工程为抓手，以发挥中医药特色为核心，推进中医药服务能力。开展四平市第四届“名中医”评选活动，全市22名医生入选。规范传统医学师承人员管理工作，全年参与师承学习92人，通过出师考核32人。举办中药材种植技术培训班，各县（市）区中药材种植大户、合作社技术人员等50人，参加理论知识和实践技能培训。

【中医药管理体系建设】 成立四平市中医药工作领导小组，制定四平市《关于促进中医药传承创新高质量发展的实施方案》。助力《吉林省中医药条例》出台，四平市提出的7条修改意见均被采纳。

【中医药科研及项目】 市中医医院和伊通满族自治县民族医院（自筹）申报省级科技课题2项，通过省中医药管理局专家组评审，完成立项。争取项目6个，到位资金1032万元，其中伊通满族自治县民族医院中医药特色老年病健康中心服务能力建设项目争取资金150万；中医院医疗服务能力建设项目争取资金600万元，四平、伊通、双辽、梨树各150万元；县级中医医院传染病防治能力建设项目争取资金216万元，伊通、双辽、梨树各72万元；中西医结合医院标准化煎药室项目争取资金20万元；梨树县十家堡镇中心卫生院、铁东区北门社区卫生服务中心、伊通满族自治县大孤山镇爱民卫生院、双辽市那木乡卫生院中医馆项目争取资金40万元。

表43　2020年四平市获省级示范中医馆统计表

所在地	单位
梨树县	梨树县孤家子卫生院
	梨树县郭家店镇卫生院
	梨树县林海镇卫生院
	梨树县四棵树卫生院
	梨树县小宽镇卫生院
双辽市	双辽市双山镇中心卫生院
	双辽市辽南社区卫生服务中心
	双辽市卧虎镇中心卫生院
	双辽市柳条乡卫生院
	双辽市永加乡卫生院
伊通满族自治县	伊通满族自治县大孤山中心卫生院
	伊通满族自治县靠山镇卫生院
	伊通满族自治县马鞍山镇中心卫生院
	伊通满族自治县伊丹镇中心卫生院
	伊通满族自治县伊通镇中心卫生院
铁东区	铁东区黄土坑街道社区卫生服务中心
	铁东区平南街道社区卫生服务中心
	铁东区四马路街道社区卫生服务中心
	铁东区城东乡卫生院
	铁东区叶赫满族镇中心卫生院
铁西区	铁西区平西乡卫生院
	铁西区地直社区卫生服务中心
	铁西区英雄社区卫生服务中心
	铁西区站前社区卫生服务中心
	铁西区仁兴社区卫生服务中心

（张　坤）

【中医院建设】 四平市有三级中医院1家、二级中医院4家。梨树县中医院原为二级甲等中医院，经省中医药管理局同意由二级医院晋升为三级医院，成为四平市首家晋级的县级中医医疗机构。举办国家基本公共卫生服务中医药健康管理项目培训班，推动四平市基本公共卫生中医药健康服务管理工作，梨树县孤家子镇卫生院等25个医疗卫生机构中医馆，获省级示范中医馆称号。

【中医药文化宣传与传承】 开展中医药传统知识普查工作，挖掘整理民间经方验方，四平市7个持有人通过省级评审，进入国家中医药传统知识储备库。双辽市作为中医药文化进校园试点项目单位，将中医健康素养作为校本课程在全市156所小学开课，编撰的《小学生中医健康素养》填补吉林省没有中小学生中医教材的空白。开展《中华人民共和国中医药法》实施三周年宣传活动。

（张　坤）

医政药政管理

【医疗质量提升】 2020年，四平市开展“医疗质量万里行”活动，完善医疗质量管理与控制体系，建立健全各医疗机构医务、护理、药品、院感质量管理组织机构。定期对医疗质量工作情况开展督导检查、通报和分析，专项督导病历质量管理、急诊急救应急管理、院感管理、医疗核心制度、医疗安全管理、护理文书与操作技术、新药使用审批、抗生素合理使用等项目和内容。对药占比、次均费用、抗生素、激素使用等核心指标明确提出控制目标。市中心人民医院神经内二科获国家级“优秀中心”称号；消化内科成为国家消化道早癌防治中心联盟成员单位；创伤骨科、血液科、普外科通过省级重点专科评审，内分泌科为省级特色专科，骨科、胸外科、心内科为市级名科。市传染病医院中医肝病科作为特色重点专科，采取多种方式促进中医肝病科发展。

【医疗服务能力提升】 开展预约诊疗服务，缩短群众排队挂号、缴费等候时间。创新互联网+医疗服务模式，实现院内就诊卡管理、自助打印终端、门诊叫号系统、“掌上医院”手机APP、自助缴费终端等，减少患者在医院各个窗口之间的周转。推进远程医疗工作，利用远程会诊平台对新冠肺炎患者进行远程会诊100次，参加国家及省视频会议100余次。依托医院微信公众号，全市组织13家医疗机构43名新冠疫情防控专家及骨干医师，开通网上疫情防控咨询门诊，为百姓免费提供24小时疫情防控咨询服务。在全市范围内实行检查检验结果互认，为患者节省费用334.72万元。至年末，市三级医院实施临床路径病种250个、二级医院临床路径病种124个。三级医院入组率由90.00%提升至90.38%，入组后完成率由83.48%提升至83.58%。

【分级诊疗制度建设】 按照分级诊疗实施办法，明确层级诊疗和上下转诊标准，医疗机构间继续签订双向转诊协议，行政部门定期考核、强化监管，建立上下协调、严密有序的转诊渠道，为百姓提供完整、快捷、价廉的医疗服务。实行分级诊疗后县级医院向市级医院转诊的病人有4360人次，市级医院下转病人1059人次。36164个病例实施临床路径。推动公立医院分级诊疗，实现医学检验结果互认7718次，为患者节省费用334.72万元，医学影像互认6761次，为患者节省费用250.71万元。

【电子证照制发】 8月1日，按照国家卫生健康委《关于推行医疗机构、医师、护士电子证照工作的通知》要求，四平市全面启动医疗机构、医师、护士电子证照制发工作。通过全国医疗机构、医师、护士电子化注册系统生成医疗机构、医师、护士全程动态的执业信息档案，方便事中事后监管，实现医疗资源信息共享。全市有1521家医疗机构、3389名执业医师及执业助理、4839名注册护士完成电子证照申领，申领率分别达100%、98%、99%，位于全省前列。

【药品供应保障】 全面落实国家基本药物制度，促进基本药物优先配备使用，在基本药物配备使用率100%达标基础上，提升基本药物使用占比。推动各级医疗机构逐步形成以基本药物为主导的“1+X”用药模式，优化和规范用药结构。建立短缺药品会商联动机制，指导推动全市公立医疗机构制定完善短缺药品管理规定，细化明确医疗机构短缺药品分析评估、信息上报等要求。

（张　坤）

【医保定点医院】 至年末，四平地区有定点医疗机构609个，定点零售药店683个，社区卫生服务中心及乡镇卫生院（含村卫生室）401个。市本级有定点医疗机构53个、定点零售药店230个，社区卫生服务中心及乡镇卫生院（含村卫生室）28个。

【医保基金监管】 四平市医保基金监管方式创新试点工作被列入市政府年度重点工作。坚持把“加强基金监管、保障基金安全”作为首要政治任务，以基金监管方式创新试点工作为重点，以构建部门联动、第三方监管、行业管控、智慧监管、社会监督、医药单位自管“六个体系”为抓手，推进试点

6月18日，四平、铁岭、通辽三地医疗保障基金监管区域联动合作框架签约仪式在吉平宾馆举行

（陈璐璐 供图）

工作，打造特色“四平经验”。7月，市医保局代表四平市到浙江湖州参加国家基金监管创新方式试点中期评估会议，获评优秀等次。至年末，开展省、市、县联合基金检查20次，对全市1521家定点医药机构开展全覆盖检查，查处违规定点医疗机构155家，定点药店507家，通报121家定点医药机构，追缴扣缴违规资金660.2万元。

【医保支付方式改革】 推进DRG付费省级试点工作，成立四平市DRG试点工作领导小组，制定DRG付费实施方案、总额控制管理办法和定点医药机构协议管理办法等配套政策，完善基金监管、价格管理、药品医用耗材招采、门诊慢性病和重特大疾病管理等政策。组织试点医院、经办机构召开DRG付费试点工作政策研讨会、工作调度推进和培训会等会议，规范ICD编码、诊疗术语、药品、诊疗项目和耗材名称编码、诊疗价格、病案首页质量标准、信息采集口径等数据标准，做好试点医院数据归集整理和分组校验相关工作。

【医药价格和招采】 完成国家组织药品第一批25种、第二批32种、第三批55种集中采购工作，三批药品平均降幅均在50%以上。1月1日，国家组织冠脉支架中选结果在四平市正式执行。落实医疗服务价格动态调整，依据国家、省相关价格政策，对全市公立医疗机构临床各系统诊疗类（31类）、经血管介入治疗类（32类）、手术治疗类（33类）、物理治疗与康复类（34类）医疗服务项目价格进行修订，制定《四平市医疗机构医疗服务项目收费标准》。

【异地就医结算】 依托国家结算平台，与全国31个省、自治区、直辖市联网，实现异地安置退休、长期驻外工作、异地长期居住及转外就医四类参保人异地就医直接结算。8月17日，提前计划3个月实现省内异地就医急诊费用直接结算，全市城镇职工医疗保障和城乡居民医疗保障参保人员可在吉林省12个统筹区就近选择医保异地定点医疗机构就医治疗，经就诊医疗机构备案核定后即可直接结算。市本级38家定点医疗机构开通异地就医直接结算。办理异地就医备案4012人，基金结算23232人次，基金支付4964万元。

【医保经办服务】 2020年，四平市梳理服务事项，简化办事程序，优化服务流程，拓展服务渠道，缩短办理时限，实现经办服务“六统一”。摒弃按业务设置窗口的格局，将处室分设的窗口，优化整合为“综合柜员制”标准化服务窗口。职工参保登记、医疗生育待遇核定、参保人员信息变更、灵活就业人员参保登记、医疗保险异地关系转移接续等36项医疗保障服务事项，由“多窗口分散受理”变为“一窗通办”，实现“一站式”服务。建立经办服务窗口“好差评”制度，落实一次性告知制、首问负责制、限时办结制，开展午间“不间断服务”和“延时服务”。受理医疗保障业务12.74万件，办结业务12.64万件，办结率99.22%，平均办事效率提升25%。

（陈璐璐）

重点医院选介

【四平市中心人民医院】 四平市中心人民医院暨中国医科大学四平医院是综合性三级甲等医院，始建于1978年。承担四平地区及吉林、辽宁、黑龙江、内蒙古等省份部分区域的医疗服务和急诊急救工作，是国际紧急救援中心网络医院、国家药物临床试验机构、国家级住院医师规范化培训基地、全国脑卒中筛查防治基地、吉林省全科医生转岗培训基地，与延边大学、吉林医药学院等9所医学院校展开合作，2011年挂牌为中国医科大学四平医院。2020年，设立中国医科大学研究生培养工作站。新冠肺炎疫情防控期间，市中心人民医院发挥公立医院的核心作用，为四平市疫情防控工作做出贡献。2020年，医院获“全国质量管理案例奖——卓越奖”，被评为第六届“全国文明单位”、吉林省护理管理先进集体、吉林省药品不良反应监测先进单位，被授予“全国敬老文明号”，获全国护士微电影节优秀组织奖，微电影《奔》全国护士微电影节提名，新冠肺炎疫情隔离病区被评为“三八红旗手”单位；医务处被评为“四平市优秀青年集体”；离退休干部党支部被评为“全市离退休干部先进集体”；内科党支部等6个党支部被评为“市直卫生系统优秀党支部”；机关团支部被评为“四平市五四红旗团支部”。党委书记、院长刘海峰被评为全国先进工作者，入选《中国卫生》“推进医改，服务百姓健康”十大新闻人物；庞鸿垠、宰坤等9名援鄂人员被评为“吉林好人·援鄂抗疫先锋”；孙丽、陈健楠等5人被评为“吉林好人·抗疫先锋”；陆瑶家庭被授予吉林省“最美家庭”标兵称号；邱爽被评为2020年中国药学会优秀科技志愿者；秦艳玲、吴超、王九华被评为吉林省优质护理服务先进个人；宋培林等14人获四平市五一劳动奖章；曲艳平等6人被授予“最美女性”称号；苑波等10人被评为四平市优秀医师；杜杰等10人被评为四平市优质护理服务先进个人；杨立东等50人被评为市直卫生系统优秀共产党员；林宇春被评为四平市名中医；刘斌被评为铁西区最美人大代表。

【四平市第一人民医院】 四平市第一人民医院始建于1948年，是集医疗、教学、科研、预防、保健、康复于一体的公立三级综合医院，有职工1400人，专业技术学科50个。医院承担辖区及周边省区的医疗服务和急诊急救工作，为无假日医院。2019年，通过中国胸痛中心标准版认证，是区域疑难危重患者救治医疗机构、区域创伤救治医疗机构、PCCM科规范化建设三级医院达标单位；是吉林大学第一医院医联体成员单位、吉林大学中日联谊医院专科医联体；是四平及所属各县（市、区）医保、吉林省医保（原铁路医保）、省内及跨省异地医保定点直报医院；是四平市、梨树县、伊通满族自治县、双辽市城乡居民及职工医保、跨省异地城乡医保定点直报医院；是四平市铁东区、铁西区城乡医疗救助定点医院，辽宁省西丰县医保定点医院、西丰县城乡医保定点直报医院。

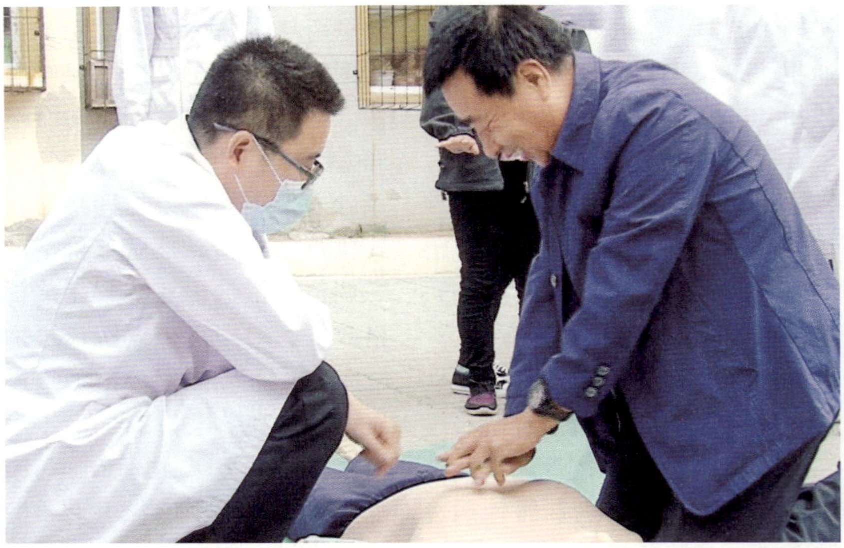

9月18日，市第一人民医院在铁东区福民社区开展“义诊进社区与健康同行”公益义诊活动

（全岩　供图）

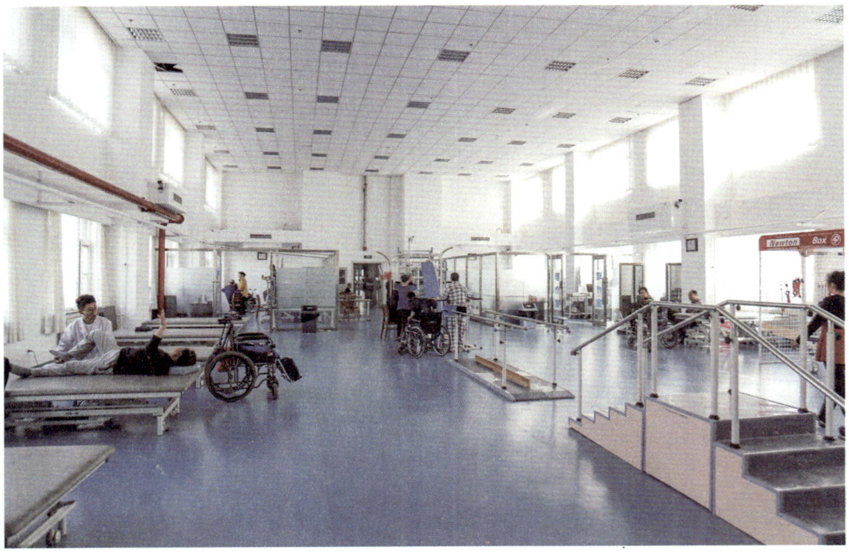

吉林省神经精神病医院康复医学科康复大厅

（邵 威 摄于9月22日）

医院配置多台大中型诊疗设备，培养学科建设和专业技术人才。实施“患者需求至上，标准化优质服务”工程建设。医院院训，厚德尊道，善行天下。

【吉林省神经精神病医院】 吉林省神经精神病医院又称吉林省脑科医院、吉林省第三人民医院，始建于 1949 年 10 月 1 日，是省卫生健康委直属三级甲等专科医院。医院占地面积 72812 平方米，开放床位 850 张。开设临床心理科、抑郁专病科、精神科、物质依赖治疗科、老年精神医学科、心理睡眠调试、神经内科、神经外科、神经康复科、司法精神医学鉴定科、脑血管病筛查、内科、外科、口腔科等。是中国卒中联盟成员单位、国家药物临床试验机构，吉林省抑郁症诊疗中心、青少年心理矫治中心、精神科医疗质量控制中心；是吉林省政府指定的司法精神医学鉴定医院，是吉林省基本医疗保险、新农合定点医院。医院加入“中国卒中中心联盟”，建立卒中中心，被省卫健委批准为首批“吉林省卒中急救地图定点医院”。开通“脑卒中急诊溶栓绿色通道”，开展溶栓治疗。引进眩晕治疗仪，为眩晕患者治疗。开展的覆膜支架解决颈内动脉海绵窦段动脉瘤合并血管狭窄手术录入全国最佳手术图集，填补省内技术空白；实施的首例椎基底动脉介入取栓，填补四平地区技术空白。医院与全省 11 家公立精神专科医院建立医疗联合体。在对原有精神疾病规范化诊断治疗的基础上，临床探索并开展抑郁症、焦虑症、癔症、躯体化障碍、眩晕、失眠等精神障碍的非药物治疗。医院引进国内外前沿检查设备，为临床诊疗提供精准科学依据。医院被四平市委、市政府授予“四平名院”。神经内科、神经外科、精神科被医院授予“四平名科”。

【四平市烧伤医院】 四平市烧伤整形医院始建于 1949 年，是集烧烫伤治疗、整形美容、难愈性创面修复、肢体功能康复、瘢痕治疗、心脑血管病、风湿骨病治疗为主、社区卫生服务中心、内科、手术室、门急诊部、检验科、影像科、药械科、制剂室于一体的大专科小综合二级医院。是国际 SOS 烧伤紧急救援基地；中国乡村医生培训工程定点培训中心；全国创面修复专科联盟临床基地；吉林省医学会美容外科学分会“微整形安全联盟副主席单位”。烧伤科被市卫生局批准为重点专科，2017 年，被市政府授予“四平名科”。独家研制的“薄板烧烫伤膏”（更名为“冰红烧烫伤膏”）获吉林省食品药品监督管理局制剂批号，获国家专利和四平市科学进步一等奖。

【四平市妇婴医院】 四平市妇婴医院创建于 1958 年，是四平地区唯一一家国有公立三级妇婴专科医院、四平市不孕不育医院、四平市乳腺病医院；是四平市唯一一家国家级“爱婴医院”，吉林省第一批国家级住院医师规范化培训协同医院（儿科、妇产科专业基地），吉林大学第一医院技术合作医院，吉林大学第二医院协作医院、对口支援医疗帮扶专项合作医院，中国医科大学附属盛京医院“生殖医学专科联盟”合作

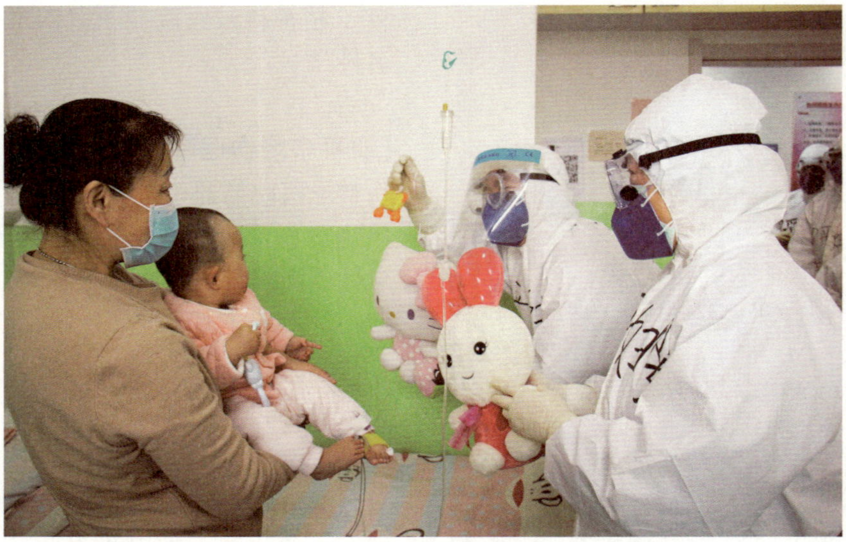

3月7日，四平市妇婴医院医护人员到儿科病房查房

（张伟　供图）

医院，四平市城镇职工（居民）、城乡居民医疗保险定点医院，铁西区孕前优生优育检查定点医院。担负着全市及周边地区妇女儿童的医疗救治和预防保健任务。医院建筑面积2万余平方米，开放床位300张，在岗职工590人。医院设置儿科、妇科、产科、不孕症科、外科等专科。医院拥有美国GE Voluson E10，GE Voluson E8，荷兰飞利浦EPIQ7等四维超声设备，西门子螺旋CT机、德国宫腔镜、腹腔镜、纤支气管镜、新生儿呼吸机（Drager VN500）等大型医疗设备300余台（件）。医院成立吉林省首家国际标准（LDRP）家庭化产房，引进美国hill-Rom产床，配备经验丰富的医疗专家团队，提供星级的医疗服务，实现产妇“待产、分娩、康复”均在LDRP独立产房完成。创办孕妇学校，开设准妈妈课堂，从备孕、孕期、分娩、产后康复到新生儿护理知识提供科学的专业指导；建立四平地区首家新生儿重症监护室，是危重症新生儿救治中心，担负四平地区新生儿急、危、重症的救治任务。成立四平市儿童健康管理中心，为四平市及周边地区儿童早期发育进行干预，实现全周期、全方位、全链条的健康管理；妇科开展的腹腔镜微创手术和宫颈癌筛查等技术在四平地区处于领先水平；不孕症科在治疗男性不育、女性不孕疾病方面形成一套独具特色的治疗方法。

【四平市传染病医院】 四平市传染病医院建于1972年，编制床位300张，在职职工300人。是集临床、教学、科研于一体的二级甲等专科医院，是四平地区、医保、农合定点医疗机构。医院设有5个肝病疗区、综合治疗科、皮肤、性病科以及医技职能部门32个。承担39种（肺结核病除外）法定传染病的诊治及新发突发传染病的救治任务。是国家中医药防治传染病临床基地建设单位、国家中医药管理局中医药免费治疗艾滋病项目单位、解放军302医院协作医院、北京佑安医院医疗联盟医院、北京亚太肝病诊疗技术理事联盟吉林省联盟理事单位、吉大一院肝病学科项目建设协作单位、吉林省感染专科联盟理事单位、基础慢乙肝培训基地、全国肝胆病防治技术示范基地、四平市肝病健康公益检查中心、四平市传染病质量控制中心。医院拥有CT、DR、无创肝纤维化诊断仪、人工肝支持系统、超声诊断仪、电子胃镜、各种全自动检验设备百余台，开展检验项目300多项。在各种肝病及其他传染病的诊治方面，特别是中医药治疗各种肝炎、肝硬化腹水方面疗效显著，同时在急危重症传染病患者抢救方面积累了丰富的临床经验。胃镜平诊、套扎、硬化治疗消化道出血疗效显著。超声引导下肝脏组织穿刺活检技术、肝纤维化诊断技术、肿瘤标记物与癌症普查、高灵敏的HBV—DNA、HCV—RNA病毒定量检测技术，达到国家级水平。多次完成四平地区传染病疫情救治任务。先后被吉林省委、省政府授予吉林省精神文明建设先进单位、吉林省行业作风建设先进单位、吉林省和谐劳动关系模范单位、吉林省优秀志愿服务组织。

（张坤）

体 育

SPORTS

体育设施

【概况】 2020年，四平市新建场馆2个，即四平市体育馆、四平市滑冰馆。四平市体育馆建筑面积22429平方米，其中主比赛馆占地面积1800平方米，可容纳6000人。四平市滑冰馆建筑面积17000平方米，其中冰场面积2800平方米，观众座席335个。2个场馆均建设完成，可以举办国家级单项比赛。

【四平市体育馆】 坐落在东南生态新城紫气大路旭日立交桥北侧，建设规模为国家大型乙级体育馆，项目总投资2.26亿元，规划占地面积41323平方米，建筑面积22429平方米，建筑物轴线总长135.9米，总宽80.6米，地下一层、地上单层、局部三层，建筑物高度30.45米。主比赛馆可容纳6000人，场地面积1800平方米。另有训练馆1个（篮球场地2块）及其他功能用房，包括健身用房、商业用房、观众服务用房、运动员更衣室、竞赛管理用房、新闻媒体用房、计时计分用房、广播电视用房、技术设备用房、公用配套设备用房、入口大厅、楼梯间及地下机房停车场等。室外有篮球场地4块，排球场地2块，网球场地2块，以及停车场等设施。可以举行CBA级别的篮球比赛及乒乓球、羽毛球、体操等国家级单项赛事，具备高清直播条件。可以举办大型文艺演出、展会等活动。

【四平市滑冰馆】 位于东南生态新城，项目总投资约1.1亿元，占地面积27000平方米，建筑面积17000平方米，道路广场面积11500平方米，冰场面积2800平方米，观众座席335个，设有运动员公寓、竞赛房间、运动员更衣间、冰车库、会议室等配套设施。项目主体结构最大长度84.7米，最大宽度89.5米，结构最高点22.9米。项目投入建设资金3500万元。2020年，地下部分完成地基基础、挡土墙消防水泵房、设备房等施工；地上部分完成四层主体结构，看台基础施工完成1—18轴交A—Q轴+18.4米以下主体结构施工。

（徐烨辰）

四平市体育馆

（李 刚 摄于6月6日）

群众体育

【概况】 2020年，四平市开展全民健身活动，重点推进普及与推广工作。先后推荐足球优秀运动员进入朝阳小学、四平市第二中学和四平市第二十中学，优秀街舞教师进入平东第二小学，乒乓球教练员进入中央路小学，武术教练进入北体育街小学等，开展体教结合。选派优秀指导员进入社区，为社区居民开展培训和指导。协调13个部门，共同起草《四平市人民政府办公室关于足球改革发展的实施意见》，由市政府办公室出台实施。

【体育社团管理】 加强体育社团管理，推进四平市社会体育组织工作的开展。4月，召开全市体育单项协会座谈会，对全市社会体育组织进行调研，结合日常工作实际，对足球协会进行组织机构调整，对冰上轮滑协会提出整改意见，组织门球协会、摔跤协会换届选举。成立四平市健身球专委会、四平市广场舞专委会、四平市体育模特专委会。以协会带站点，建立"政府—站点—健身人群"的服务网络。整合青少年培训机构，纳入协会指导范畴，监督、规范青少年培训和竞赛活动，在专业水平和竞赛活动方面建立监管机制。

【社会体育人才培训】 通过四平体育微信公众号定期推送居家健身相关视频和文章；通过微信群、朋友圈推广科学的健身方法；组织四平市健身球操二级社会体育指导员培训班，培训60人，选拔2名健身球骨干参加在江西省举办的全国老年人健身球操教练员、裁判员培训班；以《最美的中国》广场舞套路、《四平约你来》健身球操套路、《八法五步》太极拳套路和体育模特形体步法为主要内容，发动全市近百个健身站点自主开展业务培训；指导青少年体育培训机构开展青少年篮球、乒乓球、羽毛球、街舞、跆拳道、足球培训。

【2020世界雪日暨国际儿童滑雪节】 1月19日，中国·叶赫第四届冰嬉节系列活动之一"2020世界雪日暨国际儿童滑雪节"——四平市青少年雪上亲子体育活动在铁东区叶赫皇家山滑雪场举行，以六马路小学为主体的100个家庭的100名孩子与100名家长参加雪上活动。

【"迎新春"职工羽毛球赛】 1月14日，四平市总工会、四平市文化广播电视和旅游局（市体育局）主办，四平市社会体育服务中心、四平市全民健身中心、四平市羽毛球协会承办的2020年四平市"迎新春"职工羽毛球比赛在四平市全民健身中心开幕，比赛历时2天。全市有32支代表队247名运动员参加比赛。比赛设"五羽伦比"团体赛、甲组男子双打、乙组男子双打、女子双打、混合双打5个项目。

【四平市首届网络体育节暨抗"疫"健身达人挑战赛】 6月8日至7月12日，四平市文化广播电视和旅游局（市体育局）主办，四平市社会体育服务中心、铁西区文化和旅游局（区体育局）、四平市全民健身中心承办，四平市社会体育指导员协会、四平市武术协会、四平市

1月19日，"2020世界雪日暨国际儿童滑雪节"——四平市青少年雪上亲子体育活动在铁东区叶赫皇家山滑雪场举行

（市体育局 供图）

篮球协会、四平市足球协会、四平市羽毛球协会、四平市象棋协会、四平市台球协会、四平市街舞分会、国迈跆拳道馆、捷安特四平兄弟单车俱乐部协办的四平市首届网络体育节暨抗“疫”健身达人挑战赛举办。比赛项目有线上自行车里程争霸赛、中国象棋四平网络棋王争霸赛、武术达人短视频大赛、足球达人短视频大赛、篮球达人短视频大赛、街舞达人短视频大赛、跆拳道达人短视频大赛、广场舞达人短视频大赛、台球达人短视频大赛、羽毛球达人短视频大赛、抗“疫”健身达人短视频挑战赛大赛。

【四平市全民健身百日行广场舞大赛】 9月19日，由四平日报社主办、四平市社会体育服务中心承办、富腾地产协办的2020四平市全民健身百日行广场舞大赛在铁西区举行。全市44支舞蹈团队近900名舞蹈队员参加比赛。广场舞大赛设铁东区预选赛、铁西区预选赛和总决赛3场，竞赛内容包括规定舞蹈《最美的中国》及自选舞蹈2项。经过2天的预选赛，全市有20支队伍进入决赛。9月26日举行决赛，铁西区的“英雄广场国旗舞队”在比赛中以19.74的分数名列第一。英雄广场国旗舞队等10支队伍获优胜奖，东星社区等10支队伍获优秀奖。

【迎国庆四平市“纳爱斯杯”羽毛球赛】 9月27日，四平市文化广播电视和旅游局（市体育局）主办、四平市羽毛球协会承办、纳爱斯四平有限公司协办的迎国庆四平市“纳爱斯杯”羽毛球赛在四平市全民健身中心举行。比赛设业余羽毛球混合团体赛，包括男双、混双、40岁以上组男双3项，全市24支代表队、近200人参加比赛。比赛分4个小组进行单循环赛，每小组前2名进入第二阶段交叉淘汰赛。大野羽毛球俱乐部获比赛冠军。快乐羽毛球俱乐部、羽协全民俱乐部分别获第二、第三名。

【四平市第25届公路自行车赛】 10月25日，四平文化广播电视和旅游局（市体育局）主办，四平市社会体育服务中心、四平市捷安特自行车俱乐部承办的四平市第25届“捷安特杯”公路自行车锦标赛在四平市东盛大街举行，辽源市、通化市、铁东区、铁西区、梨树县、伊通满族自治县自行车队及捷安特兄弟单车俱乐部的10个代表队200余人参加比赛。比赛设男子A组公路30千米计时赛（18周岁—50周岁）、男子B组公路30千米计时赛（51周岁—62周岁）、女子山地20千米计时赛、女子公路20千米计时赛、男子山地30千米计时赛（无年龄限制）5个组别。李伊、代良志、张丽敏分获男子A组、男子B组、女子公路赛冠军；杨士春获男子山地赛冠军，孙学静获女子山地赛冠军。

【“吉林银行杯”男子篮球锦标赛】 11月28日，四平市文化广播旅游局（市体育局）主办，四平市篮球协会承办，吉林银行四平分行协办的四平市“吉林银行杯”男子篮球锦标赛在四平三中南校区体育馆开幕。四平市5个县市区的机关企事业单位、大专院校、篮球俱乐部，派出5支中年组、10支青年组代表队，180名运动员参加比赛。比赛历时3天共计39场。吉林银行四平分行、市市场监督管理局代表队分别夺得青年组和中年组冠军。

【“民体杯”全国珍珠球比赛】 12月8日，吉林师范大学珍珠球项目传承基地率队参加由国家民族事务委员会文化宣传司、广西壮族自治区民族宗教事务委员会主办的2020年“民体杯”全国珍珠球比赛。比赛有来自吉林、江苏、浙江等地的12支队伍参加，其中男队7支，女队5支。吉林师范大学派出14名队员，2名教练员，经过激烈角逐，吉林省代表队获得女子组二等奖。

【线上体育活动】 2020年，受新冠肺炎疫情影响，市教育局体育卫生艺术处结合疫情防控和运动相对减少的实际情况，探索利用移动通信技术和信息化技术，组织各学校开展线上体育教学活动，在校园内外的云锻炼，开展针对孩子的体质状况，老师实施线上任务发布，学校进行体质健康科学化管理，协助教育监管部门及时准确地掌握各学校学生运动训练和体质情况。

（徐烨辰）

竞技体育

【概况】 2020年，四平市组织运动员参加成都举行的全国射箭锦标赛、全国男子举重锦标赛暨东京奥运会模拟赛等国家级赛事3次，获金牌4枚、银牌1枚、铜牌2枚；参加省级青少年单项比赛13次，获金牌46枚。承办省级青少年羽毛球锦标赛，四平市运动员获金牌1枚、银牌2枚、铜牌1枚。

【国家级赛事】 10月20日，四平籍运动员陈希舵和队友在成都市举行的全国射箭锦标赛（室外）决赛中，获女子团体淘汰赛冠军。10月25日，在浙江开化举行的全国男子举重锦标赛暨东京奥运会模拟赛中，四平市运动员代表吉林省获金牌3枚。其中，孙凯在男子109公斤以上级比赛中，以挺举230公斤、总成绩412公斤的成绩获挺举和总成绩金牌2枚；刘伟健在男子67公斤级比赛中，以177公斤的成绩获挺举金牌1枚。

【省级赛事】 2020年，吉林省举办青少年举重、摔跤、柔道、射击、射箭、武术散打、田径、速度滑冰、短道速滑等各单项锦标赛，四平市运动员获金牌46枚。其中，举重5枚，摔跤5枚，柔道4枚，射击2枚，射箭8枚，武术散打8枚，武术套路1枚，拳击1枚，田径2枚，速度滑冰3枚，短道速滑5枚，羽毛球1枚，自行车1枚。

【承办2020年吉林省青少年羽毛球锦标赛】 按照省体育局《关于推介2020年度全省青少年锦标赛承办单位的通知》要求，10月21日，省体育局乒乓球曲棍球篮球武术运动管理中心、省社会体育管理中心主办，四平市文化广播电视和旅游局（市体育局）承办，四平市体育馆、四平宏宝莱饮品股份有限公司协办的2020年“宏宝莱杯”吉林省青少年羽毛球锦标赛在四平市体育馆开幕。8个地市州100余名运动员参加比赛，比赛产生金牌13枚。四平市运动员韩博轩、王梓轩分别获丁2组男子单打冠、亚军；杜铠竹获丁组女子单打亚军；苗新然获丙组女子单打季军。比赛10月23日闭幕。

（徐烨辰）

11月12日，市体校运动员全咏获2020年吉林省青少年国际式摔跤锦标赛第一名

（王岩 摄）

体育产业

【概况】 至2020年年末，四平市有体育产业相关企业31家。其中，从事体育服装个体工商户14家，从事健身场馆、体育培训企业17家。四平市围绕建设“负责任、可信赖、健康持续发展的国家公益彩票”总体目标，贯彻落实“防风险、转方式、增后劲、促发展”的工作要求，抓好网点管理，向管理要效益。

【体育彩票销售】 四平体彩中心调整工作思路，拓展宣传渠道，开展多种形式的营销培训，解决出现的各类新问题。四平市销售体育彩票9754万元。其中，乐透型彩票销售6603万元，竞猜型彩票销售2230万元，即开型彩票销售919万元。全年筹集公益金224万元。受新冠肺炎疫情影响，体育彩票销售停市休业49天，1月至4月，销售额比2019年下降41.49%。

（徐烨辰）

社会生活

SOCIAL LIFE

人口 家庭

【人口】 第七次全国人口普查，四平市常住人口1814733人，市区人口67.5万人，占总人口的21.2%。全年出生人口1.7万人，人口出生率5.4‰；全年死亡人口1.5万人，人口死亡率4.6‰。人口自然增长率0.8‰。

【家庭】 2020年，全市有家庭户700554户，集体户36703户，家庭户人口1681136人，集体户人口133597人。平均每个家庭户人口2.40人。

（市统计局）

【计划生育服务】 全市农村部分计划生育家庭奖励扶助人数61644名，计划生育家庭特别扶助人数6061名。严格按照国家资格确认、资金管理、资金发放、社会监督“四权分离”的管理体制，按省要求，实现奖励对象资格确认准确率、资金发放率100%的工作目标，完成计生特殊家庭服务“三个全覆盖”。发放完成城镇机关、事业单位和无单位独生子女父母退休后符合一次性奖励资金2000元，实现兑现率100%。

【3岁以下婴幼儿照护服务试点】 四平市确定2家民营托育机构为3岁以下婴幼儿照护服务创建试点单位。完成省人口家庭处要求的做好3岁以下婴幼儿托育机构调查摸底统计工作。

【流动人口服务管理】 加强流动人口信息平台监管力度，保证流动人口个案信息及时采集和录入，对各类协查信息及时接收和反馈，保证系统平台数据的完整性、准确性、真实性。

（张　坤）

【婚姻登记】 办理结婚登记3090对，离婚登记2153对，补发结婚登记1928对，离婚登记532对，登记合格率100%。

【殡葬服务】 市殡仪馆全年火化遗体3585具，减免城乡低保、无名尸体等基本殡葬费用30万元。制定《四平市仙马泉公墓公益生态墓区管理办法》。推进生态殡葬事项，1000座公益生态墓投入使用后，开辟树葬和草坪葬生态安葬墓区，植树、草坪绿化完成。市殡仪馆开通支付宝、微信缴费渠道，解决异地办理骨灰寄存、公墓等缴费难的问题，完善殡仪间、亲属休息室、告别大厅，设置文化墙，绿化庭院，新修专用火化炉用于传染病火化，设置防交叉感染的专用通道。

（刘　森）

就业创业

【概况】 2020年，四平市落实“稳”的要求，用好“扶”的政策，完善“帮”的举措，推进“稳就业”各项工作部署，提前2个月完成2020年就业创业目标任务。四平就业创业连续3年入选人社部地方创新事件。至年末，全市城镇新增就业2.68万人，完成全年任务的167%；城镇失业人员再就业0.58万人，完成全年任务的145%；就业困难人员再就业0.39万人，完成全年任务的130%；城镇登记失业率3.37%，低于4.5%的年度控制目标；“零就业家庭”保持动态为零；农村劳动力转移就业36.8万人，完成全年任务的127%；培育农村劳务经纪人758人，完成全年任务的107%；农技工转型培

9月27日，四平职业大学举办秋季校园双选会

（张宝迎 供图）

训8822人，完成全年任务的551%；新增创业1797人，完成全年任务的170%；创业担保贷款发放1.84亿元，完成全年任务的157%，直接扶持784人，带动就业2830人。

【公共就业服务平台】 在市人社局微信公众号开设招聘专栏，发布招聘岗位需求信息，为劳动者和用人单位牵线搭桥。线上发布医疗卫生物流专场、公共服务业专场、“服务企业周、就业有位来”“金秋招聘月”等招聘活动，联系用工企业120家，推送用工信息2600条，提供4800个就业岗位，实现劳动者应聘上岗1500人。其中有6户企业为残疾人提供就业岗位63个。至年末，全市通过县（市）区政府网站、市人社局网站和各街道、乡镇公众号搭建用工信息发布平台，使用微信群、朋友圈、QQ等渠道向省内外发布企业招聘空岗4.5万个。全年陆续开展“春风行动”“民营企业招聘周”“就业扶贫日”等活动。在全省新冠肺炎疫情防控一级应急响应的情况下，坚持以问题为导向，在做好疫情防控的前提下，采取“三三制”工作模式，着力解决农村劳动力外出务工的交通问题，在全省率先开展劳务输出工作。3月，包动车专列1列、火车车厢35节、大巴车16辆，有组织输出务工人员3934人。

【为企业提供就业服务】 为四平市奋进专用汽车有限公司、吉林世宝机械有限公司等解决技术工人短缺问题。掌握企业稀缺工种，将企业用工信息在市政府网站、市人社局网站发布，协调各级政府部门按所辖区域由社区做好求职者统计工作，向用工紧张企业推荐应聘。联系宁聚力、佰亿达、乐家等人力资源服务机构对用工紧张企业进行重点人才推送。

【创业促就业】 完善四平市创业学院组织架构和培训工作，下发《四平市人民政府关于成立四平市创业学院的通知》《关于成立四平市创业学院的实施方案》。在市人力资源市场五楼进行四平市职业大学创业学院骨干教师试讲，13名职业大学教师参加。有8名教师获优秀讲师荣誉，中国创业智库为3名优秀教师颁奖。四平市创业学院通过开设创业培训课程培训高校大学毕业生600人。全市创建农民工等人员返乡创业基地5个，初步通过省人社局审核成为省级农民工等人员返乡创业基地3个，分别为伊通满族自治县吉林孙氏鹿业有限公司、双辽市巨宝花生种植合作社、梨树县喇嘛甸镇永丰农民专业合作社。完成农民工等人员返乡创业7361人。

【职业技能培训】 坚持新冠肺炎疫情期间开展线上培训，配合疫情防控和企业复工复产，重点是针对新冠肺炎疫情卫生防疫工作进行培训，培训7747人。依托省就业信息系统，实现农村劳动力定点培训机构认定、培训机构开班申请、培训人员认定、培训补贴申请等工作信息化管理。开设网信普法、线上营销策划、直播平台使用等培训课程，突出直播销售实操技能培训，引导劳动者向“互联网+”新业态方向发展。联合市监狱管理局对服刑人员开展服装裁剪、烹饪、消防安全员等项目培训，培训1300人。通过对贫困劳动力培训意愿普查，对有培训意愿的贫困劳动力开展全员培训，重点开展种植养殖、手工编织、中式面点师培训，培训贫困劳动力1646人，实现培训后转移就业620人。市本级职业技能提升行动开设培训班125个，设置种植养殖、烹饪、面点、家庭服务等培训专业15个，培训4958人，完成全年工作任务的107%。打造吉菜烹饪、家政服务等培训品牌。

【公益性岗位管理安置】 制定《四平市就业扶贫公益岗位管理暂行办法》，进一步加强扶贫公益性岗位监督管理。推进扶贫信息服务平台建设应用，将扶贫公岗信息录入系统，动态记录四平地区就业扶贫公益性岗位工作进展情况。公益性岗位管理安置实现岗位补贴、社保补贴发放，人员转移、退出等全程信息化操作办公。以困难群体为重点，做好公益性岗位就业帮扶工作。督导各县（市）区开发防疫消毒、就业服务等临时性公益性岗位，优先安排建档立卡贫困劳动力和因疫情暂时不能外出务工的困难农民工就业。至年末，安置临时公益性岗位397人，在岗121人，发放补贴167.98万元。全市支出岗位补贴7003.41万元，市社保局补贴1918.93万元。

【信息化建设】 将全市就业创业工作纳入信息化系统绩效考核，通过信息化网上核查、实名制电话抽查等方式对四平市就业创业工作进行自检，形成自评表和自评报告，督导各县（市）区切实完成相关绩效考核指标。开展企业用工监测，对四平市133户监测样本企业按月开展正常采样工作，了解企业用工需求，帮助企业解决用工难问题。组织人员对各县（市）区就业创业指标进行抽查，遵循“谁统计、谁核查”的原则，核验四平市城镇累计新增就业人数、登记失业人员期末实有人数、城镇失业人员实现再就业人数、就业困难人员实现就业人数、援助零就业家庭人数、农村劳动力转移就业人数、农民工等人员返乡创业人数、农民工向农技工转型培训人数、农村劳务经纪人培育人数9项统计数据。

【失业人员档案管理】 根据《国有企业退休人员社会化管理的通知》要求，清理库存，对退休档案向社会保险事业管理局（以下简称“市社保局”）进行移交，首次移交档案1607册。新冠肺炎疫情防控期间，实行弹性工作制，通过电话和网络办公。恢复正常办公秩序后，处理档案日常业务，接收失业人员档案2717册，接待查阅、复印档案4088人次，解答失业人员咨询9000人次。为下岗失业人员代办退休，接待代理劳动事务人员退休登记3981人，经行政审批部门审核，批准退休2910人，档案移送市社保局2810人，发放退休审批告知单2910份。其中代办病、残退登记105人，体检合格50人。

【就业创业政策宣传】 印制各类就业创业政策宣传清单，通过短信群发、网站推送等形式在全市范围内进行宣传。提供初次创业补贴咨询服务1500人，发放一次性初次创业补贴36人。对16031人进行就业困难认定，落实企业吸纳高校毕业生社会保险补贴37人。指导各县（市）区做好灵活就业补贴发放工作，对11892人灵活就业补贴手续进行审核，涉及发放金额4823.12万元，运用“吉林就业信息管理系统”发放就业创业证11444册。

【创业担保贷款扶持】 将符合创业担保贷款申请条件的个人创业担保贷款最高额度提高到20万元，由财政全部贴息。将中小微企业当年新招用符合创业担保贷款申请条件的人员数量达到企业现有在职职工人数的20%，超过100人的企业达10%，较2019年下调5个百分点，对受新冠肺炎疫情影响暂时失去收入来源的个人和小微企业，申请贷款时予以优先支持。通过新闻媒体、微信平台、发放宣传单等方式公布创业担保贷款政策和申请方式。

（郑晓辉）

【农村劳动力转移就业】 制定《四平市保居民就业工作总施工图》，整合就业登记等10项业务，打通市、县、镇、村四级服务网络。实现全年“点对点”“一站式”农村劳动力转移就业

36.8万人，完成全年任务的127%，位列吉林省第一，农民工工作获全国先进集体奖。

【农民工权益维护】 以“网格+系统”工作理念，对农民工工资发放等劳动行为实时监控，实现根治欠薪工作重心从事后追讨向事前监管前移。创新开发“根治欠薪”工作综合管理系统，四平市劳动保障监察平台化、信息化位列吉林省第一方队。全年为2827名农民工追回欠薪5273万元。

【第三届创业论坛】 1月16日，由四平市人民政府主办，四平市人社局、就业局、创业联盟承办的四平市第三届创业论坛在金谷大厦开幕。论坛的主题是“搭建创业平台，助力网红经济”，国内知名创业专家赵延忱、刘雍、浦实、王秋月等应邀出席论坛。市政府相关部门、市人社系统、市创业企业代表100人参加论坛，企业代表和专家交流创业心得。下午召开分论坛，由四平市时代创客投资公司董事长刘诗尧主持，举办创业路演4场，现场达成政府与企业间、企业与企业间合作签约5项。刘诗尧分享发展网络经济心得，吉林参力元酒业、四平市欧亚集团等企业负责人介绍发展网络经济经验，参加论坛的创业者们和创业专家及成功创业代表进行互动交流。

【第四届创业论坛】 12月18日，市委、市政府主办，市人社局、市就业局、吉林省创业投资发展集团承办，各县（市）区人社局协办的第四届创业论坛暨创业项目推介成果展活动在万达广场及万达嘉华酒店举办，为期3天。成果展设计展位60家，展出的产品有有机稻米、榛子、木耳、酒、香菇、蜂蜜、人参、月饼、果汁、手工艺品、甜玉米等。四平市10000名市民入场参观，“网红”对产品进行代言，并进行网上同步直播，直播受众3万人，销售产品2500公斤，销售金额10万元。论坛邀请省内外权威创业导师全方位解读当前就业创业面临的新形势，探讨后疫情时代创业发展方向，研究网红经济带来的创业发展新动态。市政府副秘书长刘立宅及市就业系统领导小组成员单位相关人员、各县（市）区人社系统代表参加，四平市200名创业者到场。

【高校毕业生就业创业】 2020年，四平市通过线上线下招聘，签订意向协议1556份，实现高校毕业生就业270人。通过事业单位招考、开发“三支一扶”（支农、支教、支医和扶贫）岗位、政府购买等方式招聘高校毕业生628人。全年组织见习生上岗621人，发放就业见习补贴540.82万元。实施就业援助计划，为四平市高校湖北籍2020届高校毕业生47人和家庭困难毕业生一次性发放求职创业补贴7.05万元。

（施　巍）

收入消费

【城镇居民收入】 2020年，四平地区城镇居民收入持续增长，全年城镇常住居民人均可支配收入29288元，比2019年增长3.5%。

【农村居民收入】 2020年，四平地区农村常住居民人均可支配收入15890元，比2019年增长7.3%。

【城镇居民收入结构】 四平市城镇常住居民人均可支配收入四项构成呈“三增一减”态势。工资性收入占可支配收入的62.9%；经营净收入占可支配收入的7.1%；财产净收入占可支配收入的3.9%；转移净收入占可支配收入的26.1%。

【居民消费】 2020年，四平市居民消费价格指数比2019年上涨2.3%。四平市构成CPI的八大类商品和服务项目价格“七涨一降”。其中，食品烟酒类价格上涨6.7%，影响CPI上涨约2.26个百分点，是八大类中贡献最大的类别；其他用品和服务类、生活用品及服务类、居住类、教育文化和娱乐类、医疗保健类、衣着类价格分别上涨4.5%、1.4%、1.2%、1.0%、0.9%和0.4%；交通和通信类价格下降4.0%。食品类价格累计上涨8.7%，影响CPI上涨约1.92个百分点，对CPI贡献率为85.0%。畜肉类价格比2019年上涨36.1%，影响总水平上涨

1.86 个百分点，影响程度为 82.3%。其中，价格涨幅最大的猪肉价格同比上涨 53.8%，影响价格总水平上升约 1.37 个百分点。受猪肉价格上涨影响，替代品消费量增多，带动价格上涨，畜肉副产品、其他畜肉及制品、牛肉、羊肉价格分别上涨 45.8%、21.0%、12.6%、9.1%。鲜菜价格上涨 6.9%，影响 CPI 上涨约 0.17 个百分点。粮食价格上涨 1.8%，拉动价格总水平上涨约 0.05 个百分点。在外餐饮价格上涨 1.6%，拉动价格总水平上涨约 0.09 个百分点。汽油、柴油价格分别下降 14.4%和 15.6%，影响价格总水平下降约 0.20 个百分点。金饰品类、银饰品类、铂金饰品类价格分别上涨 19.2%、8.7%、4.4%，共同影响价格总水平上涨约 0.11 个百分点。服装类价格下降 0.1%，较 2019 年涨幅收窄 1.3 个百分点。医疗服务、自来水、其他保险价格分别上涨 2.1%、29.5%、7.7%，三者共同影响价格总水平上涨约 0.33 个百分点。

（国家统计局四平调查队）

社会保险

【城镇职工养老保险】 2020 年，至年末，全市参保缴费 25.21 万人，征缴养老保险费 17.87 亿元，全市离退休 25.36 万人，发放养老金 61.86 亿元。其中，市本级参保缴费 15.03 万人，征缴养老保险费 11.01 亿元；市本级离退休 14.85 万人，发放养老金 38.22 亿元。

【城乡居民养老保险】 2020 年，全市参加养老保险 74.72 万人，征缴养老保险费 9666 万元，享受养老保险待遇 27.08 万人，发放养老金 3.30 亿元。其中，市本级参加养老保险 10.21 万人，征缴养老保险费 920 万元；享受养老保险待遇人数 3.18 万人，发放养老金 0.42 亿元。

【机关事业单位养老保险】 全市接收机关事业单位在职人员 6.51 万人，征缴养老保险费 9.22 亿元，接收机关事业单位退休人员 3.40 万人，发放养老金 16.67 亿元。其中，市本级接收机关事业单位在职人员 2.37 万人，征缴养老保险费 3.03 亿元；接收机关事业单位退休人员 1.44 万人，发放养老金 6.98 亿元。

【城镇职工失业保险】 2020 年，全市参加职工失业保险 14.27 万人，征缴失业保险费 5238 万元，领取失业金 2907 人，发放失业金 3538 万元。其中市本级参保 8.50 万人，征缴失业保险费2810 万元，领取失业金 2484 人，发放失业金 3248 万元。

【城镇职工工伤保险】 2020 年，全市参加职工工伤保险 15.80 万人，征缴工伤保险费 1492 万元，享受工伤保险待遇 1679 人，发放工伤保险待遇 3937 万元。其中市本级参保 8.98 万人，征缴工伤保险费 915 万元，享受工伤保险待遇1420 人，发放工伤保险待遇 2856 万元。

【扩面征缴】 通过广播、电视、报纸、到社区发放宣传单与微博、微信公众号等新媒体线上渠道相结合，扩大政策知晓覆盖面；依法稽核企业应参未参和选择性参保，实现应参尽参。规范企业参保缴费基数申报工作，全面实施新的缴费基数核定办法，实现应缴尽缴；依托全民参保工作机制，通过与医疗保障、公积金、税务、市场监管等相关部门进行关联数据比对，筛查出未参保企业，建立未参保信息台账，每月对台账动态更新，对未参保企业下发限期参保通知书。

【提高养老保险待遇】 做好企业退休人员基本养老金第“十六次连调”和机关事业单位退休人员的待遇调整工作。待遇调整后，市本级参加企业职工基本养老保险的退休人员人均养老金 2186.93 元，月人均增加 118.71 元；市本级机关事业单位退休职工人均养老金 4818.09 元，月人均增加 177.75 元。

【落实“免减缓返降”政策】 按照关于阶段性减免企业社会保险费的文件精神，市社保局下发工作方案，优化工作流程，采取“承诺制、容缺办”“网上办、预约办”等服务模式，落实养老、失业、工伤 3 项社会保险费减免金额 2.96 亿元，惠及单位 1694 户。发放稳岗补贴返还 830 户，返还金额 2683.34 万元，100%返还到位。降低失业保险费费率，1853 户企业受益 3380 万元。发放失业金2.33万人次，发放金额3248.19万元；发放价格补贴1.38万人次，发放金额45.85万元；发放失业补助金1258人，发放金额307.09万元。

【机关事业单位养老保险制度改革】 至2020年年末，接收启动准备期业务的单位802户，完成率100%；结转正式期的单位654户。推进“中人”待遇重新计算工作。至年末，市本级完成“中人”待遇重新计算377人，为310人补发养老金383.37万元，补发职业年金113.89万元。至年末，归集职业年金（含清算）6193万元，归集8034万元。

【工伤保险经办接收】 8月26日，市社保局正式接收工伤保险经办业务，工伤保险业务经办职能由市医疗保障局划转至市社保局。按照省政府减免企业工伤保险费的部署，规范参保单位的单位类型、经济类型，确定工伤保险费的免征减征对象和免征减征范围。通过系统改造和软件升级，同四平市工伤保险3家定点医院实现医疗费联网结算。开展经办业务数据清理。执行工伤保险待遇调整政策，做好2020年工伤人员待遇调整和发放工作。

【失业保险经办】 落实失业保险惠民政策，从加强政策宣传、精化经办流程、简化经办手续入手。通过网络媒体和传统媒体宣传，组织在职党员进社区现场讲解政策并发放宣传单。

8月26日，四平市工伤保险经办业务交接仪式在市社会保险局举行

（王梓同　供图）

对符合失业金、失业补助金申领条件尚未申领的人员，组织工作人员实行电话点对点通知，累计通知2000余人次。开展网上申领失业金、失业补助金、职业技能补贴及失业保险待遇发放账户维护申请等业务，对使用电脑不熟练人员专门设立失业保险网上经办帮办窗口。

【待遇支付稽核】 成立由市社保局主要领导挂帅督办、分管领导指挥部署、其他领导配合的工作专班，定期召开会议，研究解决待遇支付专项工作。建立《四平市社会保险局待遇反欺诈防冒领工作机制》。通过人社部、省社保局信息共享和四平市疑似数据共享平台等渠道，加强数据比对与核实，落实多领追缴。稽核比对疑似数据2.36万条，稽核率100%。至年末，追缴死亡多领239人，服刑冒领36人，社区矫正17人，重复享受待遇76人，合计金额36.34万元。

【经办风险防控】 制定《风险防控体系建设方案》《关于加强业务风险防控机制的通知》等制度，规范经办流程，完善事前预防控制、事中核验对比、事后审计检查的经办风险防控工作机制，将风险防控工作寓于日常。根据审计查出的问题和风险发生的频率、概率和影响程度等，重新划分“高、中、低”等级，在系统内提高抽审比例，高风险业务抽查比例100%。采取经办科室互查、业务科室科长抽查和审计内控科检查的方式，每周组织人员对上月已办理业务进行检查。按照风险防控体系建设要求，审计内控范围涵盖所有业务，做到月月监控。定期形成审计检查评估报告。

【落实社会保险费征收职责划转】 按照社会保险费征收职责划转工作部署，联合税务、财政、银行等部门，完成社会保险费征收职责划转至税务的工作。整理、筛查参保单位和参加保险人员的数据，及时上报和移交。建立和税务的沟通机制，与省社保局、税务部门和银行沟通，处理参保人员和参加保险单位在缴费中存在的各类问题，对征收过程中存在的疑难问题和堵点问题，研究问题的形成原因和处理办法。与税务部门建立联合咨询解答机制，为参保单位和群众提供咨询服务。沟通税务部门，动态跟踪职责划转后缴费款项到账情况。

（吴永光）

【城镇职工基本医疗保险】 全市城镇职工基本医疗保险参保26.6万人，基金收入8.96亿元，基金支出7.99亿元，结余15.43亿元。市本级参保16.1万人，基金收入5.36亿元，基金支出5.39亿元，结余11.45亿元。

【城乡居民基本医疗保险】 2020年1月1日，四平市实施统一的城乡居民医疗保障制度。全市城乡居民基本医疗保险参保170万人，基金收入11.72亿元，基金支出11.02亿万元，结余8亿元。市本级参保44.2万人，基金收入2.86亿元，基金支出3.16亿元，结余1.38亿元。

（陈璐璐）

社会救助

【最低生活保障】 持续提高城乡镇低保及特困人员基本生活保障标准，做好兜底保障。2020年，市辖区城市低保标准560元/月，农村低保标准342元/月。至年末，全市有18821户25525人享受城市居民最低生活保障；有25342户41905人享受农村居民最低生活保障；8436人享受农村特困人员救助供养。各县（市）的农村低保标准达到扶贫标准以上。

【特困救助供养】 按照不低于上年度城乡低保标准1.3倍原则，市区城市居民最低生活保障标准6720元/年；农村居民最低生活保障标准4104元/年。城镇和农村特困人员基本生活救助供养标准分别为8424元/年和5076元/年。

【临时救助】 四平市将临时救助审批权限由县（市）区下放到乡镇（街道），在所有乡镇（街道）设立临时救助备用金，提高临时救助应急性、时效性。全市开展临时救助5500人次，发放临时救助金441万元。

【流浪乞讨人员救助】 组织开展“大爱寻亲，温暖回家”救助开放日活动、“寒冬送温暖”街面巡查专项活动等，全年救助流浪乞讨人员456人次。

【慈善救助】 组织“慈善救助情暖万家活动”，使用善款20万元，为近2000户城乡低保户、贫困户、重点优抚对象等发放米、面、油；开展“情暖英城、你我同行”助医助困活动，投入资金7万元，救助人员33人；“爱心午餐行动”，为四平市293名贫困儿童提供每人每学年1000元的午餐费用救助；“福彩圆梦·孤儿助学”工程，为上大学的7名孤儿申请每人每年1万元的助学金，直至大学毕业；5月，为340名困难儿童每人发放500元的消费券；坤博集团百万元大型公益慈善捐赠活动，为四平市城市低保对象中分类施保的70周岁以上老年人、特困人员、困难儿童发放70万元的爱心消费券，近1600人受益。

（刘 淼）

【医疗救助】 发挥基本医疗保险、大病保险、医疗救助“三重保障线”制度保障功能，推进基本医疗保险、大病保险、医疗救助“一站式服务、一窗口办理、一单制结算”。全年四平地区医疗救助11万人，市本级医疗救助1.6万人。

（陈璐璐）

【教育救助】 2020年，四平市普通高中下发国家助学金1407万元，资助14070人次，免学费1724人次，免学费金额55.35万元，其中市直普通高中助学金资助3960人次，资助资金396万元，免学费150人次，免学费金额6.19万元。中职教育阶段国家助学金发放8600人次，发放资助资金355.99万元，其中市直中职学校助学金发放6278人次，发放资助资金123.8万元；中职教育阶段免学费19677人次，免学费金额1918.24万元，其中市直中职学校免学费9608人次，免学费金额936.9万元。义务教育阶段资助家庭经济困难学生12716人次，发放资助资金531.01万元。学前教育资助幼儿689人次，发放资助资金75.8万元。

（李　建）

【“99公益日”活动】 2020年，四平市首次参与“99公益日”活动，申报项目“温馨关爱夕阳红”和“爱心助学行动”。市民政局走遍市区270家企业进行宣传动员；召开四平市社会组织99公益动员大会，发动150个社会组织参与活动；到市区内商场店铺和人员密集场所，发放《“99公益日”活动倡议书》1万份，《四平日报》2次刊登《2020年“99公益日”活动倡议书》，发动个体工商户和社会各界群众踊跃参与。在开展“99公益日”活动期间，市慈善总会指导市直79个部门和单位分别建立“战队”，建立捐赠二维码，督促指导相关部门和单位开展捐款和集小红花活动；对市、区党政机关和市公安局，市食药监局，市文广旅局，铁东、铁西区教育局等进行培训，累计培训1000人次。至9月18日，四平市“99公益日”活动通过腾讯公益平台捐款225.3万元，线下捐款116.6万元，捐款总额341.9万元（不含腾讯公益配捐），位居吉林省第一。

（刘　淼）

社会福利

【生活补贴发放】 落实困难残疾人生活补贴和重度残疾人护理补贴政策，全市享受困难生活补贴的残疾人21641人，享受重度护理补贴的残疾人28452人。

【高龄津贴发放】 建立高龄老人津贴制度，市辖区高龄老人津贴补助标准为80周岁—89周岁（含80周岁）的低保老年人每月100元；90周岁—99周岁（含90周岁）的老年人每月200元；100周岁（含100周岁）以上的老年人每月500元。全年发放高龄老人津贴1931人，发放资金295.31万元。

【儿童关爱服务保障】 建立事实无人抚养儿童保障制度，1月起，将全市事实无人抚养儿童纳入政府保障范畴，并落实孤儿同等补贴政策。初步筛查和认定事实无人抚养儿童11名，启动补贴发放工作。发挥区域性“养教治康”作用，接收双辽市6名孤儿进行集中供养。

【养老服务管理】 完成2020年度养老机构综合责任险投保工作，有养老机构22所、1074张床位参保，完成民政部养老机构业务管理系统填报，督促指导两区落实养老机构备案制度，市区27所养老机构完成备案16所，组织铁东区、铁西区开展养老领域涉非涉稳排查整治。规范养老服务业发展专项资金使用管理，会同市财政局印发《四平市养老服务业发展专项资金使用管理实施细则》，进一步规范养老服务业专项资金的使

2月5日，市儿童福利院护理员陪伴孩子们看书、讲故事、做游戏，并为孩子们进行心理疏导

（郭彤　摄）

用和管理。

【农村养老服务建设】 制定《关于加强农村留守老年人关爱服务工作的实施方案》《关于开展居家老年人巡访关爱的实施方案》，依托吉林省居家老年人寻访关爱信息系统，按照老人意愿，采用电话巡访、线上巡访和现场巡访相结合方式开展工作，招募信息采集员280人，采集老人信息395人，探访率90%。制定《2020年四平市农村养老服务大院建设实施方案》，完善农村养老服务大院服务功能和服务水平。新增农村养老大院9所，覆盖率82.4%。

【居家和社区养老服务】 四平市有农村养老服务大院464所，城市日间照料中心102所，城市社区养老服务覆盖率100%。培育、引导社会力量以嵌入式、分布式参与社区居家养老服务。福寿康朝阳颐养中心通过开展社区配餐业务，为社区居民提供送餐服务。华宇集团依托"华宇幸福汇"APP为社区居民提供送餐、代买等服务。博爱社会工作事务所为居家失能老年人提供日常照护、心理慰藉等服务。依托吉林省居家老年人关爱工作平台开展居家老年人巡视探访工作，募集信息采集员1304人，采集居家老人5580人，开展探访1166次。

【社会福利彩票】 全市设福彩兼营店73个，验收建成的规范化建设投注站点88个，为市区所有投注站点配发电子走势图、走势图机顶盒、空调扇、安全插排、水基灭火器，为彩民提供舒适安全购彩环境。全市发行福利彩票10341.7万元。

（刘　森）

住房保障

【保障性住房建设】 2020年，四平市建成交付使用棚改地块4个，涉及棚改回迁安置用房5671套，面积40.86万平方米。其中东南新城D—10地块835套，5.43万平方米；D—13地块2404套，16.5万平方米；18#—4（3、6）地块1882套，14.53万平方米；郭家店07#—4地块550套，4.4万平方米。协调棚户区改造项目建设单位、征收部门、物业公司等相关部门组织好被征收居民回迁入住手续办理工作，涉及18#—3、18#—4、6#—1—3、X30、X36、X28、X38等22个地块，安置动迁居民3714户，安置面积253435平方米。

（刘润达）

【公积金归集】 2020年，四平市住房公积金归集金额20.37亿元，比2019年增加1.63亿元，增长8.7%。全市新增缴存单位156家，新增缴存职工9800人。至年末，公积金归集总额127.08亿元，归集余额74.37亿元。

【公积金贷款】 全年发放个人住房贷款0.57万笔18.64亿元，比2019年分别下降1.60%、增长7.50%。回收个人住房贷款22.64亿元（含公主岭管理部转隶长春市住房公积金管理中心贷款销户金额15.32亿元）。至2020年年末，发放个人住房贷款6.24万笔114.45亿元，贷款余额51.84亿元，分别比2019年增加10.12%、增加19.46%、减少7.16%。个人住房贷款余额占缴存余额的88.24%，比2019年增加0.37个百分点。受委托办理住房公积金个人住房贷款业务的银行7家。坚持"一人一策一方案"推进逾期贷款清收工作，至12月末，清理逾期贷款54笔，总金额888.23万元。

【公积金资金管理】 全年提取贷款风险准备金7046.13万元，提取管理费用1669.40万元，提取城市廉租住房（公共租赁住房）建设补充资金3028.02万元。上缴财政管理费用1900万元。上缴财政城市廉租住房（公共租赁住房）建设补充资金2827.47万元。贷款风险准备金余额39742.02万元。提取城市廉租住房（公共租赁住房）建设补充资金11112.08万元。

【公积金信息网络建设】 开放网上业务大厅、微信公众号、手机APP等8条互联网综合业务办理渠道及"12329"客户服务、微信公众号客户服务及手机APP客户服务渠道。互联网业务办结量比2019年增幅20%以上，线上业务办理14142笔，办结12048笔，办结离柜率15%以上。全年12345热线转接人工咨询13440余次；微信公众号关注人数92780人，覆盖率 73.2%，网上营业大厅渠道访问量 233153 人次，消息推送 106593 条；“12329”短信发送 635227 条；公积金手机 APP 现有注册职工 47903 人，累计渠道访问量 1259930 人次，消息推送量 1043259 笔，互动咨询 20771 人次。

【惠民公积金政策出台】 出台《关于做好疫情防控期间住房公积金服务工作的通知》《关于做好疫情防控期间住房公积金服务工作的补充通知》《关于调整住房公积金业务政策的通知》，对因感染新型冠状病毒肺炎住院治疗或隔离人员、疫情防控需要隔离观察人员、一线医务人员等参加疫情防控工作人员以及受疫情影响暂时失去收入来源的缴存职工，延缓还款期限，不作逾期处理；在疫情防控期间，对办理提取住房公积金、申请住房公积金贷款业务有时限要求的，可延期办理；单位或个人因受疫情影响未能及时缴存住房公积金的，可在疫情解除后 1 个月内进行补缴，补缴后视同连续缴存。因受疫情影响导致生产经营困难的企业，可按规定申请降低住房公积金缴存比例或暂缓缴存住房公积金。

（曹胜楠）

脱贫攻坚

【概况】 2020 年，四平市召开脱贫攻坚领导小组会 9 次、市委常委会 6 次、市政府常务会 4 次、专题会 5 次，集中研究解决重大事项、重要任务及影响脱贫攻坚收官各类问题。开展“遍访贫困对象”行动，市级党政主要领导遍访7 个脱贫攻坚任务较重乡镇，县级党政主要领导遍访 125 个贫困村。建立村第一书记派驻长效机制，实现 755 个行政村第一书记全覆盖，1958 名驻村干部在村工作。至年末，四平市 21297 户 41044 人全部实现脱贫，其中 2020 年建档立卡贫困人口脱贫 445 户 899 名。125 个贫困村全部退出，省定贫困片区双辽市摘帽，脱贫人口年人均收入由 2015 年的 2400 元增加到 2020 年的9100 元，年均增加 30.55%，贫困发生率由2015 年的 5.1%下降到零。“双防”体系建设、“健康直通车”工作在全国扶贫开发经验交流会上做经验介绍。双辽市扶贫开发办公室、伊通满族自治县营城子镇打草村村民委员会获全国脱贫攻坚先进集体；四平市政协主席、双辽市委书记侯川，梨树县孤家子镇张家街村第一书记李红达获全国脱贫攻坚先进个人。梨树县“扶贫投保三方共赢”产业保险模式被国务院扶贫办纳入《产业扶贫典型案例》。

11 月 26 日，吉林省人力资源服务机构助力脱贫攻坚与乡村振兴发展行动专场招聘会在双辽市举行

（谢晨龙　摄）

【产业扶贫】 投入各级各类扶贫资金约 2.6 亿元，其中市本级投入财政扶贫资金 1100 万元，占国家、省级财政专项扶贫资金的 89.7%。精准落实扶贫项目，聚焦打造“一县一品”“一乡一特”产业扶贫新格局，实施产业扶贫项目 17 个，总投资 7250 万元。加快推动长效脱贫，在发展“短平快”扶贫项目同时，培育特色种养、农畜产品加工、光伏等中长期致富产业，加快由“输血式”扶贫向“造血式”扶贫转变。

【金融扶贫】 深入落实《关于

进一步做好扶贫小额信贷工作的意见》，建立“双监测”机制，严格执行三色预警，严防“户贷企用”及还款逾期风险。重新对贫困户进行全覆盖式评级授信，确定2星以上符合贷款条件贫困户3695户，已贷款户数3291户、4603笔，贷款总金额8041.83万元，户贷率51.2%。

【稳岗就业】 四平市采取转移就业、设置扶贫公益性岗位、扶贫专岗等措施，拓宽贫困群众就业渠道。鼓励扶贫车间、扶贫龙头企业吸纳贫困劳动力就业。2020年，全市贫困劳动力就业12256人，其中省外就业1937人，省内县外就业1415人，县内就业8901人。开发扶贫专岗7374个，有效解决弱劳动能力贫困人口就近就地就业问题。扶贫龙头企业13个，复产13个，带动贫困劳动力39人。8个就业扶贫车间通过认证，带动贫困劳动力61人。原公益性岗位和新冠肺炎疫情防控期间新增临时公益性岗位就业人数200人。贫困劳动力自我就地就近务工人数1015人。光伏扶贫收益1614.41万元，利用光伏扶贫收益设置公益岗位5189个，实际就业5189人。

【消费扶贫】 制定2020年消费扶贫工作计划，下发《四平市2020年消费扶贫工作方案》，对各县（市）区、市直相关部门消费扶贫工作开展情况实施月调度，填报贫困村产品预售表和采购农产品清单。推进“三专一平台”活动，四平市布放

10月14日，双辽市在欧亚购物中心举办消费扶贫活动

（市乡村振兴局　供图）

专柜300个，设立消费扶贫专区12个，各县（市）区消费扶贫馆全部挂牌。坚持线上线下、内销外销共同发力，加快解决扶贫产品销路问题，2020年，全市消费扶贫农产品销售额3297.11万元。

【“双防”体系建设】 2020年，四平市“双防”（防返贫、防致贫）体系建设聚焦常态长效，精准落实“一人一策”帮扶措施，针对脱贫不稳定人口和边缘人口，防止返贫致贫问题发生。以家庭人均纯收入5000元为防贫监测线，以已脱贫建档立卡贫困人口和不超过建档立卡贫困人口20%的“边缘户”人口为基数，按照每人每年不高于70元标准，设立530万元防贫保障救助基金。至年末，救助“两户人员”（已脱贫户、边缘易致贫户）142户，发放救助金204万元。

（王昕鑫）

【社会保险政策扶贫】 2020年，四平市按月调取建档立卡贫困人口最新数据，相关部门联动，做好代缴资金的测算和请款工作。按月统计建档立卡贫困人口等困难群体参加城乡居保情况，实时掌握和处理实际参保经办过程中遇到的问题。为每名参加城乡居保的建档立卡贫困人员发放告知单。至年末，四平市建档立卡贫困人员应参加城乡居保36397人，参保率100%；享受待遇人员18532人，代缴保费人员17865人，全部完成代缴，代缴金额223.79万元。其中，市本级应参加城乡居保人数为303人，参保率100%；享待人员150人，代缴保费人员153人，全部完成代缴，代缴金额1.62万元。

（吴永光）

【医疗扶贫】 实行医疗保障扶贫定点联系包保督导机制，成立脱贫攻坚工作领导小组，制

定医疗保障扶贫方案和绘制施工图，派驻第一书记和驻村工作队。组织工作人员90人次，先后11次到所辖县（市）区71个乡镇卫生院、724个村卫生室，开展医疗保障扶贫专题调研，督导贫困人口参保和医疗保障待遇落实。取消普通门诊起付线，实现普通门诊350元基金报销限额，乡、村两级基层医疗机构共用；建立先垫付后结算机制、村卫生室网络结报数据监测和通报制度；建立扶贫报销补助“一单清”网络结算系统，率先实现贫困人口全市定点医疗机构“一站式服务、一窗口办理、一单制结算”。2020年，四平市建档立卡贫困人口实现应保尽保。

（陈璐璐）

【科技扶贫】 2020年，四平市邀请中国农业大学专家团队对四平市畜牧养殖、蔬菜种植、家庭农场、农业专业合作社的农民开展网络线上交流授课，帮助农民化解新冠肺炎疫情给农业生产带来的影响，组建初、中、高级农技师微信群，利用“知农云”课堂开展农业专业技术网上知识科普培训，以农技师队伍为联系农民的桥梁，为农民复工复产提供相关专业知识。成立四平市农业发展专家服务团和四平市医疗健康专家服务团，邀请农技专家，结合四平不同地区的需求实际，采取专题讲座、咨询交流、实地考察与指导等形式，分别围绕水稻种植技术、农作物病虫害防治、温室大棚栽种技术等方面，为乡（镇）政府、农民朋友和种养大户提供科学且有针对性的种植、养殖意见和建议。组织开展“大球盖菇”产业项目科技培训、与各县电视台合作开设“科普之窗”宣传专栏、举办“千人万场”科技宣讲活动、利用科普大篷车开展科普宣传、科普大集等活动。落实好“一户一策”帮扶措施，筹措资金、提供技术，帮助贫困户进行订单式种植、发展养鹅等小庭院经济，加入养羊合作社。帮助村民进行农耕，号召村民进行抗旱保苗，帮助维修浇灌设备并组织浇灌。

（刘　欢）

【扶贫保障】 紧盯“两不愁三保障”，查缺补漏、补齐短板，完成脱贫攻坚目标任务。投资4.26亿元，解决建档立卡贫困人口饮水安全问题；开展农村危房改造“回头看”，落实“以房查人、以人查房、动态调整”和建新拆旧制度，完成建档立卡贫困户危房改造222户；加大控辍保学力度，除个别因身体原因不具备学习条件外，贫困家庭义务教育阶段适龄儿童、少年均未失学辍学；“雨露计划”实现应补尽补，无一错补漏补；建档立卡贫困人口大病救治率、家庭医生签约率100%。在落实落细基本医疗政策的同时，进一步把医疗保障端口前移，全面开通“健康直通车”，解决重点人群购药、看病等问题，极大减轻贫困患者经济负担。2020年，有1777人次的贫困患者购药受益，采买药品390种，采购金额45.02万元，贫困患者自付费用7.234万元。

（王昕鑫）

社区建设和社会组织管理

【基层自治组织建设】 2020年，四平市结合市“深化乡镇街道机构改革、推进基层整合审批服务执法力量”工作部署，指导各地民政部门制定出台乡镇街道、村社区职责事项准入制度，进一步规范乡镇便民服务中心建设。会同市委组织部、市人社局、市财政局制定《关于进一步加强全市城市社区专职工作者队伍建设的实施意见》，建立完善“1+3”政策体系。5个县市（区）设定“社工岗”1474个，按照规定程序方法，“两委”成员直接转入785人。分批组织缺额人员招录，10月，双辽市招录149人；11月，伊通满族自治县招录20人。至年末，全市5个县（市）区有行政村755个，其中梨树县304个，伊通满族自治县187个，双辽市190个，铁东区54个，铁西区20个。社区118个，其中梨树县15个，伊通满族自治县10个，双辽市13个，铁东区41个，铁西区39个。

【农村社区治理】 市民政局指导各地进一步规范完善村规民约，加强民主协商、民主管理、民主监督，严格落实“四议两公开”、村务公开、村务监督等制度，完成乡村振兴考核工作，配合开展农村“三资”治理工作。

表 44　2020 年四平市街道社区统计表

县(市)区	街　道	社　　区
梨树县	富强街道	春阳社区、朝阳社区、树勤社区、树文社区
	康平街道	康平社区、奉和社区
	霍家店街道	天阳社区、兴旺社区、树俭社区、奉化社区
	孤家子镇	文明社区、韩道良社区、兴隆社区、沈洋社区、电塔社区
伊通满族自治县	永宁街道	永青社区、庆阳社区、康泰社区、福康社区、福庆社区、永宁社区
	永盛街道	福安社区、福宁社区、正阳社区、庆德社区
双辽市	辽东街道	东郊社区
	辽西街道	阳光社区、电厂社区、西环社区
	辽南街道	团结社区、中兴社区、南康社区、
	辽北街道	北宁社区、西化社区
	郑家屯街道	东华社区、新兴社区、迎新社区、铁路社区
铁东区	黄土坑街道	双汇社区、万盛社区、南桥社区、振兴社区
	北市场街道	马车房社区、广兴茂社区、金桥社区、金龙社区
	四马路街道	木兰社区、东星社区、曙光社区、东方社区、紫微社区
	解放街道	朝阳社区、北大桥社区、胜利社区、解放社区
	北门街道	新春社区、东关社区、泰安社区、喜庆社区、西关社区、桃源社区、长发社区
	平东街道	城东社区、丰翼社区、国测社区、辉煌社区、宏大社区、烟厂社区
	平南街道	风光社区、恒吉社区、平东社区、兴工社区
	七马路街道	金水社区、富强社区、福民社区、为民社区、鑫荣社区、玉泉社区、四热社区
铁西区	站前街道	站前社区、新铁社区、中兴社区、新立社区、海丰园社区、柏林社区、东煤社区
	北沟街道	北郊社区、滨河社区、北沟社区、前锋社区、北河社区、一道口社区、北铁社区
	仁兴街道	益民社区、天桥社区、仁兴社区、迎春社区、红宇社区、电业社区、北体社区、园北社区
	英雄街道	拥军社区、英雄社区、阳光社区、文苑社区、南湖社区、丰茂社区、师大社区
	地直街道	利群社区、华宇社区、二里社区、南河社区、西园社区、长征社区、地直社区、爱民社区、桥西社区、迎宾社区

（刘　森）

【社会组织管理】 成立市一级社会组织孵化服务中心，为初创期的社会组织提供公共空间、项目咨询、能力建设、资源平台、注册辅导等孵化服务。在社会组织管理中实行“三个同步”，即社会组织在登记、年检、等级评估时同步开展党的建设，开展“十有”“十清”标准化党支部建设。新成立社会团体 7 家，民办非企业单位 5 家。至年末，有市级社会组织 153 家，其中社会团体 98 家，民办非企业单位 55 家。

【社区特色服务品牌】 指导华宇社区与华宇集团加强融合共建，打造“华宇幸福汇”特色服务品牌。华宇集团无偿提供场地，升级改造社区服务设施，在社区党总支领导下，成立小区“兼合式”党支部，打造红色物业小区。社区居委会与华宇物业服务公司建立联合协调机制，第一时间解决居民反映的问题，为居民办事开通直通车；物业服务公司参与居民服务，为每栋楼安排物业服务管家，组织员工成立志愿者队伍，成为社区编外工作人员。成立社区社会组织服务中心，培育发展社会组织、公益组织 50 家，依托“六艺会所”开展娱乐健身、文化培育、全龄教育、体检保健等服务项目，筹划发展“文养结合”“医养结合”服务项目。“党建引领、政企融合、三社联动、居民自治”的特色品牌成为吉林省“幸福社区”建设的先进典范。

（刘　森）

民族宗教事务

【概况】 至2020年年末，全市户籍少数民族人口25.36万人，占总人口的11.80%。有蒙古族、回族、朝鲜族、满族等43个少数民族；辖有1个民族自治县即伊通满族自治县；2个民族乡镇即四平市铁东区叶赫满族镇、双辽市那木斯蒙古族乡、18个少数民族村屯。有佛教、道教、伊斯兰教、天主教和基督教5种宗教。至年末，全市正式登记备案宗教活动场所226个，认定备案的宗教教职人员267人。宗教团体6个，即四平市佛教协会、四平市道教协会、四平市天主教爱国会、四平市天主教教务委员会、四平市基督教协会、四平市基督教三自爱国运动委员会。

【民族团结进步创建】 8月25日，市民委下发《关于组织开展2020年全市民族团结进步宣传月活动的通知》，确定2020年活动主题为“深入推进民族团结进步创建，铸牢中华民族共同体意识”，对民族团结进步宣传月活动作出部署，宣传党的民族政策和有关法律法规；9月2日，市民委主办，市晚晴艺术团承办的“中国梦·民族情”少数民族文化进乡村文艺演出在铁东区城东乡河夹信子村举行。11月4日至6日，全市民族团结进步创建工作现场交流会在双辽市召开，会期3天，全市民委系统干部及各民族乡镇、村屯、社区、民族团结进步示范点相关人员60人参加会议。与会人员参观考察双辽市那木斯蒙古族乡那木斯村、双辽市天主教堂、双辽市王奔镇宝山村扎兰屯等14个民族团结进步创建活动点，听取活动点创建工作情况介绍，共同学习先进工作经验。10月10日，在吉林省召开的第七次民族团结进步表彰大会上，市民委、伊通满族自治县教育局、吉林师范大学党委统战部3个集体被评为全省民族团结进步先进集体；王海燕等8人被评为民族团结进步先进个人；四平市朝鲜族老年协会、吉林师范大学党委统战部被评为第五批全省民族团结进步示范单位。

【发展少数民族文化】 指导四平市朝鲜族老年协会采取网络直播形式，用歌曲、舞蹈、瑜伽等节目视频、音频，庆祝“三八”妇女节。注重传承和保护少数民族传统体育项目，向省民委申报2021年全省少数民族传统体育运动会项目12个。吉林师范大学体育学院被评为全省少数民族体育传承基地。在吉林省蒙古语文工作会议上，四平市《以点带面 务求实效 切实加强蒙古语言文字工作》的经验材料进行大会交流。

【少数民族特色村寨建设】 7月16日，省民委官网发布第二批吉林省少数民族特色小镇和特色村寨的公示名单，伊通满族自治县靠山镇姜家村、伊通满族自治县小孤山镇山河村、伊通满族自治县伊丹镇火红村被命名为第二批吉林省少数民族特色村寨。至年末，四平市有2个镇、6个村被命名为吉林省少数民族特色小镇和特色村寨（2个镇为铁东区叶赫满族镇和伊通满族自治县伊通镇；6个村为铁东区叶赫满族镇砬子沟村、

11月6日，四平市民族团结进步创建工作现场交流会在双辽市召开。图为参会人员观看那木斯蒙古族乡中心小学校学生下蒙古象棋

（王丽莎 供图）

伊通满族自治县伊通镇建国村与河源镇榆树村、靠山镇姜家村、小孤山镇山河村、伊丹镇火红村）。

【少数民族人口流动服务】 市民委指导铁西区桥西社区做好少数民族流动人口服务站的工作，为少数民族流动人口子女随迁、法律援助、就业咨询、房屋租赁、卫生计生等领域提供服务。9月3日，省民委检查组先后到铁西区桥西社区、阳光社区、铁东区东方社区，对社区少数民族流动人口服务管理工作进行检查。

【维护少数民族权益】 四平市为回族等少数民族群众发放肉食补贴。4月，指导各县（市）区民族宗教局到清真饭店、清真企业、商场超市等场所检查进货渠道、人员配备、清真标识牌悬挂情况。8月19日至20日，对梨树、双辽、伊通等地专项整治工作进行随机抽检。至年末，各县（市）区民族宗教局均进驻当地政务大厅，民族成分变更开通网上办理，县（市）区民族宗教局受理初审后，到市民委（宗教局）办理审核确认手续。

【支持民族地区经济发展】 2020年，四平市争取少数民族发展资金1249万元，其中叶赫满族镇170万元，双辽那木斯蒙古族乡80万元，伊通满族自治县1005万元。为吉林益民堂制药有限公司通过贷款贴息审核提供支持，获贷款贴息资金39.2万元。6月12日，市民委到梨树县孤家子镇耘垦牧业有限公司就清真企业运营情况及存在困难进行现场调研。听取企业有关生产经营的汇报，详细了解企业目前存在的困难和问题，现场宣传讲解《吉林省清真食品管理条例》以及国家有关民贸民品企业有关优惠政策。12月7日开始，对2016年以来民族宗教专项资金进行调研督导，并与第三方审计机构检查组对四平市2019年度民族贸易和民族特需商品生产贷款贴息使用情况进行检查。

【宗教场所补助资金监管】 2020年，四平市为铁东区如来寺、清云寺、伽蓝寺，伊通满族自治县保雍寺、梨树县兴隆寺各争取维修补助资金15万元。12月，市宗教局采取听取汇报、查阅书面材料和实地抽查的形式，对2016年至2020年维修补助资金使用情况进行检查，全市25个场所拨付维修资金162万元，其中梨树县7个场所拨付维修资金42万元，双辽市7个场所拨付维修资金51万元，伊通满族自治县5个场所拨付维修资金32万元，铁东区6个场所拨付维修资金37万元。

【民族宗教工作交流培训】 8月26日，在铁东区清云寺，市宗教局组织各佛教场所负责人、教职人员、居士代表100人参加第五届汉传佛教讲经交流会。10月16日，市宗教局在铁西区致富基督教活动点组织基督教“两会”（四平市三自爱国运动委员会和四平市基督教协会）召开四平市基督教神学思想研讨培训会议，百余人参加会议，由宗教科对《宗教团体管理办法》具体内容进行现场解读，并结合实际工作展开讨论。11月4日，在双辽市组织开展“2020年民族宗教系统行政执法培训班”，对全市民族宗教系统行政执法人员进行培训，参加培训50人。

【维护民族宗教领域安全稳定】 做好重大宗教活动、民族宗教节日安全工作。坚持“管行业必管安全”，开展国家安全日宣传工作。在新冠肺炎疫情防控期间，宗教活动场所“双暂停”的情况下，通过多种形式开展宣传活动，全市悬挂宣传条幅229条。落实宗教活动场所安全生产主体责任，加强宗教领域安全管理和风险防范，强化应急准备，彻底排查安全隐患，消除各类不安全因素。8月21日，市宗教局组织佛教界在铁东区如来寺举办宗教活动场所消防安全培训暨演练现场会，各佛教活动场所负责人及安全生产管理人员参加。做好宗教领域防汛救灾工作，制定下发《关于扎实做好全市民族宗教领域防汛救灾工作的通知》，提出相关工作要求。

（姜永亮）

应急管理

EMERGENCY MANAGEMENT

综　述

【概况】 2020年，四平市全面落实人民至上、生命至上思想理念，以防范化解重大风险和强化安全监管为着力点，健全责任体系，狠抓治理体系建设，持续提升防灾减灾救灾能力，及时应对、妥善处置各类灾害事故。在汛期，应急、气象、水利、水文等部门举办联合会商会议16次，针对可能出现的各种情况研究制定不同的对策措施。完善军地联动机制，首次组织驻地部队、武警以及消防救援力量，深入一线开展救援路线踏查，先后调度武警官兵、军分区民兵预备役人员、消防救援力量参与全市应急抢险工作。修订并批复、备案各类应急预案481份，进行应急演练952场，涉及非煤矿山、危险化学品、烟花爆竹、建筑施工地、人员密集场所、防汛、森林防火、地震地质灾害等行业领域，参演人数8.82万人，出动车辆786台次。全市以学校操场和体育广场为依托，在全市范围内设置吉林工程职业学院、四平卫生学校、梨树县体育场、伊通满族自治县体育场、双辽第一中学体育操场5个直升机应急救援临时起降点，将起降点的位置纳入吉林省应急救援力量体系建设。

5月14日，四平市安全生产紧急视频会议在市政府502会议室召开

（宋佳枫　供图）

【基层应急管理体系和能力建设】 制定《关于加强基层应急管理体系和能力建设的实施方案》，组建乡镇（街道）应急管理办公室，明确乡镇（街道）、村（社区）配备专兼职应急管理工作人员数量以及应急救援队伍建设相关要求，每个乡镇要建一个物资储备库。四平市53个乡镇和24个街道全部在该次机构改革中采取加挂牌子的方式，成立应急管理办公室，配备专兼职人员191人。与平安建设网格结合，在四平市1085个村屯、143个社区设置网格3648个，配备网格员3508个，全年落实应急管理专项资金17.5万元。

【应急管理信息化平台建设】 按照应急管理部、省应急管理厅信息化工作总体部署，制定《四平市应急管理信息化平台建设设计方案（2020—2022）》，完成全市应急管理信息化平台发展总体规划框架设计，完善应急管理现场指挥中心软、硬件基础环境建设，加强应急指挥物理网络建设，全市上下贯通的应急指挥网络体系初步形成。完成应急指挥车由原“静中通”升级改造为“动中通”工作，实现视频会议多地连线、抢险救援现场实时回传、单兵图像数据及时有效，确保复杂环境下应急通联顺畅。启动无线通信网络建设，建成本地区370兆宽带无线通信网。完成与部、厅级核心网对接，实现全市无线网、有线网、卫星“三位一体”的通信保障模式，为应急管理常态监管、常态救援和非常态应急处置等不同场景下语音、视频、数据通信提供有效支撑。

（宋桂枫）

防灾减灾

【概况】 2020年，四平市出现罕见的雨雪冰冻灾害，市应急管理局发挥市安委会办公室协调作用，第一时间暂停非煤矿山、危化生产企业生产活动。督促市政和交通部门清雪除冰和交通管控、疏导工作。协调调度武警官兵、军分区民兵预备役人员、消防救援力量配合电力部门开展抢险工作，协调延边、通化、白城、辽源、松原、白山等地支援四平市抢修队伍20支1000人、车辆500台次、大型机械300台次。围绕供电供水供气供暖、通信保障、道路清雪除冰、舆情管控、群众生活保障、农业生产六方面开展应对雨雪冰冻灾害工作“回头看”工作，现场实地核查受灾地区保障恢复情况。

【森林防火】 2020年，四平市全面开展联防联控，严格落实监测预警到位、责任到位、宣传教育到位、火源管理到位、检查督促到位、应急值守到位、快速机动处置到位等9项森林草原防火重点工作。出动巡山护林人员1735人，建设使用固定野外火源检查站（点）176座，禁止一切人员车辆入山入林。各乡镇、村、林场相应建立应急扑火分队，其中乡镇不少于20人，村不少于10人，林场不少于25人，并落实应急运输车辆。

【防汛抗旱】 2020年，四平市调整市防汛抗旱指挥部，制定市领导包保县（市）区防汛工作机制，严格落实汛期24小时应急值守制度和各级领导带班制度，明确成员单位任务清单26项。及时启动Ⅳ级应急响应3次。先后发布预警防范信息42万条，组成15个工作组75人次下沉到县（市）区协助指导防汛防台风工作。经受住“三台叠加”异常天气考验，人员零伤亡、水利工程零损毁、房屋建筑零倒塌。果断处置国道303集阿线山体滑坡，确保人民群众及过往车辆生命财产安全。在雨雪冰冻灾害发生后，及时协调电力、电信等部门出动专业抢修队伍66支、749人、347辆抢险车辆，经过昼夜抢修，提前48小时完成所有乡镇和部分村屯的供热供水供电和通信保障。协调驻平武警支队、消防救援和预备役参与抢险救灾工作，帮助修复供电线路和道路清雪清障。协调发电机、棉大衣、棉被等救灾物资及时发放到一线，确保抢险救灾有序有利。

【灾后救助】 印发《四平市减灾委员会关于建立健全自然灾害监测预警制度的实施方案》《市应急管理局、市民政局、市扶贫办关于防灾减灾救灾助力脱贫攻坚的实施方案》等文件，指导各县（市）区、市直相关部门防灾减灾救灾工作。第一时间深入灾区核查灾情，指导群众做好生产自救工作，帮助受灾群众搞好灾后恢复生产工作。获得2020年至2021年度冬春救助资金2452万元。

（宋佳枫）

【气象灾害】 6月至7月，高温少雨，光照强烈，四平市西北部大田出现较为严重旱象，农作物生长缓慢，影响水稻分蘖生长。8月26日至9月9日，四平市连续受到8号台风“巴威”、9号台风“美莎克”和10号台风“海神”外围水汽影响，累计平均降水量180.8毫米，比常年同期多近5倍，居历史同期多雨第一位。半个月时间，连续3场台风影响四平市，属历史首次，台风带来阶段性地温、暴雨和大风等灾害，低温导致出现低于水稻、玉米、大豆等作物籽粒灌浆所需最低温度的低温时段，抑制作物的光合作用，影响养分传输，作物籽粒灌浆速度减缓，暴雨和大风导致全市大田作物出现内涝和倒伏。在防御台风和强降雨期间，市政府主要领导先后3次深入重点县（市）区对防汛准备工作进行实地调研，查看水利工程、水库堤坝、河流堤防等防洪工程，检查防汛物资准备情况。市政府主管领导先后6次组织会商会议，听取各部门对台风动向以及可能发生强降雨、大风情况的研判，并提出有针对性的预防措施。市气象部门先后发布《重要气象信息》20期、《天气公报》3期、《降水快报》50余期；发布台风蓝色预警信号12次、暴雨蓝色预警信号12次、地质灾害风险黄色预警信号3次；先后启动重大气象灾害（暴雨）Ⅲ级应急响应8次、重大气象灾害（暴雨）Ⅳ级应急响应4次。在抵御“三台叠加”以及强降雨等灾害过程中，四平市出动查险人员16458人，排查隐患点36958处；预置抢险人员（包括部队）2050人、武警200人、公安干警3100人、消防指战员271人、专业抢险队员5111人、群众抢险人员22173人；动用机械设备2989台次、土石砂1.5992万立方米；调用和消耗抢险物资647.29万元；处置险情3935处；临时抢险和加固子堤60米；排除城乡内涝积水处数1548处；预防性转移1491人。

【气象灾害预报预警】 贯彻省局党组关于汛期气象工作“六个保障”（即强化政治保障、技术保障、设备保障、人员保障、监督保障、后勤保障）要求，坚持“四结合、四超前”工作方法，做好“三台叠加”以及冬季雨雪冰冻灾害天气防御的气象保障。提前48小时发布重要气象信息报告，向市政府主要领导专题汇报，提出防御建议。防台风期间，市气象局领导参加省、市防御台风工作调度会议10余次，与市应急局、水利局等部门联动，信息共享。全年发布台风服务材料73期，全区启动重大气象灾害（暴雨）Ⅲ级应急响应8站次、重大气象灾害（暴雨）Ⅳ级应急响应4站次、发布台风蓝色预警信号12站次、暴雨蓝色预警信号12站次、地质灾害风险黄色预警信号3站次。通过电视、微信、短信等媒体，向社会公众通报台风动态及风雨影响，其中国家突发预警信息发布平台和短信平台发布预警短信近2000万人次。

【防雷安全监管】 2020年，四平市人民政府办公室印发《关于进一步加强防雷安全监管工作的通知》，首次明确各行业主管部门的防雷监管责任。四平市防雷工作经验得到中国气象局法规司及省局认可，省局法规处以文件形式全省转发推广，四平气象局将防雷工作作为创新项目向中国气象局、省气象局提请申报。制定双随机检查计划，市气象局主要负责人，通过媒体向社会公众做出公开承诺，接受监督，参与检查体验行政执法检查备案系统应用，确保执法公正合法。市气象局与市场监管局联合检查全市6家防雷检测技术服务单位，摸排检查全市易燃易爆行业，新增加15家监管对象单位。全年检查单位60家，实现全覆盖。

（陈　鑫）

【地震灾害风险防御】 四平市落实地震会商制度，坚持每月、每季度召开地震会商会议，综合分析各县（市）区微宏观异常情况和四平地震台的深井水位变化、地电阻率、地热和大地电场的变化情况。将“三网一员”培训工作纳入县（市）区绩效考核重要指标。市地震局依据吉林省地震局非天然地震事件监测信息，联系伊通满族自治县、梨树县和铁东区事件发生区域所属县（市）区地震部门开展现场调查核实工作，向吉林省地震局反馈调查结果。市防震抗震减灾工作领导小组办公室印发《关于做好全市地震监测设施和地震观测环境保护备案工作的通知》，明确全市地震监测设施的具体位置信息和保护要求，要求各县（市）区和住建、规划等部门做好备案管理工作。开展“收集整理所辖区生命线工程基础数据”“摸清地震灾害风险底数”工作，纳入县（市）区政府绩效考核任务指标，组织市直相关部门和各县（市）区收集城区供水、供气、桥梁等生命线工程信息，摸排区域内重要建筑、水库、河流、油等次生灾害源等基础数据。开展建设工程地震安全监管检查，加强建设工程抗震设防监管，检查2009年以来建设的学校工程项目350个、医院工程项目44个，2016年以来的重大建设工程和可能产生严重次生灾害的建设工程5项，抽查2016年以来建设的公共和民用建筑120栋、高层建筑项目3个，配合吉林省检查组抽查学校2所、医院2所，实地检查市区内在建工程1处，摸清全市建设工程抗震设防底数，确保从源头上防范化解地震灾害风险，将建设工程抗震设防要求纳入工程建设项目审批流程，加强抗震设防监管。开展地震灾害风险普查，市地震局按照省、市第一次全国自然灾害综合风险普查领导小组及办公室的要求，印发《四平市地震灾害风险普查实施方案》，厘清各县（市）区工作任务，为普查工作奠定基础。开展“地震易发区房屋加固工程”，针对四平市17个乡镇实际分布情况，市地震局配合市减灾委办公室、市发改委等成员单位，研究印发《四平市地震易发区房屋设施加固工程实施方案》。

【防震减灾科普宣传】 2020年，市地震局重点开展“5·12”防灾减灾日、“7·28”唐山地震纪念日和“10·13”国际减灾日科普宣传活动。四平应急管理局在微信公众号上持续刊登防灾减灾知识、抖音账号连续播放地震应急避险技能科普小视频、《四平日报》和数字报头版刊登文章《居安思危，防患未然，推动防灾减灾救灾事业新发展》普及防灾减灾科普知识。市防震抗震减灾工作领导小组办公室协调联通、移动、电信四平市分公司向公众发送防震减灾公益短信。利用LED显示屏滚动播放防灾减灾公益片和宣传标语普及防灾减灾常识。市地震局到梨树县金山乡长岭子村，开展防震减灾讲座，赠送宣传资料500份。市应急管理局到四平市英雄广场向群众发放科普宣传资料600份，在四平市人民政府大楼摆放科普展板10块。开展中小学安全隐患排查工作1次，完善应急疏散预案，组织师生观看《地震避险与逃生》《警钟长鸣》等防震减灾科普短片，开展防灾减灾科普知识进课堂活动。

（刘玉龙）

【地质灾害隐患预防】 4月初，对全市29处地质灾害隐患点进行1次排查和上报，其中排查市本级严重隐患点10处。8月，召开紧急会议安排布置防汛抗汛工作，协同市应急局、市水利局组建台风指导服务组到梨树县、铁东区等重要地质灾害隐患点指导防汛防台风工作，撤离居民34户67人。

（娄　特）

【水旱灾害防御】 2020年，四平市做好防汛准备工作，汛前落实255名水库和山洪灾害防御责任人，补充调整水旱灾害防御专家库39人。修订完善各类防汛抗旱应急预案364个。派出专家组指导各地水旱灾害防御工作13人次，发布各类预警信息7次，预防性转移群众190人。抓好山洪灾害防御，建立监测预警信息发布责任制，搭建起横向到边，纵向到底的“包保”责任制体系。加强洪水到来的调度，发出水库调度命令61份，二龙山水库累计腾出库容2.2亿立方米，全市大中小型水库无一垮坝，重要河流堤防无一决口，战胜“巴威”“美莎克”“海神”三台台风叠加的袭击。

（张立峰）

安全生产

【概况】 2020年，四平市开展安全生产专项整治。全市工矿商贸和经营性道路交通发生亡人事故19起死亡20人，较2019年下降55.8%和56.5%。在吉林省安全生产和消防工作考核工作中获优秀等次。

【危险化学品和烟花爆竹安全监管】 市应急管理局结合全市危险化学品企业现状，组织开展危险化学品把脉行动。检查企业212户，发现整改问题1460项。聘请5名专家对全市危险化学品行业进行风险分析研判，开展危险化学品综合治理，全面排查危险化学品生产、贮存、运输、使用、经营、废弃处置等各环节安全生产隐患。全市成立检查组26个，派出检查人员324人次，检查企业216户，排查整改隐患195项，立案处罚2起，收缴罚款2万元。开展危险化学品道路运输安全集中整治和硝酸铵等危化品重大安全风险隐患排查治理行动。对全市9家烟花爆竹企业及21户爆竹零售店（点）进行安全检查，排查安全隐患

27 处，暂扣经营许可证 1 家，暂扣营业执照 4 户，罚款企业 3 户，处罚金 3 万元。

【矿山及冶金工贸安全监管】 四平市开展非煤矿山专项整治行动，对全市非煤矿山企业安全生产隐患展开拉网式全面排查整治，排查整改隐患 232 项。开展非煤矿山领域安全生产专项三年整治行动，组织地下矿山专家对单班入井人数超过 30 人的金属非金属地下矿山企业开展会诊活动，突出顶板管理、提升运输、井下用电、动火作业、防治水等重点环节，对企业安全风险辨识管控情况进行全面检查，提出会诊意见。制定下发《四平市尾矿库安全风险分级监管工作实施方案》，聘请相关专家对四平昊融银业有限公司尾矿库风险隐患自查自纠情况及汛期尾矿库安全防范工作进行专项检查。聘请省级安全专家对四平市重点工贸企业进行技术指导和隐患排查治理。根据季节特点，召开工贸行业整治部署会议，落实安全风险管控措施，加大有限空间作业、安全培训、作业审批、隐患排查和应急演练等检查力度。引导企业开展安全标准化建设，提高安全防范能力。全年检查工商贸等生产经营单位 97 户次，发现生产安全事故隐患536 处，责令整改 86 户，立案 5 户，行政处罚 20 万元。

【安全生产专项整治】 成立四平市安全生产专项整治三年行动工作专班和督导组，制定《四平市安全生产专项整治三年行动推进工作制度》，抽调相关部门骨干力量开展工作，派出督查指导组 5 个，采取“领导+监管干部+专家”的督导模式，细化人员分工，细化工作标准，分工把口、分区域推动，使三年行动向深入推进。针对危险化学品生产、贮存、运输、使用、经营、废弃处置等各环节组织开展危险化学品“全流程”安全整治行动。成立检查组 26 个，派出检查人员 324 人次，检查企业 216 户，排查隐患 195 项。开展非煤矿山专项整治行动，企业集中停产一周，全面开展拉网式隐患排查整治，排查发现整改安全隐患 232 项。

（宋佳枫）

消　防

【概况】 2020 年，提请市政府常务会议审议通过《四平市消防安全形势分析报告》，全市 107 个乡镇街道挂牌成立消防救援委员会，在全省率先推行派出所委托执法，向乡镇（街道）派驻文员，在全省进行经验推广。整合组建“核心消防站”6 个，打造小型站 7 个。依托红开大队组建供水消防站，依托特勤站组建供水分队，2 个其他消防站组建供水班 8 个，建设完成 21 条 500 米供水干线。组建支队级地震、水域、化工、建筑、道路交通、低温雨雪冰冻 6 支专业救援队，起草编写《道路交通事故（含危化品槽车泄漏事故）应急救援准备与行动指南》。省级地震救援实训基地落户四平市山门镇，依托四平拆车厂建立车辆破拆实训基地，开展实战化救援训练 12 次。全年受理警情 2300 起，其中火灾 1854 起、抢险救援 322 起、社会救助 124 起。火灾比2019 年下降 20.6%。处置台风灾害 3 次，雨雪冰冻灾害事故 1 次，跨区域增援德惠饮马河决堤救援现

7 月 17 日，市消防救援支队开展抗洪抢险演练

（王涛　供图）

场。全市投入 360 万元，完成 7.2 万户“老式刀闸”升级改造工作，更换农村老旧电线线路 2.5 万米。提请市县两级政府依托农村“安饮工程”，在 1167 个行政村同步修建消防取水口，缓解农村消防水源不足的问题。设置公共消防器材配置点 102 处、室外消火栓 114 个，安装独立烟感报警器 1792 个。

【消防安全专项整治】 启动和实施消防安全专项整治三年行动，以市安委会名义印发三年行动方案，明确工作职责 120 项，量化 12 类 89 项重点任务，梳理突出问题 24 项，制定整改措施 62 条。提请政府每季度组织召开消防工作联席会议，分析研判全市火灾形势，通报各行业部门消防工作开展情况，与各行业部门会商研判 20 次，开展联合检查 54 次，指导教育、民政、文旅、卫健、宗教、文博等 6 个行业系统培树消防安全标杆示范单位，为全市 18 个行业系统培养消防工作“明白人”，召开全市行业系统消防安全规范化建设现场会，全面构建“全员参与、全员履责”的消防安全工作局面。提请市政府将“三年行动”纳入民生工程、惠民工程，推动 166 个老旧小区整改火灾隐患 344 处。

【整治火灾隐患】 开展“打通生命通道”综合治理行动，全市 1391 家消防安全重点单位和 702 个住宅小区完成消防车道划线工作；334 个老旧小区制定“一区一策”，规划新建停车场 13 个，增加车位 1520 个，规划道路两侧停车位 510 个。开展建筑自动消防设施专项整治，全市 409 家自动消防设施单位，设施完好率 98.6%；开展高层建筑消防安全综合治理，全市 66 栋公共高层建筑和 95 个高层住宅小区全部建立“微型消防站”，排查并督促整改火灾隐患 598 处。深入开展大型商业综合体火灾防控工作，约谈全市 3 家大型商业综合体负责人，确立四平万达广场为示范单位，开展消防安全达标创建活动。

（王　涛）

卫生应急

【应急医疗预案】 2020 年，市卫健委制定出台《四平市新冠病毒肺炎疫情防控应急预案》《四平市卫健委新型冠状病毒感染的肺炎疫情应急处置预案》《四平市应对秋冬季新冠病毒肺炎疫情防控应急预案》《四平市全员核酸检测应急预案》规范性应急处置预案 4 项。根据应急预案及时更新修订预案的规定，对《四平市卫健委鼠疫防控卫生应急预案》《四平市卫健委群体性不明原因疾病卫生应急预案》《四平市卫健委地震卫生救援应急预案》《四平市卫健委反恐怖事件应急预案》等 12 项预案进行修订和完善。至年末，制订单项预案 25 个、总体预案 2 项。组织开展新冠病毒肺炎疫情处置以及全员核酸检测和应对地震灾害等卫生应急演练 4 次，根据演练评估中发现的问题和不足，对预案进行修订。

【应急医疗救治】 市卫健委完善应急医疗救治体系建设，加大对应急医疗救治工作的重视程度和扶持力度，新冠肺炎疫情发生后，确立市县两级定点治疗医院 5 家，启动二级以上医院发热门诊 12 家，要求各级各类医疗卫生单位应急储备物资不少于 30 天使用量；为 120 急救中心增加救护车辆 7 台，升级改造 120 调度指挥系统；组织开展新冠肺炎医疗救治互联网线上培训16 次，小规模线下培训 5 次，培训人员 1 万余人次。全市有急救专业从业医务人员 146 人（医生 77 人、护士 69 人），急救设备仪器 311 台（套）。完成以市急救中心为主体，以铁东、铁西分站为延伸，以网络医院为补充的 15 分钟医疗急救圈建设。各县（市）完成在乡镇设置救援点的布局。

【应急医疗队伍建设】 根据四平市卫生应急工作实际对原有卫生应急队伍进行调整，重新健全完善急诊医疗救治、外科医疗救治、骨科医疗救治、内科医疗救治、妇幼疾病医疗救治、传染病医疗救治、结核病医疗救治、重大传染病疫情控制、重大食物中毒（职业中毒和化学中毒）事故处置、辅助检查、心理干预、五官科医疗救治和护理专家组 13 个。全市有各类卫生应急专家 207 人，建立卫生应急专业队伍 53 支540 人。市中心医院紧急医学救援队（24 人）、省脑科医院心理救援队（11 人），升格为省级救援队。

（张　坤）

人物　荣誉

CHARACTERS AND HONOURS

先进人物

全国先进工作者

于国战

于国战，男，中共党员，1972年12月出生，天成玉米开发有限公司收储中心烘干班班长。天成玉米烘干设备是2005年引进的圆塔，加工能力为300吨/小时，运行周期7小时。因玉米烘干设备加工能力偏低，烘干玉米水分不均匀，玉米容易发霉变质。他经过6个月对烘干设备的改造，将玉米烘干设备加工能力提升为500吨/小时，加工周期为10小时，每天节约燃煤15吨。公司每年收购、烘干、储存玉米近100万吨。烘干设备改造后，加工周期延长，玉米水分均匀、粮质优良，烘干班每年为公司节约粮食烘干成本费用近百万元。编辑《玉米仓储安全生产安全培训教材》，对员工进行培训，培训100人次，员工熟练掌握粮食加工和储存的安全生产知识，天成玉米有限公司未出现粮食加工储存方面的安全事故，为天成玉米开发有限公司发展做出贡献。2020年11月24日，被中共中央、国务院授予“全国先进工作者”称号。

刘海峰

刘海峰，男，中共党员，1971年5月出生，四平市中心人民医院党委书记、院长。作为四平市唯一一家三级甲等医院的领头人，他带领全院职工构建区域医疗技术指导中心、急危重症患者救治中心。医院打造五大中心和五大平台，高效构建医疗服务新体系。积极推进医改步伐，坚持“维护公益性，调动积极性，保障可持续”的三个目标，深化支付制度改革、三级公立医院绩效考核改革、薪酬制度改革齐头并进。他被国家卫健委医院管理研究所聘为全国医院院长培训项目嘉宾。2020年，新冠肺炎疫情防控以来，作为全市医疗救治专家组组长，他率先在省内开通新冠肺炎患者免费网络咨询特别通道，带领医护人员调整布局，成立POCT实验室。建立联控机制，成立发热患者社区转运对接组，与全市76个社区联系，在全市范围内形成诊查、隔离、治疗、抢救四位一体防治体系。每天参加全市2个定点医院发热门诊和病房的早交班，参与每一例确诊病例和疑似病例的研判治疗。2020年11月24日，被中共中央、国务院授予“全国先进工作者”称号。

李　国

李国，男，中共党员，1965年10月出生，国网吉林省电力有限公司伊通满族自治县供电公司新家供电所所长。参加工作以来，5次被国网四平供电公司评为优秀班组长；7次被国网四平供电公司评为优秀共产党员；2010年被四平市政府评为劳动模范；2013年被国网吉林省电力有限公司评为劳动模范；2014年被吉林省政府评为劳动模范。新家供电所曾多次被国家电网公司和省市公司评为工人先锋号等称号。供电所连续8年免费为农户安装水田配套设备，每年为农户节约安装费10万元。争取的“梅花鹿养殖”脱贫项目，自2017年起，连续3年为16户26人的贫困户，每年分红4615元，2019年16户贫困户彻底脱贫。新家供电所连续28年无服务投诉。他在生命与责任中践行着党旗下的承诺，28年的成长经历里，诠释了“人民电业为人民”的服务宗旨。2020年11月24日，被中共中央、国务院授予“全国先进工作者”称号。

张文辉

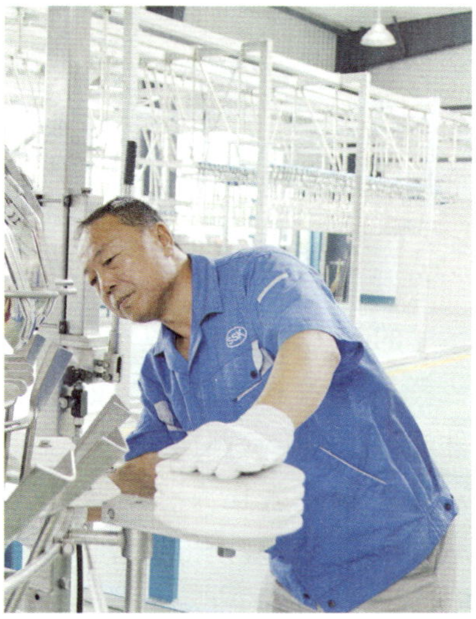

张文辉，男，1962年6月出生，吉林省艾斯克机电股份有限公司研发部工艺室工人。他先后主持公司多项设备研发和设备技改项目。自动掏膛机是大型肉鸡自动掏膛流水线的核心设备，他在研制国际上禽类食品机械加工业的大型禽类自动掏膛流水线过程中，设计了相关的工艺装备和部分影响关键数据的运行结构。2013年，获国家自动掏膛机实用新型专利证书。2017年，他的团队设计制作自动掏膛线设备需要的40多种焊接工艺装备，制作成的土鸡自动掏膛机，是世界上第一条土鸡自动掏膛流水线，是国内外首创项目，填补国内空白。大型禽类自动掏膛线的研制成功，打破同类进口设备对中国市场的垄断。从事钳工工作40余年，他始终严格要求自己，兢兢业业，立足本职岗位、刻苦钻研技术、勇挑工作重担，脚踏实地做好每一项工作。曾获全国劳动模范、国家技术能手、吉林工匠等荣誉称号。2020年11月24日，被中共中央、国务院授予“全国先进工作者”称号。

谭贵林

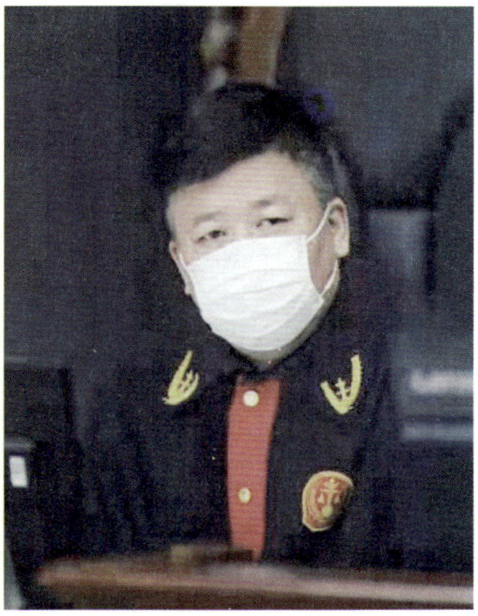

谭贵林，男，中共党员，1965年2月出生，四平市中级人民法院民事审判三庭副庭长，四级高级法官。多年来，谭贵林坚持司法为民、公正司法，围绕“努力让人民群众在每一个司法案件中都感受到公平正义”的目标，把执法办案作为人民法官的崇高职责和光荣使命。他在诉讼当事人与法律之间搭起一座沟通的桥梁，真正做到“让人民群众在每一起司法案件中都感受到公平正义”。他创新破产审判思路，平衡债权人与债务人之间的利益关系，保障职工利益最大化，践行和谐共赢的社会责任理念，为四平经济发展保驾护航。他信念坚定，秉公执法。2018年1月被评为全国法院先进个人；2019年1月被评为全国优秀法官；2020年1月15日，被人力资源社会保障部、最高人民法院授予“全国模范法官”称号；2020年11月24日，被中共中央、国务院

授予“全国先进工作者”称号。

（市总工会）

各行各业全国荣誉获得者

王　雨

王雨，男，中共党员，1975年2月出生，四平市公安局治安管理支队支队长。他参加工作以来，记个人三等功5次、二等功2次；被评为四平市优秀政法干警2次；2017年被授予吉林省优秀人民警察；2019年被评为“四平好人”。新冠肺炎疫情防控期间，他作为全市疫情防控公（铁）路交通执法站工作的具体负责人，承担执法站的总体设置、统筹、指挥和调度工作。由于连续奋战在一线，他身体透支，引发急性胆囊坏死，直至晕倒被送至医院抢救。术后第三天他带着引流袋重新投入疫情防控一线。调研制作《公(铁)路交通执法站疫情防控工作规范》等机制6个，制定“测温、核查、登记、带离工作指引流程图”、每日更新“高中风险城区来（返）平人员（车辆）图引”。整合大数据资源，制作研发“疫情防控智能核查软件终端”，变“人车核查、采集核录、比对分析、统计汇总”的“四慢”为“四快”，在全省推广应用。他带领全市治安部门，坚持“无禁区、全覆盖、零容忍、重遏制、强高压、长震慑”的工作理念打击以彩票站为依托从事黑彩违法网络犯罪案件。捣毁黑彩窝点14个，刑事打击犯罪嫌疑人16人，行政处罚30人，战果、规模得到吉林省公安厅治安总队的肯定，经验做法在全省推广。2020年，被公安部授予“全国公安系统抗疫先锋”。

（市公安局）

王思宇

王思宇，男，中共党员，1995年4月出生，四平市铁东区疫情防控指挥部志愿者。2020年年初，新冠肺炎疫情发生后，他主动到铁东区团委报名，成为一名疫情防控志愿者，被分配到四平高速检测站负责进平车辆登记工作。他利用最短时间熟悉工作规范流程，连续奋战28个昼夜。在一次执勤过程中，遇到一位从辽宁省昌图县到四平市中心医院做产检的孕妇，孕妇已怀孕9个月，而且孕妇当时还有心脏不舒服的情况。在得知这些情况后，他立即请示上级，在通过测量体温正常的情况下，护送孕妇到中心医院，陪同孕妇做完各项检查后，护送她回到高速卡点。4月初，他完成卡点登记对接工作后，又主动请缨到北门街卫生服务中心担任夜班执勤工作130天。疫情严重时，利用休息时间，多次到4个不同的社区帮助楼道消杀、入户排查、回社区后用电脑录居民信息库、整理档案等工作。12月，他主动联系铁东团区委，到四平高铁接离点的工作岗位上工作。2020年5月，被共青团四平市委、四平日报社、四平广播电视台、四平市青年联合会评为“四平市优秀青年”；10月17日，被共青团中央、中国青年志愿者协会授予“抗击新冠肺炎疫情青年志愿服务先进个人”。

（共青团铁东区委）

卢万合

卢万合，男，民进会员，

1981年6月出生，民进四平市委副主委。曾获吉林师范大学“教学标兵”“先进工作者”等称号。获吉林师范大学青年教师讲课大赛优胜奖4次。获吉林省教学成果奖三等奖1项，吉林省教育科学优秀成果奖2项，吉林师范大学教学成果奖一等奖1项，四平市社会科学优秀成果奖一等奖1项，吉林省社会科学优秀成果奖1项。主持、参与各类科研、教学研究项目20余项。发表学术论文60余篇，其中SCI、EI、CSSCI、重要期刊、核心期刊等发表论文20余篇。参编书籍2本，获专利2项。他撰写的参政党理论论文《新时代中国特色社会主义基层政党协商存在的问题及完善路径》在民进吉林省委会第十六届参政党理论论文研讨会上获一等奖。他带头确定的选题《吉林省产粮大县实施乡村振兴战略》作为民进省委的调研选题在全省开展调研。提出的《关于四平市乡村二三产业振兴的建议》《关于四平市大力发展高端绿色农业产业的建议》受到四平市人大和政府相关部门的重视，四平人大常委会针对《关于四平市大力发展高端绿色农业产业的建议》的办理情况进行专题调研。2020年，获民进全国履职能力建设先进个人。

（民进四平市委）

刘伟健

刘伟健，男，1999年5月出生，吉林省体工队举重运动员。2013年获吉林省青少年举重锦标赛69公斤级第一名；2014年

获全国青少年举重锦标赛69公斤级抓举第二名、挺举第一名、总成绩第一名，全国青年男女举重锦标赛暨青奥会选拔赛（男子15岁—17岁组）抓举、挺举和总成绩第一名；2015年获全国青少年举重锦标赛（15岁—17岁组）69公斤级抓举第一名；2016年获全国男子举重冠军赛69公斤级挺举第五名、总成绩第八名；2017年获吉林省青少年举重锦标赛男子甲组69公斤级第一名；2018年获全国青年举重锦标赛69公斤级抓举第二名、挺举第七名、总成绩第二名；2019年获全国男子举重锦标赛全国举重积分赛第一站抓举第四名、挺举第二名、总成绩第三名。2020年10月，在浙江开化举行的全国男子举重锦标赛暨东京奥运会模拟赛中，获男子67公斤级挺举金牌。

（市文广旅局）

刘志勋

刘志勋，男，1973年6月出生，四平市公共汽车公司一公司129路公交车驾驶员。自2013年入职以来，刘志勋坚持不忘

初心，爱岗敬业，在平凡的岗位上尽心工作，牢固树立为民服务的宗旨。他工作主动热情，保障乘客平安出行，在周到细致的日常服务中实现着自己的人生价值。他品德高尚，拾金不昧，凡发现乘客失物，他都想方设法寻找失主。多年来，利用业余时间做大量好事，照顾孤寡老人、为福利院老人包饺子、修补公交路线坑洼路面等，他以自身的善举传递着社会正能量。作为一名普通的公交驾驶员，他始终坚持一步一个脚印，踏踏实实干好本职工作，把十米车厢建成传播新时代公交驾驶员形象的阵地，用汗水擦亮城市文明的窗口。他驾驶公交车8年，创造零投诉、零事故、零违章的良好业绩。先后获“四平好人”“四平好人·市直机关文明服务标兵”“四平市服务明星”“吉林省服务明星”“吉林好人”荣誉称号。2020年6月，交通运输部、中华全国总工会联合主办全国100名“最美公交司机”评选，刘志勋上榜。

（市交通运输局）

孙 凯

孙凯，男，1992年7月出生，吉林省体工队举重运动员。2015年获全国男子举重冠军赛挺举总成绩第一名；2016年获全国男子举重冠军赛挺举总成绩第一名；2017年获全国男子举重锦标赛挺举总成绩第一名；2017年获第十三届全运会总成绩第四名。2020年10月22日，在浙江开化举行的全国男子举重锦标赛暨东京奥运会模拟赛中，获男子109公斤以上级挺举和总成绩2枚金牌。

（市文广旅局）

李亚明

李亚明，男，中共党员，1972年4月出生，国网吉林省电力有限公司梨树县供电公司十家堡供电所所长。曾获国家电网公司劳动模范、“优秀班组长”，吉林省劳动模范、“吉林好人”、四平市特等劳动模范、“四平好人标兵”等荣誉称号。2011年开始，他每年会自费为十家堡镇中心小学的留守儿童、贫困儿童购买书包、文具等，还给每个孩子准备200元或300元的助学金。每年春节前夕，他会看望全镇15个村的老党员和贫困户、十家堡镇敬老院和靠山福安养老院100余名老人，为他们送去米、面、油和善款。几年来，他个人捐助给贫困孩子们的助学金累计25万元，受益学生300余名，为何家村1名贫困学生从初中到大学毕业累计捐助2万余元。2020年，新冠肺炎疫情发生后，他多方寻找资源，为敬老院的老人们送去口罩、消毒液、洗手液等防疫物资。为确保辖区内中小学校复课，他组织党员服务队到校园提前对供电线路和设备进行检查和维护，为学生复课保驾护航。他在平凡而普通的岗位上，不畏艰险，身体力行，诠释“人民电业为人民”的企业宗旨，冲锋在疫情防控和供电服务保障的前沿阵地，守护着辖区内1.8万户居民和企业生产生活用电。2020年9月17日，中央文明办发布2月至7月“中国好人榜”，他被评为“敬业奉献好人”。

（市委宣传部）

陈希舵

陈希舵，女，1995年10月出生，吉林省射击射箭运动管理中心射箭运动员。2015年获全国射箭奥林匹克项目锦标赛团体淘汰赛冠军。2018年获全国射箭奥林匹克项目锦标赛团体淘汰赛冠军；2019年获全国射箭冠军赛团体淘汰赛季军、全国射箭分站赛个人淘汰赛冠军。2020年10月20日，在全国射箭锦标赛上获女子团体淘汰赛金牌。

（市文广旅局）

张宇桐

张宇桐，男，中共党员，1971年7月出生，四平市中级人民法院刑事审判一庭庭长。他立足平凡岗位，勇于担当，努

力工作。在援疆工作期间，能够传授先进的审判理念，做好民族团结，为新疆的长治久安建设总目标贡献自己的力量，出色完成援疆工作任务。他办理的每一起案件都能认真查阅案件材料，分析案情，努力克服疑难案件数量增加、审限紧迫的困难，抓住以审判为中心的刑事诉讼制度改革的契机，严格落实庭前会议和非法证据排除规则，严把证据关，绝不降低证据标准，切实推进庭审工作实质化。在法律文书制作方面，更是精益求精，严格遵循法律文书制作的标准，与时俱进，使裁判文书层次更加清晰明了。通过承办二审案件，有针对性地对下指导，统一裁判尺度，达到在本辖区内案件法律适用的统一。在平凡的岗位为百姓干实事，用司法的实践守护心中的公平，他时刻用真心、真诚，守护心中的梦想，践行着人民法官亲民、爱民、护民的崇高使命。2020年，被评为全国法院办案标兵。

（市中级法院）

胡冬梅

胡冬梅，女，民进会员，1968年12月出生，民进四平市委专职副主委。在工作中，她主动合作，甘于奉献。在会史工作中能够主动作为，虚心学习，潜心研究。在会史资料收集整理、口述资料抢救、历史文物征集、史志传记撰写等方面做了大量工作。1995年，参与拍摄《中国民主促进会四平市委员会发展史》纪录片；2000年，参与整理基层组织发展史，出版《中国民主促进会四平师院委员会发展史》；2015年，带领会员撰写出版《中国民主促进会四平市委员会会志（1985年—2015年）》及《中国民主促进会四平市委会发展史（1958年—1985年）》；带领会员每年出版《四平民进》会刊。2020年，被评为民进全国会史工作先进个人。

（民进四平市委）

赵洪新

赵洪新，男，1971年7月出生，吉林省华宇集团有限公司董事长兼总经理。20年来，赵洪新积极参与金秋助学行动与贫困乡镇结对帮扶，捐献公共设施，为受灾地区捐款。相继投资和赞助几千万元，捐建四平火车站站前广场、热电广场、科学研究院、第十七中学分校、中央路灯改造、修复南北河绿化等市政重点民生项目。他连续13年免费开办华宇经济、教育公益大讲堂，连续6年金秋助学资助百名学生实现大学梦想。2015年，创办华宇商学院为四平市企业家提供免费智力服务。打造“幸福汇·华宇全龄化宜居社区”模式，被誉为“中国全龄化幸福生活领创者”“三、四线城市地产行业转型升级标杆”“全国幸福社区建设典范”。自2015年参与全市工商联系统“精准帮扶脱贫攻坚光彩行动”以来，先后实现“一企帮七村”新模式，累计投入330万元。2019年，华宇集团被全国工商联、国务院扶贫办评为全国“万企帮万村”精准扶贫行动先进民营企业。华宇集团相继开展“不忘初心、牢记使命”“党史学习教育”等主题活动，被市委统战部确定为全市首批“民营经济人士理想信念教育基地”。2020年，华宇集团被评为公益先锋先进单位、最具爱心企业、援鄂抗疫爱心企业，他个人获评“中国公益人物”。

（市工商联）

郭　亮

郭亮，女，1975年9月出生，双辽市特殊教育学校教师。她先后担任启喑、启智、职高班班主任。任班主任期间，她

根据每个学生不同状况，采取不同的教育方法。她和其他教师合作，以培养孩子特长和职业技能为突破口，组织成立各种兴趣小组，培养孩子一技之长。学生任建超，在2015年世界听障冬运会上，获滑雪季军，打破中国残疾人在世界运动会没有奖牌的记录。在教授职业课程过程中，她既当手语翻译，又当学员。课上把师傅讲的内容演示给学生，课下辅导学生。付出终有回报，其中李岩同学在“四平巧姐”苏绣比赛中获三等奖，4名学生在四平市残疾人技能大赛中获一等奖，学生们的手工作品参加东北亚博览会展览。作为四平市残疾人志愿者，她用手语服务于市残联、公安局、各派出所、法院、检察院。她代表双辽市特殊教育学校参加各级比赛，在全国教师康复技能大赛中获三等奖、吉林省特殊教育教师信息技术基本功大赛中获二等奖。她先后被授予四平市优秀教师、双辽市优秀班主任。2020年10月29日，中央文明办发布8月至9月“中国好人榜”，她被评为“敬业奉献好人”。

（市委宣传部）

董　政

董政，男，中共党员，1985年1月出生，四平市公安局新闻宣传处科员。2014年，吉林省公安厅开展全省公安系统“三微”大赛，他自编、自导，并组织拍摄反映民警、辅警生活的微电影《嗨哥们，踢球啊！》，获得好评。2015年，全省公安文艺创作表演大赛，创作的情景表演《永远的怀念》获一等奖，参演的小品《反踢》获一等奖。组织策划铁西区公安分局首届“四平要振兴、公安怎么做”主题演讲大赛，获最佳表演奖。2018年，他开创吉林省内第一个政务短视频账号《四平警事》，向广大网友传递涵盖法律知识的短视频内容，被网友评价为“全网最皮政务号”，连续3个月获全国政务短视频榜单第1名，获公安部新闻宣传局颁发的最具影响力警务抖音号奖，获中央政法委颁发的“首届四个一百”政法新媒体十佳短视频账号奖，获共青团中央颁发的第三届中国青年好网民故事奖等。央视新闻、共青团中央、中央政法委、公安部官方微博、新浪官方微博等官方和地方媒体报道。《四平警事》短视频账号粉丝1527万，点赞1.3亿次，视频全网播放量超50亿次。2020年，被中央网信办评为网络正能量榜样。

（市公安局）

吉林省“五一劳动奖章”获得者

王金杰　四平君乐宝乳业有限公司前处理生产车间
任孝禹　四平第一热电公司
刘元达　亿丰机械制造有限公司
丁跃丽　中国建设银行股份有限公司四平分行中央路支行
赵　艳　四平市食品药品检验所
刘　娜　四平市第一人民医院
张金山　伊通满族自治县教育局
林　勇　国网吉林省电力有限公司四平供电公司
张继忠　吉林梨树铁塔制造有限公司火曲车间

（市总工会）

“吉林好人标兵”获得者

敬业奉献类

郭　亮　双辽市特殊教育学校教师
孙　雷　四平市消防救援支队铁西消防大队英雄大路中队政治指导员

助人为乐类

李亚明　国网吉林省电力有限公司十家堡供电所所长
刘洪亮　国网伊通县供电公司党建工作部主任

“吉林好人”获得者

助人为乐类

张　龙　双辽市双山镇幸福村村民

赵淑玲　梨树县林海公益团团长

韩雨时　伊通满族自治县华通加油站总经理

敬业奉献类

杜　艳　四平电信政企客户部经理

刘柏林　梨树县公安局治安管理大队民警

马　旭　四平市社会保险局咨询服务科科长

米胜男　吉林省司法厅四级主任科员四平市铁东区四马路街道办事处副主任（挂职）

刘忠明　双辽市农业农村局驻王奔镇宏伟村第一书记

巩俊明　双辽市动物疫病预防控制中心主任

陈　宝　梨树县交通运输局中队长、梨树县蔡家镇娘娘庙村第一书记

李　颖　梨树县富强街道党工委委员兼春阳社区党支部书记、社区主任

邱世伟　国家税务总局四平市税务局机关党委专职副书记、工会主席

孝老爱亲类

陈　红　四平市铁东区解放街北大桥社区居民

温　泉　梨树县喇嘛甸镇柳树营村村民

白树莹　伊通满族自治县伊丹国有林保护中心职工

诚实守信类

刘广杰　伊通满族自治县伊通镇致远口腔门诊部院长

见义勇为类

路　征　四平市铁东区北市场街马车房社区工作人员

（市精神文明办）

先进集体

第六届全国文明村镇

梨树县霍家店街道岫岩村

梨树县康平街道八里庙村

伊通满族自治县伊通镇建国村

伊通满族自治县伊丹镇六家村

双辽市卧虎镇东兴村

铁东区石岭镇耿老村

梨树县梨树镇

梨树县蔡家镇蔡家村

伊通满族自治县马鞍山镇北岗子村

双辽市永加乡忠信村

双辽市辽东街道勃山村

双辽市双山镇百禄村

铁东区叶赫满族镇

铁东区山门镇解放村

铁西区平西乡团山子村

第六届全国文明单位

四平市公安局出入境管理局

四平市传染病医院

国家税务总局伊通满族自治县税务局

中国邮政集团有限公司四平市分公司

中国联合网络通信有限公司四平市分公司

四平君乐宝乳业有限公司

四平市铁西区站前街新铁社区

中国工商银行四平中央西路支行

四平市公安局

四平战役纪念馆

中国建设银行四平分行

国电双辽发电有限公司

四平市公共汽车公司

吉林省电力有限公司四平供电公司

吉林电力股份有限公司四平热电公司

湖南中烟工业有限责任公司四平卷烟厂

吉林省四平市中心人民医院

中国移动通信集团吉林有限公司四平分公司

国家税务总局四平市税务局

四平市市场监督管理局

四平市铁东区环境卫生管理中心

吉林省神农健康产业集团有限公司

第二届全国文明家庭

陆瑶家庭　四平市铁西区地直街道西园社区

籍亚琴家庭　四平市铁东区北市场街马车房社区

（市精神文明办）

吉林省“五一劳动奖状”获得单位

吉林省烟草公司四平市公司

吉林省“工人先锋号”集体获得团队

四平市住房公积金管理中心政务大厅管理办公室

巨元瀚洋板式换热器有限公司板换车间冲压班组

（市总工会）

县（市）区概况

OVERVIEW OF COUNTY（CITY）DISTRICTS

梨树县

【概况】 梨树县位于吉林省中西部，东与公主岭市隔东辽河相望，南与四平市区相接，西与辽宁省昌图县毗连，北与双辽市以东辽河为界。面积3232平方千米。梨树县辖15个镇、6个乡、3个街道办事处、304个村、41个社区。至年末，总人口734614人（含十家堡镇、孟家岭镇、郭家店镇），其中男性375755人，女性358859人。汉族占总人口的97%，蒙古族、回族、苗族、壮族、布依族、朝鲜族、满族、白族、高山族、达斡尔族、锡伯族、鄂伦春族等少数民族人口占3%。GDP增长3%，一般预算地方级财政收入按可比口径增长2%，固定资产投资增长15%，工业总产值增长8.8%，工业增加值增长20%，外贸出口总额增长33%。电商零售额1.6亿元，“信易贷”平台为企业融资8.1亿元，“夜经济”“消费券促销”等拉动消费2000万元，社会消费品零售总额增幅位居全市第一。

【农业】 2020年，梨树县新建高标准农田1.33万公顷，粮食产量实现20亿公斤。有棚室32500个，绿色瓜菜现代农业产业园被评为省级创建单位，梨树大米被列入全国名特优新农产品名录，在国际米食味品鉴大会上获金奖5个。全县规模养殖场249家，出栏生猪114万头，“梨树白猪”成为全国绿色畜牧品牌。农民合作社、家庭农场分别为3418个、1221家。卢伟合作社被评为“全国粮食安全宣传教育基地”。推广“梨树模式”耕地面积20万公顷，名列全省前茅。第六届梨树黑土地论坛在北京举办，东北四省区保护性耕作现场会在梨树县召开，梨树经验全国推广。举办第二届冰雪旅游文化节，蔡家镇蔡家村被评为全省乡村旅游重点村。四平“中国农民丰收节”在梨树县举办。

【工业】 2020年，梨树县政府设立2000万元资金支持企业发展，吉林天泽二氧化碳科技有限公司被评为科技小巨人企业，慧良牧业获批国家级农业产业化龙头企业，吉林创岐获科技部资金扶持。全年入库科技型企业3家、商贸企业10户，启动“双停”企业4户，新增规模以上工业企业5户，填补全市工业企业月度入规空白。

【招商引资】 2020年，举办重点产业合作交流会，投资50亿元的风力发电项目签约，吉浙对口合作产业园正式挂牌。引进世界500强企业中国保利集团有限公司，投资16亿元进行矿山生态修复和旅游开发。全年引进500万元以上项目87个，到位资金34.8亿元。铺设城区雨污分流管网21千米，改造供水管线8千米。土地整治新增耕地1231公顷，占补平衡指标可创收12.3亿元。深化开发区改革，成立“三个中心”（项目建设服务中心、招商引资服务中心、基础设施建设服务中心），争取资金7000万元完善基础设施。

【项目建设】 2020年，全县开、复工5000万元以上项目45个，其中亿元以上30个，总投资103.3亿元。梨树华统、誉能科技、宝利科贸等一批重大项目相继投产，位居全市考核前列。储备重大项目79个。列入省“三早”行动项目15个，开工率、入库入统率100%。

【城乡建设】 全年城市建设投资1.4亿元，修建农机街、建设大街等道路9条11.2千米。完成棚改续建工程1259套，回迁安置居民159户。翻新春阳市场，新建公园广场3座，打造昭苏太河、南河湿地公园，城区绿化覆盖率32.1%。开展“全民洁城”活动，治理“十乱”（乱摆乱占、乱拉乱晒、乱停乱放、乱搭乱建、乱堆乱倒）问题。成立数字城管指挥中心，梨树县执法局被评为全国“强转树”专项行动突出单位。实施城乡环卫一体化，推进垃圾分类收运处理。查处违法用地122宗，拆除违建5000平方米。乡村建设投资1.2亿元，建设县道刘六线、白刘线等农村公路160千米。开展粪污、边沟等专项整治，改造农村厕所3000户，梨树镇等4个村镇被评为全国文明村镇，梨树县被确定为国家数字乡村试点。

【深化改革】 2020年，梨树县政府深化“放管服”改革，设立无差别综合窗口20个，办理无证明事项5547项，政务服务网上可办率90%。县农村产权交易中心为全省率先试点，财政绩效预算管理被评为全省优秀。深化统计改革，完成国家统计督察。通过第七次国务院大督查，获省政府奖励500万元。办理人大议案、建议28件，政协提案51件，办复率、满意率均100%。改善营商环境，实施“多证合一”等改革，全县市场主体6.1万户，增长11.5%，被评为“全省营商环境优秀标兵单位”。在全省“个转企”工作会议上交流经验。为全县企业争取贷款10亿元，落实减税降费7000万元。创新审批方式，2个“三早”项目47天办完开工手续，创四平市纪录。

【社会民生】 2020年，新建幼儿园1座，改造校舍2.1万平方米，招聘教师116人。建立退役军人三级服务体系，化解历史遗留问题。强化残疾人服务，一正药业被评为省级残疾人就业基地。二人转《双菊花》获中国曲艺牡丹奖节目奖。打造“台报网微端”全媒体矩阵，优秀作品《德乡仪陇》获全国二等奖。梨树县被确定为全国首批档案工作服务农村基层社会治理试点县，在全国会议上做典型发言。全县农村劳动力转移就业17.4万人，实现收入29亿元，新增城镇就业1.1万人，城镇登记失业率控制在3.4%以内。城乡居民养老保险和医保参保率分别达到99%和90%，两险征收率四平市第一。城镇居民最低生活标准、城乡低保标准持续提高，全年发放低保金、救助金1.1亿元。转招社工岗83人，社区服务能力全面增强。改造老旧小区19万平方米，财政供养人员工资与四平持平，绩效工资实现倍增，20件民生实事全部兑现。全年开展矛盾排查，化解纠纷成功率98.8%。侦破一批部督大案要案，破获各类刑事案件597起。强化扫黑除恶，3起涉黑案件实现“黑财清底”。梨树县被评为全省信访积案化解攻坚突出贡献集体。打击金融违法犯罪30起，清收不良贷款5.3亿元。

【生态建设】 加强秸秆禁烧监管，治理工业窑炉，搬迁危化企业，城镇空气质量达到国家二级标准。开展清河行动，昭苏太河断面水质达到四类标准，在全省污水处理设施建设现场会交流经验，获奖金1000万元。造林绿化启动“林长制”，造林绿化15733.3公顷，完成任务的282%，绿化工作被评为“第二个十年绿化美化吉林大地先进单位”。全县打造省级美丽乡村3个，“小天池”景观、绿色大通道全省闻名。建成畜禽粪污处理体系，全省现场会在梨树县召开。代表吉林省通过全国污染源普查验收，受到国务院普查办表彰。

【脱贫攻坚】 全年脱贫攻坚投资8.7亿元，实现安全饮水全覆盖，经验在全省交流。77个扶贫产业项目累计分红3200万元。“两不愁三保障”稳定实现，“购药”“救治”直通车全省推广，“产业+保险”模式在全国交流经验。3人在全省获奖，1人作典型发言，梨树县位列省级脱贫攻坚成效考核非贫困县第二名，获奖720万元。

（孙振忠）

伊通满族自治县

【概况】 伊通满族自治县位于吉林省中南部，伊通河上游，距长春市48千米。地处长白山脉向松辽平原过渡的丘陵地带。

全境东西长 76 千米，南北宽 66 千米，面积 2527.13 平方千米。辖 12 个镇、3 个乡、2 个街道办事处、198 个城乡社区，人口 443584 人。其中，城镇 105905 人，占总人口的 23.87%；乡村 337979 人，占总人口的 76.19%。有汉族、蒙古族、回族、苗族、壮族、朝鲜族、满族、瑶族、土家族、黎族、锡伯族、高山族等 26 个民族。少数民族人口 171997 人，占总人口的 38.77%。其中，蒙古族 683 人，占总人口的 0.15%；回族5703 人，占总人口的 1.29%；朝鲜族 1688 人，占总人口的 0.38%；满族 163626 人，占总人口的 36.89%。人口密度 176 人每平方千米。出生人口 1872 人，人口出生率 4.22‰，死亡人口 3995 人，死亡率 9.01‰，自然增长率 –4.97‰。地区生产总值比 2019 年增长 3.2%。固定资产投资实现增长 30.9%。第一、第二、第三产业分别增长 3.0%、26.3%、0.9%。全口径财政收入 5.54 亿元，地方级财政收入 3.02 亿元，公共财政预算支出 51.59 亿元。争取债券资金 10.19 亿元。社会消费品零售总额下降 10.8%。金融机构人民币存款余额 170.3 亿元，比年初增长 10.59%；各项贷款余额 71.95 亿元，比年初下降 8.99%。全年招商引资到位资金实现 40.8 亿元，增长 62.5%。

【农业】 2020 年，全县农业总产值 108.8 亿元，增长 4.5%。受台风灾害天气影响，2020 年粮食产量10.42 亿公斤。猪、牛、羊、禽、鹿分别为 122.7 万头、49.3 万头、12.6 万只、1451 万只和 7.4 万只。农民专业合作社发展到 2107 个，家庭农场 1766 家。建设高标准农田 7000 公顷，全域土地综合整治项目顺利实施。新增省级以上“一村一品”村镇 8 个，新建标准化规模养殖场 22 家，伊通新兴乡被评为国家级梅花鹿产业强镇，铠绎田园综合体被评为省级现代农业产业园。

【工业】 2020 年，全县规模以上工业产值增速 9.4%，增加值增速 16.5%。亚泰伊通水泥晋升国家级高新技术企业，永春米业被评为吉林省科技小巨人企业。盘活金德丰汽车零部件、四通车轮、华通车轮等 5 家停产企业。建筑业产值实现 12.3 亿元，增长 55.7%。强化对企服务，中小企业无争议账款全部清偿，170 家企业通过“信易贷”平台融资 5.9 亿元，减免企业税收 5193 万元、社会保险费用 2472.5 万元。

【项目建设】 2020 年，新建、续建 500 万元以上项目 86 个。其中，5000 万元以上项目 51 个，亿元以上项目 33 个，列入省“三早”项目 19 个。成功申报项目 25 个，争取中央和省预算内资金 3.61 亿元、债券资金 8.24 亿元。大孤山国际旅游度假区（一期）、满乡风情·七彩伊通田园综合体、开发区景台片区基础设施等 37 个重点项目取得新进展。举办“伊鹿高鸽”产业发展项目推介会。宝捷·蓝城鹿鸣小镇、青怡坊特斯蒂啤酒小镇等 20 个新项目签约，合同金额 104 亿元。32 个总部经济项目落户伊通。

【生态环境】 推进环保督察反馈问题整改，完成各级环保督察转办案件及反馈问题 32 件。全面推行秸秆全量化处置“5+1”（“5”是指秸秆“五化”利用，分别是原料化、燃料化、肥料化、饲料化和基料化，“1”是指无害化处置）模式，秸秆综合利用率 85%以上，空气优良天数占比 90.4%。严格落实河长制，县内主要河流水质稳定达标。完成辽河流域生态修复、伊通河水生态环境治理和三期重点段工程，饮马河流域生态修复项目。星光断面年均值优于三类水质，实现省级实施监测以来最高水平。治理矿山 18 座，矿山复绿 450 公顷，栽植云杉、樟子松等树木1200 万株。伊通满族自治县被确定为“全国绿色矿业发展示范区”。吉兴矿业、双吉矿业被评为国家级绿色矿山，景台镇丰产南山和小西沟地质灾害治理工程被评为全省优质工程。2020 年，“中国伊通火山温泉品牌”创建工作正式启动。河源镇保南村被评为国家级乡村旅游重点村，颐乐谷、世外桃源被评为吉林省 AAAA 级乡村旅游经营单位。

【脱贫攻坚】 2020 年，县政府针对剩余 272 户 508 名未脱贫人口精准施策，全面完成剩余贫困人口减贫目标。选派 272 名副科级以上领导干部，对全县未脱贫人口，实行“双包保”。

利用省财政未脱贫人口补助资金786万元，县级配套资金104.8万元，实施未脱贫人口全覆盖项目2个，全部建成达效，全县未脱贫人口人均分红增加1052元。为全县贫困人口发放《新冠病毒肺炎预防手册》5000本，利用电话、QQ、微信等方式开展线上帮扶，关注贫困户生产生活情况，解决实际困难。召开新冠肺炎疫情防控期间脱贫攻坚工作推进会，对疫情期间危房改造、安全饮水、产业项目等重点工程复工建设进行重点部署，要求所有驻村干部结合疫情防控网格化包保工作进行全面排查，杜绝疫情期间出现“因疫返贫”“因疫致贫”问题。制定《贯彻落实新冠肺炎疫情期间稳就业工作实施方案》，结合落实省扶贫办十项举措要求，促进贫困劳动力保就业、稳增收。通过“不见面服务”方式，开展线上贫困劳动力专场招聘会5场，联系用工企业12家，为建档立卡贫困户提供岗位300个。开发扶贫特岗239个、临时公益岗96个。落实“两免一补”政策，免除和补助义务教育阶段建档立卡贫困学生901人次79.37万元，“四免”补助900人次87.6万元。年度贫困人口基本医保报销19094人次，补偿报销2427.18万元，大病保险报销4142人次，补偿报销485.9万元，医疗救助补偿报销2397人次，补偿报销186.3万元，兜底报销12085人次，补偿金额622万元。投资543.75万元，完成危房改造152户，全部竣工验收入住。投资5597万元，解决851户1616名贫困人口集中供水问题。印发《建立防止返贫监测和帮扶机制工作方案》，将已脱贫户和边缘户两类临贫、易贫重点人群255户482人纳入监测体系，实行红黄蓝三色预警，采取有针对性的帮扶举措，全部消除风险。整合资金2874.6万元，实施扶贫产业项目12个，受益人口6029人次，人均增收356.32元。投入200.6万元实施种植养殖保险和扶贫产业设施保险。光伏扶贫投资160万元，建设光伏扶贫项目2个，收益的80%用于贫困人口公益岗位工资和参加村级公益事业建设劳务费用支出，支持促进贫困人口就地就近就业。发放贷款559笔、1123.1万元。实现农村低保标准与扶贫标准有效衔接，纳入低保兜底3457人，实现符合条件的贫困人口应纳尽纳；为701名特困供养贫困人口发放生活费及护理补贴420万元；为1636名残疾贫困人口发放生活补贴和护理补贴142.92万元。在县级媒体刊播刊发脱贫攻坚相关稿件140篇，在市级以上新闻媒体发稿100余篇。开展“共享扶贫政策、同沐冬日暖阳”扶贫宣讲志愿服务活动，成立志愿服务队110支，组织驻村工作队、第一书记、扶贫包保干部等群体到贫困户家中开展扶贫宣讲活动。“伊通（农业）扶贫馆”与第一书记组团代言亮相年货大集，线上线下同时销售，活动当天全县94家部门采购额达51.8万元。

【伊通满族自治县经济开发区晋升为省级经济开发区】 2020年4月22日，经省政府批准，伊通满族自治县经济开发区晋升为省级经济开发区，按照国家规范开发区名称的有关要求，晋升后名称为吉林伊通经济开发区。吉林伊通经济开发区分城北、长伊、景台及新兴4个片区。长伊片区入驻项目有华大生物质热电联产有限公司2×30兆瓦生物质热电联产项目、吉林省利霖再生资源有限公司再生资源循环经济园区项目、中源实业3万立方米石油仓储项目、金华远物流园建设项目和华然天然气建设项目。景台片区入驻项目有吉林长庚生态园项目和蓝城·宝捷桃李春风康养小镇项目。新兴片区入驻项目有吉林宇昊建材产业园建设项目和英创医疗年产5000套高端医疗器械项目。至年末，吉林伊通经济开发区实现工业总产值10.43亿元，其中规模以上工业总产值9.69亿元。主营业务收入11.48亿元，其中规模以上工业主营业务收入8.77亿元。公共财政预算收入1.08亿元，地方级财政收入0.99亿元。实际利用内资5.28亿元。固定资产投资4.46亿元。开发区被国家发改委评为“绿色产业示范基地”。

【伊溪湿地工程】 2020年，伊通满族自治县以“绿水青山就是金山银山”为宗旨，谋划实施伊通河水环境综合治理工程，通过合理开发利用伊通河滩地自然资源，恢复改造漫滩植被，修建人文生态景观，打造兼具生态绿化、休闲游憩、文化活动、旅游娱乐等功能为一体的人工湿地生态园。湿地工程总投资1.2亿元，4月开工，7月末完工。湿地全长约4.4千米，占地面积55公顷。新建人工湿地湖12处，水域面积16.5公顷，搭配种植荷花、菖蒲、芦苇等水生植物6万株。修复滩地植被33公顷，栽植榆叶梅、五角枫、蒙古栎等乔木灌木4万株，狼尾草、马蔺等地被花卉29公顷，草坪4.39公顷。配套修建交通路2.41万平方米，休闲广场3处、文化长廊1座及公厕3座，配有景观亮化灯321套。湿地采用人工表流湿地——稳定塘净化技术，多级处理污水尾水。尾水先后流经11块人工表流湿地后进入稳定塘。从水质监测结果看，河水流经湿地后，氨氮含量下降76%，总磷含量下降56%，化学需氧量和耗氧量均下降30%以上。

【社会事业】 2020年，城镇常住居民人均可支配收入和农村常住居民人均可支配收入分别为27101元、14736元，增长4.5%和8.1%。全县民生支出46.1亿元，占财政支出的89.4%，比2019年增长12.5%。完成重点民生项目30项，市政道路9条、城区二次供水改造、叶马线（靠山镇至马鞍山镇段）和伊怀线（马鞍山至范家屯段）改扩建工程全部竣工，满族初中和第四小学移址新建、职教中心产教融合综合实训楼等工程均竣工投入使用。改造老旧小区37万平方米。县人力资源市场正式启用，城镇新增就业3096人。支付医保基金2.6亿元，报销人数6万人次。城乡低保标准分别提高到5460元和4080元。全年发放养老保险5.1亿元、城乡低保5237.6万元、特困人员供养金2450.6万元、临时救助217.7万元。

城镇职工基本养老保险参保人数2.17万人，征缴养老保险费1.97亿元。离退休人数21323人，养老金支出4.99亿元。城乡居民社会养老保险参保16.09万人，征缴城乡居民养老保险个人缴费2325万元，发放城乡居民基本养老保险金1.01亿元。失业保险参保1.64万人，征缴失业保险费877.2万元。新增领取失业金人数106人，失业金支出87万元。城镇职工基本医疗保险参保人数26388人，基金收入（含生育）9476.6万元。基金支出6708.3万元。城乡居民基本医疗保险参保人数311388万人，基金收入26318万元。基金支出22811万元。城乡居民县域内补偿人次93820人，补偿金额12711万元。其中，住院补偿25215人次，补偿金额10930万元；门诊补偿39247人次，补偿金额259.2万元；慢病补偿25859人次，补偿金额370.4万元，门诊特殊疾病补偿3499人次，补偿金额1151.4万元。城乡居民县域外补偿人次6354人，补偿金额7017万元。城乡居民大病、意外伤害保险支出2683万元。家庭医生签约400万元。

（都淑艳　刘洪光　于成亮）

双辽市

【概况】 双辽市位于吉林、内蒙古、辽宁三省区交界处，南北长89千米，东西宽62千米，面积3121.2平方千米。全市辖12个乡镇（8镇、4乡）、6个街道办事处、190个行政村、546个自然屯、46个社区，总人口386296人，其中城镇人口157851人。有汉族、蒙古族、回族、朝鲜族、满族等18个民族。地区生产总值96.1亿元，比2019年增长2.6%，其中第一、第二、第三产业增加值分别增长4.1%、7.5%、–1.2%。一般预算全口径财政收入7.94亿元，下降7.1%。地方级财政收入5.09亿元，下降7.5%。一般公共预算支出49.02亿元，增长4.7%。

【农业】 2020年，双辽市实施“藏粮于地、藏粮于技”战略，全市农作物播种面积18.69万公顷，其中粮食作物播种面积16.75万公顷，粮食总产量118.0万吨。新建高标准农田0.77万公顷。新建2公顷以上棚膜园区1个，包括占地面积4608平方米的玻璃育苗温室1个，温室成为双辽市标准化育苗基地。全市农村土地流转面积10.34万公顷，增长1.9%。农机总动力88万千瓦，综合机械化水平94.5%。农民专业合作社发展到2160个，家庭农场859个。实施黑土地保护利用试点项目，集中连片推广秸秆覆盖还田及深松深耕技术、稻草半量深翻还田技术等黑土地保护利用综合治理技术模式，玉米保护性耕作面积10.67万公顷。完成农村集体资产产权制度改革。全市190个村全部组建农村集体经济合作社。新改扩建规模养殖场23家，全市规模化养殖场发展到177家，畜禽954.3万头（只），其中生猪70万头，增长44.8%。完成投资10377万元，推进牧原六场出栏10万头商品猪续建项目、义和永牧业有限公司20万头生态猪养殖项目、牧原七场25万头猪育肥和1万头母猪养殖项目、牧原十场10万头猪育肥和0.4万头母猪养殖项目建设。绿色食品认证企业发展到8家、无公害农产品认证企业2家，省、市级农业产业化重点龙头企业69家。双辽市水稻现代农业产业园、双辽市肉羊养殖及屠宰现代农业产业园成功创建为四平市级现代农业产业园。双辽市被省农业农村厅确定为“互联网+”农产品出村进城省级试点县市之一。

【工业】 2020年，双辽市落实工业转型升级行动计划和推进制造业高质量发展实施方案，建立工业项目秘书服务机制，实施传统产业改造升级、优势产业发展提速、新增长点培育提高“三大工程”。全年开工建设工业转型升级项目14个，完成工业固定资产投资6.14亿元。吉林迎新玻璃有限公司和金垦玻璃工业双辽有限公司面对新冠肺炎疫情影响，调整经营战略，实现逆势增长，全年工业总产值分别增长0.7%、19.4%。实施企业技术创新能力提升计划，完成技术改造项目3个，吉林远东振云塑业有限公司自主研发“HDPE钢丝骨系列管材”产品，HDPE管材工艺达到国内领先水平。开展多层次产学研用对接活动。沃亿佳生态农业与吉林农大达成战略合作，吉农沃亿佳科研中心落户双辽市。推动企业实施研发准备金制度，振云塑业、金华木业和郑家屯酒业3户企业建立企业研发准备金制度。培育中小工业企业入规升级，华能四平风电、猛狮光电、衣龙采石场3户企业进入规模以上工业企业行列。全市规模以上工业企业24户，工业总产值完成44.3亿元，增长2.8%；规模以上工业增加值增速3.7%；工业利润盈利3亿元，增长316%；主营业务收入完成51亿元，增长5%。

【服务业】 2020年，双辽市应对新冠肺炎疫情冲击，开展“惠万众消费，促百企复兴”促销活动，发放电子消费券200万元，欧亚商都、物华商厦、二百商厦运行平稳。“线上经济”带动作用显现，“网红直播”“网红带货”成为传统商贸企业转型升级有效助力。组织欧亚购物中心、华生电器、汇众汽车销售等企业开展线上线下促进消费活动32场，销售额4954万元。举办首届“直播带货、扶贫助农”网络主播大赛、电子商务助力消费扶贫农特产品展销会等活动，线上销售农产品187万元。116个村级服务站实现电商平台对接，95个服务站完成智慧化改造。全市电子商务交易额实现68853万元，增长3.48%。其中网络零售额实现20655万元，增长1.54%。县、乡、村三级物流体系完善。以邮政快递物流和四海公铁物流为主体，整合全市电商物流快递业务，物流快递收发点覆盖170个行政村。全年社会消费品零售总额实现21.87亿元。

【招商引资】 2020年，双辽市贯彻区域协调实施方案，推进长春至双辽、双辽至四平发展带建设，拓展振兴发展新空间。先后到北京、浙江、杭州等地开展精准招商，全市招商引资到位资金37.61亿元。上报省外1000万元以上调度系统项目27个，到位资金30.1亿元；上报市外500万元以上的项目32个，到位资金7.51亿元。参加四平市招商活动，通过“云招商”“云签约”等措施洽谈项目，东润清能（北京）新能源、永林化工等7个项目成功签约，硅砂工业园实现当年洽谈、当年签约、当年开工建设。

【项目建设】 全年新建、续建500万元以上项目77个，其中超亿元项目26个。华能风电、沃亿佳生态肥料等重点项目竣工投产。“十三五”规划时期组织实施5000万元以上项目119个，总投资344.97亿元，是“十二五”规划时期的1.25倍。实施园区路网、消防、工业蒸汽等重点项目，面对全省化工园区超过50%淘汰率的严苛条件，经济开发区化工园区通过全省首批认定。借助中小企业孵化中心平台，培育中小企业、孵化小微项目，打造一批成长性强、竞争优势明显的产业群。沃亿佳生态农业与吉林农业大学合作建立研发中心，投资0.6亿元在开发区建设年产10万吨有机肥厂。

【城乡建设】 2020年，城市建设资金投入3.5亿元，实施重点项目11项。完成迎春街二期、福耀路、南广路西段、育人胡同、公园环路雨污分流改造项目；占地面积3.98万平方米的郑家屯公园建成投入使用。投资1.8亿元，日供水能力3万吨的辽东给水厂及配套管网工程通水运行，全市水质综合合格率100%。改造铁路小区94栋楼、3797户、21.87万平方米，拆除违章建筑1587处、4.04万平方米。城市主次干道机械化清扫率100%，清扫面积181.93万平方米。建成区绿地总面积886.15公顷，绿地率39.9%；建成区公园绿地总面积163.57公顷，人均公园绿地面积14.22平方米。2020年，通过吉林省省级园林城市复检。推进农村人居环境整治，建立"县级主导、部门主抓、乡村主责、百姓主体"的农村生活垃圾治理模式，农村生活垃圾治理和村屯保洁实现全覆盖。吉林省农村人居环境整治现场推进会在双辽市举行，双辽农村生活垃圾治理模式在全省推广，双辽市被评为全国农村生活垃圾分类和资源化利用示范县，有34个县、区到双辽市学习工作经验。改造农村厕所9759户，打造美丽乡村45个，创建美丽庭院和干净人家3000个，王奔镇宝山村入选省乡村旅游重点村名录。集双、双洮两条高速公路通车运行。新建农村公路162千米，全市乡村道路总里程2885千米，双辽市被评为全省"四好农村路"示范县、全国农村公路管理养护体制改革试点县。

【深化改革】 全年双辽市召开深化改革委员会议3次，审议重要改革文件3个，完成省定改革任务25项、市定改革任务5项。推进综合经济体制领域改革，建立预算绩效一体化管理体系，将全市60家一级预算部门的收支全面纳入预算绩效管理。推进"放管服"和"最多跑一次"改革，审批类、核准类投资项目办理时限压缩至7个工作日，备案类项目办理时限压缩至1个工作日。"一网通办""一窗受理、集成服务"改革通过验收。残疾人联合会向乡镇（街）残联派驻政治指导员工作制度，被中国残联确定为基层残联专项改革工作亮点，全市建立健全县、乡、村三级残疾人工作网络，18个乡镇（街）配备残疾人工作专职委员246人。推进文化体制领域改革，探索新时代文明实践中心、融媒体中心和志愿服务促进中心深度融合发展，将新时代文明实践中心线上网络平台融入市融媒体中心"掌上双辽"APP，创新开展群众点单、中心制单派单、志愿服务队伍接单、群众评单的"线上配餐"新模式，实现"指尖上"的文明实践，确保打通服务群众"最后一千米"向"最后一米"延伸。双辽市被确定为国家级新时代文明实践中心试点县，在全省深化拓展新时代文明实践中心建设推进工作现场会上做经验介绍。完成乡镇街道内设机构挂牌工作，将乡镇（街）所属的5个中心整合组建成"乡镇（街）综合服务中心"，标准化便民服务大厅实现"全覆盖"。

【科技创新】 实施创新驱动发展战略，全市围绕建材、农畜产品种养殖、中药制药、精细化工等产业谋划科技创新项目5项，建立双辽市科技创新体系。实施科技创新工程，"年出栏2000只小尾寒羊与杜泊绵羊杂交肉用羊示范推广项目"完成中期检查。双辽市农业技术推广中心的"双辽市科技特派员产业扶贫技术专家组贫困地区科技服务"、吉林省光明现代农牧业发展有限公司的"优质肉羊高效繁育与产业化示范"、双辽市汇鑫农业开发有限公司的"34公顷苏打盐渍土旱田改水田技术示范"、双辽种羊场的"欧李种苗繁育及种植推广"项目列入吉林省2020年度科技发展计划。"'双英2号'花生新品种转化与示范"项目列入吉林省重点科技成果转化计划，推广面积1万公顷。

【文体事业】 2020年，市文化馆（剧场）、图书馆项目开工建设，市美术馆成立。加大教育投入，改扩建校舍6.63万平方米，市幼儿园教学楼、职业中专学校宿舍楼、玻璃山镇中学教学宿舍综合楼、东明小学幼儿园教学楼、红旗街白菜小学教学楼建成投入使用。市政务服务中心办公楼、文化馆、图书馆、市融媒体中心大楼开工建设。村级文化广场、农村文化大院、农家书屋实现全覆盖。全面推进“数字双辽”建设，完善服务体系。双辽市职业中专被评为“吉林省数字经济人才培养基地”。双辽一中百年校庆举办。建设公共体育服务场地设施，建成篮球馆1座、笼式足球场1个、多功能运动场1个，配建10条行政村级健身路径。至年末，全市每周参加1次以上体育锻炼的人数约为14.7万人，经常参加体育锻炼的人数和比例（万人和百人每周参分比）约为35%，人均体育场地面积2.72平方米；行政村农民体育健身工程覆盖率100%，每万人足球场地数0.33个，每万人体育社会组织数0.5个，每千人公益社会体育指导员数2人，举办市本级大型全民健身赛事和活动4次。

【社会民生】 2020年，双辽市城镇新增就业4793人，城镇失业登记率在4.5%以内，农村劳动力转移就业8.16万人。落实社会最低生活保障政策，城乡居民最低生活保障标准分别提高至每人每月470元、每人每年4080元。城镇、农村低保累计分别救助3.72万人次和17.06万人次，发放救助金分别为1976万元、4159万元。城乡居民基本医疗保险参保28.45万人，建档立卡贫困人口实现100%缴费，贫困人口大病救治覆盖率100%。城乡居民基本养老保险参保人数13.4万人、4.37万人。双辽市人均GDP2.47万元。城镇、农村常住居民人均可支配收入分别为26051元、15393元，分别比2019年增长3.4%、7.4%。打造县乡一体化平台建设，实现远程会诊全覆盖。推进“幸福社区”试点创建工作，面向社会公开招聘149名“社工岗”。双山农村社会福利服务中心投入使用，完成东明镇、王奔镇、玻璃山镇、柳条乡公办养老机构区域整合。“一网通办”“一窗受理、集成服务”改革通过验收，工程建设项目审批系统在全省率先应用。

【生态建设】 2020年，双辽市坚持“生态立市”战略，统筹推进大气、水、土壤等污染防治工作，整改完成中央环保督察、省级生态环保督察及“回头看”督察反馈和转办的174个问题和信访案件。管控秸秆禁烧，卫星遥感监测实现零火点，全市秸秆“五化”（肥料化、燃料化、原料化、饲料化、基料化）综合利用率实现85%。全市城市环境空气质量优良天数占比84.9%。辽河流域治理有西辽河（双辽段）水生态综合治理工程、城市污水处理二期，东、西辽河缓冲带、尾水湿地工程等9个项目，全部完工。西辽河国考断面水质达到国家考核标准。至年末，全市纳入河长制管理的流域面积20平方千米以上河流19条、自然湖泊4处。其中流域面积1000平方千米以上河流3条，全部实施市（县）、乡、村三级河长管理。全市实施畜禽粪污资源化利用推进项目，在玻璃山等乡镇建设区域性粪污处理中心4个，建设屯级畜禽粪污集中收集点134个，形成畜禽粪污分散收集，集中处理，还田利用的体系。全市规模养殖场治污设施装备配套率100%，畜禽粪污资源化利用率93%，建立“村收集、乡转运、市处理”的农村生活垃圾转运处理模式。新增造林2133.3公顷，森林覆盖率15.8%。2018年至2020年，全市完成水系植树面积780公顷、城市绿化面积60.8公顷，双辽市被评为“吉林省园林城市”。

【辽东新水厂建成供水】 辽东新水厂及配套管网工程是双辽市重点民生工程之一，项目历时3年，总投资约1.8亿元，资金来源为政府投资及向上申请资金，由双辽市兴城项目投资有限公司建设。辽东新水厂工程建设内容主要包括地下水源井、原水输水管线、净水厂及配水管网项目。取水水源为东辽河河谷地下水，水源地深井井群围绕双辽市东部及南部东明镇前太平、后太平、盘山村、一马树实验林场。净水厂建设地点位于双辽市辽东新城东二街西侧、东五路南侧；管网工程建设地点位于双辽区域内东明镇、铁洛村、盘山村、前太平、后太平、王奔镇、仕家子村、宝山村、光明村，辽东街金良村，郑家屯街工农村，供水能力3万吨/日。辽东新水厂工程修建地下水源及取水泵房21座，水源井径0.25米，井深55米，建设井间联络管及原水输水管线总长度约为40千米。项目于2019年4月开工建设，2020年9月29日通水试运行。

【脱贫攻坚】 2020年，成立专项攻坚小组15个，分别由副市级领导牵头，专项攻坚教育、医疗、住房、饮水、产业发展等重点难点，推动建立“1+15+N”县乡村三级工作组织。2020年，召开市委常委会会议9次、政府常务会议4次、脱贫攻坚领导小组会议12次、脱贫攻坚推进会7次，研究推进产业项目、政策扶贫、基础设施建设等工作。选派206个工作组到各村逐户核查，精准校正，宣讲政策。4月，脱贫攻坚达标，退出省级贫困县序列，贫困发生率从2015年的10.5%降至0.023%。全市1.05万户、1.98万名贫困人口实现脱贫、50个贫困村全部退出贫困。推动种植结构调整、光伏电站、就业创业、扶贫车间、电子商务、消费扶贫、生态扶贫、产业保险等普惠到村，覆盖到户；小种植、小养殖、小作坊、小买卖等“四小”项目落实到户，惠及到人；农产品加工、苗木基地、果蔬大棚、泥鳅养殖等特色产业项目精准到村，增加集体经济收入。67个村级光伏扶贫电站装机总量45兆瓦，覆盖贫困村、贫困户。逐户落实短平快的庭院养殖项目，种植果树4.5万株，实现经济和生态双重效益。建档立卡户都有1项—2项稳定增收的扶贫项目支撑。培育建设扶贫微工厂10个，每个车间可吸纳20人—50人就业，年可为村集体分红2万元—5万元，带动农户月增收2000元。编制《双辽市扶贫项目收益管理办法》《公益岗位管理办法》和《公益岗位申报流程》，因村制宜，科学分配光伏电站、农产品加工、果蔬大棚等扶贫产业项目收益。无劳动能力的贫困人员直接打卡分红，有劳动能力的贫困人员设置保洁员、护林员、巡河员、防控巡逻员，弱劳动能力的贫困人员设置政策宣讲员、文明新风引领员等岗位。召开勤劳脱贫示范户表彰大会，表彰自主脱贫户153人。建立村规民约，为脱贫户颁发“脱贫光荣证书”，疏导农民群众的“懒贫赖贫”心理。制作绿色健康小宝箱，发放扶贫政策口袋书、宣传单、精准扶贫政策挂历、漫画书。开展农民广场舞培训、农民趣味运动会、百姓大舞台等系列活动。双辽市精神扶贫工作被省人民政府评为20项创新奖之一；被中宣部提名表扬，被中央电视台、新华网、《光明日报》、《农民日报》等媒体接续报道。采取“以购代扶”“农产品展销会”“订单销售”等办法，组织“第一书记”代言各类农副产品，解决农产品“卖难”的问题。对因灾、因病、因残致贫的特殊贫困户，深度贫困人群，推行“一档纳入、两卡执行、七网兜牢”的特殊措施。将建档立卡贫困人口按户分类，鳏寡孤独、没有劳动能力的为保障兜底户，发放绿卡，享受政府保障兜底政策；其他户为一般贫困户，发放黄卡，享受一定的减免政策。凿实教育、医疗、保险、民政、住房、饮水、产业7个方面保障措施。双辽市扶贫开发办公室被党中央、国务院授予“全国脱贫攻坚先进集体”称号。

（金春艳）

铁东区

【概况】 铁东区位于吉林省西南部，地处北纬42°49′—44°15′、东经123°20′—125°46′。南接辽宁省铁岭市的昌图县、西丰县，北连四平市梨树县，东邻吉林省辽源市，西与四平市铁西区隔长大铁路相望。全区面积904.99平方千米。辖城东乡、山门镇、叶赫满族镇、石岭镇1个乡3个镇和四马路、七马路、北市场、北门、黄土坑、解放、平东、平南8个街道办事处，乡级政区12个、社区居民委员会46个、行政村54个。总人口313545人。有蒙古族、回族、苗族、壮族、朝鲜族、满族、土家族、哈尼族、达斡尔族、仫佬族、锡伯族、俄罗斯族12个少数民族，人口26693人。其中满族人口23651人，占少数民族人口总数的88.6%。全区有1个民族乡镇，即叶赫满族镇；有2个民族村，即山门镇上二台满族村、山门镇英城满族村。全区实现地区生产总值82.15亿元，按可比价格计算，增长0.7%。全年全区一般公共预算全口径财政收入完成1.32亿元，增长4.4%。固定资产投资增长10.5%。社会消费品零售总额下降14.0%。

【农业】 2020年，铁东区投资1961万元建设高标准农田1000公顷，棚膜经济产值实现1.02亿元。规模化养殖比重达到72.5%，畜牧业总产值实现3.7亿元。梅花鹿现代农业产业园顺利通过市级评审。发展新型农业经营主体，培育国家级农民示范专业合作社1家、省级8家、市级7家，省级示范家庭农场3家、市级4家。市级以上农业产业化龙头企业发展到20家，农产品加工值实现54.6亿元。农村集体经济册外地征收率、发包率、费用上缴率均为100%。

【工业】 2020年，铁东区完成四平立白日化有限公司设备自动化改造、金士百啤酒股份有限公司产能扩建等8个项目，投资1.5亿元，增长19%。强化领导包保和“一企 一策 一专班”措施，盘活“双停”企业19家。完善服务企业机制，新增“个转企”58家，完成全年任务的132%，排名全市第一。破解企业融资难题，为各类企业融资30亿元，“信易贷”授信116笔、7.4亿元。规模以上工业增加值增长0.1%，工业总产值下降2.6%。

【贸易和服务业】 全年全区全社会消费品零售总额比2019年下降14.0%，其中限额以上零售额比2019年下降26.4%，限额以下零售额比2019年增长27.8%。按经营单位所在地分，城镇社会消费品零售额比2019年下降17.8%，乡村比2019年增长264.4%。按行业类型分，批发业比2019年增长6.8%，占全区社会消费品零售总额的11.9%；零售业比2019年下降34.0%，占全区社会消费品零售总额的56.4%；住宿业比2019年下降21.4%，占全区社会消费品零售总额的4.2%；餐饮业比2019年增长92.2%，占全区社会消费品零售总额的27.5%。规模以上服务业营业收入比2019年增长25.9%，应付职工薪酬比2019年下降13.2%，应交增值税比2019年下降19.1%，其他营利性服务业营业收入比2019年增长32.8%。

【招商引资】 2020年，铁东区围绕产业优势、资源优势、交通区位优势，以延长产业链条、做大做强产业集群为重点，采取定点招商、叩门招商、以商招商、小分队招商等形式，全年引进亿元以上项目24个，到位资金66.84亿元。举办“四平市第二届发展大会·铁东区重点产业合作交流座谈会”，年产2000辆智能喷洒车（无人机）等12个项目在座谈会上签约。“吉林省招商引资签约项目调度系统”审核通过项目34个，到位资金47.39亿元。

【项目建设】 2020年，铁东区谋划“双万双园”、啤酒小镇等亿元以上项目61个，“761”项目26个，新建、续建500万元以上项目52个，其中列入省“三早”项目16个、总投资69.17亿元。万通建材物流产业园、医药产业孵化平台、大清鹿苑鹿产业园等项目进展顺利，康隆医药、东环二手车等8个项目投产达效。申报国债、地方政府专项债券项目5个，平东医院综合楼新建项目获特别国债3456万元，医药产业孵化平台、专用汽车产业园扩建等4个项目获专项债券3.56亿元。

【科技创新】 2020年，申报高新技术企业3家，省科技小巨人企业7家。四平市龙业机械制造有限公司、四平三帆科技制药有限公司被认定为2020年第一批高新技术企业。四平恒锐工具有限公司、四平市北威钼业有限公司、吉林省经纬新能源科技有限公司、四平维克斯换热设备有限公司、四平聚科仪表科技有限公司、四平市吉华高新技术有限公司、吉林久盛生态环境科技股份有限公司7家企业入库吉林省科技型中小企业。

【文体事业】 2020年，铁东区开展第七届吉林省市民文化节和农民文化节系列活动，组织百姓大舞台演出12场，送戏下乡54场，文艺轻骑兵小分队特色文艺演出10场。举办非公企业和社会组织“双强杯”第五届篮球联谊赛、铁东区干部职工第十二届篮球赛。在全国和全省体育赛事中，铁东区运动员获国家级铜牌1枚、省级金牌4枚、银牌8枚、铜牌3枚。建设仿真冰馆，填补四平市没有室内滑冰馆的空白。铁东区首部志书《铁东区志

(1984—2008)》出版发行。

【城乡建设】 2020 年，铁东区在吉林省率先推进老旧小区改造，投入专项资金 8550 万元完成老旧小区改造 24 个、新开工 14 个。成立居民自治小组 24 个，参与小区建设和管理。加强物业小区管理，指导物业公司投入 1000 万元用于小区建设。打造宜居城区，投资 980 万元完成 40 条街路、29 个小区绿化景观提升工程，投资 260 万元新建水冲公厕 10 座。开展市容市貌专项整治行动，处理占用公共资源违规行为 1000 起，依法拆除违规车棚 31 处、违章建筑 285 处、“小锅盖” 1 万个。开展小广告清理整治行动 15 次，清理非法广告 5000 处。完善基础设施建设，投资 2620 万元新修、改造农村公路 50 千米；投资 320 万元改厕项目全面竣工；投资 2814 万元建成生活垃圾中转站 14 座；投资 738 万元新购垃圾转运车 15 台、人力垃圾清运车 350 辆、垃圾桶 1 万个。建立农村人居环境长效保洁考核制度，立查立改问题 536 个，整改问题 786 个。

【脱贫攻坚】 全年脱贫攻坚投资 3950 万元，贫困村和建档立卡贫困户实现全部集中供水。累计建设扶贫产业项目 11 个，收益 234 万元。贫困人口全部纳入基本医保、大病保险和医疗救助范围，建档立卡残疾人无障碍改造工作无死角。建立“防返贫、防致贫”预警机制，脱贫监测户 5 户 14 人全部退出监测。

【社会民生】 2020 年，铁东区改善办学条件，投资 3757 万元，实施薄弱校改造建设工程 5.6 万平方米，育文学校综合楼维修、铁东实验小学和第六中学操场改造项目投入使用。规范学前教育管理，完成 15 所小区幼儿园配套治理。国家基本公共卫生服务覆盖率 100%。全年建立居民电子健康档案 292108 份，电子健康档案建档率 90.81%。明确家庭医生签约服务工作目标，组建家庭医生团队 61 个，签约 121179 份，签约覆盖率 37.68%，重点人群签约 69938 份，签约率 82.57%。家庭医生和重点人群签约服务覆盖率均超过规定标准，通过省级慢性病示范区复审。城镇失业率控制在 4.5% 以下，就业指标提前超额完成任务。提高特困人员救助标准，困难人员实现应保尽保、应助尽助。规划建设退役军人服务大厅，成立退役军人创业孵化基地，发放优抚金 1700 万元。强化住房保障，投资 165 万元改造农村危房 72 户，完成朝阳社区、八三社区、双汇社区 D 级危楼征收工作，解决 248 户群众住房安全问题。

【生态建设】 2020 年，铁东区完成各级交办环保反馈问题整改任务 219 件，整改率 100%。开展绿化造林攻坚行动，投资 3500 万元实施三北防护林、水源涵养林等 6 项工程，造林 2169 公顷，栽植苗木 577.8 万株。强化河道管护治理，检查河道非法采砂 129 次，立案处罚 8 起。争取叶赫干流治理工程专项资金 2300 万元，加强河道两岸生态护坡。三级河长累计巡河 2 万人次，清理各类垃圾、杂物 3942 处，2 万立方米。

（王　颖）

铁西区

【概况】 铁西区位于松辽平原腹地，吉林省西南部。地理坐标北纬 43°01′—48°15′、东经 124°25′—124°15′，东与铁东区隔长大铁路相望，西、南同辽宁省昌图县相接，北部与梨树县相毗邻。2020 年，铁西区下辖平西乡，英雄、地直、站前、仁兴、北沟 5 个街道办事处和 1 个红嘴经济技术开发区，20 个村、39 个社区委员会。总户数 113220 户，总人口 25.3 万人。其中，男性 12.3 万人，女性 13 万人。辖区内有汉族、蒙古族、回族、藏族、维吾尔族、苗族、彝族、壮族、布依族、朝鲜族、满族、侗族、瑶族、白族、土家族、哈萨克族、傣族、黎族、傈僳族、佤族、畲族、高山族、水族、柯尔克孜族、土族、达斡尔族、仫佬族、锡伯族、俄罗斯族、塔塔尔族、鄂伦春族、鄂温克族、哈尼族、基诺族34 个民族。全区土地总面积176 平方千米。耕地面积 9764 公顷，林地面积 1083.68 公顷。实现地区生产总值比 2019 年增长 3.1%。其中，第一产业地区生产总值增长 2.6%，第二产业地区生产总值增长 6.5%，第三产业地区生产总值增长 1.3%。一般公共财政预算全口径、地方级收入分别完成

7.86亿元和1.76亿元。

【农业】 2020年，铁西区农林牧渔业总产值比2019年增长4.2%，其中，农业产值增长17.1%，林业产值下降2.6%，牧业产值增长11.2%，农林牧渔服务业产值增长4.6%。全年谷物播种面积8627公顷，增长0.2%，产量60114吨，下降4.9%。其中，玉米播种面积8615公顷，增长0.2%；产量60049吨，下降4.9%。豆类播种面积48公顷，下降11.1%；产量98吨，下降19.7%。全年设施瓜果类占地面积15公顷，产量320吨。设施2751个，设施占地面积265公顷。棚室规模5000栋，经济作物种植面积800公顷，规模化养殖比重达70%，农村集体产权制度改革通过省级验收。

【工业】 2020年，铁西区规模以上工业企业49户，总产值比2019年增长9.2%，规模以上工业企业增长11%。从重点行业看，专用设备制造业全年产值增长28.3%；文教、工美、体育和娱乐用品制造业产值下降67.3%；电力、热力生产和供应业产值增长5.9%；黑色金属冶炼和压延加工业产值增长23.4%。

【建筑业】 2020年，铁西区有建筑业企业55户，总产值264931万元，比2019年增长6.8%。全年完成建筑工程产值218657万元，增长14.1%；完成安装工程产值45494万元，下降5.5%；完成其他建筑业产值779万元，下降90.6%。建筑业企业营业收入实现257152万元，增长2.1%。实现税金及附加1573万元，下降19.2%；应缴增值税为6577万元，下降27.1%。实现营业利润9651万元，增长108.1%。

【招商引资】 铁西区承办四平发展大会暨铁西区重点产业发展座谈会，纳入省招商引资调度系统项目41个，引入市外500万元以上项目30个，到位资金总额突破60亿元。中国北方黑土地保护农机产业创新示范基地项目，投资109亿元。

【项目建设】 2020年，铁西区固定资产投资比2019年增长24.5%，高于全市14.4个百分点。其中，5000万元及以上项目37个，增长8.9%；房地产开发项目17个，增长24.5%。全年新建项目10个，完成年度投资1.2亿元；续建项目27个，完成年度投资9.7亿元。16个项目参加省“三早”行动、6个项目纳入省市新基建“761”工程。

【教育事业】 2020年，铁西区有幼儿园72所，招生1125人，在校生6239人。有小学25所，招生2472人，在校生13977人。有初中8所，招生1782人，在校生7018人。有特殊教育学校1所，招生25人，在校生116人。全区教职工人数3598人，其中幼儿园1374人，小学1317人，初中874人，特殊教育33人。

【文化卫生】 铁西区有文化体育机构3个。其中，文化馆1个，业余体校1个，文化站1个。全区卫生技术人员1344人。其中，临床医师126人，临床主治医师108人；中医医师28人，中医主治医师19人；护理护师585人，护理主管护师69人；药剂师36人，主管药剂师12人；检验师48人。床位数1605张。

【社会民生】 铁西区民生支出占财政总支出的93.9%，完成民生实事10件。全年发放城乡低保金3280万元、各项补贴金533万元。投资110万元完成福利中心改造。稳定就业，开展“双创”周、春风行动、金秋招聘月等活动，举办直播技术培训等线上线下活动百余场，协调劳务输出264批次近1.6万人，开发抗“疫”临时公益岗位100个，新增城镇就业4240人，农村劳动力转移就业13506人，城镇登记失业率稳定在4%以内。全年投入民生资金38.6亿元，政府承诺的83件民生实事全部兑现；全区2个贫困村摘帽，79户148名建档立卡贫困人口全部脱贫。

【生态建设】 全区完成安全饮水工程。投入资金1503万元新建农村公路19千米，“四好农村路”建设位列全省市辖区第二名。累计巡河1.1万人次，清运河道垃圾912立方米，依托河湖治理大数据平台，实现“无人机+监控”巡河无盲区，智慧护河新模式走在全省前列，荣获全市环境保护目标责任制考核第一等次。

(张爱净)

附 录

APPENDICES

政府工作报告

四平市人民政府工作报告

在四平市第八届人民代表大会第七次会议上

四平市人民政府市长 胡 斌

（2021 年 1 月 12 日）

一、2020 年工作回顾

过去的一年，我们一道经历了众多的不平凡、不寻常，共同面对了从未遭遇的困难，共同见证了形神兼备的昂扬，共同赢取了标志跨越的胜利，共同品味了隽永悠长的甘畅。这些非凡和体悟，必将把2020年深深镌刻在四平历史伟业中，久久化印于四平人民心头上。习近平总书记亲临四平视察，顶着烈日深入田间地头问生产、察农情，饱含深衷览顾战役历史谈赓续、示弘扬，抚慰四平人民，肯定四平发展，擘画未来蓝图，寄予殷切厚望，给我们极大的温暖鼓舞，更激励我们奋勇向前。一年来，我们以习近平新时代中国特色社会主义思想为指导，深入贯彻习近平总书记视察吉林视察四平重要讲话重要指示精神，坚持稳中求进工作总基调，聚力把握新阶段、践行新理念、融入新格局，扎实“六稳”着力“六保”，认真落实党中央、国务院和省委、省政府决策部署，在市委坚强领导下，在市人大、市政协监督支持下，全市上下团结一心、克难奋进，经济社会发展基础更稳、势头更好，在全面振兴全方位振兴道路上实现了高质量发展可喜新成绩。

——防控疫情稳保大局，我们实证了四平“两个维护”坚决性。遵照习近平总书记提出的“坚定信心、同舟共济、科学防治、精准施策”防控总要求，全市上下万众一心、奋起抗疫，在全省最早施行“七个率先”防控策略，成功在较短时间内遏制住疫情蔓延势头，保卫了人民生命安全和身体健康。在战疫过程中，党和人民休戚与共、无与伦比的凝聚力得到充分彰显，以“两个维护”为核心要义的新时代四平精神得到生动诠释。

——守好粮食安全保护黑土地，我们创新推广了“梨树模式”。坚决扛起农业大市的使命担当，聚焦黑土地退化历史性难题，以我为主、外召内聚，用汗水将论文写在大地上，系统探索开辟出“梨树模式”这条可复制、可推广的黑土地保护利用有效路径。黑土层变薄、变瘦、变硬趋势实现逆转，经验做法得到习近平总书记首肯，模式技术广域推广，第六届黑土地论坛在京成功举办，为国家粮食生产长久可持续安全贡献宏耀的四平经验、四平智慧。

——提升政府效能优化营商环境，我们取得了三项全国第一。牢记习近平总书记谆谆嘱托，把优化营商环境作为推进四平振兴的前置任务，全员上阵、靶向施策、系统整治，取得了斐然成效。四平市信用监测排名由2020年年初的105位跃升至18位，在全国261个地级城市中跃升幅度位列第一；书记市长网民留言答复率100%，在全国385个副省和地级行政区中位列第一；“信易贷”平台入驻市场主体7.6万户，成功授信65.5亿元，企业入驻率、融资总额与GDP之比均为全国第一。

——统筹城乡建设改善人居环境，我们创造了三个全省典型。践行为民服务思想，对标绘制发展蓝图，用心用情用力雕琢城乡之美。老旧小区改造成为全省典型，高质高效完成68个小区、17条道路的改造工作；“四好农村路”建设成为全省典型，新建改造827.7千米农村公路，乡村公交线路和农村物流实现100%覆盖；农村人居环境整治成为全省典型，扎实开展“五清一绿两改”村庄清洁行动，改造农村厕所6300个，生活垃圾收运处置体系实现行政村100%覆盖。四平市城乡环境得到习近平总书记的认可肯定。

——迈过历史关口打好攻坚战，我们形成了三条经验。深入贯彻党中央三大攻坚战决策部署，结硬寨、打硬仗，如期实现了预期任务目标。在防范化解金融和债务风险中，探索出“硬措施软着陆、已未分治急慢并理、三透四督四整三稳一追问”的系统策略，清收不良贷款22.8亿元，龙洋非法集资案件退出销号，表外刚性兑付危机实质破解，隐性债务风险解套，财政回旋空间得到极大拓展；在污染防治实践中，探索出“一矩阵、三摸清、五条块、五约束、八机制”的有效办法，境内4个出省断面全部达到国家考核标准，四平市被确定为全国重点流域“十四五”规划编制试点城市，河（湖）长制工作在全国进行交流，环境空气质量首次达到二级标准，实现了“后进生”向“优等生”的蝶变；在消除贫困征程中，探索出“一巩固、两防范、三提升、四衔接”的具体举措，四平市“双防”体系建设、“健康直通车”两项工作在全国扶贫开发经验交流会上作经验介绍，脱贫攻坚取得全面胜利，乡村振兴开启崭新征程。

——推动经济高质量发展，我们实现了五大提升。经济总量提升，预计全年GDP增长3%左右，若剔除不可抗力因素，兑现了去年政府向人大会议作出的庄严承诺；市场主体数量提升，全年新增1.4万户，总数突破20万户，经济发展机体活力涌动；企业利润提升，预计规上工业利润、规上服务业营业额分别增长42.2%、40%，企业发展信心得到稳固；社会就业提升，城镇新增就业2.7万人、全省排名第二，农村劳动力输出36.8万人、全省排名第一，夯实了民生根本；人均收入水平提升，城乡居民人均可支配收入与经济增长保持同步，幸福底色更加厚重。

主要做好以下六个方面工作：

（一）始终将初心使命系于人民，守护安全提标民生保障。疫情防控扎实有效，着重于人民战争要义，带着感情、责任、办法，运用“抓排查、填空白、通环节、快反应、严管控、保结果”一揽子手段，构建起高敏感、速反应、强稳控的疫防社会综治格局，始终掌握了防控工作的主动权。疫情期间在省内率先开展“点对点、一站式”劳务输出，农民工工作荣获国务院表彰。战风斗雪赢得胜利，果断应对数十年不遇的台风和雨雪冰冻天气，在全省受灾最急最重情况下，把灾害影响消解最快、降到最低。民生实事较好完成，新建小区配套幼儿园13所，创建幸福小区30个。脱贫任务全面完成，全市21297户41044人全部实现脱贫，125个贫困村全部退出，省定贫困片区双辽市摘帽。社会事业持续发展，普惠性学前教育短板得到补齐，国家医保基金监管方式创新试点工作扎实推进，四平市第八次荣获“全国双拥模范城”荣誉称号。

（二）始终将发展作为第一要务，量质共升践行五大理念。项目建设支撑有力，新建、续建5000万元以上项目224个，北方农机示范基地等一批项目开工建设，精细化学品搬迁改造等一批项目竣工投产，谋划全市“一号项目”138个、新基建“761”工程项目379个。招商引资成果丰硕，四平市第二届发展大会共签约项目20个、总投资

139.3亿元，赴京与中国企业联合会开展经贸交流取得重大突破，与正威集团成功签约，列入省招商引资调度系统到位资金192亿元，同比增长39.2%。制造业发展稳步提升，红嘴农高等37户“双停”企业盘活启动，君乐宝、湖南中烟等域外企业增加四平生产份额，新增高新技术企业10户、科技“小巨人”企业11户。服务业发展逆势上扬，出台物流等产业系列扶持政策，开展“十大促销活动”，社零额降幅逐季收窄，文旅产业稳步回暖。

（三）始终将农业作为重中之重，沃野生金保障粮食安全。粮食生产喜获丰收，新建高标准农田40.1万亩，有效抗击不利气候影响，粮食总产量稳定在90亿斤阶段性水平，实现“十七连丰”。综合机械化水平达到91%，四平市成为全省唯一的国家全程机械化示范市。黑土地保护成效显著，推广保护性耕作366万亩，整县推进黑土地保护国家示范项目强势铺开。特色农业亮点纷呈，棚室园区达到79个，规模化养殖场达到723个，畜禽总量位列全省三甲，“平地生香”农产品区域公用品牌开创全省先河，伊通满族自治县获评全国县域数字农业农村发展先进县，梨树县绿色瓜菜产业园、伊通县特种果品产业园获评省级现代农业产业园。

（四）始终将改革作为关键一招，扩大开放主动融入新格局。市属国有企业改革进展顺利，城投等平台公司成功转型资本投资运营公司，组建四平发展集团和晟平投资集团，全面开展存量平台债务化解和增量项目投融资，形成两轮驱动新型投融资发展体系。开发区改革稳妥实施，市区4个开发区重组纳入属地党委政府管理，集中力量打造“一平方千米”产业承载区，开发区动力活力全面激发，伊通经济开发区成功晋级省级开发区。农村金融改革取得实效，成立全省首例县域农村产权交易试点，农村新型普惠融资“三支柱一市场”服务体系初步构建。在全国率先组建乡村建设投资开发公司，为实施乡村振兴战略探索四平路径。长平一体化强力推进，“一体六同”合作框架协议成功签订，区域经济一体化发展规划编制完成，一汽委改基地建设正式启动。对口合作不断深化，华统农业产业链等项目开工建设。对外经贸持续扩大，四平海关正式开关，首届东北农副产品展洽会成功举办，全年进出口总额预计实现4.2亿元、增长10%以上。

（五）始终将区域发展作为题中之义，扮靓城乡打造宜居家园。市政设施逐步完善，建设市政道路20条、建成通车14条，圆满完成北迎宾街等一批国庆献礼工程，改造雨污分流排水管网24千米，南北河截流干管等8个黑臭水体治理工程完工，建成工业开发区污水集中处理设施9个。南北河综合治理成效显著，生态环境极大改善，城市景观更加靓丽。城乡管理更加高效，统筹完成“城市超脑”“雪亮工程”“数字城管”建设，整治违章建筑2.6万平方米，城区生活垃圾无害化处理率达到100%。美丽乡村建设持续推进，创建市级以上美丽乡村305个，评选美丽庭院3.4万户、干净人家9.7万户，规模养殖场粪污处理设施配套率达到100%，畜禽粪污资源化综合利用率达到90%以上。完成国土绿化35万亩，获得创建“国家森林城市”备案资格。

（六）始终将改善环境贯穿发展全局，软硬兼施营造良好氛围。营商环境大幅改善，“放管服”“最多跑一次”改革继续领跑全省，创新推出“五零”举措，企业开办时间东北地区最短，1项国家级、7项省级试点工作顺利推进。生态环境持续向好，建成水污染治理项目62个，河流水系造林绿化697.5公顷，县级以上城区10蒸吨以下燃煤小锅炉全部淘汰，空气优良天数达到309天、比例达到84.4%。生产环境安全有序，开展安全生产百日攻坚隐患排查整治，生产安全事故起数、死亡人数均下降33%。社会环境和谐稳定，扫黑除恶综合考核排名全省第一，现行命案破获率、信访积案办结率达100%，圆满完成全国“两会”和总书记视察四平等重大安保维稳工作。

回顾过去一年，我们遇到的困难比预想的更为复杂，走过的道路比以往更为崎岖，取得的成绩比以往更为不容易，我们不会忘记新年伊始，新冠疫情突然来袭，全市上下众志成城，疫情防控阻击战取得决定性胜利；我们不会忘记大暑之日，习近平总书记走进黑土大地，一路看一路问，为四平发展把脉定向，四平振兴掀开历史新篇章；我们不会忘记仲秋时分，三场台风汛情肆虐，广大干部群众齐心协力战胜自然灾害，农业获得好收成；我们不会忘记孟冬时节，雨雪冰冻天气忽至，经过大家共同努力终于成功消弭灾情，维护了生产生活秩序，保卫了一方平安。作为时代亲历者、逐梦剧中人，我们品鉴不凡过往，历数大事要情，嘴里心头都泛出丝丝甜味，必将切至立诚，共开光彩将来。

2020年也是“十三五”收官之年。过去五年，四平市经济社会发展取得显著成效。特别是党的十九大以来，在以习近平同志为核心的党中央坚强领导下，面对严峻复杂的新形势新挑战，我们坚持稳中求进工作总基调，实施一系列利当前、惠长远的重大举措，实现“十三五”规划总体目标任务，迈上了全面小康、共同富裕的康庄大道。五年来，经济社会先行指标持续增长、动力指标持续提升、质量指标持续向好、结构指标持续优化、效益指标持续改善，城乡居民可支配收入跑赢经济增长。五年来，贫困发生率由5.1%下降到零，全域基本消除五类水体，空气质量达到国家二级标准，金融市场秩序日趋规范，政府债务腾挪空间得到极大拓展。五年来，党政机构改革、农垦改革、开发区改革等多项重大改革顺利完成，营商环境日益优化，市场主体数量增长53.9%，与金华对口合作、与营口港开放合作取得丰硕成果。五年来，政府承诺的近百件民生实事全面兑现，市政道路总长度增长28%，紫气大路立交桥、东丰路立交桥建成通车，建成地下综合管廊38.5千米，改造雨污分流管网60千米，“无籍房”治理惠及群众11.9万户，连续四年被评为“中国最安全城市”，市民获得感、满意度进一步提升。这些成就标志着四平站在一个新的发展起点上，为“十四五”开局起步打下了坚实基础。

历尽艰辛成此景，唯有奋斗多壮志。这五年历程难忘，我们共同经历了携手并进的拼奋岁月，共同见证了风雨前行的铿锵步伐，共同收获了改革发展的累累硕果，全面凝聚起新时代英雄之城昂扬奋进的磅礴伟力。实践充分证明，只有坚持初心使命、担当作为，利民之事、丝发必兴，初心如磐、使命在肩，依靠人民创造历史伟业，带领人民创造美好生活，在心在行见真章，求真求实显担当，才能使政府各项工作经得起历史、实践和人民检验。只有坚持解放思想、求真务实，深思深察悟透中央精神，谋实谋细参准时代脉搏，敢字为先、干字当头，抓铁有痕、踏石留印，实事求是立足本底实情，善作善成下足苦笨功夫，才能推动振兴发展各项事业跨越突破、阔步向前。只有坚持系统辩证、突出重点，理出轻重、分清急徐、兼施软硬、统治表里，做到全面与重点相结合、长短期目标相贯通，稳进相参、盈科而进，才能走出一条经济社会互促互进、质量第一、效率优先的振兴发展新道路。只有坚持改革创新、团结奋进，紧盯要穴深化改革，刀刃向内破除桎梏，析困境之因、求振兴之道，精诚团结、凝心聚力，才能在重大风险斗争中披荆斩棘、积厚成势，不断夺取新时代现代化美丽幸福新四平一个又一个新的伟大胜利。

过去五年取得的成绩，是党中央、国务院、省委、省政府和市委坚强领导的结果，是各地各部门和全市广大干部群众合力攻坚的结果。在此，我代表市政府，向人大代表、政协委员、各民主党派、工商联、无党派人士、人民团体和离退休老同志，向全市广大干部群众、政法干警、驻平人民解放军、武警官兵，向驻平中省直单位，向参与和支持四平发展的各界朋友，表示衷心的感谢和崇高的敬意！

在看到成绩的同时，我们也清醒认识到，目前四平还处在转型升级、爬坡过坎的关键时期，还有很多深层次的矛盾和问题亟待解决。疫情冲击后经济运行尚未回归到合理区间，产业结构亟待优化，项目支撑作用不强，新旧动能转换动力不足，财政收支矛盾依然突出，营商环境改善还有空间，民生领域仍有不少短板。对此，我们绝不回避、绝不推卸，将全力以赴加以解决，绝不辜负全市人民寄予的厚望。

二、“十四五”目标任务和重大举措

按照市委七届十次全会通过的《关于制定四平市国民经济和社会发展第十四个五年规划和二〇三五年远景目标的建议》，市政府组织编写了《四平市国民经济和社会发展第十四个五年规划和二〇三五年远景目标纲要草案》，提请大会审议。

二〇三〇年及二〇三五年远景目标：到二〇三〇年，与全省同步实现全面振兴全方位振兴，完成四平老工业基地振兴阶段性使命，形成对全省重大战略坚强支撑。到二〇三五年，与全国同步实现社会主义现代化，经济实力、科技实力大幅跃升，新型工业化、信息化、城镇化、农业现代化同步实现，治理体系和治理能力现代化基本实现，绿色生产生活方式普遍形成，按国家统一部署实现碳减达峰，全方位对外开放格局更加完善，城乡居民人均可支配收入迈上新的台阶。

“十四五”时期，四平将开启新时代现代化建设新征程。我们必须紧紧抓住国家和省重大战略机遇，找准四平定位，发挥比较优势，围绕转型发展蹚新路，谋划布局项目抓先机，聚焦关键指标谋突破，在现代化建设新征程上迈出坚实步伐。

今后五年，政府工作的指导思想是：高举习近平新时代中国特色社会主义思想伟大旗帜，深入学习贯彻党的十九大和十九届二中、三中、四中、五中全会和省委十一届八次全会精神，统筹推进“五位一体”总体布局，协调推进“四个全面”战略布局，把握新发展阶段，贯彻新发展理念，融入新发展格局，坚持稳中求进工作总基调，以推动高质量发展为主题，以深化供给侧结构性改革为主线，以一、二、三产业融合发展为支撑，以改革创新为根本动力，以富民强市为根本目的，实施“北融南开”，构建“一核统领、一轴贯通、两带拓展”战略空间布局，实现长春四平一体化协同发展，加快建设现代化经济体系，统筹发展和安全，推进社会治理体系和治理能力现代化，全力打造国家现代农业先导区、吉林省三次产业融合发展示范区、吉林省向南开放的重要门户、东北区域重要物流集散地、吉林省高质量发展的重要增长极，实现“空间布局合理、区域功能连通、三产并驱融合、城乡一体振兴、生态自然优美、人民生活幸福”城乡发展目标，努力建设城区百万人口区域中心城市，在四平全面振兴全方位振兴进程中体现新担当、实现新突破、展现新作为，全面开启四平社会主义现代化建设新征程。

实施“七动战略”。即把创新驱动作为推动高质量发展的强劲动能，把稳粮联动作为推动高质量发展的坚实基础，把物流带动作为推动高质量发展的主要引擎，把文旅互动作为推动高质量发展的有力支撑，把开放促动作为推动高质量发展的有效途径，把绿色牵动作为推动高质量发展的重要引领，把项目拉动作为推动高质量发展的核心抓手。

构建“一核统领、一轴贯通、两带拓展”战略空间布局。一核统领：“一核”是四平振兴发展的核心增长极，以四平主城区为核心，以四梨同城区及城市周边区域为扩展区，做强城市功能，提升产业能级，壮大规模总量，成为统领四平高质量、高标准、高集聚发展的核心区。一轴贯通：102国道、京哈高速、哈大高铁纵贯四平，形成“北融南开”发展轴、交通轴、物流轴、开放轴、政治文化交流轴，是四平经济增长的战略通道。实施“向北融合”战略，全方位推进长平一体化，深度融入长春经济圈。实施“向南开放”战略，坚持向南、向海要未来，深化与环渤海经济圈、京津冀城市群、长江经济带等区域协作，贯通“长平营”，打通吉林省向南开放主通道。两带拓展：指都市休闲产业带和绿色生态产业带，以四平中心城区为核心，沿303国道、集双高速分别向东部、西部方向延伸，加强四平中心城区与各区域的内在关联，打造四平东西双向产业发展、对外开放综合隆起带。由市区向东延伸，经叶赫，横跨二龙湖向伊通县域方向拓展，形成都市休闲产业带。由铁西区经梨树县向双辽市域方向拓展，形成绿色生态产业带。

实现“空间布局合理、区域功能连通、三产并驱融合、城乡一体振兴、生态自然优美、人民生活幸福”城乡发展目标。在空间布局方面，实施核心区拓展、生产区优化、生活区提升、生态区协调战略，实现设施、要素、功能在空间上的合理布局和优化配置。在区域功能方面，实施开放强市、交通强市战略，融入全省全国发展大格局，实现物流、人流、资金流、信息流畅通高效。在三产融合方面，实施农业率先、工业倍增、服务业跨越、全业融合战略，推动一、二、三产全面提升、并驾齐驱，提升产业驱动力、竞争力。在城乡振兴方面，实施品位提升带动、四梨同城推动、智慧城乡牵动、县域发展助动战略，提升城乡发展的整体性、协调性、同步性，构建城乡互补、全面融合、共同繁荣的新型关系。在生态环境方面，实施绿色发展、绿色城市战略，打造河清、岸绿、景美的生态本底城市、有机田园城市、和谐宜居城市。在人民幸福方面，实施就业优先、教育优先、全民健康、全域安全战略，提高群众生活品质，使人民真切感受到发展的温度、幸福的质感。

在目标设定上，我们考虑既要凝聚人心、激发斗志，更要结合实际、符合规律，同时树立底线思维，为未来可能出现的风险挑战留出调整空间，经过反复权衡、深研细算，提出以下指标：经济方面，综合实力大幅提升，地区生产总值年均增长7%，地方财政收入年均增长5%，三次产业结构调整为26:29:45。农业围绕“16629”奋斗目标，率先实现现代化；工业实现总量翻番、结构升级、链条延展三大任务；服务业实现内涵、质量、效益、速度四大跨越。黑土地保护利用、乡村建设创新等工作走在全国前列，汽车、农机、化工、冶金、物流、文旅、畜牧及农产品加工等产业提质扩量发展，科技、教育、产业、人才紧密融合的创新型经济体系不断完善。约束性指标高标准达到考核要求。生态方面，国土空间开发保护格局更加优化，绿色生产方式和生活方式全面形成，资源能源利用效率不断提高，推动碳达峰进程，主要污染物排放总量持续减少，“一山携两翼、四水嵌八珠”城市生态布局全面构建。国家森林城市建设取得更大进展，林木覆盖率达到31%。空气质量稳定达到国家二级标准，优良天数达到85%以上。治污项目和南北河综合治理等新建项目生态作用更加凸显，5条河流实现2条河恢复有水，2条河恢复有鱼，1条河稳定达标。受污染耕地安全利用率不低于92%，污染地块安全利用率达到92%。文化方面，以红色文化为核心、以红色文旅为撬动，英雄城的文化内涵、精神气质全面提升，文化场馆建设、文旅产业发展全面提速，公共文化服务、市民文化生活更加多彩。“馆城一体、山城协同、一路贯通”发展格局全面构建，全国红色地标性城市地位更加凸显，战役纪念馆升级改造，寿松大街红色文化长廊和塔子山综合发展区建设完成。博物馆、大剧院、体育馆等公共文化设施功能不断完善，旅游综合性收入增长5%左右。社会方面，民生事业取得更多标志性成果，城镇登记失业率控制在4.5%以内，居民社会保障水平稳步提高，基本公共服务体系更加完善。市域社会治理现代化取得重大进展，环境污染、交通拥堵、安全隐患等问题得到逐步破解，城市管理更加精准、智能、高效。城市更新行动全面实施，城市骨架进一步拉开，城市品位不断升级，老旧小区改造、亮化提升、水体治理、健康四平等项目持续推进，教育、医疗卫生、住房保障、养老等领域短板得到弥补。交通体系更趋完善，“十五横十二纵”市政主干路网和“二轴三环四射七联络”公路运输网络全面构建。城市布局更加科学合理，丛泉新区、大环线、跨湖大桥、货运机场、龙塔山公园等重大项目全面铺开，长平一体化成为全省乃至全国区域协调发展典范，“北融南开”开放发展取得更大成果，建设城区百万人口区域中心城市。

展望今后五年，我们既满怀美好憧憬，又充满必胜信心。我们坚信，只要保持“拼”的精神、“闯”的劲头，一锤一锤敲、一件一件干，坚定不移沿着习近平总书记指引的方向奋力前行，未来的五年必然是勠力同心、接续奋斗的五年，必然是华丽转身、腾飞跨越的五年，必然是美好蓝图变为现实、全面振兴全方位振兴的五年。

三、2021 年重点工作

2021年，是全面建成小康社会、实现第一个百年奋斗目标之后，乘势而上开启全面建设社会主义现代化国家新征程、向第二个百年奋斗目标进军的开局之年，也是四平抢抓总书记视察四平重大历史机遇、用好新一轮东北振兴政策机遇、把握“双循环”新发展格局融入机遇、物化省委、省政府支持长平一体化协同发展和三次产业融合发展现实机遇的首战之年。四平，站在新的历史交汇点上，站在伟大新征程的潮头上，发展之姿风头正劲，奋进之舟蓄势扬帆。当今世界正值百年未有之大变局，我国发展环境面临深刻复杂变化，新冠肺炎疫情影响广泛深远。面对错综复杂的发展形势，我们务必要通时达务、揆情审势，增强机遇意识和风险意识，保持战略定力，把握发展规律，发扬斗争精神，树立底线思维，乘利席胜，见可而进，全力以赴完成各项目标任务，在风云际会的历史长卷上留下浓墨重彩的四平篇章。

2021年工作的总体思路是：坚持以习近平新时代中国特色社会主义思想为引领，全面贯彻党的十九大、十九届二中、三中、四中、五中全会和习近平总书记视察吉林视察四平重要讲话重要指示精神，认真贯彻省委十一届八次全会和市委七届十次全会精神，在后疫情时代稳进相参推进经济建设，坚持新发展理念，驱动改革创新引擎，以“六重一关键”为主抓手，聚焦八大重点任务，推进农业率先、工业倍增、服务业跨越，加快四平率先崛起和全面振兴全方位振兴。

全市经济社会发展预期目标是：地区生产总值增长6.5%—7.5%，规上工业增加值增长10%，固定资产投资增长10%，社会消费品零售总额增长10%，市区地方级财政收入增长5%，单位GDP能耗、二氧化碳排放强度达到省定标准，城乡居民收入增长与经济增长基本同步。

（一）聚焦农业率先，绘就乡村振兴新画卷。深入实施乡村建设行动，着力做好黑土地、产业、改革、生态“四篇文章”，争当农业现代化排头兵。做好黑土地保护文章。牢记总书记“要认真总结和推广‘梨树模式’，采取有效措施切实把黑土地这个‘耕地中的大熊猫’保护好、利用好”的嘱托，扎实推进农业规模化、标准化、良种化、机械化、品牌化、智能化、数字化，启动实施黑土地保护利用“五大工程”，探索全域技术创新与集成示范体系模式，打造国家黑土地保护利用综合示范区、现代农业先导区、黑土地对外合作开放区，为黑土地保护提供四平方案。全年推广保护性耕作面积476万亩，新建高标准农田33.5万亩，推进国家黑土地保护示范项目60万亩，农业综合机械化水平达到91.5%。做好产业振兴文章。深入实施藏粮于地、藏粮于技战略，粮食产量达到92亿斤以上。深化农业供给侧结构性改革，新改建规模化标准化棚室园区5个，提升果蔬瓜菜供给保障能力。推进品牌农业成长，培育壮大“平地生香”区域公用品牌体系。重构以特色农业为引领的现代农业体系，突出抓好华统生猪冷链屠宰等项目，推动农村一、二、三产融合发展。做好农村改革文章。深化农村集体产权制度改革，大力发展资源开发型、资产经营型、农业服务型、旅游开展型集体经济。探索宅基地所有权、资格权、使用权分置实现形式。扛起粮食安全政治责任，组建四平粮食集团，联合整合区域专业合作社和粮食企业成立玉米发展联盟，打造粮食三产融合全产业链发展模式。着力解决“谁为合作社服务”的问题，丰富联合合作方式，增强服务带动能力，推动合作业务从产中环节向产前农资供应和产后流通、加工等环节拓展，新增县级以上示范主体200个以上、家庭农场100个以上。深化农村金融改革，加快组建乡村建设投资集团，大胆探索，稳步实施，推动脱贫攻坚同乡村振兴有效衔接，在全省乃至全国蹚出一条乡村振兴新道路。做好绿色生态文章。从系统工程和全局角度推进山水林田湖草综合治理，突出抓好森林、草原、湿地、流域、农田生态系统建设，全年植树造林50万亩。保持化肥农药减量施用势头，完善畜禽粪污和秸秆资源化利用体系，推动生态环境质量持续改善。加快美丽乡村建设，深化农村人居环境整治，因地制宜推进农村改厕、生活垃圾处理、村容村貌提升，巩固提升“五清一绿两改”成果。

（二）聚焦重大项目，夯实振兴发展新支撑。把项目作为推动高质量发展的第一动力、核心抓手和重中之重，牢固树立“发展是第一要务，招商是头等大事，落地是评价标准”的理念，切实做好“四抓、四发力”，推动产业优化升级、经济行稳致远。抓重大，在筑牢发展基石攻坚发力。攻坚重大项目建设，抓实“三抓”“三早”行动，强力推动大窑饮品、长电金谷街等新建项目、北方农机产业创新示范基地等续建项目加快建设、达产达效。特别是对“一号项目”工程，实施全方位保障、全链条服务，全力打造多元发展、多点支撑的发展格局。持续攻坚“一平方千米”产业承载区，集聚资源要素，完善配套设施，着力打造特色鲜明、功能完备、强劲有力的现代产业核心引领区、动力源。全年计划开复工5000万元以上项目170个，亿元以上项目110个。抓谋划，在抢占发展先机攻坚发力。围绕新基建“761”工程、八大产业等方面，重点谋划内陆港保税物流中心等产业支撑类项目、市内路网等城市建设类项目、南北河生态修复等环境保护类项目。全年谋划储备亿元以上项目150个以上、10亿元以上项目25个以上，各县（市）区谋划储备亿元以上重点项目30个以上，其中10亿元以上项目5个以上，产业类、税源类项目占比70%以上，年实施性项目占比30%以上。抓招商，在增强发展后劲攻坚发力。突出重点领域，深入推进“链长制”招商，围绕农产品加工等优势产业集群和现代物流等配套产业链的延伸引进一批龙头型、旗舰型项目。扭住重点区域，深化与长三角、珠三角等地区政府、商会、企业和个体客商交流合作。创新招商方式，完善招商项目、目标企业、优惠政策“三张清单”，提高招商有效性和项目履约率，招商引资到位资金增长30%以上。抓服务，在做强发展保障攻坚发力。强化用地保障，提高土地节约、集约利用水平，特别是对闲置土地、闲散土地及停产企业实行“腾笼换鸟”，把“死”资源变成“活”资产。用好用活专项金融政策，在继续巩固政府债务化解、不良贷款清收等专项行动成果的基础上，探索创新与四大国有银行、其他银行和非银行性金融机构的合作方式，提高金融支持发展能力。做强人才支撑，深化校企合作，推动人才培养与企业需求无缝对接。落实项目建设“五个一”专班机制，建立工作台账，实行全程全链条跟踪管理机制，完善“9+X”问题解决模式。

（三）聚焦工业倍增，积聚经济发展新动能。正确把握破除旧动能和培育新动能的辩证关系，突出专用车、换热器、医药健康等产业，攻重点、破难点、树亮点、引爆点，有的放矢，四箭齐发，切实做好供给侧结构性改革这篇大文章。攻重点，壮大支柱企业。牢牢抓住工业企业这个“纲”和“魂”，出台工业稳增长增效益专项政策，实施工业产值跃升计划，落实重点企业政府直接响应机制，把各项经济指标、惠企政策和帮扶举措一插到底，推动50户重点企业增加值增长10%以上。协调湖南中烟等域外企业增加在平生产份额，引导企业优化产品结构、提升产品质量。瞄准终端市场，助推本地企业和产品闯市场、创品牌。壮大民营经济，抓好中小企业入规升级，推动个转企、小升规、规升巨。积极培育上市企业，力争实现“保一争二”目标。破难点，改造传统产业。加快生物质热电联产等重点项目建设，推动金钢股份等重点企业智能化、绿色化改造升级。加快专用车产业园区建设，引导成立专用车集团公司。推动新能源农机产业园建设，谋划打造农机产业自贸试验区，形成农机产业区域性、全国性乃至国际化发展高地。盘活“双停”企业闲置资源，推动剩余企业成功启动、转型或变现。树亮点，培育新兴产业。创新发展总部经济、平台经济、数字经济等新经济业态，加快“5G+工业互联网”融合发展，扶持智能制造等战略性产业发展壮大。推进现代中药、化学药品、保健食品、医疗器械和细胞技术研发等医药健康产业发展。培育以大数据、云计算、物联网为核心的信息技术产业，推进大数据灾备中心建设。引爆点，激活创新引擎。发挥企业市场主体作用，实现技术、资本、管理有效聚合，提升企业核心竞争力。加强产学研用联合，推动维克斯、吉林创岐等企业与高校院所开展紧密合作，促进新技术产业化规模化应用。加快创新平台建设，争创省级高新技术产业开发区和农业科技园区。推动大众创业万众创新，常态化举办“院士专家四平行”活动，加强创新型、应用型、技能型人才培养。

（四）聚焦服务业跨越，构筑经济增长新支柱。抢抓常态化疫情防控服务业发展新机遇，坚持消费升级与做强产业两手抓、两手强，持续推动现代服务业高质量发展。一方面，坚持扩大内需这个基点，推动消费升级。突出填空白、补短板、串资源、并市场、激活力，以消费升级引领供给创新、以供给优化创造消费新的增长点。加强线上线下融合，培育壮大在疫情防控中催生的品质生活、康养医养、文化教育等新兴消费增长点。抓好中石油、中石化、君汇能源等重点企业监测指导，培育引进重点企业，填补门类空白，丰富服务业态，实现零的突破。支持传统消费企业创新组织形式和经营机制，推进欧亚综合体、长电金谷四平街等高品质街区建设，抓好“夜经济”示范工程，持续开展“欢乐季”等商业促销活动，全年社会消费品零售总额增长10%以上。另一方面，把握深度融合这个趋势，做强现代物流和红色文旅等重点产业。把握区位本底优势和“双循环”重大机遇，制定出台《加快现代物流产业发展实施意见》，推动实施“一二五八十”工程，以打造东北区域重要物流集散地为目标，争创国家骨干冷链物流基地和两岸冷链物流产业合作示范城市，打造专用车和汽车零部件集散中心等五个中心，实施冷链物流工程等八大工程，建设东北农产品集散交易市场等十大重点项目。实施旅游产业振兴工程，在大力发展历史游、生态游、乡村游的同时，突出抓好红色旅游，深入挖掘红色资源，赋予更多英雄元素，让英雄城更加名副其实、实至名归。加快构建“馆城一体、山城协同、一路贯通”发展格局，向北推进四梨同城，建设寿松大街“红色文化廊道”；向南推进山城协同，依托塔子山谋划建设四平红色教育基地，打造全国红色文化新地标。

（五）聚焦改革开放，释放体制机制新活力。改革开放只有进行时没有完成时。四平要实现发展振兴，必须以营商环境建设为突破口，以改革应变局开新局，以开放促合作谋共赢。优化环境树标杆。营商环境建设无止境，我们就是要着眼于资源要素在四平实现价值最大化这个目标，保持全省领先，走在全国前列。继续保持“放管服”改革全省领先优势，完成政务服务国家级标准化试点工作。大力推行证明事项告知承诺，打造无证明城市“新样板”。确保四平市信用监测排名巩固在全国前20名、成为东北第一名，争创全国社会信用体系建设示范城市。深化改革打攻坚。纵深推进市属国有企业市场化改革，集中攻坚政府性资产资源清查梳理、集团公司管理运营等重点任务，确保四发集团等国有企业活力增强、转型成功。组建四平市粮食集团有限公司，年底前完成运营情况首次评估。做好开发区改革后半篇文章，完善干部交流双向制、工作岗位聘用制和薪酬绩效激励制，重点抓好基础设施建设，完善土地收储、投融资等机制，实现开发区脱胎换骨、涅槃重生。实行财政零基预算，推动财权事权划分改革，调整市区财政体制。推动市农联社改制实现实质性突破，加快组建四平农商行。扩大开放谋共赢。加快长平一体化进程，以“一体六同”为主攻方向，重点推进长平现代农业合作示范区规划。打通陆海联运“主动脉”，主动融入沈阳经济区、环渤海经济圈、长江经济带等国内经济大循环。深化与营口市“借港出海”战略合作，让四平大宗物资“达江入海”，外贸进出口总额同比增长5%。深化吉浙对口合作和吉陕战略合作，实现互利共赢、协同发展。

（六）聚焦同城发展，拓展城市发展新空间。深入贯彻习近平总书记“建设一批产城融合、职住平衡、生态宜居、交通便利的郊区新城，推动多中心、郊区化发展”的指示要求，立足“一心一轴一廊”定位，按照“拉开骨架、优化布局、强化治理、做美生态”系统思路，加快建设城区百万人口区域中心城市。拉开城市发展骨架。以高质量特色农业为基础，以产业融合发展为支撑，实施四梨同城化发展，推动丛泉新区建设，打造东北地区城乡一体化建设示范基地、国家级生态智慧城镇发展示范区。重点完善“五横五纵”新区道路体系，搭建骨架，夯实基础，加快推动仙马泉河生态廊道等重点项目建设。优化城市功能布局。实施“交通强市”战略，完善“十五横十二纵”市政主干路网和“二轴三环四射七联络”公路运输网络，加快推进牙四、叶马、四杨等公路建设。实施城市更新行动，新建、续建一批市政道路和桥梁，推进老旧小区改造和物管体系提升、战役纪念馆升级、图书馆、博物馆、大剧院等项目建设，补齐住房保障、文化教育等领域短板。提升城市治理水平。深化“走遍四平”整治行动，切实解决“停车难”、垃圾分类不彻底等城市病，扎实开展餐饮油烟污染、小广告治理、工地扬尘等专项执法行动，抓好土地市场、城区违建、非法采矿、违建别墅等四个专项整治，提升城市治理水平。扎实推进全国文明城市创建，巩固全国卫生城成果。打造宜居绿色城市。严守“三线一单”，统筹安排生产、生活、生态空间，走内涵、集约、绿色发展之路。深度聚焦各级督察反馈问题整改，打好蓝天、碧水、青山、黑土地、草原湿地保卫战。紧扣生态之城的发展定位，抓实辽河治污等重大生态环保项目，推进城镇污染治理、雨污分流改造、再生水回用、市区绿化等重点工程，加快推进“十百千万”工程，打造外有颜值、内有气质的魅力城市。

（七）聚焦民生改善，顺应美好生活新期盼。紧盯老百姓关心关注的就业、社保、教育、医疗等民生问题，打破常规促发展，尽心尽力保民生。用心用情办实事。重点办好10件民生实事：①改造升级43个老旧小区，为部分具备条件的楼栋加装电梯，为城区35个老旧、弃管小区完善视频监控，改善市民居住环境；②推动28所小区配套幼儿园投入使用，提升学前教育整体规模和办园水平，满足适龄儿童入园需求；③推广华宇新型社区建设成功经验，再创建30个“幸福小区”，提升城镇居民的幸福感、获得感；④完善医疗保障体系，增加城镇职工门诊慢特病疾病报销病种，扩大城镇职工医疗保险待遇保障范围，允许破产企业退休职工参加大额医疗费用补充保险，调整基本医疗保险异地就医转诊政策制度，方便参保人员转诊就医；⑤推进新开区棚户区改造项目和东南新城公租房项目建设，解决3200户群众回迁和住房问题；⑥推进南北河生态修复工程建设，提升改善市区人居环境；⑦完善城市公交基础设施建设，智能化改造400个站牌、新增优化5条公交路线、优化改造2条偏远地区客运班线，便利市民交通出行；⑧推进龙凤园公墓建设项目，健全四平市民生服务体系，践行公益为民理念，培育社会文明新风尚；⑨开工建设四平市民之家（政务大厅），努力打造全国一流的标志性民生项目；⑩实施残疾人精准康复行动，为全市1万名有康复需求的残疾儿童和持证残疾人提供基本康复服务，推进残疾人康复事业发展。多管齐下稳就业。重点落实灵活就业人员社会保险补贴等三大普惠性政策，扎实做好高校毕业生、退役军人、城镇失业人员等五类重点群体就业，开展职业能力提升行动，完成培训2万人以上，提高劳动力素质，保持就业形势整体稳定。发挥创业学院带动作用，争创省级农民工等人员返乡创业基地。深入实施高技能人才回引和高校毕业生留平计划，加快人力资源产业园建设。兜牢底线强保障。稳步提高城乡低保和特困人员保障标准，持续开展社会救助脱贫攻坚兜底保障行动。推进法治医保、医疗保障信息化建设，逐步扩大城乡医保覆盖面。做好养老保险征集发放，保障社会保险基金安全。加大城镇供热保障力度，市区居民冬季供暖温度基本达到20℃以上。深入开展“爱心午餐”“圆梦大学”“情暖万家”等慈善救助活动。繁荣事业增福祉。深化大学区管理改革，加强教师队伍建设，推进现代职业教育园区和丛泉新区学校建设。推动公立医院改革，优化临床诊疗管理。加快市中心医院传染病救治网络建设等项目，提高应对突发重大公共卫生事件能力。特别是做好常态化疫情防控，严格落实外防输入、内防反弹措施，切实巩固抗疫斗争胜利成果。推进综合养老服务示范中心建设，构建多层次的社会养老服务体系。推动实施“八五”普法，加快依法治市进程。加快推进城乡文化服务场所建设，丰富人民群众精神文化生活。广泛开展群众性体育活动，增强全民身体素质。统筹推进民族宗教、红十字、妇女儿童、残疾人等各项工作。强化治理保稳定。完善立体化社会治安防控体系，严厉打击各类违法犯罪。巩固扫黑除恶斗争成果，打造“无黑恶城市”。扎实开展安全生产专项整治三年行动，坚决遏制较大以上安全事故发生。坚持人民至上，切实提升防灾减灾救灾能力。落实“四个最严”要求，保障群众饮食用药安全。完善多元化预防和化解社会矛盾机制，开展城乡建设、劳动和社会保障、农业农村、自然资源、涉法涉诉等领域信访专项治理。抓实双拥共建工作，保持“全国双拥模范城”荣誉。做好民族宗教工作，推动民族团结进步示范点建设。

*（八）不断加强自身建设，续写政府治理新篇章。*新时代是担当者、奋斗者的时代。站在新的历史起点上，必须主动适应新形势新任务，提高行政能力和管理水平，打造高效、有为政府。旗帜鲜明讲政治。树牢“四个意识”，坚定“四个自信”，做到“两个维护”，把学习习近平新时代中国特色社会主义思想作为首修课、必修课，把贯彻习近平总书记视察吉林视察四平重要讲话重要指示精神融入工作各方面、全过程，坚决贯彻中央省市委决策部署，以对党绝对忠诚保证各项决策部署落地见效。解放思想转观念。始终牢记“解放思想永无止境”的殷殷嘱托，时刻保持刀刃向内的自省自觉，坚决破除传统观念、习惯做法、路径依赖的负面影响，立足现实突破发展旧思维，放眼未来打好战略主动仗，不为定势所拘、不为传统所累、不为经验所缚，奋力“拼”，大胆“闯”，进一步推动思想理念的自我革命、思维方式的自我更新、行为方式的自我超越。依法行政履职责。时时处处维护宪法法律权威，带头遵纪守法、捍卫法治，切实贯彻好《民法典》，提高运用法治思维和法治方式推动工作、解决问题的能

力。加快建设法治政府，建立完善重大决策的公众参与、终身责任追究和责任倒查制度，提升依法行政、依法执政的能力和水平。聚焦“六稳”“六保”等重大政策落实，加强医疗养老、农房改善等重点领域审计监督。自觉接受人大依法监督和政协的民主监督等各方面监督，抓好人大代表建议和政协提案办理工作。清正廉洁守底线。严格执行《准则》《条例》，时刻绷紧廉洁自律这根弦。坚持过“紧日子”，从严控制行政成本，深入推进财政预算、公共资源配置、重大建设项目批准和实施公开。抓好财政资金分配使用、国有资产监管、政府投资、公共资源转让、公共工程建设等领域的监督检查。压实压紧全面从严治党主体责任，以过硬的党性践忠诚、担使命。狠抓落实转作风。将问题导向、目标导向、结果导向作为一种工作理念、工作方法、工作制度，坚持明目标、明责任、明路径，稳中求进，步步为营，当好攻坚破难“主攻手”；实行全面、全程、全员，亲自上，带头冲，跑出振兴发展“加速度”；突出重点、难点、亮点，精准发力，大胆突破，争做跨越赶超“领跑者”；围绕问时、问效、问责，以实绩评价，用结果说话，亮出务实担当“指挥棒”。

前路漫漫，道阻且长，行则将至，做则必成。四平全面振兴全方位振兴的新时代发展之锚已经掷下，未来的征程需要大家同心奋斗、携手前行。让我们更加紧密地团结在以习近平同志为核心的党中央周围，高举习近平新时代中国特色社会主义思想伟大旗帜，坚定信心，锐意进取，加快建设新时代“美丽四平、幸福家园”，以优异成绩迎接中国共产党成立100周年！

名词解释

1. **七个率先**：率先采用运营商推送数据，率先实行实名制购药登记，率先关闭诊所，率先落实“五个精准”要求（精准溯源、精准扩大隔离范围、精准制定解除集中隔离条件、精准对治愈出院患者开展“回头看”、精准夯实基层责任），率先对密接者集中隔离，率先推行出门证制度，率先由公安介入病例轨迹追踪核查。

2. **梨树模式**：从2007年开始，梨树县农业技术推广总站与中国科学院、中国农业大学等科研单位深度合作，经过十余年科研攻关，研发出的适合我国国情的玉米秸秆覆盖全程机械化栽培技术模式。其核心内容是，在玉米收获时将秸秆直接覆盖在地表，配套相关技术措施，建立秸秆覆盖、免耕播种、宽窄行种植、配方施肥、化学除草、综合防病及收获全程机械化技术体系，从而达到保持土壤水分、减少土壤风蚀水蚀、培育土壤肥力、节约耕作成本的目的。2020年7月习近平总书记视察四平期间，对该模式给予充分肯定，并指示要认真总结和推广。

3. **四好农村路**：建好、管好、护好、运营好农村公路。

4. **三透四督四整三稳一追问**：“三透”即悟透中央精神、参透地方实情、穿透问题本质；“四督”即市级层面、县级层面、金融机构、监管机构督指体系；“四整”即整治地方政府债务风险、非法集资风险、银行信贷风险、地方法人金融机构风险；“三稳”即稳定流动性、舆情、社会环境；“一追问”即追责问责。

5. **一矩阵、三摸清、五条块、五约束、八机制**：建立“一矩阵”，即横向到边、纵向到底、由始到终的市县乡村四级管控责任矩阵；做到“三摸清”，即污染底数摸清、重点源头摸清、风险隐患摸清；构建“五条块”，即城乡污水集中处理条块、城乡垃圾处理条块、畜禽粪污治理条块、生态系统修复条块、水循环利用条块；创立“五约束”，即提醒约束、预警约束、督办约束、约谈约束、问责约束；健全“八机制”，即组织保障机制、统筹推进机制、协同共治机制、联防联控机制、设施稳定运营机制、分析研判机制、社会共治机制、督察问责机制。

6. **一巩固、两防范、三提升、四衔接**：“一巩固”即持续巩固脱贫成果；“两防范”即针对脱贫不稳定人口、边缘人口建立防返贫防致贫体制机制；“三提升”即提升组织保障水平、基础设施水平、督导考核水平；“四衔接”即规划衔接、政策衔接、产业衔接、机制衔接。

7. **健康直通车**：为打通健康扶贫“最后一千米”而推出的创新举措，实行县乡村三级“车长制”，

“村级车长”全面筛查病患及就医、用药需求；“乡级车长”核实预购药品是否纳入医保报销目录；“县级车长”对目录内药品进行特殊采购，并由“乡级车长”“村级车长”亲自送达患者手中。

8. 一号项目：各县（市）区政府和各部门“一把手”直接谋划、包装、推进的重点项目或重大事项，原则上产业类项目投资不低于5000万元，基础设施类、民生类项目投资不低于2000万元。

9.新基建“761”工程：为加快补齐我省基础设施短板，省政府决定启动实施的新型基础设施建设工程，从2020年开始实施，“十四五”期间完成。“7”即5G基础设施、特高压、城际高速铁路和城际轨道交通、新能源汽车充电桩、大数据中心、人工智能、工业互联网“七大新型基础设施”；“6”即智能信息网、路网、水网、电网、油气网、市政基础设施网“六网”；“1”即社会事业补短板。

10.十大促销活动：英城钜惠欢乐购活动、抽奖促销活动、成品油专项促销活动、汽车类专项促销活动、家电家具专项促销活动、四平地产品专项促销活动、美食推广专项促销活动、珠宝饰品专项促销活动、“文旅+”一揽子专项促销活动、体育专项促销活动。

11.“一平方千米”产业承载区：各开发区围绕主导产业补链延链强链，开辟1平方千米以上土地作为产业项目集中承载区域，实现“七通一平”，力争用1—2年时间摆满项目，形成优势产业集聚效应。

12. 三支柱一市场：“三支柱”即信用信息服务、农村基础金融服务、物权增信服务；“一市场”即农村综合产权流转交易市场。

13. 一体六同：长春四平一体化规划和交通同网、园区同建、产业同兴、开放同畅、服务同城、生态同治。

14. 城市超脑：依托云计算、物联网、大数据、移动互联网等新一代信息技术，打破部门、领域间的信息壁垒，实时监测城市基础设施、交通、环境、人口、安全等方面运行状况，模拟人体特征进行城市诊断，构建从规划到建设到管理的全过程城市运行大数据科学决策中心。

15.雪亮工程：以县乡村三级综治中心为指挥平台、以综治信息化为支撑、以网格化管理为基础、以公共安全视频监控联网应用为重点的群众性治安防控工程。

16. 数字城管：采用信息化手段和移动通信技术，分析和处理整个城市的所有部件和事件信息，推动城市管理现代化。

17.“五零”举措：零见面、零证明、零成本、零等待、零跑动。

18.“16629”奋斗目标：粮食生产达到100亿斤，保护性耕作面积达到600万亩，高标准农田建设面积达到600万亩，农产品加工业产值达到200亿元，农业机械化率达到90%以上。

19.一山携两翼、四水嵌八珠：“一山”即龙塔山；“两翼”即城市西北翼和东南翼；“四水”即东辽河、招苏台河、条子河、叶赫河；“八珠”即二龙湖、转山湖、丛泉湖、上三台水库、下三台水库、山门水库、塔山水库、青石岭水库。

20.馆城一体、山城协同、一路贯通：“馆城一体”即把城市整体作为一个大规模、开放性的红色文化场馆去打造，四平战役纪念馆、烈士陵园、烈士纪念塔等场馆星罗棋布，与英雄城融为一体；“山城协同”即塔子山红色小镇依山而建，协同发展；“一路贯通”即西起飞机场、东至塔子山约20千米的中央路及东西延长线贯穿其间。

21.二轴三环四射七联络：东部直达延边州、西部直达白城市和内蒙古自治区、南部直达辽宁省及以南地区、北部直达松原市及黑龙江省的公路网络，“二轴”即东横轴（国道京抚公路—国道集阿公路）、西横轴（四平至双辽公路）；“三环”即环城公路、二环公路、新环路；“四射”即国道牙四公路、四平至松原公路、四平至伊通公路、四平至杨木林公路；“七联络”即国道双嫩公路、明水至沈阳公路、双辽至伊通公路、秦家屯至八面城公路、梨树至长春公路、抚松至公主岭公路、长春经济圈公路。

22.北融南开：“北融”即向北推进长平一体化协同发展，深度融入长春经济圈；“南开”即向南贯通长平营陆海联运主通道，融入国内国际双循环，衔接沈阳经济区和辽宁沿海经济带，进一步融入京津冀协同发展、长江经济带、粤港澳大湾区等国家战略。

23.六重一关键：重点企业、重点产业、重大项目、重大政策、重大改革、重大平台和关键指标。

24. 黑土地保护利用“五大工程”：创新集成工程、模式示范工程、基地建设工程、服务体系工程、品牌创建工程。

25.五清一绿两改：“五清”即清理农村生活垃圾、清理沟渠道边垃圾、清理畜禽养殖粪污等农业生产废弃物、清理乱堆乱放乱搭乱建、清理废弃房屋庄院及残垣断壁；“一绿”即创建绿色家园；“两改”即改变不良生活习惯、改变落后生活方式。

26.三抓：抓环境、抓项目、抓落实。

27.三早：早开工、早投产、早见效。

28.“链长制”招商：由市级领导、行业主管部门领导和产业集聚地主要领导带队开展的专业化精准招商，聚焦四平市八大重点产业科学谋划招商项目，绘制产业链图谱，编制产业招商地图。

29.“五个一”专班：一个重大项目、一位领导干部、一个责任部门、一名项目专员、一抓到底的专班包保机制。

30.“9+X”问题解决模式：“9”即发改、商务、工信、自然资源、住建、生态环境、统计、林业、金融等九个项目问题解决常任部门；“X”即涉及本层级协调问题的下级政府、管委会和本层级其他相关单位。

31.“一二五八十”工程：制定“一个目标”，即打造东北区域重要物流集散地；争创“两个国家级平台”，即国家骨干冷链物流基地、两岸冷链物流产业合作示范城市；打造“五个中心”，即优质农副产品集散中心、石油交易物流中心、大宗商品物流中心、专用车和汽车零部件集散中心、农机物流中心；实施“八个工程”，即冷链物流工程、大宗商品物流工程、商贸物流服务工程、数字物流工程、多式联运工程、应急物流工程、国际物流工程、物流基础设施建设工程；建设“十大重点项目”，即东北农产品集散交易市场项目、四平市内陆港保税物流中心项目、国家骨干冷链物流基地项目、东北成品油交易市场建设项目、年产250万吨中铁加仑LNG铁路仓储物流园项目、北方万邦·东北农产品物流园二期项目、四平市多式联运物流中心项目、万通建材物流产业园项目、城乡高效物流配送项目、吉高物流园建设项目。

32. 红色文化廊道：在全长10千米的寿松大街上，展示全军大型退役装备、战斗英雄雕像、国防知识科普等，突出军事文化、红色文化，打造国防和爱国主义教育基地。

33.无证明城市：群众和企业去政府机关、公共事业单位、服务机构办事，不需要提交需要自己跑腿去开具的证明材料。

34. 一心一轴一廊：“一心”即丛泉湖核心区；“一轴”即以四梨大街串联形成的四梨产业融合发展轴；“一廊”即以丛泉湖和湿地公园串联形成的仙马泉河生态廊道。

35.“五横五纵”新区道路体系：“五横”即梧桐路、溪谷大路、黑松路、胡杨路、白桦路；“五纵”即寿松大街、冬青街、君子街、四梨大街、杏园街。

36.十五横十二纵：东西向15条、南北向12条主干道路。

37. 三线一单：生态保护红线、环境质量底线、资源利用上线和生态环境准入清单。

38.“十百千万”工程：十大绿地空间、百里生态林廊、千亩果林花海、万顷碧水清河。

39. 四个最严：最严谨的标准、最严格的监管、最严厉的处罚、最严肃的问责。

地方性法规

四平市机动车停车条例

（2020年3月19日，四平市第八届人民代表大会常务委员会第二十九次会议审议通过，2020年6月5日，吉林省第十三届人民代表大会常务委员会第二十二次会议批准）

第一章　总　则

第一条　为了加强机动车停车治理，规范停车秩序，改善停车环境，根据有关法律法规，结合本市实际，制定本条例。

第二条　市、县（市）人民政府所在地城市建成区停车场规划、建设、使用和停车管理、服务适用本条例。

第三条　本条例所称停车场，是指供机动车停放的场所，包括公共停车场、专用停车场及城市道路停车泊位。

公共停车场是指依据规划独立或者配套建设，为社会公众提供机动车停放的场所。

专用停车场是指依据规划配套建设，为本单位、本住宅小区提供机动车停放的场所。

城市道路停车泊位是指公安机关交通管理部门在城市道路施划，为社会公众提供机动车临时停放的场所。

第四条　城市管理行政执法部门统筹机动车停车治理工作，组织拟定停车治理相关政策、服务标准和服务规范，负责政府出资建设停车场的日常管理，监督管理公共停车场、城市道路外停车行为。

公安机关交通管理部门负责城市道路停车泊位施划，参与相关停车场设计方案审核、涉及交通安全畅通的公共停车场竣工验收和交通影响评价，监督管理城市道路内停车行为。

住房和城乡建设部门负责监督管理停车场建设，参与公共停车场的交通影响评价。

自然资源部门负责相关停车场规划审批、规划核实与交通影响评价。

发展和改革部门负责制定机动车停车服务收费政府定价、政府指导价的收费标准。

财政、税务、市场监督、应急管理等部门及消防救援机构按照各自职责，负责停车治理相关工作。

第二章　停车场规划与建设

第五条　市、县（市）人民政府应当依据城市总体规划，组织编制、实施停车场建设专项规划。停车场建设专项规划应当明确公共停车场规划和布局，规定停车场配建标准和城市道路停车泊位设置要求。

第六条　市、县（市）区人民政府应当逐步加大财政投入，推广政府和社会资本合作模式建设公共停车场。

第七条　建设单位应当按照国家有关规定及相关工程建设标准建设公共停车场和专用停车场；配套建设的停车场，应当与主体工程同步设计，同步施工，同时验收，同时交付使用。

自然资源部门应当在作出建设项目规划审批前，征求公安机关交通管理部门对公共停车场和专用停车场设计方案的意见，并会同住建、公安机关交通管理部门对公共停车场进行交通影响评价。

第八条　公安机关交通管理部门应当在城市道路内施划城市道路停车泊位，其他单位或者个人不得擅自施划或者阻挠、妨碍公安机关交通管理部门施划。

第九条　公安机关交通管理部门施划城市道路停车泊位应当遵守下列规定：

（一）设置交通标志、标线，明示停车类型、停车时段、标示方向，并合理规划缘石坡道；

（二）禁止在城市道路绿化带和公共广场内施划；

（三）禁止在医院、学校、幼儿园、托儿所出入口两侧机动车道各三十米内施划；

（四）禁止在住宅小区、过街天桥出入口两侧十米内施划；

（五）禁止在公交车、校车、应急保障车、救护车、警用车专用场（站）内施划；

（六）禁止在市政设施、消防设施、燃气设施、消防车通道、无障碍设施通道、医疗救护通道、公交专用通道上施划；

（七）禁止在双向通行宽度不足十二米或者单向通行宽度不足八米的城市主干道上施划；

（八）禁止在城市快速路、市区主干路以及其他交通流量大的城市道路上施划。

公安机关交通管理部门可以在特定地点施划公交车、出租车、校车、通勤、邮政、快递、银行运钞等机动车的专用停车泊位。

第十条　单位或者个人可以利用待建土地、空闲厂区、边角空地、未移交道路或者其他闲置场所建设临时停车场。

住宅小区专用停车场不能满足业主停车需求的，由住宅小区专有部分面积占比和人数占比均为三分之二以上的业主参与表决，并经参与表决专有部分面积和参与表决人数四分之三以上的业主同意，物业服务企业或者居民委员会可以利用业主共有道路或者场地建设临时停车场。

依据前两款规定建设临时停车场的，应当向城市管理行政执法部门提出申请，由城市管理行政执法部门征求住建、自然资源、公安机关交通管理、应急管理等主管部门意见后，在五个工作日内作出批准或者不予批准决定。

第三章　停车管理与服务

第十一条　城市管理行政执法部门应当建立停车管理服务平台和停车诱导系统，组织实施停车信息接入，与公安机关交通管理部门实现数据共享。

第十二条　机动车停车服务收费实行政府定价、政府指导价和市场调节价。具体收费范围、标准等应当按照市、县（市）政府有关规定执行。

第十三条　单位专用停车场可以在非工作时间向社会公众提供停车服务。

住宅小区专用停车场在满足业主停车需求前提下，可以依法向社会公众提供停车服务。

第十四条　公共停车场应当向社会公众提供二十四小时停车服务。

第十五条　临时停车场停止使用或者改作他用的，应当到城市管理行政执法部门办理注销手续，不得擅自停止使用或者改作他用。

第十六条　公共停车场经营者应当遵守下列规定：

（一）在营业前十五日内按照城市管理行政执法部门要求提供备案材料，办理登记备案。但临时停车场除外；

（二）在停车场出入口设置停车标志并标明开放时间、停车泊位数量、收费单位、收费标准、收费依据和监督电话；

（三）确保标志、标线及交通安全设施正常使用；

（四）停车场内不得停放无号牌以及装载易燃、易爆、有毒、有害等危险物品或者其他违禁物品的机动车；

（五）按照明示的标准收费；

（六）发现疑似废弃机动车的，应当向城市管理行政执法部门报告；

（七）禁止开展影响机动车行驶和停放的其他活动。

第十七条　城市道路内，机动车驾驶人应当按照规定的停车类型、停车时段和标示方向在道路停车泊位内停车。

禁止在城市道路停车泊位以外的人行道上停车。

第十八条　禁止在城市道路停车泊位内从事下列行为：

（一）摆摊设点、摆放非机动车等占用城市道路停车泊位；

（二）设置地桩、地锁等占有城市道路停车泊位；

（三）毁损城市道路停车泊位及其标志、标线。

第十九条　城市道路外，禁止在消防车通道

或者广场、绿地等其他公共场所停车。

第二十条 禁止在城市道路或者其他公共场所停放废弃机动车。

有下列情形之一的，可以视为废弃机动车：

（一）经认定为报废的；

（二）经认定为无主的；

（三）其他可以认定为废弃机动车的情形。

第二十一条 城市管理行政执法部门、公安机关交通管理部门应当强化监督检查，及时发现、制止和处理违法停车行为。

第四章 法律责任

第二十二条 违反本条例第八条规定，擅自施划城市道路停车泊位的，由公安机关交通管理部门责令改正，处二百元罚款；阻挠、妨碍施划城市道路停车泊位的，由公安机关交通管理部门依照《中华人民共和国治安管理处罚法》有关规定处罚。

第二十三条 违反本条例第十条第三款规定，未经城市管理行政执法部门批准，擅自建设临时停车场的，由城市管理行政执法部门责令限期办理审批手续或者恢复原状，处一千元以上一万元以下罚款。

第二十四条 违反本条例第十五条规定，临时停车场擅自停止使用或者改作他用的，由城市管理行政执法部门责令限期改正；逾期未改正的，处一千元以上一万元以下罚款，并注销审批手续。

第二十五条 违反本条例第十六条第一项规定，未按要求办理登记备案的，由城市管理行政执法部门责令限期办理；逾期未办理的，处一千元以上五千元以下罚款。

违反第二项至第四项规定，未按规定设置标志，或者标志、标线及交通安全设施无法正常使用，或者停放禁停机动车的，由城市管理行政执法部门责令限期改正；逾期未改正的，处五百元以上二千元以下罚款。

违反第五项规定，未按照明示的标准收费的，由市场监督管理部门依照《价格违法行为行政处罚规定》有关规定处罚。

第二十六条 违反本条例第十七条第一款规定，在城市道路停车泊位内未按照规定停车的，由公安机关交通管理部门依照《中华人民共和国道路交通安全法》有关规定处罚。

违反第二款规定，在城市道路停车泊位以外的人行道上停车的，由公安机关交通管理部门处二百元罚款。

第二十七条 违反本条例第十八条第一项、第二项规定，占用或者占有城市道路停车泊位的，由公安机关交通管理部门责令改正，处二百元罚款。

违反第三项规定，毁损城市道路停车泊位及其标志、标线的，由公安机关交通管理部门依照《中华人民共和国道路交通安全法》有关规定处罚。

第二十八条 违反本条例第十九条规定，在消防车通道上停车的，由消防救援机构依照《中华人民共和国消防法》有关规定处罚；在广场、绿地等其他公共场所停车的，由城市管理行政执法部门处二百元罚款。

第二十九条 违反本条例第二十条规定，在城市道路或者其他公共场所停放废弃机动车的，由公安机关交通管理部门或者城市管理行政执法部门将废弃机动车拖移至不妨碍交通的地点或者本部门指定的地点。

第三十条 按照城市管理相对集中行政处罚权规定，市、县（市）人民政府可以依法将本条例中公安机关交通管理部门行使的有关行政处罚权交由城市管理行政执法部门行使。

第五章 附 则

第三十一条 本条例自2020年8月1日起实施。

四平市城市环境卫生条例

（2020年10月27日，四平市第八届人民代表大会常务委员会第三十五次会议通过，2020年11月27日，吉林省第十三届人民代表大会常务委员会第二十五次会议批准）

第一条 为了加强和改善城市环境卫生管理，创造整洁、优美的城市环境，根据有关法律法规，结合本市实际，制定本条例。

第二条 本条例适用于本市城市规划区中心城区环境卫生管理活动。各县（市）可以参照本条例执行。

第三条 市、区人民政府应当确定环境卫生主管部门，具体负责城市环境卫生管理工作。其他有关部门、街道办事处在各自职责范围内做好与城市环境卫生管理有关的工作。

第四条 城市环境卫生采取网格化管理，实行责任区和责任人制度。责任人、责任区域、管理内容和卫生保洁标准由区环境卫生主管部门根据网格确定，并以书面形式告知责任人。

责任人应当自行或者委托专业保洁人员进行卫生保洁，保证责任区环境卫生达到卫生保洁标准的要求。

责任区环境卫生未达到卫生保洁标准要求的，由区环境卫生主管部门对责任人予以警告，责令限期改正；逾期不改正的，处二百元以上一千元以下罚款。

第五条 区环境卫生主管部门所属的环境卫生管理机构工作人员应当按照有关作业规范，对职责范围内的街巷、道路、公厕等进行卫生保洁。

第六条 举行文化、体育、娱乐、庆典、集会等活动的组织者应当即时清扫活动中撒落的气球、花卉、碎屑、宣传单等，保证活动后场地整洁。

第七条 工程施工单位应当及时清运工程施工过程中产生的建筑垃圾等固体废物，并按照环境卫生主管部门的规定进行利用或者处置。工程竣工后，应及时修整场地，保证竣工后场地整洁。

工程施工车辆不得带泥上路行驶。

第八条 临时从事餐饮服务、小商品买卖的摊点经营者应当在当日经营结束后按照有关规定自行或者委托专业保洁人员收集、处置经营中产生的厨余垃圾等固体废物，保证经营场地整洁。

第九条 单位、个人应当按照有关规定将生活垃圾分类投放至生活垃圾收集设施。

单位、个人应当将房屋装修装饰过程中产生的建筑垃圾单独收集，并堆放至区环境卫生主管部门指定的地点。

第十条 餐馆、饭店、酒店、食堂等产生厨余垃圾的单位应当将厨余垃圾交由具备相应资质条件的单位进行无害化处理。

第十一条 单位、个人应当及时清除管理范围内的积雪，并就近堆放至区环境卫生主管部门指定的地点。

禁止任何单位和个人向城市绿化带、树穴、垃圾收集设施内倾倒积雪。违反本规定，由区环境卫生主管部门责令限期改正；逾期不改正的，处一百元以上五百元以下罚款。

第十二条 单位、个人在维修、抢修等施工或者接卸水体过程中造成城市道路大面积结冰的，应当及时进行清理。未及时清理的，由区环境卫生主管部门责令即时清理；拒不清理的，由区环境卫生主管部门组织代为清理，所需费用由违法行为人承担。

第十三条 禁止任何单位和个人向南河、北河、植物园、南湖公园等河道、湖泊的水域内倾倒、抛洒废油、污水、固体废物等。违反本规定，依据有关法律法规处罚。

第十四条 运输渣土、砂石、泥浆、冰雪、水等散体、流体的车辆应当采取覆盖、密闭等有效措施，不得遗撒、泄漏。违反本规定，依据有关法律法规处罚。

第十五条 本条例自2021年2月1日起施行。

统计资料

四平市第七次全国人口普查公报[1]

根据《中华人民共和国统计法》《全国人口普查条例》规定和《国务院关于开展第七次全国人口普查的通知》（国发〔2019〕24 号）要求，四平市在吉林省第七次人口普查领导小组办公室的指导下，开展了四平市第七次全国人口普查[2]。

全市人口情况

根据第七次全国人口普查结果，现将 2020 年 11 月 1 日零时四平市人口的基本情况公布如下：

一、总人口

全市常住人口为 1814733 人，与 2010 年第六次全国人口普查相比，减少 477487 人，10 年间减少 20.83%，年均减少 2.31%。

二、性别构成

全市人口中，男性人口为 904701 人，女性人口为 910032 人，性别比（以女性为 100，男性对女性的比例）为 99.41。

三、户别人口

全市共有家庭户[3] 700554 户，集体户 36703 户，家庭户人口为 1681136 人，集体户人口为 133597 人。平均每个家庭户的人口为 2.40 人，比 2010 年第六次全国人口普查减少 0.69 人。

四、民族人口

全市人口中，汉族人口为 1632366 人，占 89.95%；各少数民族人口为 182367 人，占 10.05%。与 2010 年第六次全国人口普查相比，汉族人口减少 445604 人，十年间减少 21.44%；各少数民族人口减少 31883 人，十年间减少 14.88%。

五、城乡[4]人口

全市人口中，居住在城镇的人口为 935799 人，占全市人口的比重（城镇化率）为 51.57%；居住在乡村的人口为 878934 人，占全市人口的比重为 48.43%。与 2010 年第六次全国人口普查相比，城镇人口减少 133454 人，乡村人口减少 344033 人，城镇人口比重上升 4.92 个百分点。

六、流动人口[5]

全市人口中，人户分离人口[6] 为 643190 人，其中，市辖区内人户分离[7] 人口为 199794 人，流动人口为 443396 人。与 2010 年第六次全国人口普查相比，人户分离人口增加 432199 人，增长 204.84%；市辖区内人户分离人口增加 125433 人，增长 168.68%；流动人口增加 306766 人，增长 224.52%。

县（市）区人口情况

根据第七次全国人口普查结果，现将 2020 年 11 月 1 日零时四平市分县（市）区常住人口[8] 有关数据公布如下：

一、县（市）区人口

5 个县（市）区中，人口超过 50 万人的有 1 个，在 20 万人至 50 万人之间的有 4 个。其中市辖区人口占全市人口的比重[9] 为 34.60%。

表 45　四平市各县（市）区常住人口统计表

单位：人、%

县（市）区	人口数	比重[3]	
		2020 年	2010 年
全市	1814733	100	100
铁西区	314307	17.32	12.16
铁东区	313650	17.28	14.61
梨树县	537145	19.6	34.14
伊通满族自治县	331873	18.29	20.73
双辽市	317758	17.51	18.35

二、县（市）区人口变化

与 2010 年第六次全国人口普查相比，5 个县

（市）区中，仅铁西区常住人口有所增加，十年间净增加35566人，其他县（市）区常住人口均有不同程度减少。

分县（市）区看，与2010年第六次全国人口普查相比，市辖区人口占全市人口的比重上升7.83个百分点，三个县（市）人口占全市人口的比重下降7.83个百分点。

人口年龄构成情况

根据第七次全国人口普查结果，现将2020年11月1日零时四平市常住人口的年龄构成情况公布如下：

一、全市人口年龄构成

全市常住人口中，0—14岁人口为214768人，占11.83%；15—59岁人口为1155658人，占63.68%；60岁及以上人口为444307人，占24.48%，其中65岁及以上人口为306398人，占16.88%。与2010年第六次全国人口普查相比，0—14岁人口的比重下降1.41个百分点，15—59岁人口的比重下降10.02个百分点，60岁及以上人口的比重上升11.42个百分点，65岁及以上人口的比重上升8.96个百分点。

表46　四平市人口年龄构成情况统计表

单位：人、%

年龄	人口数	比重
总计	1814733	100.00
0—14岁	214768	11.83
15—59岁	1155658	63.68
60岁及以上	444307	24.48
其中，65岁及以上	306398	16.88

二、县（市）区人口年龄构成

5个县（市）区中，15—59岁人口比重在65%以上的有2个，在60%—65%之间的有3个。

全市各县（市）区65岁及以上老年人口比重均在14%—21%之间，其中比重最低的是铁西区，为14.87%，比重最高的是伊通县，为18.05%。

表47　四平市各县（市）区人口年龄构成情况统计表

单位：人、%

县（市）区	占人口比重			
	0—14岁	15—59岁	60岁及以上	其中，65岁及以上
全市	11.83	63.68	24.48	16.88
铁西区	10.76	67.57	21.67	14.87
铁东区	9.99	65.65	24.36	16.71
梨树县	13.04	61.26	25.7	18
伊通满族自治县	11.54	62.05	26.4	18.05
双辽市	12.99	63.68	23.33	15.94

人口受教育情况

根据第七次全国人口普查结果，现将2020年11月1日零时我市常住人口受教育基本情况公布如下：

一、受教育程度人口

全市常住人口中，拥有大学（指大专及以上）文化程度的人口为223969人；拥有高中（含中专）文化程度的人口为287134人；拥有初中文化程度的人口为705401人；拥有小学文化程度的人口为452343人（以上各种受教育程度的人包括各类学校的毕业生、肄业生和在校生）。与2010年第六次全国人口普查相比，每10万人中拥有大学文化程度的人口由6564人上升为12342人；拥有

表48　四平市各县（市）区每10万人口中拥有的各类受教育程度人数统计表

单位：人/10万人

县（市）区	大学（大专及以上）	高中（含高中）	初中	小学
全市	12342	15822	41350	24926
铁西区	28970	22501	30961	12698
铁东区	14797	21351	40059	19259
梨树县	6204	9792	45136	32677
伊通满族自治县	7648	13258	39997	33085
双辽市	8748	156632	47917	20992

高中文化程度的人口由15270人上升为15822人；拥有初中文化程度的人口由44825人下降为41350人；拥有小学文化程度的人口由25545人下降为24926人。

二、平均受教育年限[10]

与2010年第六次全国人口普查相比，全市常住人口中，15岁及以上人口的平均受教育年限由9.11年增长至9.65年。

5个县（市）区中，平均受教育年限在10年以上的有2个，在9年—10年之间的有1个，在9年以下的有2个。

表49 四平市各县（市）区15岁及以上人口平均受教育年限统计表 单位：年

县（市）区	平均受教育年限
全市	9.65
铁西区	11.66
铁东区	10.23
梨树县	8.63
伊通满族自治县	8.83
双辽市	9.59

三、文盲人口

全市常住人口中，文盲人口（15岁及以上不识字的人）为35027人，与2010年第六次全国人口普查相比，文盲人口减少14061人，文盲率[11]由2.14%下降为1.93%，下降0.21个百分点。

注释：

[1] 本公报数据均为初步汇总数据。

[2] 普查标准时点为2020年11月1日零时，普查对象是普查标准时点在中华人民共和国境内的自然人以及在中华人民共和国境外但未定居的中国公民，不包括在中华人民共和国境内短期停留的境外人员。

[3] 家庭户是指以家庭成员关系为主、居住一处共同生活的人组成的户。

[4] 城镇、乡村是按国家统计局《统计上划分城乡的规定》划分的。

[5] 流动人口是指人户分离人口中扣除市辖区内人户分离的人口。

[6] 人户分离人口是指居住地与户口登记地所在的乡镇街道不一致且离开户口登记地半年以上的人口。

[7] 市辖区内人户分离人口是指一个直辖市或地级市所辖的区内和区与区之间，居住地和户口登记地不在同一乡镇街道的人口。

[8] 常住人口包括：居住在本乡镇街道且户口在本乡镇街道或户口待定的人；居住在本乡镇街道且离开户口登记地所在的乡镇街道半年以上的人；户口在本乡镇街道且外出不满半年或在境外工作学习的人。

[9] 比重：指各县（市）区的常住人口占全市人口的比重。

[10] 平均受教育年限是将各种受教育程度折算成受教育年限计算平均数得出的，具体的折算标准是：小学=6年，初中=9年，高中=12年，大专及以上=16年。

[11] 文盲率是指常住人口中15岁及以上不识字人口所占比例。

（四平市统计局 四平市第七次全国人口普查领导小组办公室）

2020年四平市组织机构与负责人名录

中国共产党四平市委员会

书　记　韩福春（至4月）
郭灵计（4月任）
副书记　郭灵计（至4月）
胡　斌（5月任）
常　委　韩福春（至4月）
郭灵计
胡　斌
李　岩
闫　旭（至6月）
吕　兵
梁彦举（11月任）
刘建国（至11月）
娄少华（女）
陈　强
褚春彦
赵连军
刘　琦（挂职，6月任）
张世强（12月任）
任小龙（挂职，至6月）
张　军（挂职，至6月）
秘书长　闫　旭（至6月）
副秘书长　刘宝双
刘光辉

四平市人民代表大会常务委员会

主　任　赵守信
副主任　姚令军（满族）
袁桂琴（女）
侯　川
史奎春
高铁成
秘书长　范颖杰（至12月）
副秘书长　孟宪国（11月任）
冯　彤（满族）

法制工作委员会（法制委员会）
主任委员　刘　皓
副主任委员　尤亚东（满族）
监察和司法委员会
主任委员　苏晓华（女）
副主任委员　赵　磊
财政经济委员会
主任委员　许长山（至12月）
王彦广（12月任）
农业与农村委员会
主任委员　张福春
副主任委员　刘黎明（至6月）
杨国锋（12月任）
教育科学文化卫生委员会
主任委员　王志东
人事代表选举委员会
主任委员　冯　彤（满族）
副主任委员　赵　志
城乡建设环境资源保护委员会
主任委员　杨大伟
副主任委员　王　维（女）
民族侨务外事委员会
主任委员　王彦广
副主任委员　于安春（至8月）
于文平（9月任）
社会建设委员会
副主任委员　于安春（9月任，至12月）
办公室
主　任　韩冬松
副主任　朱红宇（女，至8月）
白国文（蒙古族，9月任）
刘　英（女，12月任）
研究室
主　任　赵力影
副主任　张晓梅（女，至6月）
机关党委
副书记　冯书梅（女，至12月）

信访室

主　任　　于文平（至 8 月）

纪检监察组

组　长　　于　松（女）

四平市人民政府

市　长　　郭灵计（至 5 月）
　　　　　胡　斌（6 月任）

副市长　　陈　强
　　　　　曹　武
　　　　　王有利
　　　　　任小龙（至 7 月）
　　　　　张　军（至 7 月）
　　　　　侯国田（至 2 月）
　　　　　王柏仲
　　　　　郑一明（女）
　　　　　许　辉（3 月任）
　　　　　刘　琦（7 月任）

秘书长　　左今明

副秘书长　陈蕾妍（女，至 12 月）
　　　　　孙立阳（至 9 月）
　　　　　张秀权（至 12 月）
　　　　　杜绍辉
　　　　　刘　宇（至 8 月）
　　　　　李　伟
　　　　　王亚波（6 月任）
　　　　　孙中阳（满族，9 月任）
　　　　　刘立宅（9 月任）
　　　　　王百营

中国人民政治协商会议四平市委员会

主　席　　杨　枫（满族）

党组副书记　吕　兵（1 月任）

副主席　　赵青山
　　　　　孙立忠
　　　　　周　进（女，回族）
　　　　　寇春生
　　　　　李秀云（女）

秘书长　　刘伟忠（至 12 月）
　　　　　张秀权（12 月任）

副秘书长　贾　蕙（女，满族）
　　　　　胡万宝

提案委员会

主　任　　郭玉峰

文化教育卫生文史委

主　任　　樊东咚（女）

副主任　　周　鹏

经济科技委员会

主　任　　路化龙（满族）

副主任　　张　凯

社会法制委员会

主　任　　李　欣（女，1 月任）

副主任　　吉　利（女，1 月任）

港澳台侨联络委员会

主　任　　韩昆辉

副主任　　冯国俊（至 1 月）

办公室

主　任　　贾　蕙（女，满族）

副主任　　刘海武
　　　　　冯国俊（1 月任）

调研室

主　任　　马世梅（女）

副主任　　翟　山

机关党委

书　记　　毛信辉

纪检监察组

组　长　　陈　秋

中国共产党四平市纪律检查委员会（监察委员会）

纪委书记、监委主任　梁彦举

纪委副书记、监委副主任
　　　　　叶永兴（满族，至 9 月）
　　　　　石凌宇
　　　　　张德鸿

常　委　　闫春和（至 12 月）
　　　　　贾方欣
　　　　　王国旗
　　　　　马银峰

监委委员　闫春和（至12月）
王国旗
马银峰
陶　蒙（满族）
办公室主任　张文平
组织部部长　陈立钧
宣传部部长　马　涛（回族，9月任）
党风政风监督室主任
赵　晶（女）
信访室主任　孙秀娟（女）
案件监督管理室主任
马　涛（回族，至9月）
袁志国（9月任）
纪检监察干部监督室主任
栾兴涛（1月任）
第二监督检查室主任
李国华
第三监督检查室主任
田　鑫
第七审查调查室主任
张海忠
第十审查调查室主任
李　毅（1月任）
第十一审查调查室主任
袁志国（至9月）

市委工作部门

市委办公室（市档案局）
主　任（局长）　刘光辉
副主任（副局长）　孙德志
高德春
杨占伟
纪检监察组组长　高世明
保密委专职副主任
孙德志（11月任）
市委组织部
部　长　娄少华（女）
常务副部长　张　赤
副部长　苏　野（满族）
贺　威（女，至12月）
郑旭武（12月任）
万奉龙（满族）
李伟胜
市委非公有制企业和社会组织工作委员会书记
万奉龙（满族，8月任）
市委非公有制企业和社会组织工作委员会专职副书记　李　欣
市党员干部现代远程教育中心主任
王学明（6月任）
纪检监察组组长　刘列军
市委宣传部
部　长　赵连军
常务副部长　吕慧波（女，满族，12月任）
副部长　董明源（满族）
陶永战（至6月）
吕　凡
纪检监察组组长　徐洪波（至5月）
市委统战部
部　长　吕　兵
常务副部长　娄平广（至12月）
宋春来（女，12月任）
副部长　宋春来（女，至12月）
董　闯（12月任）
施国锋
纪检监察组组长　张宝库
市委政法委
书　记　褚春彦
副书记　黄亚斌（满族，至9月）
李炳辉（至9月）
时闻波
崔丙龙
王建东（满族，至6月）
李志坚
政治部主任　王海玲（女）
综治办副主任　郭贵春
纪检监察组组长　李文志
市委政研室（市委全面深化改革领导小组办公室）
主　任　李宁源
副主任　栾　宇
丁树军

市委网络安全和信息化委员会办公室
主　任　徐长彦
副主任　王　丹（女）
铁韧峰
市委机构编制委员会办公室
主　任　于奉春
副主任　孙树军
姜青山
李明辉
市直属机关工作委员会
书　记　韩若飞
副书记　贾　鹏
吴伟东（女）
王尊良
纪检监察工作委员会书记
韩冬柏
市委、市政府信访局
党组书记、局长　郭章军
副局长　韩英志（至8月）
范崇汇（至12月）
王　飞
付　彪（12月任）
市委巡察工作办公室
主　任　马柏森
副主任　刘立国
王春刚
第一巡察组组长　孙晓红
第一巡察组副组长　周　耿（土家族）
第二巡察组组长　孙　罡
第二巡察组副组长　金长江（满族）
第三巡察组组长　姜　秋（至11月）
第三巡察组副组长　杨春景
市委老干部局
局　长　苏　野（满族）
副局长　刘　鹏（至12月）
胡月明
李金成（12月任）
市委保密委员会办公室（市国家保密局、市委机要局〈市密码管理局〉）
主　任（局长）　王嘉辉
副主任（副局长）　徐　国（至8月）
张冬梅（女）
杜爱军（9月任）

市政府工作部门

市政府办公室（市外事办公室）
党组书记、主任　张秀权（至12月）
副主任　杨小平
郭晶明
刘立宅（至9月）
纪检监察组组长　刘雪梅（女）
市发展和改革委员会
党组书记、主任　邱　岩（至12月）
副主任　卫　烜
刘　学（满族）
付　强
纪检监察组组长　万国军
市教育局
党组书记、局长　张　赤（至6月）
李捷轩（6月任）
副局长　韩先俊
张旭东
朱环宇
专职督学　韩　晶（女）
纪检监察组组长　贾成龙
市科学技术局
党组书记、局长　周志远
副局长　赵圣英
吕长平
市工业和信息化局（市中小企业发展局）
党组书记、局长　孙立阳（12月任）
党组副书记、副局长
张国忠（至12月）
副局长　栾国辉（至12月）
李国胜（至8月）
纪检监察组组长　马　铭（女）
市民族事务委员会（宗教事务局）
党组书记、主任（局长）
金　平（女，朝鲜族，至12月）
副主任（副局长）　杜振宇
田忠田

张铁军

市公安局

党委书记、局长 侯国田（至3月）

许　辉（3月任）

常务副局长 朱　君（至12月）

闫春和（12月任）

副局长 段于建（至8月）

王智清

张子军

李彤男

卢宪龙

崔向义

宿晓出

政治部主任 曹俊峰

纪检监察组组长 程　裕（满族）

市民政局

党组书记、局长 郑旭武（至12月）

贺　威（女，12月任）

副局长 王福东

谷立志

贾玉和

纪检监察组组长 孙淑清（女）

市司法局

党组书记、局长 孟智群

副局长 杨树启

张云鹏

崔丕军

陶树鹏（女）

马连伟

市财政局

党组书记、局长 郭建政

副局长 阮金良

耿忠立

李鹏宇（6月任）

纪检监察组组长 梁晓东

市人力资源和社会保障局

党组书记、局长 贺　威（女，至12月）

郑旭武（12月任）

副局长 牛雪征（满族）

纪来顺

管恩来

刘　力（9月任）

纪检监察组组长 关剑峰（满族）

市自然资源局

党组书记、局长 王光普

副局长 何立行（满族）

岳志会

杨国锋（至11月）

自然资源督查 石洪生（5月任）

市国土空间利用服务中心副主任

庄　岩（9月任）

市生态环境局

党组书记、局长 太史名华（至12月）

副局长 马光文（回族）

王福文

何丽春（女）

王海燕（女，1月任）

市住房和城乡建设局

党组书记、局长 宋彦亮（至11月）

刘中文（12月任）

副局长 刘　岩（至12月）

姜亚非

刘晓辉

纪检监察组组长 赵恒禹

市城市管理行政执法局

党组书记、局长 杨　波

副局长 刘永龙（至12月）

王亚波（至6月）

苑志勇

市交通运输局

党组书记、局长 李春锋

党组副书记、副局长

孟翔鹏

副局长 曲明威（至11月）

单钰婷（女）

曹松涛（7月任）

纪检监察组组长 李彦锋

市水利局

党组书记、局长 鲍金双

副局长 李亚坤（女，满族，至1月）

段中华

高维军

纪检监察组组长　魏玉利

市农业农村局

党组书记、局长　王志军

副局长　沈钧辉

滕显龙

张玉欣（满族，6月任）

纪检监察组组长　关　伟

市商务局

党组书记、局长　郭　晶（女）

副局长　柳东宇

刘文利

王正夏

张　岩

市文化广播电视和旅游局（市体育局）

党组书记、局长　金紫鹰

副局长　吴东光（至7月）

全七福（朝鲜族，至12月）

侯文田

王志平

高云久（满族）

郭宏宇（至8月）

孙大太（满族，至12月）

纪检监察组组长　方军生

市卫生健康委员会（市中医药管理局）

党组书记、主任（局长）

孙立荣（女，满族）

副主任（副局长）　修文学

周　瑞（女）

张　宇

纪检监察组组长　陈秀英（女）

市退役军人事务局

党组书记、局长　霍　宽

副局长　杜翼飞

王忠海

纪检监察组组长　迟瀚文（女）

市应急管理局（市煤矿安全生产监督管理局）

党委书记、局长　石尚民

副局长　王　进

张春平

陈　杰

王　鹏

毕映远

政治部主任　赵云鹏（9月任）

市审计局

党组书记、局长　孟宪国（至11月）

李晨光（2月任）

副局长　马　冀（女，回族）

董柏成

吴　琳

总审计师　于秋野

市市场监督管理局（市知识产权局）

党组书记、局长　陶立春（至12月）

副局长　陆晓波

李继岩（至11月）

崔英健

李炳伊（满族）

李亚东

李　勇

王志刚

魏岩忠（满族）

杨金武

纪检监察组组长　张双久（满族）

市医疗保障局

党组书记、局长　袁义顺

副局长　郜长永

张　鹏

市机关事务管理局

党组书记、局长　毕志杰

副局长　赵　明

何　伟（女，至8月）

冯静春（9月任）

纪检监察组组长　陈　晶（女）

市粮食和物资储备局

党组书记、局长　李　蛟

副局长　张忠权（满族）

裴宇东

纪检监察组组长　王双庆

市人民防空办公室

党组书记、主任　张玉楼

副主任　王朝权

高文超

刘　浩

陈　湖（12月任）

市金融工作办公室

党组书记、主任　王健雄（至8月）
副主任　靳朝阳（至12月）
黄文生
杨利戈（8月任，挂职）

市政府政务服务和数字化建设管理局（市软环境办公室）

党组书记、局长（主任）
张洪生（至12月）
副局长（副主任）　刘树山（至3月）
生明辉
王天昊
杜　凤（9月任）

市扶贫开发办公室

党组书记、主任　赵龙举（7月任）
副主任　赵　明
李吉成
尹丹丹（女，至12月）

市林业局

党组书记、局长　张孝富（至12月）
副局长　吴卫平（女，12月任）
邹振峰（12月任）
王　利

市委、市政府直属部门

市委党校

校　长　李　岩
常务副校长　唐亚民（至12月）
副校长　张　艳（女）
孟庆民
白博文
教育长　宁文斌（满族）

四平日报社

党委书记、社长、总编辑
马云升
副社长　郑军辉（女，至9月）
廉士传
庄　力（12月任）
副总编辑　孟立君
胡艳军
于国占

市委党史研究室

主　任　季亚娟（女，至12月）
梁玉堂（12月任）
副主任　孙　嘉

市档案馆

馆　长　史　良
副馆长　田洪石（至3月）
韩春红（女）

市重点项目服务中心

副主任　杨万兵（至8月）
孙中阳（至9月）

市供销合作社联合社

党组书记、理事会主任
陈立英
监事会主任　刘树义
理事会副主任　吕清俊
徐恩发
顾赞伟

市地方志编纂委员会

党组书记、主任　杨旭东（至12月）
于　之（女，12月任）
副主任　张桂玲（女）

市住房公积金管理中心

党组书记、主任　王大春
副主任　刘　健
吉潜妤（女）
席永明

四平广播电视台

党委书记、台长　郭殿飞（至1月）
张海涛（8月任）
副台长　张海涛（至8月）
郭赤业
曲智敏（女）
卢国文（12月任）

市水利勘测设计研究院

院　长　陈学东

市城乡规划设计研究院

院　长　戴　路
党支部书记　徐　平

民主党派·工商联

中国国民党革命委员会四平市委员会
主 委 王学君（女，驻会）
专职副主委 曲晓春
副主委 郝锡联
吴志平
徐冰峰（5月增补）
中国民主同盟四平市委员会
主 委 徐群丽（女，驻会）
专职副主委 秦红波（女）
副主委 任百祥
王 辉（女）
隽成军
中国民主建国会四平市委员会
主 委 王红艳（女，驻会）
专职副主委 金宝军
副主委 孙巧美（女）
陈智文
李淑荣（女）
中国民主促进会四平市委员会
主 委 李秀云（女）
专职副主委 胡冬梅（女）
副主委 杨立东
卢万合
中国农工民主党四平市委员会
主 委 赵海峰（至7月）
苏晓华（女，7月任）
副主委 马春彪
专职副主委 施俊生
副主委 徐 峰
九三学社四平市委员会
主 委 孙立忠
专职副主委 王进馥（女）
副主委 刘 奎
刘艳清（女）
市工商业联合会
主 席 曹 武（兼）
常务副主席、党组书记
宋春来（女，至12月）
董 闯（12月任）
专职副主席 由嫦影（女，满族）
孙 雷

群众团体

市总工会
党组书记、主席 姚令军（满族）
党组副书记、常务副主席
何梦浩（至1月）
刘 岩（12月任）
副主席 霍旭东
王立雁（女）
纪检监察组组长 鞠晨光
共青团四平市委
书 记 董 闯（至12月）
刘 鑫（12月任）
副书记 付 巍（满族，至12月）
王 宁
张晓菲（女，挂职）
何俊伟
石 岩（女）
市妇女联合会
党组书记、主席 杨丽红（女）
副主席 杜 阳（女，满族，至6月）
王 维（女，挂职）
耿云瑶（女）
夏宇旭（女）
赵红军（女）
市科学技术协会
党组书记、主席 韩俊峰
副主席 梁云超
武静杰（女）
市文学艺术界联合会
党组书记、副主席
李 刚（至6月）
陶永战（6月任）
副主席 李兴东
市社会科学界联合会
党组书记、主席 赵龙举（至6月）
赵金刚（8月任）

副主席　单桂英（女）

市残疾人联合会

党组书记、理事长　宋国军

副理事长　张文娟（女）

市红十字会

党组副书记、常务副会长　吴卫平（女，至12月）

党组书记、常务副会长　曹雪成（12月任）

市中级人民法院

党组书记、院长　朴永刚（朝鲜族）

党组副书记、常务副院长　鲍贵臣

副院长　杜　好（女）

李欣冬（女，11月任）

政治部主任　丁　峰

执行局局长　姜连锐

专职审委会委员　符建军

李欣冬（女，至11月）

纪检监察组组长　王继贤

市人民检察院

党组书记、检察长　姜　生

副检察长　李继春

黄国华

于海龙

政治部主任　乔小刚

纪检监察组组长　付晶华

检察委员会专职委员　陈　忠（至12月）

骆大勇

高等院校

吉林师范大学分院

党委书记、院长　赵金刚（至8月）

郭宏宇（8月任）

副院长　林丰春（至11月）

孙　彪

于　勇

吉林工程职业学院

党委书记　梅丽娜（女）

院　长　韩金玉

党委副书记　肖心明

纪委书记　王忠义

副院长　赵雪梅（女）

李俊义（至10月）

邢　永（11月任）

四平职业大学

党委书记　周振成（至11月）

曲明威（11月任）

党委副书记、校长　李捷轩（至6月）

刘少昆（6月任）

副校长　王丽艳（女）

刘少昆（至6月）

王　健（至7月）

曲　园（女）

吉林省广播电视大学四平分校

党委书记、校长　王征宇

党委副书记　张景海（至4月）

副校长　张功君（至6月）

刘　璐（女）

丁雪莹（女）

四平农村成人高等专科学校

校　长　林丰春（11月任）

副校长　杨南廷

县（市）区

中国共产党梨树县委员会

书　记　曾范涛（满族，7月任）

副书记　郭志勇

李晨光（至11月）

常　委　吕慧波（女，满族，至12月）

宋宝柱

李春生

王　啸
姚广宇（满族）
何　滨
刘学大
毕柏红

梨树县人民代表大会常务委员会

主　任　　刘　勇
副主任　　张成明（至6月）
孟昭革
戴洪德

梨树县人民政府

县　长　　郭志勇
副县长　　王　啸
闫　鹤
李乐新
高　飞（至12月）
肖涤海（满族）
陈跃男（女，10月任）

中国人民政治协商会议梨树县委员会

主　席　　王　岩
副主席　　于运祺
汪殿元
胡志强

中国共产党梨树县纪律检查委员会（监察委员会）

纪委书记、监委主任
刘学大

中国共产党双辽市委员会

书　记　　侯　川
副书记　　王忠源（至12月）
柴宇明（至12月）
太史名华（12月任）
常　委　　侯　川
王忠源（至12月）
太史名华（12月任）
柴宇明（至12月）
程质高
谭成刚（至1月）
赵春飞（女，满族，1月任）
郝荣伟
籍兰英（女）
张立军
郭志强
孙志勇
李文刚

双辽市人民代表大会常务委员会

主　任　　宋国地
副主任　　刘　慧
张立学
刘殿生（1月任）
张柏红（女，1月任）

双辽市人民政府

市　长　　王忠源（至12月）
副市长　　郭志强
刘建军
褚广文
窦明珠
刘太峰（至7月）
聂　磊（7月任）
纪东岩

中国人民政治协商会议双辽市委员会

主　席　　尚　杰
副主席　　韩景诚
郭兮哲
王洪洲

中国共产党双辽市纪律检查委员会（监察委员会）

纪委书记、监委主任
孙志勇
纪委副书记、监委副主任
杨　威
郭　超

中国共产党伊通满族自治县委员会

书　记　　张　恒
副书记　　曾范涛（满族，至8月）
叶永兴（满族，9月任）
李亚坤（女，满族，1月任）
常　委　　张　恒
曾范涛（满族，至8月）
叶永兴（满族，9月任）
李亚坤（女，满族，1月任）
杨文胜（满族）
宿　刚（至12月）
陈　禄（至8月）

李　爽（8 月任）
李彦江
赵云安（满族）
王　浩
王　菲（女，12 月任）
赵春飞（女，满族，至 1 月）
谭成刚（1 月任）
张铁钢（满族）

伊通满族自治县人民代表大会常务委员会

主　任　王振峰
副主任　邵春梅（女，朝鲜族）
苏建国
尹庆范（满族）
王晓光（满族）

伊通满族自治县人民政府

县　长　曾范涛（满族，至 8 月）
叶永兴（满族，9 月任）
副县长　宿　刚（至 12 月）
张亚冰（女，满族）
李瑞兴
刘　鑫（至 12 月）
孙立柏
王建新

中国人民政治协商会议伊通满族自治县委员会

主　席　何旭明（满族，至 12 月）
副主席　程淑春（女，满族）
马书贤（女）
欧阳纯才（满族）

中国共产党伊通满族自治县纪律检查委员会（监察委员会）

纪委书记、监委主任
李彦江
常务副书记、监委副主任
孙光辉（女，满族）
李中武（8 月任）

中国共产党四平市铁东区委员会

书　记　刘兴禹
副书记　于荔欣（女，至 12 月）
王劲松（至 6 月）
宿　刚（12 月任）
常　委　刘兴禹
于荔欣（女，至 12 月）
王劲松（至 6 月）
宿　刚（12 月任）
卢百超
于　之（女，至 12 月）
齐　威（女）
徐向晨（至 9 月）
梁玉堂（至 12 月）
高　猛
朱新文
何俊伟

铁东区人民代表大会常务委员会

主　任　刘瑞芝（女，至 6 月）
王劲松（9 月任）
副主任　张慈慧（女）
张春久
莫子阳（至 6 月）
刘贵成（不驻会）

铁东区人民政府

区　长　于荔欣（女，至 11 月）
常务副区长　何俊伟
副区长　杨晓光
刘桂霞（女，至 8 月）
李炳辰（至 9 月）
张　健
姚景明
董　琰（挂职，至 1 月）
王　峰（9 月任）
谷　科（1 月任）

中国人民政治协商会议铁东区委员会

主　席　陈树凯（至 10 月）
副主席　魏稀君
马　冀（女，回族）
徐晓东
秘书长　安凤娟（女，至 7 月）

中国共产党四平市铁东区纪律检查委员会（监察委员会）

纪委书记、监委主任
徐向晨（至 9 月）
纪委副书记、监委副主任
郑学军

杨　剑

中国共产党四平市铁西区委员会

书　记　王善斌

副书记　刘红军

王学民

常　委　王善斌

刘红军

王学民

韩若文

邢奇智

栾　波（女）

刘中文（至11月）

刘慧英（女）

王敬涛

李　坤

王　菲（女，至12月）

宋　军（12月任）

常　波（12月任）

铁西区人民代表大会常务委员会

主　任　胡长海

副主任　匡中兴

王　信

刘永军（至9月）

赵　军

铁西区人民政府

区　长　刘红军

常务副区长　刘中文（至11月）

副区长　宋　军

陈　湖（至12月）

常　波

齐晓峰

中国人民政治协商会议铁西区委员会

主　席　韩　忠

副主席　姜春利（至8月）

周　雁（女，至12月）

王家武

中国共产党铁西区纪律检查委员会（监察委员会）

纪委书记、监委主任

栾　波（女）

纪委副书记、监委副主任

王为民

李　冰

（市委组织部）

索 引

INDEX

说明：

1.本索引采取主题抽取法，以主题词首字按拼音顺序排列为序，首字相同，以第二个字按拼音顺序排列为序，以此类推。

2.索引的主题词后面的数字表示内容所在页码，数字后面的英文字母（a、b、c）表示该页自左至右的栏别，无英文字母的表示当页各栏都有该主题词。

3.主题词按汉语拼音排列顺序排列。汉字之前如有英文或数字（包括双引号、引号及书名号）均不计。

4.特载、大事记内容不在标引范围内

A

B

C

D

E

F

G

H

J

K

L

M

N

P

Q

R

S

T

W

X

Y

Z